重庆市志

主　修　唐良智
主　审　屈　谦　唐　慎
总编辑　刘文海

重庆市志

商贸志

（1986—2005）

重庆市商务委员会　编纂

西南师范大学出版社

图书在版编目（CIP）数据

重庆市志. 商贸志 : 1986—2005 / 重庆市商务委员会编纂. -- 重庆 : 西南师范大学出版社，2020.2
ISBN 978-7-5621-9978-6

Ⅰ. ①重… Ⅱ. ①重… Ⅲ. ①重庆—地方志②商业史—重庆—1986-2005③贸易史—重庆—1986-2005 Ⅳ. ①K297.19②F729

中国版本图书馆CIP数据核字（2020）第022785号

责任编辑：李浩强
封面设计：张小卉　殷　智

重庆市志·商贸志
CHONGQING SHI ZHI SHANGMAO ZHI
(1986—2005)
重庆市商务委员会　编纂

西南师范大学出版社出版、发行
重 庆 巴 南 彩 印 厂 印 刷
幅面尺寸:210mm × 285mm　印张: 32　插页: 11　字数: 974 千字
2020年4月第1版　2020年4月第1次印刷
ISBN 978-7-5621-9978-6
定价：238.00元

重庆市地方志编纂委员会

主 任 委 员： 唐良智　市委副书记、市政府市长

副主任委员： 张　鸣　市委常委、宣传部部长

刘学普　市人大常委会副主任

屈　谦　市政府副市长

宋爱荣　市政协副主席

程　洪　重庆警备区副政委

欧顺清　市政府秘书长

委 员 单 位： 市纪委监委机关、市委办公厅、市人大常委会办公厅、市政府办公厅、市政协办公厅、市委组织部、市委宣传部、市委统战部、市委政法委、市委编办、市发展改革委、市教委、市科技局、市经济信息委、市民族宗教委、市公安局、市民政局、市司法局、市财政局、市人力社保局、市规划自然资源局、市生态环境局、市住房城乡建委、市城市管理局、市交通局、市水利局、市农业农村委、市商务委、市文化旅游委、市卫生健康委、市退役军人事务局、市应急局、市审计局、市政府外办、市国资委、市市场监管局、市统计局、市高法院、市检察院、重庆警备区、市档案馆、市志办

《重庆市志·商贸志（1986—2005）》
编纂委员会
（第一届）

主　任　周克勤

副主任　黄　伟　范光明　陈国华　赖　蛟　孙华培　陈　曜　曾晓辉　肖建平

委　员　**（按处室依次为序）**

杨兰明　闵　松　廖红军　彭和良　刘　域　吴巧灵　胡尚全　张建军

谭春联　张　昆　李巡府　王迎曦　谭　勇　戴　云　任开庆　简真瑜

王廷惠

《重庆市志·商贸志（1986—2005）》
编纂人员
（第一届）

执行编辑　闵　松　简真瑜　伍　玲

总纂撰稿　简真瑜

组稿（区县篇）　徐琦峰　陈海波　张淑萍等

提供初稿有关单位　各区县商务主管部门

《重庆市志·商贸志（1986—2005）》
编纂委员会
（第二届）

主　任　张智奎

副主任　刘天高　关　力　廖红军　王　珏　熊　林　许新成　宋　刚
彭和良　孙华培　曾　诚　卢建辉　付嘉康

委　员　**（按处室依次为序）**

李巡府　顾　华　冯　蒙　余晓玲　杨　桦　唐卫东　杨来科
叶冠兰　何　渡　冉渝佳　张建军　简真瑜　张书成　张瑞强
许　瑶　蒋中全　贠　琰　刘亚菲　张莉华　戴　云　李瑜辉
高　文　王青子　陈佩艳　杜宜林　苟晓燕　任开庆　张　葵
张　宁

《重庆市志·商贸志（1986—2005）》
编纂人员
（第二届）

执　行　编　辑　李国田　王　欣　李　娟

总　纂　撰　稿　简真瑜

组稿（区县篇）　徐琦峰　陈海波　张淑萍等

提供初稿有关单位　各区县商务主管部门

重庆市地方志办公室审稿人员

刘文海　夏小平　殷　智　司逸澈　陈欣如

20世纪80年代的解放碑

20世纪80年代的渝中区两路口山城宽银幕电影院

20世纪90年代的重庆百货大楼

德庄火锅“天下第一锅”

21世纪初的观音桥商圈

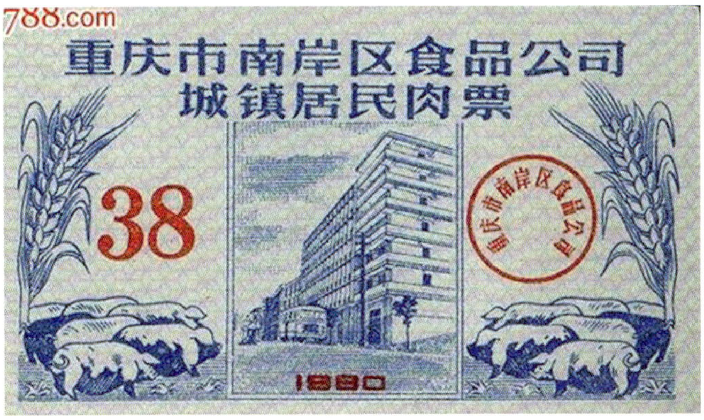

20世纪80年代的城镇居民肉票

位于渝中区十八梯的农贸集市

20世纪80年代的群林市场

20世纪80年代的竹编市场

20世纪80年代的街边衣摊

20世纪80年代末的观音桥农贸市场一角

20世纪80年代的农贸市场

20世纪80年代末的商店橱窗

20世纪80年代的商店橱窗

20世纪80年代的重庆百货大楼售货厅

20世纪90年代初的重庆灯花贸易会

20世纪90年代的重庆商品交易所交易大厅

20世纪80年代的乡村服装市场

21世纪初，人流如织的解放碑商业步行街

1987年落成的日杂大厦

1988年的
重庆市工业品
贸易中心大楼

1992年的解放碑商业区

1994年的杨家坪地下商场

全国最大的小五金交易市场之一——龙水五金市场，1999年市场成交额12亿元

2004年的重庆解放碑中央商务区街景

2004年的观农贸盘溪蔬菜批发市场

2004年的第二届西部鞋业博览会签约仪式

2005年的观音桥农产品批发市场

积极推进商业“四放开”

序

商贸流通业是与民生最直接、最密切的行业，有着强大的影响力。重庆商贸流通业发展的每个辉煌瞬间，都有重庆商贸人抢抓机遇、乘势而上、开拓创新的身影。

“历史只是沿着最短的路程奔向新的灿烂的思想星座。”（恩格斯语）1986—2005 年的 20 年，正值重庆直辖之初，也正值我国改革开放的关键时期，更正值计划经济向市场经济发展的重要时期。重庆商贸流通业适应形势的变化，体制改革不断深入，开放步伐不断加快，发展规模不断扩大，产业结构不断优化，商品市场快速培育，新兴行业层出不穷，设施建设全面提速，现代流通方式、管理水平不断提升，综合实力不断增强，焕发出新的生机，逐步成为拉动经济增长的重要动力。这 20 年的深刻变化，充分显示了流通的先导产业地位，为商业的瑰丽画卷新添神韵。重庆商贸人创造了辉煌的历史，谱写了恢弘的篇章，交出了令人民满意的答卷。

抚今追昔，我们深为这 20 年来商贸流通业的巨大变化和显著成就感到欢欣鼓舞。同时，这些变化和成就也大大激发了全市商贸系统广大干部职工的荣誉感、责任感、使命感，为促进商贸流通业科学发展注入了新的强大的活力。20 年的生动实践，深刻地启示着我们，在推进商贸流通业发展中，必须坚持解放思想、实事求是、与时俱进，破除影响发展的思想束缚和体制障碍，保持开拓开放的锐气、创新创造的活力和求真务实的品格；必须坚持科学发展不动摇，守住发展第一要务不放松，借势机遇挑战，加快发展；必须坚持城乡统筹，将全市“一盘棋”与区域分类发展统一起来，积极探索符合重庆实际的商贸发展路子；必须充分发挥直辖市的体制优势，立足“两点”定位，坚持“两地”“两高”目标和“四个扎实”要求，围绕大事难事攻坚克难，着力解决发展中的突出矛盾和关键问题；必须坚持服务民生，把以人为本贯穿发展始终，千方百计解决好民众关心的直接现实问题，凝万众之心、聚全员之力推进发展。

编写商贸志，是传承历史、弘扬文化、推进发展的实践活动。它是重庆商贸流通业发展的历史记录，更是一项传统又新兴的文化建设，为反映史实提供了重要依据。本志所记录的 20 年，客观地反映了重庆商贸流通业的历程和变化，全面展现了重庆商贸的改革进程、开放进程和发展进程，详细记录了产生重大影响的事件以及任务。20 年的奋斗历史，是一部爬坡上坎、负重前进的创业史，是一部攻坚克难、团结奋进的拼搏史，是一面回顾历史、知往鉴来的“镜子”，是一张彰显成就、展示形象的名片。

《重庆市志·商贸志（1986—2005）》是集重庆商贸流通业 20 年间的发展、人物、事件于一体的综合文献。历时 4 年多的编纂，经过编修人员的辛勤耕耘，20 年的商贸服务发展史实定格在本书中，编修付梓即将与读者见面了。在编修过程中，有市政府的高度重视，有兄弟单位和区县商务部门的大力支持，在此，对关心支持本书编修工作的各级领导、各位同志，对为本书顺利出版付出辛勤努力的各位编纂人员表示衷心感谢！

《重庆市志·商贸志（1986—2005）》编纂委员会

凡 例

一、指导思想 《重庆市志·商贸志（1986—2005）》（以下简称“本志”）以马列主义、毛泽东思想、邓小平理论、“三个代表”重要思想、科学发展观和习近平新时代中国特色社会主义思想为指导，遵循党和国家的路线、方针、政策、法律和法规，坚持辩证唯物主义和历史唯物主义的观点和方法，客观地记述重庆市商贸事业的发展历程。

二、时限 本志记述时间上限为1986年，下限为2005年，个别内容根据需要适当上溯或下延。

三、记述范围 本志记述空间范围以2005年重庆市行政区划为准。

四、体例 遵循横排竖写和按事类分篇设志的原则，采用述、记、志、图、表、录等多种体裁，以志为主，同时辅以图片。

五、文体 本志除引文外，一律采用规范的语体文，记述体；一律遵从国家统一规定的简化汉字、标点符号、数字等用法。

六、称谓 本志中机构、会议、职务、地名、人物称谓，一律按当时的规范称谓或习惯称谓记述；专用名词首次出现时用全称，后文用简称；人物一般直呼其名，首次出现时冠以职务，不用褒贬之词。

七、数据及计量单位 本志引用数据以业务主管部门的统计资料为准，力求真实、准确。计量单位采用中华人民共和国法定计量单位。

八、资料 本志资料主要来源于市商委档案室以及各区县商贸主管部门。

目　录

第三篇 商贸行业

第四篇　市场体系

第五篇　流通技术与商业业态

第六篇　教育与精神文明

第七篇　人物　荣誉　品牌　行业协会

第八篇　区县商业

附　录

综　述

重庆历来是长江上游商贸重镇和物资集散地，也是西南地区最大的工商业城市。借助长江黄金水道，巴渝地区丰富的物产得以北通陕甘、南达滇黔、东接荆楚、西连川藏，远销海内外。

在浩荡的历史长河中，重庆历千载而不衰。近百年来，更是经历了因商而兴、内迁而盛、改革腾飞的发展变化，重庆以其集聚力和辐射力成为区域性的商贸中心。

追溯重庆商贸流通业的发展历史，特别是中华人民共和国成立 60 年以来，重庆商贸流通业历经沧桑巨变，商品市场经历了由计划管理到市场调节、由小到大的不断发展壮大的过程，商贸服务业实现了大的飞跃和提升，消费者购物方便快捷。

一

早在公元前 6 世纪的巴国时期，即出现物物交换。巴人曾立市于龟亭北岸（今巴南区小南海冬笋坝），为重庆最早出现的市场。公元前 300 年，直接以交换为目的的商品生产出现，作为一般等价物的货币由此产生。公元前 246—公元前 210 年，秦始皇曾为巴郡大工商业主寡妇清筑怀清台。两汉时期，由于手工业和农副业的发展，商品交换有了进一步发展。唐宋时期，农业、陶瓷业、纺织业、酿酒业、造纸业有了发展，渝州贸易较为繁荣，“二江商贩，舟楫旁午”。

重庆凭借两江舟楫之利，是物资集散的重要水码头，是联结汉、沔、荆、襄的要津。重庆走向近代的过程，是与其商业的发展和交通的发达分不开的，得长江和嘉陵江的地利而商贾云集，西南物资在此集散，进而繁荣为西南之首。西南经济的发展水平决定了重庆城市发展的程度，也决定了重庆商业发展的方向。

重庆商贸发展初期以粮、盐、棉及山货为大宗。清康熙六十一年（1722 年），重庆府人口增至 11 万户，是长江上游最大的以转口贸易为主体的全国著名商贸城市。川江主要支流嘉陵江、沱江、岷江流域所产粮、棉、糖、盐及其他土特产品，汇流而下，集中重庆再转运汉口，重庆—汉口—苏州长江航线成为上游米、木、盐、棉、布、洋广杂货的交流主干道。米粮贸易兴起于清康熙末年，当年四川物资进出川唯靠长江水运，重庆为其出川大口岸，除四川外，云南、贵州、西藏、陕西、甘肃部分地区物资及外面运进的消费品，都经由长江、嘉陵江汇集于重庆后再分运。清光绪十七年（1891 年）3 月 1 日，重庆正式开辟为通商口岸并开埠后，大量洋货运销重庆，再由重庆转销长江上游腹地，换取大量白银和土特产品，商品物资吞吐量大增，年贸易总值 1300 万两白银，年进口洋货总值 1100 万两白银。

二

19世纪末，即从1891年重庆开埠到1911年辛亥革命，近代重庆经济出现了第一次发展高潮。城市经济发展的顺序大致为“商业—金融业—工业—交通运输业”，商业在经济结构中占主导地位，金融业基本上依附于商业并主要为商业服务，近代工业的发展比商业晚了四分之一个世纪且发展水平也不高，在社会经济中处于从属地位。这一时期，重庆商品贸易发展较快。在清末，重庆就有“上下两条江，左右十三帮”之说，以后这种组织进一步发展成为规范的同业公会。到1901年成立了12个同业公会，经营棉花、棉纱、食盐、酒、纸张、食糖、丝货、杂货等商品。至19世纪末期，重庆成为长江上游最大的商业城市。

辛亥革命以后，商业分工越来越细，形成了交电、五金、化工、煤油、百货、纺织、文化用品等新的行业。随着外地来渝商贾的增多，各地商人相继在重庆建立起组织商品流通的会馆，到20世纪初有广东、福建、湖广、江西、陕西、山西、浙江、云贵等8个外省会馆。进出口贸易猛增，重庆本地同业公会、外省在重庆的会馆，以及所属商行、字号构成了重庆商贸流通的主渠道。再加上洋商开设的公司、洋行等机构，构成了一个以重庆为中心的洋货分销网和土货收购网。至此，重庆开始面向世界，同时也起着四川商业中心的作用。随着商品物资集散规模的扩大，重庆商业日益繁盛，至20世纪30年代中期，全市成立行业工会57个，各类商帮130余个。

1937年7月抗日战争全面爆发后，沿海以及华北地区相继沦陷，国民政府于当年11月20日宣布迁都重庆，12月1日在重庆正式办公。1939年5月5日，又将重庆市改为直辖市。重庆与沦陷区的商业往来被切断，物资交流有所减少，但由于重庆人口大量增加，全国工商企业、金融机构迁渝较多，其商贸活动仍有进一步发展。抗战时期，重庆商业与工矿、交通、邮电、金融等事业均获得大发展，为大后方最大的商业城市，形成了开埠以后近代重庆经济发展的第二次高潮，使重庆从四川、西南的地区性商业中心迅速发展成为整个大后方的商业中心。首先，商业行业逐年增加，1939年重庆商业同业公会仅39个，到抗战末期发展为123个。其次，商业企业数量增多，行业经营规模扩大，从事商业职工人数增多。1937年重庆百货业仅70余家，1942年发展到2403家，1941年重庆商号为14262家，1945年加入重庆商业同业公会的商号27481家。从经营规模看，1937年重庆有2000元以上资本的商号仅700余家，1941年发展到14262家商号，平均每家资本8800元。1941年底重庆从事商业人数10.6万人，1945年底增加到23.4万人。抗战时期重庆形成了较为完善的商业体系，有大米、杂粮、棉花、棉纱、广货、土布、煤炭、五金、木材、砖瓦、山货、香烟、颜料等固定的交易市场，组成了专业的交易市场网络。重庆不单人口增长，其他行业及其行业帮会也随之而兴。城市贸易的兴起、运输的繁忙、商贾的云集，凭借优越的地理条件和长期在历史发展中形成的吸引力与辐射能力，重庆初步成为长江上游及西南的经济中心和物资集散地。此外，重庆也是战时大后方的对外贸易中心。四川经营传统出口物资的四大公司总部均设在重庆，国民政府财政贸易委员会下辖的三大公司总部也设在重庆，垄断了大后方的猪鬃、桐油、生丝、羊毛、茶叶等外销业务。重庆作为战时重要的通商口岸，输入的外来商品也都经过这里而转运各地。但战时重庆商业畸形繁荣，主要表现为商业资本的畸形膨胀，在战时利润和各种投机活动的利润大大高于从事生产利润的情况下，社会资金大量流向商业，除了一般商业银行和钱庄银号从事商业放款外，国家“四行二局”对工矿、交通的放款也往往被借名转贷，用于投机和囤积之途。与商业资本膨胀并存的是商品的奇缺，这表明商业繁荣不是以工业繁荣为基础，而是建立在囤积居奇、投机倒把的基础之上，在社会总资本中，商业资本所占的比例大大超出社会的实际需要，从而导致社会财富的巨大浪费。

抗战胜利后，1946 年 5 月 5 日国民政府还都南京。随着政治、经济重心的东移，特别是国民党发动反人民的内战开始后，推行恶性通货膨胀政策，财政巨额赤字，货币急剧贬值，物价飞涨，商业也陷入深渊，商业企业大批歇业倒闭。这一时期，重庆地区商业和金融业也日趋萧条，陷入濒临崩溃的境地，通货恶性膨胀，金融市场极为混乱，到中华人民共和国成立前夕这段时间市场普遍使用银圆，有的还以物易物，用棉纱做交易筹码。全市商业同业公会 91 个；各类商家仅余 27316 户，较 1945 年减少 80%，其中经营消费品的 16118 户，经营生产资料的 2639 户，经营进出口业务的 202 户，经营茶旅馆及影剧院的 8357 户，显示出不景气和广大市民生活状况的恶化。

三

1949 年 10 月 1 日中华人民共和国成立，11 月 30 日重庆解放，从此重庆经济进入快速发展的新时代。中华人民共和国成立的 60 年，重庆发生了翻天覆地的变化，极大地解放了生产力，综合实力迅速增强，令世人瞩目。商贸流通作为改革开放最早的领域，在流通体制、运行模式、经营机制、商业规模、流通技术等方面迅速发展。

60 年来，重庆商贸主要经历了四个重要的发展阶段，完成了以社会主义计划经济为主向以社会主义市场经济为主的过渡、由国家直接经营管理到宏观调控的过渡、由强调国有经济为主的公有制垄断地位到多种所有制经济共同繁荣发展的过渡，从而形成由区域性流通转为跨地区的、面向全国和世界的开放性商贸格局。

（一）第一阶段：1949—1960 年，恢复经济和社会主义计划经济体制建立时期

从 1949 年 11 月重庆解放到 1952 年，是重庆经济恢复时期。政府接管了工厂、银行、仓库、公共场所等，接收了员工以及一批房产、物资和设备，为恢复和发展经济创造了条件。通过没收官僚资本，创立和发展了国合商业经济。1950 年 2 月以后，开始整顿财政金融与稳定物价以及进一步调整工商业等工作，“三年恢复”时期，商业有所恢复并发展。1952 年，全市社会消费品零售总额 61973 万元，其中国有经济 19332 万元、集体经济 9941 万元、个体及私营经济 32009 万元。

从 1953 年起，进入了计划经济建设时期，开始实施第一个五年计划。为贯彻执行过渡时期的总路线，重庆对农业、手工业和资本主义工商业进行社会主义改造。到 1956 年 1 月，全市所有 42 个行业、14602 户资本主义工商业全部按行业实行公私合营，分别对合营企业做清产核资、债务处理、定股定息、经济改组、人事安排等工作，以后经过对私改造和强调变消费城市为生产城市，商品实行计划供应，商贸流通作用缩小，商业、饮食服务业的网点、人员有所减少，但合营和合作商店营业额比 1955 年提高 50%。至此，三大改造基本完成，形成了生产资料基本上国有和集体所有的社会主义经济制度，对促进和巩固高度集中的计划经济体制的形成和发展起到了重要作用。经过“一五”时期的建设，1957 年社会商品零售总额达 108061 万元，其中国有经济 55533 万元、集体经济 43171 万元、个体及私营经济 4458 万元。

从 1958 年起，重庆市进入了第二个五年计划的建设时期。由于国家经济建设的指导思想是 1958 年党的八大二次会议通过的社会主义建设总路线，这条总路线反映了广大人民群众迫切要求改

变贫穷落后面貌的普遍愿望，但忽视了客观经济规律，夸大了主观意志的作用，因而“二五”初期导致了经济领域建设盲目追求高速度，造成了从1958年开始的三年“大跃进”的失误。

（二）第二阶段：1961—1978年，三年严重困难、国民经济调整、十年“文化大革命”和拨乱反正时期

1959—1961年三年严重困难，使物质更加匮乏，市场供应艰难。

从1961年开始对国民经济实行“调整、巩固、充实、提高”的八字方针，经过1961年到1965年的调整，经济重大比例失调的状况得到根本扭转，经济形势全面好转，开始了新一轮发展，社会购买力和商品供应量基本平衡，人民生活水平得到明显改善。

1964年下半年起，国家在西南大后方进行国防科技、冶金、机械工业和交通运输为重点的大三线建设。重庆作为三线建设的重点地区，国家把沿海的大批厂矿内迁到重庆，大规模的三线建设使重庆经济地位发生了巨大变化，商业也随之得到一定发展，保障供应任务繁重。

1966年下半年“文化大革命”开始，工农业生产萎缩，城市居民生活受到影响，多种商品（包括蔬菜）都凭票供应，消费品凭票计划供应的范围曾先后覆盖到粮、油、菜和其他副食品，甚至花椒、大料等佐料；同时覆盖到诸多日用工业品，从火柴、布匹、服装到家具、手表、自行车、缝纫机、电视机、冰箱、洗衣机等，商业受到影响，老字号被视为“四旧”而易名，城乡集市封闭，市场供应日趋紧张，企业管理混乱。1970年，全市砍掉合作商店和个体商业网点4486个，流通渠道单一，企业不讲核算，不讲经济效益，“大锅饭”和“平均主义”泛滥，造成商业经营品种减少，风味特色消失，服务简单生硬。

1976年10月，粉碎了“四人帮”，宣告“文化大革命”结束。经过拨乱反正，出现了重庆历史上具有深远影响的伟大转折，迎来了改革开放和经济建设的崭新局面，经济开始逐步回升。其间，重庆商办工业有较快发展，食品、糕点、酿造、调味品等形成较大规模，特别是冻肉远销国内外。1977年，全市恢复了部分合作商店和城乡集贸市场，集体和个体网点恢复到3079个。并对国营商业体制进行了初步调整。1978年底，全市商业服务网点有10900个，其中商业零售机构9477个，从业人员8.81万人，社会商品零售总额25亿元。

从中华人民共和国成立至改革开放之前，市场流通被置于传统的计划经济体制之中，消费品市场完全服从于计划经济的需要。在商品极度短缺的环境中，商业企业不是相对独立的商品经营者，商业行为是执行行政指令性计划的行为，体制是高度集中的分配型体制。商业服务网点数量少、规模小、网点破烂、设施设备陈旧；自由市场（集贸市场）始终处于“恢复—取消—再恢复”的不稳定状态。由于网点严重不足，“买难”矛盾特别突出。

（三）第三阶段：1979—1997年，改革开放和社会主义现代化建设及市场经济初步形成时期

1978年12月，中共中央召开了具有深远历史意义的十一届三中全会，做出了把全党工作重点转移到社会主义现代化建设上来的战略决策。随后改革了传统计划经济条件下运行的商业体制，逐步形成了新的与市场经济相适应的商业体系。商业服务业从分配供给的计划经济运行模式转变为需求导向的市场经济运行模式，商业基本实现了由社会主义计划经济向社会主义市场经济的过渡。重庆商业获得空前发展，流通体制改革逐年深化，多种经济成分协调发展，新的开放式流通网络逐步建立，大市场、大流通、大贸易的格局开始形成，流通领域逐步建立起适应经济发展、以公有制为主体、多种经济成分、多种经营方式、多种流通渠道的商品流通体制，形成以零售、批发销售为经营主体的市场流通格局并得到快速发展，建成了一批规模大的生产资料与生活资料、批发与零售、内贸与外贸、综合与专业等多门类、多档次的市场载体，多元化流通体制逐步形成，社会流通规模

逐年扩大，市场体系日趋完善，市场建设成效明显。

1979—1982 年，再次调整国民经济时期。1979 年 4 月，中共中央工作会议提出了对整个国民经济实行“调整、改革、整顿、提高”新的八字方针。重庆在 9 月制定《重庆市 1979—1981 年国民经济三年调整规划纲要》，通过改革来实现调整，促进发展。

1983—1991 年，城市经济体制综合改革试点及深入开展时期。重庆商业积极探索并推进一系列配套改革，如商业管理体制、批发体制、企业改革等充满了生机和活力。

1992—1996 年，有计划的商品经济时期。以 1992 年中共十四大明确提出的经济体制改革的目标是建立社会主义市场经济体制为标志，改革开放和现代化建设进入了一个新的发展时期。在商业方面，商品市场体系初建框架，国营、合作商业和集体商业企业改革逐步深入，非公有制商业进一步得到发展，外商开始进入重庆市场。在加快改革开放的同时，积极对商品市场调控进行探索，市场繁荣兴旺，商品供应充足。这一时期，无论是从市场建设及繁荣程度，还是从市场交易的运作过程来看，较之前一时期均有不同程度的进步。市政府相继制定了《关于加速商业服务网点建设的决定》《重庆市商业服务网点建设基金管理办法》《重庆市集贸市场建设问题的若干规定》等，推动了消费品市场的发展。1992—1995 年保持了较高增速且在 24.5% 以上，1996 年有效整治了通货膨胀，实现了经济“软着陆”，市场供求相对稳定，商品市场体系初建框架，深化商业企业改革，商业经营形式发生变革，多种零售业态共同发展，非公有制商业进一步发展，开始对商品流通间接调控的探索。当然，由于这一时期正处于向社会主义市场经济转轨、发育的过程中，在市场发展中还存在着一些问题，如市场供给结构失衡，部分商品积压严重。1992 年钢材、化肥等紧俏物资，到 1995 年、1996 年出现了严重的库存积压现象，主要是市场供给结构失衡、重复建设导致。

（四）第四阶段：1997—2005 年，直辖市成立以后

重庆直辖后，市委、市政府紧紧抓住直辖效应和实施西部大开发、三峡移民迁建的大好机遇，围绕加快发展、富民为本和建设长江上游商贸中心的战略目标，树立了“流通活市、以商兴市”的理念，把商贸流通作为先导产业来发展。1997 年 11 月 24 日，市政府出台了《重庆市商贸流通改革与发展纲要》，对全市商贸流通产业改革、开放、发展和现代化建设提出了明确的目标和要求。市委、市政府专门制定《关于加快商贸流通产业发展的决定》，确定战略地位、目标任务、工作重点和政策措施等。商贸流通业进入新的发展时期，这也是发展最快、变化最大、成绩最辉煌的时期，也是中华人民共和国成立以来生机最旺盛的时期。

这个时期，消费品市场增长，规模继续扩大，商贸中心构架初步形成，改革不断深化，商品交易市场快速发展，现代流通方式突飞猛进，市场主体多元化，开放发展促进竞争，商业品牌不断增多，行业管理加强，三峡库区移民企业迁建顺利完成，商贸活动气氛浓郁。直辖当年的 1997 年全市消费品零售总额突破 500 亿元大关，达到 508 亿元；用了 7 年时间，2004 年突破 1000 亿元大关，达到 1068 亿元；2005 年 1216 亿元。这期间，重庆市社会消费品零售总额出现“回落—平稳增长—快速上扬”态势。从 1995 年社会消费品零售总额增幅顶峰 24.5% 之后，1996 年开始回落，1997—1998 年经受住了亚洲金融风暴的袭击和由卖方市场向买方市场转变的严峻考验，至 1999 年出现转折点（7.7%），之后逐渐缓升，2004 年、2005 年分别增长 14.3%、13.8%。

四

1986—2005 年，正值国家改革开放、重庆直辖之初，是特定的发展时期。这 20 年，从流通体

制、流通主体、流通渠道、流通方式，到管理体制和运行机制都发生了根本性转变。结构不断优化，体系日臻完善，商圈繁华靓丽，市场日益繁荣，商业生意兴隆，人气兴旺鼎盛，商贸服务业健康有序发展，商业经济实力显著提高，先导作用彰显。一批新的商贸服务设施成为城市新的风景，一个个商圈镶嵌在都市，一条条商街矗立，一座座大型综合商厦拔地而起，一种种业态脱颖而出，便利店遍及城乡，连锁经营、电子商务、物流配送等现代流通方式飞快发展，构建了组团式、多中心、分层次的商贸流通网络和现代化、多元化、开放化的大流通、大市场、大贸易格局，重庆成为区域性的商业大都市，成为西南地区流通大市场。主要有以下六大特色。

第一，规模扩大，贡献突出，地位提升。

消费品市场增长，规模继续扩大。1985 年全市社会商品零售总额 69 亿元，1986 年 78 亿元，2005 年 1216 亿元。迄今为止，社会消费品零售额增幅出现四个高峰：第一次在 1988 年，增幅 28.7%，突破百亿元大关，实现 119 亿元；第二次在 1992—1995 年，保持了较高增速，连续 4 年在 24.5% 以上；第三次在直辖后的 2004 年，增幅 14.3%，用了 6 年时间，突破千亿元大关，实现 1068 亿元。

流通产业先导作用不断增强，成为拉动经济增长的重要力量。流通产业创造的增加值在 GDP 中的比重逐年增长，其增速超过了 GDP 的增幅，商业增加值从 1986 年的 12.3 亿元，占 GDP 的 7.2%，到 2005 年的 345 亿元，占 GDP 的 11.2%。

商贸服务业成为税收的重要增长源。2005 年地税收入中，批发零售业 62952 万元、住宿餐饮业 42405 万元、租赁及商务服务业 154980 万元，3 项之和占整个地税 1356424 万元的 19.2%。国税收入中，批发零售业 318935 万元、住宿餐饮业 329 万元、租赁及商务服务业 2878 万元，3 项之和占整个国税 2051183 万元的 15.7%。

商贸服务业成为吸纳就业再就业的重要渠道。1997 年商业批发零售、餐饮就业 171.69 万人中，批发零售业就业 102.23 万人、住宿餐饮业 69.46 万人。2004 年第一次全国经济普查数据显示，批发零售业法人企业 11819 个，从业人员 236658 人。2005 年 206.59 万人，其中批发零售业就业 131.19 万人、住宿餐饮业 75.4 万人。

流通业成为连接国内外市场、全球化配置资源的主要渠道。随着对内对外开放力度的加大，特别是 1992 年发展社会主义市场经济以来，专业市场发挥优势，商品流通的辐射能力、集散能力不断增强，重庆在长江上游商贸中心的地位得到强化。

第二，商业设施逐步完善，消费环境明显改善。

改革开放初期，商业设施薄弱，设备技术陈旧。直辖后加大了商业设施的投资力度，建设步伐加快。进入“九五”“十五”时期，商业发展开始进行结构性调整，特别是西部大开发、三峡移民迁建等政策性投入、地方财政支持力度加大，加之外来投资进入，其投资更加科学有效，促进了商业设施建设，旧“贸”变新颜。2005 年全市商业设施总量 2660 万平方米，人均商业设施面积 0.86 平方米，满足了居民购物消费的需要。

值得一提的是，重庆按照三峡枢纽工程建设的要求，认真进行商业企业及移民搬迁工作。以 1997 年大江截流为标志的第一期移民任务顺利完成，1998—2003 年为二期移民迁建阶段，2003 年大坝按时建成并按 135 米水位蓄水。商业企业积极配合迁建，任务如期完成。2005 年三峡移民工程商业、居民服务业用房设计总面积 140.55 万平方米，累计竣工建筑面积 141.63 万平方米，当年竣工面积 3.98 万平方米，房屋价值 1922.53 万元。三峡库区移民企业迁建顺利完成。

区域布局逐步优化，形成了以商圈和市场为主导、以社区商业中心为基础，商业街区突出各自特色、城市企业向农村市场延伸的多层次、多功能的新格局。中央商务区发展良好，主城五大商圈有营业网点3.79万个，其中5000平方米以上的近百个，营业面积459万平方米，销售额606亿元。西部第一街的解放碑商圈进驻单位13100多家，销售额208亿元。江北观音桥商圈商务设施面积120万平方米，经营面积5000平方米以上的大型商场20余家，成为主城区又一漂亮繁华的商圈。万州、涪陵、黔江、长寿、合川、永川、江津等地区商贸中心建设未雨绸缪，初步形成。有序推进中心镇商业设施建设，江津珞璜、石柱西沱、涪陵白涛、万盛南桐、云阳江口等10个示范镇商业设施建设基本建成，重客隆等市内知名企业向乡镇延伸销售服务网点，乡镇商业设施规模增大、档次提高、功能增加。规范完善的37个社区商业服务中心，经商务部组织专家评审，渝中区莲花社区商业服务中心、沙坪坝天星桥社区商业服务中心进入全国50个示范社区行列。加快重点市场建设，石柱黄水、江津石蟆、潼南崇龛、荣昌安富等一批重点市场基本建成。

商品交易市场日臻完善，繁荣兴旺。随着市场经济体制的建立和完善，商品交易市场飞跃式发展，形成了遍布城乡的市场网络，成为改革开放和经济发展的一大特色和优势。2005年全市有各类市场2016个，成交额1905亿元，其中消费品交易市场1950个，生产资料市场47个。成交额亿元以上市场81个，其中超10亿元的市场有14个，超100亿元的市场1个。市商委联系的25个市场营业面积222万平方米，销售额561亿元。市场覆盖范围和领域相当广泛，经营范围从原有的农副产品、日用品、服装、家具扩展到家电、电脑、建材、汽车、汽配、花卉、文化艺术品、旧货等各类商品，部分商品交易市场与相关行业结合，形成了各具特色的产业链条，一批管理规范、交易方式先进、成交量大、资源消耗小的优势市场出现大型化趋势，一批新兴市场经过萌芽、成长、成熟期，进入稳步发展与整合期。以朝天门综合批发市场为代表的批发市场、以观音桥农贸市场为代表的农产品专业批发市场等，运用网上交易等现代手段，与供应商、经销商、批发商、零售商密切协作，建立起了集商品采购、销售、分拣、储存、配送等功能于一体的供应链。以服装、电子、家居建材、汽车四大类商品为代表的交易市场迎合了新的消费潮流，呈现经营形式多样化、集约化发展态势。农贸市场经过改造升级，成为农产品进入消费领域的主渠道，形成了批发与零售、综合与专业、高中低档和经营优势互补、商品种类丰富、流通渠道畅通、消费与交易便利的市场体系。

特色商业街建设取得新进展。重点培育了南岸区南滨路、江北区北滨路、沙坪坝区磁器口、渝中区洪崖洞、黔江区解放路商业街、合川区三江美食街、彭水县餐饮一条街等一批独具特色的商业街，以几大商圈、特色餐饮美食街、家居建材街为代表的32个特色商业街、特色市场，成为特色商业体系的主体。

流通设施的快速增加和商品的极大丰富，增加了消费者的消费选择和休闲空间。消费环境更加人性化，服务设施配套更加体现人文关怀，一些大中型商场、超市、专卖店和特色街等，通过对卖场总服务台、顾客卫生间、试衣间、灯光照明、室内温度、背景音乐、停车引导等细节的改善提升，使购物环境更加方便、舒适、安全。越来越多企业的服务方式由等客上门、坐店经营，转变为开架售货、自助式服务、送货上门等个性化服务。

第三，业态逐渐增多，现代化水平逐步提升。

新兴业态多样化发展，异军突起，异彩纷呈。2004年10月1日新颁布的《国家零售业态分类标准》中的17种零售业态在重庆市场竞相发展，相继出现了超级市场、便民连锁店、专卖店、购物中心、仓储式商场等新型零售业态，自动售货、电子商务、网上购物等无店铺销售形式和经纪、代理制等现代营销方式，彻底改变了过去百货店的单一模式，市场由传统的百货店占主导地位逐步转向多业态优势互补、繁荣发展的态势，零售业态结构分布日趋合理，以其不同的经营优势和特点，逐步被经营者和消费者选择。2005年限额以上零售各业态中，百货商店103个，营业收入923187万元，占36.6%；超市115个，营业收入79042万元，占3.2%；专业店、店铺销售等业态增多。

连锁经营覆盖到商业、餐饮等服务业领域，组织化、集约化程度提高。到2005年底，全市连锁企业零售额达293亿元，占社会消费品零售总额的比重为25.5%，其中限额以上连锁零售、餐饮门店总数6503个（其中直营店2256个），营业面积313.38万平方米，从业人员112545人，零售额142.13亿元。一些公司通过特许经营，不断扩大企业规模，门店遍及全国所有省市，初步形成了具有自主知识产权的特许经营连锁体系。

商业物流社会化程度提高。物流设施加快发展，在空间布局上与物流基地配套，构成物流网络体系，建设物流枢纽、厂商采购分销物流平台，一些大型企业拥有的物流资源经过改造升级，强化了物流功能，如仓储、运输、分拣、配送、包装等，物流配送中心将服务对象从企业内扩展到企业外，承接其他企业的物流配送业务，一些企业将物流配送业务委托给第三方物流企业承担，成为第三方物流的新生力量。与国内外大型、品牌厂商合作，经过业务整合，成为符合厂家、商家要求的分销库、配送中心，有的成为厂家、商家的代理商、存货商、运输商、配送商或流通加工基地等，为客户提供物流服务。

流通信息化建设加速。商贸服务业信息化建设起步较早，把计算机辅助企业管理引入管理信息系统，在大型企业中广泛应用销售支付终端（POS），推广应用条形码和多种银行卡互通互联技术，并探索现代物流配送和网上购物等技术的应用。电子商务从无到有，稳步发展，交易规模持续扩大。网上销售是流通业现代化水平的重要标志，企业网上销售增加，2005年交易额达53亿元。银行卡刷卡消费逐渐普及。各级商业管理部门实现办公自动化。

第四，改革开放不断深化，多元主体共同发展。

不断推进改革，坚持市场导向，商品购销放开，“三多一少”（多种经济成分，多种流通渠道，多种经营方式，少流通环节）；以改革批发体制为特征，主要以站、司合并和建立工业品贸易中心为内容；完善企业承包经营和改革商业管理体制；整顿流通秩序，稳定市场，稳定物价，提高经济效益；国合商业企业实行经营、价格、分配、用工放开，推行股份制改造、“公有民营”改革，抓大放小，推进产权制度改革，建立现代企业制度，商业经济领域初步建立起社会主义市场经济体系。企业经过多次改革，大多焕发了青春。在激烈的国内外市场竞争中，商贸企业历练内功，做大做强，显示出雄厚的实力和蓬勃的发展生机，竞争能力增强。2005年限额以上批发贸易企业499户，零售企业408户，餐饮企业237户。并涌现出重庆商社及重百、新世纪等一批规模大、市场竞争能力强的骨干企业。

2001年国家加入世界贸易组织后，沃尔玛、家乐福、易初莲花等国际知名商业跨国公司加快了在重庆发展的步伐。2005年外商直接投资企业批发零售业14个，累计20个；协议投资额3969万美元，至当年底累计21375万美元；实际利用外资额809万美元，累计975万美元。住宿餐饮业16个，累计190个；协议投资额1254万美元，至当年底累计20690万美元；实际利用外资额257万美元，累计12345万美元。在外商投资零售企业店铺中，世界著名品牌的专业店、专卖店重点选址在商业繁华地段的大型商业设施内，经营服装、体育用品、新型建筑材料、机械电子设备等。国内商业合作广泛，王府井百货、永辉超市等流通企业纷至沓来。2005年实际利用内资批发零售业146820万元，住宿餐饮业39728万元。

多种经济并存发展，市场主体日趋多元化。打破了国有、集体流通企业一统天下的局面。商贸流通业成为个体、私营等非公有制经济起步最早和发展最快的领域，多元化流通组织得到了充分发展。在全市社会消费品零售总额中，非公有制经济所占比重由1986年的26.5%上升到2005年67.1%，国有企业比重由37.2%下降到8.6%，集体企业比重从33.4%下降到1.7%；港澳台经济和外商投资企业2005年社会消费品零售额263718万元，占2.2%。

第五，行业管理优化，实现有序发展。

整顿规范市场秩序。开展多次整顿，规范市场秩序，商业服务业市场秩序明显好转，供零关系改善。执行《直销管理条例》《商业特许经营管理条例》《生猪屠宰管理条例》等法规，先后出台了相关规定和管理规范，规范了市场主体；规范了市场客体，杜绝假冒伪劣商品、有毒有害商品流入市场；规范了市场运行，有效治理各种违法乱纪行为。积极推进涉及商品流通服务、居民生活服务、流通加工服务等商业服务业标准建设，如火锅、洗染业等服务质量标准，对提升行业管理、技术水平发挥了积极作用。规范和强化了执法监督，严格行政执法，商业流通市场健康运行。

建立市场运行监测体系。2003年开始建立市场信息系统，到2005年建立起对生活必需品、重要生产资料、重点流通企业和特殊内贸行业管理等的4个直报监测系统，设立172个重要生产生活资料监测点，对600种商品进行统计监测，并重点对成品油、食品等12种生产生活必需品实行监测。监测频率越来越密，准确率和时效性不断增强，为政府决策提供了重要依据，保证了信息畅通、调控及时，重要消费品市场供应充足，商品丰富，价格基本稳定。

建立了生活必需品应急体系和储备制度。建立了由产销企业、物流配送企业和大型商业企业组成的商品应急保供体系，紧急组织物资，确保在应急状态下市场渠道畅通。随着消费品市场逐步放开，特别是经历自然灾害及“非典”疫情、禽流感等突发事件引起的市场波动后，建立了生活必需品包括粮油、副食品、应急必需品储备体系，确保关系民生的消费品不脱销、不断档。

流通产业各行业竞相发展。从零售行业到批发行业，从餐饮业到美容服务业、装饰装修业、汽车服务业等各种新兴消费服务行业，从典当、拍卖、租赁等传统商品流通行业到电子商务等现代商品交易行业，呈现出了竞相快速发展态势。

餐饮业规模扩大，产业化水平提升。2005年全市餐饮企业（店）7万余家（个），营业额162亿元。10亿元以上有2家，有14家餐饮企业进入全国餐饮百强。餐饮的特色优势日益显现，重庆火锅、渝菜、小吃异彩纷呈，花样繁多，从老重庆的风味特色小吃、老字号到正餐，从全国各地的民俗风味到八大菜系，从洋快餐到洋大餐，从茶馆到酒吧、咖啡厅等，都在重庆消费市场上争奇斗艳。这段时期，全市餐饮市场形成了特色餐饮消费圈，既有满足高档消费的星级酒楼、饭店，也有满足家常消费的实惠、便利餐馆。此外，休闲餐饮、农家餐饮等以独特的经营环境和菜肴优势，吸引着八方来客。2005年限额以上住宿餐饮企业营业收入42亿元，其中餐费26.51亿元，餐位46万个，床位19.1万个。

生活服务业快速发展。随着城镇居民生活水平的提高，现代生活内涵的放大，大量非公经济和中小投资者涌入与人民生活息息相关的洗染、理发、浴池、照相、修理、家政等生活服务业，面向需求快速增长的市场，顺应消费结构升级，服务方式和经营模式都发生了巨大的变化，带动了传统的洗染业向现代洗衣业发展；单一的理发业向美容美发业发展；浴池业向洗浴休闲业发展；照相业的规模和现代化水平不断提高，彩色摄影和彩色扩印业务逐渐增多，婚纱影楼逐步发展起来；修理服务的范围和项目扩大到家用电器等居民生活日用品乃至机动车、4S店等生产、办公用品；家务劳动社会化程度提高，带动了家政服务业发展。

以食品安全为主，加强屠宰、酒类等商品管理，加大力度推行机械化屠宰，生产品牌产品，保障老百姓放心消费、安全消费。

特殊流通业发展与现代化建设相适应，成品油及加油站有序安全经营，满足经济发展需要。加快对再生资源回收市场的规划，每区县都有废旧物资回收公司，再生资源回收业步入健康有序发展。报废汽车回收拆解业有序发展。

改革开放释放了消费者对融资融物的需求，带动了租赁、典当、拍卖业的发展。拍卖发展快速。租赁业以其特有的商品流通方式为生产、生活开辟了新的融资融物渠道和消费方式，业务范围涉及金融、建筑设施、汽车、机电设备、办公设备、电子计算机、音响设备、商业设施、房屋、儿童用品等数十个行业，租赁业市场进入快速成长期。

第六，消费水平逐渐提高，消费结构升级。

商贸服务业市场化程度进一步提高。市场机制在资源配置中的基础性作用得到比较充分的发挥，商品几乎全由市场决定商品价格。由于改革初期价格调整、票证取消、消费品升级换代等原因，加快对商品购销体制改革，商品市场随之发生深刻变化，消费品市场从计划经济下的供给严重短缺发展到社会主义市场经济下的供求持续平衡、供大于求，商品供求结构从严重失调到基本适销对路，商品供求关系趋于平衡，供求结构调整加快，买方市场特征显著，消费者需求饥渴现象基本消除，理智选购取代盲目抢购，消费心理逐渐成熟，商业流通企业从以量取胜转向以质取胜，消费品供给量充足，品种更加丰富，满足了各类消费者多层次消费的需求。

商品结构顺应消费升级。随着经济的迅速发展和社会的显著进步，城乡人民生活有了显著改善，消费结构不断优化；恩格尔系数逐年下降，1978 年城市为 61.9%，农村为 72.9%。在居民商品消费支出不断增加的同时，服务消费支出不断增长。经历了三次消费升级：第一次是 20 世纪 80 年代初，以手表、自行车、缝纫机“老三件”为代表；第二次是 20 世纪 80 年代中期，以电视机、电冰箱、洗衣机“新三件”为代表；第三次是从 20 世纪末 21 世纪初，以通信、电脑、汽车、住房为主导的消费升级。随着居民收入大幅度提高和住房体制改革，汽车、住房及食品类和衣着类、日用品类和燃料类和与此相关的建材、家居等商品，逐渐成为居民家庭消费的热点。2005 年城市居民人均消费性支出 8623 元，每百户城市家庭拥有家用汽车 0.7 辆，家用电脑 51.3 台，移动电话 154.3 部，彩色电视机 155.3 台，空调 156.7 台。农村人均生活消费支出 2142 元，食品类、衣着类消费品下降，日用品类、燃料类消费品上升。

20 年重庆商业发展历程，是改革开放、开拓奋进的 20 年，是沧桑巨变、春华秋实的 20 年。这 20 年，重庆上上下下坚持解放思想、实事求是、与时俱进，深化改革，扩大开放，克难求进，开拓创新，重庆商贸经济实力和可持续发展能力明显增强。重庆商贸现在已经站在了一个新的历史起点上，正在昂首奋进。

大 事 记

1986 年

1 月 1 日　全市最大的食品贸易市场——重庆市食品贸易中心正式开业。

2 月 18 日　市委批复市委财贸政治部，同意设立中共重庆商学院筹建领导小组临时党委，宗树义为临时党委书记。

2 月 28 日　重庆市 184 个零售企业（门市）获中共重庆市委、市政府授予的“百家文明商店”称号。

3 月 11 日　张文彬任市财贸工作办公室主任。

5 月　重庆市商业储运公司所属的“金竹宫”游乐场投入运营。这是利用人防工事建成的商业贸易游乐中心。

是月　市中区八一路好吃街全部完工开业。

6 月 25 日　中共重庆市委财贸政治部向市第一商业局、第二商业局、市粮食局、市供销社党（组）委下发文件，决定从 7 月 1 日起，将市级商贸县级企业、学校、单位的现职党政正职领导干部收归市委财贸政治部管理并任免。

8 月 27 日　市委、市政府奖赠杨家坪饮食服务公司东风餐厅“服务典范”金匾。

8 月 28 日　重庆市主城区第一个军民共建的歇台子农贸集市建成投入使用。

8 月　经市政府批准的国营零售企业联销计酬制在饮食服务业试行。

9 月 3 日　市委、市政府决定全面推行厂长（经理）负责制，全市商贸行业遵照执行。

9 月 10 日　全国第一个钢材专营市场在重庆开业，地址在市中区解放西路 172 号三楼，有交易场地 400 平方米。市政府批准由市物资局开办钢材专营市场。

是日　重庆市放开自行车、黑白电视机、收录机、洗衣机、电冰箱、80 支以上的纯棉纱及其织物和中长纤维布等 7 种消费工业品价格。

9 月 20 日　全市规模最大、设施最好的综合性农贸市场——石桥铺农贸市场开业。

9 月　经市政府批准，重庆工贸中心成立交易所，开展中介服务。有中介服务人员（经纪人）109 人，通过经纪人牵线搭桥，引缺泄余，支持生产，搞活流通。

是月　市饮食服务公司七星岗总店对濒临倒闭的“锦江春”食店实行面向社会招标租赁，个体户周福池租赁该食店，开创个人租赁国有小企业先例。

是月　九龙坡区杨家坪蔬菜批发市场建立，日批发蔬菜量 5 万 ~6 万千克。

11 月 20 日　九龙坡区李家沱饮食服务公司将国有小型饮食店“合园食店”公开拍卖给私人经营。这是重庆市第一家转让给私人的国有小型商业企业。

11月　市中区群益公司、沙坪坝区渝江商场、九龙坡区杨家坪日用工业品公司、涪陵市商业贸易公司等25个单位，以“平等自愿、互惠互利”的原则，成立重庆集体商业经济联合会。

12月16日　重庆市第一家以农副产品为原料的中外合资企业——庆红食品有限公司正式开业。

12月31日　重庆百货大楼改建竣工。

1987年

1月1日　在成都、重庆等17个地市开始办理活期储蓄异地通存通取业务。

1月7日　重庆市第一家股份制企业——重庆中药股份有限公司正式成立。

1月8日—9日　由市第一商业局牵头，百货、针织、纺织、五金、交电、化工6个二级站和工业品贸易中心、重百大楼等8个单位200多人推出5000余种商品，在永川举办工业品下乡迎春展销会，成交额210余万元。

1月21日　市政府印发《关于加强物价管理保持物价基本稳定的通知》，要求市财办牵头，相关部门参加，成立市场粮价协调小组，议定购销指导价，对集市粮食价格必要时规定最高限价。

1月　对重庆市第二财贸学校试行校长负责制。

2月10日　重庆市第一家中外合资饭店——重庆饭店举行开业典礼。该饭店是经经贸部和市政府批准，重庆市饮食服务公司与香港法华工商发展有限公司合资，按国际三星级标准改建的。

2月10日　市第一商业局召开双文明表彰大会，对30名双文明标兵、30个双文明单位、167个先进集体、835名先进个人和116个五好家庭进行表彰。

2月24日　市财办做出决定，对粮食、生猪、蔬菜、食用油、食盐、食糖、石油、肥皂、化肥等10种商品建立定期报告制，以加强调控，稳定市场。

2月27日　市委在重百大楼召开“四职”教育现场汇报会。会上听取重百大楼、市委财贸政治部开展“四职”教育汇报，市委书记廖伯康出席会议并讲话。

3月7日　重庆两路口百货公司将康泰百货商店公开招标，实行个人租赁。这是重庆市第一家经营日用工业品的租赁企业。

3月18日　为抓好蔬菜“春淡”，保证市场供应，受市长肖秧委托，市政府蔬菜副食品领导小组组长张文彬召开紧急会议，做出“菜园子”抓抗旱、“菜篮子”抓渡淡部署。

3月19日—21日　市政府在巴县鱼洞召开全市财贸工作会议。传达全国商业、粮食、供销社工作会议精神。市财办主任张文彬做财贸工作报告，表彰全市财贸系统“四职”教育先进单位和个人，副市长黄冶做总结报告，市长肖秧到会做讲话。

3月21日　市农委、市计委、市财办联合发出《关于做好合同定购粮食的化肥、柴油挂钩工作的通知》，要求各地认真贯彻落实“粮肥、粮油、预购定金”三挂钩的政策。

3月30日　由北京、上海、天津、广州、重庆等13个城市的16家大型百货零售企业组织的贸易联合会在重百大楼召开第八次会议。商业部部长刘毅为会议题词，重庆市顾委会副主任王效才、副市长孙同川及有关部门负责人出席开幕式。会上签订电视机、电冰箱产销合同。

4月23日　市财办主任张文彬率领市第一商业局、市第二商业局、市粮食局、市供销社负责人到江北县隆仁乡研究扶贫办法，确定具体扶贫措施。

是日　市财办召集市第一商业局、市第二商业局 、市供销社、市粮食局和近郊区财办、部分市级公司负责人，就“五一”节市场供应问题做出部署。

4月28日　市委、市政府在市百货站召集工商双方举行“重庆市促进工商联营”经验交流会，会上6个单位代表做了大会交流发言，市委书记廖伯康、副市长黄冶讲话。

是日　市财办在南岸区召开区县“双增双节”经验交流会，北碚、南岸、潼南3个区县代表做大会交流发言。

4月29日，市委、市政府在巴县召开深化供销社体制改革汇报会。市委书记廖伯康、副市长黄冶、市农委主任肖祖修以及有关部门负责人参加会议。会议由市财办主任张文彬主持，市供销社、接龙供销社、静观供销社、市棉麻公司介绍改革情况和经验，以及深化改革打算。市委书记廖伯康讲话。

5月11日　市财办召开商业体制改革调查研究会议。会议由市财办主任张文彬主持，市体改委、市委研究室、市级商业各局和有关公司领导参加会议。会议提出商业体制改革调查研究10个课题。

5月15日　市财办发出通知，要求全市商业企业集中一段时间全面开展清仓查库、挖掘资金潜力的活动，并提出清仓查库工作具体要求。

5月21日　市财办先后在市物资回收公司、市商业储运公司和市税务局举办3期商品保本保利期管理培训班。重点讲授ABC管理法和商品保本保利期管理原则及方法，并放映有关录像。参加单位137个，财会、业务、企管人员共350多人次。

5月25日　市财办针对生猪上市量减少、价格上涨等情况，召集市第二商业局及市、区食品公司领导，对生猪产销形势及问题进行分析，并拟定6条对策。

5月27日　市财办印发《开展增产节约增收节支劳动竞赛的通知》，并制订市级商业企业增产节约、增收节支劳动竞赛办法。

5月　重庆上桥果品批发交易市场开业。是西南地区有较大影响的大型果品批发交易市场，对外承担重庆铁路局东站水果货场业务，对内是重庆市干菜果品公司独立核算单位。该市场以万吨果品冷库为依托，占地3万多平方米，面积为4000平方米，日堆放果品量180万千克。

6月1日　经市政府批准，重庆市实行酒类专卖零售许可证制度。经过审核鉴定，全市已正式发放零售许可证40875家，其中全民2393家、集体13672家、个体24801家、其他9家。

6月5日　重庆市代商业部储备冻肉4500吨，每吨上调100元，每吨带骨冻肉由2580～2630元调至2680～2730元。

6月10日　市蔬菜副食品领导小组召开蔬菜工作紧急会议，决定采取有力措施，缓解蔬菜供需矛盾。参加会议的有近郊八区分管蔬菜副区长、农财办主任、蔬菜办主任、商业局局长，市农委、市财办、市财政局、市农牧渔业局、市第二商业局、市物价局、农业银行重庆分行等单位负责人及市区两级蔬菜公司经理。市蔬菜副食品领导小组组长、市财办主任张文彬就蔬菜产销工作提出具体意见和要求。

7月1日　西南地区最大的农贸市场——观音桥农贸市场开业。

是日　市政府颁发《关于深化我市农村供销社体制改革的意见》。

7月3日　市财办确定207个推行规范服务示范单位，逐步实行优质服务规范化、标准化。

7月9日　市财办响应市政府“千人干部下基层”的号召，组织财贸系统104名干部深入基层，帮助企业开展“双增双节”运动和深化企业内部改革。

7月10日　市财办、市第二商业局在市蔬菜公司召开首次秋淡季业务调度会，做出安排意见，以缓解蔬菜供应偏紧状况。

是日　市糖果糕点协会成立，市政府授权该协会对糖果糕点进行监督。

8月13日　市化工公司、市五金公司、市糖酒公司和市中区两路口百货公司等4家商业企业试行企业经营责任制。

8月15日　为控制食糖销售，保障城乡人民用糖基本需要，全市食糖供应实行凭票（证）限量供应的临时措施。

8月20日　针对个别地区出现争购肥皂、部分门市肥皂脱销断档的情况，市财办对肥皂市场供应和货源做了安排部署。

9月2日　首次全国商业、供销系统商品包装展评选揭晓，共评出360个优秀包装。重庆市参展的201个样品获奖17个，其中一等奖1个、二等奖4个、三等奖11个、进步奖1个。

9月8日　市财办在市针织公司召开现场会，市级商业、供销、粮食系统公司经理参加会议，推广针织公司环环搞核算、层层搞承包、责权利结合、奖惩逗硬的企业内部改革经验。

9月12日　市百货批发公司对内部15个分公司实行内部承包责任制，分公司经理全部实行公开招标招聘。这是重庆市第一家全面引入竞争机制、公开招聘中层干部的大型批发企业。

9月15日　市政府批转市财办、市体改委等5家单位《关于在市级国营商业、供销社企业实行承包经营责任制的意见》，至此重庆市23家商业企业试行承包经营责任制。

10月1日　重庆市服装、鞋帽业划归纺织部门管理。

10月16日　市政府授予张长生等975人一、二级厨师（技师）职称。

10月25日　合川县食品厂民主选举厂长，肖德本当选。这是重庆市第一家职工直接选举厂长（经理）的市级大中型商业企业。

10月26日　江津县煤建公司建筑装饰材料经营部实行资产股份制，股份由公有股72.3%、集体股19.5%、个人股8.2%组成，并经股东大会选举产生董事会，实行董事会领导下的经理负责制。这是重庆市第一家实行股份制的全民商业企业。

10月30日　市商业企业改革指导小组召开会议，研究商业企业税后利润承包的试行办法，并部署下一步工作。会上要求有关单位互相配合，力争在年底将大部分市级商业企业承包经营责任制落实到位。

11月19日　市委组织部批准重庆商学院筹备组党的组织关系从中共重庆市委财贸政治部划转中共重庆市委宣传部。

11月　重庆朝天门综合交易市场动工改建。

12月1日　重庆商学院正式成立。

12月4日　实行租赁经营的蓉味轩食店承租连续亏损的霄香馆，迈出重庆市商业企业群体租赁第一步。

12月6日　市财办、市第二商业局、市食品公司分别组织13个组到近郊各区检查市场。

12月10日　经市委、市政府批准，重庆市猪肉供应实行凭票定量供应。定量以外，全部放开，实行议购议销。

12月14日　市财办授予吴万里等12人特二级厨（技）师技术职称。

12月30日　经商业部、市政府批准，重庆市16个商办工业产品获部、市优质产品称号，其中兰香园食品厂玉兰牌蛋黄圆等5个产品获部优产品称号，合川酒厂38度阳城大曲等11个产品获市优产品称号。

是日　全市商办工业产值首次突破10亿元大关。

1988 年

1月　重庆市出现高档商品抢购风，主要抢购对象是彩电、电冰箱、洗衣机、纯毛华达呢、毛线、毛毯、鸭绒被、呢大衣、肥皂、洗衣粉、床单、纯白布等。

3月　重庆市出现第二次抢购风，抢购肥皂、洗衣粉、白布、被单布、内衣等商品。

4月1日　市政府取消城市居民猪肉凭票定量供应办法。

4月27日　朝天门综合交易市场正式开市。

5月9日　成立重庆市烹饪协会。

5月　重庆市出现第三次抢购风，抢购高档家电、洗涤用品和棉针织品。

8月　重庆市出现第四次抢购风，抢购商品重点是床上用品、搪瓷制品、毛纺制品、家用电器等价值较高的工业品。

是月　章必果任市财办主任，张文彬调市政府工作。

是月　杜金平任市第一商业局局长。

8月25日　市政府批准在市交电批发公司、重百试办特价商场（专柜），特价商品暂定为市内外彩色电视机、电冰箱、名牌自行车、摩托车4种。零售价格按“买得进、卖得出、随行就市、相对稳定”原则由企业自行决定。

1989 年

1月25日—2月10日　重庆市开展“美食月”展销活动。其间参展单位营业收入199万元，供应服务55.6万人次。

8月25日　重庆百货大楼、华华公司、市化工批发公司、会仙楼商场、市农业生产资料公司、市日用杂品公司等6家商业企业通过报纸、电视、电台率先向全市商业企业发起坚决抵制假冒伪劣商品的倡议，坚决抵制伪劣商品，做到“六不”经销。

9月30日　重庆市首届对外经济技术贸易洽谈会在重庆工业品贸易中心举行。

9月　重庆山城饭店被商业部授予“全国商业先进企业”称号。

11月18日—25日　由重庆市五金批发公司与上海五金机械公司联合举办的全国五金商品首次交流会在渝举行，来自全国五金工商企业的代表8000多人参会，香港地区和日本实业界人士专程到会洽谈业务。到会参展和交流的五金商品共2万多种，成交总额8.7亿元。

是年　重庆市“老四川灯影牛肉”获商业部饮食业优质产品金鼎奖。

是年　重庆饭店首次获国家旅游局颁发的三星级饭店证书和标志牌。

1990 年

4月　市第二商业局向企事业单位、学校食堂提供2500吨优惠冻猪肉，每500克整边肉售价

1.8元，比集市价低0.4~0.5元。

5月23日　重庆市第一个民间商业社团——市中区糖果糕点副食业同业公会成立。

6月11日　市政府确定解放碑地区为步行街，启动商业步行街改造建设。

6月15日　西南地区最先进的食品厂——重庆新渝食品厂建成。该厂引进国外先进生产线，由商业部和市政府投资1000余万元兴建。

7月2日　6月下旬后菜价暴跌，番茄、茄子、青椒集市批发价每500克从1角到几分不等。市政府采取保护菜农措施，制订最低收购保护价每500克1角；发动国营、集体商业单位千方百计向市内外推销。

7月10日　经国务院批准洗衣粉和肥皂价格上调，重庆产鹅牌洗衣粉每500克由1.76元调为1.90元，蜀秀洗衣粉每500克由1.85元调为2元；重庆肥皂（300克）每条由0.89元调为1.05元。调幅低于全国平均水平。

7月17日　重庆经济协作区首次名优特新产品交易会在西南经济协作大厦举行，来自全国各地的400多家企业的3500余种产品参展，成交额达7亿元，重庆地区产品占销售量的80%。

8月　颐之时大酒楼被四川省政府正式命名为省级先进企业。

9月15日　重庆市群林市场国货精品商场开业，结束了西南地区无专营国货精品商店的历史。

9月18日　西南五省（区）六方第六届商品交易会在重庆工贸大厦举行。应邀参展单位1000余个，参展货源金额逾25亿元，展品有23个大类上万品种，其中重庆市展品约占1/4。

10月1日　重庆市油脂公司江北油脂储炼厂色拉油成套设备生产线项目投产问市。

12月5日—7日　市经委、市供销社在南坪物资贸易中心联合举办重庆经济协作区农村市场商品订货交流会，总成交额20923万元。

12月6日—24日　常务副市长张文彬率一商、二商、粮食、供销、税务、工商、财政等部门负责人和部分企业负责人考察沿海地区，在总结青木关供销社改革经验的基础上提出商业经营、价格、分配、用工“四放开”办法。

12月23日　渝北区商业大厦开业，建筑面积逾2万平方米，投资2000万元，是重庆市北大门的商贸中心。

1991年

1月13日　市政府实行商业经营、价格、分配、用工“四放开”改革试点，正式明确两路口百货、大石坝工矿贸易公司等11家为试点单位。

1月15日　市财办决定市国营、集体商业企业实行经营放开、价格放开、分配放开和用工放开。

2月10日　坐落在市中心的重庆商业大厦正式营业，投资上亿元，主楼35层，建筑面积6.97万平方米，是迄今重庆市面积最大、楼层最多最高、功能最齐全、设施最完善的商业建筑。

2月15日　具有民族特色、古朴典雅的川剧卡拉OK茶楼——巴渝茶楼开业。

3月13日　中共中央政治局常委、书记处书记李瑞环在四川省委书记杨汝岱、副书记聂荣贵陪同下，到重庆考察大阳沟副食品商场等工商企业。

4月12日　重庆商业大厦全体成员进行劳动合同签字，从而实现重庆用工制度的重大突破——

全员劳动合同化管理。

4月14日　重庆市参加在北京举办的全国“菜篮子”工程成果及技术交易会，获综合奖银奖。

6月15日　市编委就加强区县财贸工作机构有关问题发出通知，12个县均单独设立财贸办公室，并明确人员编制、主要任务和职责。

8月17日　市政府印发《〈重庆市商业零售企业“四放开”改革试行办法〉的通知》。

10月10日　全国纺织品交易会在重庆开幕，5000余人参加交易会，全国数千家企业的8万余个品种参展，可供现货商品约25亿元。

10月18日　全市首家拍卖市场开业，结束了重庆市无专业拍卖市场的历史。

11月　林万银任市财办主任、党组书记，章必果调市政府工作。

11月1日—5日　由商业部、国家体改委联合召开的全国搞好国合商业座谈会在渝州宾馆召开，国务院副总理田纪云和商业部、国家体改委及省市负责人出席座谈会，对重庆市商业“四放开”做出高度评价。

11月14日　市政府明确市第一商业局是民用液化石油气经营的主管部门，国营燃料公司为民用液化石油气的主营单位，禁止私营企业和个体工商户从事此项经营。

12月13日　重庆市蔬菜基地一期工程竣工。该工程从1989年6月开工以来筹集资金1500多万元，建成工程项目480多个。

是年　重百大楼获得全国总工会颁发的“全国五一劳动奖状”。

1992年

1月25日　重庆肉联产销联合体成立。该联合体由市食品公司、重庆肉联厂等26个单位组成，固定资产2.2亿元，冷库25座，冷藏容量5.8万吨，年宰杀生猪300万头以上。

2月28日　西南地区最大的现代化生猪交易市场在荣昌县落成，占地1.5万平方米，总投资220万元，可一次接纳仔猪4500头。已有40户经营户进场交易。

3月6日　重庆百货大楼1360名职工签订全员劳动合同。

3月14日　商业部部长胡平在全国商业工作会议上宣布全国商业推行重庆的“四放开”经验。

5月14日　市财办在江北县召开现场会，向全市商业系统总结推广江北县“双保”经营责任制成功经验，并在6000余家边小微亏损门点试行。

5月　国务院批准重庆为沿江开放城市。

是月　南岸区供销社组建全市区县级第一家商业企业集团——南岸区供销社（集团）有限公司。

9月8日　菜园坝综合交易市场一期工程竣工开业，面积14000平方米，2000个摊位，结束了重庆火车站只有大交通、没有大流通的历史。

9月17日　四川省首届巴蜀食品节在成都市开幕，重庆市108个企业的500多个产品参展，成交额9013万元。重庆食品工业跻身全省食品工业企业百强的有18家，总量排在第一。

11月1日　重庆友谊华侨公司开业。该公司前身为友谊商店，主要以港澳台客人和外宾为服务对象，营业面积8000平方米，90%以上的商品是进口或沿海“三资”企业精品。

11月12日　国务院总理李鹏一行在杨汝岱、张皓若、肖秧、孙同川等省市领导陪同下视察重百大楼，在听取四川省与重庆市工作汇报后，李鹏再次肯定商业“四放开”方向。

是年　重庆市粮油价格全面放开。

是年　全面开展商业“四放开”改革。“四放开”规范化企业占“四放开”企业总数的80%。

是年　商业对外开放实现“零”的突破，与美国、日本、新加坡等国家和地区洽谈合资项目50余个，兴办都市房地产开发有限公司、华丹奴实业有限公司、基良房地产开发有限公司、华王食品有限公司、东福食品实业有限公司等18家“三资”企业，利用外资3700万美元，协议利用外资1400万美元。

是年　重百大楼经批准实行股份制改造，向社会募集资金。

1993年

2月24日　市第二商业局批复重庆商业职工大学与重庆龙门建设实业开发总公司合并。

4月8日　全市第一个饮料专业批发市场——重庆饮料食品批发交易市场在市中区道门口开市交易。该市场是重庆市第二商业局、市工商局为建设大市场、发展大流通、搞活大商业联合兴办的一家饮料专业批发市场。市场使用面积1100平方米，场内设有120多个摊位，可同时容纳100余户生产厂家、经营商入场交易。

4月18日　西部地区首家集现货、期货为一体的交易场所——重庆生产资料交易所开业。

5月25日　重庆市第一家市级大型、全方位、高层次的图书市场——西南图书批发市场开业。

6月　重庆菜园坝小商品市场投入营运。该市场是重庆市迄今最大的室内小商品市场，位于重庆火车站旁，营业面积2万平方米，总摊位2710个，门面开间110间，库房4000平方米，进场经营者6000余人。

7月12日　重庆市首批上市公司“西南药业”“渝开发”“渝太白”分别在上海、深圳证券交易所上市交易。

11月　梨树湾石油液化气站投入运行。这是市燃料公司建成的全市第一个液化石油气储配站，工程总投资758万元，可为2.6万用户提供民用燃气。

是年　重庆百货大楼股份有限公司正式挂牌。

1994年

1月11日　中共中央政治局委员、国务委员兼国家体改委主任李铁映在四川省副省长蒲海清、重庆市委书记孙同川陪同下，视察重庆商品交易所（原重庆生产资料交易所）。

1月　西南地区最具特色的机动车交易市场——重庆杨家坪分市场建成。该市场总投资1.5亿元，建筑面积20万平方米。

3月　江北区观音桥农副产品市场被国家工商总局评选为1993年全国农贸市场百强，在全国50个农副产品市场中名列第九位。该市场1993年销售量2.6亿千克，成交额6亿元，客流量日均2万人次，为重庆市最大的农副产品市场。

6月30日　重庆市在北京中国国际展览中心举办的第五届亚太国际贸易博览会上有10种食品

获金奖，1 种食品获银奖。

7 月 19 日　重庆地区最大的室内汽车展场开业。该展场位于江北县龙溪镇花卉园处，场内可停放各类汽车 60 多辆。

7 月 25 日　市政府决定在近郊区抛售 3000 吨市级储备冻猪肉，并动用部分风险调节基金稳定市场肉价，规定零售价每 500 克不超过 5 元。

9 月 10 日　市财办制定重庆市商业企业类型划分标准。即小型企业年销售（营业）额 1000 万元，中型（二类）企业年销售（营业）额 1000 万元～3000 万元，中型（一类）企业年销售（营业）额 3000 万元～5000 万元，大型（二类）企业年销售（营业）额 5000 万元～10000 万元，大型（一类）企业年销售（营业）额 10000 万元～50000 万元，特大型企业年销售（营业）额 50000 万元以上。

12 月 9 日—12 日　中国烹饪协会第二届第二次理事会在重庆市召开，来自全国各省、自治区、直辖市烹协的 100 多名代表参加会议。

12 月 26 日　重庆万德福食品有限公司创立，成为重庆市首批 60 户试点企业之一。

是年　中国西部鞋城始建，是以璧山县交易中心为纽带、以生产基地为依托的大型鞋城。

是年　重庆洁诚洗染连锁公司创建。

1995 年

2 月 20 日　市政府决定关闭南坪药品市场。

3 月 12 日—14 日　中国人像摄影学会第八届人像摄影展览评选工作座谈会在渝召开。来自北京、天津、上海、武汉、成都、重庆等 27 个城市的 50 余名代表参加会议。市人大常委会、市财办、市第二商业局领导到会并讲话。重庆市“童真”“藏爱”“从两个人开始”等 3 幅作品入选。

5 月 27 日　朝天门综合交易市场发生特大火灾，烧毁交易市场第三区第六、七楼 2700 多平方米的设施和全部商品。

9 月 28 日　全市粮食定购任务提前完成，51.6 万吨合同定购粮食全部入库，进度居四川省第一。

10 月 20 日　天星桥农副产品中心批发市场落成。

11 月 8 日　重庆市饮食业第一家获国内贸易部授予“中华老字号”称号的桥头火锅挂牌。

12 月 2 日　渝中区新生市场发生火灾，11 户居民住房被烧毁。

是年　经市政府推荐，国内贸易部审查批准，重庆钢材市场正式成为西南地区首家钢材中心批发市场。

是年　经重庆市职业技能鉴定指导中心审查，重庆市劳动局批准，全市饮食服务业首批建立重庆市饮食服务公司国家职业技能鉴定所、国内贸易部重庆烹饪技能培训中心国家职业技能鉴定所、重庆饮食服务技工学校国家职业技能鉴定站等 3 个国家职业技能鉴定所（站）。

是年　重庆市首次对中式烹调、中式面点、中餐厅服务、旅店服务、理发等工种进行技师评聘。此次评聘由市劳动局、市第二商业局、市工人考核委员会联合组织。首批评聘在市饮食服务公司范围内进行，市劳动局、市第二商业局审核批准后正式授予技师称号。此次共评出技师 34 人，其中中式烹调技师 13 人、中式面点技师 7 人、中餐厅服务技师 4 人、理发技师 10 人。此次被评为技师的大部分是1992年以前获得特级厨师职称和1993年参加全国烹饪大赛中得奖的厨师。

1996年

1月1日　粮食改革实行两条线运行。

7月2日　重庆百货大楼股份有限公司“重庆百货”在上海证券交易所成功上市。

7月25日　重庆市第十二届人民代表大会常务委员会第二十一次会议审议通过《重庆市商业网点建设管理条例》，8月19日四川省第八届人民代表大会常务委员会第二十二次会议批准，自公布之日起施行。

12月26日　新组建重庆商社（集团）。该集团是大型国有商业企业，在市交电公司、化工公司、五金公司基础上，与新成立的新世纪百货公司组建而成。

是年　重庆市组团参加四川省首届烹饪比赛，获团体金奖。

1997年

5月　市委宣传部、市财办、市文化局、市旅游局、市外经贸委、市工商局等6家单位共同发起举办的1997中国旅游年首届重庆火锅文化节在重庆龙阁火锅娱乐广场开幕，全市共有50余家火锅经营企业及部分新闻媒体参加，其中包括桥头火锅、一四一火锅等老字号国有企业及近年来涌现出的私营火锅业中的佼佼者小天鹅、龙阁、维也纳、三五、Y火锅等。活动历时1个月，各经营店通过展卖、操作表演、座谈等形式相互交流经验，探讨火锅发展前景，弘扬重庆火锅文化，共同为发展重庆火锅出谋划策。

是月　重庆和平药房连锁有限责任公司始建，其前身是位于解放碑邹容路100号的和平药房。

6月18日　重庆直辖市挂牌揭幕。

7月30日　王学斯任重庆市商业委员会主任。

8月5日　重庆市商业改革与发展战略研讨会举行，国家体改委副主任邵秉仁、重庆市市长蒲海清在会上讲话，市领导张文彬、章必果等出席会议。

8月19日　市级机关实施党政机构设置方案工作会议召开，市商委位列47个政府工作机构中。

8月　美国肯德基在重庆会仙楼宾馆开设连锁店，德克士炸鸡、意大利比萨饼连锁店相继开业。

10月30日　西南地区首家城市消费合作社——重庆南岸城市消费合作社成立。这是中华全国供销合作总社在西南地区设立的首家城市消费合作社试点单位。

11月24日　市政府制定出台《重庆市商贸流通改革与发展纲要》。

11月27日　《中共重庆市委　重庆市人民政府关于加快商贸流通产业发展的决定》出台。

11月　市商业储运公司朝天门旧货市场正式开业。该市场是重庆市最大的旧货市场，面积5000平方米，交易摊位224个，为国内贸易部定点旧货市场之一。

12月2日　市长蒲海清出席全市商贸流通工作会并做总结讲话。

12月5日—7日　由重庆市烹饪协会、重庆饮食服务股份有限公司、小洞天饮食集团公司组团参加国内贸易部、中国烹饪协会在杭州主办的首届全国“中华名小吃”评定活动。有29个省、自治区、直辖市的368个品种参加评审认定，重庆市有7种小吃被评为“中华名小吃”，分别是老四川大酒楼的“灯影牛肉”“精毛牛肉”，熙之时大酒楼的“绿沙灵芝酥”“金柿飘香”，渝中区名小吃公司的“王鸭子”“山城汤圆”“莲蓉凉糍粑”。

12月6日　重庆市金属材料现货市场成立。

12月27日　解放碑中心购物广场建成，市领导蒲海清、张文彬、刘志忠、王鸿举等出席竣工仪式。

12月28日　国内贸易部批复同意重庆市建立国家级重庆旧机动车交易中心并授牌。

12月　重庆石油集团经市政府正式批复成立。

是年　香港和记实业在重庆投资的第一个大型现代化综合性购物广场——大都会广场正式对外营业。

1998年

2月　重庆石油集团正式挂牌运行。该集团是在重庆市石油总公司、重庆市燃料公司、四川省石油总公司涪陵分公司、万县分公司、黔江分公司及区县石油公司的基础上，以资产为纽带，经平等协商组建。有子公司5家、区县二级子公司23家，总资产8亿元，职工5000余人。

3月23日　重庆啤酒集团兼并重庆肉类联合加工厂。

3月25日　市委副书记、常务副市长王鸿举，市委常委、市农工委书记税正宽，副市长陈光国及市长助理周建中率市政府办公厅、市农办、市委组织部等部门领导到重庆市供销合作总社实地研究解决全市供销合作社改革发展问题。

3月31日　撤销市财办、市第一商业局、市第二商业局，组建市商业委员会。

4月20日　市商委任命内设机构负责人。

5月10日　由市商委主办、重庆商报社承办的首届重庆名优火锅评比活动揭晓。有60余家火锅企业报名参加，整个评定过程历时半年。经过市烹饪协会专家按火锅特色、菜品质量、汤质、规模等10项标准打分，结合5万多市民投票，最终评出重庆名火锅13家，分别是小天鹅、桥头、维也纳、露凝香、牛魔王、韵苑、龙阁、青风、武陵山珍、秋霞、台北石头、曾火锅、Y火锅；重庆优质火锅12家，分别是清华、巴人（涪陵）、金嗓子（万州）、奔吃土灶、宝全、重庆崽儿、点式鱼头、华生园、景苑、金马、小小（江津）、金叶（黔江）火锅。

5月26日　市商委批准重庆市天外天科贸公司建立酒类专业批发市场。

5月30日　经国务院批准，重庆石油集团划归中国石油天然气集团公司。

7月29日　命名首批“六大名酒”。经市商委、市经委评比推荐，市技术监督局审核，市政府批准，授予重庆诗仙太白牌38度特曲、永川露华浓牌39度低度大曲、江津几江镇50度高粱白酒、大足笛女牌52度笛女大曲、重庆牌11度淡色啤酒、梁平双桂牌11度啤酒等6个品牌产品为1998年度“重庆名酒”称号。品牌名酒实行动态管理，有效期为2年。

8月18日　市政府同意由市物资局转制组建重庆市物资（集团）有限责任公司。

8月　市商委组建再就业指导中心和服务中心。

9月23日　市商委同意组建重庆桐君阁大药房连锁公司。

10月　重百大楼、友谊华侨公司进行资产重组。

11 月 5 日　重庆市商业储运公司永川分公司下放到永川。

11 月 6 日　山城豆制品总厂改制改组为股份合作制企业。

11 月 16 日　市政府第 30 次常务会议审议通过《重庆市商品展销会审批管理办法》，自 1999 年 1 月 1 日起施行。

11 月 30 日　市编委同意市商委挂“重庆市酒类管理局”牌子，不新增人员编制和领导职数。市酒类管理局下设酒类管理处，与市商委内设的行业管理处为“一个机构、两块牌子”。同时撤销重庆市酒类专卖事业管理局。

11 月　首批命名 25 家“名优火锅”。经市商委审查推荐，市政府同意命名重庆小天鹅火锅、桥头火锅、维也纳火锅、牛魔王火锅等 13 家为“重庆名火锅”，命名重庆清华火锅、涪陵巴人火锅城、万州金嗓子火锅、重庆宝全火锅、崽儿火锅等 12 家为“重庆优质火锅”。

12 月 8 日—13 日　国家国内贸易局服务消费司在重庆会仙楼宾馆召开全国洗染行业连锁经营与技术发展座谈会。来自上海、北京、天津、河南、江苏、湖南、重庆等省市的 60 余名代表参加会议。会议分析了国内洗染业市场现状和存在问题，交流连锁经营经验。

12 月 16 日　经市政府批复，重庆长江水运股份公司对重庆纺织站实施接收式整体兼并，由重庆长江水运股份公司承担重庆纺织站全部债权债务，做好职工安置和清产核资工作。

12 月 23 日　市政府颁布《重庆市商品展销会审批管理办法》。市商委印发关于贯彻《重庆市商品展销会审批管理办法》的通知。

是年冬　法国家乐福进入重庆，为全市第一家大型超级市场。

是年　市商委成立市屠宰管理办公室。

是年　重庆商社（集团）是重庆市首批优势扩张型企业之一，通过实施“四位一体”的扩张发展战略，销售额突破 30 亿元。

是年　销售规模上亿元的大型商场首次超过 10 户，这些商场为重庆百货大楼 15.76 亿元、新世纪百货 5.14 亿元、家乐福 2.72 亿元、太平洋百货 2.29 亿元、渝北商业大厦 1.51 亿元、两路口百货 1.49 亿元、友谊公司 1.39 亿元、沙坪坝百货 1.36 亿元、万友百盛广场 1.25 亿元、南坪商业大楼 1.1 亿元。

1999 年

1 月 1 日　市商委向原重庆市 21 个区县商业主管部门发出通知，停止征收商业网点建设费。

1 月 14 日　市商委同意重庆第一商业局技工学校更名为重庆市商业技工学校。

1 月 15 日—18 日　市商委承办第一届重庆名特优新产品迎春展销会，成交额 6500 万元，有 40 个区县 300 家企业上万种商品参展。

1 月 31 日　全市商贸工作会议召开，市长蒲海清、副市长许忠民分别在会上讲话。

3 月 16 日—17 日　市商委召开行业管理会，对旧货流通、酒类管理、危险化学品经营、生化制药进行安排。各区县财办、商委 120 人参会。

3 月 25 日—29 日　重庆组团参加 1999 全国春季糖酒商品交易会，重庆名酒推展团成交额 2.4 亿元。

4 月　国家国内贸易局选定首批在全国有较大影响和规模的批发市场作为重点联系市场，重庆市朝天门综合交易市场、观音桥盘溪蔬菜副食品批发市场、西南建材中心批发市场、重庆钢材中心批发市场4家榜上有名。

5月6日　市商委选择市糖酒公司、市粮食储运公司、市化轻公司作为企业企务公开试点单位。

5月11日　中国重庆投资贸易洽谈会共签订项目合同、协议和意向协议163个，总投资222亿元人民币，其中协议引进外资11.8亿美元，引进市外国内资金35.1亿人民币。163个签约项目中合同74个，引进外资5.8亿美元；正式协议34个，引进外资2.57亿美元；意向协议55个，外商意向投资3.4亿美元。

6月3日　市商委同意重庆商社（集团）牵头成立重庆家电维修协会。

6月　国家外经贸部批准重庆市为国内商业、外贸对外开放试点单位。

7月29日　市人大常委会审议通过《重庆市酒类商品管理条例》。该《条例》是重庆市中华人民共和国成立以来第一个酒类商品管理的地方性法规。

8月18日　重庆第二财贸学校与重庆商业技工学校合并办学。

9月25日　全国大众化名优菜品联展联销月暨重庆美食文化节在渝中区大世界都市广场举行。有千家企业上万个菜品参展，销售额2.3亿元。

9月25日—10月25日　国家国内贸易局组织开展全国大众化名优菜点联展联销月活动，重庆市有32个名菜、13个名点参展。

11月1日—8日　重庆市组团参加首届中国美食节（国家国内贸易局、杭州市政府联合主办），获金牌4枚、银牌2枚的佳绩。

12月14日　重庆市组团参加第四届全国烹饪技术比赛，获金牌4枚、银牌6枚、铜牌8枚、优胜牌2枚。

2000年

1月10日　重百大楼解除托管友谊公司协议。

1月21日　由重庆市商委、渝中区政府和重庆日报社共同主办的重庆家用汽车展销会在渝中区解放碑得意世界广场举行。重庆20家汽车生产和经销企业参加展销会。

1月26日　市商委决定将友谊公司并入重庆商社（集团）。

是月　重庆观音桥农副产品批发市场与重庆盘溪蔬菜批发市场、建新市场合并组建为重庆观音桥市场有限公司。

2月5日　“天下第一大火锅”在重庆被认定并入选大世界基尼斯纪录。该锅直径10米，能容纳2吨火锅底料。

3月13日　全国第三批“百城万店无假货”示范街、示范店名单公布，重庆沙坪坝商业文化广场、重百大楼股份有限公司、重庆商社（集团）新世纪百货公司、重庆南坪商业大楼、重庆会仙楼宾馆榜上有名。

3月20日　国家国内贸易局表彰“服务消费——迈进新世纪”活动十佳企业和公布首批中国烹饪、摄影、美容美发大师名单，重庆颐之时大酒楼获酒家酒店业、金夫人婚纱影楼获照相业、洁诚洗染有限公司获洗染业服务消费十佳企业，吴万里、张正雄获“中国烹饪大师”称号，周心年获“中国烹饪名师”称号，许启琳、刘水清获“中国美发名师”称号，陈洁、代席勇获“中国摄影名师”称号。

3月23日—24日　市商委在合川召开全市开拓农村市场工作交流研讨会。42个区县商贸流通主管部门参加会议，副市长许忠民到会并讲话。

3月　桐君阁大药房在北京王府井步行街落户。

4月9日　为期5天的2000年中国东西部合作与投资贸易洽谈会在西安落幕。“重庆造”首次组团抢滩西部市场，内贸成交额2亿元，项目签约金额9.46亿元。

4月10日　第二十届全国摩托车及配件展示交易会在重庆汽摩交易中心开幕。

4月20日　市商委同意成立重庆中华美食文化研究会。

是日　市商委同意麦德龙集团在渝设立大型仓储式会员制商场。

4月22日—24日　第七届法国小麦质量与贸易研讨会在重庆召开，副市长陈光国、中国储备粮管理总公司总经理高铁生、中谷粮油集团公司总裁王瑞元、法国小麦协会代表团乔治·皮埃尔·马乐拜尔总经理以及中外来宾120余人参加会议。

4月28日　市商委与永川市政府举办的渝西首届全国名牌家电展销会在永川开幕，全国30多家知名家电品牌参展。

5月1日　市商委对商场推行延时服务。要求商场开展延时服务，先进行试点，夏季晚上延至22:00，冬季延至21:30。

5月9日　市商委批复成立重庆市液化石油气行业协会。

5月18日—19日　国家国内贸易局副司长郭平在渝做零售商业业态报告。

5月22日　市商委召开机构改革动员大会。

5月25日　市委任命王学斯为市商委党组书记，宋培滨、刘轶莪、雷太惠为党组成员。

6月1日　重庆成为首批全国电子商务试点城市。

6月12日　重庆市石桥铺房地产公司与美国赛博国际控股公司签订协议，投资300万元组建赛博数码广场，使之成为西部地区第一家电子商场。

6月18日—22日　由国家国内贸易局、国家建材局和市政府联合主办的2000年中国重庆建材商品展销会在重庆陶瓷市场举行。此次展销会云集全国10多个省市150多家企业3000多名客商，其中外资企业23家，东部沿海企业90多家，全国知名建材企业30多家，成交额3.8亿元。

6月19日　2000年国际酒店设备及用品、旅游商品（重庆）博览会在渝举行。

6月24日　为期3天的重庆名特优新产品展销会在福州市举办，重庆市参展企业与福建客商首日签下18.7亿元的“重庆造”品牌订单。

7月5日　副市长许忠民对洁诚洗染连锁公司、和平药房连锁经营进行调研，并解决企业反映的问题。洁诚洗染连锁公司有300个网点，在全国同行业排名第一；和平药房连锁经营网点233个，是全国医药系统网点最多的企业。

7月7日　市商委召开库区商贸企业搬迁工作座谈会，推动二期移民搬迁工作。

7月18日　市商委授予6个项目科技进步奖，其中江津酒厂研制的特制几江酒、梁平肉联厂研制的山桂牌香肠获一等奖，重庆柏林酒厂酒精二氧化碳回收新工艺、重庆商社（集团）质检中心家用多功能自动稳压器标准研究获二等奖，永川露华浓酿酒公司低度大曲多微效应产脂工艺、梁平肉联厂提高猪杂骨利用价值研究获三等奖。

7月24日　市商委同意成立重庆食品商业协会。

8月15日　市商委对处级干部实行竞争上岗，任命31名中层干部。

8 月 25 日　市委书记贺国强到市商委调研，副市长许忠民、市委秘书长滕久明随同调研。

8 月 28 日　市政府第 68 次常务会审议通过《重庆市生猪屠宰管理办法》，市长包叙定 8 月 31 日签署第 102 号令发布，自发布之日起施行。

9 月 1 日　市政府办公厅印发《重庆市商委职能配置、内设机构和人员编制规定的通知》。

9 月 6 日—7 日　市商委在永川召开地区中心城市商贸规划研讨会。

9 月 9 日　重庆市第二届都市消费月开幕。

9 月 11 日　市商委同意重庆市合川食品厂与四川国泰制药公司合股设立重庆康宁制药有限责任公司。

9 月 14 日　市商委同意山城豆制品厂改制为股份合作制企业。

9 月 27 日　市商委开展专卖名店、便利名店评议推荐、授牌活动。

9 月 28 日　重庆物资（集团）有限责任公司挂牌成立，原市物资局的物资行业管理和行政管理职能全部移交市商委。

10 月　《重庆市电子商务建设规划》正式实施。争取到科技部“九五”城市电子商务试点——网上农贸超市，成为西部地区唯一的全国城市级电子商务试点城市。

10 月 12 日　中国重庆第二届国际服装文化节在解放碑购物广场开幕。

10 月 23 日—24 日　市政府召开全市商业工作会议。会议提出把重庆建设成为中国西部地区最具活力的商贸中心。市政府、市人大常委会、市政协领导，市级部门和区县政府领导，市属企业和部分社会商业、民营企业负责人等 200 人参加会议。市长包叙定讲话，副市长许忠民做工作部署，渝中区代表在会上发言。

11 月 3 日　市商委同意重庆商业机具厂进行股份制改革。

11 月 25 日—27 日　市商委、市质量技术监督局举办的重庆名酒宣传展销会开幕，副市长许忠民出席开幕式。

11 月 28 日　市商委对重庆市民用爆破器材、散装水泥、危险化学品经营进行许可证管理，对老旧汽车更新、木材节约、废旧金属管理等 6 个办公室负责人进行任命。

12 月 11 日　市商委在重庆市第二届高新技术成果交易会上推出电子商务应用项目，重点展示电子商务建设整体思路，宣传电子商务对促进传统产业的影响，体现电子商务在流通领域的应用，突出政府对电子商务发展的引导和大力支持。

12 月 19 日　市商委同意重庆酿造调味公司整体改制。

12 月 30 日—2001 年 1 月 4 日　市商委举办重庆市第二届名特优新产品迎春展销会，成交额 686 万元。

是年　在重庆投资经贸洽谈会上麦德龙集团决定独资在重庆经济技术开发区建设大型仓储式会员制商场。世界最大餐饮集团美国麦当劳在解放碑开店，填补了业态空白。

2001 年

1 月 4 日　据统计，“九五”期间，重庆市国民生产总值年均增长 9.3%，社会消费品零售总额年均增长 11.6%。

3 月 2 日　市商委同意组建重庆市火锅协会。

3月16日　经市编委同意，重庆市第二商业职工中等专业学校更名为重庆市商业职工中等专业学校。

4月　重庆市商业联合会成立。

6月13日　重庆市渝物民用爆破器材有限责任公司挂牌营业。

9月28日　由重庆市政府、全国商联会主办，市商委承办的第二届美食文化节历时1个月闭幕。美食节主展场设在市劳动人民文化宫，分展场设在全市22个区县。

9月　市政府下发《关于加快我市餐饮业发展的意见》，提出把重庆建设成为西部最具活力的餐饮文化名城。

10月12日—14日　中国第88届日用百货商品交易会和化妆洗涤商品交易会在重庆技术展览中心举行。

11月　由市商委牵头组织实施的重庆市第一个城市级电子商务交易平台——重庆网上大市场（示范版）在2001年第三届重庆高交会上正式开通，标志着重庆市利用高新技术提升第三产业手段来提高市场竞争力有新突破。

12月26日　重庆市财贸职工俱乐部更名为重庆市商业职工活动中心。

是年　重庆和平药房、重庆山城平价超市、重庆小天鹅集团3家企业被评为中国连锁百强企业。重庆市有重庆小天鹅饮食文化（集团）有限公司、陈川粤实业有限公司、维也纳大酒店等8家餐饮企业被评为2001年度中国餐饮业百强企业。

是年　重庆火锅毛肚酶法嫩化技术通过市科委组织的专家鉴定委员会鉴定。该技术由重庆德庄集团与西南农业大学合作研制。

2002年

1月7日　重庆渝派川菜饮食一条街（又名“巴渝美食城”，俗称“好吃街”）一期工程竣工。

2月28日—3月1日　全市商业工作会在渝中区会仙楼举行。市人大常委会副主任肖祖修、市政府副市长许忠民参加会议并讲话，市商委主任王学斯做工作报告。

3月26日　重庆市商业建筑设计所更名为重庆市商业建筑设计院。更名后，机构规格、人员编制、经费渠道不变。

4月10日　市商委召开加快发展流通领域行业协会工作座谈会，副市长许忠民到会讲话。

4月25日　重庆长安民生物流公司挂牌成立。这是西南地区首家国家经贸委重点联系的现代物流大型企业。

4月26日　首届中国龙水五金博览会在大足县龙水镇举行，450家五金生产企业参会。

4月26日—29日　中国重庆第二届家具博览会在巴南区重庆家具市场举行，国内外400多家厂商参展。

5月11日—14日　首届中国西部鞋业博览会在璧山县举行，国内外近万名客商参会。

5月28日　中国商业企业集团正式入驻重庆。

7月19日　《重庆市人民政府关于国有企业改制的若干意见》出台。

8月1日　市委、市政府命名2000年度重庆市百户重点私营企业、私营企业“五十强”和百户“双文明”个体工商户。

8 月 25 日　重庆市汽车商业协会成立。

8 月 30 日　重庆市商品批发交易市场协会首届会员大会暨成立大会在市政协礼堂召开。全市 23 个区县的 30 家批发市场企业代表成为首批会员单位。

9 月 6 日—8 日　由市商委、中国百货商业协会主办，重庆百货集团公司承办，璧山县政府协办的第 90 届中国鞋帽商品交易会在重庆技术展览中心举行。来自全国各地参展企业 100 余家，展位 200 余个，客商 1000 多人，累计成交额 19.3 亿元。评出 2002 年市场信得过产品企业 7 家，优胜奖企业 8 家，由中国质量协会、中国百货商业协会颁发证书并授牌。重庆市科尔士公司、梦柯达公司获得“信得过产品企业”称号。

9 月 9 日　市商委在重庆市委礼堂召开流通领域行业协会授牌大会，对新成立的饮食、零售商、汽车商业、肉类、摄影、洗染、批发市场、民爆器材、再生资源、烟花爆竹等 10 个行业协会进行集中授牌。市委副书记、市人大常委会主任王云龙，市人大常委会副主任周建中，市政府副市长许忠民，市政协副主席黄立沛等市领导，市级有关部门负责人出席大会并为 10 个行业协会授牌。市商委主任王学斯主持大会。

9 月 25 日　为期 3 天的重庆名特产品沈阳展销会在辽宁工业展览馆落幕。此次展销会共签订协议 58 个，合同成交额 16.88 亿元，零售总额 292 万元。

11 月 3 日　以办会展而闻名世界的德国杜塞尔多夫博览会重庆代表处开业，标志着重庆开始打造会展经济。

11 月 5 日　代表重庆参赛的餐饮企业在第二届中国美食节上获金鼎奖、金奖、银奖 18 个。

12 月 31 日　秦文武任市商委主任，王学斯任市政府副秘书长。

2003 年

4 月 2 日　重庆北部旧货市场在合川建成，占地 7.6 公顷，建筑面积 7 万余平方米。

7 月　重庆市粮油批发市场竣工并投入使用。

7 月 7 日　西南地区最大的旧车交易市场在巴南区炒油场开业。

7 月 8 日　西部地区最大的饲料兽药市场——重庆畜牧科技城西部兽药市场在荣昌县建成并投入使用。

9 月　重庆市机构编制委员会批复同意设立重庆市商业信息中心。

10 月 16 日—26 日　第四届中国美食节在重庆举行。重庆餐饮业在本届美食节上获得 60% 以上的奖牌。

10 月 28 日　沃尔玛购物广场奠基仪式在九龙坡区杨家坪举行。这是全球零售业排名第一的沃尔玛进军重庆开设的第一家店。

11 月 11 日　市商委授予九龙坡区西彭镇“商业发展示范镇”称号。

11 月 17 日　重庆市和平药房获得全国商业质量管理奖，这是全国医药行业唯一获此奖的企业。

11 月 27 日　重庆中央商务区（南部）开发区建设全面启动。该开发区占地 11 平方千米，由大佛寺、盘龙、纳溪沟 3 个组团组成。

是年　北城天街购物广场落成。

是年　重庆中央商务区规划方案获市政府常务会议审议通过。

是年　大石坝大顺社区商业服务中心被授予全市首家“社区商业服务中心”称号。

2004 年

2 月 1 日　中央电视台在《每周质量报告》栏节目上曝光重庆江北嘉乐得食品厂、家厨食品厂、林峰食品厂、刘鑫食品厂等 4 家火锅底料生产厂在生产中违规添加非食用石蜡事件。市质监部门立即封存石蜡火锅底料 600 余件，依法吊销违规企业的生产许可证。

2 月 11 日　市食品工业协会在《重庆日报》上向消费者郑重推荐 13 个重庆火锅底料安全优质放心品牌。

3 月 11 日　市政府批复同意组建重庆市商务集团有限公司。该公司为国有独资公司，注册资金 3000 万元人民币。

4 月 2 日　市政府批复同意重庆华贸国有资产经营有限公司与重庆商社（集团）有限公司重组。将重庆华贸国有资产经营有限公司及其持有的重庆百货大楼股份有限公司全部国有股权并入重庆商社（集团）有限公司。

4 月 13 日　解放碑 CBD（中央商务区）专用标识产生。该专用标识首先在精品商务楼盘、大型商业和品牌居住项目中使用。

4 月 15 日—18 日　2004 年中国重庆国际汽车工业展在渝举行，有 50 多家国内外厂商与会设展位，现场成交额上千万元。

4 月 16 日　重庆市商务集团有限公司成立。该集团由原重庆市商委直属重庆百货集团公司、市饮食服务公司、重庆工贸中心等 14 家商贸企业整合重组。市政府常务副市长黄奇帆到会授牌并做讲话。

4 月 24 日—29 日　重庆市举办第四届中国重庆家具博览会，来自香港、广东、台湾的 500 多家客商参展，实现销售收入 1.1 亿元。

4 月 25 日—28 日　第九届中国重庆投资洽谈会暨全球采购会在重庆展览中心举行。

5 月 25 日　印发《重庆市人民政府关于进一步规范生猪定点屠宰管理工作的补充通知》。

6 月 30 日　主城九区政府强制关闭不符合《重庆市生猪定点屠宰厂（场）设置规划》的所有手工屠场，除渝中区、经开区、高新区不设置生猪定点屠宰厂（场）以外，其余主城八区城市规划区范围内的 8 个大中型机械化定点屠宰厂从 7 月 1 日起全部投产运行。

7 月 1 日　涪陵榨菜（集团）有限公司的乌江商标被认定为中国驰名商标。这是中国酱腌菜行业获得的首个中国驰名商标。

7 月 6 日　《重庆市支持连锁经营发展的实施办法》正式施行。这是国内首部专门为支持连锁经营发展的文件。

7 月 28 日　市政府批复同意组建重庆市渝辉生活服务有限公司。该公司为国有独资公司，由市国资委出资，委托市商委履行出资人职责。公司注册资本 2000 万元人民币。

9 月 8 日　由重庆物资（集团）有限责任公司投资组建的长江上游和西南地区首个船舶交易市场——重庆船舶交易市场正式投入运营。

9 月 14 日　经市政府第 39 次常务会议审议通过的《重庆市散装水泥管理办法》，从 11 月 1 日起施行。

9 月 15 日　重庆粮油集团有限责任公司成立。

10 月 15 日—25 日　第五届中国美食节暨首届重庆国际火锅美食文化节在重庆举行。20 多个国家（地区）和 11 个国际组织的代表 137 人以及国内近 800 家餐饮企业参加。其间，重庆餐饮企业签订招商引资合作项目 211 个，投资总额 3. 1 亿元，其中重庆火锅业签约项目 170 个，投资额 2. 08 亿元。

是年　解放碑商圈形成。

2005 年

1 月 8 日—16 日　由市政府主办、市商委承办的重庆第七届名特优新产品迎春展销会在渝中区上清寺鑫隆达会展中心举行。此次展销会共展销商品 3875 种，参展企业 253 家，参观、购物人数 16 万人次，成交额 16772 万元。并评选出 67 个“消费者喜爱产品”。

2 月 3 日　观音桥步行街开业。该步行街长 430 米、宽 50 米，包括观音桥广场、北城天街、嘉陵广场 3 个部分，为西南地区规模最大的步行街。

3 月 10 日　重庆美美时代百货商场正式开业。

3 月 11 日　重庆德庄实业公司、西南农业大学、石柱辣椒产业办公室签订协议，联合打造西部地区最大的辣椒生产加工基地。

3 月 31 日　国际零售业巨头——泰国正大集团的易初莲花购物中心首家重庆店在渝北区龙湖花园旁开业。

4 月 2 日　沙坪坝区三峡广场被中国城市商业网点建设委员会、中国步行街商业街工作委员会授予“中国特色商业街”称号。

4 月 24 日—29 日　第五届中国西部家具建材博览会在巴南铠恩国际家居名都举行，1000 余客商的 1500 余个知名家具品牌共 40 余万件产品参展。

6 月 16 日　商务部核准重庆市“万村千乡”市场工程试点区县，同意南川、铜梁、潼南、綦江、璧山、涪陵、开县、江津、合川、长寿等 10 个县区为“万村千乡”市场工程试点区县，同意重庆十分利商行连锁有限公司、新合作联佳连锁超市有限公司、正大有限公司、铜梁金泉商贸有限公司、铜梁百货股份有限公司、潼南聚宝源日杂有限公司、潼南丽雅购物中心、重客隆超市连锁有限责任公司、山城超市平价连锁有限公司、新大兴集团新大兴爱家食品超市有限公司、重庆商社（集团）有限公司、开县新天地连锁有限公司、开县亚宏实业有限责任公司、开县曙光商贸有限责任公司、江津市三农商贸有限公司等 15 家企业作为试点企业予以备案。

6 月 24 日　市政府印发《重庆市人民政府关于加快商贸流通产业发展和改革的意见》。

6 月 30 日　全球最大零售商沃尔玛杨家坪九龙广场开业。

6 月 30 日—7 月 1 日　市政府召开全市商贸流通产业工作会议，提出把重庆建设成为长江上游商贸中心的目标。商务部副部长张志刚、市委副书记姜异康、市政府副市长谢小军就推进商贸流通产业发展分别讲话，市人大常委会副主任税正宽、市政协副主席尹明善出席会议。

7 月 7 日　市政府第 56 次常务会议审议通过《关于加快现代物流业发展的意见》。

7 月 26 日　市商委命名重庆书城、重客隆超市连锁有限责任公司龙水连锁店、北京华联（重庆）综合超市有限公司等 50 家店（商场）为“渝商千店重诚信”首批市级示范店（商场）。

7月28日—29日　由市商委、市农办、市农业局主办，石柱县委、县政府承办的2005年中国重庆辣椒订购会在石柱县召开。现场订购鲜辣椒9000吨、干辣椒7300吨、泡椒1000吨，合同金额6200万元；签订意向性购销协议8.75万吨。

9月　重庆遭遇自1891年以来百年一遇的严重旱灾，市商委积极做好市场供应工作。

9月　第四届重庆国际摩托车博览会开幕。来自国内外的近20家摩托车整车生产企业、40余家零部件生产企业、200余家海外专业采购商参加博览会。

9月9日　市政府第59次常务会审议通过《重庆港务物流集团有限公司组建方案》，由重庆港务（集团）有限责任公司与重庆市物资（集团）有限责任公司整合成立重庆港务物流集团有限公司。

9月29日　市人大常委会审议通过修订后的《重庆市酒类商品管理条例》，取消酒类销售许可证制度，改为销售备案制度。

是日　重庆国际会展中心举行竣工剪彩仪式。该中心位于重庆长江大桥南桥头，占地面积23公顷，总建筑面积18万平方米，建设投资额13.7亿元。

9月30日　重庆市首次评选出“放心食品店”，举行授牌仪式，市政府副市长谢小军、副秘书长张明树和市商委主任秦文武参加大会。

10月22日—30日　重庆名特优新食品北京推展会在王府井商业步行街举行，现场销售额800余万元。

11月10日　西南地区最大的电脑市场——重庆数码街开业。该街在高新区石桥铺赛格电子市场，全长600米。

11月10日—13日　市商委承办的中国重庆首届老年产业博览会开展。来自北京、上海、四川、香港等地的近300家企业参展，参展商品近千种，展会吸引了以老年人为主体的观众20.8万人次，现场成交额2021万元。

11月28日　《重庆市燃放烟花爆竹管理条例》正式公布实施。

12月1日—3日　由市政府和中国医药集团共同主办，市商委承办的第54届全国药品交易会在国际会展中心举行。此次药交会设展位2300多个，1500余家中外企业参展，约10万名药商与会。此次展会营业额3.58亿元，创税收2000余万元。

12月1日　经市编办批复，同意原市民用爆破器材管理办公室从特别商品处中划出，设立民爆器材管理处（挂重庆市民用爆破器材管理办公室牌子）。

12月31日　市商委建成公众信息网站，利用互联网开展政务公开和对社会服务的窗口，开展网上政务信息、便民办事等服务。

是年　重庆解放碑CBD（中央商务区）在中国地标峰会上正式被授予“中国十大新地标商务区”称号。

第一篇　管理机构与体制改革

中华人民共和国成立后，重庆市与全国一样，各地各级都建立了高度集中的商业管理体制。政府管理商业的方式主要是管理商品、管企业，包括企业的购销调存业务和人事、财会、定价、劳资、基本建设等。改革开放以来，实现了由计划经济体制向市场经济体制的转变，商业主管部门随着改革开放进程屡经变革，包括国家、省商业管理机构多次变化，地市对应做了改革。特别是随着行政体制调整有重大变化，重庆直辖后商业管理体制和机构也随之发生变化。1998 年对商业行政管理机构进行了较大调整和改革，撤销原市人民政府财贸工作办公室、市第一商业局、市第二商业局，组建市商业委员会，主管商品流通行业。随即市物资局 5 月撤销转为实体经济，组建重庆市物资（集团）有限责任公司，其行政职能移交市商委。2009 年将市粮食局并入市商委。

第一章　四川省重庆市、万县市、涪陵市、黔江地区商业管理机构

重庆直辖前，重庆市与万县市、涪陵市和黔江地区同属四川省管辖。重庆市 1983 年起实行中央计划单列。4 个市地商业管理机构保持地市级建制，一般有政府财贸工作办公室、商业局；所辖区县保持区县级商业管理建制，大多有政府财贸工作办公室、商业局。

第一节　四川省重庆市商业管理机构

四川省重庆市市级商业管理机构主要有市人民政府财贸工作办公室、市第一商业局、市第二商业局。

一、四川省重庆市人民政府财贸工作办公室

（一）机构沿革

四川省重庆市人民政府财贸工作办公室始建于 1950 年 10 月，时称重庆市人民政府财政经济委员会，统管全市工业、财政、金融、商业经济工作以及商业、财政、金融系统党的建设工作。

1954 年 3 月，成立了中共重庆市委财政贸易部。

1955 年 3 月，重庆市人民政府财政经济委员会撤销，同年 4 月成立重庆市人民委员会第五办公

室，负责管理全市财贸工作。

1957年1月，市人民委员会第五办公室撤销，建立市委财政贸易工作部，其业务工作和政治工作由市委财政贸易工作部统管。

1962年8月，除保留市委财政贸易工作部外，成立重庆市人民委员会财贸办公室。

1965年2月，改为市委财贸政治部。“文化大革命”中期改称重庆市革命委员会财政贸易部。

1980年6月，撤销重庆市革命委员会财政贸易部，成立重庆市人民政府财贸工作办公室。

1980年12月，撤销市委财政贸易工作部。

1981年6月，恢复市委财政贸易工作部。

1984年4月，市委将市委财政贸易工作部改为市委财贸政治部。

1997年直辖后，1998年5月撤销重庆市人民政府财贸工作办公室和重庆市第一商业局、重庆市第二商业局，组建重庆市商业委员会。

（二）职能

市政府财贸办公室是市政府主管财贸工作的行政机构。其管理范围广，包括归口管理商贸、财政、税务、粮食、供销等工作。对归口单位年度目标进行管理，并兼及所属干部人事管理和党建工作，包括局长、副局长和中层干部推荐、任免等。

（三）内设机构

市政府财贸办公室内设机构有办公室、统计会计处、工业处、网点办公室等。

（四）归口管理机构

1. 市第一商业局。市政府主管工业品商业的行政机构。

2. 市第二商业局。市政府主管副食品商业的行政机构。

3. 市工商行政管理局。市政府主管市场监督管理的职能部门和行政执法机关。成立于1950年，原名为市工商局，1953年更名为此名，1955年撤销，1957年恢复，“文化大革命”期间改称重庆市革命委员会工商行政管理局领导小组，1978年恢复现名。主要职能：依法确认市场经营主体的法人资格和经营资格，促进经营主体进入市场，培育完善市场体系，规范市场经营行为，研究制定各类市场的管理规则，维护公平竞争的市场交易秩序，打击制止各种经济违法违章行为和不正当竞争行为。设置有企业登记管理、外资企业登记管理、个体私营经济管理、经济案件检查、市场管理、经济合同管理、商标管理、广告管理、人事教育、纪检监察、办公室、财务、法制等处室。

4. 市财政局。市政府主管财政的行政机构。成立于1949年12月11日，1958年8月28日与市税务局合并仍称市财政局，1961年11月财政、税务分开，恢复市财政局、市税务局建制；1970年6月1日再次合并，1979年再次分设。

5. 市税务局。市政府主管税收的行政机构。

市国家税务局是市政府主管全市国家税收工作的职能机构。1994年9月13日成立。主要任务是负责增值税、消费税等征收和管理。

市地方税务局是市政府主管全市地方税收工作的职能机构。1994年9月成立。主管营业税、企业所得税、个人所得税等。

6. 市粮食局。市政府主管粮食的行政机构。1954年3月成立市粮食管理局，同年6月改称市粮食局；“文化大革命”期间改称重庆市革命委员会粮食局革命领导小组；1978年3月，恢复市粮食局建制；1997年直辖后，仍称市粮食局。内部科室调整变动比较频繁，成立初为6科；1975年为7科1室；1978年11月为9科1室1处1站；1983年4月，永川地区与重庆市合并，原永川地区粮食干部学校与重庆市粮食职工学校合并，组成重庆市粮食干部学校；1997 年直辖后设有购销处、计划统计处、财会处、工业科技处、储运处、基本建设处、组织处、宣传处、人事教育处、保卫处、办公室、调查研究室、监察室等 13 个处室。

7. 市物资局。市政府主管物资流通企业与生产资料市场的行政机构。中华人民共和国成立初期，市物资部门是附属于市人民委员会和市计划委员会的一个处室。1959 年，中央决定对物资分配和订货实行“按行业归口，一竿子插到底”的办法。同年 5 月，市人民委员会物资调配处撤销，成立市物资局，设办公室、机电科、金属科、轻化工建材科、储运处和财会组。任务：凡生产所需各种物资（包括统配、部管物资及工业生产所需三类物资）均由市物资局统一组织采购供应，市属各企业生产的各类生产资料亦由市物资局统一组织收购销售，直接对基层企业负责统一供应、统一销售、统一管理。

1960 年 10 月，市物资局接管市冶金、机械、化工、农机等局的供销机构、人员、设备和市生产委员会机电设备成套公司及市商业局所属木材公司，同年 11 月成立市物资局冶金供应公司、市物资局机电供应公司、市物资局化工轻工公司、市物资局木材供应公司。

1963 年 1 月，正式组建金属材料、机电设备、化工轻工、煤炭建材、仓储、生产资料服务等 6 个专业公司。

1964 年 4 月，国家物资总局将重庆市物资局所属金属材料、机电设备、化工轻工、建筑材料等专业公司的业务经营、劳资计划等上收实行垂直领导，市物资局只直接管理生产资料服务公司、仓储公司和巴南、綦江、长寿 3 个县物资站及汽车队。

1975 年 7 月，成立重庆市金属回收公司。

1978 年以后，相继成立重庆物资贸易中心、重庆市有色金属公司、重庆市物资开发协作公司、重庆外商企业投资物资公司、重庆石油液化气公司、重庆市物产公司、重庆市渝丰物资公司、海南利通物资公司及重庆物资职工中专学校、重庆物资信息中心等企事业单位。1983 年，永川地区物资局合并到重庆市物资局。1995 年，有直属企业 16 个，事业单位 2 个，代管 21 个区县（市）物资局（总公司）。全局拥有固定资产 3.41 亿元，流动资产 7.39 亿元。物资销售额最高年份达 46.4 亿元，年创利润 5053 万元。

1997 年重庆直辖后，万县市、涪陵市和黔江地区物资局及所属 20 个区县（市）物资局由重庆市物资局管理。

市物资局原归市计委口。1998 年整体转为经济实体，改为物资（集团）有限责任公司，归口市商委管理。1998 年 8 月 3 日，市政府第 25 次常务会议研究，同意市物资局转为经济实体的改革方案。8 月 18 日，市物资局转制组建重庆市物资（集团）有限责任公司，归口市商委管理，代行市商委行使物资行业管理职能，增挂“重庆市物资行业管理办公室”牌子。经市政府授权，市物资行业管理办公室的职能有：根据国家和市关于物资行业发展的有关方针、政策，提出全市物资行业发展规划，研究制定物资行业管理办法和规章制度；负责全市重要生产资料经营单位的资格审查，对民用爆破器材和其他专营物资进行专营管理，协助有关部门实施对老旧汽车更新、回收管理；建立健全全市物资信息网络，开展信息咨询服务；负责全市物资行业财务、统计汇总；会同市有关部门指导物资企业招商引资和技术引进，引导物资企业参与国际竞争，发展跨国经营；指导全市物资企业进行结构调整，组织协调全市物资企业推进代理、连锁经营；组织物资人员业务培训；继续完成原市物资局直属企业的改组、改制工作中未完成的任务；负责原市物资局机关离退休人员政治、生活等服务和管理；负责对全市物资行业社团组织进行指导和服务。之后，物资行业管理办公室的行政管理职能转入市商委，如民用爆破器材、老旧汽车更新回收管理等。重庆市物资集团、重庆长发公司归口重庆市商委管理。

8. 市供销社。全市供销合作社系统由市供销合作总社、区县供销社联合社、乡（镇）基层供销合作社三级社及其经营机构组成。1950 年 10 月成立重庆市合作社联合社筹备委员会，由副市长曹荻秋兼任主任委员。1951 年 11 月召开重庆市合作社第一次社员代表大会，正式成立重庆市合作社联合社（市供销合作社前身）。1955 年至 1975 年，由于历史的原因，供销合作社曾与国有商业三次合并、三次分离；在所有制性质上经历了“集体—全民—集体”的曲折反复。1996 年底市供销合作总社设有办公室、社务管理处、综合业务处、财务资产处、审计监察处、科技工业处、挂建处、外经处、组织人事处、宣传教育处、保卫处等 11 个处（室）。直属培训教育机构有重庆市供销合作总社干部学校、重庆市供销社职工中等专业学校和重庆广播电视大学市供销总社分校。直属经营机构有市农业生产资料总公司、市棉麻总公司、市物资回收总公司、市日用杂品总公司、市日杂工业品总公司、市干菜副食品总公司、市果品总公司、市名特食品总公司、市农副产品总公司、市土产公司、市农贸联合中心、彩扩中心、龙发贸易公司。

9. 金融保险以及烟草、盐业等其他流通行业。

1991 年 11 月 13 日，市政府批复市财贸办，明确市盐务管理局职能。

1986 年 6 月 25 日，中共重庆市委财贸政治部以渝财委〔1986〕56 号文通知市第一商业局、第二商业局、粮食局、供销社党（组）委，明确规定了市委财贸政治部管理干部的范围，市级商贸县级企业学校在职党政正职领导干部的任免权限，市级商贸县级企业、学校、单位的在职党政正职领导干部，从 7 月 1 日起收归市委财贸政治部管理任免。

（五）领导班子

表 1－1　　重庆市人民政府财贸工作办公室历任领导表

姓　名	职　　务	任职时间
于承永	主任、党组书记	1983. 11—1986. 4
张文彬	主任、党组书记	1986. 4—1988. 8
章必果	主任、党组书记	1988. 8—1991. 11
林万银	主任、党组书记	1991. 11—1993. 5
史锦杰	主任、党组书记	1993. 5 —1997. 7
吴达智	副主任、党组副书记	1983. 9—1990. 7
林万银	副主任、党组成员	1983. 8—1991. 11
周定介	副主任、党组成员	1983. 8—1986. 6
刘维持	副主任、党组成员	1986. 6—1990. 11
郭才炤	副主任、党组成员	1986. 6—1988. 1
王学斯	副主任、党组成员	1990. 12—1997. 7
宋培滨	副主任、党组成员	1990. 12—1998. 5
高进进	副主任、党组成员	1990. 12—1998. 5
刘轶莪	副主任、党组成员	1997. 8—1998. 5
张建中	纪检组长、党组成员	1987. 6—1991. 8
甘昌华	纪检组长、党组成员	1994. 8—1998. 5

续表

姓 名	职 务	任职时间
夏 晨	调研员（副局级）	1987. 12—1988. 12
黄斐章	助理巡视员	1994. 5—1997. 12

（六）干部管理

1986 年 9 月 15 日，中共重庆市委财贸政治部（以下省略）任命王典思为重庆第二财贸学校副校长。

1986 年 12 月 1 日，任命王星禄为重庆市交电批发公司经理。

1990 年 10 月，任命陈松柏为重庆市百货文化批发公司经理，龚小力为重庆百货大楼经理，王承柯为重庆市针织批发公司经理，彭其华为重庆市纺织品批发公司经理，付培友为重庆市石油公司经理，曹坤为重庆工业品贸易中心经理，樊天铎为重庆市商业储运公司经理，程初为重庆市化工批发公司经理，罗友睦为重庆市燃料公司经理，马兴国为重庆市五金机械批发公司经理，张炳忠为重庆市交电批发公司经理，吴善祥为重庆市酿造调味品公司经理，何应鸣为重庆市水产公司经理，黄国彦为重庆市食品公司经理，胡百群为重庆市饮食服务公司经理，金朝富为重庆市蔬菜副食品公司经理，喻文波为重庆市糖酒公司经理，陈世福为重庆市糖果糕点公司经理，韩锋为重庆市肉联厂厂长，陈金利为重庆市永川肉联厂厂长，肖德本为重庆市合川食品厂厂长，刘世柏为重庆市南溪口肉联厂厂长，李琼为重庆市柏林酒厂厂长。同时免去范祥重庆市酿造调味品公司经理职务。

1992 年 3 月 21 日，任命刘继红为重庆市餐饮服务技工学校校长。

1993 年 1 月 4 日，任命王典思为重庆第二财贸学校校长。

1993 年 8 月 6 日，刘继红任重庆市餐饮服务技工学校第一届委员会书记；免去李德君重庆市饮食服务公司委员会书记职务。同日，市财办同意雷太惠兼任重庆市第二商业局职工中专学校校长、重庆市第二商业局干部学校校长。

1993 年 8 月 13 日，市财办批复重庆市第二商业局，同意任命况应祝为重庆市水产公司经理，何应鸣为重庆市水产公司第三届委员会书记，陈代华为重庆市饮食服务公司经理，陈锦岚为重庆市饮食服务公司第六届委员会书记，喻文波兼任重庆市糖酒公司第六届委员会书记。免去代组平重庆市饮食服务公司第六届委员会书记职务，况应祝重庆市水产公司第二届委员会书记职务，何应鸣重庆市水产公司经理职务。

1993 年 9 月 11 日，市财办党组研究同意任命严德云为重庆商社（集团）董事长兼总经理，马新国为重庆商社（集团）副董事长兼副总经理，张炳忠为重庆商社（集团）副董事长兼副经理，程初为重庆商社（集团）副董事长兼副总经理，刘伟力为重庆商社（集团）副总经理兼零售公司经理。市财办批复市第二商业局同意任命谢延禄为重庆市柏林酒厂第三届委员会书记。

二、四川省重庆市第一商业局

（一）机构沿革

重庆市第一商业局是重庆市人民政府管理全市工业品商业的职能机构。前身是重庆市商业局，组建于 1953 年。

1950 年，成立市工商局，既管工业生产也管产品订货等流通工作。

1953 年 3 月，成立重庆市商业局，统管工业品商业和副食品商业。

1956 年 4 月，撤销市商业局，成立市第一、第二、第三商业局，其中市第一商业局主管工业品商业。

1958年，市第一、第二商业局又合并为市商业局。

1961年，又将工业品商业与副食品商业分开恢复设立市第一、第二商业局。市第一商业局的主要职能是管理全市日用工业品商业和直属市级企业。

1997年，根据国务院关于重庆市政府机构改革方案的批复，市第一商业局机构运行到1998年5月正式撤销，由原市财办和第一、二商业局调整组建为重庆市商业委员会。

（二）职能

在计划体制时期，市第一商业局主要负责市属工业企业产品收购及外地工业品调入业务。1958年6月市第一、二商业局合并成立市商业局后，将所属的34个市级公司、站合并为16个单位，实行站、司合一，一个班子、一套计划，同时实行市、区商业分级管理，权力下放，原则上市管批发、区管零售。1961年12月又分设市第一商业局、市第二商业局、市供销合作社后，调整恢复专业公司，并划分为三类，分别管理。1965年基本恢复经济区域设置批发机构，下放给原重庆市的二级站及有关权限收归省管理。改革开放以来，仍负责管理工业品商业的批发公司（站）和直属重庆百货商店、友谊商店等大型零售商场。

（三）内设机构

设有办公室、基建储运处、业务处、基层处、财务处、统计处、物价处、组织人事处、宣传教育处、保卫处等。

（四）直属单位

直属管理机构有重庆百货大楼股份有限公司、友谊华侨股份有限公司、新世纪百货公司、商社（集团）、百货集团公司、针织品批发公司、纺织品批发公司、商业储运公司、五金公司、化工公司、交电公司、石油总公司、燃料公司、工业品贸易中心等。

（五）领导班子

表1-2　　**四川省重庆市第一商业局历任领导表**

姓　名	职　　务	任职时间
张文亭	局长、党组书记	1980.8—1988.8
杜金平	局长、党组书记	1988.8—1992.8
王敬先	局长、党组书记	1992.8—1998.5
王敬先	副局长、党组成员	1990.12—1992.8
江朝荣	副局长、党组成员	1983.6—1993.12
廖光荣	副局长、党组成员	1983.6—1990.8
严德云	副局长、党组成员	1988.12—1998.8
邝正平	副局长、党组成员	1990.11—1998.5
冉健刚	副局长、党组副书记	1975.10—1988.12
李栓存	助理巡视员	1990.3—1992.5
陈秉义	顾问（副局级）	1983.3—1988.12
万跃明	调研员（副局级）	1983.6—1988.12
沈春德	助理巡视员	19909—1993.12
曹昌珍	副局长、党组成员	1992.8—1998.9

三、四川省重庆市第二商业局

（一）机构沿革

重庆市第二商业局是市政府管理全市副食品商业、商办工业和饮食服务业的职能部门。主要任务是负责管理重庆市辖区范围内城市人口副食品供应和饮食服务工作。

中华人民共和国成立后，重庆市副食品商业管理机构经过多次分、合变动。

1953 年 3 月，重庆市商业局成立，统管工业品商业和副食品商业。

1956 年 4 月，撤销市商业局，成立市第一、第二、第三商业局，其中市第三商业局主管副食品商业。

1957 年 4 月，在市第三商业局基础上成立重庆市城市服务局，主管副食品收购及饮食服务行业。

1958 年 4 月，由重庆市城市服务局、重庆市合作商业局合署成立重庆市第二商业局。同年 8 月，又将市城市服务局、商业局、合作商业局合并为重庆市商业局。

1961 年 1 月，副食品商业的管理从市商业局分出来成立市第一、第二商业局，市第二商业局仍主管副食品商业。

1970 年—1975 年，市供销合作社与市第二商业局合并。

1975 年 5 月，市供销合作社又与市第二商业局分开。

1998 年 5 月，成立重庆市商业委员会后，市第二商业局随之撤销。

（二）职能

市第二商业局成立后，承担管理全市副食品收购、调运和市场供应工作，组织其下属的各个国营公司和肉联、食品、酿造厂生产、供应好城市人民生活必需的肉、禽、蛋、菜、糖、烟、酒、糖果、糕点、酿造等副食品。1958 年 6 月，市第一、二商业局合并成立市商业局后，将所属的 34 个市级公司、站合并为 16 个单位，实行站、司合一，一个班子、一套计划，同时实行市、区商业分级管理，权力下放，原则上市管批发、区管零售。1961 年 12 月改组分设市第一商业局、市第二商业局、市供销合作社后，调整恢复专业公司。1962 年 7 月，国营商业与各级供销社分开设置，国合经营分工，同时恢复各级专业公司，并划分为三类，分别管理。改革开放以来，其工作职能由直接管理企业直接分配商品向指导国有副食品商业、商办工业和饮食服务企业搞好生产经营过渡，推进企业内部改革，协调政策，运用经济手段对副食品市场进行宏观调控方面转化。

（三）内设机构

设有党组办公室、行政办公室、业务处、基建储运处、工业处、企业管理处、财会处、统计处、审计处、卫生处、组织处、宣传处、保卫处、老干处、监察室等。

（四）直属单位

直属的事业单位有重庆市第二商业局干部学校、重庆市饮食服务技工学校、重庆商业设计室。

直属企业单位有糖酒公司、食品集团公司、糖果糕点公司（1994 年更名为万得福食品有限责任公司）、饮食服务股份有限公司、蔬菜公司（后更名为人道美蔬菜副食品公司）、酿造调味品公司、水产公司、肉类联合加工厂、永川肉联厂、合川食品厂、南溪口肉联厂（后破产）等。

代管单位有四川省盐业公司重庆分公司。

（五）领导班子

表1-3　　四川省重庆市第二商业局历任领导表

姓　名	职　务	任职时间
朱维新	局长、党组书记	1983.6—1990.6
朋吉德	代局长、党组书记	1990.6—1992.1
陈信卫	局长、党组书记	1992.1—1998.5
蒙树冰	副局长、党组成员	1983.6—1986.6
侯天纯	副局长、党组成员	1987.7—1992.4
王言准	副局长、党组成员	1983.6—1991.7
雷太惠	副局长、党组成员	1992.1—1998.5
夏培度	副局长	1995.3—1997.8
李炎熇	顾问	1984.5—1991.6
张益明	顾问	1984.5—1986.4
王学善	助理巡视员	1990.9—1992.5
毛　欣	助理巡视员	1994.8—1995.3

四、四川省重庆市管辖的区县（市）商业管理机构

重庆市所辖渝中区、大渡口区、江北区、沙坪坝区、九龙坡区、南岸区、北碚区、万盛区、渝北区、巴南区、长寿区、双桥区、合川市、江津市、永川市、綦江县、潼南县、铜梁县、大足县、荣昌县、璧山县（1992年永川、江津、合川撤县设市，1993年4月南桐矿区更名为万盛区，1994年巴县、江北县撤县改区，1995年3月市中区更名为渝中区）大多有政府财贸办公室、商业局。

1991年6月15日，市编委就加强区县财贸工作机构有关问题发出通知，经报市委、市政府同意，决定调整加强财贸工作机构。

1. 机构调整。（1）12个县均单独设立财贸办公室，同时挂县委财贸政治部的牌子，实行“两块牌子、一套班子”。（2）同意江北、南岸、九龙坡、北碚、南桐5个区的意见，将区农业财贸办公室分设为区农业办公室和财贸办公室，区财贸办公室同时挂区委财贸政治部的牌子，实行“两块牌子、一套班子”。（3）同意渝中区在商业委员会挂渝中区委财贸政治部牌子，沙坪坝区农业财贸办公室挂沙坪坝区委财贸政治部牌子，均实行“两块牌子、一套班子”。（4）同意大渡口区的意见，撤销区经协办实体机构，设立区财贸办公室并挂区委财贸政治部牌子，同时保留区经协办的牌子挂在区财贸办公室，以利对外衔接工作。（5）双桥区财贸办公室仍按重编〔1990〕93号文的规定在区商业局挂牌。

2. 人员编制。（1）各区县财贸办公室、财贸政治部所需人员编制在各区和县级党政群机关总编（控）制数内调剂，市里不做统一的数量规定，也不增加编制。（2）关于县辖区是否设专职财贸委员的问题，根据编制管理权限由各县机构编制委员会根据工作需要在区乡镇总编制内自行确定。

3. 主要任务和职责。区县财贸办公室、财贸政治部的主要任务是协助区县委、区县政府统一管理本地区财贸业务和系统内的思想政治工作。其主要职责是传达贯彻上级党委、政府有关财贸工作的方针、政策、法规、决定，组织安排城乡市场，协调农商、工商、商商关系。编制计划，指导企业管理，负责商业网点；同时负责本系统的思想政治工作，总结推广经验，考核任免干部，进行

“四职”教育，组织竞赛，组织职工学习培训等。

各区县按本通知调整的机构，以本通知为准，不再履行报批手续。

市委财贸政治部对此明确区县财贸工作办公室、财贸政治部“两块牌子、一套班子”，合署办公，并成立党组。

第二节　四川省万县市商业管理机构

四川省万县地区辖1个市（万县市）、9个县（万县、梁平县、城口县、忠县、开县、云阳县、奉节县、巫山县、巫溪县）。1992年12月，撤销万县地区，设置地级万县市，同时撤销县级万县市、万县，设置龙宝、天城、五桥3个县级区，调整后万县市辖3区8县（龙宝区、天城区、五桥区和梁平县、城口县、忠县、开县、云阳县、奉节县、巫山县、巫溪县）大多有政府财贸办公室、商业局。

2001年9月，撤销万州区财贸办、商业局、外经委、物资局，组建万州区贸易委员会（挂万州区外经贸委牌子）。

2005年4月，万州区贸易委员会、龙宝贸易委员会、天城贸易委员会、五桥贸易委员会合并组建万州区商业委员会。

一、财贸办公室

1949年12月15日，川东人民行政公署万县区行政专员公署财委成立。1950年3月，撤销万县区行政专员公署财委。1954年，增设万县区行政专员公署财委。1956年，万县地区财政贸易工作部成立。1962年，万县地区财政贸易工作部合并到万县地委组织部。1964年11月，成立万县地委财政贸易部。1968年，组建万县地区革命委员会财贸办公室。1965年，设立万县区行政专员公署财贸办公室。1983年，与万县地委农业办公室合并组建万县地区行政公署农村经济贸易办公室。1988年8月，撤销万县地区行政公署农村经济贸易办公室，分设万县农村经济委员会和万县行署财贸办公室。1993年4月，撤地设市后为万县市政府财贸办公室，并与万县市委财贸政治部合署办公，同时挂万县市饲料工业办公室、市政府蔬菜工作办公室牌子。直辖后，1997年12月，为万州区财贸办公室。2001年9月，撤销万州区财贸办、商业局、外经委、物资局，组建万州区贸易委员会（挂万州区外经贸委牌子）。

二、商业局

1949年12月15日，川东人民行政公署万县区行政专员公署工商科成立。1956年，撤销万县区行政专员公署工商科，成立万县区行政专员公署商业局。1958年6月，万县区行政专员公署商业局、服务局与四川省合作联合社万县专区办事处合并为万县专区商业局（对外保留四川省合作联合社万县专区办事处）。1962年2月，万县专区商业局与四川省合作联合社万县专区办事处分开。1965年，设立万县专区商业局。1966年7月，万县专区商业局与四川省合作联合社万县专区办事处合并。1970年，万县地区革委会增设万县专区商业局。1975年7月，万县专区商业局与四川省合作联合社万县专区办事处分开。1978年，万县地区行政公署设立万县地区商业局。1983年，万县地区行政公署设立万县地区商业局。1993年4月撤地设市后，万县地区商业局更名为万县市商业局。重庆直辖后，1997年12月，万县市商业局更名为万州移民开发区商业局和万州区商业局。2001年9月，撤销万州区财贸办公室、商业局、外经委、物资局，组建万州区贸易委员会（挂万州区外经贸委牌子）。2003年2月，万州区贸易委员会更名为万州区商业委员会，恢复并单设万州区对外经济贸易委员会。2005年4月，撤销龙宝、天城、五桥3个移民开发区贸易委并入万州区商业委员会。

三、外经贸委

1950年5月，成立中国猪鬃公司川东分公司。1951年5月，改为川东畜产分公司。1954年2月，成立西南区茶叶公司万县办事处。1956年，专区茶叶、畜产并入内贸农产品采购局。1958年，与食品公司合并成立万县专区畜产品采购供应站，属商业局管理。同年7月，成立四川省外贸局万县采购供应站。1962年7月，四川省外贸局万县专区办事处成立。1968年7月，万县专区外贸办事处革命委员会成立。1971年1月，万县专区外贸办事处改为万县地区外贸进出口公司，划归商业局管理。1973年8月，从万县地区商业局分出成立地区外贸局，随后设立巫山、万县、巫溪、梁平、云阳、忠县6个外贸站。1978年，万县地区行政公署设外贸局。1983年11月，万县地区外贸局改名万县地区对外经济贸易公司，挂外贸局牌子。1985年，万县地区行政公署设外贸局。1986年撤销万县地区对外经济贸易公司，改为万县地区对外经济贸易局。1988年8月，撤销万县地区对外经济贸易局，改为万县地区对外经济贸易委员会（简称地区外经委）。1993年3月，地区外经委改为万县市外经委。翌年4月，成立万县市对外经济贸易集团公司，与万县市外经委实行“两块牌子、一套班子”。1997年12月，万县市外经委更名为重庆市万州区对外贸易经济委员会，与外贸集团公司仍实行“两块牌子、一套班子”。2001年9月，万州区对外贸易经济委员会与万州区财贸办、商业局、物资局合并成立万州区贸易委员会。2003年3月，万州区对外贸易经济委员会单独成立（挂万州区对口支援办公室、政府外事办公室、经济协作办公室、招商局牌子）。2005年3月，万州区对口支援办公室划出。

四、粮食局

1949年12月15日，川东人民行政公署万县区行政专员公署成立，内设财粮科。1950年4月，财、粮分设，单独设立万县区行政专员公署粮食局。1952年8月，万县区行政专员公署粮食局与万县粮食分公司合并，组成政企合一的机构。1953年3月，梁山县（梁平县）粮食局随县转移到万县专区。1955年7月，万县区行政专员公署粮食局改称万县专区粮食局。1968年6月，成立万县地区粮食革命领导小组。1970年10月，组建万县地区粮食局革命领导小组。1978年4月，撤销万县地区粮食局革命领导小组，恢复万县地区粮食局名称。1992年6月，组建万县地区粮食总公司，与万县地区粮食局实行“两块牌子、一套班子”，粮食局局长兼任总公司经理。1993年4月撤地设市，万县地区粮食局改为万县市粮食局。1997年，重庆直辖后，万县市粮食局改为万州移民开发区粮食局和万州区粮食局。2000年7月，撤销万州移民开发区粮食局，保留万州区粮食局。下辖龙宝、天城、五桥三个移民开发区粮食局。2001年9月，机构改革后，万州区粮食局由万州区贸易委员会管理。2003年2月，万州区粮食局并入万州区商业委员会。

五、医药局

1951年2月，成立万县医药支公司，由万县专署工商科主管。1952年，万县医药支公司由万县专区商业局主管。1958年，中、西药合并经营，归万县专区商业局主管。1975年，中、西药再度分开经营，西药划归万县地区商业局主管，中药划归万县地区供销社主管。1978年8月，万县地区医药管理局成立，地区医药站和中药材站改属地区医药管理局领导和管理，划归计委口。1983年10月，万县地区医药管理局改为万县地区医药总公司。1985年5月，撤销万县地区医药总公司，恢复成立万县地区医药管理局。1993年，撤地设市后，改为万县市医药管理局。1997年，重庆直辖后，改为万州移民开发区医药管理局、万州区医药管理局。2000 年 10 月，实施药品监督管理职能归并，在万州区医药管理局加挂“万州区药品监督管理局”牌子，“两块牌子、一套班子”。2001 年 10 月，万州区政府与重庆市药品管理局签订划转管理协议，行业管理职权移交万州区贸易委员会，万州区医药管理局撤销。万州区药品监督管理局改为重庆市药品监督管理局万州区分局。

六、物资局

1958 年 4 月，万县专员公署批准成立万县专区物资供应站。1960 年 9 月，万县专区物资供应站升格为万县专区物资局。1967 年，改称万县专区物资局生产办公室。1968 年，成立万县专区物资局革命委员会。1970 年 10 月，万县地革委增设万县地区物资局。1978 年，万县地区行政公署设万县地区物资局。1983 年，机构改革后，成立万县地区物资公司（保留万县地区物资局牌子）。1993 年，进行股份制改革，与四川三峡物资产业集团股份有限公司实行“两块牌子、一套班子”。同年 5 月，万县地区物资公司（万县地区物资局）更名为万县市物资公司（保留万县市物资局牌子）。1997 年 12 月，改为万州移民开发区物资局、万州区物资局。2001 年 9 月，万州区物资局并入万州区贸易委员会。

七、烟草专卖局

1951 年 4 月，成立万县专区专卖事业管理局和万县专区专卖事业管理处。1953 年，撤销万县专区专卖事业管理处，将专区所在地批发部改为中国专卖事业公司四川省公司万县专区中心批发部（后改为万县专卖分公司）。1957 年 4 月，撤销万县专区和县、市烟草专卖事业机构。1983 年 11 月，成立四川省烟草公司万县分公司和四川省万县地区烟草专卖局。1993 年 3 月，随着撤地设市，四川省万县地区烟草专卖局更名为四川省万县市烟草专卖局。1997 年 7 月，行政体制调整，万县市划归重庆市管辖，万县市烟草专卖局和万县分公司划归重庆市烟草专卖局（公司）管辖。

八、盐务局

1950 年 1 月，成立西南盐务管理局万县分局，直辖云阳、大宁、奉节、开县、忠县、城口 6 场。1951 年 3 月，川东区盐务管理局在重庆成立，万县分局划归川东区盐务管理局直接领导，改称川东区盐务管理局万县分局。同月，万县分局迁往云安，与云阳盐场管理所合并，改称万云盐业公司。1952 年 9 月，万云盐业公司迁回万县市，改称四川省人民政府盐务管理局万县分局。1955 年 7 月，万县分局改称万县专区盐务管理局。1957 年，撤销万县专区盐务管理局。盐场生产业务移交当地县政府，税务移交当地财政部门，运销业务归并商业部门。1957 年 6 月，成立四川省盐业公司万县分公司。1958 年初，撤销万县分公司及各分销处。盐业运销业务划归万县专区服务局办理。10 月，划归万县专区副食品站办理。1962 年，盐业运销业务划归万县专区糖业烟酒公司办理。1964 年，成立四川省盐业公司万县分公司，同年底又撤销，仍归万县专区糖业烟酒公司办理。1965 年 9 月，盐业运销业务从万县专区糖业烟酒公司划出，成立四川省盐业公司万县运销站。1972 年 10 月，改称四川省万县地区运销站。1978 年 9 月收回省管，委托万县地区工业局代管。1983 年 10 月，改称四川省盐业公司万县分公司。委托万县地区经委代管。下辖万县市、云阳、巫溪、巫山、奉节、开县、梁平、忠县、城口 9 个支公司。1985 年 12 月，行署决定增设四川省万县地区盐务管理局，与万县分公司合署办公。1986 年，四川省盐业公司万县分公司更名为四川省盐业运销公司万县分公司。1987 年，四川省盐业运销公司万县分公司更名为四川省盐业公司万县分公司。1988 年，组建万县地区盐业供销公司，实行“三块牌子、一套班子”。1989 年 9 月，万县地区盐务管理局从万县盐业分公司划出，万县盐业供销公司隶属万县地区盐务管理局。1992 年，设盐务管理局。1993 年 4 月，设万县市盐务管理局。1998 年，四川省盐业公司万县分公司更名为重庆市盐业总公司万州分公司，管辖龙宝、天城、五桥、梁平、忠县、开县、云阳、奉节、巫山、巫溪、城口11个支公司。1999年6月，撤销重庆市万州移民开发区（万州区）盐务管理局。同年设立重庆市盐务管理局万州盐务处和重庆市盐业总公司万州分公司。

第三节　四川省涪陵市商业管理机构

涪陵历来就是长江上游和乌江流域的商贸重镇和物资集散地，具有得天独厚的发展商品经济和促进商品流通的优势。

一、机构沿革

1950年，组建涪陵地区财贸委员会、商业局。

1989年10月，组建中共涪陵地区财委党组，隶属涪陵地委领导。

1991年9月，涪陵地委决定财委政治部改称中共涪陵地区财委政治部。

1996年6月25日，涪陵地区撤销，设立涪陵市，地区财办改为涪陵市财办。

1998年7月，成立重庆市涪陵区人民政府财贸办公室，原涪陵市枳城区财贸办公室、李渡区财贸办公室同时撤销，部分人员归并到涪陵区财办。涪陵区编委核定涪陵区财办内设综合科、商贸市场科、财税金融科、统计调研信息科、商办工业科（挂食品工业办公室、食品工业协会牌子）、组干科、宣传教育科7个科室；领导职数1正4副；中层领导职数8名；行政编制22名，机关事业编制4名。其职能按原“三定”方案延伸到各乡镇、办事处，同时撤销对各区市县的管理指导职能。2001年10月，撤销区财贸办公室，同贸易局合并成立区商业委员会。2007年12月，涪陵区物资总公司（局）归区商委管理。

二、区县市商业管理机构

原涪陵地区辖涪陵、垫江、南川、丰都、武隆、石柱、黔江、彭水、酉阳、秀山10个县（市）。1988年5月，黔江、石柱、彭水、酉阳、秀山5个民族自治县从涪陵地区分出，设置黔江地区，调整后涪陵地区和黔江地区各辖5县。1994年4月，南川县撤县设市。1995年11月，撤销涪陵地区设置地级涪陵市，同时撤销县级涪陵市，设置枳城、李渡2个县级区。调整后涪陵市辖2个区、4个县市，区县设有政府财贸办公室、商业局。

1992年6月至1996年5月，设涪陵市（县级市）商业局、涪陵市国营商业总公司，实行“两块牌子、一套班子”。局（总公司）党委书记、局长张廷宣，党委委员、副局长黄礼均、况海淮、余和苏、庞云章、彭正勤，党委委员、纪检组长白凯。内设秘书科、政工科、财计科、业务科、工业科、集管科、保卫科7科。下辖酒类专卖局、商业职工学校、涪陵市糖酒副食品公司、涪陵市蔬菜水产公司、涪陵市食品公司、涪陵市饮食服务公司、涪陵市百货公司、涪陵市酿造工业公司、涪陵市糖果厂、涪陵市酒厂和7家集体商业企业。

1996年6月，撤销涪陵地区商业局，设涪陵市（地级市）商业局。1998年7月，撤销涪陵市商业局，改设涪陵区贸易局。内设办公室、政治处、工业科、财务审计科、集管科、业务科、保卫科；管理的事业单位有涪陵区商业幼儿园、涪陵区商业建筑设计院；管理的企业有涪陵区食品公司、涪陵区糖酒公司、涪陵区蔬菜饮食服务公司、涪陵区百货公司、涪陵区五金交电化工公司、涪陵区肉联厂、涪陵区曲酒厂和5家集体商业企业。2001年10月，撤销涪陵区贸易局、涪陵区财贸办公室，组建涪陵区商业委员会。

第四节　四川省黔江地区商业管理机构

1988 年 5 月，经国务院批准设置四川省黔江地区，成立四川省黔江地区行政公署财贸办公室。1992 年 9 月，设置黔江地区商业局。1997 年，重庆直辖后，黔江地区划归重庆市管辖。1999 年 8 月，更名为黔江开发区商业贸易委员会。2000 年 9 月，黔江地、县合并将黔江开发区商业贸易委员会、黔江地区外贸局、黔江地区物资局、黔江地区散装水泥办公室、黔江县财贸办公室、黔江县商业局、黔江县外贸局、黔江县物资局等单位合并，组建黔江区贸易局。主要职责是管理全区商品流通和经营，规划及组织各类市场和商业网点建设等内贸工作及外贸进出口管理工作。归口管理单位有工商分局、粮食局、供销社、旅游局、盐务处及盐业公司、中石油黔江销售分公司、黔江民爆公司、昕烨公司、和平药房及部分区级商业公司。

黔江地区所辖黔江县、石柱县、秀山县、酉阳县、彭水县大多有政府财贸办公室、商业局。

第二章　重庆市商业管理机构

1996 年 8 月，中共中央、国务院决定将重庆建为直辖市。9 月，中共中央、国务院批准《中共四川省委委托重庆市代管涪陵市、万县市和黔江地区的请示》。9 月 15 日，重庆市正式代四川省对“两市一地”行使党政、经济与社会发展及三峡库区移民工作等管理职能。1997 年 3 月 14 日，第八届全国人民代表大会第五次会议审议通过了关于设立重庆直辖市的议案，做出《关于批准设立重庆直辖市的决定》。

直辖后，重庆市委、市政府围绕将重庆建设成为长江上游的商贸中心这一目标，深化改革，以“打基础、建平台、增后劲”为举措，给商贸发展带来较大变化。

第一节　市级商业管理机构

市级商业管理机构为重庆市商业委员会，系由其前身四川省重庆市人民政府财贸工作办公室、重庆市第一商业局、重庆市第二商业局合并而成。

一、机构沿革

重庆市商业委员会（以下简称市商委）是市政府综合管理全市商贸流通产业的行政管理职能机构和市政府的组成部门。主要职责是对全市商品流通经营管理，规划和组织各类市场和商业网点建设，组织供应生产生活各类商品。

1998 年 5 月，根据中共中央、国务院批准的《重庆市党政机构设置方案》和市委、市政府《关于重庆市党政机构设置方案的实施意见》，撤销重庆市人民政府财贸工作办公室、重庆市第一商业局、重庆市第二商业局，调整组建为重庆市商业委员会。撤销市委财贸政治部，设立中共重庆市委商业工作委员会（以下简称市商工委）。

市商委成立后，撤销市委财贸政治部，设立中共重庆市委商业工作委员会，属于市委派出机构。市商工委与市商委实行“两块牌子、一套机构”的领导体制。主要职责是组织指导管理商业系统党建、精神文明、纪检等工作，对归口的市属局级单位的正处级干部行使任免权，对市级商业公司正职经理、书记行使任免权。

2000 年，根据《中共重庆市委 重庆市人民政府关于重庆市党政机关机构改革方案的实施意见》，不再保留中共重庆市委商业工作委员会，组建中共重庆市商业委员会党组。

市粮食局定为市政府直属局，不再归口市商委。但市粮食局所属企事业单位党组织关系一直没有划转，仍在市商委党组。2003 年，市商委党组请示市委组织部，将市粮食局所属企事业单位党组织关系划转市粮食局党组管理。同年 10 月 20 日，市委组织部以渝组办〔2003〕271 号文件明确市粮食局所属市油脂公司、市粮食储运公司、重庆渝良食品有限公司、市上桥粮食中转库、市粮食职工中专学校、市粮油质量监测站等 6 家单位党组织划归市粮食局党组管理。

二、职能

1998 年 3 月 31 日，《中共重庆市委办公厅 重庆市人民政府办公厅关于印发中共重庆市委商业工作委员会、重庆市商业委员会职能配置、内设机构和人员编制方案的通知》明确市商委职能职责。

（一）职能转变

1. 按照政企分开、转变职能的要求，市商委立足于组织大流通、建设大市场、管理大商业，努力实现由管企业转到管行业，管系统转到管全社会商业，直接管理转到间接管理，搞好全市商贸流通、市场建设的统筹规划、管理指导和协调服务。

2. 强化宏观调控、综合协调、研究制订重大政策法规的职能，不再直接管理属于企业权限的事务。

3. 强化经济、法律手段，运用必要的行政措施调控经济，规范管理，保持全社会商贸经济健康运行。

4. 改进党的工作，坚持党管干部原则，充分发挥思想政治工作优势，努力加强为经济建设服务的职能、宏观管理职能和监督职能。

（二）主要职能

市商委是市政府综合管理全市商贸流通产业的职能部门。市商工委是市委的派出机构。市商委与市商工委实行“两块牌子、一套机构”的领导体制。

1. 贯彻执行党和国家关于商贸流通业的方针政策和法律法规；制订全市商贸流通、市场建设发展战略和中长期目标规划；调查掌握全市商贸流通、市场状况，研究搞活城乡市场、扩大商品流通、开拓国内外市场的政策措施；协调商贸经济运行中事关全局性的重大问题。

2. 负责统筹安排事关国计民生重要商品供求总量平衡，制订重要消费品和重要生产资料经营的政策和措施，指导重要商品的购销调存；运用经济、法律、行政等综合措施调控市场；督促落实重要商品的储备和风险调节金；负责重要生产资料、生活资料流通秩序的管理。

3. 会同有关部门，负责规划商品市场布局，培育市场体系；会同市计委审批重点市场、商场建设项目；依法征收和使用商业网点建设费；组织制订市场建设、培育和管理等方面的政策、工作。

4. 负责全市重要消费品、重要生产资料、重要行业和国家级、区域性、地方骨干市场设施建设项目资金的协调安排。

5. 指导全市商贸企业的改革、调整和发展，协调解决企业改革、结构调整中的重大问题。监管商贸企业国有资产的营运。

6. 负责管理商贸系统的统计、财会、审计、基建等工作。

7. 负责组织、指导全市商贸流通的对外开放、开拓和经济协作工作。

8. 指导全市商贸流通、商办工业的科学技术工作，协调重大科技开发、引进、推广、应用工作，促进商贸现代化。

9. 负责全市商贸服务业的规范管理，对行业协会进行指导。会同有关部门加强流通环节中商品质量、标准的管理和监督，打击商品生产销售中的假冒伪劣行为。

10. 负责系统党组织的思想建设、组织建设和作风建设；根据市委授权，管理本系统的领导干部；做好离退休人员管理、服务工作；负责领导思想政治工作和精神文明建设；加强职工队伍的培训、教育；负责领导所属学校的管理工作；负责安全保卫工作。

11. 负责做好本系统党的纪律检查和行政监察工作。

12. 承办市委、市政府交办的其他事项。

2000 年 9 月 1 日，市政府以《重庆市人民政府办公厅关于印发重庆市商业委员会职能配置、内设机构和人员编制规定的通知》，明确市商委是主管全市商贸流通业、餐饮服务业的市政府组成部门。

（一）职能调整

1. 划出的职能。一是在完善重庆华贸国有资产经营管理公司，扩大授权范围和职能的基础上，将市级商业企业国有资产经营管理职能交重庆华贸国有资产经营管理公司。二是取消商业网点费征收的职能。三是将“会同有关部门加强流通环节中商品质量、标准的管理和监督，打击商品生产销售中的假冒伪劣行为”的职能（酒类管理除外）交给市政府有关部门。

2. 划入的职能。一是将市计委管理的老旧汽车更新、废旧金属物资、散装水泥推广三个办公室划归市商委管理。二是将国家内贸局交地方人民政府的“商品市场的建设与管理及各类专业市场的建设与管理”的职能划入市商委。三是将国家内贸局交地方人民政府的“重要生产资料经营资格审批”职能划入市商委。

3. 转变的职能。一是将以直属商业企业为主，肉、菜、糖、成品油等生活消费品为主的管理，转变为立足于全市大商业、大市场、大流通的宏观管理和政策法规引导。二是将指导企业加强经营管理提高经济效益的职能，转变为组织制定商业结构重组调整的政策措施，指导商业改革和发展。

4. 下放的职能。一是将从事危险化学品零售经营企业危险化学品经营许可证的核发权下放区县（自治县、市）商品流通主管部门。二是将以粮食为主要原料配制白酒的小型酒厂和果酒厂（产量 1000 吨以下）的重庆市酒类生产许可证核发权下放区县酒类管理部门。三是将生猪定点屠宰的有关证、章、牌的核发权下放区县屠宰管理部门。

（二）主要职责

1. 贯彻实施国家商品流通、餐饮服务业的方针政策和法律法规；研究拟定全市商业改革、发展和开拓市场、促进消费的政策措施；研究起草规范流通和市场规划的地方性法规和行政规章草案并监督指导实施；制定全市商业发展战略目标规划和布局，并组织实施。

2. 制定商贸流通业、餐饮服务业的行业规范、行业标准和市场准入规则；指导各种经济成分商业的协调发展；调查研究流通秩序重大问题，提出政策建议，维护市场规范运行，创造公平竞争的环境。

3. 组织社会大流通，负责本市、本市外出和外地来渝举办大型商品交易、展览、展示活动的组织和管理；组织城乡市场的开拓；管理、组织各类促销活动。

4. 规划培育商品市场体系；会同有关部门统筹规划、合理布局大型商场、大型市场和审批大型批发市场、大型零售商场建设项目；制订实施市场建设、培育和管理方面的措施。

5. 负责商业营销改革，指导连锁经营、物流配送、代理制、特许经营等现代营销方式的发展，规划培育社区商业服务体系，推进商业业态和流通组织的创新。

6. 负责全市商贸信息系统和电子商务系统规划建设，以及电子化流通领域中的宏观管理指导；指导全市商贸流通、食品工业的科学技术工作，协调重大科技开发引进和推广应用工作，促进商业现代化。

7. 制订肉、菜、糖、成品油等重要消费品和重要生产资料经营的政策和措施并加强指导；负责安排落实重要商品的储备和风险调节金的使用。

8. 负责酒类产销管理，贯彻执行《重庆市酒类商品管理条例》；负责屠宰行业管理；负责成品油、液化石油气、危险化学品、易制毒化学品等重要商品经营和生化制药生产资格的认定；负责实物租赁业、拍卖业、旧货业、社区服务业、餐饮服务业的行业管理和监督；负责老旧汽车更新、废旧金属回收、散装水泥推广、木材节约、民爆器材等物资行业管理职能；指导行业协会和行业中介组织。

9. 指导副食品生产的发展，编制发展战略规划；指导重点产品生产和营销，负责品牌开发和管理，推进名牌战略。

10. 负责组织、指导全市商贸流通的对外开放和经济协作工作。

11. 指导全市商贸企业的改革、调整和发展，协调解决大中型国有商业企业改革发展、资产重组中的重大问题，推进国有资产战略重组，建立现代企业制度。监督商贸系统国有资产营运。

12. 加强职工队伍的培训、教育，负责所属学校的管理工作，负责安全保卫工作。

13. 负责所属企、事业单位领导班子建设、干部管理、离退休人员管理服务和行政监察工作。

14. 指导区县商贸流通工作。

15. 承办市委、市政府交办的其他事项。

1999 年，市政府进一步明确市商委承担的生猪定点屠宰、酒类产销管理、商品展销会、加油站资格、成品油批发资格、拍卖市场资格和旧货调剂市场资格审批、危险化学品经营许可证和生物制药许可证核发及大型商品批发交易市场立项预审等 10 项政务工作。

2000 年，市商委进一步下放权限，强化区县行业管理职能，就此下发〔2000〕18 号文，应由市级商品流通主管部门行使的部分行业管理职能，下放或委托授权至区县，自 2000 年 3 月 1 日起实行。管理权限下放有四项：一是危险化学品经营管理。对申请从事危险化学品零售经营的企业，市商委授权各区县商品流通主管部门按现行的初审程序和要求，进行现场检查，符合条件的企业在本区县核发危险化学品经营许可证。二是酒类生产管理。对申办年产量 1000 吨以下，以粮食为主要原料酿制白酒的小型酒厂和果酒厂，各区县酒类管理局在本区县小酒厂发展规划控制数内进行发证前的核查工作，符合条件者，发给重庆市酒类生产许可证。三是旧货经营管理。对在一个区县行政区域内从事旧货经营，注册资本在 30 万元（含 30 万元）以下的企业，由所在区县商品流通主管部门审核，报市商委备案，并统一向国家国内贸易局申报旧货经营资格证书。四是生猪定点屠宰的有关证、章、牌的核发权限，全部放给各区县屠宰办，今后仍由各区县屠宰办核发。同时，对下放权限后提出了要求。一是各区县商品流通主管部门对实施许可证管理的行业制定行业发展和企业布局规划，依照规划进行调整和新办证企业经营资格审批。对一旦发生事故，危及公众安全的经营易燃、易爆、毒害品的企业在选点上从严掌握，不能任其发展。按照国家的产业政策和环保要求，限制小酒厂的发展。对出现过度竞争的行业引导企业转向经营，审批新的经营企业从严控制。二是严格依照有关法规、政府规章和规范性文件的要求，在核发各类许可证前对企业的经营资格、条件进行现场审查，不得自行降低条件。加强同当地公安、消防、技监、环保、卫生等有关部门的配合，确保由商品流通主管部门核发的各类许可证符合颁证要求。市商委对各地发证的情况进行经常性的监督和抽查。三是认真履行对社会商业实施行业管理的职责，公开办证要求、程序，提高办事效率。企业提出申请后在规定的时限内予以办理或说明不予办证的理由，把实行许可证管理工作的重点放在日常监督、管理，防止以证代管，加大对违法违章经营的执法力度。四是以上放权给区县商品流通主管部门审核发证的企业，其日常管理、换证、年审等工作均由各区县负责进行。到2000年8月，法律法规所定的行政审批有三项：一是拍卖企业审批、拍卖师申报；二是旧货经营资格证、市场准入证、评估员资格申报；三是生猪定点屠宰厂（场）、定点标志牌、专用印章标识。市商委对重要商品流通依法审批有四项：一是新建1万平方米以上的批发市场和5000平方米以上的大型商场，由市商委会同市计委联合审批；二是危险化学品经营许可证；三是酒类商品生产、销售许可证；四是各类商品展销会审批。

三、内设机构

1998年3月31日，市商委内设15个职能处室，以及机关党委。

1. 办公室
2. 政策研究室
3. 商品流通处
4. 市场建设处（挂市商业服务网点办公室牌子）
5. 行业管理处
6. 科技工业处
7. 经济协作处
8. 统计信息处
9. 财务会计处
10. 重庆市生猪屠宰管理办公室
11. 组织人事处（挂保卫处牌子）
12. 宣传教育处
13. 审计处（市审计局驻市商委审计处）
14. 监察室（市纪委派驻市商委纪工委办事机构与市监察局派驻市商委监察室实行合署办公）
15. 离退休人员工作处
16. 机关党委

重庆市酒类管理局设在市商委。1998年11月30日，市编委同意市商委加挂重庆市酒类管理局牌子，同时规定市酒类管理局的主要职责。市酒类管理局下设酒类管理处，与市商委内设的行业管理处“两块牌子、一个机构”。撤销重庆市酒类专卖事业管理局。市酒类管理局于1999年1月正式成立。

2000年9月1日，《重庆市人民政府办公厅关于印发重庆市商业委员会职能配置、内设机构和人员编制规定的通知》明确内设13个职能处室。

2003年市政府机构改革。11月7日，市编委对市商委做出《重庆市机构编制委员会关于重庆市商业委员会内设机构及职责调整的批复》，同意调整市商业委员会部分内设机构。内设机构调整，其职责在《重庆市人民政府办公厅关于印发重庆市商业委员会职能配置、内设机构和人员编制规定的通知》规定的范围内做相应调整，不新增职责。（1）撤销审计处。（2）设立改革发展处。（3）经协处更名为现代流通处（挂重庆市政府会展办公室牌子）。（4）流通处更名为餐饮服务处（挂市屠宰管理办公室牌子）。（5）工业处更名为食品经营管理处（挂市副食品生产管理办公室牌子）。（6）综合处更名为政策法规处。（7）信息处更名为统计信息处。（8）办公室挂保卫处牌子，组织人事处不再挂保卫处牌子。

2004年底，市商委根据商务部有关职能设置和市政府关于转变职能，加强行业指导、协调、规范、监测消费品市场和依法行政的要求，对部分内设机构及其职能做出调整，并报市编办同意。（1）撤销财务会计处，其相关职能划归办公室。（2）新设市场运行监测处。将原分散在几个业务处室有关市场运行、监测职能集中起来赋予市场运行监测处。市场运行监测处主要负责起草全市市场运行调节的规章、制度、标准并组织实施；监测市场运行和重要商品（成品油、液化石油气、散装水泥、易燃易爆商品、粮食、食品、糖酒等）供求状况和价格动态，负责市场预测、预警和信息发布；研究提出市场运行和调控方面的政策；组织解决市场运行的有关易发、突发大问题；组织实施重要消费品市场调控和“菜篮子”产品流通的行业指导和管理；承办委领导交办的其他事项。

通过以上调整，市商委内设机构仍为13个，与2000年“三定”规定的内设机构数相等。

2005年12月1日，市商委研究同意并报市编办批复，同意原民爆办从特商处中划出，设民爆器材管理处（挂重庆市民用爆破器材管理办公室牌子）。其职能是负责全市民爆行业管理；对民爆器材生产、经销及相应储存安全生产监督管理；对民爆器材产品质量监督管理；查处不具备安全生产基本条件的民爆器材生产、经销单位；组织销毁处置生产、经销废旧和罚没的非法民爆器材；审核、颁发民爆器材安全生产许可证、储存许可证、销售许可证；完成委领导交办的其他事项。

四、领导班子

表1-4　　**1998—2005年市商委历任领导表**

姓　名	职　务	任职时间
王学斯	主任、党工委（组）书记	1997.7—2003.12
秦文武	主任、党组书记	2003.12—2007.12
王敬先	副主任、党工委委员	1998.5—1998.8
宋培滨	副主任、工委委员	1997.8—2003.6
高进进	副主任、工委委员	1997.8—2000.6
刘铁茂	副主任、工委委员	1997.8—2003.9
雷太惠	副主任、工委委员	1998.5—2006.5
伍程敬	副主任、党组成员（正厅局级）	2000.10—2006.4
夏培度	副主任	2000.11—2003.1
黄　伟	副主任、党组成员	2003.4—
范光明	副主任、党组成员	2003.6—

续表

姓　名	职　　务	任职时间
陈国华	主任助理、党组成员	2005.1—2006.3
甘昌华	纪工委书记、工委委员	1997.8—2000.10
曾晓辉	纪检组长、党组成员	2000.10—
曹昌珍	助理巡视员	1998.9—2002.9
王得民	助理巡视员	2000.3—2006.10
李元铮	助理巡视员	2000.3—2003.7
李光炳	助理巡视员	2004.12—2008.7
肖建平	助理巡视员	2004.12—

注：1998年5月前为市委商委工委，其党内职务为党工委书记、委员；之后为党组，为党组成员。

五、人员编制

1998年3月31日，市委办公厅、市政府办公厅明确市商委机关行政编制109名。其中，主任1名，副主任4名；纪工委书记和机关党委书记按市委有关规定配备；正、副处长职数35名。机关后勤服务人员事业编制11名。市商委机关实有人员控制在135人内，2年减到编制限额内。

2000年9月1日，明确市商委机关行政编制82名，离退休工作人员专项编制8名，机关后勤人员事业编制9名。

2005年12月31日，市商委机关工作人员（除委领导外）分别是办公室11名（不含车队）、政策法规处4名、现代流通处5名、改革发展处5名、餐饮服务处5名、食品经营管理处5名、特种商品营销管理处6名、民爆处3名、市场处5名、统计信息处4名、市场运行调控处4名、组织人事处5名、宣传教育处4名、监察室3名、离退休人员管理处4名、机关党委2名、酒管处3名、会展办公室4名。

六、直属事业单位

（一）重庆市商业职工活动中心

2001年12月14日，市编委办公室批复市商委，同意市财贸职工俱乐部更名为重庆市商业职工活动中心。更名后，其机构规格、人员编制、经费渠道均不改变。同年12月26日，正式更名为重庆市商业职工活动中心。

2003年4月7日，市商委以〔2003〕39号文件将重庆市渝商物业管理有限公司、重庆市商贸物业有限公司、重庆市宏福实业开发公司、重庆市商业网点建设管理办公室、重庆市商业老干局招待所并入重庆市商业职工活动中心，实行统一领导、统一经营、统一管理、统一对外承担民事责任。各单位立即按有关规定办理相关手续。

（二）重庆市商业信息中心

2003年9月，设立重庆市商业信息中心，为全额拨款正处级事业单位，负责商业系统的信息化建设，开展职业培训。办公地址在红旗河沟北岸宾馆。

（三）重庆第一财贸学校（见第六篇）

（四）重庆第二财贸学校（见第六篇）

（五）重庆商务高级技工学校（见第六篇）

（六）重庆市商业建筑设计院

2003年3月26日，市编委批复同意重庆市商业建筑设计所更名为重庆市商业建筑设计院。更名后，机构规格、人员编制、经费渠道不变。

七、直属企业单位

2004年前，所属企业单位有重庆商社（集团）及重庆百货大楼股份有限公司、重庆新世纪百货公司（2004年划归市国资委管理）、重庆石油集团、重庆食品集团、重庆副食品集团、重庆饮食服务总公司、工贸中心、百货站、糖酒公司、储运公司、蔬菜公司、酿造公司、食品公司、友谊公司、五金公司、万得福公司、水产公司、针织公司、纺织公司、合川食品厂、永川肉联厂等企业单位，继续由市商委行使企业管理职能。

归口管理的企业有重庆华贸国有资产经营有限公司、重庆盐业总公司、重庆物资总公司及部分市级其他商业公司。

2004年后，所属企业改革组建重庆商务集团、渝辉生活服务公司，其生产经营性单位由重庆商务集团管理。

（一）重庆商社（集团）有限公司

1996年12月26日成立。其核心企业重庆商社（集团）有限公司，由原重庆市交电批发公司、原重庆市化工批发公司依法改制而成，紧密层企业由重庆新世纪百货公司、重庆商社（集团）物业发展公司等8家企业组成。2000年1月，市商委决定将友谊公司并入重庆商社（集团）。经营范围主要有五金、交电、化工、百货、餐饮娱乐、实业开发、进出口贸易等。所属企业单位有重庆商社（集团）、重庆百货大楼股份有限公司、重庆新世纪百货公司等。2005年组建集团后，划归市国资委管理。

重庆百货大楼股份有限公司始建于1950年，1984年更名为重庆百货大楼，1992年改为现名。经营日用百货、五交化、鞋帽服装、文化用品、针织品等。

重庆新世纪百货公司于1995年成立，经营食品、服装、针纺织品、黄金饰品、钟表眼镜、化妆品、百货、家电、鞋子箱包等的零售、批发业务。

（二）重庆市商务集团

市商委直属企业，于2004年改革组建而成，新组建的电子商务、重客隆超市、商务国际展览、黄花园酿造、博远机动车、欧唯乐糖酒、多一食品、广益食品、商储物流、渝都百货、老四川饮食、三高乳业、华运现代农业、三维汽车修理等14户是由重庆市商务集团控（参）股的投资主体多元化的新企业。

（三）重庆市渝辉生活服务公司

市商委直属企业，于2004年改革组建而成，为原所属企业离退休人员、内退人员提供服务，并进行管理，所属有12个服务中心。

第二节　区县（市）商业管理机构

1997年重庆直辖后有43个区县（市）。1998年撤销万县市、涪陵市和黔江地区及万县市、涪陵市所辖5个县级区，设置万州、涪陵2个地级区。由此，重庆市管辖13个区、23个县（自治县）、4个市（县级）共40个区县（自治县、市）。

所辖40个区县市均设有商业管理机构，各区县机构名称不一，大多单独设置机构，有的在经贸委内。绝大多数区县是行政管理机构，个别是事业单位，如彭水。但人员普遍较少，大多区县10多人，有的还不到10人，万州、涪陵等因行政体制、机构改革因素，其人员较多。其职能是综合管理商贸流通工作。

2005年，各区县市商业管理机构称谓如下。

商业委员会：万州区、涪陵区、渝中区、大渡口区、江北区、沙坪坝区、九龙坡区、南岸区、北碚区、渝北区、巴南区、合川市、永川市、璧山县、梁平县、南川市、丰都县、武隆县、忠县、开县、奉节县。

商业贸易委员会：江津市、綦江县、潼南县、荣昌县。

贸易委员会：长寿区、垫江县。

贸易局：黔江区、铜梁县、大足县、巫溪县。

经济贸易委员会：万盛区、双桥区、城口县、云阳县、巫山县、石柱县、秀山县、酉阳县、彭水县。

第三章　体制改革

1986—2005年，正值改革开放的20年，重庆商业从流通体制、流通主体、流通渠道、流通方式到管理体制和运行机制都发生了根本性转变。

主要表现在“四个突破”“十个转变”上。

“四个突破”：

一是突破传统的商业理念，以人为本、以商为业、以和为上、以诚兴业，确立商业在现代城市发展中的应有地位；二是突破垄断式、封闭式、行政式的流通体制和运营模式，建立自由、畅通、竞争、有序的现代商业市场格局；三是突破“三无一统”（商品无档次、购物无环境、经营无特色、国合商业一统城乡市场）供给型的市场模式，建立多业态、多形式、多元化的零售市场；四是突破传统的百货经营模式，实现从传统百货到现代百货的转变，卖时尚、卖品牌、卖信誉、卖功能、卖环境，在商品市场中发挥主导作用。

“十个转变”：

一是从卖方市场向买方市场的转变，一个市场繁荣、商品丰富、充满生机与活力的买方市场形成；二是从国合商业二元结构向多种经济形式的转变，深化国有商业改革，促进民营商业迅速发展，引进外资商业，一个各种经济形式互相促进、互相补充、共同发展的多形式、多元化商品市场格局逐步走向成熟；三是从单一业态向多业态发展，先进业态不断引进，业态结构逐步完善，并在发展中不断创新，在组合中构建具有特色的业态体系和业种系列；四是从不完善的商品市场向多层次商品市场体系发展，以小康型社会商品结构为主体，兼顾温饱型的商品需求，积极创造条件开拓新的消费领域，发展适应高收入阶层的高档次市场，一个多档次、多结构、多形式的市场形成；五是由单纯的商品经营向综合性经营发展，从只重视商品向商品和服务并重，从单纯的物质消费向物质、精神消费并重，从满足生活基本要求向促进健康、提高生活质量发展，为构建和谐社会创造必要条件；六是从统购统销单一的购销形式向多样化的经营形式发展，大力执行代销、经销、工商联营、引厂进店、出租柜台、代理、拍卖等多种形式；七是从重视城市市场转向城乡市场并重，实施“万村千乡市场工程”“双百市场工程”，着力构建城乡互动、双向畅通的商品流通体系；八是从原始的手工交易形式向科技商业发展，IT 技术广泛应用于购、销、调、存的全过程，逐步实现信息化、网络化和数字化管理；九是从无序竞争逐步走向规范交易，商业的法规、制度和运行规则陆续出台、逐步完善，一个规范、有序的商品市场形成；十是从追求数量转向重视质量，食品安全、卖场安全、促销安全引起普遍关注，构建安全、和谐的消费环境成为经营者的自觉行动。

第一节　行政体制改革

1986 年尽管是改革初期，但传统计划经济条件下运行的商业体制依然存在，随着经济体制改革的深入和行政体制的调整，各地各级商业行政管理体制随之改革。尤其是重庆直辖后，1998 年政府机构开始改革，商业行政管理体制和机构也随之发生变化，撤销原市财办、第一商业局、第二商业局，组建市商业委员会，主管商品流通业。随即市物资局 5 月被撤销转为实体经济，组建重庆市物资（集团）有限责任公司，其行政职能移交市商委，打破了生活资料和生产资料流通长期分割的局面，为建立统一的、面向国内国际两个市场的大流通新格局打下了基础。

按照政府转变职能的要求，市商委的主要职能从过去主要直接管企业转为间接指导；从抓重要商品调控、平抑物价、稳定市场转为统管社会大商业；从微观管理转为“培育大市场、组织大流通、发展大商贸”的宏观规划、指导、协调、服务。市商委按照政企分开、转变职能的要求，立足于组织大流通、建设大市场、管理大商业，主要职能由过去管企业到管行业，由管系统转到管全社会商业，由直接管理转到间接管理，对全市商贸流通和市场建设进行统筹规划、管理指导和协调服务。重庆市商业委员会成立后，商业管理体制发生了较大变化。管理范围调整，商业、粮食、供销继续归口管理；自 20 世纪 50 年代以来就归口财贸口管理的财政局、税务局、工商局、金融、保险等部门划出商委口，由市政府直接管理；划入市物资局系统的长发公司归商委口管理；逐渐划出市供销社、粮食局系统归农委口管理。

2000 年，市政府为切实规范和改善政务管理，创造优良的政务环境，推动西部大开发战略的实施，对全市政府系统（含政府各部门）制定的各级各类政策、规章、规范性文件及政府系统实施的各种许可、审批、登记、备案、年检、认证、裁决和行政事业性收费项目进行了一次全面系统清理，及时废止不适应西部大开发战略实施的管理依据、行政措施、办事程序和收费项目，为实施西部大开发创造优良的政务环境。

2004 年，行政管理体制改革稳妥推进，贯彻落实《中华人民共和国行政许可法》，实施规范性文件审查登记、行政决策听证、行政首长问责、政务信息公开等 4 个政府规章和行政审批违法违规行为责任追究规定。

2005 年，进一步强化了经济调节、市场监管、服务公众的职能，推进机关职能由管企业向管行业转变，由微观管理向宏观管理转变，由直接管理向运用法规和市场手段间接管理转变，提高了对全市商贸流通业改革发展的领导统筹能力。11 月，推进行政执法责任制，建立科学合理、制约有效的权力运行机制，提高商贸流通业行政执法的水平、质量和效率，保证公民、法人和其他组织的合法利益，促进全市商贸流通业健康有序和可持续发展。切实做好行政执法职责的界定工作，进一步梳理行政执法依据，依据“三定”方案，梳理生猪屠宰、危险化学品、液化石油气、易制毒化学品、民爆器材、报废汽车回收拆解、成品油、散装水泥、酒类、拍卖和特许经营管理等行政执法活动所依据的法律、法规和规章的有关规定，明确行政执法的主体、权限和责任，将梳理结果通过一定方式及时向社会公布。分解执法职权职责，将生猪屠宰、危险化学品、液化石油气、易制毒化学品、民爆器材、报废汽车回收拆解、成品油、散装水泥、酒类、拍卖和特许经营管理等行政执法活动的职权职责分解落实到处室，明确各执法处室和执法人员的行政执法职责。完善行政执法责任制制度，建立行政执法程序和报告制度，由政策法规处制定《重庆市商委行政执法程序》，建立健全执法程序。进一步完善行政执法公开制度，在机关办公区建立行政执法公开栏，公示有关信息，包括行政执法的依据、职责范围、执法程序；涉及行政审批、许可、登记的，公布办理的条件、程序和期限；涉及收费的项目，公布收费的标准和依据。建立行政执法检查监督制度、依法行政和行政执法评议考核制度、执法过错追究制度。建立和完善行政执法机构，加强执法人员管理教育。出台《行业协会与业务主管单位脱钩的实施方案》，推进行业协会与党政机关脱钩。全面清理市属事业单位，启动事业单位分类管理改革。进一步清理市级行政许可实施机构和行政事业性收费，取消和调整一批行政审批项目，行政行为步入法制化轨道。

第二节　流通体制改革

从中华人民共和国成立后到1978年，通过创立和发展国合商业，实行国家统购统销政策，逐步建立了百货、交电、五金、蔬菜、食品、日杂、副食等30多个大行业和一批集贸市场，初步形成了以满足人民群众基本生活需要为目的的商品市场。在计划经济时期，商品流通是在单一封闭的系统内进行的，所有的物资和消费品由国家按照统一的计划实行收购、调拨和销售，严格按照一、二、三级批发流通体系实行单渠道的流通，以国营和合作商业为代表的公有制流通企业成为商品流通领域的主体；商品的市场价格也受到计划的严密控制，形成了以国有经济为主的垄断型批发体系，在高度集中的计划管理体制下，市场网点的建设和商品的购销、价格以及供应，完全服从于计划管理的需要，其总体特征是市场规模狭小，交易方式单一，基本上成为计划分配的手段和途径，划片定点、按人定量、凭证发票、凭票供应是当时经营的基本模式，到1962年凭票的商品411种，一些日用小商品如肥皂、火柴等也凭票购买，纳入计划管理的商品范围日益扩大，由1958年的100多种扩大到1978年的700多种，对商品管得过多、统得过死，排除私商经营，限制多渠道购销，以致社会商品匮乏，有效供给不足，市场商品短缺，商品流通长期处于供不应求的紧张状态，百货店成为实行供给制的补充，市场、网点严重不足，“买难”问题突出，到20世纪70年代末重庆居民每千人拥有商业网点面积仅200平方米，大大低于国家规定700～800平方米的要求，集贸市场也始终处于“恢复—关闭—再恢复—再关闭”的不稳定状态，人民生活极其不方便。到1978年全市社会商品零售总额仅25.02亿元，其中国合商业所占比重达95.7%。

改革开放以来，全市商贸系统紧紧围绕经济建设这个中心，按照建立社会主义市场经济体制的要求和“六个坚持”进行流通体制改革。一是坚持解放思想、实事求是、一切从实际出发的思想路线，不断打破教条主义的束缚，在改革实践中尊重职工的首创精神，鼓励各方面大胆进行改革探索，推进改革向纵深发展。二是坚持把改革与发展有机结合起来的正确方向，针对经济社会发展中存在的深层次矛盾和突出问题，锐意创新，完善改革措施，真正发挥市场机制在资源配置中的基础作用，促进改革与发展整体推进。三是坚持以公有制经济为主体、多种经济成分共同发展的所有制实现形式，在推进国有企业改革的同时，发展非公有制经济，特别是放手发展民营经济，构建多种所有制经济互为补充的产权多元化的市场主体。四是坚持城市商业改革与农村贸易改革同步推进的原则，繁荣城乡市场。五是坚持实施改善经济社会发展环境的战略措施，在实施“7+1”“十个一批”制度的基础上，进一步废止与经济发展不相适应的行政规章，减少过多过滥的行政审批权，推进服务型部门建设，为经济社会发展创造良好的环境。六是坚持“立足当前、谋划长远”的工作思路，高度重视改革的科学性和可行性，使改革措施既体现社会主义市场经济发展的总体要求，又符合当前经济社会发展的实际需要，形成以市场导向为主、商品购销放开、“三多一少”（多种经济成分，多种流通渠道，多种经营方式，少流通环节）、企业充满活力、市场繁荣兴旺的商业流通新格局，有力地促进了商贸经济的发展。

1986—2005年，正值改革的关键时期，也是体制转换的重要时期。重庆市在改革开放的历程中，商品流通体制发生了深刻的变化。主要体现在：

一是放开放活多渠道流通。坚持“国家、集体、个体一齐上”的方针，大力发展多种经济成分，采取放宽各项管理政策，引导社会各界兴办商业服务企业，吸引外资，适当调整税收、金融政策等一系列改革措施，有力地促进了以国有经济为主导的多种经济成分并存的流通格局的形成。1993年全市商业设施、市场各类服务网点发展到21.07万个，总面积626万平方米，比1978年增加近7倍，其中个体经营网点14万个，占66.4%；在全市社会商品零售总额中，集体、个体的比重63%，促进了重庆市场的进一步繁荣。

二是市场调节比重进一步扩大。按照社会主义市场经济的要求，把企业推向市场，经营上积极放开搞活，到1992年，除商业部规定的8种指令性计划商品外，其余商品的经营全部放开。以粮、猪、菜为代表的主要农副产品，在原有“双轨制”的基础上，生猪经营和价格全面放开，由计划指导为主转到完全的市场调节。蔬菜实行“管淡放旺”，旺季购销和价格全部放开，淡季由政府调控。粮油先后迈出调高销价、购销同价、全面放开三大步。此外，少数重要工业品的管理也逐步放开，到1992年日用消费品价格市场调节范围达95%以上。

三是商品从短缺走向丰富。就商品来说，从短缺匮乏凭证限量，逐步走向商品丰富、品种繁多。1978年以前商品生产短缺，国家对工业生产资料以统配部管为主，农副产品以统购派购为主；消费品实行中央和地方的不同层次的调拨分配。国家对消费者实行凭证定量供应。凭证定量的商品大到粮食、棉花、棉布、食用油、猪肉，小到粉丝、豆制品等。“买难”“吃饭难”等困难重重，市场处于全面短缺的紧张状态中，这些都已成为历史。工农业产品全部自由流通，90%以上的商品供求平衡或供过于求，价格由市场供求和企业自主决定，市场机制在商品流通领域中起着决定性作用。早在1985年逐渐取消凭证定量供应，到1991年结束了长达38年的凭粮票购粮的历史。城乡居民的消费结构不断升级，食品、衣着类消费比重持续下降，医疗保健、交通通信、教育文化、旅游等比重持续增加。消费热点不断涌现，20世纪70年代三大件是“手表、自行车、缝纫机”，20世纪80年代是“彩电、冰箱、洗衣机”，20世纪90年代是“手机、空调、电脑”，21世纪升级到“住房、汽车、黄金首饰”。小包装、冷冻食品、半成品、方便食品、快餐等的发展，使家务劳动大大减少，人民生活质量显著提高。

四是从国有独大到多元化。就商业来说，打破国营和集体商业（包括供销社）一统天下的局面，形成了经营主体多元化，多种所有制并存，并以私营、个体为主的格局。个体和私营商业得到了高速发展，有些行业如中小型零售、旅馆、餐饮、修理业、服务业等几乎全部由个体和私营经营。公营商业的产权改革是体制改革的核心，首先是将国营小型商业、饮食业、服务业、修理业等，实行“改、转、租、卖”的改革，转为个体经营或私营、合作经营。在商业企业中全面推进政企分开，实行经营权和所有权分离，对一些大中型国有商业企业实行股份制改造，引进多种所有制成分，按现代公司制进行经营管理。

五是市场体系逐步完善。就商品市场体系来说，经过改革和发展，商品市场体系基本建立并逐步完善。1978 年以前，商品批发体制是按行政层次一、二、三级设立批发站，零售企业是地方的专业国营零售公司，环节多，流转慢，效益差。20 世纪 80 年代首先取消了各级商业专业公司，取消了批发按“一、二、三、零”封闭式的经营。1992 年以后各地大力发展商品批发市场，建立大宗工农业生产资料、农副产品、日用消费品和再生资源回收、文化音像、旧货、二手车等商品批发市场，商品市场规模不断扩大，主城解放碑商圈集购物、餐饮、观光、娱乐为一体，成为“西部第一街”，沙坪坝、南坪、杨家坪、观音桥等商圈的功能日趋完善，成功引入了北京王府井、银泰百货等知名商家，形成了重庆百货股份有限公司、新世纪百货等本地企业与外地企业、国际跨国公司三足鼎立的局面；其他区县形成了一批大型骨干专业市场。

六是宏观调控成效显著。就商品流通的宏观调控来说，实行以经济手段、法律手段为主，政企分开和行政管理服务为辅的间接调控。20 世纪八九十年代，通过政企分开、转变政府职能等改革，撤销市财办、一商业局、二商业局组建了市商委，物资职能随后划入市商委，区县也都相应进行了机构改革。市商委坚持市场取向，推进体制创新，大胆实施“三退三进”战略，国有商业退，民营经济进，在国有商业企业中全面推行股份合作制、股份制、兼并、破产等多种形式的产权改革，大部分企业国有资本退出，同时放手鼓励发展非公有制商业，使其成为重庆市商贸流通业最为活跃的主体。传统经营退，现代方式进，在主城区不再规划新建农贸市场，控制开办传统性综合百货商场，积极引导和支持发展连锁超市、便利店、专卖店、精品店、货仓式卖场、购物中心等现代商业，使流通方式更符合社会的需求。政府管制退，市场调控进，除特种商品外的所有商贸领域都放开由市场调控，还结合全市环境综合整治“十个一批”行动，大幅减少对重要经营活动的审批项目，将事前审批改为时时跟踪监管，为商贸发展创造了良好的环境，市场机制作用得以更好发挥。发挥了财政、税收、银行等经济杠杆的调控作用，通过财政性专项资金、信贷、税收政策、商业网点资金或结构调整资金，支持了商业企业的科技创新、“万村千乡市场工程”“双百工程”、农贸市场改造、社区商业、物流配送中心、节能降耗、再生资源回收等，银行还通过信贷，扩大授信额度，引导开展对中小商业企业的担保业务，发行债券、资产重组、股权置换等多种形式扩大资金规模，支持了商业的改革和发展。组建了行业协会、联合会，在政府与企业间发挥了桥梁作用。

七是完善市场秩序。20 世纪 90 年代，认真整顿了批发市场，对 15 大类商品批发经营做了明确规定，把重要商品批发权掌握在国营商业、供销社手里。整顿了流通领域的经济秩序，整顿了摊区市场，清理了公司，全市撤销公司 700 多个。加强了计划管理，增加了重要商品的收购，确定了农资、棉花、彩电等商品实行专营。实行以法治商，逐步制定和修订完善了规范商品流通的一系列法规和行政管理制度，建立公平、规范、有序、高效的市场环境。

2001 年 12 月 11 日中国加入世界贸易组织到 2004 年 12 月 11 日过渡期结束，农产品流通体制改革进一步深化，特别是 2001 年粮食购销价格全面放开，带来了一系列深刻的变化，消除了以前认为粮价放开会造成大的震荡的顾虑。流通业自此全面对外开放。并对有关农产品贸易的市场准入、支持和出口补贴等方面进行改革，取消了出口补贴，对大宗农产品采取配额制度，并逐步向关税化过渡，农业和农村发展逐渐融入全球化时代。2003 年 4 月下旬，受“非典”疫情影响，消费品市场经营不景气。到2005年，农产品供给实现了由长期短缺到供求基本平衡、丰年有余的历史性转变。在农产品总量增加的同时，品种增多、品质改善、质量安全水平提高、均衡供给能力增强。农业和农村经济发展不仅受到资源条件的约束，而且还越来越受到市场需求的约束，农村经济与整个经济发展的关联程度越来越高。但由于重庆市“三农”问题十分典型，各地经济、政治、文化等多因素的不平衡性决定了农村流通体制改革具有多样性，从改革试点效果来看，都表现出典型的不平衡、不均衡特征，农产品“卖难”问题仍然存在，这使市场价格波动的风险增大，不利于农产品的供求均衡，影响农民收入。而且，与城市相比，农村的流通规模不大，流通渠道过窄，流通方式仍比较落后，流通效率不高，这种流通发展严重滞后的状况极大地制约和减缓了农村经济的发展。

1986—2005年，重庆市商业流通体制的改革历程。

1986年，逐步突破流通体制对市场的制约，促进了市场流通规模的扩大。3月4日，商业部印发的《商业部商品计划管理暂行办法》，提出在指导思想上实行根本性的转变：从历史形成的“统、包、管”办法，逐步转向宏观控制和微观放活相结合、指导与服务相结合。商品实行统一计划、分级管理的办法，商业部管理的计划商品有23种。其中，农产品9种（粮食、食油、棉花、棉短绒、黄红麻、生猪、紧压茶、绵羊毛、牛皮），工业品14种（食糖、名酒、棉布、涤棉布、中长纤维布、呢绒、洗衣粉、胶鞋、铁锅、元钉、镀锌铁丝、化肥、农药、废钢铁）。3月17日，国家计划委员会、商业部发出《关于改进商业计划工作的若干意见》，对商业计划实行分级管理；对计划商品实行分类管理，除国家计划商品和控价商品外，大部分商品由1983年商业部规定实行的批量作价办法（系统内调拨由固定扣率改为协商作价）转变成灵活的作价办法。

1987年，深化流通体制改革，进一步搞活商品流通，实现货畅其流。（1）继续发展多条流通渠道、多种经济形式，积极发展个体经济，重点是小商品经营和农产品贩运，允许个体搞批发；适当调整对个体商业的政策，并加强引导和管理。同时支持社会各单位兴办以商业、服务、修理业为主的第三产业。（2）继续改革统、派购制度，搞活农副产品流通，粮食实行合同订购与市场收购并行的“双轨制”，完善合同定购办法，保证国家收购任务的完成；对完全放开的农产品，坚持自由购销，发展农民专业运销户和其他联合购销组织。（3）改革国营商业批发体系。积极发展多渠道、多层次的批发，包括同一行业设置多家国营批发企业。开始对市级公司进行专业化改组试点，即在专业细化的基础上，把专业商品的经营部分独立出来，形成专业批发公司，进而组建批发企业集团。（4）大力推进经济联合。重点发展市级公司与地方工厂的联合，组建工商联合体和产销一体化公司，推进商业与农业联合，扩大与外地的联合。（5）抓好各类市场的建设。按农村商品流通布局，兴建一批农贸市场，近郊区的农贸市场向棚盖化、室内化、专业化方向发展，兴建一批小商品市场和个体摊区市场，新建农副产品批发市场和1到2个工业品批发市场。

1988年，在零售商品总额中，国家定价占24.2%，国家指导价格占42.9%，市场调节价占32.9%。由于宏观失控等原因，个别年份价格总水平上涨过大，六年间零售价格平均每年上涨8.5%，1988年涨幅23.3%。年末，中央提出对国民经济进行治理整顿。城乡市场一直紧随物价上涨波动，从1987年末、1988年初的家用电器调价，到春夏的棉纺织品、名烟名酒调价及稍后的肥皂、搪瓷铝制品、皮鞋等日用工业品全面涨价，市场出现商品抢购风。抢购风开始以抢购食物类商品为主，后发展为抢购日用工业品特别是高档耐用消费品，年末又转向抢购食品；开始时大中城市部分消费者抢购，后发展到城镇和农村的消费者普遍抢购。重庆百货大楼从8月19日到25日，每天的零售额比正常日销售额增长几倍。

1989 年，贯彻治理整顿、深化改革的方针，按照既管又活的原则，对流通领域的混乱状况进行整治，对 15 大类商品的批发和经营做了明确的规定，把重要商品的批发掌握在国营、供销社商业手中；同时严格批发企业的审批权限，有效地遏止了批发环节的混乱状况，流通秩序逐步好转。四川省政府对钢材、水泥、木材、汽车（包括改装车）、石油成品油（包括汽油、煤油、柴油、润滑油）、化肥、农药、农用塑料薄膜、蚕茧、生丝等 23 种重要生产资料的管理做出规定，必须按照经营分工、经营范围和经营方式依法经营；对经营棉布、衣絮棉、针织内衣、床单、肥皂、洗衣粉、食糖、国家级名酒、食盐、民用煤、生活用煤油、机制薄纸、彩色电视机等 13 种群众基本生活必需品和紧俏耐用消费品的批发企业进行整顿，实行归口批发；同时，按照国务院规定，对彩电实行专营管理，定点销售；加强名优酒的生产管理，严格执行产销许可证制度。流通领域开展清理整顿公司工作，打击违法经营，促进了市场正常秩序的建立。两次大规模提高粮食价格直至放开等。从 1989 年下半年开始，出现经济滑坡，市场疲软，企业大面积亏损。

1990 年，放宽国营、集体、私营及个体商业户的经营范围，并规定所有具备经营条件的商业企业，经县级工商行政管理部门核准后，均可经营彩电零售业务；对过去一直从事批发业务且具备规定条件的集体商业批发企业，按照计划商品管理权限和专营或统一经营商品管理权限，经当地县级商业（含供销社）行业主管部门和专营、统一经营商品主管部门审查同意，由工商行政管理局核准，允许经营棉布、衣絮棉、针织内衣、床单、肥皂、洗衣粉、食糖、国家级名酒、食盐、民用煤、生活用煤油、机制薄纸和完成国家定购任务以外的农副土特产品、非工业原料性农副产品以及经县、市政府批准已放开的工业原料性农副产品，各地、各部门不得自行颁发各种未经国务院明文规定和省政府批准的经营许可证和经营合格证，原已自行颁发的一律停止使用。8 月，试行放开国合商业企业卷烟、服装零售价格，实行市场调节。9 月 29 日，四川省政府发出《关于当前搞活市场几个问题的通知》，适当放宽一些出省商品的管理限制。在保证完成国家计划或收购合同的前提下，粮油及其制品，本年度暂停执行粮食局盖章审批出省制度；柑橘、磷肥、纯碱、猪肉一律暂停执行出省审批制度。进一步发展工商联营。实行工商联营的商品包括国家及省规定的指令性计划商品、指导性计划商品和其他商品。随着国家经济体制改革的深化和商品经营政策的调整，流通领域形成“三多一少”的格局，国营商业只是多条流通渠道中的一条。工业自销基本形成网络，社会多个部门开展商品批发，个体工商大户由以零售为主逐步转向以批发为主或批零兼营，其批发经营品种由小商品扩展到大商品，由一般商品扩展到与人民生活关系密切的商品。商品管理办法由以计划管理为主改为以市场调节为主，多数商品按市场变化由供需双方自由成交。

1991 年，重庆市商业“四放开”试点，得到四川省政府肯定。四川省政府先后发出《批转省体改委等部门关于在全省国营商业企业逐步推广重庆市“四放开”经验报告的通知》《关于进一步搞活国合商业大中型批发企业的通知》《关于进一步扩大商品物资交流的通知》《关于搞活商品流通培育市场体系的决定》等文件，在国营商业企业中打破原有经营分工限制，扩大经营范围；除专营专卖、统购统配商品继续归口经营，生产资料经营仍按正常程序报批外，对国合大中型批发企业的经营范围不再做硬性限制，进一步放活价格，减少国家定价、国家指导价商品种类，增大市场调节分量；鼓励国营商业批发企业进入各类批发市场交易，鼓励省内商品、物资运销出省，从而使国营商业企业有了更多的经营自主权，为国营商业企业参与市场竞争创造了较为宽松的外部环境。这一年，又放开一部分日用工业消费品价格。放开价格的品种有小商品、纺针织品、百货、文化用品、五金交电化工产品、家具、食品及饮料。10 月，四川省政府调整个体（集体）商业营业税征管办法，由国合商业批发代扣改由税务机关直接征收。搞活流通、启动市场的各种政策措施陆续到位，初步扭转了持续两年的市场疲软状况。

1992 年，改革批发企业，调整企业内部组织结构，把有生命力和发展前景的部门或项目划出来组建单体公司，让其发展壮大，使原批发企业获得新生。粮食、生猪、蔬菜等几大主要民生必需品全面放开，市场调节面达 100%。

1993 年，逐步改革商业管理体制，坚持政企分开，商业主管部门逐步转变职能，加强行业指导和管理，原则上不干预企业的经营活动。改革商业管理型公司，将经营管理型公司转为经济实体，出路是自办经济实体，组建商业租赁公司，组建地区行业协会。调整批发企业经营、组织结构，实行一业为主、批零结合、多种经营的经营办法。有的分专划细，有的按“死一块，活一块”的办法组建“单体公司”。10 月，四川省召开大中型批发企业改革座谈会，总结推广重庆纺织站、工业品贸易中心等组建“单体公司”的经验。市第一商业局市级公司组建的 165 个单体公司全年实现销售额 16.95 亿元，增长 28.8%，实现利润 4707 万元，增长 55.1%。

1994 年，国务院决定建立重要商品的中央和地方两级储备制度。随后，建立重要商品储备制度，对猪肉、食糖、铁丝、铅钉等商品建立市级储备，用于稳定生产、平抑价格、调控市场，防止市场出现大的波动。

1995 年起，建立副食品调控基金，主要由各级政府专项用于保证生猪、食糖、蔬菜等副食品供应，稳定副食品市场。批发商业在推行代理制的同时，探索单体经营、品牌经营、综合、批零结合、向外开拓等路子。

1996 年，调整批发企业批零经营结构，扩大零售经营比重，发展总代理、总经销等经营方式，实施品牌经营战略。以商贸企业集团公司为依托，加快发展连锁商业。此后，批发业发展迅速，逐渐建立起了市场化的批发体制。积极推进批发业经营与服务方式创新，加快工业消费品与生产资料批发的创新步伐，一些批发企业与品牌产品生产企业合作，发展总经销、总代理等现代批发方式。加快改造大中城市、交通枢纽和产业集群带的工业消费品和生产资料专业批发市场，增加展示、信息、代理、配送、加工等服务功能，使其逐步向商品展示订货中心、批发采购中心、信息服务中心、物流配送中心等现代市场形态转变。

1997 年，各地开展总经销、总代理，实行品牌经营，开拓市场，扩大商品销售。指导企业拓展工商、商商、国合合作渠道，开拓城乡市场。做好企业兼并破产和职工再就业工作。11 月底前中央下给重庆的呆账冲销计划为 7.74 亿元，银行冲呆限额计划为 5.86 亿元。市政府决定实行按各企业完成计划的先后顺序排队冲呆账，各主管局帮助企业做好工作方案，协调劳动局、银行等部门，确保做好呆账冲销工作。

2001 年 12 月 28 日，市政府召开全市粮食购销市场化改革会议，贯彻落实国务院《关于进一步深化粮食流通体制改革的意见》，下发《重庆市人民政府关于全面推进粮食购销市场化改革的意见》。粮食购销市场化改革启动，其主要内容：一是取消粮食定购任务，政府不再向区县下达粮食定购任务，区县也不再向农民层层落实粮食收购计划；二是放开粮食价格，政府不再实行价格保护政策，粮食价格由市场调节；三是全面开放粮食市场，允许不同经济性质的企业和个体工商户，在经粮食行政管理机关认证资格、经工商行政管理机关审核获得营业执照后，直接到农村收购粮食；四是调整粮食运输政策，在市内及销区省（市）运输粮食不再查验粮食运输凭证；五是政府和有关部门支持和鼓励企业、个人开办粮食市场；六是继续查处和打击非法收购、出售变质粮食的违法行为。

2004 年，全面对外开放以后，农产品市场也随之全面开放，国家全面放开粮食收购和销售市场，实行购销多渠道经营，清理和修改不利于粮食自由流通的政策法规，清理和剥离国有粮食企业财务挂账，推进国有粮食购销企业改革，使其真正成为市场主体。与此同时，国家对农村流通扶持力度在不断加大。《中共中央　国务院关于促进农民增加收入若干政策的意见》公布，这是改革开放以来第六个涉农的一号文件，提出发挥市场机制的作用，搞活农产品流通，加强农村基础设施建设，健全农村市场体系，发展适应现代农业要求的物流产业，推进了农村流通体制改革。

2005 年，商务部组织实施了“万村千乡市场工程”。2006 年，商务部组织实施了“双百市场工程”，提高农产品流通企业的现代化水平，升级改造农产品批发市场；2006 年，商务部批准《农家店建设与改造规范》，促进和加强农产品现代流通体系的建设。

2006 年，国家全面取消了农业税，这对农村建立现代化流通体制具有较强的推动作用。

第三节　经营体制改革

1986—2005 年这个时期，随着改革的不断深入，商贸流通业经历了一个由小到大、由计划管理到市场调节、从封闭到开放、从单一到多元、从传统到现代的不断发展壮大的过程，商品流通规模、服务方式和业态、现代化程度和科技水平、对外开放程度、行业管理与法制建设、人才建设等各方面都取得了显著成就，为经济社会的发展进步和改革开放的总体推进做出了新的尝试。

1983 年，重庆市成为全国第一个经济体制综合改革的试点城市，以改革管理体制为主，放开了大部分农产品、1000 多种小商品和部分大宗工业消费品价格，并对大部分工业消费品实行“双轨制”，下放部分经营性收费的定价权，扩大了乡镇企业、城乡集体工业和个体户的定价权，放宽了运销外地的产品价格，适当提高了粮食收购价格、部分烟酒价格以及牛奶、鸡蛋、大路菜、食糖、猪肉等主要副食品销售价和公共交通票价等，初步形成了分级管理、国家定价、指导价、市场调节价多种形式并存的价格形式和管理新格局。

1986 年，在市场供应上，重点组织安排粮、菜、肉等主副食品的供应。粮食：坚持和完善粮食合同定购制度，把定购任务如数定下去、收起来；完成国家委托代购任务，积极开展粮油议购议销，适当控制粮食销售；进一步搞好粮油制品加工、供应，增加花色品种，开展综合服务。蔬菜：市政府决定国营商业全年经营任务为每个城市人口每天平均 150 克，其中淡季 200 克、节日 250 克。国营蔬菜经营部门通过积极经营和搞好服务，组织品种、淡旺和余缺调剂，提前做好安排；敞开“城门”，办好蔬菜批发交易市场，引菜进城，开展多形式横向联合，搞活蔬菜生产和经营，做到全年菜价不上涨。生猪：平价饲料粮换购肥猪的政策不变，商业部门切实支持瘦肉型猪和养猪大户发展，与养猪户签订生猪收购合同，实现“四个优先”；试办一些与生产单位、经营单位、销售单位联营的跨地区、跨部门的新型流通形式；冷库、屠宰等加工储藏设施逐步向社会开放；对九区实行亏损补贴与销售指标挂钩，县在完成调拨计划的同时，安排好当地供应。鲜蛋：常年性供应继续实行放开搞活，组织产销商直接见面，国营商业有重点、有季节地开展旺储淡供。食糖、食盐、糖果、糕点、酒类（高档名优酒除外）等其他副食品货源充裕，供需基本平衡。增产适销对路商品，繁荣工业品市场。部分优质名牌产品和高档耐用消费品还有缺口，供应偏紧。日用工业品中，顺销品种约占 53%，偏紧和不足的占 29%，有余的占 18%。煤炭、粮油、肥皂等基本生活物资保证供应。石油资源较紧。化肥：农资部门除积极催调外，还将 5000 吨计划外尿素改作计划供应，组织调进1 万吨氯化铵优先供应市内。积极扩大商品销售，除少数关系国计民生的重要商品保持库存外，一般的商品放手销售。

1987年，国营批发商业下伸批发网点，特别是县级批发企业向农村下伸国营批发网点，实行批零兼营，方便基层供销社和农村商业进货，国营商业自身也扩大了经营。

1987年，粮食：抓好与农户定购合同，做好了挂钩油、肥供应和预购定金发放。生猪：仍执行用饲料粮换购肥猪的政策，生猪销价本着“稳冻活鲜”的原则，拉开鲜冻差价。蔬菜：坚持“近郊为主、远郊为辅、外埠调剂、保证供应”的方针，抓好蔬菜生产，城市人口每人每天平均供应150克菜，节日250克。石油：油料分配仍维持上年办法，即平价油由市计委分配；高价油由商业部门按优先安排专业客货运输、重点工程、重点产品、经济效益好的企业的原则进行分配；定购粮食的挂钩柴油按下达的合同订购任务专项安排。化肥：统一经营，计划分配肥料执行规定的价格，计划外组织的肥料本着“支持生产、保本微利”的原则积极经营，首先保证粮肥挂钩政策兑现。

1988年，市场总的态势是：旺中趋动，紧中趋增，增中趋稳。1月初，洗衣粉调价，引发群众由抢购洗涤用品到纺织用品；3月到4月，彩电调价，诱发抢购其他商品，主要抢购毛呢制品和纺织用品；8月下旬到9月初，再次出现抢购风，并发生挤兑银行存款。全年发生了四次抢购现象，首次发生在1987年底至1988年初，由于重庆市实行猪肉凭票供应，部分副食品涨价，出现高档商品抢购风，主要抢购对象是彩电、电冰箱、洗衣机、纯毛华达呢、毛线、毛毯、鸭绒被、呢大衣、肥皂、洗衣粉、床单、纯白布等。第二次发生在3月中旬，主要因上海市提高洗衣粉等商品价格，触发抢购肥皂、洗衣粉、白布、被单布、三种内衣等产品，4月采取了一些措施才平息。第三次发生在5月份，4种副食品价格放开，消费者害怕涨价的心理膨胀，盲目抢购高档家电、洗涤用品和棉针织品，随着4种副食品价格政策出台，以及宣传深入，抢购风很快平息。第四次发生在8月中下旬，这次抢购来势之猛、发展迅速，是中华人民共和国成立以来从未有过的。其特点：形成期短，冲击力强；地区、目标集中；银行、市场同时波动。抢购除市场敏感商品外，重点是床上用品、搪瓷制品、毛纺制品、家用电器等价值较高的工业品，其目的是保值。五金交电计划商品有元钉、镀锌铁丝，其余3类产品供需双方看样选购，平衡成交。在零售商品总额中，国家定价占24.2%，指导价占42.9%，市场调节价占32.9%。重庆市第一商业局组织有关批发公司，对280种主要工业品供需趋势进行了分析，供求基本平衡的商品122种，占43.6%；多数商品货源充足；供不应求的商品71种，占25.4%；供过于求的商品87种，占31%。

1988年，把稳定市场、稳定物价作为商业部门第一位的任务，做到紧中求好、活中求稳，安排好关系国计民生的重要商品，市场出现异常兴旺，购销活跃中通货膨胀突出，繁荣兴旺中市场波动频繁，治理整顿中“涨”“乱”有所控制。粮油：6亿千克任务不变，“三挂钩”物资仍按6亿千克安排拨付，生猪换购粮1.085亿千克议转平解决，酿造、副食行业用粮继续按照1987年平价供应办法，年度起停止中价菜油供应。生猪：放开购销价格、将暗补改为明补，12个县生猪购销放开，城市猪肉在平稳过渡之前，仍维持凭票供应；对农民收购一头肥猪奖售35千克粮食的政策不变。蔬菜：坚持粮菜挂钩、收足、收齐基地合同菜。化肥：全年缺口约10万标吨，用外汇购进尿素3万吨，其余由区县和农资部门用自筹外汇和其他渠道购进解决。农膜：对现有货源抓紧收购，加强调运，改进供应方法，防止倒手加价买卖。成品油：全年市场需求量33万吨。平价油保基数，高价油减少，计划外自采油更加活跃，石油经营部门和用油单位增加自筹资源，早调多调多结算；销售上平价油保计划，高价油保重点，议价油原则放开。煤炭：保民用、保生活，在做好群众用煤供应的前提下，开展代组织煤供应和调出。肥皂：由于原料短缺，价格上涨，商业批发部门按计划组织收购和分配，均衡投放，还组织部分区外肥皂和洗衣粉来弥补地产肥皂的不足。

1989 年，商业部门掌握的主要商品有 14 种，掌握的重要商品有 28 种。对市场敏感商品，如肥皂、火柴、棉布、汗衫、棉毛衫裤等，根据市场需要，经政府决定，由市计委、经委、财办等有关主管部门共同商定商品收购数量，市计委下达产供销计划，用以安排市场，掌握住主要商品货源，为稳定市场提供了物资保证。下半年开始，出现经济滑坡，市场疲软，企业大面积亏损，年末采取措施保持市场基本稳定。

1989 年，充分发挥国营、供销社商业的主渠道作用，稳定和活跃市场。一是国家已明文规定的专营、专卖，包括各级政府指定经营的商品，其经营权必须控制在国合批发、零售企业。二是对批发比重不够高，又与工农业生产和人民生活密切相关的商品，商业主管部门提出商品目录，制订经营目标，有计划地扩大批发经营比重，增强调控市场的能力。对 15 大类商品的批发和经营做了明确的规定，把重要商品的批发权掌握在国营、供销社商业手中；同时严格批发企业的审批权限，有效地制止了批发环节的混乱状况。三是发挥商业“蓄水池”的作用。四是国合零售商业，特别是粮、油、肉、煤零售企业在“双质”上下功夫。12 月 29 日，市政府张文彬副市长在检查元旦市场后，同市财办，市第一、二商业局，渝中区政府领导进行了座谈，对商业工作提出了“三个稳定”要求：稳定商业队伍，加强思想工作，关心职工，解决职工特别是困难企业职工的生活问题；稳定市场，节日市场、旺季市场这两个市场都抓好；稳定社会，商业部门对维护社会稳定负有重要责任，从自身来讲，切实抓好防火、防盗等安全工作和内部的扫“六害”工作。

这年，经受政治风波、经济困难、自然灾害三大考验，各项工作收到成效。一是城乡市场繁荣稳定，保持了市场稳定、物价稳定、人心稳定。全年社会商品零售总额 106 亿元，比上年增长 15%，商品购销保持上年水平或略有增长。尤其是粮、油、肉、菜、盐、糖等生活必需品供应保持稳定增长。社会零售物价涨幅逐月回落，控制在 16% 左右。二是着重做好农资供应，化肥、农膜的供应量分别增长 18% 和 20%，土产收购 20 亿元，增长 5% 左右。三是商业经济效益相对稳定。商供系统实现利润 2. 1 亿元，分别比 1988 年和 1987 年增长 9% 和 53%，上缴利税 2. 3 亿元。粮食盈利企业利润 5500 万元，比上年增长 10%。

1990 年，主要商品购销政策：粮油合同订购的任务不变，品种不变，三挂钩政策不变；糯米继续按现行折率，以粮换粮，纳入收购计划，同时取消价外补贴；黄豆实行价外补贴的办法，取消 1 斤抵 1. 5 斤大米定购任务。生猪继续实行计划收购、计划上调和九区凭票定量供应，对农民交售 35 千克饲料和县调市每头结算 50 千克饲料粮的政策继续执行。食糖，城乡居民用糖继续凭票供应，生产用糖由供需双方签订合同，按合同组织和供应；地产糖商业经营部门积极收购推销。肥皂、洗衣粉、火柴、三种布等由市统一安排，实行计划收购或合同收购。蔬菜管住九大品种，精细品种继续放开，实行时间差价、质量差价，对二级菜地以粮换菜、以肥换菜的指标不变。

1991 年，进一步开拓市场扩大销售，调整库存结构，狠抓适销对路的货源；深化批发企业商业体制改革，稳步推进“二三零”联营；开展多元经营，拓宽批发经营门路，因时因地制宜，发展互惠联销、联销分销、分购联销；积极创造条件发展边境贸易和国际商品交流；加强农副产品收购，大力开展工业品下乡活动；充分发挥窗口作用，向市外辐射地产品；下伸批发网点，活跃集镇经济；办好农村综合服务站，方便农民购买，基层供销社做好双代店逐步向综合服务站过渡；搞好节日市场供应，扩大旺季销售。抓好“双优”工作，树立商业信誉。

1992 年，在商贸系统开展了送货下乡、下厂、下校、下部队、下机关的“五下”活动，积极抓好工业品推销。

1994 年，市政府财贸办公室对一商业局、二商业局、供销社、工商局试行目标责任制，一商业局实现社零总额 21 亿元，增长 27.2%；二商业局 5.3 亿元，增长 8%；供销社 14 亿元，增长 16.6%；工商局 40 亿元，增长 36%；个体商业 43 亿元；工业自销 25 亿元；其他 50.7 亿元；农资 10 亿元。

1999 年，全市商品流通市场繁荣，主城区及周边较发达区域商圈基本或正在形成，市场竞争趋势激烈。农村商业市场有较大开拓空间。从全市 14 家大中型零售商场销售排队情况看，7 家实现正增长，且均为二位数，其中以重百、新世纪、太平洋、百盛为领头羊的商场分别增长 32%、41%、22%、23%。国有商业销售增长 7.53%，其他经济成分商场销售增长 14.7%。

2000 年，主要商品中，家用电器、通信器材类商品快速增长，文化娱乐用品、旅游休闲商品日渐升温。其中，增幅较大的商品有音响、影碟机、家用电脑、空调、微波炉、移动电话机、寻呼机等；录像机、黑白电视机等传统家电销售较大幅度下降。穿着类商品中，除服装销售量增长外，其余商品下降。

2001 年，大力开拓城乡市场，促进城乡市场的繁荣兴旺。市商委继续贯彻中央关于扩大内需的方针，把开拓城乡市场作为商贸流通工作的重中之重，采取会展促销、假日促销、品牌经营、连锁经营等措施，努力扩大销售。一是大力开拓农村市场。二是继续开拓城市市场。突出抓好会展促销，承办、配合、支持国家和市级有关部门以及各区县（市）成功举办各类会展 125 次，实现商品销售及合同成交总额 469 亿元。继续推进重点市场、骨干企业的快速发展，在功能定位、业态调整、信息咨询、资金注入等方面加强指导和协调，使其成为重庆市流通发展的中坚力量。全市十大重点市场成交额 266 亿元，同比增长 25%。其中，朝天门综合市场突破 80 亿元；观音桥农副产品批发市场 52 亿元，增幅 40%；汽车交易市场 17 亿元，增幅 88.7%；马家岩板材市场突破 15 亿元，增长 23%。继续扶持重庆商社（集团）、糖酒公司等大型批发企业扩张经营网络，发展地产品总经销、总代理。重庆商社（集团）销售 45 亿元，增长 18%。其中，销售地产汽车 19.5 亿元，占总规模的 43%；糖酒公司销售地产啤酒 5800 万元，占总规模的 30%。鼓励支持重百大楼、新世纪百货等十大零售企业向区县延伸网络，扩大经营规模，提高市场覆盖率，全年实现销售 92 亿元，同比增长 17%。其中作为西部地区最大的零售企业重庆百货大楼销售 30 亿元，同比增长 27%。直辖之初开办的新世纪百货成为全市增长速度最快的零售企业，销售额超过 17 亿元，增幅 85%。

2002 年，促进消费，流通提速。提出了“双十百千”工程，加快建设长江上游商贸中心。十大批发零售贸易企业销售额：重庆百货大楼股份有限公司 386525 万元，重庆商社（集团）有限公司 530668 万元。其中，新世纪百货公司 292289 万元，国毛电器公司 64124 万元，大都会太平洋百货公司 45522 万元，家乐福 42816 万元，万友百盛广场 17404 万元，浪高百盛公司 13641 万元，名豪购物广场 13493 万元，南坪商业大楼 9988 万元，明日广场百货公司 9742 万元。

2003 年，商贸流通系统面对突如其来的“非典”疫情，把做好市场供应工作作为重中之重，全力抗击“非典”，确保市场供应，满足市场需求，维护社会稳定，力促商业服务业发展。突发的“非典”疫情对商业、服务业造成很大冲击，有的地方商品被抢购一空，零售业、餐饮服务业损失很大，顾客急剧减少，营业额大幅下滑，一些企业被迫关门歇业。

2005 年，商品供求关系改善，主要生活必需品价格基本稳定，市场商品供应充足，除成品油、化肥、钢材、煤炭个别品种阶段性偏紧外，一般日用品、耐用消费品供求平衡，价格平稳，个别重要生产资料供需矛盾较突出。600 种主要消费品中，供求基本平衡的商品 405 种，占商品总数的 67.5%，主要是食品、饮料烟酒、珠宝首饰；供过于求的商品有 195 种，占商品总数的 32.5%，主要是电器、纺织品、通信商品、文化用品、中西医药等商品；没有供不应求商品。300 种主要生产资料供求状况较好，价格基本稳定，但能源类商品价格部分呈上升趋势。化肥、煤炭先升后降，钢材等个别品种价格出现较大波动，汽油、柴油价格经过5次调整，零售价均上涨14.4%，液化石油气价格上涨13.2%。受中东地区政治危机及投机行为影响，国际原油期货价格从1月3日收盘时的42.12美元/桶一路上升，8月跃升到创纪录的70.8美元/桶，此后油价虽时有回落，第四季度还出现大幅度下跌，但全年均价仍比上年上涨50%。1月、3月、5月、7月数次调高燃油零售价格。全市城市居民消费价格总指数（CPI）为100.8，价格总水平稳中微升，累计比上年略涨0.8%，涨幅比上年有较大幅度回落，基本缓解了自2003年10月开始由粮食价格走高引发的价格总水平上涨态势。生活必需品价格基本稳定，鲜鸡蛋、鲜牛奶、小包装面粉零售价格居全国中上水平，白砂糖、桶装食用油、小包装大米、白条鸡零售价格与北京、上海、西安、成都、贵阳、昆明等城市相比处于低位。粮油价格保持平稳，糖、蛋、奶、盐类价格有升有降，肉、菜类价格以上扬为主，牛、羊肉零售价格分别上涨12.8%、4.8%，猪肉同比下降6.09%，粮食、肉禽及其制品、蛋、水产品价格涨幅回落较大，分别比上年涨幅回落24.4个、20.1个、12.4个和7.5个百分点；油脂、猪肉、鲜果价格比上年较大幅度下降，分别下降16.2%、6.2%和7.9%。猪肉价格下跌，2004年猪肉价格高企，第四季度创下历史最高纪录，到2005年夏季后逐渐进入产能高峰期。全市肉类总产量177.5万吨，比上年增长6.3%，其中猪肉产量142.7万吨，增长4.9%。6月下旬，四川省资阳市、内江市出现人－猪链球菌病疫情，影响到重庆市猪肉消费，一时市场猪肉销量锐减四成左右，价格也受到相应挫抑。此后，因受疫情影响而沉淀下来的生猪陆续出槽，价格更是一路下跌，至9月份价格比上年同期低1.1%，至12月份累计价格比上年下跌7.2%。鲜菜价格同期上升11.2%，一般蔬菜价格与同期持平。与上年相比，居民消费八大类商品（服务）价格呈“六升二降”格局：食品价格上涨0.1%，烟酒价格上涨1.2%，家庭设备用品及服务价格上涨0.1%，医疗保健和个人用品价格上涨2.5%，娱乐教育文化用品及服务价格上涨4.1%，居住价格上涨3%；衣着价格下降7.9%，交通和通信价格下降0.1%。竞争性行业产品和服务价格仍下降明显，衣着价格下降7.1%，家庭设备价格下降1.9%，汽车价格下降3.7%，通信工具价格下降21.1%，文娱耐用消费品及服务价格下降9.6%，旅游及外出价格下降9.5%。随着生活水平的提高，消费结构有所变化，消费质量明显提高，商品结构发生变化，市民吃、穿、用消费比重有所下降，汽车、住房、通信器材、摄像、电脑、娱乐、保健等商品消费上升，呈现以实物消费为主转向实物消费和服务消费并重的发展趋势，反映出新一轮消费升级的需求。据统计，在25个大类商品中，零售额增长的有22种，占88%，占比继续提高，其中吃穿类商品分别增加10.1%和20.8%，石油制品和金属材料类分别增长27.9%和30.8%。在新兴服务业引导带动下，居民消费理念转变，消费质量提高，全年城市居民人均消费性支出8623.29元，同比增长8.2%，其中家庭设备用品及服务支出增长23.1%，增幅居8大类消费之首；医疗保健、教育文化和娱乐服务分别增长17%、15.9%，杂项商品与服务、衣着、交通与通信等稳定增长。居民参与社会性消费的理念逐步增强，从传统的追求温饱转向重视家庭环境质量、品牌商品、绿色健康食品的消费，由关注价格转向关注品质，着力提高生活水平。消费品市场扩大，规模迈上新台阶，2005年全市社会商品零售总额1216亿元，商品销售总额6039亿元，商业增加值345亿元，GDP占比11.2%，就业206.59万人。

2005年，批发零售贸易业商品销售总额2745亿元，其中限额以上1249亿元。限额以上批发零售贸易业主要商品分类销售额：食品类220.11亿元，服装鞋帽类59.4亿元，化妆品类10.85亿元，日用品类25.21亿元，书报杂志类17.68亿元，家电类69.97亿元，药具类125.65亿元，通信类19.9亿元，石油类110.48亿元，汽车类108.84亿元。销售粮食47.43万吨，食用油14.64万吨，服装 3485.11 万件，彩电 48.61 万台，洗衣机 34.82 万台，移动电话 206.87 万台。

限额以上批发贸易业 479 个，流动资产 349.2 亿元，固定资产原价 88.64 亿元，主营业务收入 864.65 亿元，主营业务税收及附加 1.35 亿元，应交所得税 4.48 亿元，应交增值税 9.92 亿元，从业人员 60682 人。其中，国有及国有控股 128 个，流动资产 241.22 亿元，固定资产原价 77.54 亿元，主营业务收入 543.02 亿元，主营业务税收及附加 1.1 亿元，应交所得税 4.07 亿元，应交增值税 8.06 亿元，从业人员 39158 人。其中，国有企业 71 个，流动资产 72.41 亿元，固定资产原价 25.91 亿元，主营业务收入 186.88 亿元，主营业务税收及附加 4404 万元，应交所得税 3.5 亿元，应交增值税 4.32 亿元，从业人员 16152 人。集体企业 12 个，流动资产 7.16 亿元，固定资产原价 7252 万元，主营业务收入 17.9 亿元，主营业务税收及附加 103 万元，应交所得税 219 万元，应交增值税 547 万元，从业人员 799 人。私营企业 169 个，流动资产 44.03 亿元，固定资产原价 3.59 亿元，主营业务收入 118.79 亿元，主营业务税收及附加 877 万元，应交所得税 1697 万元，应交增值税 5998 万元，从业人员 7377 人。另外，港澳台商投资企业 3 个，外商投资企业 4 个。

限额以上零售贸易业 408 个，流动资产 64.1 亿万元，固定资产原价 33.59 亿元，主营业务收入 213.31 亿元，主营业务税收及附加 7166 万元，应交所得税 7016 万元，应交增值税 3.6 亿元，从业人员 50559 人。

第四节　企业体制改革

商业企业改革是流通体制改革的中心环节。在这期间，积极推进以搞活大中型企业为重点的体制改革，从转换企业经营机制入手，探索进一步深化企业改革的新路子。

从 1986 年起，随着经济体制、政治体制改革的不断深入，从计划经济到市场经济变革中，从业务经营、价格制定、劳动管理、干部任免、资金和工资使用等方面扩大对国营商业企业自主权，1986 年在饮食服务业试行提成工资，在零售商业企业中试行联销计酬，1988 年在大中型盈利企业试行工资总额同企业效益挂钩的办法。从 20 世纪 80 年代中期开始改革企业领导体制，批发企业内部按专业划细组建专业公司，试行分级分权管理，建立贸易中心，发展单体公司、组建企业集团等举措，推动了批发体制由封闭型向开放型转化。大中型企业实行承包经营责任制，小型企业实行“改、转、租、包”等形式改革，一部分企业为国家所有、集体经营、照章纳税、自负盈亏（简称“改”）；一部分企业直接转为集体所有制（简称“转”）；一部分企业特别是以劳务为主的饮食、服务、修配等小店铺，租赁给经营者个人经营（简称“租”）。同时，企业内部普遍推行多种形式的经营责任制，实行厂长（经理）负责制，在人事制度、用工制度、分配制度方面进行探索，促使流通资源在一定程度上得到了优化组合，形成了一批具有较强竞争实力的大型商业集团，充分调动了各方面的资本进入流通领域，使各种流通组织有了更强的市场适应性。积极推进以搞活大中型企业为重点的体制改革，从转换企业经营机制入手，探索进一步深化企业改革的新路子。

1. 给企业扩权让利。重庆市率先在全国对国营企业实行第一步利改税，适当放宽大中小型企业划分标准，把商业企业年利润在 5 万元以下的划为小型企业、5 万～30 万元的为中型企业、30 万元以上为大型企业，调整中型商业企业的税赋；1984 年 10 月推行第二步利改税，将第一步税利并存改为以税代利，税后利润全归企业留用；1988 年率先在部分国有企业中开展“税利分流、税后承包、税后还贷”试点，采取取消调节税、降低所得税，改税前还贷为税后还贷，并实行税后利润承包的办法。

2. 实行厂长（经理）负责制。普遍推广了厂长（经理）负责制，一般任期为3年。在任职期间，赋予厂长（经理）行使生产经营指挥权、干部任免权、经营管理权，在企业建立以厂长（经理）为首的管事与管人相统一的指挥系统。

3. 在大中型企业全面推行经营承包责任制。1985年，大中型商业企业试行经营承包责任制。1986年后，在继续实行经营承包责任制的同时，进行规范化管理的试点，深化企业内部改革。企业对政府以及企业内部分配关系实行双向承包，强化了国家和企业的分配关系及相互权利、责任，较好地调动了企业和职工的经营积极性。1987年，商业企业的经营承包全面展开，取得大范围、突破性进展。承包的形式主要有："上缴税收基数包干""递增包干，超收分成""两保一挂（保上缴税利，保企业发展后劲，工资总额与经济效益挂钩）"。在企业对国家承包的同时，企业内部实行层层承包。但是，并非一包就灵，放松企业管理等，突出的弊病是出现某些短期行为。

4. 放开国营中小型商业企业的经营。1984年9月，放开了年利润在15万元以下的中小型商业企业，主要采取租赁、转让等多种办法，把900多个国营商业转为集体经营或租赁经营，使这些企业的管理水平和经济效益都有了一定提高。

5. 实行租赁承包经营和股份制试点。小型企业实行"改、转、租、卖"，国家向承租者转让企业资产使用权和经营权，主要在国营小型商业企业中推广，至1986年全市1100多户实行集体承包经营和租赁经营。1987年继续放开的小型企业，大部分选择了租赁经营形式。到1989年，小型企业实行"改、转、租、卖"的超过90%，对调动经营者的积极性、激发企业的活力、方便群众生活有明显的效果。1990年，在新一轮承包、租赁中，对国营小型企业的改革进一步完善。在坚持放开搞活的前提下，因地制宜，采取宜租则租、宜包则包等多种灵活的改革形式：一是适当调整经营规模和结构，对一些核算单位过小、经营困难、缺乏竞争能力的企业，实行群体租赁、连锁店、批零结合、企业兼并和企业承包等办法，发挥适度规模经营的优势；二是在政策上继续给予扶持，在工商登记、银行贷款、供销挂钩、工资列支、网点建设基金提取等方面解决了一些政策性问题；三是在签订新一轮租赁合同时，强调集体租赁，减少个人租赁，增加了固定资产增值和完好率等内容，在一定程度上克服了企业的短期行为。1986年以后股份制企业开始出现，如重庆中药股份（有限）公司。

6. 改革企业劳动用工制度。1985年开始试行劳动合同制，一改过去全部招收固定工变为招收合同工，采取双向选择的办法，用工单位与劳动者签订合同，期限一般为1~5年，合同期满可以续签，并规定双方的责、权、利；合同工享有与固定工同等的工资福利待遇和政治待遇。同时，相应推进社会保险、住房、医疗等制度改革，促进和维护了社会稳定。

7. 实行"四放开"的改革。1991年8月，经过试点在取得初步经验的基础上，重庆在商业企业中全面推行"四放开"改革。一是经营放开。在搞好主营业务的同时，根据企业设备、资金、人员素质等条件，进一步开拓业务经营，适当扩大经营范围和调整经营方式。除专营、专卖商品外，其余商品都可以经营。二是价格放开。除国家定价的商品按规定执行外，其余商品价格全部放开，由企业按价值规律和当地市场供求状况自行定价。三是分配放开。在落实承包经营责任制的基础上，企业可根据按劳分配原则，把劳动效率与职工收入挂钩，实行联利联销计酬、全员风险抵押承包、计件工资、大包干等适合企业实际的分配形式，拉开分配差距，打破"大锅饭"和平均主义。在保证国家多得、企业多留的条件下，职工收入上不封顶。四是用工放开。企业内部可实行劳动合同制和待业制。签订劳动合同的职工有权自行辞职自谋职业，企业也有权辞退职工，被辞退者凭有关证明，到所在地街道办理待业登记，享受待业保险。重庆商业“四放开”改革的成功实践，在全国各地产生了强烈反响，国家体改委、商业部在重庆召开全国搞好国合商业座谈会，交流深化改革的经验。时任国务院副总理田纪云、国家体改委副主任洪虎、商业部部长胡平出席了会议，充分肯定了重庆商业“四放开”改革所取得的经验，并决定在全国推广。1992 年，进一步加大改革力度，采取多种形式将“四放开”改革推向深入；对批发企业以全面落实销售包干责任制和组建“单体公司”为突破口，推行“五转换”；对边、小、微、亏企业推行“双保”责任制和“公有民营”；对零售企业着重深化分配、用工、人事三项制度改革。同时，加大对个体、民营、外资商业的扶持和引进，使之既成为重庆商业新的经济增长点，促进国有商业的结构优化、机制转换和竞争实力的增强。

8. 深化改革。以 1992 年中共十四大提出的经济体制改革的目标：建立社会主义市场经济体制为标志，改革开放和现代化建设进入了一个新的发展时期。在商业方面，商品市场体系初建框架，国合商业和集体商业企业改革逐步深化，非公有制商业进一步得到发展，外商开始进入重庆市场。第一，推进国有商业企业改革。以零售企业为主，贯彻落实《全民所有制商业企业转换经营机制实施办法》；全面推行“四放开”改革；大中型国有商业企业完善承包制，实行股份制改造；小型国有商业企业实行“改、转、租、包、卖、并”；提高商品流通企业的组织化程度，组建和发展企业集团，建立现代流通企业制度。1992 年，股份制企业得到了较快发展，全市最大的国有零售商业企业——重百大楼改组为股份制企业，逐步建立现代企业制度。第二，试行国有小型商业企业股份合作制。1997 年中共十五大以后，商业股份合作制大量出现。重庆市比较早地提出了“抓大放小”的工作思路，通过深化改革，在转换经营机制和加强管理等方面都取得了一定的进展。在“抓大”方面，下大力气抓好重点大型企业或企业集团。方式：（1）在将原有国有企业折股的基础上增加非国有新股，形成混合型企业；（2）通过出售国有资产存量和增加非国有增量而形成国有成分较低的股份制企业；（3）在清产核资的基础上，形成非国有比重超过国有比重的股份制企业；（4）通过债务重组，将债权变股权，形成全企业职工逐渐入股的股份制企业；（5）租股结合，使具有企业家素质的人成为企业经营的核心，形成股份合作企业；（6）国有固定资产租赁，租赁者自筹流动资金，在租赁合约的基础上实现个体式经营；（7）国家以租赁形式逐渐收本，使租赁者在租赁过程中逐渐获得产权，最终实现民有民营；（8）通过兼并实现产权重组，劣势企业资源为优势企业所用，形成高效益企业集团；（9）公开拍卖，实行国有所有权一次性转化为非国有，实现民有民营；（10）个别资不抵债、市场信誉极差的企业可依法实行破产。在放小方面，放开、放活那些不适宜采取国有经济形式的国有企业。对于国有小型企业分类指导，根据不同的情况采取相应对策：一是扶持壮大一批；二是通过国有大企业或企业集团辐射带动一批；三是通过优势企业兼并、联合一批；四是承包、租赁、托管一批；五是剥离分立一批。

9. 积极推进公司制改革。重庆直辖后改革不断深化，21 世纪初抓好以国有流通企业产权制度为重点的商业改革，建立现代企业制度，国企改革取得重大进展，国有商业企业改革步伐加快，实行间接管理，国有商业小企业通过股份制、股份合作制、出售、兼并、破产、对外合资合作等多种形式，完成产权制度改革和资产重组。国有大中型商业企业改革稳步推动，按照建立现代企业制度的要求，分类组织实施，把企业推向市场。重庆百货大楼、重庆饮食服务公司等一批企业改制为股份制企业；重庆石油集团公司划归中国石油天然气集团公司垂直领导；重庆肉联厂、重庆纺织品批发公司、重庆饲料公司等企业实行跨行业兼并；重庆柏林酒厂、重庆商业储运公司永川分公司、重庆燃料公司永川分公司等企业下放永川管理。先后实施了“五个一批”，即整体改制重组一批、主辅分离改制重组一批、引资嫁接重组一批、关闭解体一批、组合搬迁盘活一批，全市国有商贸流通企业完成改制任务857户，累计安置职工10万多人，化解债务21亿元，重组新企业740户，推动了资产整合和体制机制创新，促进了企业发展。积极探索公有制多种实现形式，深化国有商贸小企业产权制度改革取得阶段性成果，通过实施对国有经济的战略性调整等重大措施，不断推进国企改革和脱困工作，取得了显著成效。截至1998年，全市有1670户区县国有商贸小企业通过股份制、股份合作制、租赁、出售、兼并、联合、破产、对外合资合作等多种形式，基本完成产权制度改革和资产重组，改制重组面达97%，盘活和重组资产73.6亿元，安排和重组职工14.7万人。1998年8月，重庆商业国有企业职工下岗分流和再就业工程全面启动，市商委系统组建再就业指导中心和服务中心（站）18个，涉及富余职工2833人，其中协议进入服务中心的下岗职工1909人，完成年计划的159%，提前与企业解除劳动关系的1552人，占进入中心人数的81.3%，支付再就业资金总额1010万元，为转换企业内部经营机制、减员增效、扭亏解困创造了条件。2004年，对市级大中型商业企业进行战略性改组调整，先后组建了重庆商社（集团）、重百集团和石油集团，完善法人治理结构和内部管理机制，加大商贸流通重点企业的改革调整、政策扶持和指导服务，使重百大楼、重庆商社（集团）、人道美公司、石油集团、油脂公司、华轻商业公司、两百公司、渝北商业大楼、江津酒集团、梁平双桂啤酒公司、小天鹅集团等30户重点企业扩张势头加快，重庆肉联厂、重庆纺织品批发公司、重庆饲料公司等企业完成跨行业兼并，储运永川分公司、重庆柏林酒厂、煤建永川分公司等企业下放永川管理并实施转制。2004年，通过改革重组整合了重庆商社（集团），之后组建了商务集团、粮油集团、新华书店集团、医药股份公司、新合集团、港务物流集团等大型流通企业集团，初步构建起了一批以大公司、大集团为骨干的商贸流通产业发展的新格局，大集团企业带动作用日益明显，成为商贸流通发展的主导力量。大中型商贸流通企业在激烈的国内外市场竞争中历练内功，做大做强，竞争能力不断增强，显示出雄厚的实力和蓬勃的发展生机。虽然国有批零企业数、销售额份额减少，但在市场流通中仍发挥着重要作用，具有较强的市场竞争力。重庆百货大楼跻身全国百个大型商场前5名，是全市国有商业的领头羊。市商委加大力度对直属企业进行改革，组建了重庆市商务集团、渝辉集团，人员得到妥善安置，金融债务得到基本化解，新企业得到快速发展，经营效益好转。

2005年，限额以上批发贸易企业499户，零售企业408户，餐饮企业237户，并涌现出商社及重百、新世纪等一批规模大、市场竞争能力强的骨干企业。

2005年，商业企业向纵深改革推进。5月27日，印发《重庆市人民政府关于进一步规范国有企业改制工作的通知》，对改制企业形式、改制企业立项、改制企业清产核资和资产评估、改制企业方案制订、改制企业方案报批程序、改制企业其他问题等做出规定。市商委对直属企业所有企业改制进行审批，包括资产处置、股份。6月30日，出台《重庆市人民政府关于促进商贸流通业发展和改革的意见》，明确了构建长江上游商贸中心的目标、任务和措施。全市1027户国有商贸流通企业完成改制的累计857户、占应改制企业的83%，累计安置职工104681人，化解债务21.1亿元，重组新企业740户。通过产权制度改革和内部资产整合，全市商贸流通国有及国有控股企业创新了体制，转换了机制，做大了企业，经营效益好转，全年汇总盈利1.5亿元，同比增长53%。到年底，全市仅余144户国有商业企业未完成改制任务。加快和完善区市县商业企业改革，有27个区市县完成改制任务，改制的区市县逐步完善了股权结构和法人治理结构。重庆商社（集团）经过改制逐渐成长为全市商业领域的航空母舰，销售额151亿元，继续列西部之首，2005年入围中国企业500强，排名第263位，成为西部地区唯一上榜的商贸企业。市商委直属企业按照分流安置人员、整合优质资产的改革思路，完成市属13户商业企业产权制度改革，分流安置18457名职工，其中8266名离退休（养）人员全部纳入渝辉公司管理。金融债务得到全面化解，共计支付1.39亿元，化解了直属企业7.18亿元债务，盘活资产7.8亿元。改制后新组建的商务集团及所属的15个子公司步入创新发展轨道，通过产权制度改革的企业，创新了体制，转换了机制，经营效益好转，汇总实现销售8亿元、利润900万元，扭转连续亏损15年的原直属企业。商社集团、商务集团、粮油集团、医药股份公司、新合集团、物流集团等大型流通企业集团的主导作用显现，十大流通企业实现销售530亿元，同比增长20.5%，占全市批零企业销售总额的28.2%。

推进三峡库区国有流通企业改革和发展。至2004年末，区县170户未改制企业中，三峡库区企业有156户，占92%。三峡库区国有流通企业改革滞后的重要因素之一是库区淹没商贸流通企业搬迁补偿标准低，导致企业搬不了或搬迁后无法正常经营。市商委与市移民局联合成立三峡库区国有流通企业移民搬迁及结构调整调研工作领导小组，组织开展调研工作，形成的调研报告上报国家三峡建设委员会，请求支持三峡库区商贸流通企业产权制度改革。7月，市商委在万州区召开区县国有流通企业改革工作座谈会，指导、帮助区县国有流通企业加快产权制度改革。

第二篇　商业结构

商业结构包括商品结构、所有制结构、区域结构。

第一章　商品结构

随着经济的迅速发展和社会的显著进步，城乡人民生活有了显著改善，商品结构顺应消费升级，消费结构不断优化，恩格尔系数逐年下降。在居民商品消费支出不断增加的同时，服务消费支出不断增长。重庆市经历了三次消费升级：第一次是20世纪80年代初，以手表、自行车、缝纫机“老三件”为代表；第二次是20世纪80年代中期，以电视机、电冰箱、洗衣机“新三件”为代表；第三次是从20世纪末到2005年，以通信、电脑、汽车、住房为主导的消费升级。随着居民收入大幅度提高和住房体制改革，汽车、住房及食品类和衣着类，日用品类和燃料类和与此相关的建材、家居等商品，逐渐成为居民家庭消费的热点。2005年，城市居民人均消费性支出8623元，每百户城市家庭拥有家用汽车0.7辆，家用电脑51.3台，移动电话154.3部，彩色电视机155.3台，空调156.7台。农村人均生活消费支出2142元，食品类、衣着类消费品比重下降，而日用品类、燃料类消费品比重上升。

第一节　生活消费品

生活消费品是用来满足人们物质和文化生活需要的商品。

一、日用工业品

日用工业品商业主要包括五金、交电、化工、针织、纺织、百货、煤建、石油、储运等行业。由重庆市第一商业局主管。

日用工业品商业有较久的历史，从古代的手工业品、井盐、瓷器、金属制品，到开埠后工业品及洋货的经营，抗日战争时期各种国产工业品品种增多，中华人民共和国成立后工业品的采购营销不断扩大，营业额大增，品种更加齐全，越来越供大于求。在计划经济时期，商品实行计划调拨供应，市第一商业局设有五金、交电、化工、百货站等专门经营地方工业品的二级采购批发站；零售商业由百货公司、专营公司及合作商店经营。改革开放后，逐步改变了按行政区划、行政系统、三级批发的经营体制，实行站司合一，每年由市第一商业局直接向全市21个区县商业局和市级单位下达各项经济计划指标，多渠道、多种经营方式和多种经营成分和少环节的流通体制，促进了商业的繁荣，更好地满足了消费者的需要，活跃了城乡市场。进入20世纪90年代后，经营放开，逐步步入市场化。市第一商业局系统以提高效益为中心，以“搞好三个重组”（重组企业组织结构、重组商品流通渠道、重组商品销售网络），盘活三个大楼（重百大楼、友谊商场、百货公司），搞活流通，搞活企业。

1984年前，日用百货商品，如纱、布及主要针棉织品仍实行统销，对其他商品实行赊销、凭侨汇券供应、凭证供应、免证高价供应的方法。1985年后，由于生产发展，商品日渐丰富，百货商业经营的各类商品基本能满足消费者的需求。

1986年，市第一商业局系统有国营机构788个，从业人员2.66万人。其中，零售网点629个，营业面积14.36万平方米，从业人员11575人。归口管理集体商业机构762个，从业人员9199人。其中，商业零售网点741个，营业面积5.12万平方米，从业人员8092人。商品总购进实绩26.32亿元。其中，纯购进15.89亿元，总销售29.19亿元，其中纯销售实绩14.42亿、实现利润5206万元。市纺织公司亏损1143万元，市针织公司亏损432万元。商业批发企业之间、批零企业之间的进销价格，取消“倒扣”作价办法，改为按进货价格顺加综合差率的作价办法。8月20日起，放开黑白电视机、收录机、中长纤维布、80支以上的纯棉纱及织物等4种工业消费品的出厂价格。9月5日，放开电冰箱、洗衣机、自行车等商品价格，实行有指导的下放给企业定价。9月10日，放开了自行车、黑白电视机、收录机、洗衣机、电冰箱、80支以上的纯棉纱及其织物和中长纤维布7种工业品的出厂价格，同时规定商业作价在保持原差价水平的基础上将原来的倒扣办法改为顺价。随后，从11月5日起，全部放开商业环节的经营差率，由企业根据商品质量、供求等因素，自行制订销售价格。调整了名牌自行车的销售价格，并适当上浮进口家用电冰箱、洗衣机零售价格。上浮幅度电冰箱最高不超过15%，洗衣机最高不超过20%，由企业自定。放开后总的来说市场平稳，销量正常，没有出现大的波动。家电类商品对商品实行包修、包换、包退，开展售后服务，实行送货上门，帮助安装调试；工商配合，建立特约维修网点，跟踪质量，上门服务，实行试看、试用销售，延长保修期限及收旧供新等办法，解除消费者后顾之忧。

1987年，一部分工业品和小商品价格放开后，由于生产环节原材料涨价，加大了生产成本，导致市场价格上涨。少数工业品从下半年开始，随着紧俏商品面扩大，物价上涨，加之某些谣传，更加剧了消费者不稳定的心理，出现抢购风。抢购品种主要是毛线、毛毯、毛料、洗衣粉、肥皂等。年末，出现争购高档商品，包括电冰箱、洗衣机、电视机等，其中抢购最集中的是电冰箱。商品供应的紧缺面，由名、特、优、新、高档耐用消费品逐步发展到一般日用工业品，甚至少数生活必需品。在城市集体食堂和饮食服务行业蜂窝煤化、砖瓦窑化、茶水生活锅炉先进化实现后，开展成型煤下集镇、下农村，在农村推行“两化”（蜂窝煤化、生活锅炉先进化）。

1988年，市第一商业局销售总额38.35亿元，其中市级企业24.86亿元；利润总额1.26亿元，其中市级企业8642万元；上缴税利1.09亿元，其中市级企业6259万元。从7月24日起，国务院放开名烟名酒价格，同时适当调整部分高中档卷烟和粮食酿酒的价格，改为由生产、经营企业按市场供求关系自主定价。市政府批准在市交电批发公司、重百试办特价商场（专柜），从8月25日起正式营业，特价商品暂定为：市内外彩色电视机、电冰箱、名牌自行车、摩托车四种，零售价格按“买得进、卖得出、随行就市、相对稳定”的原则由企业自行决定。

1989年，全年工业品商业系统国营、集体所有制企业1715个，从业人员3.77万人，营业网点

1490 个，营业面积 28.26 万平方米。在清理整顿公司中，主渠道机构网点得到充实和发挥。年底全系统经营机构共 1569 个、3 万余人。行业网点有增有减。针纺增长 3.75%，百货减少 5.73%，五交化增长 3.9%，煤炭减少 3.1%，石油增长 11.1%。企业独立核算单位减少。年末有独立核算单位 524 个，比上年减少 9.05%。商品购进实绩 34.01 亿元，下降 4.73%，其中纯购 224036 万元、下降 4.03%。总销售实绩 39.11 亿元，下降 2.29%，其中纯销 22.53 亿元、增长 1.85%。实现利润 11708 万元，下降 7.18%，其中市级企业 8783 万元、增长 1.63%，区县 2925 万元、下降 26.36%。由于受外部经营环境的影响，销售减少，增支因素增多，利润减少 8216 万元，其中仅费用水平上升而利润减少 6890 万元。工业品市场由需求过热、抢购频繁转向销售疲软，由销售过热、波动频繁转向销售平稳、平淡，出现疲软，市场由畅转疲，工业品销售下降。（1）商品销售逐步降温。全市社会商品零售总额 106.63 亿元，比上年增长 13.6%，剔除物价因素，实际下降 2.5%。商品购销 10 年来首次出现下降，全市商业、供销系统工业品纯购进 22.9 亿元，比上年减少 5.31%，其中主要经营工业品的市一商业局系统工业品纯购进 11.7 亿元，减少 9.48%；商品总销售 39.1 亿元，减少 2.3%；调出市外 7.3 亿元，减少 10.3%。工业品销售逐季下降。其基本趋势是一季度旺、二季度降、三季度淡、四季度疲，12 月零售有所回升，但主要工业品批发企业均下降，其中百货、五金、交电下降两位数。市一商业局考核的 40 个主要商品中，除彩电、铅笔销售略有上升外，其余 38 个商品销售均下降，其中降幅在 30% ~66% 的有黑白电视机、录音机、洗衣机、电冰箱、棉布、缝纫机等。（2）物价涨幅逐步趋缓。市一商业局严格控制工业品价格上涨幅度，工业品类 11.2%，比计划目标减少 5.9 个百分点；衣着类 22%，比计划目标超过 7.4 个百分点；文娱用品类 12.8%，比计划目标超过 1.3 个百分点；染料类 2.6%。市一商业局所管理 81 个商品，调整价格 34 个，占 42%；其中调升的 28 个，降价的 6 个，平均调升幅度为 5.33%，大大低于上年工业品价格上涨涨幅。（3）消费心理由紧趋缓。由于国家采取了压缩需求、控制物价、开展保值储蓄、增加有效供给等一系列有效措施，城乡居民的消费心理发生了变化，由前几年的购物保值转为储蓄保值，由盲目抢购变为储币选购，许多商品价格回落到抢购前的水平，甚至更低。但消费者在“买涨不买落”的心理支配下，仍等待或观望，瞻前顾后，慎重选购，加剧了市场销售的持续疲软。消费结构变化明显，食品零售额比重上升为 49.6%，比上年增加 5.4 个百分点，大于穿用商品比重 0.8 个百分点。同时，开展彩电专营点的布点及审查工作，元钉、铁丝、洗衣粉、肥皂 4 种商品的商业收购全部委托产地二级站收购调供。对黑白电视机、电冰箱、洗衣机、录像机、收录机、空调和吸尘器等耐用消费品实行赊销办法，以促进销售。此外，商业部门还采取多种形式组织货源，组织工业品下乡。1 月 1 日起，取消饮食服务、副食品加工行业用煤价差补贴，取消的这部分价差补贴财政不收回，留在煤建公司用作弥补城市生活用煤部分的增支。

1990 年，全年工业品商业系统总购进实绩 33.58 亿元，比上年下降 1.54%，其中纯购进 22.94 亿元、上升 2.24%。总销售实绩 37.85 亿元，下降 3.16%，其中纯销 22.12 亿元、下降 1.67%。实现利润 2877 万元，下降 75.43%。其中，市级企业利润 2379 万元，下降 72.91%；区县利润 498 万元，下降 82.97%。年初工业品成品积压，百余家工厂处于停产、半停产状况。市一商业局系统从稳定全市政治和经济大局出发，四、五月份收购工业积压产品 1.04 亿元，并在商业中心区的重庆百货大楼，免费提供 700 平方米经营场地，让工厂进场推销积压产品。积极推进工商联营，一商业局系统实行联营的有铝制品、搪瓷制品、洗衣机、电冰箱、电风扇等 10 多个大类商品，涉及近 30 个工厂，在销售下降、库存上升的情况下，减少了区外进货 5903 万元，下降 10.45%；收购地产品 12.5 亿元，比上年增长 4.88%。各地商业部门采取加强国合联合、“三带下乡”、大篷车队送货下乡等形式，扩大农村工业品和糖、酒等副食品销售。生产企业自销网点11016个，比上年减少10.23%；工业自销额为9.13亿元，比上年增长1.33%。

1991年，成品油经营克服计划油源大幅度削减，并由统一经营转为多轨制、多渠道经营的困难，积极组织计划外油源，较好地保证了工农业生产需要。民用煤经营适应煤炭价差补贴缩小的变化，开拓工业用煤、代组织煤经营，保证了城市居民生活用煤供应。

1992年，全市工业品市场受诸多因素影响，起伏很大，旺季不旺，经营面临多种困难，针对严峻形势，各企业坚持以效益为中心，千方百计压库扩销，层层落实目标责任制，推行销售大包干，使年末库存比1991年同期下降11.49%，其中市级公司下降19%。同时，积极转换经营机制，增强企业活力；调整经营结构，开拓区外市场；加强设施建设，增强发展后劲。工业品商业系统全年总购进实绩37.19亿元，比上年增长9.41%。其中，纯购进23.17亿元，比上年增长6.58%。总销售实绩44.54亿元，比上年增长11.64%。其中，纯销售22.98亿元，增长18.68%。在总销售中，市级公司销售24.92亿元，比上年增长6.13%。在纯销售中，市级公司销售10.59亿元，增长19.69%，实现税利总额1.36亿元，增长23.46%。其中，实现利润6446万元，增长34.8%。其中，市级公司3544万元、增长1.58%，9区实现利润2052万元、增长34.12%，12县（市）实现扭亏增盈、增利1198万元。全系统亏损单位亏损金额2634万元，减亏356万元，降幅11.91%。全年工业品销售额13.9亿元，增长26.2%。市一商业局系统全年零售额12.99亿元，比上年增长21%。旺季的一季度工业品总销下降6.4%，而淡季的二、三季度则增长10.6%和13.9%，四季度增幅31%。其中，四季度零售额4.03亿元，增长50.27%，是1992年以来的季销售最高水平。各大类工业品中，一般商品销售平稳，名、优、特、新商品需求见旺，消费热点不断涌现，家用空调、录像机销量分别增长1.81和1.01倍，化妆用品、黄金首饰品保持稳定增长。生产企业自销网点机构9.22万个，比上年增加2.81%；人员2.58万人，减少9.79%。

1993年，全市工业品市场起伏落差较大，商业系统总购进47.29亿元，同比增长26.51%。其中，纯购进29.55亿元，同比增长26.80%。总销售实绩56.68亿元，同比增长27.36%。其中，纯销售28.68亿元，同比增长24.42%。在总销售中，市级公司销售实绩31.48亿元，同比增长26.73%。其中，纯销售14.2亿元，同比增长34.05%。市一商业局年末库存10.82亿元，同比增长27.19%；实现税利总额17145万元，同比增长26.16%。其中，市级公司实现利润6582万元，9区实现利润638万元，12县（市）汇总由盈转亏、亏损额625万元。

1994年，全市工业品消费市场货源充足，品种丰富，价格相对稳定，保证了市场供应，满足了人民群众生活的需求。开年以来，由于市场的急剧变化，经营形势严峻，销售逐月下降，至6月份同比下降16.1%。为扭转被动局面，市一商业局系统广大干部职工认真落实责任目标，努力克服困难，千方百计扩销增效，8月份遏止住下滑趋势，销售出现正增长，增幅14.15%。全系统全年总购进实绩41.78亿元，其中纯购进2.59亿元、同比下降12.3%。完成总销售52.13亿元，同比下降8.04%，其中零售1.81亿元。在总销售中，市级公司完成33.1亿元，同比增长5.16%。全年局系统年末库存8.39亿元，同比下降28.89%；实现税利总额1.15亿元，同比下降32.97%，其中，市级公司9829万元，同比下降20.9%；上缴税利1.05亿元，同比下降26.25%，其中市级公司6370万元、同比下降25.42%。当年因调资、利率提高等政策因素，减少利润4614万元，若剔除该因素，则实现利润7397万元，同比增长11%。市一商业局系统除涌现了一批经营大户外，企业减亏扭亏工作也十分显著，市纺织品批发公司、针织品批发公司继上年度大幅度减亏后，又分别同比减亏14.85%、26.83%。全系统集体商业企业努力克服营业网点大拆迁和费用猛增等困难，全年实现营业收入 4. 3 亿元，上缴税金 1166 万元。

1995 年，工业品消费市场货源充足，品种丰富，价格相对稳定。市一商业局制定和实行了物价调控目标责任制、商品明码标价制度和差率管理规定、重要商品价格定期报告制度、进货管理制度、价格监督检查制度等 8 条措施，市政府分解下达的 7 类商品价格涨幅明显回落，其中纺织品、化妆品、文化体育用品、家用电器、燃料类商品价格涨幅均控制在目标范围内，一度涨幅较高的服装、鞋帽类商品也得到有效控制。市一商业局系统零售额 25. 18 亿元，首次超过成都一商业局系统，提前一个月完成全年销售 60 亿元、税利 1. 3 亿元的预期目标。全系统总购进 54. 08 亿元，其中纯购进 32. 49 亿元，完成营业总收入 68. 28 亿元，其中零售 25. 18 亿元，市级公司完成 45. 91 亿元。全系统年末库存 8. 72 亿元；实现税利总额 1. 53 亿元，其中市级公司 1. 25 亿元。重百大楼实现销售 8. 1 亿元，利润 6510 万元，创全市商业企业最佳经济效益；市交电公司销售突破 11 亿元，创全市流通企业纪录。市纺织品批发公司、针织品批发公司分别同比减亏 17. 2% 和 18. 3%；市石油总公司加大压库力度，抽活资金，全年减亏 322 万元，实现扭亏为盈。全局系统集体商业企业努力克服营业网点大拆迁、资金紧等困难，实现营业收入 4. 65 亿元，上缴税金 913. 4 万元。

1996 年，全市工业品商业销售 75. 26 亿元，其中市级公司 53. 1 亿元，向国家缴纳税利 10197 万元。有市属批发企业 92 家公司，成为全国海尔、格兰仕、恒源祥、三枪、宝洁等 21 家名优商品的总经销、总代理，为长虹电视、长安汽车等 21 个品牌的销售大户，年销售额 27 亿元以上。万县、涪陵市及黔江地区的国有商业企业在深化改革、调整结构、扩销增效方面取得较好的成绩。

1997 年，工业品消费市场货源充足，品种丰富，价格稳定，市场呈活跃繁荣态势。市一商业局层层分解目标责任，抓好 5 个到位，即领导到位、责任到位、人员到位、措施到位、工作到位。局属企业完成商品总销售 56. 62 亿元，实现税利 1. 34 亿元。

1999 年，主要商品中受彩电价格数次下调和家庭耐用消费品升级换代的影响，彩电、音响、电冰箱等新型家电均有不同程度增长，录像机、黑白电视机等家电销售大幅度下降；穿着类商品中，除呢绒销售增长外，其余商品全面下降。由于内需不足、商品结构不合理、城乡居民消费热点和重点变换，全年日用工业品经营困难，商品相对过剩。

2000 年，全市工业消费品市场继续保持平稳发展，商品品类齐、供应充足、价格持续走低，基本上不存在卖方市场。工业消费品的结构性过剩严重，价格战烽烟四起，“国美”“国通” 挺进山城，充分调动商业资本手段和全国连锁功能效应争夺市场，由此引发的家电价格大战在市场上产生了较为广泛的影响，同时也促进了家电市场销售的火爆。耐用工业消费品中彩电、冰箱、影碟机、空调、洗衣机价格轮番降价，各工业品销售企业重点抓住假日消费等时机，积极营造消费氛围，收到了较为明显的促销效果。据统计，市商委系统工业品销售总额 77. 6 亿元，比上年增长 8. 4%；地产工业品销售比重有所回升，限额以上批发零售企业本地产品销售额同比增长 20%。其中，服装鞋帽、针纺类增长 22%，化妆品类增长 27%。地产工业消费品所占比重为 32. 4%，高于上年 0. 5 个百分点。市场竞争激烈是当年工业品消费市场的主要特点，并呈现多极化发展趋势。以重庆百货大楼、重庆新世纪百货公司为代表的 10 家大中型零售企业和以重庆商社（集团）为代表的大中型批发企业，继续在工业消费品流通中保持龙头地位，带动了全市工业消费品市场的繁荣活跃。

2001 年，工业消费品结构性过剩依然存在，供需中的深层次矛盾未得到解决，缺少新的有效供给刺激消费需求，价格指数持续走低，市场没有突出的消费热点。据调查，供过于求的商品达 90% 以上，尤其是日化商品、家用电器、服装针棉织品供大于求突出。工业品消费市场继续保持平稳发展，全市限额以上批发零售企业工业品销售额 333. 5 亿元，比上年增长 19. 5%。其中，日用百货

60.9亿元，增长19.9%；纺织品、服装和鞋帽5.7亿元，下降1.7%；药品及医疗器械43.2亿元，增长27.8%；五金、交电、化工产品61.8亿元，增长34.3%；石油45.2亿元，增长3.7%。

2002年，消费品市场摆脱了疲滞低迷状态，步入持续稳定增长的轨道。全市限额以上批发零售企业工业品销售额404.9亿元，比上年增长21.4%。其中，日用百货81.54亿元，纺织品、服装和鞋帽5.6亿元，五金、交电、化工产品102.65亿元，成品油56.71亿元。

2003年，工业消费品市场发展势头强劲，全市限额以上批发零售企业工业品销售额488.71亿元。其中，日用百货103.15亿元，纺织品、服装、鞋帽5.92亿元，五金、交电、化工产品163.52亿元，成品油72.14亿元。十大批发零售企业成为全市工业品销售增长的主导力量，实现销售额138.7亿元，比上年增长20.8%，占全市商品销售总额的11.7%，提高0.9个百分点。大型批发零售企业之间的竞争更加激烈，重庆万友百盛广场销售额比上年下降11%，重庆明日广场百货公司销售额下降16.5%，出现经营萎缩迹象。

2005年，商贸企业开展促销活动，繁荣了消费市场，市场充满了生机和活力。春节、五一、十一3个黄金周，重点监测的商贸流通企业分别实现销售额10.2亿元、12.4亿元、13.1亿元，同比分别增长8.7%、26.9%、25.4%。限额以上批发零售贸易业服装鞋帽、针纺织品类销售59.4亿元，家电69.97亿元，日用品25.21亿元，化妆品10.85亿元，五金2.37亿元。限额以上企业销售彩色电视机48.61万台，照相机6.64万台，摄像机2.75万台，家用洗衣机34.82万台，家用电冰箱49.37万台，房间空调机108.51万台，微型计算机48.43万台，移动电话206.87万台，各种服装3485.11万件（其中批发779.82万件、零售27.05万件），鞋963.24万双，汽油59.09万吨，柴油139.01万吨，钢材210.4万吨。

与此同时，商业企业以营销为中心，加强企业管理，严格各项基础工作，并在服务质量、品牌建设、企业上等升级等工作上下功夫，重点是健全和完善购销调存以及资金、计量、质量等管理制度，实现企业经营管理规范化，实现好的经济效益和社会效益。特别是在市场竞争十分激烈的情况下，重庆本土企业有重庆商社（集团）有限公司及重庆百货股份有限公司和新世纪百货公司；外来企业较多，太平洋百货、茂业百货、新世界百货、立丹百货、银泰百货、美美时代百货、百盛购物中心、王府井百货、津乐汇、武汉中百、上海一百等，还有沃尔玛、家乐福、好又多、麦德龙、永辉、屈臣氏等超市，还有重庆商社（集团）及新世纪、重百、苏宁、国美等经营家电的企业，都取得了良好的经济效益和社会效益。

1986年，积极开拓工业品经营，各工业品经营企业认真贯彻市委关于“商业选购、工厂自销、提倡联营、发挥商业主渠道作用”的方针，千方百计地扩大购销，全年收购地产品9.29亿元，地产品经营比重由上年的41%上升到48%。市场供应紧张的彩电在进口基本停止后，购进的国产货源比上年增加42981台，上升1.97倍，电冰箱上升43.2%，洗衣机上升18.32%，毛线上升17%，肥皂上升30.73%，铝锅上升22.68%，纯棉布上升15.92%，自行车上升32.34%，缝纫机上升66.12%。一般日用品和文化用品的销量也有较大上升。同时，对本地不能生产或不能满足需要的商品，积极组织省外货源，市石油公司组织到计划油源6万吨，全年供应总量17.94万吨，比上年增长10.2%，基本上适应了全市工农业生产、交通运输和抗灾自救的需要。扩大经营范围，各公司打破条块分割和传统经营品种范围，开拓经营，开展多种服务。市化工公司经营范围由原来的三类化工发展到统配部属物资、林化产品、轻化产品、进口化工、食用化工、装潢化工、家用化工、化工制品以及其他化工中的塑料原料、着色剂等，经营品种发展到953个，新增品种69个，增加销售400万元，获利30万元。市商业储运公司围绕主业开展多种经营服务，新成立的百货贸易分公司、金竹宫有限公司均获得较好的经济效益，仅百货贸易分公司销售 505 万元，获纯利 21.3 万元。市煤建公司恢复传统品种，搞多种经营，新建的防水建材分公司当年获利 70 万元，比上年增长 1 倍。开展工商联营，各专业公司与重庆搪瓷厂、重庆铝制品厂实行产销紧密联合，变分散的、孤立的企业优势为集中的、综合的优势，开拓了市场，提高了效益。搪瓷联营体销售 2637 万元，市百货公司获利 90.8 万元。铝制品联营体销售 2648 万元，百货公司获利 98.1 万元。市交电公司在电扇联营的基础上，品种发展为电度表、洗衣机、胶质线、电灯泡、灯管等 12 个品种、13 家工厂，联营收购金额 1 亿元，占地产品收购总额的 50% 以上，与重庆灯泡工业公司于 11 月设立经营部，共同经营工厂生产的日光灯管、普通灯泡和特殊灯泡等多个品种，实行独立核算、自主经营、按季预分、全年结算。重庆商业储运公司与重庆望江电梯厂合办的双江电梯公司是一个商业参与生产、组织生产，工商双方共同组建的产销一体化新型企业，当年接受订货生产电梯 40 台。在商品推销中，一商业局收购的地产品有 60% 销往市外（其中 20% 销往省外），变坐店经商为上门推销，大力组织工业品下乡。各公司先后组织了 220 个推销队（组），出动 3000 多人次，远赴除西藏以外的全国各地推销商品近 16 亿元，其中地产品 8 亿元。市级 6 个批发公司组织大篷车队，携带 1500 个花色品种到綦江县，与当地联合举办工业品下乡展销会，有 150 多个商业、供销部门，400 多人参加，销售收入 200 万元。由于改革了产销关系，发展了多种流通渠道，生产企业自销门市及人员大幅度增加。全市有生产企业自销门市 5676 个，自销人员 14681 人，自销零售额 5.2 亿元，分别比上年增长 70.5%、54.4%、9.6%。工业自销的形式主要有：一是工业公司、工厂自设销售门市；二是成立产、供、销一条龙的销售公司；三是与市内外商业企业建立产品的经销、代销、联销点；四是开办新产品试销点；五是开展厂店挂钩业务；六是举办各种形式的展销会、供货会；七是组织推销队伍在本地或外地推销产品。4 月 22 日，市政府财贸办公室提出加强企业管理、提高经济效益的意见。意见指出，确定企业管理的目标和重点，销售比上年增长 5%，商业供销社企业利润增长 8% ~ 10%，粮食系统亏损降低 5%，重点是降低商品流通费用，减少商品报损和削价处理，压缩经营性亏损。要求企业划分职责范围，实行分级分权管理，逐步建立起经理直线指挥和部门职能管理并行的管理模式，商业小企业自主经营、独立核算、自负盈亏，大中型企业建成相对独立的经济实体，加强目标管理、计划信息管理、组织制度管理、职工队伍管理、劳动分配管理等，完善以承包为主要内容的经济责任制，广泛发动群众性的管理活动，完善企业管理体系，建立"三级核算、三级管理、三级承包"的经营管理体制。

1988 年，商业企业外部环境面临三大压力：市场压力，进货难、运输难、经营难；政策压力，银行贷款利率提高，差旅费调整；资金压力，全市信贷资金有 3 亿缺口。商业自身处于粗放管理阶段，结算资金比重上升，上年末商业、供销的 30 个市级公司结算资金占全部流通资金比重为 27.8%，较上年上升 4.2%，超过 30% 的就有 15 户。库存结构不合理，据市一商业局和供销社所属的 28 户公司排队，年末有问题的为 4000 万元，占库存 6%，多数是压库 1 年以上的呆滞商品。市供销社系统上年末待处理损失、专项挂账损失和未弥补亏损共计 1454 万元。市和区县商业企业以承包制为重点推进企业改革，完善分级核算、分级管理、分级承包的体系，强化进货、资金、费用三大管理，试行商业"保本保利"管理办法，建立"内部银行"。市级企业强化进货、资金、费用三大管理，扩大购销、降低费用，加速资金周转，调整库存结构，经济效益大幅度提高。50 多个大中型企业建立内部银行，引入银行管理机制，实行统货分存办法，抓好资金调整，使资金的使用趋于合理。落实以资金为中心的双增双节目标；勤进快销，抽活商品资金，落实分级分权的进货管理制度，推行保本保利的管理办法；开展以"四查"为主的企业管理大检查，将超保本期、保质期或压库1年以上的有问题的商品（按规定需长期储备的商品除外），超过合同规定时间3个月以上的逾期应收、预付货款、待决应收款和待处理损失逐笔拖出清单，制定处理催收的具体措施和时间要求，落实责任人报经主管局和银行同意后作为检查的依据，实行专户管理；改进完善资金管理和供应办法，建立分级分权的资金管理责任制，全面推行流动资金“定额管理、有偿使用、超额加息、节约奖励”的办法，积极推行“内部银行”制度，实行资金供应余额管理办法，适当提高企业留利补充自有流动资金的比例，建立定期检查、考核制度。继续执行“加速流动资金周转奖励办法”，扩大实行面，不得平均分配。商业经济效益全面提高，全市商业供销企业商品销售总额83.52亿元，比上年增长30.69%；实现利润2.87亿元，增长71.9%；费用率由上年的6.82%下降为6.51%；流动资金周转加快7天；百元流动资金创利由9.06元提高到12.48元。商办工业产值11亿元，增加18.8%；已缴税利2.37亿元，增长43.73%；资金周转3.71次，加快0.25次。粮食盈利企业产生利润6080万元，增长31.3%。同时，开展上等升级活动和“双增双节”活动，抓管理，上等级，交电站、百货大楼、肉联厂等15户大中型企业积极开展上等升级活动。进一步推行全面质量管理，开展企业管理知识培训工作，全面提高素质。

1989年，由于经济过热和高消费得到抑制，工业品市场疲软，加之利率、运费大幅度提高，原材料价格上涨，商业经营困难很大，经济效益受到严重影响。面对严峻形势，商业企业抓得早、抓得紧，千方百计挖掘内部潜力，强化企业管理，防止经济效益出现大的滑坡。以抽活资金为重点，加强企业管理，提高经济效益。开展压库扩销、清欠催款工作，商供企业集中进行清仓查库，除群众生活必需品及重要生产资料按要求保留一定储备外，一般商品积极推销，凡清理排出有问题的商品，企业制订推销处理计划和措施处理，集中开展一次催收欠款的活动。全市国营、合作和集体商业企业经营性亏损幅度增加，亏损面和亏损额均大幅上升。10月末，国、合商业亏损单位有168户，亏损3808万元。市供销社系统320个企业中有80个亏损亏972万元，上升2.2倍和3.7倍。全市果品土产行业和商办酒厂出现全行业亏损，16家商办酒厂共亏779万元，欠税600万元。一些老亏损户继续增亏，又出现几个新亏损大户，供销社系统的合川曲酒厂、永川和江津县果品公司上年底累计挂账损失分别为497.6万和51万元，分别增亏44.45万和57万元。市农贸中心、市土产公司上年分别盈利25万和16万元，本年度转为亏损132万和28万元。集体商业亏损尤为突出，全市2497个集体商业、供销企业有847个亏损，共亏514万元，上升2倍多。市供销社归口管理的集体企业中，亏损和瘫痪、半瘫痪的947个，占62%。据初步统计，亏损企业的36100名职工，除普遍停发了奖金外，有1.04万人减发了工资（其中70%减发或停发了浮动工资，30%只发三五十生活费），还有近2000人停薪，回家自谋出路。1.31万名退休职工中，有5680人减发了退休费。究其原因：从企业内部看主要是企业领导素质差，应变能力弱，难以适应市场转疲、商品滞销的新情况，销售大幅度下降；也有的是由于管理混乱，决策失误，盲目进货，造成大量商品、资金损失，无法消化。从企业外部看，由于利率、运价、房租等大幅度提高，新开征粮食补贴基金等，费用大幅度上升，企业（特别是小企业和集体企业）难以承受。4月3日，市财办提出扶持零售企业经营的意见，确定了几项措施：调整植物油经营手续费，零售企业经营植物油每50斤手续费由4.5元调整为7.8元，从4月1日起执行。对部分商品适当补贴运费，食盐、火柴、肥皂等商品实行运费补贴，按实际运费额补贴50%，远距多补，近距少补，具体比例由各区县掌握确定，补贴款在各区县留用市场调节基金中解决。地处边远、经营困难的服饰零售企业，经批准可以减免营业税和所得税。市和区县的专业批发公司切实改进服务工作。7月19日，市财办就解决集体商业经营困难提出意见，微利和亏损企业继续实行减免税照顾；在经营上给予适当扶持；原则上都保留并换发证照；

行政管理费提取原则上零售企业按年营业额4%计取，批发企业按年营业额3%计提；职工集资入股的红息分配及缴纳个人收入调节税，按市税务局的有关规定，由商业、供销主管部门与税务部门共同组织实施；择优贷款扶持；贷款利率问题；提高折旧率和提取网点建设基金问题。市一商业局所属企业利用商业销售网络健全、渠道畅通的优势，在省内外大力推销，努力开拓地方产品市场，缓解了产、成品积压的矛盾。重庆市百货文化批发公司、重庆市交电批发公司与重庆搪瓷厂、铝制品厂、热水瓶厂、利华橡胶厂、洗衣机总厂，以及灯泡、钟表、三峡电器工业公司的联营企业，工商携手合作，扬长避短，充分发挥联合的整体优势，取得较好的经济效益，实现销售3.89亿元，比上年增长3.4%；实现利润2101万元，增长10.4%。重庆市百货文化批发公司5大联营企业销售总值2.7亿元，占该公司全年销售总额的51%。市交电批发公司3个联营企业实现销售8708万元，地方产品收购比重占总购进的67.3%。1988年下半年以来，全国工业品市场普遍不景气，重庆地方工业生产滑坡，产、成品积压严重，相当一部分工厂处于停产半停产状况，商业销售下降，利润减少，拖欠货款的现象十分严重，导致工商企业资金拮据，更加大了生产和经营的难度。在这种情况下，联营企业实行经营一体化，销售一套人马、一套账本、一套库存，工商利益均沾，经济效益普遍比未联营的好。重庆市百货文化批发公司针对重庆铝制品厂原材料不足的问题，及时为该厂组织了70吨铝锭和不锈钢材，以解生产之急，并主动让利，帮助工厂降低成本。市场发生变化后，铝锅、面盆、口杯、热水瓶等由畅转滞，重庆市百货文化批发公司及时向工厂提供信息，促使其抓紧调整产品结构，适应市场需要。生产企业自销网点继续增长，全市有网点12272个，人员34343人，工业自销额9亿元，比上年增长4%。市经营日用工业品批发的社会商业企业发展过快，1980年为830家，1989年上万家，其中经营五交化商品批发的有1147家，批发与零售的比例为1:1.2，形成商品少时抢购，商品多时积压，致使流通混乱。同时，针对伪劣商品不断冲击市场，严重危害消费者利益的情况，重庆百货大楼、重庆华华公司、重庆市化工批发公司、重庆会仙楼商场、重庆市农业生产资料公司、重庆市日用杂品公司等6家商业企业，8月25日通过报纸、电视、电台率先向全市商业企业发起坚决抵制假冒伪劣商品的倡议，做到六不经销：①不经销失效、变质商品；②不经销危及人身安全和健康的商品；③不经销掺杂使假、以假充真或以旧充新的商品；④不经销限时使用而无失效日期和无检验合格证的商品；⑤不经销实行生产许可证管理而未获得许可证的商品，以及国家有关法律、法规明令禁止生产、销售的商品；⑥不经销未标明有关标识和使用说明书的剧毒、易燃、易爆商品。6家企业还分别设置质量监督电话，让群众监督。重庆交电批发公司和全市21个区县五交化批发公司也发表了坚决抵制经营假冒、伪劣交电、家电商店的公开信。到11月末，市一商业局系统基本完善了商品进货、检验及退换货等制度。12月13日，市消费者协会授予重庆百货大楼等12家商业企业“抵制假冒商品、维护消费者利益优秀企业”。全年商业、供销社系统实现利润2.2亿元，虽然比大增长的1988年减少23.5%，但比正常的1987年仍增长32.9%。主要原因是商品流通费支出过大，费用水平高达7.92%，其中仅贷款利息和运杂费就分别增支7466万元和3000万元。商、供系统上缴税利2.5亿元，比上年增长10.7%。其中，销售税金1.04亿元，所得税和承包利润1.46亿元，分别上升9.3%和11.5%。上缴税利占企业实现税利的比重由上年的58.7%上升到1989年的76.7%。粮食盈利企业利润5824万元，比上年增长16.2%。

从1989年10月份以来，全市财贸系统广泛开展了以提高商品质量和服务质量为主要内容的“双质”活动，各级商业部门把群众反映强烈的问题作为“双质”工作的重点来抓，突出抓三个层次：一是抓重点地区。市级各主管局和渝中区商委共同抓了解放碑地区，将此作为全市的示范。解放碑大十字地区300多家商店同时行动，掀起“双质”活动高潮，杜绝顶撞顾客现象，提高了服务质量，商品质量上杜绝伪劣商品上柜。二是抓重点行业。对与群众生活密切相关的粮、煤、肉、百货、五交化、日杂、干果、农资、粮食、储蓄十大行业，根据不同的特点，以局、行、社和市级主营公司为主，开展了行业一条龙竞赛活动。三是抓重点问题，切实为群众办实事。肉店着重解决混等混级；煤店解决型煤质量差、数量不足；副食品店解决过期变质、短斤少两；饮食业解决手拿熟食品及卫生条件差；交电行业解决售后服务、三包逗硬；粮食行业解决米、面质量；等等。经过3个月的努力，“双质”活动取得初步成效。（1）商品质量有了提高。一度出现的商品质量滑坡、假冒伪劣商品泛滥状况，在“双质”活动中初步扭转。重庆百货大楼、华华公司、市日杂公司等6个单位率先提出了抵制伪劣商品的倡议，得到了其他单位的广泛响应。各单位对所经销的商品普遍进行了自查整顿，杜绝了“三无”商品上柜。到年底，在市一商业局、二商业局、粮食局、供销社及近郊6区组织商品质量的自查工作中，共清查各类商品13万多个，查出有问题商品4000余种，对查出有问题的商品根据不同情况进行处理，其中伪劣商品被销毁。（2）服务态度、服务质量有了改善。各级商业部门突出解决顶撞、冷淡、怠慢顾客等“老大难”问题，严格柜台纪律，实行基本服务规范，一批大中型零售商店还搬掉了凳子，实行站立服务，许多单位、企业结合行业特点增加服务项目，增添便民措施。在此期间，各单位普遍进行检查，营业员违纪现象大大减少。（3）为群众办好事在商业系统逐步形成风尚。采取了送货上门、上门维修、退换货制度等形式，为群众办好事。市交电公司上门服务184次，维修家电4000多台，拆整机39台，并为群众解决急需配件。渝中区群林市场替顾客退换商品180起，“三包”维修服务158次。

1990年，市一商业局在巩固原有工商联营的同时，新发展了自行车、洗衣机、低压电器、仪表、肥皂5个联营体，并同重庆绒布总厂、毛纺厂、织布厂、中南橡胶厂、綦江织布厂、中国人民解放军3533厂建立了松散型联营关系，使19个工商联营体、28个联营工厂，工商双方统一了销售价格，协调了产销关系，共同开拓市场，参加联营的工厂没有一家停产、半停产。当年工商联营收购金额4.2亿元，销售金额3.96亿元，分别比上年增长5.93%和1.88%。商商联营进一步发展，五金、交电、百货、针织、纺织5个市级批发公司陆续发展了省内外377家商商联营联销成员单位，全年销售金额2.2亿元，占5个专业公司全年销售总额的17.74%，其中五金、交电2公司的联营额分别占总销售额的26.9%和51.56%。商业代理制收到良好效果，重庆工贸中心全年代理销售额944万元，收取代理手续费50万元。由工厂提供样品和可供货源，工贸中心免费提供场地、设施、人员，按工厂确定的价格和供应政策，以工厂的名义销售，专人销售专人管账，销售后收取代理费3%～7%，月结月清。4月18日，市财办对市级商业企业深入开展“双增双节”劳动竞赛，凡市一商业局、二商业局、供销社、粮食局所属市级独立核算的商业、商办工业、饮食服务业和储运企业，按财政缴库单位进行评比考核。其中，市百货公司、市五金公司、市交电公司、市化工公司、重百大楼、友谊华侨公司、市石油公司、市糖酒公司、糕点公司、市酿造公司、市饮食服务公司、市肉联厂、合川食品厂、市回收公司、市日杂公司、市农资公司、市粮食工业公司、市油脂公司18户企业除参加市级商业系统竞赛外，同时参加第一层次效益杯竞赛，销售总额87.4亿元，上缴税利2.5亿元，分别比上年增长4.83%和10.66%。对“双增双节”劳动竞赛中出现的优秀企业通报表扬：友谊华侨公司获一等奖、重百大楼获二等奖，市饮食服务公司获三等奖。7月16日，市财办开展“扩销增效”劳动竞赛，各区县财办（商委）、市一商业局、二商业局、供销社、粮食局，主要比赛扩销增效工作，比经济指标完成情况预测，具体考核商品销售总额和利润总额两项指标。7月30日，市财办组织市、区、县年产值200万元以上的商办企业开展大中型商办工业企业生产竞赛，取得较好的经济效益。市一商业局被评为全省商业系统优秀组织先进单位，并评选出优秀辅导员 13 人，优秀组织者 6 人，先进单位 10 个，优秀学员 55 人。到年末，全系统 7 个单位被评为省级先进企业，25 个单位被评为“消费者信得过单位”。市一商业局在全市工业品商业系统开展了大规模的服务工作全面质量管理培训，增强了商业职工的质量意识，提高了商业服务质量和企业员工素质。全年培训学员 12966 人，其中市级单位 7542 人，区县 5424 人。经考试合格 12706 人，占培训总人数的 98%。同时，市财办把“扶持商业困难企业”作为专题，由一名副主任带队，组织市一商业局、二商业局、供销社和市税务局、银行、工商局等综合部门的 10 多名干部深入了解困难较重企业的状况及原因，在调查的基础上，提出了扶持商业困难企业的意见，抓扶困政策和措施的落实，金融部门对困难企业贷款执行基准利率，不上浮、不加息；财税部门暂缓征收各种税费；工商部门适当放宽了困难企业经营范围和减免了有关证照费、出摊费；一些区县的房管部门同意对困难企业的房租实行减调或缓调。经过各级单位和困难企业的自身努力，扶困工作取得成效，到年底，商业困难企业中，有 1/3 的企业扭亏为盈，1/3 企业减亏。切实解决好困难职工生活，一、二月份困难、亏损企业 4 万职工都按时领到了基本工资和副食品津贴，过了一个安定的春节。

1991 年 2 月 23 日，市财办提出在财贸系统开展“质量、品种、效益年”活动的意见。4 月 10 日，市财办要求做好一次性削价处理有问题商品的工作，在 4 月 15 日开始实施。商业部分配给重庆 1.3 亿元，其中供销系统 2000 万元、商业系统 11000 万元。安排一商业局系统 9000 万元，二商业局系统 2000 万元。6 月 15 日，提出加快一次性削价处理积压商品进度，各主管局及时掌握实际进度，抓紧在企业间、市区县间调剂指标，凡保证在 6 月底用完指标的企业，可不做调整；各企业下达指标，规定削价处理商品的范围，保证损失率在“三不突破”的前提下，按实际情况处理；企业及时处理财务，及时汇报处理进度；全市互有买卖的企业，买方付款有困难的，可向当地银行申请贷款，也可向市分行申请贷款指标实行点货点还；急需处理的商品可适当扩大削价范围，超过规定的部分报主管局批准，超过国家规定损失金额的，企业自行负担。7 月 26 日，市财办对进一步开拓市场扩大销售提出意见，狠抓适销对路货源，稳步推进“二三零”联营；开展多元经营，拓宽批发经营门路，因时因地制宜，发展互惠联销、联销分销、分购联销；加强农副产品收购，大力开展工业品下乡活动；充分发挥窗口作用，向市外辐射地产品；下伸批发网点，活跃集镇经济；办好农村综合服务站，方便农民购买，基层供销社做好双代店逐步向综合服务站过渡；搞好节日市场供应，扩大旺季销售。7 月 21 日，市政府同意成立重庆商业大厦管理委员会，对外实施统一管理，各成员单位原隶属关系、所有制不变。大厦内现有个体户、管委会成员中的出租单位，暂按统一规定的制度管理，合同期满后不再向个体户出租柜台，委托重庆市第一商业局直接管理和指导工作。

1992 年 1 月 4 日，市财办提出加强企业管理工作意见。主要措施是：调整经营及生产结构；压缩商品库，压缩结算资金占用量；花大力气搞好管理工作；狠抓扭亏增盈工作；继续组织好多层次的竞赛，力争利润增长 20%，经营性亏损减少 30%，销售收入增 6%，商办工业产值增 5%。国有企业面对激烈的市场竞争，突破单一经营模式，积极拓宽零售业务，实行批零结合、综合经营、联营联销，如重百大楼把四楼批发厅改建为服装名品城后，月均营业额 1.02 亿元。全市工业品零售总额 13 亿元，比上年增长 21.01%，占总销的比重由 1991 年的 27.4% 上升到 32.5%。其中，市级批发公司兴办的 9 个零售网点，实现销售 1.8 亿元，实现利润 1044 万元，分别增长 55.4% 和 32.6%。在商品开发方面，市级和区县公司重点抓了石油制品、家用电器、电动工具、搪瓷制品、化妆用品、黄金首饰、服装等 50 多个商品，销售额都分别在数千万元甚至上亿元以上。加大调整经营结构的力度，突破商品界线、批零界线、行业界线，多形式全方位拓展经营门路，形成新的经营结构和特色。市百货公司渝都大酒店、金三峡歌舞厅和九重天旋转楼相继开业；市纺织公司兴办了三峡宾馆和适应建设需要的钢模租赁业务；市交电公司兼并了重庆东风灯具厂，向加工业延伸；市五金公司扩大了生产资料经营并组建了装饰工程分公司；市储运公司试办了旅行社和航空货运业务；市友谊华侨公司扩大了经营品种和范围。通过向加工业、服务业、娱乐业的开拓，既改变了单一的经营结构，增强了抗风险能力，又为局系统第三产业领域提供了可资借鉴的经验。据统计，仅一商业局系统全年综合经营实现营业收入1.17亿元，实现利润500多万元。开拓外地市场是销售市场的延伸，各企业在巩固市内市场的同时，还积极稳妥地开辟外地市场，新开设了6个市外的窗口，加上原有在市外所设窗口，共计23个，辐射面遍及昆明、贵阳、成都、广州、海口等地区。市五金公司昆明分站把销售的触角直接伸向云南边境贸易。据不完全统计，仅一商业局所属的市级公司市外窗口销售1.45亿元，实现利润190万元，比上年分别增长45.1%和3.5倍。

1993年，市一商业局系统积极开拓经营，三家经营大户创工业品流通新纪录，重百大楼设立100万元保护基金有奖捉假，开展"幸运楼层幸运日"等促销活动，销售62775万元，利润5036万元，同比分别增长20.89%和25.89%。友谊华侨公司坚持商品"十日退货制"，除食品、黄金首饰、贴身衣物外，所购商品只要保持原样，10天之内消费者可无条件退货，同时采取"还你一天销售"等营销手段，销售2.52亿元，实现利润1410万元，同比分别增长23.08%和37.11%。市交电公司狠抓电视机、空调、摩托车、电冰箱等拳头商品的销售，扩大工商联营规模和市场占有份额，全年销售76875万元，创市工业品流通企业销售新纪录，并跻身全国最大商业批发企业第18位。各企业加大经营结构调整的力度，突破工业品商业传统的经营范围，按照"一业为主，综合经营"的思路，市级批发企业普遍兴办或扩大了零售商场，全年零售额4.46亿元，同比增长77.1%。重百大楼、友谊华侨公司两家大型零售企业扩大批发业务，全年批发销售1.47亿元，先后开拓并发展了汽车、钟表、音像制品、食品、粮油、旅游、航空货运、出租汽车、高科技、加工制造业、娱乐业、宾馆餐饮业等数十个新项目。其中，市级公司开拓经营总收入3亿元，同比增长156.41%。单体公司是重组批发体制的重要途径。市级9家批发企业结合内部组织结构调整，全面推行单体公司，共组建165个。按照盈利企业以商品专业化经营为原则，亏损企业以新老账分开、盈亏两条线核算为原则的要求，各企业结合实际分别组建。由于单体公司机制活，特别是经营、用工和分配的自主权得到较好落实，职工积极性普遍高涨，购销经营迅速扩大，全年完成销售16.95亿元，增长28.8%，实现利润4707万元，增长55.1%。市交电公司将原6大主营分公司裂变为26个单体公司，全年销售6.69亿元，创历年最高水平，实现利润1869万元，分别增长76.4%和1.3倍。市五金公司电动工具分公司是一商业局首推的一家单体公司，全年销售4848万元，利润170万元，同比分别增长101%和89%。单体公司新机制还为亏损企业注入了活力，市纺织公司、针织公司、工贸中心试行，努力压库清欠，发展多种经营，整顿和加强内部管理，扼制住亏损势头，3家企业共减亏862万元，其中亏损大户市纺织公司组建的26个单体公司，除一个未按合同经营被撤销外，其余全部盈利，实现利润341万元，盈亏品迭后减亏682万元。全市商、供亏损企业亏损1.8亿元，比上年7506万元增亏1.05亿元，增幅为140.29%。其中，一商业局系统为3338万元，同比增亏26.73%；二商业局系统为9619万元，同比增亏127.18%；供销社系统为5079万元，同比增亏696%。亏损集中在食品系统和基层供销社，食品系统亏损单位亏损7341万元，基层供销社亏损单位亏损3096万元，共计亏损10437万元，占全市总亏损额的57.9%，其增亏额为5653万元，占全市总增亏额的54%。

1994年初，市一商业局制发了单体公司的规范化意见。各市级公司对所属单体公司进行调整、整顿，建立内审制度，加强约束机制。还将单体公司的经验推广到区县，促进了区县商业改革。全年一商业局系统组建单体公司232个，其中市级公司有160个，市级单体公司完成销售19.6亿元，实现利润2465万元，并涌现出市交电公司家电分公司、市交电公司长虹分公司、市百货公司日副食品商业化分公司、市纺织公司钢模租赁站等7家年销售分别超亿元或利润超百万或人均创利超10万元的"明星单体"。同时，立足调整结构，大力开拓经营，狠抓减亏增盈工作，使大多数的基层供销社和食品站的门点减少以至消灭亏损。各级主管部门指导、帮助企业及时调整经营结构，寻求新的市场，培育新的生长点，获取好的效益。对亏损的大中型企业分类指导，落实目标。对连续亏损3年亏损在30万元以上的企业，制订减扭亏方案。进一步搞活分配，对面上企业继续完善国家与企业的分配办法，鼓励效益好的、在"两低于"原则下确定分配办法。

7月7日，市财办为鼓励商业流通企业扩大经营规模，增强竞争实力，并改进政府行政主管部门对企业的指导管理办法，在商业企业暂时没有划分标准的前提下，征求市财政局、市统计局意见，对国有商业、供销社企业按经营规模大小划分类型。年销售（营业）额1000万元以下的，为小型企业；年销售（营业）额1000万~3000万元的，为中型（二类）企业；年销售（营业）额3000万~5000万元的，为中型（一类）企业；年销售（营业）额5000万~1亿元的，为大型（二类）企业；年销售（营业）额1亿~5亿元的，为大型（一类）企业；年销售（营业）额5亿元以上的，为特大型企业。

9月2日，经市政府同意，市财办评选重庆商业效益最佳、实力最强企业，对1994年全市商业企业的经营情况进行了一次综合评价，并在此基础上评选了一批重庆商业效益最佳、实力最强的企业。评选原则：具有较大经营规模，有较好的经营效益、较强的经济实力，创造较大税收。评选范围：按照市财办制定的《重庆市商业企业类型划分标准》，划为大型二类及以上级别企业。

1995年，国合商业企业减亏增盈工作。一是有步骤地推行资产经营责任制。管好盘活资产，优化资产组合，是企业经营效益的潜力所在，全市大中企业尤其是市级企业积极推行资产经营责任制。企业内部根据各分公司、经营部门占用的场地等资产占用回报率，确定其年度效益承包目标。二是突出经营特色，巩固主体经营，大力拓展新的生产、经营范围，适应市场需求，形成新的生长点。三是强化以资金为重点的管理工作。研究企业在调整经营、组织、资产结构后资金运用方面出现的新情况、新问题，有针对性地制订新的管理办法，既有利于企业经营活动的开展，又严格控制资金的流向、运用范围，加快资金周转速度，提高资金使用质量。四是调整干部职工人员组合，增强内在活力。适时进行人员组合调整，贯彻满负荷工作原则，以岗定人，责权明确，富余人员坚决下岗，消灭人浮于事现象。五是突出抓好亏损企业。经营情况整体不好，但仍有部分经营业务好的、资产存量较大的；经营无方向，调整无希望的。各管理单位从组织和结构调整上寻找方向，帮助企业走出路子。六是落实企业主管部门减亏增盈工作的指导和帮促措施。制定目标，落实措施，区别情况，分类指导，一企一策，严格考核，检查进度。市一商业局系统认真开展"抓品牌、上规模、增效益、争创明星单体公司"活动，对1994年经济效益不佳的单体公司进行了调整、撤并，进一步严格内审制度，加强约束机制，推动了企业组织结构、经济结构的调整，增强了企业的竞争实力。经过调整后的117个市级批发企业单体公司累计实现销售收入21.33亿元，实现利润2158万元，分别比上年增长26%和9%。市交电公司汽车分公司、长虹分公司、家电分公司、渝都百货集团公司搪铝分公司、日化分公司等19家单体公司分别实现销售上亿元、利润上百万元、人均创利上10万元的目标；市交电公司汽车分公司销售、利润和人均创利均达到"明星"条件，摘取了局系统"明星单体"的桂冠。企业发展多种经营，在技工贸、副食品商业结合、批零结合、房地产开发及出口创汇等方面取得新进展。在批零结合方面，市交电公司家电城（五交化大楼五楼）以其规模宏大、品种齐全、售后服务等特点，全年累计销售8113万元；渝都百货集团公司先后办起八一路重客隆、永川重客隆等两个批零结合、批仓结合的窗口。在技工贸结合方面，市交电公司兴办的焦糖色素生产线年产量1500吨，产值600余万元；渝都百货集团公司、市纺织品批发公司、工贸中心等企业的宾馆餐饮业收入6500万元；市交电公司开拓西北市场实现“零的突破”，仅有2个人的长虹分公司新疆经营部实现销售6500万元。在房地产开发方面，市储运公司先后与5家内、外资企业签订合作开发房地产项目，协议引进资金3.5亿元，修建市场11万平方米、住宅15万平方米。在出口创汇方面，市交电公司利用外贸经营权全年出口创汇280万美元，市友谊华侨公司利用外贸延伸权全年出口创汇94万美元。新世纪百货公司、富安百货公司、重百大楼北碚分店、友谊华侨公司沙坪坝分店等一批大中型零售商场相继建成营业。加上采取了一系列服务措施，重百大楼采取了设立100万元维护消费者利益基金和实行“三声服务”（问好，介绍商品，道别）的措施，友谊华侨公司采取了实行“十日退换货制”和推行“30条服务忌语”的措施，新世纪百货公司采取了实行“十五日退换货制”和“普通话规范服务”的措施等。这一系列优质服务措施的实施，使全市工业品零售市场出现了好戏连台的可喜局面，推动了工业品零售业较快发展，取得了市一商业局系统零售额比上年增长39.1%，总额超过成都一商业局系统2.12亿元的成绩。重百大楼荣获国际羊毛局授予的“无假冒纯羊毛标志商店”称号；重百大楼、友谊华侨公司荣获内贸部“打假先进集体”称号；重百大楼、市交电公司荣获重庆市“打假先进单位”称号；市友谊华侨公司、市交电公司及所属金马制冷有限公司荣获“进口商品质量信得过商店”称号；重百大楼、百货站商业大厦、日化分公司获“国产化妆品卫生质量达标单位”称号，重客隆获“质量信得过商店”称号。国有商业企业成为全市流通领域抵制假冒伪劣商品的楷模。

1996年，市财办对市级企业经营效益和管理水平评价，用10个指标对一商业局、二商业局、粮食、供销所属35个市级公司进行评价。

1997年，一商业局属企业加大开拓区域市场力度，重百大楼先后新开设杨家坪九龙商场和南坪南丰市场两个分店，规模均在3000平方米以上，并依托百汇超市在大坪、烈士墓、交院、中梁山、李家沱等开设12家连锁店。新世纪百货公司在万县设立2000平方米分店1个，同时在开县设立加盟连锁店1个。市针织公司新建开业1万平方米的大生商场；市石油总公司在施家梁、歌乐山、江津走马新建3个加油站，加上市百货集团的重客隆、重百北碚商场、友谊合川商场、沙坪坝商场等，逐步形成辐射周边市县、三峡库区等区域连锁网络，扩大了市场占有率。通过商品交易会形式，推销地方工业品。加强与生产企业的紧密联系，市一商业局属企业发展国内外及本市名牌、品牌72个系列，其中总代理、总经销47个，使明星单体公司得到进一步发展，涌现出10个销售上亿元（其中3个销售上2亿元）的单体公司，即重庆商社（集团）汽车分公司6.2亿元，市百货集团日化分公司2.2亿元，重庆商社（集团）家电分公司2.05亿元，市百货集团搪铝分公司1.7亿元，市石油总公司永川分公司1.68亿元，重庆商社（集团）交通分公司1.5亿元，重庆商社（集团）长虹分公司1.37亿元及微电脑分公司、音像分公司和华强三洋联销体等3家销售上亿元的明星单体。重百大楼、新世纪百货等零售企业采取工商联手，先后开设兆峰陶瓷、奥妮化妆品、冷酸灵牙膏、科尔士皮鞋等地方名品专柜，销售地方品牌81个，有效提高了重庆工业品的知名度和辐射能力，特别是重庆商社（集团）汽车分公司销售地产品牌汽车5300辆。同时，加强企业管理，下达考核国有资产保值增值指标，加强财务约束机制和扭亏增盈工作，亏损大户工贸大厦主楼全年营业收入近700万元，同比增长50.75%，实现利润120万元，使工贸中心同比减亏20%。加强商品质量管理。全年继续深入开展“山城百店无假货”活动及“清柜”活动，将假冒伪劣商品清除出柜台，特别是重百大楼和新世纪百货公司，分别将所经营的5万余种及2.65万种商品全部清查一遍，并分别将有问题的198个和1437个有问题商品做下柜处理，保证了国有商业的信誉。这两家企业均获全国“清柜”金牌单位，重百大楼还荣获全国“质量效益先进企业”称号。

市财办对43个区县市财办（商委）实行工作目标考核，长寿、璧山等11个区县获一等奖，9个区县获二等奖，6个区县获三等奖。同时，对市级商业企业实行经营者综合效益目标责任制，包括一商业局、二商业局、粮食局、供销社所属市级公司，并严格考核奖惩兑现，对重庆商社（集团）、石油集团等10个企业进行奖励，对7个未完成的企业扣经营者集团成员工资。

1998年，对市级商业企业确定经济目标。重百大楼、重庆商社（集团）、石油集团、商业储运公司、饮食公司、糖酒公司、蔬菜公司、食品集团、纺织公司、工贸中心、友谊华侨、水产公司、百货集团、酿造公司、万得福公司、针织公司等市级商业企业扭亏为盈，销售额70亿元；粮食储运公司、粮食工业公司、油脂公司、上桥粮库等粮食企业控亏5151万元，销售8.3亿元。重庆商社（集团）、重百分别完成销售30亿元、15.8亿元，稳居全市批发、零售贸易业龙头，成为西南地区最大批发、零售企业。

1999年，对企业经营者进行离任审计。5月6日，在企业开展企务公开，选择在市商委的糖酒公司、粮食局的粮食储运公司、物资局的化轻公司试点。8月4日，在全系统全面推行。

2000年，重庆商社（集团）加大名优畅销品牌经营力度。当年培育和引进适销的名优品牌有摩托罗拉手机、福麒珠宝、科尔士皮鞋、商务通、雅戈尔西服、俞兆林内衣等，淘汰110个供货厂商，新引进了409家，基本达到所经营20%的品种占80%销量的骨干品牌经营效应，以品牌带动销售强劲增长。

2001年，市工业品消费市场继续保持平稳发展。以重庆百货大楼、重庆新世纪百货公司为代表的10户大中型零售企业和以重庆商社（集团）、重庆百货集团为代表的大中型批发企业，继续在工业消费品流通中保持龙头地位。当年限额以上批发零售企业工业品销售333.5亿元，同比增长19.5%。其中，日用百货60.9亿元，增长19.9%；纺织品、服装和鞋帽5.7亿元，下降1.7%；药品及医疗器械43.2亿元，增长27.8%；五金、交电、化工61.8亿元，增长34.3%；石油45.2亿元，增长3.7%。10户企业销售额上亿元，重庆百货大楼排第一位，销售突破30亿元；重庆商社（集团）新世纪百货公司增幅最高，达到85.41%。零售企业抓住假日、会展两大市场主题，大力开展多种形式的促销活动，10月12日至14日在重庆技术展览中心，重庆市政府、中国百货商业协会主办，重庆百货公司联合十大零售企业成功举办中国第88届日用百货化妆洗涤用品交易会，全国有630多家知名企业参展，共设展位1200多个，与会正式代表4000余人，参会厂商代表1万余人；展馆面积2.51万平方米，分为洗涤用品展区，国际精品及化妆品、美容商品展区，包装、传媒、商业组团展区，日用百货商品展区。交易会实现合同成交额39.65亿元。零售企业都注重抓名牌产品的总代理、总经销，对一些没有市场的产品及时淘汰，引进有市场前景的名牌商品。以重庆百货大楼、重庆新世纪百货公司为代表的大中型零售企业加快营销技术的创新，运用现代连锁技术，迅速占领市场。重庆百货大楼通过发展连锁经营，在短短的5年内，由原名列全国百强30位上升到前10位。重庆新世纪百货公司成立5年来，年均增长50%以上，2001年销售额17.6亿元。6月，重庆商社（集团）、重百股份公司开展了以“商社重百联手，夏日旋风送清凉”为主题的活动，引导消费、推广品牌、激活市场的空调联展联销活动，吸引了国内最具实力的20多家空调生产厂家的品牌产品参展，重庆商社（集团）交电城和重庆百货大楼就销售空调5924台。其中，窗机3298台，挂机1671台，柜机955台。一线品牌产品独领风骚，格力、美的、海尔、科龙、华宝、长虹等国内一流品牌产品成为消费者的首选。中国商业联合会为配合全国名牌战略的实施，在商贸领域推动商业名牌发展，以增强商贸企业核心竞争力，在全国范围内组织商贸流通企业及生产企业申报中国商业名牌。

2002年5月16日—17日，全国商业名牌管理委员会第一次会议对2001年中国商业名牌申报者的基本情况进行了认真的审议并表决通过。重庆市有7个企业，即重庆商社（集团）有限公司、重庆百货大楼股份有限公司、重庆商社（集团）新世纪百货公司、重庆和平药房连锁有限责任公司、重庆桐君阁大药房连锁有限责任公司、重庆小天鹅饮食文化（集团）有限公司、重庆陈川粤实业有限公司荣获2001年中国商业名牌企业。重庆和平药房连锁有限责任公司的“真情服务”获中国商业服务名牌，重庆市油脂公司的红蜻蜓牌菜籽色拉油、重庆市太白酒厂的诗仙太白酒、重庆市涪陵榨菜（集团）有限公司的乌江牌涪陵榨菜获中国名牌商品，重庆百货大楼股份有限公司的张林英、重庆商社（集团）新世纪百货公司的赵春慧获全国商业服务明星，重庆市商业委员会、重庆市商业联合会还获得了中国商业名牌推荐组织奖。中国商业名牌不搞终身制，实行动态管理，有效期三年，三年之后需重新申报，符合条件的授予中国商业名牌称号。重庆商社（集团）培育核心竞争力强的品牌企业，主要培育了重庆商社新世纪百货、商社电器、商社汽贸等不同特色的品牌企业，商社电器争取重点品牌商品的批发代理权，品牌商品带动销售的作用不断增强。全年商社电器销售额占全市电器产品销售额的31%，居全市第一。

2002年，中共重庆市委办公厅、重庆市人民政府办公厅通报表扬参加AAPP会议筹备及服务工作的有关单位，指出：自去年7月承接亚洲议会和平协会第三届年会的筹备工作以来，全市有关部门、企事业单位、学校、部队全力投入AAPP会议的服务保障工作，会议取得圆满成功。市委、市政府决定，对直接参与AAPP会议重庆筹备及会议服务工作的先进集体和先进个人予以表彰，并对其他有关单位予以通报表扬。市商委榜上有名。

2005年，进一步推进实施大公司、大集团战略，培育更多的重庆市本土大型流通企业，市政府办公厅印发了《重庆市商贸流通企业30强考核评选办法》，采取考核评选、奖励，加强政策支持引导和规范发展等措施和办法，加快培育和壮大更多的商贸流通大公司、大集团，进一步增强其聚集辐射能力，提升全市流通企业的持续发展能力和竞争能力，为建设长江上游的商贸中心奠定更加坚实的物质基础，更加繁荣重庆商贸流通产业。市内的商社（集团）、商务集团、粮油集团、医药股份公司、新华集团、新合集团、物流集团等十大流通企业继续发挥全市商贸流通主导力量的作用。销售规模继续扩大，实现销售额530亿元，同比增长20.5%，占全市批零企业销售总额的20.3%，占全市限额以上批零企业销售总额的47.8%。其中，商社（集团）销售额为151亿元，比上年净增20亿元，增长15.3%，销售额继续位列全市乃至西部地区首位。为促进中小流通企业的发展，市商委联合有关部门召开中小流通企业服务年会，为中小流通企业搭建交流、合作的平台。

2007年重庆市商贸企业30强名录

序号	企业名称	资产状况（万元）	销售收入（万元）
1	重庆商社（集团）有限公司	6500	1808822
2	中国烟草总公司重庆市公司	504000	936243
3	中石油重庆销售分公司	200000	961017
4	重庆医药股份有限公司	32000	573708

续表

序号	企业名称	资产状况（万元）	销售收入（万元）
5	重庆桐君阁股份有限公司	194300	517090
6	九禾股份有限公司	152300	466180
7	重庆中汽西南汽车有限公司	121250	296269
8	重庆新华书店集团公司	197800	122615
9	中国石化销售川渝重庆分公司	85000	190657
10	重庆华轻商业公司	41360	207707
11	渝惠食品集团有限公司	200000	95795
12	重庆市国美电器有限公司	62313	122600
13	重庆苏宁电器连锁加盟有限公司	23000	63973
14	重庆大都会广场太平洋百货	20887	52940
15	港务物流集团有限公司	537000	307568
16	重庆交通运输控股有限公司	630000	217900
17	长安民生物流股份有限公司	67800	110448
18	重庆铁路物流有限责任公司	3053	19690
19	重庆朝天门市场	340000	1180000
20	重庆马家岩建筑装饰材料市场		510000
21	重庆观音桥农贸农产品物流中心		858935
22	重庆绿云石都建材交易市场	890	150000
23	重庆小天鹅投资控股有限公司	71162	14620
24	重庆陶然居饮食文化有限公司	38025	116072
25	重庆刘一手餐饮管理有限公司	39073	10038
26	重庆德庄实业（集团）有限公司	10486	99144
27	重庆世纪金源时代饭店有限公司	68087	15217
28	重庆金夫人实业有限公司	62600	11520
29	重庆富侨保健服务有限公司	5000	1644
30	重庆洁诚洗染有限公司	1863	1595

附：部分日用工业品商业企业简介

重庆百货大楼股份有限公司　始建于1950年5月1日，是中华人民共和国成立后重庆的第一家国营商店，当时名为西南区百货公司门市部。1953年，该门市部划归重庆市百货公司，更名为重庆市百货公司门市部。1955年，重庆市百货公司将在解放碑原中国国贸公司旧址基础上修建的二楼一底营业用房交付重百使用，并将原民族路、邹容路两个门市部合并于此，更名为重庆市百货中心商店，地处重庆市中区（现渝中区）闹市中心、解放碑商业中心。1958年，全国大办工业，重百抽调男职工支援工业生产，全店“女子化”，更名为重庆三八百货商店。1959年，在全国群英会上被评为全国百面红旗单位。1974年成为全国十大百货商店贸联会成员；1975年初实施了第一次改扩建，3月17日建成，建筑面积8000平方米，营业面积5400平方米，正式更名为重庆百货商店，成为一家新型综合性大型零售商场。1978年，在全国商业系统率先进行扩大企业自主权和利润留存试点改革。1980年，被重庆市批准为“以税代利，自负盈亏”试点单位。1983年，被重庆市列为首批实行经理负责制企业。1984年，更名为重庆百货大楼。1985年4月，开始对大楼进行改建，总投资1250万元，建筑面积1.87万平方米，营业面积1.19万平方米，1986年底竣工，改建后的重庆百货大楼由原来的5层增加为13层，顶楼新建了观景台，大楼外侧3面全部用进口玻璃装成幕墙，采光明亮，富丽堂皇，一至六楼为营业大厅，以高中档名优特商品为主，低档次商品也较齐备，大楼设有日用百货、五交化、鞋帽服装、文化用品、针织等6个经营部，经营2万多个花色品种。1986年是全国大城市16大百货商店和全国大型零售企业贸易联合会成员单位，也是当时重庆最大的综合性的零售兼批发国营商业企业。1987年，重百大楼实行了“全额利润承包、超目标分成”的经营责任制和重庆市最早的经营管理干部聘任制，走上了自主经营和自负盈亏的道路，并开始打破“铁饭碗”的尝试。1988年，实行“利税分流，税后承包”，当年利润额突破1000万元。1991年，被重庆市列为“四放开”试点企业，至此自主经营权、进货权、定价权、用工权、分配权，被列为按三资企业改革试点单位。公司荣获“全国五一劳动奖章”殊荣。1992年底，经重庆市经济体制改革委员会批准，重百实行了股份制改造，以重庆百货大楼独家发起向社会募集资金设立重庆百货大楼股份有限公司，改股份制。1993年3月18日，重庆百货大楼股份有限公司正式挂牌，实现投资主体多元化的企业体制重大改革，积极深化内部改革，增强竞争力，相继开展了以“垂直领导、层层负责”和“调整整合”为核心的管理制度改革，以全员合同制为核心的用工制度改革，以职工岗位技能工资制和经营管理者年薪制为核心的分配制度改革，以品牌经营、连锁经营、专业经营为核心的经营机制改革，以顾客为中心加强质量工作，不断增强公司综合实力。1994年，实施“壮大主业、推进两翼、多种模式、连锁发展”的发展战略，积极拓展市场，形成了重庆市主城区为第一商圈、中心城市为第二商圈、其余城镇为第三商圈的逐级发展思路，重百开始对外扩张，在北碚开办第一家连锁商场。1995年，重百销售首次破1亿元大关。1996年7月2日，重庆百货大楼股份有限公司股票“重庆百货”在上海成功上市，成为重庆市商业唯一上市公司。2000年7月，投资1亿元改造重庆百货总部大楼，总面积为2.64万平方米，营业面积由7000平方米增至2万平方米，突出各经营楼层的特色和综合商场的风范，2001年底投入营运。同时，重庆百货在巩固重庆市中心城区百货业市场份额的基础上，加快了在周边城区商业网点的建设，积极实施连锁经营战略，以百货、超市、电器三大业态共同对外发展，按照“壮大主业、推进两翼、多种模式、发展连锁”的发展战略，坚持改革与管理同步、发展与效益并重的原则，内抓改革，外拓市场，走集团规模化、连锁网络化、市场多元化的发展路子，加快网络建设，加密网点布局，以点、线、面的布局方式延伸扩张，以点连线，以线织网，形成网络，覆盖和占据市场，筑牢重庆市场根基，挺进西部广阔市场，重百一贯秉承“绿叶不忘根”的企业理念和“为您服务、让您放心、使您满意”的服务理念，坚持“营造环境、服务大众、满足需求、创造消费”的使命，把“主动、热情、耐心、周到”作为服务的原则。2001年，重百着手调整整合百货、超市、电器三大专业经营分公司，将原属各百货商场的超市、电器经营部剥离，分别组建了具有集中采购和门店营运管理职能的超市、电器分公司，实行了分业态管理，再造各业态业务流程，改变了过去公司分散采购、分级管理、资源不能有效整合和营运标准化程度不高的弊病，形成了重百三大主力业态标准化、专业化、集约化的连锁经营管理运行机制，销售规模名列西部地区首位，处于全国百强零售企业前10位，在西部零售企业中排名第一。2004年，完成了三大主力业态的剥离与整合，开始了多元连锁发展，积极、稳步拓展市场，在渝中区、江北区、沙坪坝区、南岸区、九龙坡区、渝北区、北碚区、涪陵区、万州区、长寿区、永川市、合川市、江津市、璧山县、铜梁县、垫江县、黔江县、云阳县、荣昌县等地商业中心区，开办3000平方米以上的综合商场20多个，并于2005年走出重庆在遵义开办了第一个市外商场，标志着重百加快向西部市场连锁扩张的步伐。超市、电器经营网点50余个，商业经营面积近30万平方米，形成了百货、超市、电器三大业态共同发展的多元连锁格局。2005年，调整整合了总部职能部门及其职能职责，强调总部职能部门对经营单位应履行指导、协调、督促和服务四大职能，并建立起相配套的工作制度和考核管理办法，为重百连锁发展和实施集中统一管理提供了坚强的组织保障。2001年至2006年，公司销售额从30亿元增至58亿元，利润额增至1亿元，资产规模19.4亿元。公司在重庆24个区县和贵州遵义，四川广安、武胜，开办百货商场25个、超市门店45个、电器门店21个，营业面积54多万平方米，从业人员3万余人。2006年，公司顺利完成了股权分置改革，为重百进一步发展壮大提供了有力支持和保障。其间销售收入从5.23亿元增长到50亿元，利润总额从4186万元增长到9000万元；销售1997年突破10亿元，进入全国大型商场销售总额前10名，1999年突破20亿元，2001年突破了30亿元，2002年突破了40亿元，2003年44亿元，2004年52亿元。利润1992年近2000万元，1994年突破5000万元，1997年突破8000万元，2005年9000万元；上缴税金1995年超过3000万元，1997年超过4000万元，2001年接近9000万元，2003年超过1亿元；总资产从1979年的1.33亿元增长到2005年的15.29亿元，净资产5.72亿多元；在岗员工3万余人，其中在册职工5640多人。并先后荣获“全国五一劳动奖状”“全国用户满意服务”“全国百城万店无假货”先进单位等殊荣50多项，涌现出“全国劳动模范”“全国五一劳动奖章”获得者等数十名国家级、省市级先进人物。

重庆商社（集团）有限公司　是1996年12月26日经重庆市人民政府批准成立的重庆市属国有大型商贸流通企业，是重庆市首家以资产和经营为纽带的跨地区、跨行业、跨所有制的大型商贸流通企业集团，为重庆市36户市属重点国有企业之一，2004年4月与重庆百货大楼股份有限公司重组，为西部最大的流通企业，是国家重点培育的20家大型流通企业之一。曾荣获“中国商业名牌企业”“全国五一劳动奖状”“国企贡献奖”“重庆十强企业”等荣誉称号。重庆商社（集团）总部位于渝中区青年路18号，注册资本15000万元，拥有母公司及全资、控股、参股子公司共14家成员企业，总资产26亿元，员工16145人，其核心企业重庆商社（集团）有限公司，由原重庆市交电批发公司、原重庆市化工批发公司依法改制而成，紧密层企业由重庆新世纪百货公司、重庆商社（集团）物业发展公司等8家企业组成；还有半紧密层企业、松散层企业，从业人员近万名。业态涉及综合商场、连锁超市、便利店、专业店、批发等，业务领域涉及百货、家电、汽车贸易、化工、房地产开发、酒店旅游、进出口贸易等。经营范围主要有五金、交电、化工、百货、餐饮娱乐、实业开发、进出口贸易等。2000年，重庆商社（集团）加大名优畅销品牌经营力度；假日促销，多元经营，中天酒店挂牌为三星级旅游涉外饭店；市商委决定将重庆友谊华侨有限责任公司并入重庆商社（集团）。2001年，在江北、南坪、沙坪坝开设家用电器连锁专卖店，培育了商社新世纪百货、商社电器、商社汽贸等不同特色的品牌企业，全面加强企业管理，当年实现销售额44.3亿元，比上年增长19.7%，销售额排名全国五交化商业企业之首，居全国百强零售企业前10位；实现税利4504万元，增长28.3%。2004年4月2日，将重庆华贸国有资产经营有限公司及其持有的重庆百货大楼股份有限公司全部国有股权并入重庆商社（集团）有限公司后，对两大商贸流通业巨头重庆百货大楼与重庆商社（集团）整合重组，组建成了西部最大的一艘商业航母——重庆商社（集团）。到2004年底，拥有总资产52亿元，经营面积52万平方米，跨区域网点167个，从业人员4万余人。2004年实现销售收入132亿元，占重庆市限额以上贸易业销售总额的14.5%。荣列重庆企业100强第4位，商务部2004年度全国连锁30强企业第12位，2005年上半年第11位。2004年度中国零售百强企业第12位，中国企业500强第263位，中国服务业500强第102位，成为西部商业企业之最。

重庆新世纪百货公司　1995年1月29日成立，地处重庆解放碑商业中心，为国有大型商业零售企业。经营食品、服装、针纺织品、黄金饰品、钟表、眼镜、化妆品、百货、家电、鞋子箱包等大类5万余个品种的零售、批发业务。从开业之初，在重庆零售业中率先实行普通话服务、早晚迎送宾客制度、15日退换货制度，实行全程信息化管理，搭建起了一套全新的管理流程及服务平台。1996年，销售额名列重庆市零售商业第2位。2000年8月，重庆新世纪百货公司进驻原江田百货，实现低成本扩张，新组建新世纪百货世纪新都，是新世纪百货在全市开设的第九个分店，也是在主城区的第一个百货商场分店，2001年上半年开业，经营面积1.5万平方米，经营和总店相同的商品，并增设家电商品，规模空前，成为江北地区一流的豪华大商场，与重百大楼江北商场遥相呼应，共同促进观音桥购物中心的繁荣。2005年底，新世纪百货公司实现了经营模式从综合商场到连锁超市与综合商场相结合的转变，经营商圈从中心区向次中心区和人口密集区拓展。拥有10家综合商场，55家连锁超市，遍及22个区县。公司相继荣获“全国文明单位”“全国五一劳动奖状”“中国商业名牌企业”和“全国金鼎（品牌）百货店”等多项荣誉称号。商务部2006年10月26日公布全国9个试点城市零售业分等定级评定结果，新世纪百货世纪新都荣获金鼎百货店品牌店称号。解放碑商都、凯瑞商都、万州商都、瑞成商都、江南商都、涪陵商都均被评为达标店。2004年至2006年，新世纪百货连续三年占据重庆百货业市场份额第一。其中，新世纪百货世纪新都、解放碑商都、凯瑞商都分别占据了重庆零售业单店销售的前三名。

重庆华贸国有资产经营有限公司　2004年4月2日，重庆市人民政府以渝府〔2004〕77号文件批复，同意重庆华贸国有资产经营有限公司与重庆商社（集团）有限公司重组，即把重庆华贸国有资产经营有限公司及其持有的重庆百货大楼股份有限公司全部国有股权并入重庆商社（集团）有限公司。重庆华贸国有资产经营有限公司并入重庆商社（集团）有限公司后，均保留独立法人资格，实行“两块牌子、一套班子”运行。重庆华贸国有资产经营有限公司及其持有的重庆百货大楼股份有限公司全部国有股权由市商委移交市国资委管理。

重庆市商务集团有限责任公司　2004年3月11日，重庆市人民政府正式同意组建重庆市商务集团有限公司（简称商务集团）文件（渝府〔2004〕5号）批复市商委、市国资委，商务集团为国有独资公司，注册资金3000万元人民币。原市商委直属企业人财物划归集团公司管理。新组建的电子商务、重客隆超市、商务国际展览、黄花园酿造、博远机动车、欧唯乐糖酒、多一食品、广益食品、商储物流、渝都百货、老四川饮食、三高乳业、华运现代农业、三维汽车修理等14户由重庆市商务集团控（参）股的投资主体多元化的新企业经营正常。4月16日，召开了重庆市商务集团有限公司成立大会，市政府常务副市长黄奇帆到会授牌并讲话，对商务集团人员安置、债务化解、业务整合等方面提出了明确要求。随后，建立和完善了商务集团的法人治理机构，成立了董事会、监事会、经理层、党委、纪委和工会，有关直属企业领导为以上机构的成员。

重庆大都会广场购物中心　1994年8月30日，香港实业家李嘉诚投资20亿在大阳沟市场开建其在重庆的首个大型项目——大都会广场奠基动工。大都会对重庆商贸发展具有标志性。1997年重庆直辖，首个高端综合性商业项目大都会广场面世——由综合性购物商场、高级写字楼和五星级酒店组成，总建设面积23万平方米，是重庆的第一购物大厦。重庆大都会购物中心是西部最大的购物中心，面积10万平方米，集购物、餐饮、娱乐、休闲为一体。其中，主力百货店是太平洋百货重庆店，总营业面积2.2万平方米，员工人数约1500人，其购物环境清新亮丽、活泼舒适，经营商品多元化。公司以秉持“全新服务、开创美好明日”的服务宗旨，以舒适的环境、优质的服务和丰富的商品，营造出都市生活的崭新空间，满足各类顾客的要求。重庆太平洋百货以完美的服务、科学的管理、高品质高档次的商品，提高了重庆的消费档次，带动了新的消费观念，创造了新的购物潮流。公司所经营种类涵盖日用百货、音像图文制品、服装鞋帽、箱包皮具、家电寝具、健身器材、黄金珠宝、咖啡厅、面包坊、美食广场、烟酒及各类食品，2004年实现销售总额4.9亿元。

重庆百货集团公司　1950年5月成立。原为西南区百货公司，后改为重庆百货站，1983年与重庆市百货公司、永川地区百货公司合并成立重庆市百货文化批发公司，1989年1月组建为重庆百货集团公司，设有8个主营专业公司、3个驻外分站、2个合资企业、2个大型零售商场、3个连锁店、1个星级酒店等20多个经营实体。1992年初步建立起企业全方位、多功能、系列配套的营销机制，形成了企业集团化的经营规模。1995年有职工2000人，经营面积15万平方米（其中拥有商业大厦的3.8万平方米）。是原隶属于市第一商业局的专营百货、文化商品的国有大型批发公司。

重庆友谊华侨有限责任公司　其销售规模仅次于重庆百货大楼，名列重庆市大中型零售企业第二位。随着解放碑商圈竞争的日趋激烈，公司旧有的经营业态、管理方式和商品结构越来越不适应市场的需要，在市场竞争中处于劣势，经营规模逐年萎缩，陷入亏损困难境地而不能自拔。2000年1月，市商委决定将友谊公司并入重庆商社（集团）。该集团接收后，对友谊商场实施大规模改造，同时进行制度和机制创新。

重庆糖酒有限责任公司　曾用名重庆欧唯乐糖酒有限公司，是重庆市糖酒公司改制后于2005年新成立的股份制企业。是由重庆市商务集团有限公司、社会法人和自然人共同投资组建的以糖酒商品经营为主的商贸流通企业，是商务集团（2007年改名渝惠食品集团）的骨干企业之一。主要经营食糖、酒类、饮料等，同时兼营商品中转运输、仓储保管、房屋租赁以及第三方物流配送业务。公司地处重庆中央商务区，比邻朝天门综合交易市场。注册资本1053万元，自有营业用房1万多平方米，商品年销售额2亿元左右。拥有设施设备优良、管理有序的仓库4万余平方米，商品年销售额3亿~5亿元。下设食糖分公司、酒类分公司、啤酒饮料分公司、名品分公司和商务分公司等5个分公司，在主城各区和永川市分布有商业网点10余个。公司本部设人力资源部、财务审计部和综合办公室。公司作为糖酒专业公司，十分注重企业信誉，坚决抵制假冒伪劣商品，主要致力于经营名牌优质商品，将各地国优精品引进重庆，奉献给广大消费者。公司总经销、总代理的商品有驰名中外的国酒茅台、享誉世界的中国白酒第一品牌五粮液、多次荣获国际金奖的剑南春、被称为酒中泰斗的泸州老窖和荣登国宴用酒的重庆地产名酒诗仙太白、中国驰名商标山城牌系列啤酒等国家名优酒。公司一直秉承“诚信经营，优质服务，方便客户，回报社会”的经营宗旨，倡导“诚信、敬业、创新、和谐”的企业精神，坚持以稳健的经营和科学的管理，逐步发展，与市内外众多的厂商建立了良好的合作伙伴关系，构建了以重庆百货、新世纪百货、沃尔玛、麦德龙、陶然居、阿兴记等重庆本土和国内外知名企业为核心的客户网络上百家，与国内食品行业的一流厂商建立了良好的合作伙伴关系。

重庆工业品贸易中心　1984年1月10日成立。为国有大型流通企业。下设10多个日用工业品批发分公司及专业广告、霓虹灯公司，为各种展览会、交易会提供服务。1988年10月，位于南坪经济技术开发区的工贸大厦竣工开业，增强了重庆工业品贸易中心经营与服务实力。该大厦占地面积1.22万平方米，建筑面积3万平方米，主楼23层，设有展览厅、写字楼、会议厅、宾馆、舞厅、餐厅、停车场等配套服务设施，拥有具有专业技术的管理人员，能进行招商、策划、主办、承办各种大型商贸活动。曾多次主办或承办了大型国际贸易洽谈会和全国性交易会、展销会，聚合辐射商品近70亿元。

重庆市纺织品批发公司　为国有纺织品商业批发企业，位于重庆市渝中区陕西路1号。1950年创建，前身为中国花纱布公司西南区公司，后更名为中国百货公司四川省重庆针纺织品采购供应站，1983年更名为重庆纺织品采购供应站（司），1985年更名为重庆市纺织品批发公司。有固定资产原值1.21亿元，占地面积3.6万平方米，营业面积2.71万平方米，仓储面积1.67万平方米。下设11个管理部门，12个经营部门。主要经营纯棉化纤纺织品、丝绸、呢绒、针棉织品、宾馆酒店用布及成品、军需民用产品、服装、家用电器批发零售业务和宾馆、旅游、建筑钢模租赁、仓储运输、汽车修理等项业务。

重庆市针织品批发公司　成立于1962年，又称重庆针织站，下设重庆华华公司（零售）、重庆劳动防护用品公司、针棉织品分公司、内衣分公司、纺织品分公司、成都分公司、储运分公司、重庆朝天门交易市场服务公司、重庆三峡机电设备公司等。主要经营针棉织品、纺织品、床上用品、各类内衣、服装、劳动防护用品、五金交电、日用百货、铝合金材料及装修等20多个大类，近万种商品。1995年底有职工1000余人，其中在岗职工600人，各类专业技术人员占职工总数的40%，有中专以上学历的占50%以上。固定资产4224万元，营业面积6000平方米。

重庆市商业储运公司　建于1953年6月，名为重庆市商业仓储公司。位于重庆朝天门“金三角”传统商业区。1958年，因增加运输业务更为现名。1984年前，主要是为商业系统批发、零售企业提供商品储存、运输事务经营。改革开放后，开办了餐饮住宿、旅游娱乐、电梯制造、信托拍卖、商贸公司等多种经营。20世纪90年代后办有朝天门综合交易市场，组建了重庆华运物业发展公司，1995年、1996年先后与香港迅发集团、四川竞地招商投资公司等多家物业开发企业合作开发了交易市场、住宅小区、公寓式写字楼等5个项目，招商引进资金2亿元。下属16个分支机构，1996年有职工2500人，资产总值1.5亿元，拥有各类经营场地20万平方米，收入3500万元，利税总额400万元。总面积4000平方米、使用面积3300平方米的“金竹宫”游乐场从1986年5月投入运营以来，以独具的装修特色，吸引了众多的中外游客，荣获省、市、全国平战结合优秀工程称号，成为山城一景，时任市长肖秧亲自为“金竹宫”题名写匾，中央、省、市领导先后视察参观，题词赞扬。

重庆美美时代百货公司　2004年10月开业，是美美百货品牌在内地的第三家商场，同时也是集团面积最大的百货商场，经营面积4万平方米。商场由国际著名设计师事务所TAKENAKA CORPORATIOH规划设计。TAKENAKA为世界著名企业，拥有1500名设计师。公司引入Emporio Armani、HugoBoss、MaxMara、Salvatore Ferragamo等国际一流品牌，为重庆最高档之时尚百货。与此同时，亦充分重视公众所熟悉的时尚品牌，如SODA、淑女屋等，满足顾客的不同需求。公司秉承高档百货的营运理念与务实的操作模式，以潮流的资讯、顶级的品牌与品质，热情体贴的服务态度，带给重庆民众以尊贵的购物享受。

重庆王府井百货有限公司　位于解放碑步行街（地王广场），是北京王府井百货（集团）股份有限公司在重庆投资经营的第一家大型商场。重庆王府井百货楼体外观气势宏伟，内部装修时尚典雅，总营业面积4.7万平方米，集购物、餐饮、娱乐、影视、休闲为一体。大厅采用美国凯里森公司设计方案，一至五楼形成错落有致的中空结构，各楼的展柜装饰经典、豪华，与中厅气派、高雅的主体艺术视觉交相辉映、浑然一体，将东方神韵与西方格调完美结合。营业大厅宽敞明亮、环境幽雅，视觉通透开阔，通道动线引导，自然而随意。购物大厅拥有6个经营楼层，主营食品、生产日用品；化妆品、珠宝、钟表、女鞋及箱包；少淑女装、饰品；成熟女装、中性休闲服、毛衫及内衣；男士服装及男士连带商品；床上用品、家电、办公用品及儿童、体育用品等。商场充分发挥地王大厦体量的优势，整体筹划，构筑成都会垂直型购物中心，提供品种多样、质高价优、服务周到，具有重庆风土人情的商品。

重庆重客隆超市连锁有限公司　是国有控股的大型零售连锁企业，是商务集团的核心骨干企业之一。公司一直秉承“服务老百姓、优惠老百姓、心向老百姓、方便老百姓”的宗旨，以“连锁连心、购物放心”的承诺受到了广大顾客朋友的喜爱。公司定位于区县城、商业中心镇、主城大社区、交通主干道的商贸流通和服务，以严谨的规划和严格科学的管理不断发展壮大，成为重点打造的重庆第三大连锁经营企业。自2000年9月第一个连锁店在渝北两路镇开业，2005年，拥有配送中心1个、连锁店近100个，分布渝中、渝北、江北、九龙坡、沙坪坝、南岸、綦江、江津、大足、万盛、南川、万州、武隆、铜梁、长寿等区县以及四川等地的重点社区和商业中心镇。公司获得过“山城百店无假货示范店”“诚信文明单位”等荣誉。2004年，在市商委和原商务集团的领导下，重客隆完成了产权制度改革，重客隆按照新的体制、新的机制运作，企业连续两年各项指标均呈两位数的增长速度。2005年，商务部实施了“万村千乡”市场工程，重客隆把握机遇，使自身的角度定位顺应经济社会的发展形势，为企业开拓和发展农村市场发挥了积极作用。

重庆新鸿业针棉织品批发有限公司　始建于1989年，原名重庆新鸿业有限公司，是专门批发床上用品、针棉织品的私营企业。注册资金500万元，固定资产800万元。位于渝中区长江路。有经营场所2100平方米。主要经营国产名优毛毯、毛线、床单、被套和毛巾系列15个大类800多个品种。1995年，销售总额2500多万元。曾荣获重庆“市中区十佳私营企业”称号，被国家工商行政管理局和中国企业评价协会评选为“中国500家最大私营企业”。

二、副食品

副食品商业，主要包括食品、蔬菜、水产、酿造调味品、酒业、糖果糕点、饮食服务等行业。副食品商业主要由市第二商业局和市商委负责管理。

1986年，市二商业局系统商业零售网点14095个，饮食服务网点11749个，职工60739人。全年商品购进总值9.4亿元，商品销售总值11.4亿元，分别比1985年增长4%和0.3%。充分发挥国营商业主导作用，切实搞好市场供应，副食品丰富，市场供应稳定，肉、菜、糖等大类商品供应正常。主要品种销售量：鲜肉8.13万吨，比1985年增长10.3%；鲜菜12.55万吨，增长52.5%；食糖10.6万吨，增长24.5%；酒类4.87万吨，增长9%；水产品0.7万吨，增长67%。几大节日供应好于往年，企业经营能力增强，经营方式灵活多样。同时，加强了猪肉、蔬菜物价管理。

1987年，切实安排好城乡副食品市场。在猪肉供应方面，切实贯彻国务院办公厅批转二部一局报告中规定的各项政策措施，销售价格“稳冻活鲜”，有计划地拉开季节差价。在蔬菜供应上，进一步贯彻“近郊为主、远郊为辅、外埠调剂、保证供应”的方针，落实基地菜合同收购，积极扩大二线菜源，搞好蔬菜批发市场，积极开展多渠道经营。在盐、糖供应上，抓紧完成计划收购数，储备充足货源。

1988年，市二商业局完成商品购进总值23.55亿元，比上年增长59%，销售总值24.7亿元，增长52.4%；饮食服务营业额1.3亿元，增长14%；商办工业产值6.8亿元，增长16.8%；盈利企业实现利润9472万元，抵扣食品、蔬菜政策性亏损后实现利润3287万元，比上年增长3.11倍；上缴利税1460万元，增长1.5倍。

1989年，经受了市场疲软的严峻考验，城乡各项有效供给仍然保持增长，主要副食品货源充足，价格稳定，市场繁荣活跃。副食品商业系统有国营网点4894个、从业人员60064人、饮食服务网点营业面积49.57万平方米，分别比上年增长0.36%、减少1.2%、增长3.62%。归口管理集体企业商业网点2893个、从业人员23403人、营业面积16.55万平方米，分别下降3.38%、1.22%、增长8.66%。对主要农副产品收购资金实行“统筹安排，专款专用”的专项管理办法，实行专项管理的企业为国营粮食、国营商业、供销合作社、国营烟草公司。实行专项管理的农副产品品种为粮食、棉花、油料、生猪、糖料、蚕茧、烟叶。市二商业局系统商品购进总值22.56亿元、销售总值26.32亿元，分别下降4.3%、增长6.4%。国营商业零售额7.61亿元，增长14.3%。商办工业总值5.89亿元，下降12.88%。补贴后利润总额6102万元，下降41.08%，其中市级企业1741万元、下降62.28%。食品、蔬菜亏损补贴7316万元，增长3.46%。上缴利税2547万元，下降24.58%。国营购进生猪255.75万头，下降4.1%；市外调入45.8万头，下降35.6%；销售猪肉9.22万吨，增长14.7%。加上城乡集市上市量，社会供应总量58.59万吨，人均年吃肉23.04千克，增长6.3%。蔬菜量足价稳，淡季不淡，供应好于上年，全市国营商业收购蔬菜16.02万吨，比上年增长25.4%，销售16.58万吨，增长22.3%，其中城市8区销售13.09万吨，城市人口日均吃菜158克，比上年增长5%，加上集市供应量，社会供应总量61万吨，城市人口日均吃菜736克，春秋两个淡季，城市人口日均吃菜分别为470克和540克，做到了品种多、数量足、价格稳、淡季不淡，这与1988年淡季菜少价高状况形成了鲜明对照。其他副食品如食糖、盐、酿造调味品等货源充裕，供应正常。市粮食系统收购粮食59.08万吨，完成计划103.3%；城乡粮食销售89.07万吨，完成计划的99.96%；议价粮食经营增长，购入议价粮食26.83万吨，比上年增长30.1%；调入40.86万吨，比上年增长14.9%。

1990年，全市8个区蔬菜社会上市总量为4.8亿千克，比上年增长20.93%；人口平均每天供应蔬菜587.13克，比上年增加101.64克。全年9个区猪肉社会销售量9.64万吨，增长10.3%；人均年消费猪肉42.62千克，比上年增加3.51千克；国营肉店鲜肉零售每千克牌价3.60元，属全国十大城市的最低水平。由于市场持续平淡，全年购销下降，市副食品商业系统商品购进总值22.04亿元，比上年下降2.7%；商品销售总值24.34亿元，下降7.95%；国营商业零售额7.21亿元，下降5.6%；商办工业总产值5.78亿元，下降3.19%；饮食业营业额1.01亿元，增长4.27%；服务业营业额3675万元，增长2.2%。由于商品购销额减少，毛利率下降，费用水平上升，加工企业盈转亏，全市副食品商业系统补贴后利润总额921万元，下降86.69%；全系统上缴国家利税7031万元，下降14.83%；食品、蔬菜政策性亏损补贴8163万元，增长11.58%。国营商业市内销售猪肉9.2万吨，与上年基本持平。由于全国猪肉主销区的自给率提高，使全市生猪外调严重受阻，外销不畅，生猪调出省外77.8万头、下降37.66%，进而影响生猪的收购和调入。全年国营商业收购生猪224.89万头、下降12.09%，专区调入生猪37.36万头、下降19.17%。国营蔬菜公司总购进蔬菜18.3万吨、增长5.82%，总销售蔬菜18.7万吨、增长10.61%。国营商业收购食糖7923吨、增长34.13%，总销售食糖7.52万吨、增长1.67%；酒类商品购进8.1万吨、增长16.3%，销售6.76万吨、增长5.6%。市水产公司销售海水鱼产品8630吨，增长21.68%。

1992年，生猪、蔬菜、食糖等主要商品放开，着重抓了肉、蔬、糖、盐等“菜篮子”商品的供应工作，全市副食品供应基本做到了数量充足、价格合理、品种丰富、市场兴旺。市二商业局系统积极推进生猪、蔬菜流通体制改革，在全市范围内逐步推行生猪“定点屠宰、集中检疫、统一纳税、分散经营”的管理办法；筹建了重庆食品企业集团；一批市、区生猪和蔬菜批发交易市场逐步形成。

1993 年，全市国合副食品商业实现商品购销总值 18.58 亿元，比上年下降 13.05%。其中，国内纯购进 11 亿元、比上年下降 1%，商品销售总值 22.86 亿元、比上年下降 8.78%。其中，国内纯销售 12 亿元、比上年下降 7.13%，商办工业总产值 8.98 亿元、比上年下降 31.34%。全局系统补贴后亏损 7222 万元，比上年增亏 327.08%；上缴税利 4467 万元，比上年增加 5.8%。主要副食品经营情况：收购生猪 115.26 万头、比上年下降 34.5%，市内销售猪肉 2.59 万吨、比上年下降 53.7%。收购蔬菜 1.68 万吨，比上年下降 72.5%。其中，市外调入蔬菜 1687 吨，比上年下降 50.9%。销售蔬菜 3.93 万吨，比上年下降 60.7%。销售食糖 66180 吨，比上年下降 0.5%。销售酒 1.16 万吨，比上年上升 41.12%。

1994 年，全市国合副食品商业实现商品购进总值 19.93 亿元，比上年增长 7.25%，其中国内纯购进 11.55 亿元、比上年增长 21.16%；商品销售总值 23.61 亿元，比上年增长 3.27%，其中国内纯销 6.87 亿元、比上年增长 9.4%；商办工业总产值 7.7 亿元，比上年下降 14.28%；全局系统补贴后亏损 5051 万元，比上年下降 29.93%；上缴税利 5534 万元，比上年增长 23.89%。主要副食品经营情况：收购生猪 108.96 万头，比上年下降 5.47%；市内销售猪肉 2.24 万吨，比上年增长 2.48%；经营蔬菜 4.31 万吨，其中春秋“两淡”季和三大节日经营蔬菜 3.038 万吨，占全市经营总量的 77.5%。全年猪肉社会上市总量 19.48 万吨，比上年增长 5.2%；蔬菜社会上市总量 111.3 万吨，增长 15.46%；食糖销售量 15.6 万吨，增长 37.5%；酒类销售总量 19.7 万吨，增长 0.7%；酿造调味品销售 15.88 万吨，下降 20%；水产品销售总量 8.5 万吨，增长 35.1%。肉、菜等主要副食品的价格涨幅较大，特别是 7 月份以后节节上升，带动了其他副食品价格上涨，直到政府采取调控措施后才有所遏制。

1995 年，全市副食品国合商业积极采取措施保障市场副食品供给，抑制通货膨胀，控制物价上涨。国合商业实现商品购进总值 22.54 亿元，同比增长 13.1%，其中国内纯购进 13.25 亿元、同比增长 14.72%；商品销售总值 27.12 亿元，同比增长 14.89%，其中国内纯销售 7.93 亿元、同比增长 15.49%；商办工业总产值 7.35 亿元，同比下降 4.51%。虽然购销总值成两位数增长，但经济效益明显下降，亏损企业个数增加，亏损面同比扩大，亏损额 8127 万元，同比增长 60.64%。

1998 年，全市副食品消费市场发生显著变化。一方面商品有效供应总量增加，货源充足，品种丰富，集市成交活跃；另一方面，市场有效需求明显不足，销售不旺，价格持续低位运行，国合商业经营大面积下滑。尤其是经受了特大暴雨洪灾的考验，确保了灾区市场供应。全年全市食品饮料烟酒类商品实现销售额 135.6 亿元，与上年基本持平。其中，市商委系统副食品商业实现商品销售总值 26 亿元，比上年下降 11.44%。年末库存商品总值 1.45 亿元，比上年下降 19.5%。从主要副食品经营情况看：猪肉购进 5 万吨，销售 5.49 万吨，分别比上年下降 45.28% 和 41%。其中，销往市外 1.73 万吨，比上年下降 49.2%；鲜菜销售 948.4 吨，与上年基本持平；食糖购进 8.04 万吨，销售 9.24 万吨，分别下降 19.34% 和 6.98%；只有酒类略有增长，购进 23.88 万吨，销售 24.1 万吨，分别比上年增长 9.49% 和 18.49%。商办食品工业总产值 8.95 亿元（按不变价计算），比上年下降 19.55%。企业亏损面 63.74%，亏损金额 1.49 亿元。

2000 年，全市副食品消费市场平稳，市场上商品饱和，副食品供大于求，价格持续走低，市场竞争激烈，价格战仍是市场竞争的主要手段。副食品消费基本完成由吃饱向吃好（讲营养、口味）的转变。全年副食品、农副产品成交额 329 亿元，同比增长 9.7%。市商委系统副食品商业实现销售额 30.6 亿元，同比增长 3.3%。

2001 年，副食品市场供大于求，价格稳中有降，竞争激烈。受肉蛋禽价格低廉因素影响，农村以肉蛋禽为主要副业收入来源的农户收入减少，城乡居民购买力差距继续拉大。在有效需求不足的情况下，各级商贸主管部门大力发展速冻食品和方便食品，积极促销，努力扩大消费。全市主要副食品、农副产品成交额359.6亿元，比上年增长9.3%。其中，农副产品成交额171.5亿元，比上年增长2.3%。市商委系统副食品商业实现销售额37.7亿元，比上年增长4.7%。

2002年，副食品行业贯彻扩大内需的方针，转换机制，狠抓营销，建立完善销售渠道和网络，以重百股份有限公司、新世纪连锁公司、重庆山城平价超市为代表的大型商业企业大力发展副食品超市，方便了居民生活。以重庆观音桥盘溪农副产品批发市场为代表的大型农副产品批发市场利用电子商务网络平台，推行竞价拍卖、网上交易等先进交易方式，促进了农副产品对外辐射。全年全市主要副食品、农副产品成交额380.1亿元，比上年增长5.7%。其中，农副产品成交额184亿元，增长7.3%。

2003年，副食品行业继续贯彻落实扩大内需的方针，积极开拓市场，发展势头良好。全年全市主要副食品、农副产品成交额404亿元，比上年增长6.3%。农副产品综合市场和专业市场分别有512个和91个，成交额205.2亿元，比上年增长11.5%。副食品工业总产值87.1亿元，比上年增长22.3%；增加值29.2亿元，增长18.8%；产品销售收入90.4亿元，增长20%；技术改造、技术创新投入1.15亿元，增长129.5%；利税总额12.6亿元，增长15.4%。

2005年，肉、菜价上扬，牛、羊肉零售价上涨12.8%、4.8%，猪肉下降6.1%，鲜菜上涨11.2%，一般蔬菜价格与上年持平，糖、蛋、奶、盐价格有升有降。

三、粮油

粮食是关系国计民生和社会安定的重要商品。国家掌握足量的粮油源，是稳定市场的物质基础。粮食流通由粮食局负责。重庆市粮油是以自给性生产为主，商品率不高，在正常年景下，商品粮只占粮食总产量的20%，植物油的商品率占80%左右。重庆是最大的粮油消费城市之一，每年都从市外调入一部分粮食和植物油，一般调入粮食的数量约占全市销量的30%，调入植物油约占全市销量的70%。粮食收购随时间推移有以下收购方式：市场采购、田赋征收、公粮征收、国家统购、合同定购、议价收购。1992年，粮价放开后，粮食部门的销售量下降，社会经营量上升。

1986年，全市商品粮油主要由粮食部门经营，有粮食收购和销售网点938个。其中，又购又销的粮管所、粮店609个，单纯销售的粮店、门市部398个。区县粮食公司、局和粮站还分别管辖若干粮食仓库和粮食加工厂、食品厂、饲料厂。全市集体所有制的挂切面加工厂和商店199个。年末全市粮食企业有职工2.91万人。其中，全民所有制企业职工2.38万人，集体所有企业职工5319人。当年粮油收购合同定购的品种只有水稻、小麦、玉米，收购油料的品种在重庆地区只有油菜籽和花生果，其余全部放开，实行议价经营。由于副食、酿造用粮没有退出统销，规定黄豆、糯谷、豌豆仍纳入合同定购。当年全市粮食合同定购任务由上年的7亿千克减为6亿千克，为了平衡粮食收支，还下达了“委托代购任务”，由粮食部门在市场上议价收购。每交售100千克粮食奖售平价优质化肥10千克。同农民签订粮食定购合同以后，粮食部门即可预付部分价款，每千克小春粮食预付4分，大春粮食预付6分。粮食定购任务由市政府下达给区县，再由区县政府逐级下达到乡、村，在春播前落实到户，使农民便于安排生产。重庆市成为全省完成粮食定购任务最好的地市之一，当年还代国家议购粮食5051吨。1986年4月1日起，各种会议补助粮（农民参加县以上会议补助除外）一律取消；对接待旅游和外宾的饭店、宾馆用粮油，火车轮船飞机等旅客用粮油、高档糕点、名特食品用粮油不再供应平价油，改供议价油；糖果糕点饴糖粮平价供应的数量减为上年实际供应数的70%，其余30%和新增加的部分供应议价粮或由工厂在市场上自行采购。全年销售粮食25.02万吨。在粮食购销价格上，1986年提高了大豆、胡豆、豌豆、糯米等品种的收购和销售价格。玉米实行价外补贴，每一百千克补贴7.4元，销售价亦相应提高。粮店供应的粮油食品品种发展到节令性食品、方便食品、豆制品、炒货、糕点、酿造品等几个大类的40多个品种。此外还有面筋制品、花椒油、阴米、蒸肉粉等。最受群众欢迎的是节令性食品，如水磨干汤圆粉、豆浆等。全市建成粮油食品厂7个，粮油食品生产作坊168个。经营粮油食品盈利426万元。

1989年，粮油商业以“保平价、活议价、稳市场”为重点，开展粮油购、销、调、加、存等各项业务。全年粮食定购入库59.08万吨，且在10月1日前就完成了任务，这在历史上属少见年份。销售粮食89.07万吨，议价购进和调入粮食67.69万吨，食用粮油及料折油2.98万吨，议销36.1万吨。粮油盈利企业实现利润7244万元，比上年增长19.2%。在粮食定购方面，四川省政府决定当年全省粮食定购任务调减8%，重庆市粮食定购任务由58.3万吨减为53.65万吨。从4月1日起，取消饴糖粮和中转待宰猪的饲料供应。重庆市政府决定从9月1日起对供应特米、特粉实行增收粮票的办法，标准是：每千克特米收细粮票1.1千克；每千克特一粉（包括其制成品）收面粉票1.3千克；每千克特二粉（同上）收面粉票1.2千克；取消工业用菜油供应，改为议价供应；从第四季度起取消饮食行业和粮食部门自营食品的平价大米供应，改为议价供应；从第四季度起调整生猪换购粮标准，即原调市生猪换购粮由每头70千克调减为50千克；取消甘蔗平价奖售粮供应。

1990年，粮食丰收，产量594万吨。四川省、重庆市政府决定按保护价收购农民余粮。粮食定购比上年提前半个多月完成了全年计划，入库定购粮食59.03万吨；粮食销售82.67万吨，调入粮食30.9万吨，调入食油1.2万吨；粮食库存比上年同期增加11万吨，增长14.9%。抓紧粮油仓容设施建设，有粮食仓库总容量为154万吨，其中完好仓库总容量为128万吨，而平议价粮油最高库存量125万吨。从1990年下半年开始到“八五”期间，新建粮食仓库25万吨，新建油罐2.5万吨，改造旧粮库25万吨，总计投资1.6亿元左右。

1992年，粮食流通体制改革跨出了关键性的两大步，即实现粮油购销合同和粮油价格全放开。粮油企业坚持本业为主，多种经营。全年粮食定购入库41.81万吨，油菜籽3.21万吨；平价粮食销售68.22万吨，食用油脂（含料新油）1.44万吨；议价购进粮食52.35万吨、比上年增长74.7%，议价销售粮食64.13万吨、比上年增长51.5%；议价购进油脂（料）1.57万吨、比上年下降5.8%，销售油脂（油料）4.05万吨、比上年增长34.4%。粮油盈利企业实现利润5180万元，比上年增长13.17%。但市场供应稳定，群众反映良好，农民生产积极性有所提高。四川省决定从11月起将全省19个地市的粮油收购、销售价格同时放开，重庆市从11月11日正式放开，结束了粮食部门30多年的统购统销、独家经营的状况，走向市场，参与竞争。当年全市国有粮食部门采取建、扩、租、借等办法新增网点350多个。不断开拓经营范围，开发各具特色的新产品、系列产品，建门面开餐厅、开卡拉OK舞厅，经营建材、汽配零件、化工产品、日用百货以及各类副食品等等，搞养殖业，代农加工、代农保管和品种兑换等多种业务，在品种上、质量上都与粮价放开前有很大改观，创造了一批名优产品，创造了较好的经济效益。全年开工项目36个，加快粮油商业市场和网点建设和其他基础设施建设，新增网点350多个。

1993年，是重庆市放开粮食价格和粮食经营的第一年，既经历了粮食相对过剩，又经历了粮食相对紧张、粮食价格剧烈波动的考验，继续向农民实行合同定购。全市实际收购75.6万吨，占计划的108%；收购食油1.76万吨，占计划的140%；其中粮食定购任务50.95万吨。积极签订粮油购销合同，认真履行国家确定的保护价收购政策“三挂钩”（供应优惠价格的化肥、柴油和发放一部分预购定金）政策和价外加价政策。国有粮食企业销售粮食121万吨，其中大米销售56万吨、面粉折合小麦40万吨、玉米20万吨、食用油及料折油销售5.98万吨。购入（调入）粮食120.02万吨，其中市内收购83万吨、省内调入6万吨、省外调入31万吨。粮食企业实现利润556万元，其中商业利润盈利447万元，实现了首次盈利。粮价放开后，全市国有粮食企业实行了各种形式的经营责任制，在零售粮店普遍实行联销计酬，在小型加工厂车间实行联产计酬或联利计酬，在仓库实行联储计酬，在批发环节实行联利计酬，下半年还在部分粮店推行了自主经营、自负盈亏的集体承包或个人承包。试办股份制企业——大亚湾渝良实业发展公司。在转换经营机制方面，实现了各种形式的经营承包责任制，全市有1379个粮管所、粮店实行承包、租赁的有134个，其中个人承包的有566个、集体承包的813个。安排11个粮油批发市场的建设，年底投入使用的有4个，简易开业的有2个。由于受全国、全省一些粮油主产区和毗邻地区粮油价格波动的影响，市区粮油市场出现了销量上升、价格上涨的现象，仅标一米每500克就由0.6～0.63元上升到0.75～0.78元。从11月6日起，先在国有粮食部门的粮店实行了最高零售价，即每500克标二米最高0.70元、标一米最高0.73元、特米最高0.75元。从12月25日开始，以每500克标准米0.75元在市内9个区抛售。从12月30日开始，统一按照国务院规定，在重庆市范围内，对粮油实行统一挂牌降价销售，品种主要是标米、标粉和二级菜油。全市执行全省规定零售价：每500克标二米0.70元、标准粉0.60元、二级菜油3.00元，所有国有粮店挂牌销售。对其他规格的粮油，实行优质优价，并稳定在合理水平，粮油销量上升、价格上涨的情况得到了控制，未出现挤购、抢购现象。同时，建立了粮食储备制度和粮食风险基金，达到适时吞吐、调剂余缺、平抑粮价的目的，市政府确定粮食风险基金为1000万元，这对平抑粮价波动发挥了积极作用。

1994年，全市粮油系统累计收购粮食129.32万吨。其中，国家定购粮食50.87万吨，占政府下达定购计划的98.6%；市场收购41.64万吨；油菜籽累计收购2.41万吨，计划内实际收购1.63万吨，占计划的67.8%。销售粮食123.49万吨，占计划140万吨的88.1%，基本实现了购销总量平衡。9月，重庆市通过国家粮食储备局、省政府批准挂牌的有国家粮食储备库7个，省级粮食储备库23个，省级油脂储备库1个，仓容量67万吨。多种经营安排项目34个，开拓费1800万元，经营网点、仓储设施和加工条件都得到一定改善。企业经济效益也有所提高，全市粮食企业盈利294万元，上缴利税1652万元。从工业产量看，生产大米22.59万吨，生产面粉18.77万吨，生产饲料12.33万吨，生产挂面5.74万吨，满足了市场需要。

1995年，3月底就把国家定购粮食任务和农业税征收实物任务下达到了农户。全市国家定购粮食计划收购51.6万吨，于9月26日提前全面完成，收购进度在四川省名列第一。年底，国家定购粮食入库实绩为51.63万吨，占计划的100.06%。全年在市内外采购粮食76万吨，其中市场纯收购20.24万吨，购自其他部门34.01万吨；市外调入21.75万吨；食用油及料折油4万吨，其中油菜籽收购3.85万吨、占计划收购油菜籽的148.1%。销售粮食108.45万吨，食用油及料折油2.98万吨。进一步完善了调控粮食供应的办法，在各区市县实行凭票证供应的基础上，统一粮食供应标准，即每人每月供应大米6000克、面粉2500克。价格按国家规定的执行，即每500克特米0.95元，每500克标一米0.89元，每500克特粉1.01元，每500克标粉0.60元。把凭票证供应粮食的节余指标处置权逐步上收，从8月1日起由市粮食局统一管理。推行粮食小包装，促进粮油质量的改进。粮食部门开展两条线运行试点。粮食企业效益不理想，全年亏损1985万元。其中，工业亏损495万元，商业亏损545万元，饲料亏损847万元，运输亏损83万元，其他亏损15万元。粮油价格得到有效控制，粮食的价格指数由年初的150下降到110以下，食油的价格指数呈负增长，食油的绝对价格比上年同期下降20%左右，比年初下降15%左右。

1996年1月1日起，在全市范围内实行两条线规范运行。国家减少财政补贴，让粮食进入市场；保证城镇居民特别是城镇低收入居民、特困职工的口粮供应，保证大中专院校和部队的粮油供应。重庆市根据自身的实际情况，对粮食经营实行了政策性业务和商业性经营分开管理，财务分开建账、独立核算，财政只对政策业务实行补贴，商业性经营由企业自负盈亏。粮食部门销售粮食150万吨，粮食仓库容量有292万吨，油库仓库容量为9万吨。

1997年，认真贯彻执行国务院按保护价敞开收购余粮的政策，千方百计筹措收购资金，全市没有出现停收、限收、拒收和“打白条”现象，确保了国家定购粮食和其他粮食收购工作的顺利完成，全市定购粮食入库83.5万吨，占市下达任务（扣除种子抵购和因灾减购）的109.3%。全市粮食定购价格，中等品质小麦0.68元/500克，稻谷0.72元/500克，玉米0.72元/500克；全市议购粮保护价格，中等品质小麦0.64元/500克，稻谷0.66元/500克，玉米0.61元/500克。全年按保护价收购粮食49万吨。在市外采购粮食13万吨，市内市场纯购入粮食49万吨，购自其他部门18万吨；食用油及料折油收购2万吨，其中油菜籽收购4.9万吨。销售粮食120.7万吨，销售食用油及料折油8.9万吨，粮油供求基本平衡，满足了市场需要。采取集、腾、并、转、租、改造维修和搭建建议储粮设施，以及加高超装等办法，较好地完成了中央专储粮省际移库计划（37万吨），这也是中华人民共和国成立以来重庆在一年内接卸粮食数量最多的一年。

1998年，各级粮食部门积极贯彻落实党中央、国务院关于粮食流通体制改革和粮食的购销政策，全市国家定购粮食计划收购84.05万吨，剔除各项政策性减购，完成了政府下达的目标任务。同时，在市内按保护价敞开收购粮食28.8万吨，购自其他部门的粮食9.55万吨；收购食用油及料折油2.57万吨，其中油菜籽6.78万吨。共销售粮食76.98万吨，销售食用油及料折油7.92万吨。粮油工业的主要产品产量为：大米17.43万吨（其中精米14.3万吨），面粉14.84万吨（其中精粉11.37万吨），分别比上年下降18.45%、29.65%；食用油4.35万吨，上升24.48%；粮油食品11.39万吨，下降17.25%；挂面9.39万吨，下降22.37%。粮食企业累计亏损8.59亿元，其中粮食收储企业亏损7.46亿元、工业企业亏损6750万元、饲料企业亏损1550万元、其他企业亏损3000万元。3月24日，市政府就做好粮油收购工作发出通知，提出四点要求。一是抓紧落实粮食定购任务。二是严格执行粮油收购政策。三是认真做好粮食收购资金供应和管理工作。四是继续加强粮油市场管理。在万州区、綦江县、北碚区、铜梁县和上桥粮库等五地新建、扩建36.5万吨仓容的粮库建设项目，争取到投资2.04亿元。年末全市粮食库存总量为历史最高水平，其中租用社会仓库储粮超过42万吨，修建简易仓库储粮13万吨，维修非仓设施和报废仓库储粮16万吨，加高超装多储粮28万吨。

2000年，粮食部门继续贯彻执行中央提出的以“三项政策、一项改革”为核心的粮食流通体制改革政策，适当调减了粮食定购任务（数量由1999年的66万吨下调为60万吨），并对粮食定购价和保护价做了适当调整，全市实际入库定购粮食52.6万吨，与上年同期基本持平，如剔除因灾、退耕还林还草、建设占地、粮食结构调整等政策性因素，全市实际入库粮食定购数占计划的101%；按保护价敞开收购农民余粮17.9万吨，基本满足了部分农民出售余粮的要求。食用油及料折油收购6万吨，其中油菜籽收购3.3万吨。全市入库粮食累计78.7万吨，比上年多入库11.5万吨，增长17.1%。严格按保护价敞开收购农民余粮政策，因稻谷收购实行定购价和保护价两价合一，收购价普遍高于市场价1角左右。各地在收购中普遍做到了“四不准”，即不准拒收、不准限收、不准压级压价、不准打“白条”；“四上墙”，即服务承诺上墙、品种等级上墙、质量标准上墙、收购价格上墙。加大了对粮食仓库的集、腾、并、转、租和维修、改扩建工作，以及搭建露天仓等办法，缓解了仓容严重不足的矛盾，提高了仓容的有效利用率。全市粮食总销量为117.5万吨，比上年增加41.3万吨，增长54.2%。根据国务院粮食流通体制改革的规定，全市40个区县粮食局的经营企业（总公司）与粮食局机关实行了政企分开，粮食局不再直接从事经营活动；粮食企业内部的组织结构进行了调整，全面完成了粮食收储企业与附营企业的分离，设立粮食购销企业391户，剥离出附营企业259户。经营加工性企业推进了产权制度改革，经营加工性企业430户，实现改制的企业141户，占企业总户数的32.8%。其中，实行股份合作制的20户，租赁承包11户，兼并联合9户，出售转让3户，破产关闭22户，资产剥离5户，企业解体32户。减员分流工作有了新进展，各地通过进再就业中心、协议解除劳动关系、内部退养、轮岗、停薪留职等方式，积极做好减员分流工作，全市国有粮食企业共减员分流6239人，其中粮食购销企业减员分流2013人。国家再次下达重庆市新（扩）建中央直属储备粮库4个，总投资概算为4358万元，总仓容为7.96万吨，粮库建在重庆的产粮大县和粮食主销区。其中，大足县1.96万吨，合川市1.5万吨，垫江县2.5万吨，市粮食储运公司2万吨。

2001年，再次适当调减了粮食定购任务，市政府下达全市粮食定购任务55万吨，收购价格与上年相同，实际入库定购粮食42.3万吨。按保护价敞开收购农民余粮27.8万吨，基本满足了部分农民出售余粮的要求。收购食用油及油料折油5000吨。全市国有粮食企业销售粮食119.2万吨，与上年基本持平；销售食用油及油料折油9.3万吨，增长8.1%。全市粮油工业主要产品产量：大米16.6万吨，比上年减少9.5%；面粉6万吨，减少28.3%；食用油2.12万吨，减少53.8%。全市粮食系统企业累计亏损3.02亿元，比上年减亏1.29亿元。年内，对2283个粮库（站、点）进行了清查核实，粮食实物库存300.42万吨（折合贸易粮），统计账301.42万吨，实物比统计账少约1万吨，短少率0.33%，远远低于国家规定的短少率标准。争取到8个库点总仓容1.56亿千克的粮库建库任务。粮食企业产权制度改革进入全面实施阶段，至年末全市实施改制的粮油加工企业370户，占总数的58.7%。市政府安排600万元资金（企业自筹400万元）对重庆市人和米业有限公司（人和牌）、梁平县梁山粮食收储有限责任公司（蜀粮牌）、涪陵区龙潭粮食购销公司（龙潭牌）、开县九龙山米业联营公司（九龙山牌）、綦江县粮油总公司（横山牌）、巴南区粮食局购销公司（樵坪牌）、大足米业（集团）有限责任公司（宝顶牌）、江津市粮食购销公司德感精米加工厂（坪山牌）8个有品牌大米产品的粮食加工企业进行技术改造，至年末基本完成。12月28日，市政府召开全市粮食购销市场化改革会议，全市粮食购销市场化改革启动。

2002年，全市国有粮食企业收购粮食64万吨，销售粮食147万吨，剔除政策性陈化粮处理55万吨，销售食用油及料折油9万吨。全年粮食购销企业亏损1.17亿元，比上年降低54%，有6个区县（市）和3个市级公司实现赢利。全年供应退耕还林补助粮6.4万吨，经验收合格的退耕户都买到了补助粮；按计划供应救灾粮2万吨。继续实施优质稻加工企业技术改造项目，安排600万元农业发展基金，企业自筹1420万元，对10个粮食加工企业进行技术改造。完成中央储备粮库建设第二批4个库点（总仓容7.96万吨）工程竣工验收和第三批8个库点（总仓容15.6万吨）工程的预验收工作。187户国有粮食企业进行改制改组，其中已完成改制161户，共减员分流1.16万人。粮食批发市场通过竞价交易，销售处理三峡库区二期水位淹没线下粮食购销企业商品周转库存中的陈化粮66万吨。

2003年，全市国有粮食企业收购粮食138万吨，销售粮食260万吨，其中处理陈化粮29万吨；销售食用油及料折油9万吨。国有粮食购销企业亏损6591万元，比上年减亏58.4%，有25个区县和3个市级单位实现盈利。市政府办公厅发出《关于认真做好粮油产购销工作　切实保障市场供应的通知》。市粮食局制定了《重庆市粮食市场供应应急预案》，明确了在紧急时期做好粮油货源安排、加工、运输、供应的办法。首次对市级储备粮进行全部轮换。市政府出台《关于进一步加快国有粮食企业改革的意见》，国有粮食工贸附营企业改制的273户，国有粮食购销企业改制的83户，改制面分别达81%和24%。市政府安排国有粮食企业减员分流资金3600万元，减员分流职工7000多人。18个优质大米加工企业技术改造全面完成并投入运行，继续开展退耕还林补助粮食供应工作。7月，重庆市粮油批发市场竣工投入使用。8月6日至7日，在重庆市粮油批发市场举行陈化粮竞价交易，来自全国9个省（区、市）的163家饲料企业参与竞买，成交量39万吨，成交额2.82亿元，成交均价每吨723元。11月8日，市政府办公厅针对10月上旬以来受国际市场影响，加之国内秋季油料作物减产，拉动全国色拉油及其他食用油价格普遍上扬，同时连锁反应引起粮食等其他农副产品价格小幅上涨，给城市居民生活造成一定影响的实际，发出做好粮油产购销工作切实保障市场供应的通知（渝办发〔2003〕198号），要求保证粮油有效供给，确保全年粮食产量稳定在1050万吨以上。启动实施以粮食标准化为重点的“稳粮增收工程”。坚持价格随行就市，依质论价，优质优价，做到不限收、不拒收、不压级压价，敞开收购农民余粮，增加粮食储备。

2004年，市政府出台《关于深化粮食流通体制改革的意见》，实现政企分开，县以上粮食行政管理部门配合工商行政管理部门依法履行对全社会粮食流通的行政管理、监督和执法职责。市政府办公厅出台《重庆市粮食收购资格审查管理暂行办法》，开展对粮食经营者的资格审查和颁证工作。制定《重庆市粮油统计制度》，实施全社会粮食经营统计台账制度和定期报告制度。推进国有粮食企业改革，通过产权制度改革，采取紧密型或松散型的形式，把国有粮食购销企业和粮食加工企业改组改造为股份制企业或股份合作制企业。实行粮食购销企业与粮食加工企业联合重组，组建粮油分公司和国有独资或国有控股的粮油总公司。在开县和合川市开展对种粮农民直接补贴试点工作。逐步建立县级储备粮食制度。安排1.6万吨市级储备大米供应大专院校学生。出台稻谷最低收购价格政策。9月15日，重庆粮油集团有限责任公司成立，该集团下属市粮食储运公司、市油脂公司、渝良食品有限公司、市上桥粮食中转库，并于11月兼并了铜梁县粮油购销总公司。重庆粮油集团集粮油购销、储运、加工、投资贸易于一体，成为发挥国有粮食企业主渠道作用和承担政府宏观调控职能的重要载体。全市国有粮食企业收购粮食95万吨，其中收购商品粮80万吨、收购储备粮15万吨；发展订单粮油面积11万公顷，销售粮食154万吨，食用油8万吨；完成最后一批36万吨陈化粮竞价销售任务和38万吨退耕还林补助粮续供任务。当年，投资1000多万元完成12个优质粮食加工厂技术改造；全市国有粮食购销企业首次实现盈利1188万元，有36个区县和3个市级国有粮油购销企业实现盈利；全市粮食工贸企业改制率81%，粮食购销企业改制率31%。当年，受国内粮食市场价格上涨影响，全市粮食市场价格2月中旬以后上涨幅度加快，3月上旬达到最高峰。主城区主要农贸市场普通大米价格涨至每千克3元，农村稻谷收购价涨至每千克1.56元，同比涨幅为40%。

2005年，全市国有粮食企业发展订单粮油面积23.2万公顷，签订订单粮油数量70万吨，收购订单粮油19万吨，订单履约率27%；购进粮食133万吨；销售食用油13万吨。国有粮食企业粮油工业产值11.58亿元，比上年增长32%。当年，国有粮食企业筹资2500万元完成8个粮油加工技改项目。全市有19个国有粮食企业通过了中央储备粮代储资格认定，取得资格仓容量114万吨。全面完成对1998年6月1日至粮价放开前2001年底342户国有粮食购销企业亏损审计工作。全年国有粮食购销企业表列亏损3639万元，剔除2004年退耕还林补助粮供应和老库存粮食处理2个政策性补贴因素，同口径比上年减亏26.5%；商品流通费4.4亿元，比上年减少24%。全市办理粮食收购许可证的粮食企业650多户，其中国有粮食企业253户。1月1日，重庆市新的粮油统计制度开始实施，7000多户粮食经营户建立了统计台账并实行定期报告制度。逐步建立和完善中央、市、区县三级粮食储备制度，6个区县建立地方粮食储备库，储备粮食1.2万吨。推进国有粮食企业改革，实行粮食购销企业与加工企业联合重组，对粮食购销企业和加工企业进行产权制度改革，将其改组改造成股份制企业或股份合作制企业。通过多种渠道融资，对优质粮油加工厂进行技术改造，扩大生产规模，提高粮油产品质量，形成一批品牌，为真正实现粮食购销企业与加工企业联合重组打下了基础。

四、医药

医药商业大力进行经营业态调整。

2001年，医药商业企业调整结构，发展连锁经营，推动医药商业的快速发展。政府加大了对药品市场的整顿力度，药品暴利的局面得到了扭转，消费者得到了实惠；市场监管的逐步规范，为药品品牌企业的发展提供了较好的空间。尤其是以和平药房和桐君阁药房为代表的医药企业积极开拓，大胆创新，在经营理念、销售方式和销售业绩上取得重大突破。

附：部分医药企业介绍

重庆医药股份有限公司 是重庆化医集团控股的国有股份制企业。前身为1950年成立的西南区医药公司，1994年改制为股份制，经济规模为大型一类企业，是中国西部地区最大的医药商业公司之一。2006年末，有员工5155人，总资产27.17亿元。公司主要经营药品、医疗器械、化学试剂、玻璃仪器四大类医药商品，有分公司15个、子公司29个。公司重组了贵州省医药集团公司，四川省南充医药集团、自贡中药材公司、成都康百年医药公司，初步建立了一个以重庆为中心、以西南为重点的营销网络。到2006年底，公司客户数7744家，经营的全部商品品规为3.97万个。公司连续两年进入中国企业500强，2005年入选中国服务企业500强，列158位。2006年，公司销售总额57.37亿元，税利9100万元，入选重庆市商委评选的重庆市商贸流通企业30强，列第9位；在2006年全国医药商业的销售排名中列第7位。

重庆和平药房连锁有限责任公司 始建于1997年5月，其前身是位于解放碑邹容路100号的和平药房。是重庆医药股份有限公司集约化、专业化经营的成果，主要从事西药制剂、中成药、保健品、玻璃仪器、化学试剂、中药饮片、食品、饮料、保健食品、健身器材、医疗器械、日用百货等经营，经营品种1万余种。和平药房作为国家药品监督管理局跨省连锁经营试点单位之一，已成功迈出了跨省市经营的步伐。2000年底，有连锁店267个。和平药房坚持“小病当医生、大病当参谋、重病当亲人”的服务宗旨，秉承“放心药房、健康药房、便民药房”的经营理念。2001年有连锁店518个，销售额5.6亿元，有职工2018人。企业的经营网络从市中心延伸到各区县及重要乡镇，并积极向市外拓展。2001年4月通过全国首批GSP认证，2004年7月通过GSP复查。该企业通过强化全面质量管理，以全国最高分通过了国家药品监督管理局GSP达标检查，并被指定为跨省连锁试点企业。先后获得了“全国药品质量管理示范药店”“全国精神文明建设先进单位”“全国职工职业道德建设先进单位”“全国用户满意服务企业”“全国百强连锁企业”等5项殊荣；2002年4月经中国商业名牌管理委员会审查认定为“中国商业名牌企业”，和平药房的“真情服务”被认定为“中国商业服务名牌”，2000年以来在全国连锁业排序中连获“中国连锁业百强企业”称号。2003年9月获得全国商业行业质量管理最高奖“2002全国商业质量管理奖”。2004年4月获得“中国市场知名品牌质量·信誉·服务满意单位”（药店行业十大知名品牌）。2005年，1700余家连锁网点（含加盟店）遍布重庆市及贵州、四川、广东等省市。零售门店从重庆市中心的解放碑开办

到了重庆的15个区县（市），开办到了居民住宅小区。

重庆桐君阁股份有限公司　其前身是重庆中药股份有限公司，是由重庆桐君阁药厂、重庆中药材站等13家中药工商企业联合组建而成的大型企业集团，公司是上市企业，1998年与重庆太极实业股份有限公司实行资产重组，优势互补，强强联合，扩大了规模，提升了层次。公司下属有4个药品商业经营性公司和1个中药材专业交易市场。公司大力发展连锁经营，先后在成都、绵阳、北京、天津、上海等地开办桐君阁大药房连锁店。2001年，公司医药零售企业连锁店发展到450个，实现销售收入3.5亿元，有职工2000人，在全国医药零售企业中各项经济指标均名列前茅。经过多年改造、发展，形成了遍及川渝、覆盖全国的上规模、有实力的零售、批发、调拨、中药材经营等专业化分工与协助的流通网络。随着公司强大的区域营销网络的建立和集生产、批发、零售为一体的经济运行体系的形成，公司的社会影响力与日俱增。“南有桐君阁，北有同仁堂”。经评估的“桐君阁”商誉价值30亿元。

五、烟草

烟草商业属专卖性质，重庆市有41家企业，由中国烟草总公司重庆市公司销售分公司、重庆红塔卷烟销售有限责任公司和39个区县（双桥区未设立公司）公司组成。其中，市销售公司、红塔卷烟销售公司以及原万州、涪陵、黔江片区20家区县公司属于中央直属企业。

2001年，经重庆市烟草专卖局（公司）批准，重庆市烟草公司万州分公司与重庆市万州区烟草公司合并，新机构挂重庆市烟草公司万州分公司牌子；重庆市烟草公司涪陵分公司与重庆市涪陵区烟草公司合并，新机构挂重庆市烟草公司涪陵分公司牌子。组建了中国烟草总公司重庆市公司二级卷烟商业企业——重庆烟草商业有限责任公司。1月1日，正式运行，公司主要负责全市卷烟营销网络建设和规范经营工作，设八部一室。公司逐步实行集团化管理、集约化经营体制，初步实现规模效益；突破传统营销理念，采用与国际接轨的营销模式，初步建立起以零售经烟户为对象，以全面访销配送为手段，以计算机网络系统技术为支撑，覆盖全市40个区县公司区域内的街道、乡村的卷烟营销网络。为了建设控制力强的卷烟营销网络，在全市卷烟商业企业开展了“网建工程年”活动，年初确定32个网建达标单位和7个合格单位，具体落实网建目标任务；并对网点布局进行合理的规划调整，加强网点形象建设。在调整发展营销网点的同时，卷烟商业企业基本上都建立了网建的相关制度，切实规范和约束网点的经营行为，规范对卷烟零售户的管理。探索网建新模式，继九龙坡区烟草公司进行访销大配送试点取得成功后，全市有20个区县烟草公司开展了访销大配送工作。九龙坡、巴南、璧山等区县烟草公司被评为网建工作先进单位，其销售量和效益均大幅度提高。中国烟草总公司重庆市分公司下辖区县烟草商业企业40户。

2002年，全市烟草商业企业销售卷烟381.6万箱，完成计划的106%，比上年增加4.86万箱，增长1.4%。实现卷烟销售收入101.94亿元，增加16.44亿元，增长16%；实现利润2.4亿元，增加8000万元，增长33%。其中，各区县公司实现卷烟销售收入53亿元，利润1.14亿元，分别增长15%和56%；市销售公司（含红塔卷烟销售公司）实现销售收入48.94亿元，利润1.26亿元，分别增长23.9%和14.5%。年内，市烟草局（公司）根据直辖市行政体制，将万州、涪陵、黔江等3个分局（公司）与所属区局（公司）合并，简化管理，以推动行业的资源整合和优势互补。全年地产卷烟销售336.2万箱，完成计划的100.9%，比上年增加7万箱、增长2%；卷烟库存总量下降到53.5万箱，一、二类卷烟库存下降6.3万箱；全年消化滞销品牌4.4万箱。全市烟草商业系统对重点品牌进行基本定位，通过加大对龙凤呈祥、金牌宏声、天子80、精品宏声、精品朝天门等重点品牌的宣传促销力度，促进重点品牌健康发展。全市地产卷烟骨干品牌销售58.5万箱，完成计划的110.6%，比上年增加23.5万箱、增长82%。其中，龙凤呈祥销售9.25万箱，完成年计划的109%，增加2.25万箱、增长32%；精品宏声销售25.1万箱，完成计划的107%，增加3万箱、增长13.6%。

2003年，全市烟草商业企业销售卷烟387.5万箱，比上年增长1.5%；收购烟叶6900万千克，增长10.3%（其中烤烟6.715万千克、增长13.5%）；销售烟叶7000万千克，增加145万千克；实现税利7.2亿元，增长8.1%（其中税金3.8亿元、增长7.5%，利润3.4亿元、增长8.8%）。全市烟草商业企业全部盈利。地产卷烟销售325.9万箱，比上年减少10.5万箱；市外卷烟销售61.5万箱，增加16万箱。年末卷烟库存总量下降到39.7万箱，比上年末减少16万箱。完善卷烟营销网络体系，提高网络运行质量和竞争能力，按照国家烟草专卖管理局关于"电话订货，网上配货，电子结算，现代物流"的网建部署，推进电话订货、电子结算，进行现代物流试点。全市有30家公司、45%的客户实行电子订货；有24家公司、20%的客户实行电子结算；在8家公司进行连锁经营试点，在九龙坡区公司和大渡口区公司进行现代物流试点。全市零售客户调整为11.6万户，完成国家烟草专卖管理局下达的调整任务。重庆烟草业实施工业与商业体制分离，实现"平稳过渡，协调发展"，完成20户地方烟草商业企业资产上划审批工作，将年烟叶产量2500万千克（含2500万千克）以下的公司改由市烟叶公司统一经营，整合了资源，提高了效益。加强烟草市场监管工作。

2004年，全市烟草行业（含烟叶经营）实现税利11.1亿元，比上年增长92.7%，其中利润7.9亿元、增长182.1%。各区县烟草公司按照国家烟草专卖局"百牌号"品牌目录梳理卷烟品牌、规格，加大品牌培育力度，兼顾地产卷烟批量型、效益型、成长型品牌的发展，较好地实现了卷烟经营品牌的转型，初步构建起了符合重庆市场需求的卷烟品牌体系。销售卷烟79.9万箱，为计划任务的102.4%，39个区县烟草公司自重庆市直辖以来首次全面完成销售任务；年末卷烟库存控制在6万箱以内；卷烟单箱含税批发收入8345元，比上年增长11.7%；卷烟销售实现利润6.3亿元，增长178.5%。卷烟商业企业围绕网络建设提质升级的工作目标，再掀网络建设高潮。39个区县烟草公司基本完成年度网络建设目标，其中24个联动单位基本实现网络建设整体达标。全市卷烟销售电话订货客户占比80%，其中城区97%；电子结算客户占比41%，其中城区76%；城乡一体大配送客户占比72%，客户满意度80%。市烟草专卖局（公司）机关内设机构及职能职责调整于5月底基本完成，区县烟草公司职能职责调整初步到位，专业公司实行精简机构、竞争上岗，分流安置35人。市烟草专卖局（公司）围绕建立大品牌、大企业、大市场的战略目标，着力培育建立新型工商战略合作伙伴关系，加强与市内卷烟工业企业的合作，全年销售地产卷烟62万箱，市内卷烟工业企业实现税利增长10%，确保了烟草工业和商业改革的平稳过渡。

2005年，实现销售收入116.4亿元，比上年增长20.8%，其中卷烟销售收入87.8亿元、增长20.7%。实现税利14.9亿元，增长49.6%，其中在消化潜亏1.4亿元后实现利润10.6亿元、增长56.9%（卷烟销售利润9亿元、增长51.3%）。年末总资产负债率58.6%，比上年末下降10.7个百分点。围绕"品牌营销"这一主题，加大卷烟有效供应，积极适应消费需求，促进了卷烟营销的良性发展。不断提高卷烟品牌集中度，做大做强重点品牌和地产强势品牌。在销卷烟品牌减少到70个，比上年减少30%，在销卷烟规格减少到163个，减少28.5%；卷烟单品牌销售量1.22万箱，增长52.2%；卷烟单箱批发收入（含税）9526元，增长13.9%；龙凤呈祥、宏声、朝天门、玉溪等重点品牌卷烟销售态势良好。当年，全市卷烟销售量85万箱（5万支/箱），比上年增加5.1万箱，增长6.5%；年末卷烟库存量5.5万箱，比上年末减少1000箱。烟草行业各单位网络建设基本达到整体推进的目标要求，特别是“两电一送”（卷烟销售电话订货、电子结算、城乡一体大配送）、合理定量、客户服务、明码标价、品牌培育等基础性工作取得突破性进展，两烟产地单位与纯卷烟经营单位网络建设的差距明显缩小，为全市烟草行业网络建设全面提升打下了坚实基础。卷烟物流中心开工建设，九龙坡、大渡口2个物流整合点实现订单、电访和储配集中。全市卷烟销售电话订货客户占比99.6%，电子结算客户占比87.1%，城乡一体大配送客户占比99.6%，合理定量客户占比95.2%，明码标价到位率81.2%。

六、盐业

盐是关系人民群众生产生活和身体健康的特殊商品，历来属专卖商品。盐业系统是食盐流通的主渠道。

1989年，调入盐19.3万吨，销售17.1万吨，货源充足，保证供应。根据国务院批准11月25日开始调升了销售价格，重庆市开始执行，散装精盐零售价是：市中区每500克为0.26元，北碚、南桐、双桥区与市属各区县城区为0.28元，农村0.31元，涨幅73.3%。小袋装精盐统一由每500克0.21元提为0.34元，涨幅61.8%。批发价格、批零差率和工业用盐业相应做了调整。以盐作主要原料的酿造调味品价格相应做了调升。

重庆盐业总公司是重庆市人民政府批准设立的加碘食盐专营经济实体，是盐业专营的国有企业，负责盐商品的计划、调拨、分配，食盐和一般工业盐的批发，盐政市场管理和盐资源的生产开发及企业多种经营。始建于1964年10月，原名为四川省盐业公司重庆运销站。1983年10月，重庆盐业运销站更名为四川省盐业公司重庆分公司。1997年6月重庆直辖，市政府批准设立重庆市盐业总公司，在全国盐行业率先引入市场竞争机制，推进企业改革，强化经营管理，优化产业结构，企业经济运行质量和经济效益稳步提高，国有资产大幅度增值，取得了长足的发展。2006年6月，重庆市国有资产监督管理委员会对重庆市盐业总公司和重庆化医控股（集团）公司进行整合。2006年1月1日起，将重庆市盐业总公司整体无偿划转给重庆化医控股（集团）公司，作为重庆化医控股（集团）公司的全资子企业，保留重庆市盐业（集团）有限公司的独立法人资格，由重庆化医控股（集团）公司对重庆市盐业（集团）有限公司履行出资人职责。

第二节　生产资料商品

生产资料商品包括工业生产资料商品和农业生产资料商品。工业生产资料供应以物资局为主，农业生产资料供应以供销社为主。

一、工业生产资料商品

计划经济时代，物资计划、分配、供应的管理和物资企业人、财、物的管理是严格的。市计划委员会管计划指标，市物资局管品种计划，包括国家、省统一分配物资品种、数量。由市计划委员会、市物资局按市属各行业各地区需求，本着保证重点、兼顾一般的原则和农、轻、重次序分配，指标下达到市级各主管局及各区（市）县。市物资局所属各专业公司按国家、省分配的物资指标，负责向生产厂家订货及合同执行、催货运输、储存，再按计划指标组织供货。基本建设、生产所需缺口部分，由市物资局所属生产资料服务公司组织全市中央、省属及市属各工业企业开展“四代一调”业务，调剂余缺。物资管理体制发生重大变化，从1959年5月至2000年9月，市物资局作为市人民政府统筹管理全市物资行业和物资流通的职能部门，曾先后接管四川省、重庆市冶金、机械、化工、农机、煤炭、建材、水电厅（局）的供销机构人、财、物，分别成立上下对口的金属、机电、化轻、煤建、生资、仓储等专业公司，以及长寿、綦江、北碚物资站。伴随着全市经济发展和工农业生产建设对物资的需要，在全市形成了按行政隶属关系设置的国有物资供应机构和遍布城乡的物资供应网点。市物资局对物资实行“统一分配、归口安排、一竿子到底、集中统一管理”，对全市物资供应采取“统一订货、统一供应、指标到局（含区县）、供应到厂、大宗直达、小额中转”的分配、供应办法，为全市经济发展和周边地区的建设做出了贡献。仅1979年至1993年的14年间，市物资局统一管理全市物资企业供应钢材275.7万吨、木材165.16万立方米、水泥16.5万吨，销售物资收入138.4亿元，上缴国家利税3.02亿元。

党的十一届三中全会后，国家指令性调拨物资的种类和数量逐步缩小，指导性计划和市场调节范围扩大。市内生产企业在完成国家指令性计划后，超产分成自销。物资部门各专业物资公司由分配调拨型转变为经营服务型，积极开展市场调节业务；经营方式由独家经营转变为联合经营；生产资料价格亦由单一的计划供应价格发展为计划供应价格和市场价格。1983年，中央在重庆实行经济体制综合改革试点，重庆市计划单列，原永川地区合并到重庆市，对物资流通体制相应进行了改革，改革条块分割的物资供应体制，改按行政区划设立物资供应机构为按经济区域建立物资供应机构，改按行政手段经营为按经济办法经营，改基建项目所需物资原切块给建设部门供应为切块给物资部门实行配套承包供应，改钢材分配上的不合理流向为按近产近销的原则就地就近组织进货和供应，调整物资供应机构，减少流通环节，降低流通费用；中央、省属在渝企事业单位所需物资由原来的直接供应改为划转指标，由市物资部门就地就近组织供应。1984年，国家计划分配物资的种类由256种减少到23种，重庆市保留计划分配20种（含部管物资锡），且数量逐年减少，国家和省计划分配钢材17万吨、木材20万立方米，到1995年钢材减少到1.23万吨（价格已放开），木材未分配。1984年起物资系统陆续建设了综合及专业性的物资贸易中心和商场，到1986年底发展了重庆物资交易中心、重庆汽车贸易中心、重庆建筑装饰材料供应中心、重庆木材贸易中心、重庆金属材料贸易中心、重庆工具供应中心、重庆化轻橡塑贸易中心、重庆机电产品贸易中心等8个专业性的物资贸易中心、1个综合性的物资交易中心、1个钢材专营市场、2个（璧山、江津）县级综合物资商场，有70余家生产、供销企业进场设点销售。这些物资贸易中心以千方百计满足生产建设和人民生活需要，服务第一、信誉第一、用户至上、立足本市、面向西南、服务全国为宗旨，经营计划外的金属材料、机电产品、轻化工产品、建筑及装饰材料、木材、木制品及物资部门和商业部门交叉经营的物资，采取批零兼营、代购、代销、经销、联销、展销等交易方式，并开展代办运输、承包配套供应、租赁、调剂、提供信息等服务项目，初步形成了多层次、开放型的生产资料市场网络。

1986年，经市政府批准，由市物资局开办钢材专营市场，对全市范围内计划外钢材实行专营。规定了6种计划钢材都必须进入钢材专营市场：钢材生产企业按规定可以自销的钢材；物资企业和其他经营单位经营的计划外钢材；企业处理积压超储和不适用的钢材；市外企业进入重庆市直接销售的钢材；除钢材生产企业外，各单位用于串换其他生产资料的钢材；国家、地方投放市场的钢材。钢材专营市场9月10日开业，地址在市中区解放西路172号三楼，有交易场地400平方米，为全市范围内计划外钢材交易提供合法场所，对成交钢材进行审查验证；对钢材流向和价格进行指导，开展信息咨询服务以及接受钢厂委托办理销售定购业务和交易会等。在专营市场成交的钢材价格原则上实行随行就市，必要时可经物价部门批准对部分品种进行指导，以稳定市场。专营市场免费为进场设点的企业提供场地和其他服务。进场销售的钢材只按成交总额向买方收取0.5%的服务费。德阳、攀枝花等市外和省外一些单位纷纷进场设点。年底，进场设点销售的市内厂家有 22 个，钢材经营单位有 11 家，专营市场代理销售的企业和单位有 53 家。钢材专营市场开业以来，进入市场资源 3.7 万吨，生产企业占 84%，经营单位占 16%，销售钢材 6000 余吨，金额 900 余万元。

1990 年，市政府办公厅批准成立重庆市重要生产资料市场管理办公室。，其职责是：统一管理全市重要物资市场，研究和起草有关重要生产资料市场管理中的问题和对策；制订重要生产资料管理实施办法；规划生产资料市场场所等。严格指令性计划产品价格管理，根据国家关于在治理整顿期间多一点计划性，适当增加指令性计划范围和比重的意见，市政府同意《重庆市计划委员会关于加强指令性计划调拨、分配产品价格管理的意见》，凡纳入国家和市指令性计划调拨、分配的重要生产资料和生活资料，各部门、各企业必须严格国家计划价格，不得擅自涨价或变相涨价；承担指令性计划上调任务的生产企业，在完成指令性上调计划、履行国家供货合同的前提下，才能自销按规定留成和超产的产品，不准截留或变相截留指令性计划调拨分配产品转作计划外高价出售；自销产品的价格按物价部门有关规定执行；确因原材料、运输费用价格调增或其他政策性因素影响成本上升的，企业应采取改进经营管理、改革工艺技术、降低物耗、节约成本等措施，尽量内部消化，不能通过提高销价来转嫁给用户；确实难以内部消化的，必须按物价管理权限报经批准。属于国家指令性计划调拨、分配的产品调价，必须报经国家计委和国家物价总局批准，属于市指令性调拨、分配的产品调价，必须报市批准；纳入指令性计划调拨分配的产品有钢材、铝、钢芯绞线、硫酸、汽车等。市物资局、市工商行政管理局对全市有色金属经营单位进行了清理整顿，全市有经营资格继续经营的企业 130 家。生产资料市场由畅转滞、社会消费由热转冷，各种物资销售处于全面疲软状态，供求宽松，用户选择余地大，物资供求矛盾趋缓，生产、基建消费减弱，库存上升；双轨制价格差缩小，两种价格靠拢，价差缩小，部分计划内物资价格与市场价倒挂；计划分配、供应优势大大减弱，供应计划不能按进度供货；物资企业资金严重紧缺，物资流通不畅；计划物资分配、订货下降，国家分配重庆的木材比上年下降 12%，硫酸下降 7.1%，钢材、有色金属、水泥、纯碱、烧碱基本保持了上年水平，但订货满足水平不理想，钢材为 84.9%，铜为 95%，锌为 96%，品种、规格不对路的物资比重大，而用量较大的矽钢片、线材、小型薄板等订货量仅满足提报货单量的 50%～70%。合同执行不理想，钢材中转合同兑现率为 70%，有色金属为 37.9%，木材为 77.5%。钢材中国家资源高价占 20%，地方资源价格基本接近或超过市场价格。国家分配的有色金属中，铜高价占 82%，铝占 61%，铅占 51%，锌占 75%，锡占 70%；主要化工产品中，纯碱、烧碱、橡胶、硫酸计划内外价格出现倒挂；木材虽然计划内外有 50～100 元/立方米的价差，但由于计划内木材材质很差，反而没有买计划外木材实惠；水泥、汽车、生铁计划内外价格基本接近市场价格。分配物资供应计划水平差，钢材供应水平为 89.1%，有色金属为 70.5%，水泥为 97.8%，木材为 84.4%。市物资部门打破了传统的“一次分配指标、全年有效”的计划内供应办法，对计划分配物资供应实行按月衔接，按季算账，全年调整核实供应钢材 6622 吨、有色金属 657 吨、水泥 2.34 万吨。全市物资部门转轨变型，由过去的重抓资源转向资源、销售两手抓，把优质服务放在首位，改进服务功能，开展上门服务，组建了 120 个专、兼职服务队，为厂矿企业解决物资金额 1.36 亿元，送货送单 3419 笔，金额 1.11 亿元。5 月 7 日—9 日，由重庆市计委、经委、物资局直接组织召开了全市物资调度调剂交易会，参加会议的有重庆市各工业主管部门，各县区、中央在渝物资供销机构组成的 66 个代表团共 2600 余人。实行计划内外物资调度、调剂交易相结合，计划内物资采取按计划分配指标供应、增拨、补充计划指标供应，平转议、议转平供应；计划外物资实行跨行业、跨地区相互调剂、串换、交易等多种方式，成交额 1.4 亿元。其中，生产企业成交 3851 万元，占成交总额的27%。工业主管部门供销机构成交4551万元，占32%。物资企业成交4265万元，占31%。区县成交1403万元，占10%。成交钢材2.16万吨，其中计划内1432吨。有色金属2935吨，其中计划内468吨。木材1.14万立方米，其中计划内8660立方米。汽车548辆，其中计划内65辆。化工产品4516吨，其中计划内250吨。水泥1.84万吨，其中计划内250吨。市金属公司、机电公司跻身于全国100家物资销售大户行列，市金属回收公司上缴利税居全国同行业之首。重庆市建筑材料公司与重庆水泥厂工物双方联合成立重庆市水泥供应公司，是独立核算、自负盈亏、具有法人资格的经济实体，主要经营计划内外水泥，即重庆水泥厂生产的全部水泥和重庆市建筑材料公司经营组织的计划内外水泥全部纳入公司经营与销售，重庆水泥厂和市建筑材料公司不再另设机构从事水泥经营业务。市建筑材料公司永川、北碚分公司与当地小水泥厂发生业务联系，经营部分小厂生产的水泥，按季向水泥公司备案。由重庆市物资局发起，经西南毗邻地、市物资局协商，本着平等互利、共同发展的原则，1989年12月15日成立“西南毗邻地、市物资协作区”，首届理事会于1990年10月26日到27日在重庆物资贸易中心召开，达县、南充、万县、涪陵、遵义、黔江、宜宾等地区物资局及自贡、攀枝花、乐山、泸州、内江、达县、万县、涪陵、宜宾、重庆等市物资局负责人参加会议。首届理事会讨论同意设立西南毗邻地、市物资协作区常设办事机构，即“西南毗邻地、市物资协作区理事会联络处”，联络处设在重庆市物资局，主要为协作区各成员单位传递交流物资工作政策、动态等信息。首届理事会期间召开了协作区各成员局物资调剂协作会，成交各类物资金额5300多万元。

1994年，国家继续进行宏观调控，紧缩银根，控制投资规模，经济体制改革一系列政策措施陆续出台，计划管理弱化、市场管理强化、企业内部管理细化，生产资料的流通出现了前所未有的新情况、新问题，生产资料市场疲软，购买力不强，市场物资价格除有色金属和部分化工产品外，大多数生产资料处于买方市场。尤其是物资部门多年主营的钢材、汽车、木材等市场价格每况愈下，各级物资企业强化市场竞争意识、市场风险意识，强化市场管理，特别是对期货、现货市场交易办法、风险回避、产品质量监督等方面的管理，转变企业经营机制，改革内部分配办法，调动职工积极性，改善工商关系，转变营销策略，由单一的买断购销转变为代理和推销并以代销为主，由单一的物资购销向开办实业、多种经营发展。各级物资部门参照“公有民营”的办法，实行两级法人制度。一些专业公司根据市场变化和企业实际，将二级部门转体成为二级法人。市物资贸易中心将所属4个二级部门转成二级法人后，经过一年的试运行，效果良好。市化工轻工总公司抓住民用爆破器材和塑料原料，市机电设备总公司抓住受宏观调控政策影响较小的二、三类机电产品的购销，市金属回收总公司抓住废有色金属的回收及代购取得了良好效果。各级物资部门针对企业物资购销中出现的受骗上当、资金拖欠、业务走穴等问题，市级各专业公司、各县市区物资部门企业加强内部管理，制定了企业经销措施、企业资金应用管理规定，处理在经营活动中违反政策规定、违法违纪、损公肥私、损害企业利益的行为；制定了企业内部利益分配的办法，普遍推行职工个人收入与个人所创纯利润挂钩，贯彻多劳多得、不劳不得、无效益者不得的原则，较好地调动了广大职工的积极性。重庆市机电设备总公司在1993年10月荣获全国50家用户满意企业称号后，在中国质量管理协会用户委员会的支持下，1994年6月9日成立了全国物资行业首家质量跟踪站——中国质协用户委员会重庆市机电设备总公司质量跟踪站。其任务是：管理用户对产品质量的来信来访，维护用户的正当权益；组织销售人员搜集、整理产品质量信息；帮助生产企业加强产品质量管理，不断提高和改进产品质量；开展各种形式的产品跟踪和用户评议活动；为生产企业反馈用户意见；宣传推广名优产品，监督揭露假冒伪劣产品。全市物资系统购销大幅度下降，全年调进的10种主要物资全部下降且幅度较大，最小的汽车调进量降幅26%以上，烧碱下降幅度超过80%。由于供大于求，除部分紧缺物资外，多数生产资料市场价格继续下跌，尤其是钢材年末平均价格较年初下降4%左右。有的品种跌至生产成本价；计划物资供应失去实际意义，不仅分配数萎缩而且无人问津，代理购销关系开始形成；市场购销无论是期货还是现货均受到重视。通过现货、期货市场交易的物资激增，成交量突破500亿元。其中，重庆商品交易所480亿元，重庆钢材市场31.5亿元，重庆工业品批发市场3.5亿元，重庆有色金属市场1.68亿元；物资企业经销物资进销下降，无论是品种、数量，还是进销总额均下降50%左右，企业亏损面扩大，亏损金额创历史最高水平。年初，重庆钢材市场从渝中区解放西路158号迁往上清寺路112号新大楼，吸引进场钢材资源128万吨，通过市场交易监证成交钢材总量78万吨，金额26.4亿元。市场交易手段初步现代化，开通了经亚洲一号卫星发送的萨德兰信息，使进入重庆钢材市场的客户不但能进行钢材的现货交易，还可通过卫星系统接收上海金属交易所、重庆商品交易所、北洋（天津）钢材批发市场的信息，也为重庆钢材市场代理业务的发展和钢材资源在全国范围内的优化配置提供了方便。

1994年末，重庆钢材市场形成由6个现货交易厅组成的现货交易网络和1个2500平方米的计算机交易厅，拥有7.5平方米的大型电子显示屏，60多台微机和程控电话，是全国钢材电子交易系统5个市场网之一。进场企业适时接收到全国各大市场的交易行情、经济情报等重要信息，向全国范围进行买、卖业务。

1995年，物资供应以市场调节供需为主，计划分配供应除少数涉及国计民生及对社会安全有重大影响的商品实行计划供应外，其余生产资料基本取消计划分配供应。民用爆破器材继续坚持按计划申请、计划分配、计划供应，由重庆市民用爆破器材公司独家经营。还有老旧报废汽车回收、小轿车管理，其余生产资料管理均放开。物资系统坚持抓住主业不放松，开展清欠压库工作，收回悬欠资金2061万元，年末库存较年初下降8466万元。推行商品销售代理制是流通领域的一项重大改革，随着经济体制改革和市场经济形势的快速发展，代理制覆盖的商品范围不断扩大，不仅包括金属、非金属和机电产品等生产资料，而且涉及多种生活资料。

1995年底，进场设点企业70家，办理进场手续的企业800家，全年代理成交钢材18.7万吨，金额4.98亿元；市场现货余缺调剂交易量近74万吨，总金额20.6亿元。经重庆市人民政府推荐，国内贸易部审查批准，重庆钢材市场已正式成为西南地区首家钢材中心批发市场。

1997年，设立重庆直辖市，区县（市）物资局（物资总公司）由原来的21个增加到43个，区县（市）物资企业224个。市政府加快了物资流通体制改革的步伐。市级物资部门坚持“资产重组，抓大放小，组建集团”的指导思想，本着“减少震荡，平稳过渡，加快发展”的原则，制定了整体改革方案，对资不抵债的5户小型企业实行了兼并解体；对严重资不抵债的4户企业实行租赁企业有效资产，由职工出资组建股份合作制公司，年底完成2户；对6户大中型企业的改革与市物资局机关转体相结合，成立物资（集团）股份有限公司；对2户职工较多、离退休人员较多、包袱重、兼并无门、扭亏无望的企业，争取列入全市1998年破产计划，实行破产。继大足县、万盛区物资企业破产重组之后，1997年荣昌、长寿县物资企业基本完成股份制改革，龙宝区物资企业开始实施破产，部分区县物资企业开始股份合作、兼并联合、剥离分离、国有民营、承包、租赁等改革，并出台相应的措施，取得了成效。全市物资企业开展一业为主，多种经营，注重发展代理代销业务。重庆市金属材料股份有限公司被确定为国家钢材代理制试点企业，全年代理销售钢材7万多吨，占公司销量的67.8%。重庆机电设备总公司全年代理销售汽车1390辆，金额1.35亿元，占原公司销量的39.5%。重庆化工轻工总公司全年代理销售化工产品7500多吨。通过代理业务占领了市场，取得了良好的经济效益。四川三峡物资产业（集团）股份有限公司与银行合作，开展房地产业务，使公司一举扭亏为盈。黔江地区物资总公司，万盛、渝北区物资总公司大胆参与餐饮、文化娱乐、房地产开发业务，在多种经营上收到了较好的效果。工贸结合，共同开发市场。重庆机电公司与韩国大宇集团中国有限公司、山推股份有限公司共同开发重庆市场，在重庆举办了技术交易会、产品展示会，推销产品。全年销售16.2亿元，减亏2784万元，减亏24.54%。全市物资流通系统仍然处在市场竞争日益激烈的买方市场格局下，大多数企业继续处于困难期，市场物资依然供过于求，市场价格总体下降，生产资料价格水平稳中有降，个别品种略有上升；物资企业经营困难，购销下降，银行贷款利息负担沉重，各项费用增加，亏损严重，物资系统连续亏损4年，少数企业仍然处于严重资不抵债境地，职工收入下降；长期的计划经济体制使物资部门网点建设不足，市场占有率下降。直辖的当年，全年区县（市）物资企业购进总额5.65亿元，比上年下降22.75万元。其中，原重庆市区县（市）物资企业购进总额1.76亿元，比上年下降34.81%；万县市物资企业购进总额1.95亿元，比上年下降18.81%；涪陵市1.97亿元，下降13.47%；黔江地区2353万元，下降30.59%。全年区县（市）物资企业营业收入6.39亿元，比上年下降22.98%。其中，原重庆市区县（市）物资企业营业收入2.01亿元，比上年下降34.21%；万县市2.11亿元，下降20.04%；涪陵市1.97亿元，下降10.97%；黔江地区2972万元，下降23.08%。区县物资企业仍然没有走出低谷，购销下降幅度高于市级物资企业，较多的区县物资企业销售严重萎缩，无一个销售创亿元单位，多数企业销售额在5000万元以下。万县、涪陵、黔江物资企业营业收入占全市物资企业营业收入的26.01%，占区县级物资企业营业收入的68.55%。

1998年，生产资料市场受国内外需求不足的双重影响，一直保持着供大于求的买方市场格局，物资行业依然供过于求，需求不足，销售疲软。全年购进12.06亿元，较上年减少20.51%；商品销售13.92亿元，减少17.64%。市场价格相对平稳，少数品种价格略有回升，但幅度不大；多数产品价格走势疲软。新型工商关系开始建立，代理销售悄然兴起。市物资局以重物资市发〔1998〕2号文决定，把重庆有色金属市场并入重庆钢材中心批发市场，实行“两块牌子、一套机构”，重庆市有色金属市场的职能、职责由重庆钢材中心批发市场承担，其经营范围、收费项目及标准、工商税务等关系不变，调整生产资料市场组织结构，建立大市场，发展大流通，形成全市统一的金属材料市场。5月5日，市计划委员会、市经济体制改革委员会、市商业委员会和市物资局向市政府呈报了《关于市物资局转体组建重庆市物资（集团）有限责任公司的请示》，市政府8月18日以渝府〔1998〕125号文批复，撤销重庆市物资局，由物资局转制组建重庆市物资（集团）有限责任公司，归口市商业委员会管理。并加挂“重庆市物资行业管理办公室”牌子，代市商业委员会行使物资行业管理职能。物资（集团）有限责任公司的组建，着眼于从整体上搞好国有物资企业，坚持抓大放小，区别不同企业情况，采取不同方法搞好企业改革。将严重资不抵债的重庆市建筑材料总公司、重庆市生产资料服务公司2户中型企业依法列入市破产预案；将部分中小型企业下放到所在区管理；将国有资产较多的重庆金属材料股份有限公司、重庆市机电设备总公司、重庆市金属回收总公司、重庆市化工轻工总公司、重庆物资开发总公司、重庆物资贸易中心等单位纳入物资集团并逐步改制为全资子公司、控股或参股子公司。物资（集团）有限责任公司通过资产重组和制度创新，依据产权关系，构成物资（集团）有限责任公司母子体系的组织形式。其母公司由市物资局转体组成，属国家独资、独立核算、自主经营、自负盈亏、依法纳税的法人实体，为国家大（二）型企业。原市物资局所属企业，凡进入物资（集团）有限责任公司，作为母公司的参股、控股子公司的，均享有独立法人资格。重庆物资（集团）有限责任公司吸收部分有实力的区县（自治县、市）

物资企业加入集团。同时，重庆物资（集团）有限责任公司对国有资产承担保值增值的责任。主要经营各类生产资料（包括民用爆破器材、老旧汽车更新回收等），并通过对控股和参股企业的资产重组、结构调整和业务开拓，达到国有资产保值增值的目的。集团公司从转换机制、调整结构、盘活资产、开办有形市场、发展代理、配送业务入手，逐步实现集团化、规模化经营。

1999年，进一步推进商品销售代理制工作，鼓励和引导代理制企业向规模化、规范化方向发展，培养大型代理流通企业。国家国内贸易局公布第一批商品流通一级代理商资格认证结果，全国有205家企业符合商品流通一级代理商资格标准。重庆金属材料股份有限公司为一级钢材代理商，重庆市化工轻工总公司为一级非金属代理商。加强物资企业国有资产管理，规定：局属各单位由局委派国有资产专管员对本单位使用的国有资产行使具体的监督管理，其工作既对企业负责，又对国有资产管理办公室负责；各单位主要设备、设施的购置和处理等重大投资以及涉及产权变动事宜，均由国有资产专管员审查签注意见；凡联营投资100万元以上（含有形资产和无形资产）资金抵押，均需报国有资产管理办公室审查批准；不准对系统外进行资金担保，确因工作需要担保，必须报国资办审批；系统内资金担保，在双方相互协商一致后，100万元以上报局审批。部分企业与生产厂家建立新型工商关系，重庆市机电设备总公司从20世纪80年代开始注重工商关系，以各种形式同全国主要生产厂家建立了联销关系，以优质、价廉的产品吸引客户，工具分公司从全国100多家工具生产企业中选择了70多家产品质量好、有市场竞争力的产品，建立联营销售关系，销售在全国仅次于北京、上海，名列第三位，经济效益在总公司名列前茅。重庆钢材中心批发市场的前身是重庆钢材市场，是原国家首批定点开办的全国6家钢材市场之一。经过近10年的建设发展，市场功能渐趋完善，市场成交额年年增长，市场管理及软、硬件设施均有较大改善。

2000年，物资流通坚持“积极调整、退中有进”地进行国有物资企业的改革，完成了市物资局转制组建重庆市物资（集团）有限责任公司的工作；加大了“无情下岗、有情分流”的力度；加快了重组优良资产、做大做强优势经营品种的步伐。全市国有物资企业营业收入8.98亿元，比上年下降17.8%，其中集团子公司完成5.77亿元、比上年下降7.7%；全市物资企业亏损4203万元，比上年增亏240万元，增亏6.1%，其中集团子公司亏损2209万元。比上年亏损1537万元增亏43.7%；上缴国家利税1727万元，比上年1802万元下降4.2%。其中，集团子公司上缴国家利税750万元，比上年1031万元下降27.3%；全市物资企业资产总额97.1亿万元，负债总额9.95亿元，资产负债率为102.5%，其中集团子公司资产总额5.06亿元、负债总额4.47亿元。9月28日，重庆市物资（集团）有限责任公司正式挂牌。副市长许忠民、市政协副主席张国忠向重庆市物资（集团）有限责任公司授牌。由此，重庆市物资局将物资行业管理和行政管理职能一并移交重庆市商业委员会。至此，沿袭了几十年的物资管理体制发生了重大变化，重庆市物资局机关转制组建为重庆市物资（集团）有限责任公司，党的关系隶属于中共重庆市委企业工作委员会，行政隶属于重庆市商业委员会，并受市政府委托授权经营管理原市物资局直属国有企业净资产，承担保值增值的责任。

2001年，全市有生产资料市场51个，其中城市30个、农村21个，成交额363.41亿元，比上年增长9.8%。其中，城市生产资料市场成交额288.28亿元，增长7.6%；工业生产资料市场成交额247.87亿元，增长9.8%；机动车交易市场成交额101.25亿元，增长6.5%；钢材交易市场成交额42.73亿元，增长28.8%；煤炭交易市场成交额3.64亿元，增长10.8%；木材交易市场成交额7.33亿元，增长9.9%。

2003年，全市有生产资料市场44个，其中城市25个、农村19个，比上年减少7个。全年生产资料市场成交额430亿元，比上年增长7.2%。其中，城市生产资料市场成交额342亿元，增长7.6%；工业生产资料市场成交额293亿元，增长7.3%；机动车成交额116亿元，增长7.4%；钢材成交额53亿元，增长8.2%；煤炭成交额4亿元，增长7.2%；木材成交额8.55亿元，增长7.2%。汽车、建筑材料、装饰材料仍是市场需求的热点。重庆汽车摩托车制造业经过改制重组，产品质量明显提高，在国内市场占有一定份额，部分产品已打入国际市场；库区迁建和城市基础设施建设对建筑材料的需求增加；城镇居民居住条件改善，使装饰材料成为消费热点。

2004年，全市有生产资料市场45个，其中城市26个、农村19个，比上年增加1个。全年成交额472亿元，增长9.8%。其中，城市生产资料市场成交额376亿元，增长9.8%。

市政府授权物资集团经营管理的企事业单位10户，代管企业8户，国有控股股份合作制企业5户；物资集团办公、经营、仓储用地面积总计45.07万平方米，液体化工燃油储罐容积1.32万立方米，危险化学品、钢材仓库铁路专用线1325米。市物资（集团）完成所有经营性公司的改制任务，企业改制面90%。金属公司成立了重庆金材物流有限公司，机电公司成立了重庆依科德机电设备有限公司，化轻公司制定了改制方案并获市国资委批准。

2005年，全市有生产资料市场47个，生产要素市场19个。市物资集团实现营业收入27.5亿元，比上年增长32.9%；实现利润1540万元，增长9.4%；资产总额8.51亿元。9月9日，市政府第59次常务会审议通过市物资集团与港务物流集团成立重庆港务物流集团有限公司。

市物资集团有办公、经营、仓储用地面积58.27公顷，液体化工燃油储罐容积1.32万立方米，铁路专用线1458米；所属国有全资、控股子公司18户，总资产8.51亿元。市物资（集团）所有制从国有独资向股份制、混合制转变，改制和改造集团下属空壳公司，缩短企业集团管理链条，实现扁平化管理，对2户企业进行改制，对化轻公司实施资产重组，对渝丰公司实施整体改制，国有股份退出；对13户空壳公司制定处置方案，妥善处理了大部分历史遗留问题；做好“打包打折”资产回购工作，按照“先小单后大单”逐步解押原则，强化资本运作，加强经营法律保护。在经营方式上从专业批发市场向仓储、加工、分拣、包装、配送一体化的现代物流企业转变。经营规模创历史新高，实现营业收入27.5亿元，比上年增长32.9%；实现利润总额1540万元，增长139.5%；上缴税金1592万元，增长9.4%；资产总额8.51亿元，增加2.18亿元；负债总额5.01亿元，国有资本及权益3.01亿元，资产负债率由上年的61.8%下降到58.9%；净资产收益率4%～5%，上升1.85个百分点；“三金两款”清理兑现183万元。市物资集团列2005年全国服务业企业五百强第251位，列重庆市百强企业第21位。在国家统计局2005年公布的综合实力前1000家中国企业集团中列第781位。

二、农业生产资料商品

农业生产资料商品主要是以供销商业为主，其宗旨是为农业、农民、农村经济服务，同时承担国家委托的化肥、棉花等重要商品的购销计划任务，组织农副产品购销，安排农村生产资料和生活资料供应的职能。

改革开放以来，按照“全民”改为“集体”、“官办”改为“民办”的方向，把供销社逐步办成农民的合作经济组织和农村经济综合服务中心。重庆供销合作社体制改革始于1982年，从1982年中共中央1号文件《供销合作社要逐步进行体制改革》以来，到1995年《中共中央国务院关于深化供销合作社改革的决定》的贯彻实施，其改革经过了四个阶段：一是恢复供销社集体所有制性质，恢复和加强供销社组织上的群众性、管理上的民主性和经营上的灵活性，改善与农民的关系，扩大股金，开拓经营、服务领域。二是建立农业社会化服务体系，发展经济联合和多种经营形式，推行以承包经营为主的经营责任制。三是全面推行“四放开”，改革和转换企业经营机制。四是进一步理顺组织体制，加强为农服务功能，完善经营机制和农业社会化服务体系，加强基层社建设，县以上供销社由行政管理型向经营服务型的经济实体转变。

1986年，市供销社直属有市日用杂品、干果品、物资回收、农业生产资料、棉麻、土产、柑橘7个专业公司和农贸中心等单位。有经营机构8277个，其中工业品批发机构307个，农副产品收购批发机构652个，贸易货栈10个，废旧物资收购机构324个；零售网点6361个，饮食业网点278个，服务业网点299个，其他营业网点46个；农村代购代销店6011个。全年供销社系统商品购进总额16.7亿元，比上年增长10.51%；国内纯购进总值6.93亿元，比上年增长11.55%。其中，农副产品收购总值1.54亿元，比上年增长9.17%；废旧物资收购总值4173万元，比上年增长9.48%。商品销售总额19亿元，比上年增长8.38%；国内纯销售总值13.12亿元，比上年增长7.29%。其中，生活资料供应总值8.85亿元，比上年增长5.67%。利润总额3512万元，比上年增长4%；固定资产总值1.84亿元，比上年增长13.4%；为国家缴纳税金和应交所得税总额4001万元，比上年增长18.72%。商办工业企业457个，工业总产值7818万元，利润340.85万元。针对过去履行购销合同中存在的滞销不愿收、紧俏不愿交的弊端，1986年普遍对农商合同签订办法进行了三方面的修改：一是各类产品按照国家指导价定出保护价格，供销社在产品滞销时按保护价格收购，畅销时随行就市收购；二是定出产品交留比例，产品供需正常交售70%～80%，滞销保证收购80%以上；三是把一年一订合同改为长期合同，按产品不同生产周期、见效快慢，确定不同的合同年限。全年供销社共签订农商合同10.06万份，合同金额5077万元，年底执行6964万元，占签约金额的137%。其中，主要品种如柑橘、黄红麻、辣椒、榨菜、草席等收购实绩都占合同金额的70%以上。全年为农民、乡镇企业、外贸和其他工商企业代购代销农副产品4804万元。其中，代购4017万元，为农民和乡镇企业代运产品7220吨、代储产品618吨。供销社系统开拓新业务和新的服务领域，粮食、油料、生猪等品种的经营量不断增加，蚕茧、茶叶、蔬菜等品种的经营在激烈的竞争中扩大阵地。全市经营粮食2.14万吨，比上年增长31.1%；收购蚕茧90.76万千克，比上年增长61.2%；茶叶343万千克，比上年增长36.41%。广泛开展横向经济联合，与工商企业建立了新的购销往来关系，初步打通了农副产品加工、副食品加工远销的渠道，有工商、农商、农工商和商商联营单位140个，联营总投资额2125万元，联营商品销售额5373.2万元，非商品销售收入86.7万元。联营项目主要是商品生产、加工和购销三个方面，其中包括农副产品生产中的种植、养殖和加工业，主要品种有柑橘、茶叶、麻类、食用菌、小水果、食品、饮料、酒类等。12个区县开展工、副食品联购分销，联购进货总额1555万元，其中从工厂进货1311万元。全年各基层供销社在外地自组货源约占进货总额的69%，其中直接向生产部门购进的占39%。加快网点建设步伐，市内在上桥地区建的果品冷库、大型棉花库和综合周转库工程基本完成，该地区的仓库群体形成。全市供销系统网点用房面积83.93万平方米，比上年增加15.8%，其中营业面积56.3万平方米、比上年增加8.8%。巴县、綦江、铜梁、合川等县供销社在县城的综合商场建筑面积约5000平方米。采取自办、帮助农民办和农商联办等形式，发展了代购代销店，建立和发展了一批村供销社和服务站，使供销社在农村形成了星罗棋布的服务点。全市农业生产资料商品纯销售2.37亿元，比1985年增长24.15%。化肥供应76.87万吨（标准吨），比上年增长29.03%，其中氮肥增长25.04%、磷肥增长71.8%；农药3228吨，增长25.4%；喷雾器增长31.9%；农膜增长33.3%。实行化肥降价销售，鼓励了农民的购肥积极性。组织供应计划外化肥10余万吨，扩大销售额近3000万元。

1989年，市供销社有企业经营机构8417个，零售、饮食、服务业网点面积142.64万平方米；农村代购代销店5480个。全年商品购进总额28.35亿元，比1988年增长7.58%；废旧物资收购总值1.01亿元，下降10.99%。商品销售总额31.96亿元，增长8.68%；国内纯销售总值21.45亿元，增长5.78%。其中，农业生产资料供应总值4.58亿元，增长42.72%；生活资料供应总值13.15亿元，下降1.35%。全年实现利润3657万元，下降36.62%。年末固定资产总值2.76亿元，增长11.75%。商办工业产值8684万元，利润377万元。全年供应各种化肥98.8万标吨，增长I7.8%。其中，氮肥76.5万吨、磷肥20.44万吨，分别比上年增长22.73%和6.55%。供销系统农资供应总值4.58亿元，比上年增加42.7%。粮挂肥6月末向农民兑现11.725万吨，超0.6%完成全年计划。农民购买农资商品出现三大变化：以往抢着买，现在选着买；以往提前买，现在到时买；以往买起来存起，现在用多少买多少。全市近2000个农资供应点没有出现一次围购抢购的情况，农资商品供应价格趋于稳定。供销社系统竭尽全力强化柑橘销售，到年末经营柑橘5.1万吨，占全市总产量15.6万吨的33%。

1990年，全市供销社系统商品购进总额28.28亿元，比1989年下降0.34%；国内纯购进总值11.92亿元，增长2.48%。其中，农副产品收购总值1.96亿元，增长3.87%；废旧物资收购总值1.17亿元，增长15.77%。商品销售总额31.78亿元，下降0.61%。国内纯销售总值21.1亿元，下降0.72%。其中，农业生产资料供应总值8.49亿元，下降11.1%；生活资料供应总值12.59亿元，下降4.2%。全年实现利润1840万元，下降49.69%。商办工业产值8961万元，增长3.18%。固定资产3.14亿元，增长13.59%。普遍实行联销计奖计酬，在零售环节实行风险抵押承包和百元销售工资含量分配办法。普遍实行送货上门、扣率从优、资金铺底、包退包换的优惠办法，并强化售后服务。采取灵活的营销策略，组织工业品联购分销和农副产品分购联销，开展不同形式的让利、有奖销售和以旧换新业务，开展不同层次、不同规模的交流会、订货会、展销会。

1991年，供销商办工业产值突破亿元大关。

1992年，市供销合作总社系统有企业经营机构1.25万个，零售、饮食、服务业网点面积200.04万平方米。全年商品购进总额31.88亿元，比1991年增长2.93%。国内纯购进总值14.06亿元，增长11.4%。其中，农副产品收购总值2.6亿元，增长39.95%；废旧物资收购总值1.45亿元，增长23.21%。商品总销售额37.55亿元，增长8.07%。国内纯销售总值19.14亿元，增长3.61%。其中，农业生产资料供应总值4.92亿元，下降5.45%；生活资料供应总值7.69亿元，下降6.61%。实现利润1818万元，下降11.32%。固定资产3.77亿元，增长10.25%。农副产品收购2.61亿元，增长40.6%。其中，收购生猪47万头，粮食1.1万余吨。商办工业实现产值1.75亿元，增长20%。形成一批知名度高、覆盖面广的拳头产品和优质产品，如白玫瑰系列瓜子、昌龙牌午餐肉、恒丰酱油、梅溪牌榨菜、松溉豆豉和木洞蜜枣、橘饼等，在首届巴蜀食品节上，全市社办工业产品获2个金奖、5个银奖、1个优质奖的殊荣。

1993年，全年商品购销总额65亿元。其中，废旧物资收购总值2.6亿元，比上年增长76.9%。其中，收购废钢铁18万吨，增长40.7%。一些大宗农副产品收购经营有较大进展，粮油收购增长22.3%，柑橘收购增长14.8%，榨菜收购增长77.3%。商办工业产值2.21亿元，增加32%。供销社系统购进化肥74.33万标吨，农药4287吨，农药器械4.18万架，农膜2233吨。销售化肥80.7万标吨，其中氮肥57.3万标吨、碳铵48.86万吨、尿素10.51万吨、磷肥20.6万吨。销售农药4041吨，农药器械6.58万架，农用薄膜2606吨，混（配）合饲料4322吨。农业生产资料供应4.5亿元，化肥供应量占全市社会流通量的80%以上。

1994 年，全年供应各种化肥 73.85 万标吨、农药 3081 吨、农膜 2258 吨、农药器械 5.46 万架、混（配）合饲料 4728 吨。农资供应总额 4.66 亿元，比上年增长 3.2%；年末为春耕储备农业生产资料 1.83 亿元，增长 8%。明码实价，尿素、农膜、农药等紧俏农资商品的价格一律按市物价局核定的调价和零售价发售。供销社系统商品总销 32.7 亿元，下降 8.8%。商办工业产值 2.57 亿元，销售收入 2.38 亿元，实现利税 1538 万元，分别增长 21.4%、17.8% 和 58.9%。据不完全统计，全年新增和技改项目 30 个，投资 2000 万元；开展新产品项目 12 个，获省以上优质、优秀产品 5 个。

1995 年，供销系统商品总购进 35.14 亿元，比上年增长 33.9%。其中，农副产品收购 2.7 亿元，同比增长 11.8%；废旧物资购进 2.3 亿元，同比增长 11.7%。商品总销售 40.13 亿元，同比上升 22.7%。其中，农业生产资料供应 6.8 亿元，同比增长 46.1%。工业产值 3.14 亿元，增长 22%；销售收入 3.23 亿元，增长 23.95%；综合经济效益 4335 万元，增长 15.4%。固定资产（原值）5.43 亿元，上升 11.06%。供应各种化肥 83.6 万标吨，增长 14.7%。依托供销社新建了专业合作社和协会 79 个。在普遍推行联购分销制和代理制的基础上，重点对一项或几项大宗工副食品实行了联购分销或县基联营，扩大了总代理、总经销业务。

1996 年，全市供销合作社系统有乡镇基层供销社 375 个，地市县有供销社 45 个和市总社 1 个；所属各类专业公司 348 个，独立核算企业 723 个，经营服务网点 2 万多个，面积 230 万平方米；在职职工 8.8 万人，离退休职工 2.96 万人，加上归口管理的新老集体商业职工总计近 15 万人；资产总额 54.06 亿元（其中固定资产原值 13.58 亿元），所有者权益 15.16 亿元，其中社员股本金额 10.98 亿元。各级供销社组织供应农民所需要的工业品、副食品、日用杂品等生活资料和化肥、农药、农用薄膜以及建筑材料等生产资料，收购、推销和加工农民生产的各种商品（特别是农副土特产品）。供销社系统商品购销总额 135.7 亿元。其中，消费品零售总额 15.26 亿元，农副产品收购 4.86 亿元，农资供应总值 18.64 亿元。工业产值 5.14 亿元，上缴国家各种税费总额 7411 万元。

1997 年，收购各类农副产品总额 5.4 亿元，同比增长 1.6%。在化肥供大于求、计划化肥和市场化肥价格倒挂的情况下，各级供销社和农资部门供应各类化肥 170 万吨（比上年下降 9.8%），按时完成了市政府下达的粮挂肥供应任务。组织供应农药 6883 吨，农膜 4126 吨。巩固发展联购分销、分购联销和总代理、总经销，拓展业务经营。实现商品购销 122.1 亿元，其中消费品零售总额 15.79 亿元，比上年增加 4.1%。新建专业合作社 64 个，完善已有的 140 个，新建村级综合服务站 95 个，完善 930 个。实现工业产值 534 亿元，比上年增长 10%；亏损 553 万元，同比减亏 1399 万元。涪陵榨菜（集团）有限公司驰名中外的“乌江牌”榨菜的产销量大幅上升，企业扭亏为盈。多数单位进行了股份合作、兼并破产、抽本经营等改革试点。

1998 年，围绕“一个目标”（把供销合作社真正办成农民的合作经济组织），抓好“两个重点”（基层社建设、社属企业发展），打好“三个硬仗”（改革、发展、管理），实现“八个突破”（企业改革、专业合作社发展、村级综合服务站建立、龙头企业培育、城市消费合作社发展、社员股金管理、社办工业发展、现代流通体制构建），农副产品收购额 5.88 亿元，比上年增长 8.4%。供应各种化肥 144.2 万标吨，粮挂肥 7.49 万吨，各种农药 5934 吨，农用塑料薄膜 2889 吨，农药器械 6.77 万架。发展各类专业合作社 68 个，规范完善 123 个。发展村级综合服务站 275 个，规范完善 75 个。全市新增市场 21 个，新增市场和网点经营面积 4.2 万平方米。社办工业产值 5.69 亿元，增长 1.9%。不少企业采用总代理、总经销、连锁、配送等现代营销方式。

1999 年 4 月 27 日，重庆市人民政府根据《国务院关于深化化肥流通体制改革的通知》精神，就化肥流通体制改革有关问题发出通知（渝府〔1999〕81 号），明确：（1）改革和完善市政府对化肥等农业生产资料流通的管理，充分发挥市场配置资源的作用。(2) 拓宽化肥流通渠道，扩大企业经营自主权。允许生产企业将自产化肥销售给各级农资公司、基层供销社、农业“三站”（土肥站、农技推广站、植保站）及以化肥为原料的企业，也可以直接对农民销售。农业“三站”经营的化肥可以从各级农资公司进货，也可以直接从化肥生产企业进货。形成以供销社农资公司为主渠道，农资公司、生产企业、农业“三站”互为补充的流通格局。除上述单位外，其他单位和个人不得从事化肥等农业生产资料的批发和零售业务。大力发展工商联营、农商联营、商商联营以及连锁经营。鼓励化肥生产、经营单位组建跨地区、跨部门、跨行业的化肥销售集团，共同做好化肥供销工作。(3) 改革现行化肥价格管理办法，建立政府指导下的主要由市场形成化肥价格的机制。化肥出厂价格由现行政府定价改为政府指导价，根据化肥生产成本及市场供求变化适时调整。地方小化肥企业的化肥由购销双方根据淡旺、季节及市场情况协商议价。对全市地方中小化肥企业生产的主导性产品制定出厂价和上下浮动幅度，供需双方可在浮动幅度内根据淡、旺季及市场情况协商确定价格。具体品种及中准出厂价由市物价局制定。化肥流通企业可以根据市场状况，自主经营国产化肥，自主制定销售价格。化肥进口代理企业和化肥流通企业经营的进口化肥调拨价格，由市物价局根据国家计委的有关文件制定。放开化肥零售价格。经营企业（包括化肥生产企业的经营销售点）直接销售给农民的化肥零售价格实行市场调节价，主要通过市场竞争形成。在化肥市场价格出现大幅波动，明显上涨或下降时，政府价格主管部门可制定最高限价，实行差率或利润率管理，制定抵制低价倾销等措施，保护农民和生产经营者的利益。(4) 建立市级农药储备制度。全市储备2000万元的救灾农药，储备时间一年。(5) 继续实行优惠政策，支持化肥生产和流通。除国家已规定的税收优惠政策外，继续对化肥生产所需的电力、天然气优先保证供应，对效益好的生产企业，由市经委会同市化肥公司对其所需天然气指标实行重点倾斜。化肥等农业生产资料生产和流通的财政扶持政策原则上继续执行。铁路、交通、港口等部门应优先保证化肥等农业生产资料的运输，并继续对有经营资格的单位调运化肥等生产资料实行优惠运价，对市内运输化肥等农业生产资料的车辆免收过路费、过桥费和过渡费。国有商业银行在规定的企业资产负债比例之内，优先安排化肥生产、经营所需资金，并与生产、经营单位密切配合，加强资金管理，防止挤占挪用。(6) 各级工商、物价、技术监督部门加大对市场、价格、质量的监管力度，严格执法，取缔非法经营，严厉打击生产销售假冒伪劣化肥等农业生产资料的行为，切实维护生产者和农民的利益。

2000年，市供销合作社系统深化改革，直属企业基本完成改制。充分利用闲置场地、设施，兴办各类市场、商场、超市、连锁店，发挥资产使用效益。全年实现营业外净收入8809万元，增加3010万元，增长52%；实现其他业务利润5758万元，增加1104万元，增长23.72%。摘掉了连续7年汇总亏损的帽子，系统盈亏相抵汇总实现利润1099万元，其中市总社直属企业盈利64万元；区县供销合作社盈利1035万元。建立或改造以加工型和流通型为主的龙头企业24个，产值1.43亿元，增长17.2%。新建各类市场6个，面积1.88万平方米，发展连锁店26个。

2001年，市供销合作总社系统实现商品购销总额87.5亿元，比上年增长4.9%。其中，农资、棉花、医药、图书课本、食盐、烟花爆竹、再生资源、农副产品等8大优势商品经营购销总额21亿元，增长16.5%；实现利润6300万元，增长19%。供应各种化肥145万标吨，占社会需求量的70%，发挥了主渠道的作用。改造和发展龙头企业50个。兴办和改造各类市场72个、30多万平方米，商品交易总额18.5亿元，比上年增长3.5%。直属企业和82%的区县供销合作社基本完成产权制度改革，对直属企业清理债权债务、处理不良资产和库存商品，收回不良应收款411.69万元，处理价值181万元的库存积压商品，收回资金41.39万元，最大限度地挽回了社有资产损失。年底系统累计分流人员 6.33 万人，占在册职工的 71.9%，其中一次性安置 3.82 万人。解体、破产的企业 119 个，剥离重组、整体改制的企业 370 个，拍卖、出售企业 11 个，重组新企业和经济实体 291 个，依法减债 4.5 亿元。系统累计清退社员股金 12.36 亿元，占应清退股金总额的 85.6%，清退户数 88.7 万户，占应清退总户数的 88.8%。其中，已结清的农户 86.55 万户，占应清退总户数的 86.6%。17 个区县（市）供销社和 271 个股金服务部完成社员股金清退任务。

2003 年，全市有 39 个区县供销合作社和 384 个基层社，有 756 个独立核算企业，近 2 万个经营服务网点，职工 8 万多人。系统销售总额 64 亿元，比上年增长 54%；汇总实现利润 4350 万元，增长 51%。发展“两社”1724 个（其中专业合作社 956 个、综合服务社 768 个）。建设市场及网点 15.3 万平方米。

2004 年，做大一个总部经济（新合集团），打造市场、物流配送、连锁经营三大体系，巩固发展农资、农产品、再生资源、日用工业品、加工、中介服务等 6 大主营业务。实现商品销售收入 41 亿元，比上年增长 23.4 %；汇总盈利 6000 万元，增长 58.5%。14 户控（参）股企业实现汇总盈利 401 万元，比上年增长 39.7% 。积极推进“两社两化”，新发展“两社” 641 个。其中，专业合作社 406 个，综合服务社 235 个，入社农户 11.2 万户。至年末供销社系统累计发展“两社”4868 个，其中专业合作社 2470 个、综合服务社 2398 个，入社股金 1.94 亿元。“两社”帮助农民实现销售收入 15.5 亿元，增加纯收入 1.79 亿元，农户户均增收 270 元。以“龙头企业 + 专业合作社 + 农户”为模式的农业产业化经营取得新进展，新发展龙头企业 11 户，累计发展龙头企业 87 户，创各类农产品品牌 131 个。初步形成农资、药品、烟花爆竹、再生资源等 4 类商品连锁经营网络和联佳超市连锁经营网络，新发展各类连锁经营网点 2477 个。建立“丰谷”农资配送中心 39 个、连锁店 777 个，联佳日用品连锁店 2350 个，桐君阁药房（药柜）1383 个，烟花爆竹经营网点 131 万个，再生资源经营网点 560 个。

2005 年，以“两社”“两化”为工作重点，突出基层社改造重组，启动农村现代流通服务体系建设，系统销售总额 88.32 亿元，比上年增长 27.4%。其中，消费品零售额 19.31 亿元，增长 22.9%；资产总额 55.65 亿元，增加 1.18 亿元；汇总盈利额 6939 万元，增加 936 万元。启动“千社千店”安全消费放心工程（在 1000 个综合服务社建设 1000 个安全消费放心店），优化农村消费环境，构建连锁经营网络终端，为提升供销社形象起到积极作用。“两化”建设方面：全年发展龙头企业 6 户，发展连锁配送中心 2 个，新创建各类农产品品牌 11 个，初步建立起丰谷农资、新合作联佳连锁经营网络和药品、烟花爆竹、再生资源等产品的连锁经营网络，新布设经营网点 1695 个。

重庆市农业生产资料总公司　隶属于重庆市供销合作社总社。前身为建于 1956 年 1 月的重庆市生产资料批发站。主营化肥、农药、农药械、农地膜等农业生产资料批发业务，兼营日化用品、家用杀虫剂和物业管理等。1996 年末，有固定资产 1682 万元、流动资产 1.18 亿元，购销总额 8.4 亿元，有职工 430 人。曾获“市级文明单位”等称号，并获得“全国五一劳动奖状”。

重庆市物资回收总公司　成立于 1956 年，前身为重庆市废旧品公司。为批零兼营并集购销、加工、科研、服务于一体的中型商业企业。隶属于重庆市供销合作社。主要经营各类废旧物资、多余积压清仓物资，包括金属材料、橡胶原料、橡塑制品、绝缘材料、装饰材料、家用电器、日用百货等商品以及委托寄售业务。下设 6 个分公司和 1 个再生橡胶厂、1 个废旧物资综合利用研究所。1995 年，资产总额 9000 余万元，其中固定资产原值近 3000 万元。有职工近 1200 人，其中经济技术人员 500 余人。废旧物资购进 1.1 亿元，销售总额 2 亿元。曾被原商业部命名为全国废旧物资系统先进单位。

九禾股份有限公司　是由国内多家化肥企业出资，精心打造的集贸易分销、生产、投资于一体的现代股份制企业。公司于2001年12月26日在重庆注册，注册资金1亿元。公司成立以来，构筑了直接到乡村的化肥分销、物流配送体系，先后在四川、重庆、贵州等16个省、市、自治区构建化肥配送中心100多个，网络零售成员店10000多家，主要分销国内300多个厂家10多个品种的化肥，以及从国外进口的各类化肥，公司每年分销化肥量近300万吨。

第二章　所有制结构

改革开放打破了以公有制为主体的单一结构，打破了国有、集体流通企业一统天下的局面。商贸流通业成为个体、私营等非公有制经济起步最早和发展最快的领域，多元化流通组织得到了充分发展，实现了流通主体的多元化，多元主体、多种经济并存发展。在以“放开搞活”为主线的流通体制改革过程中，重庆商贸流通业成为个体、私营等非公有制经济起步最早和发展最快的领域，特别是20世纪90年代重庆商业“四放开”改革后，个体、私营商业迅猛发展，多元化的流通组织得到了充分发展，打破了重庆国有、集体流通企业一统天下的局面。直辖后，重庆商贸流通产业政策进一步放宽，国有、集体、个体、民营和外资商业经济蓬勃发展，促进所有制结构多元化发展，通过深化改革和发展非公有制经济，形成了以公有制为主导、多种所有制共同发展的格局，随着国有中小企业改革步伐加快、各类市场的建设培育以及政策扶持力度加大，流通领域出现了一批公司化、集团化的民营商业企业，出现多种经济成分相互竞争、共同发展的繁荣格局。随着非公有制经济组织的诞生和发展，国有、集体企业及其从业人员所占比重下降，非公有制经济成为商贸流通业新的主体。

1986年，在全市社会消费品零售总额中，国有经济29.07亿元，占37.2%；集体经济26.08亿元，占33.4%；个体及私营经济20.7亿元，占26.5%；其他2.23亿元，占2.9%。

1987年，随着流通体制的改革，多种经济成分、多渠道、多形式、少环节的流通体制正在形成，市场呈现多元化，绝大多数农副产品进入市场，活跃了城乡经济。

1988年，继续改革集体商业管理体制，改由国营专业公司归口管理为由集体商业自主经营、自行管理、自我发展。

1990年至1994年，随着市场经济的建立和发展，全市国营商业企业销售比重下降，经济效益逐年下滑，亏损持续增加。

1995年至1996年，全市商业系统企业采取改组、联合、兼并、股份制、出售、破产等形式改革，以产权制度改革为核心，以盘活资产为重点，社会商业形成多种经济成分共同发展的格局。

1997年，在全市社会消费品零售总额中，国有经济113.74亿元，占20%；集体经济85.34亿元，占15%；个体及私营经济152.98亿元，占27%；三资3.49亿元，占0.6%；其他212.63亿元，占37.4%。

2000年，全市社会消费品零售总额720亿元。其中，国有经济107.6亿元，集体经济67.5亿元，个体及私营经济285.6亿元，三资16.3亿元，其他经济242.9亿元。

2003年，市委、市政府下发《关于进一步加快民营经济发展的决定》，民营流通企业发展速度加快。同时，国内外资本加速向流通领域扩张，流通业所有制结构进一步改变，民营、外商及港澳台投资商业保持快速增长的态势，占有份额不断提高，国有和集体经济占有份额减少。

2004年，本土商业龙头企业逐渐从直接的商品经营转向规模化的资本经营，开展参股、售股、控股等资本经营活动，多种所有制共同发展的格局形成。县以下大多商业由个体私营经济主导；国有流通企业改制、改组、改造，建立起现代企业制度。在2004年经济普查中，社会消费品零售总额1068亿元，其中个体户占16.77亿元。

2005年，国有大中型商业企业完成股份制改造，市属大中型国有企业进行了公司制改革，大企业集团整体力有所增强。国有流通企业改制基本完成，在中小型批发、零售和餐饮服务业等一般竞争性行业以及县以下流通领域，国有资本基本退出。同时，外商投资领域进一步扩大到商贸、物流等领域。至年末，在全市社会消费品零售总额中，国有经济105.22亿元，占8.7%；集体经济20.81亿元，占1.7%；个体及私营经济816.14亿元，占67.1%；三资26.37亿元，占2.2%；其他247.21亿元，占20.3%。限额以上批发贸易业479个，其中国有及国有控股128个。

第一节　国有商业

重庆国有商业的发展始于1950年，上半年成立国营零售公司，下设30个零售商店，主要经营油、盐、米等群众生活必需品。同时，西南军政委员会先后在重庆建立粮食、花纱布、土产、油脂、西南区百货公司等一大批国营零售商店、代销店。1951年11月25日，重庆市合作社联合社正式成立，建立消费合作社49个，有社员18.37万人，有零售网点83个。合作社积极推进生猪、蔬菜经营等项目业务，各社还建立了碾米厂、榨油厂、豆类加工厂、切面厂、糖果作坊、奶牛场、制鞋工场、煤球厂、屠宰场等生产服务性车间57个，创商办工业之先。1952年，社会商品零售额3.35亿元，其中国营1亿元。此后，国有商业的管理机构和商品经营分工进行了多次调整，逐步形成分属于多部门的商业结构，除市第一商业局、第二商业局、供销合作社外，还有粮食、盐业等相对独立的系统。1996年底，全市有国有商业网点1.53万个，商品销售总额348亿元，商品库存71亿元。

1986年，全市有国营商业、饮食服务网点7478个，有从业人员9.5万人，分别比1985年增长8.2%和0.6%。其中，纯商业网点6605个，人员8.29万人，分别比上年增长11.97%和2.83%；饮食业网点472个，人员7098人，分别比上年减少8.53%和11.9%；服务业网点401个，人员5020人，分别比上年减少19.5%和13.3%。

1989年，全市有国营商业饮食服务业网点8411个，人员9.79万人，分别比上年减少3.5%和增长0.3%，在全市商业网点和人员总数中所占比重分别为4.2%和22.2%。在国营商业网点构成中，纯商业网点7516个，人员8.63万人；饮食业网点485个，人员6615人；服务业网点410个，人员4994人，分别比上年增长4.6%和4.3%。

1990年，有国营商业饮食服务业网点8631个，比上年增加2.6%。在全市商业网点所占比重为4.4%。在国营商业网点构成中，纯商业网点7761个，比上年增加2.6%；饮食业网点478个，比上年减少1.4%；服务业网点392个，比上年减少4.4%。

1997年，重庆直辖后，商贸业形成了国有经济、股份制经济、非公有制经济等多种经济成分并存的格局。

2004年经济普查结果，按登记注册类型分组的批发零售业，国有企业859个，从业人数3.72万人，销售295.77亿元，其中批发228.66亿元、零售67.11亿元。按登记注册类型分组的住宿餐饮业国有企业125个，从业人数9851人，营业额5.9亿万元。

到2005年底，国有商业社会消费品零售总额105.22亿元。

第二节　集体所有制商业

集体所有制商业包括供销社、乡镇合作商店，尤其餐饮业等服务业居多。1978年前，供销社名义是集体，实际是“二国营”。

1986年11月，重庆渝中区群益公司、沙坪坝区渝江商场、九龙坡区杨家坪日用工业品公司、涪陵市商业贸易公司等25个单位，以“平等自愿、互惠互利”的原则，成立了重庆集体商业经济联合会（以下简称“经联会”）。经联会实行理事会制，每季度召开一次全体理事会。经联会在渝中区设总联络处，每个成员单位都为该区的联络处，各设联络员1人，均可代表本会对外洽谈业务，商讨有关事宜。经联会有职工5000多人，营业面积3万平方米，600多个网点分布在重庆和下川东地区，自有资金1000万元以上，年销售额1.5亿元。经联会开展联购分销、单购联销、联合展销、厂店联挂、调剂余缺等项业务。10月25日建立的重庆市6区5县10个大中型百货商店联合会（简称“重庆市商联会”），是一个松散型商业联合企业组织。成员有重庆两路口百货公司、江北区百货商场、沙坪坝区百货公司、九龙坡区杨家坪百货公司、大渡口区百货公司、北碚区百货公司、永川县百货公司、江津县百货公司、巴县百货公司批发公司、綦江县古南百货公司等10家大中型百货公司商店，年总销3亿多元。总部设在重庆两路口百货公司，为商联会常设机构，代表各成员单位对外洽谈办理一切经济联系事宜。商联会成立以来，成员单位之间相互调剂余缺37.3万元。第一次供货会组织市内外70多家工厂参加，向工厂直接订货300万元。

1989年，全市有集体商业、饮食、服务网点4.49万个，从业人员15.49万人，在全市商业网点总数和人员总数中所占比重分别为22.4%和35.1%。在集体商业饮食服务业网点构成中，纯商业网点3.75万个，人员12.21万人，比上年略有增加；饮食业网点4284个，人员1.86万人；服务业网点3000个，人员1.41万人。

1990年，全市有集体商业、饮食、服务业网点4.27万个，比上年减少4.9%，在全市商业网点总数中所占比重为21.7%。在集体商业饮食服务业网点构成中，纯商业网点3.6万个，比上年减少4%；饮食业网点4105个，比上年减少4.2%；服务业网点2551个，比上年减少16.6%。

1991年，全市有集体商业网点4.21万个，14.92万人。其中，纯商业3.72万个、12.43万人，其中供销合作社8592个、4.07万人，其他集体商业2.86万个、8.36万人。饮食业2822个、1.31万人。服务业2069个、1.17万人。

1992年，全市有集体商业、饮食、服务网点4.57万个，人员15.41万人，分别比上年增长8.73%和3.33%，在全市商业网点总数和人员总数中所占比重分别为21.04%和32.17%。在集体商业饮食服务网点构成中，纯商业网点38.35万个、增加3.16%，人员12.21万人、减少1.83%；饮食业网点4099个，人员1.67万人，分别增长45.25%和27.52%；服务业网点3286个，人员1.54万人，分别增长58.8%和31.09%。

1998年5月，市财政局、市工商行政管理局、市经济委员会、市国家税务局、市地方税务局转发财政部等委局关于印发《清理甄别挂靠集体企业工作意见》的通知。意见指出，挂靠集体企业的清理甄别工作是重点工作之一，也是集体企业清产核资工作的重要组成部分。由于历史原因，在城镇集体企业群体中，一些非集体所有制的企业（单位）、社会团体或个人，在投资举办企业初期或发展过程中，为享受国家有关集体企业的优惠政策，或为取得有关的生产和经营资格，或为保持在生产经营活动中的信誉，或为便于获取有关证明材料，或因原主管部门及单位取消、变更等原因，在各地区、各部门形成了数量较多的挂靠集体企业。挂靠集体企业虽在工商行政管理部门登记注册为集体性质，但不少企业仅与主管部门、企业（单位）、社会团体之间采取自愿委托、任意划转或互相协商的松散管理方式，未纳入集体经济管理范围。清理甄别挂靠的目的在于明晰企业财产归属，对企业性质进行甄别，规范企业经营行为。城镇集体企业户数清理及甄别工作，由各级清产核资机构牵头，会同工商行政管理、经贸、税务等部门，依靠企业主管部门具体对各类企业、单位进行清理甄别。在户数清理及甄别工作结束后，各区市县清产核资机构、市级主管部门、中央在渝主管部门应出具清理结果及甄别报告。各地区、各部门应结合企业资产重组和产权制度改革，清理甄别企业产权，明晰财产归属。各级工商行政管理机关根据本地区清产核资机构出具的产权界定文件，及时办理企业提出的变更登记手续。

2004 年经济普查结果，按登记注册类型分组的批发零售业，集体企业 1073 个，从业人数 1.35 万人，销售 38.45 亿元，其中批发 29.77 亿元、零售 8.68 亿元。按登记注册类型分组的住宿餐饮业，集体企业 185 个，从业人数 3369 人，营业额 1.79 亿元。

2005 年，集体商业社会消费品零售总额 20.81 亿元。

第三节　非公有制商业

改革开放以来，重庆市非公有制商业得到迅速发展。

1986 年，个体商业的增长速度减缓，到年底有个体商业摊点 15.48 万个，从业人员 19.12 万人。

1989 年，全市有个体商业、饮食、服务业摊位 14.7 万个，从业人员 18.89 万人，在全市商业网点和人员的总数中，所占比重分别为 73.4% 和 42.8%。在个体商业饮食服务业摊点构成中，纯商业网点 10.59 万个，人员 12.99 万人；饮食业摊点 2.11 万个，人员 3.45 万人；服务业摊点 2.01 万个，人员 2.45 万人。

1990 年，全市有个体商业、饮食、服务业摊点 14.5 万个，在全市商业网点总数中所占比重为 73.8%。在个体商业饮食服务业摊点构成中，纯商业网点 9.98 万个，饮食业摊点 2.16 万个，服务业摊点 2.36 万个。

1991 年，非公商业服务网点 15.15 万个，19.27 万人。其中，纯商业 10.57 万个、12.8 万人，饮食业 2.27 万个、3.59 万人，服务业 2.5 万个、2.88 万人。

1992 年，全市个体商业饮食服务业有摊点 15.15 万个、人员 18.68 万人，在全市商业网点和人员总数中所占比重分别为 69.71% 和 38.98%。在个体商业饮食服务业摊点构成中，纯商业摊点 10.87 万个，人员 12.75 万人；饮食摊点 2.36 万个，人员 3.75 万人；服务业摊点 1.91 万个，人员 2.18 万人。

1992 年以后，个体商业进入了一个高速发展期。突出表现为增长速度快、行业和地域分布广、所占市场份额越来越大，成为商品流通领域的一支生力军。国有和集体商业市场份额下降，其他经济成分迅速发展。个体经济超过国有经济成为消费品市场销售中的主要力量。

1996 年，国有经济社会消费品零销总额为 110.68 亿元，占 22.2%；集体经济 79.20 亿元，占 15.9%；个体和私营经济 155.1 亿元，占 31.1%；三资经济 2.52 亿元，占 0.5%。

进入 21 世纪后，非公经济持续稳步发展。一是各级党委、政府坚持以公有制经济为主体、多种所有制经济共同发展的方针，把私营、个体经济纳入社会经济发展整体规划，并作为促进和推动经济发展的主体之一来抓，加强对私营经济发展的指导、协调、服务工作。二是各部门把支持私营个体经济的发展纳入工作职责范围，加强协调配合，共同推进私营经济发展。三是国有经济改革的顺利进行和经济持续发展为私营经济发展提供了重要保障。四是“三大经济圈”规划的实施和三峡库区建设为私营经济的发展提供了广阔的发展空间。五是国家加入 WTO，发展环境不断改善，吸引了大量外来企业和投资者。六是企业素质提高。由于市场经济的熏陶和大量科技人员、机关分流人员、大专院校毕业生、国有企业下岗职工加入私营经济队伍，使私营企业的整体素质得到提高。

2001 年，非公有制商贸成为商贸流通的主体。推出新的“十个一批”，为包括私营、个体经济在内的各种所有制经济共同发展创造了良好的发展环境。重庆市开展了对地方性法规、政府规章和政策措施的全面清理，为各种所有制经济与国际经济接轨创造条件。

2003 年，推动非公有制商贸经济加快发展。引导外资、民营商贸企业参与国有商贸企业的改革重组，鼓励民营商贸流通企业“走出去”发展连锁经营网点。为支持各种所有制商贸企业调整结构，创新业态，市商委对产权明晰、经营机制运转良好、项目有发展前景的各种所有制商业企业均给予结构调整资金支持。当年非公有制商贸经济迅速发展，占全市零售市场份额的比重为 83%。

2004 年，着力培育壮大以民营经济为经营主体的商品交易市场，非公有制商业增势强劲。全市非公有制商业社会消费品零售总额 716.25 亿元，增长 14.6%，占全市社零 75%。经济普查数据显示，按登记注册类型分组的批发零售业法人单位、从业人数及商品销售情况，股份合作企业 371 个，从业人数 6257 人，销售 15.39 亿元，其中批发 10.57 亿元、零售 4.82 亿元；联营企业 83 个，从业人数 905 人，销售 3.51 亿元，其中批发 2.77 亿万元、零售 7423 万元。有限责任公司 2688 个，从业人数 6.85 万人，销售 424.98 亿元，其中批发 309.28 亿元、零售 115.71 亿元；股份有限企业 532 个，从业人数 2.07 万人，销售 199.86 亿元，其中批发 133.19 亿元、零售 666.63 亿元。私营企业 5883 个，从业人数 7.94 万人，销售 344 亿元，其中批发 258.47 亿元、零售 85.53 亿元；其他企业 242 个，从业人数 3736 人，销售 17.93 亿元，其中批发 15.17 亿元、零售 27.54 亿元。

2005 年，出台《重庆市人民政府关于贯彻国务院鼓励支持和引导个体私营等非公有制经济发展的若干意见的实施意见》《重庆市非公有制经济中长期发展规划（2005—2020 年）》等指导性文件，从多方面入手，努力创造有利于非公有制经济发展的良好环境。商贸流通领域市场化步伐加快，鼓励多形式多元化共同发展，非公有制商业增势强劲。到 2005 年底，个体及私营商业社会消费品零售总额 816.14 亿元。全市非公有制商业企业 1.55 万家。非公有制商业成为全市商贸流通业的重要支柱和重要增长极。私营企业总数首次超过国有、集体控股企业总数，占全市企业总数的 52.3%。至年末，全市累计登记注册私营企业 7.57 万户，注册资本（金）1114.35 亿元，投资者和雇工 105.44 万人。全市私营企业总产值 260.26 亿元，销售总额或营业收入 212.02 亿元，社会消费品零售总额 193.07 亿元；全年全市私营企业安置下岗失业人员 1.49 万人，比上年增长 38%，其中投资开办私营企业的有 3700 人，到私营企业从业的有 1.12 万人。

第三章　区域结构

重庆市是典型的大城市与大农村结合体，市场网络遍布城乡。以把重庆建设成为长江上游的商贸中心为目标，按照“组团式、多中心、分层次”的商业中心思路，分四个层次推进商业中心建设，形成以主城商贸中心为核心、地区商贸中心为骨架，城乡贯通、四通八达、运转高效的市场网络体系。

第一节　城市商业

城市商业以主城区和区域性中心城市为主。重庆市用抓工业的办法抓商业，集中打造多层次商业中心，按照“商住分离，人车分流，集中打造，立体开发”的建设理念，在主城区集中打造渝中解放碑、江北观音桥、沙坪坝三峡广场、南岸南坪、九龙坡杨家坪等5个商圈；以地区中心城市为依托，重点建设万州、涪陵、黔江、江津、合川、永川、南川、长寿、开县等9个区域商业中心，形成各层次齐头并进的商业中心，成为流通产业发展的核心增长极，推进长江上游商贸中心建设。

主城区是重庆经济的核心增长极，是都市发达经济圈，重庆作为长江上游和西部地区商贸中心的地位首先在主城区体现。主城区商贸发展提升层次，完善功能，向现代化、国际化方向发展，成为具有强大聚集效应和扩张能力的都市商业圈，对全市商贸流通发挥带动作用。

一、中央商务区

进入21世纪后，随着城市发展，提出了解放碑、江北嘴、弹子石构建为中央商务区（CBD）的设想，并从多方面推进以解放碑和江北嘴为主体的中央商务区建设。

2003年11月27日，同意重庆中央商务区的功能定位是长江上游和西南地区的区域性商务中心。中央商务区的位置选择在解放碑—江北城—弹子石构成的“两区一线”地区，主要由解放碑商贸区、江北城现代商务区和弹子石滨江沿线地带功能配套区构成，形成“两区一线”的布局结构，总体用地规模5~6平方千米，其中由解放碑和江北城组成的硬核区约4平方千米。在下阶段规划工作中，在统一的规划指导思想下，将“两区一线”地区规划建成具有山水园林城市特色的重庆中央商务区。解放碑商贸区按照渝中半岛形象策划及相关规划进行建设，江北城现代商务区在方案征集的基础上，进一步编制控制性详细规划，南岸弹子石滨江沿线地区结合滨江地区城市设计统一规划。

解放碑有较好的发展基础，成为中央商务区的核心区域，成了独特的亮丽景观和城市名片，成为著名商业街。解放碑商业街提升档次，着力在商务、总部经济上做文章。江北城和弹子石正在规划之中。

二、商圈

由于重庆主城地理条件与外地不一样，建设商业街或商业步行街不能以圈的形式，商业设施只能实行组团式建设，形成组团式商业中心。

主城区商贸中心是全市商贸经济的核心。市商委和主城各区把调整和完善主城商贸中心摆在突出位置，围绕强化商贸中心的“龙头”“窗口”作用和聚合辐射功能，突出重点，集中打造商业中心。市与区配合，以区为主。各区打造自己的商圈，形成“比学赶超”的势头和齐头并进的发展格局。在打造中，力求做到“商住分开、人车分流、立体开发、集中打造”，加快商圈的设施改造和业态调整，提升都市商业发展的档次和水平，商贸中心的功能进一步完善，形成以解放碑、观音桥、沙坪坝、三角碑、南坪、杨家坪五大购物中心为依托，以大型批发市场为支撑，以一批中外大型商贸企业为骨干的大流通格局，成为长江上游和西部地区的最大商圈，成为流通产业发展的核心增长极。

解放碑、观音桥、沙坪坝、杨家坪、南坪等五大商圈是展示城市及商贸业的窗口，也是展示重庆大都市商贸形象的标志。完善购物中心，解放碑、三角碑、观音桥、南坪、杨家坪五大购物中心进一步完善综合服务功能，向集购物、餐饮、文化、娱乐、休闲、健身等为一体的方向发展，并进一步改善环境，提高档次，突出特色，塑造城市商业街区的整体形象。都市商圈的建设培育，对营造商气、聚人气、聚财气，扩大消费起到了重要作用。

2000 年，在商圈建设中，继续抓一批大中型购物中心、商业特色街和重点商品市场的建设培育。渝中区突出抓八一路美食街的建设和培育。江北区、九龙坡区注重规划，调整商业布局和设施建设，引进了重庆百货大楼和新世纪百货，带动了区域商贸流通经济的升位。进一步完善主城区的商贸中心功能，构筑五大组团购物中心。

2001 年，按照“有进有退”的原则，在主城区不再规划新建农贸市场，控制开办传统性综合百货商场，积极引导和支持发展连锁超市、便利店、专卖店、精品店、货仓式卖场、购物中心、商业步行街等现代商业设施，使流通方式更符合社会需求。指导主城各区加快五大购物中心的设施改造和业态调整，提升都市商业发展的档次和水平。渝中区完成解放碑购物中心二期拓展工程和重百大楼改造工程；南岸区建成商业旅游步行街、一批商业网点的改扩建和大型商业企业的引进；沙坪坝区加快建设商业文化广场三期工程；九龙坡区、江北区完成杨家坪、观音桥购物中心建设培育的规划设计并组织实施。

2004 年，加速提升主城区五大商圈的服务功能。解放碑商务功能，总部经济落户基础初步形成，逐步优化购物环境。江北观音桥商圈建设的档次较高，成为全市商圈打造的一个亮点。2004 年经济普查数据显示，社会消费品零售总额 1068 亿元，其中市 621 亿元、县 145 亿元。

2005 年，渝中、江北、沙坪坝、南岸、九龙坡等主城五区的中心商圈营业网点 3.79 万个，其中5000 平方米以上的近百个。营业面积459 万平方米，销售额605.6 亿元，充分体现了聚集、辐射功能，满足了居民购物消费需要。主城五区社会消费品零售总额 489.36 亿元，增长 15.7%，成为全市消费增长的主要带动力量。继渝中区之后，九龙坡区社会消费品零售总额突破 100 亿元，渝中区、九龙坡区社会消费品零售总额分别为 160.56 亿元和 107.28 亿元，沙坪坝区、南岸区、江北区社会消费品零售总额分别为 87.85 亿元、69.97 亿元和 63.69 亿元。五大商圈经营业态呈现多样化和现代化。

附：部分商圈介绍

解放碑商圈　位于重庆市渝中区民族、民权、邹容三条大道的交会地带。该建筑最初落成于 1940 年 3 月 12 日孙中山先生逝世纪念日，为四方形炮楼式木结构，称为“精神堡垒”。抗战胜利后重建，通高 27.5 米，八角柱形，时任重庆市市长张笃伦题名“抗战胜利纪功碑”。1950 年改建，由西南军政委员会主席刘伯承改题“人民解放纪念碑”，简称“解放碑”，为重庆的著名标志。1997 年 12 月 27 日建成，面积 2.24 万平方米，是全国第一条商业步行街，享有“西部第一街”的美誉。2000 年、2001 年将步行街向八一路中段和民族路延伸，面积增至 3.6 万平方米。2003 年 9 月，以解放碑商业步行街为核心的 0.92 平方千米被市政府确定为“重庆中央商务区”的硬核部分，承担商务、商贸双重功能。解放碑地区有商业设施 212 万平方米，营业面积超过 5000 平方米的大型商场有 20 多家，成为重庆乃至中国西部高档品牌的荟萃之地。解放碑商圈是重庆的窗口，是重庆商业繁盛的缩影。渝中区解放碑商圈由邹容路、民生路、民权路、民族路 4 条干道组成，方圆 1 平方千米左右。在网点密集的解放碑商业繁华区，汇集了近千家店铺。有近百年历史的老字号，也有刚刚营业的新店堂，各种商店鳞次栉比，人流如潮。解放碑商圈集中发展大店、名店、精品店，突出都市商业特色，以满足市内外中高档消费为主，主要经营精品、名品、新品、旅游商品以及中高档餐饮等，重点发展连锁超市、专卖店、便利店和灯光夜市，成为重庆都市商业展示区档次最高、服务最佳的购物中心。2002 年，市商业委员会、市发展计划委员会、市规划局批复重庆市解放碑商贸中心区管理委员会（渝商委发〔2002〕10 号），同意《重庆市解放碑商贸中心区五年发展规划》。中心区管理委员会根据规划制订年度实施计划，分解目标，做好规划实施过程中的统筹、协调和督查工作。市、区有关部门按照职责分工，积极配合，大力支持中心区管理委员会的工作。2005 年末，解放碑商圈进驻的单位 13100 多家，汇聚了 90% 的驻渝国内金融机构，三分之二的驻渝市外银行和保险机构，四分之三的世界 500 强驻渝单位和外国驻渝领事机构，销售 207.97 亿元，增长 12.7%；社会消费品零售总额 101.48 亿元，增长 14.5%。大型商场有重庆百货大楼、新世纪、美美、大都会、家乐福等。2004 年，总销售 184.56 亿元，社会消费品零售总额 88.61 亿元，居中国西部商业街区的首位。解放碑商贸中心区是最大的商业步行街区，集购物、休闲、旅游、商务、餐饮、娱乐等综合功能于一体。营业面积超过 5000 平方米的大型商场有 20 多家。最大的零售商——重庆百货大楼股份有限公司，最大的批发商——重庆商社（集团），最大的零售超市——家乐福，设施档次最高的商务机构——大都会，还有全国医药行业最大的零售连锁企业——和平药房总部。区域内商贸服务业业态齐、国内外知名品牌集中。重庆百货大楼、新世纪百货、美美时代百货、王府井百货、太平洋百货等大型骨干企业与商业主题街、专卖店、品牌连锁店共同促进了商贸区的繁荣兴旺。区域内还有金融、保险、通信、信息咨询、技术中介服务机构 324 个，餐饮店 340 多家，三星级以上酒店 10 余家和 29 家世界 500 强企业的办事机构。1999 年以来，解放碑中心购物广场相继被国家命名为“全国精神文明创建活动示范点”和“全国百城万店无假货创建活动示范街”。

江北观音桥商圈　2004 年规划面积 100 万平方米的江北观音桥商圈开工新建 13 个商业项目，完成投资 40 亿元，建成项目面积 54 万平方米。2005 年 2 月 3 日，观音桥商业步行街正式开街。江北观音桥商圈规划面积 42.42 公顷，分为商业购物金融酒店区、市场贸易区、餐饮服务居住区、文化休闲商务办公区等 4 个功能区，投入使用的商贸、商务设施面积 120 万平方米，有经营面积 5000 平方米以上的大型商场 20 余家，先后引进了北京世纪金源集团、北京金融街、香港茂业集团、香港红塔集团等 13 家开发企业在商圈投资 50 亿元，总建设规模约 200 万平方米，其中商业面积 100 万平方米。主要有新世纪百货、重庆百货大楼、茂业百货、北京华联、远东百货等大型百货商场，有家乐福、屈臣氏、永辉等国内外知名连锁超市，有国美电器、苏宁电器、建玛特等大型专业店，集休闲大道、文化走廊、绿色长廊和购物大街为一体的城市景观；有面积 5 万平方米，具有拉斯维加斯风格，集休闲、购物、娱乐、餐饮、健身为一体的西南地区最大的地下不夜城；有单面面积达 5700 平方米的三面翻版广告，是当时世界上最大的户外广告牌，由世界著名规划设计公司——美国 SOM 公司在川剧“变脸”艺术的启示下创意的，已申请大世界基尼斯纪录；有一座以“山、水、桥、树”构成的大型生态景观石桥“观音桥”，成为观音桥商贸中心的标志，成为主城区又一漂亮繁华的商圈。观音桥商圈商贸发展迅速，2004年社会消费品零售总额30.13亿元，增速21.19%。

沙坪坝三峡广场商圈 沙坪坝商业繁华之地，沙坪坝区商业步行街北起沙南街，跨渝碚路，顺华宇广场西侧向南延伸至绿色艺术广场。商圈的有效消费人口120万，每天人流量42万人次，年购买力在60亿以上，区内商业网点有万余家。整个商圈相对独立，并已形成一定的商业氛围，随着三峡广场、雕塑文化广场、绿色艺术广场等一系列广场的建成，沙坪坝区的经济和商业逐渐繁荣起来。从1997年开始，经过长达5年的精心打造，拥有地面广场8万平方米、地下商场10万平方米的核心步行区形成，从而使周边房地产迅速增值，人气倍增，吸引了重庆百货、北京华联、新世纪百货、立洋百货等一批国内著名商家纷纷进驻，抢占商贸制高点，中国银行、深圳发展银行、福建兴业银行等14家金融机构也先后入驻，使得三峡广场现已是寸土寸金之地。商业步行街位于三峡广场东北端，广场上世界著名公司和商家大多云集于此，有肯德基、麦当劳、必胜客、太平洋百货、新世纪百货、重庆百货、金鹰女人街、明日百货、开泰百货、博履都、重庆大酒店、七十二行酒店宴宾楼、寒舍新西兰歌城、沙沙啦歌城、KISS吧、823迪吧、五月花茶楼等1000余家商场、酒店、休闲娱乐场所。它们引领着重庆时尚，展示着国内、国际品牌，最大限度地满足了国内外旅游者和当地市民的各种消费需求，成为国内商品走上世界、外国商品进入国内市场的通道和桥梁，使三峡广场成为沙坪坝区名副其实的金融商贸中心。自2001年1月以来，三峡广场先后被中宣部、国内贸易部等六部委命名为“全国百城万店无假货示范街”，被中国城市商业网点建设管理联合会、中国步行街工作委员会评为“中国特色商业街”。

九龙坡杨家坪商圈 杨家坪商圈是以杨家坪商业步行街为中心，“一环五纵”涵盖杨、谢、石、黄区域，东至直港大道及滨江路沿线；南至毛线沟转盘；西至石坪桥正街中段金色港湾；北至谢家湾立交桥，区域面积4平方千米。2003年开街，面积18.9公顷。2007年，杨家坪商圈有商业网点4175个，营业面积80万平方米。其中，5000平方米以上商业网点26个，入驻市外大型商家15家，国外品牌商家4家，商贸销售额84亿元，社会消费品零售总额72.3亿元，就业人员6.21万人。杨家坪商圈作为都市生活的亮点，并与历史、文化、经济、旅游、商贸等特色和优势紧密结合，形成了自己的主题特色“生态文化”。

南岸南坪商圈 2001年下半年开街，长610米，面积近1.3万平方米。南坪商圈辐射主城南部及周边消费者，以南坪转盘为中心，利用毗邻经开区、会展中心、南山等优势，建成以商贸、会展、旅游为重点的特色商业旅游会展中心。2005年建成南坪商业步行街，先后引进国内外知名品牌企业24家，新增商业设施面积56万平方米，平均日客流量3万~4万人次。其中，珊瑚村有大连万达、亚太商谷渝能顺驰、英国百安居、美国沃尔玛、国美电器、苏宁电器、大中电器、武汉中百、人人乐，全国6强影院1家（星美院线），全国十大书城连锁店1家（文轩书城），另外还有松下整体家居、卡森达家具、宝马俱乐部、燕簧KTV等众多国内外知名品牌企业。南坪商圈累计完成投资35.36亿元，竣工126.3万平方米，新增商业设施面积56万平方米。

三、地区商贸中心

从2000年6月起，市商委把建设重点转到地区商贸中心城市，突出抓地区商贸中心的规划建设，重点扶持万州、涪陵、永川、合川加快商贸设施建设。9月，在永川召开的地区商贸中心规划座谈会上，确定用3~5年时间把万州、涪陵、黔江、永川、合川、江津、南川、长寿、开县等9个县（市）建设成为地区商贸中心，发挥其跨县域的聚合辐射作用、示范带动作用和城乡联结作用。

加快9个地区中心城市的商贸规划建设，构筑大容量、开放式、多功能、强辐射的新型流通网络。按照全市总体发展规划，万州、涪陵、黔江、永川、合川、江津、南川、长寿、开县被确定为重庆的地区中心城市。9个地区中心城市地处渝西经济走廊和三峡库区、生态经济区，是商贸流通对外辐射的前沿。其发展对大城市带动大农村，加快重庆城市化进程具有特别重要的意义。“十五”前期，着力培育万州、涪陵、永川、合川四大地区商贸中心以及黔江贸易市场。万州区重点培育三大批发市场，建设三峡库区最大的物资集散中心，抓好商业步行街、大店名店的规划建设，发展成为重庆东部的商贸中心。涪陵区加快四大专业市场、四大购物商城建设，办好年度的榨菜节，发展成为重庆中南部的商贸中心。永川市培育家电市场、农副产品市场，建设美食街，发展成为重庆西部的商贸中心。合川市建设区域性专业批发市场、专业特色街和步行购物广场，发展成为重庆北部的商贸中心。抓好黔江贸易市场建设，加强与周边省区的商品物资交流。发展的重点是：建设一批有特色的专业市场，尤其是农副产品市场和农业生产资料市场；引进大店名店，培育具有示范效应的大中型商场；抓好特色商品一条街、美食一条街的建设，营造商气；改善购物、服务软环境，提升商贸经营层次。

9个区县（市）抓住三峡工程建设和西部大开发的历史机遇，加快商贸中心建设。2000年，地区商贸中心建设培育开始启动。万州区完成渝鄂农副产品批发市场一、二期工程；涪陵区完成关庙市场设施改造和结构调整；永川市完成蜀华商业步行街、美食街的建设；合川市完成商贸城、南屏建材市场的培育和专业美食街的建设。这4个城市成为区县商业经济增长带动极和城乡市场传递辐射的枢纽。2001年，市商委重点扶持万州、涪陵、黔江、永川、合川加快商贸设施建设和商品市场培育。“十五”期间，9个地区中心城市注重引进或引资合办大中型品牌零售商场、综合超级市场，规划建设商业步行街、特色商品专业街，培育大中型商品市场，增强对周边地区的带动和聚集辐射功能。2005年，万州高笋塘商业中心、涪陵南门山和高笋塘商业中心、黔江南海鑫城商业中心初步形成，合川以“南滨公园—劲力广场”为核心的商业中心、长寿百年广场商业中心、永川渝西广场和人民广场商业中心、江津几江商务中心正在抓紧建设之中。并规划建设了一批商业特色街区，形成了地区中心商圈的基本构架。这些商业中心规划起点较高、功能和业态布局合理，呈现出蓬勃发展的势头，增强了区域内的辐射带动作用。万州、涪陵、黔江、长寿、合川、永川、江津、南川、开县等9个地区商贸中心实现社会消费品零售总额340亿元，增长14.5%。

除此之外，渝北、大渡口、巴南、北碚、梁平、铜梁、丰都、云阳、奉节等区县政府驻地，结合旧城改造和移民搬迁，规划建设了一批集中度较高的商业广场、步行街、专业街等商业设施。

推进县域商贸区和重点小集镇市场设施的建设，注重与农业产业结构调整的结合，鼓励兴办农贸市场、农资市场、小商品市场等，引导日用工业品下乡和农副产品外销。

附：部分商贸中心介绍

万州商贸中心　2000年建设进展明显，大商场、大市场构成了万州商贸中心的骨架，支撑起了万州商贸的繁荣，增强了对周边地区的辐射力。号称万州商贸“龙头老大”的小天鹅批发市场成交额突破10亿元大关，新世纪百货冲破2亿元，成都人民商场万州分店1亿元。各类精品、名牌总代理、总经销120多家，外地经销商3000多户。2001年，多元化投资4.8亿元，相继建成三峡蔬菜批发市场、云锦汽车，引进重庆百货大楼入驻高笋塘商务区和龙宝、天成、五桥三个次中心商贸区，完成渝鄂农副产品批发市场、三峡装饰建材大世界建设。

黔江商贸中心　2001年，加快建设武陵山贸易市场、旧车市场，引进重庆商社（集团）、重庆宗申摩托、重庆长安汽车、昌河汽车、重庆和平药店等39家企业发展连锁经营或总代理。

永川商贸中心　围绕建立渝西商贸中心这个目标，以重点市场、重点企业为依托，加快一批形象工程的建设进度。名豪购物广场自2000年9月开业以来，注重结构和服务特色，月销售额1000万元，是渝西地区最大的零售企业。渝西购物广场建成，重庆百货大楼进入该广场。永川农产品市场、家电批发市场、建筑装饰材料市场等三大商品交易市场2000年交易额达6亿元，5条特色商业街、8户营业额上亿元的龙头企业逐步形成。2001年完成蜀华商业步行街、美食街的建设。

合川商贸中心　2000年，久长路商业步行街一期工程完工，形成以专卖店、品牌店为主的城市购物区，是渝西地区第一条商业步行街。重庆百货大楼和新世纪百货公司的入住，使商贸中心的轮廓初现。2001年，完成商贸城、南坪建材市场的培育和专业美食街的建设，加快建设重庆北部旧货市场；引进重庆百货大楼、重庆新世纪百货公司、国美电器重庆公司等知名企业发展连锁店。

四、特色商业街

特色商业街是城市及经济发展的重要组成部分。特色和创新是商业发展的生命。特色商业是城市的亮点、名品，特色商业街已成为城市的新地标。在各种商业形态中，特色商业街最有生命力。重庆的特色商业街建设尤其以餐饮著名，融入了现代文化气息，有的已成为当地的“代名词”或“城市名片”。

1986年5月，渝中区八一路好吃街全部完工。

进入新世纪，打造城市商业特色街，南滨路、北滨路、磁器口、高新区信息通信、老顶坡汽摩配件等一批独具特色、风格各异的商业特色街成为主城区商业的亮点。

2005年，重庆市各地注重突出特色，打造商业特色街，对促进商贸流通业和餐饮服务业的发展起到了良好的作用。重点培育了一批独具特色的商业街，以几大商圈、特色餐饮美食街、家居建材街为代表的特色商业街、特色市场，形成了商圈的基本构架，成为特色商业体系的主体。重点建设和完善了南岸区南滨路扩展段、江北区北滨路、沙坪坝区磁器口、渝中区洪崖洞、黔江区解放路商业街、合川区三江美食街、彭水县餐饮一条街等商业特色街。全市共建成各类商业特色街32条。

五、社区商业

社区商业建设是开拓市场、扩大需求、满足居民消费需求的重要举措，是构建社会主义和谐社会的必然要求，也是提升城市商业发展水平和现代化水平的重要标志。其本质是便民、利民，是一项城市的民心工程。

社区商业，坚持“以人为本、服务居民”的宗旨，以“便民、利民、为民”为出发点，大力发展家政服务、健身服务、物业管理服务等以家庭生活为核心的服务业，合理布局社区服务网点，完善社区服务设施，拓宽社区服务领域，增强社区服务功能，结合社区居民多方面、多层次生活服务的需要，改造提升社区传统商业，突出便民利民特点，形成集购物、餐饮、社区服务、休闲、娱乐、生鲜食品超市等为一体的、功能齐备的新型社区商业服务中心。

2002年，市商委为拓展商业服务业新的发展空间，构建以生活服务业为主体的社会服务业体系，开展建设社区商业服务中心试点工作。实施范围：主城渝中区、江北区、南岸区、沙坪坝区、九龙坡区、大渡口区等6区；以辖区内居民住户1000～2500户的社区居委会或居民住宅区为一个试点单位，要求每个区选择推荐3—4个居委会或住宅小区，选择管理机构较完善、商业服务业相对欠缺或配套不合理、居民生活不便和新开发成型、入住率较高的住宅小区。对建设社区商业服务中心或便民服务网点，如超市、连锁店、便民店、便利店等，对建设方式、管理体制、投资渠道、运作模式等提出了要求。

2003年，大石坝大顺社区商业服务中心被授予全市首家“社区商业服务中心”。

2004年，加快发展社区商业，完善城市社区商业服务，逐步改变社区商业设施规模小、档次低、功能单一的状况，集中扶持37个城市社区商业服务中心，当年销售额23.68亿元，增长32.36%。

2005年，按照商务部《关于加快我国社区商业发展的指导意见》，重庆市结合实际，开展社区商业建设和改造工作，开展以实施“城市商业服务便民工程”为核心的城市社区商业服务中心建设工作，逐步形成了能满足居民基本生活需求的社区服务网络，实现社区居民的购物、餐饮、维修、美容美发、洗衣、家政服务和再生资源回收等基本生活需求。一是开展对拟规划建设社区商业服务中心的区域进行（包括常住人口、商业业态种类、商业网点、商业营业面积、社区资源以及需要补充调整的业态等情况）调查，为制订社区商业发展规划和引进连锁企业提供基础信息。二是制订和完善社区商业规划，确保社区商业网点设施配置标准化和科学化。开展了以“连锁进社区，服务进家庭”为主要内容的社区商业“双进”工程，解决部分社区消费不方便、不放心的状况。8月18日，市商业委员会提出开展城镇社区商业服务便民工程，并发出通知（渝商委发〔2005〕200号），坚持以“以人为本、服务居民”为宗旨，以“便民、利民、为民”为出发点，以建设社区商业服务中心为载体，大力实施“城市商业服务便民工程”，完善新社区商业服务功能，优化老社区商业结构布局，加快营造和谐的社区消费环境。争取用3—5年时间，在全市城镇初步建成600个各种类型、符合社区居民需求的社区商业服务中心，重点创建120个社区商业服务中心示范社区。三是开展市级和国家级示范社区申报评定工作。市商委审核确定20个市级示范社区，推荐2个申报国家级示范社区。经商务部组织专家评审，重庆市渝中区的莲花社区、沙坪坝区的天星桥社区进入全国50个示范社区行列。

第二节　农村商业

农村商业一直是流通业的一个短板。过去农村商业是以供销社和商业合作社为基础的，各类商店遍及城乡。改革开放后，供销社和商业合作社因体制机制、经营管理的问题，所占市场份额逐渐减小，个体工商户逐渐占领农村市场。

重庆市是大城市又是大农村，农村消费市场广阔，潜力巨大。20世纪90年代，市商委及全系统就开始加快农村现代流通体系建设，从中心镇商业设施建设、农贸市场建设入手，建立和完善农村流通体系，加大农村市场建设的力度，完善农村流通基础设施，促进农村市场的形成，还鼓励优势流通企业用连锁经营的方式完善农村流通网络，采取多种方式开拓农村市场，引导农村消费。到2005年实施“万村千乡”工程，把农村流通网络延伸到了村社。重视市场开拓，形成以乡村零售网点为基础，以大中型批发市场和连锁配送中心为骨干，以各类农村流通企业为主体，农产品、消费品和农业生产资料市场均衡发展，城乡市场相互融合、内外贸易紧密联系、组织化程度较高的农村市场体系逐渐形成。商业流通企业探索发展适合农民消费水平和需求层次的零售业态，组织适销对路的商品，不断增加农村消费领域，扩大农村消费。继续引导城市连锁店、专卖店向农村延伸，积极开展多种形式的城市“名店名品下乡”活动，以及符合农村特点的假日消费、节日消费和旅游消费活动，不断创新消费形式和消费内容。商业流通企业充分发挥各自优势，积极面向农村市场，在农村直营连锁与加盟连锁，拓展市场空间，并将农副产品收购回城销售；广泛应用现代流通技术，很多连锁店都配备了POS机，有的还开始应用条形码技术，电子商务显露雏形，配送商品普遍实行电话预定，个别商家还购置了电脑，开通了网络，进行网上定购，既降低了成本，也提高了效率。

农村消费偏“冷”，一直困扰消费市场。占全市人口总数三分之二的农村人口，只消费了三分之一的商品。2005年，县以下社会消费品零售总额337.95亿元，占27.8%。农村消费，一是不安全。据有关方面调查，目前药品的假冒伪劣案件80%出现在农村。二是不方便。有三分之一的农民认为购买生产资料和生活资料不方便。三是不实惠。农村物价长期高于城市物价。加之，农村流通基础设施不足和落后，消费环境不佳，再加上农民收入的基础还不够稳固，农村市场开拓的任务仍然很艰巨。随着农业经济的稳步发展和农民收入的逐步增长，农村市场的发展前景非常广阔。农村市场历来是商贸流通领域关注的重点，也是市场开拓的重点。

1998年，全年农村居民人均商品性生活消费支出744.4元，占人均全部生活消费支出总额的比重由1997年的53.8%提高到55.4%，提高了1.6个百分点。消费质量明显改善。①食物消费质量提高，营养状况改善。农村居民粮食消费比上年下降6.23%，而油脂食物消费增长8.29%，肉类增长2.82%，禽蛋增长18.5%，瓜果类增长39.94%。②衣着消费向成衣化、高档化发展。农村居民越来越讲究穿着的款式和质地，原布购买量下降，成衣购买量逐步增加，人均衣着支出63.1元。其中，购买服装的支出占55.35%，上升了3.32个百分点。③住房质量提高。农村居民人均居住支出178元，增加12.8元，增长7.75%。人均住房使用面积26.39平方米，增加了1.65平方米。其中，砖木结构和钢筋混凝土结构住房面积17.3平方米，占65.6%，提高了3.8个百分点。④耐用消费品增加。平均每百户农民家庭拥有电风扇104.7台，增长14.7%；洗衣机4.4台，增长57.2%；电冰箱3台，增长9.9%；摩托车1.87辆，增长55.8%；电视机87.4台，增长7.8%，其中彩色电视机16.27台、增长45.27%；收录机21.2台，增长10.8%；照相机1.13架，增长68.7%；抽油烟机1.87台，增长25.7倍。⑤文教娱乐用品及服务支出稳步增长。农村居民人均文教娱乐用品及服务支出110.2元，增加7元，增长6.78%。其中，学杂费支出增长8.34%，文娱费增长11.5%。⑥交通和通信消费增长快。年末，71.33%的村通电话，93.33%的村通公路，95%的村通邮。农村居民人均交通和通信支出34.6元，增加11.4元，增长49.1%。其中，交通工具支出增长4倍，通信工具支出增长1.9倍；交通费支出增长11.13%，邮电费支出增长1.2倍。⑦医疗保健支出继续增加。农村居民人均医疗保健支出47.4元，增加6.8元，增长16.75%。其中，医药卫生保健用品支出增长13%，医疗保健服务费增长21.4%。⑧其他商品和服务支出增加。农村居民人均其他商品和服务支出14.6元，增加3.7元，增长33.94%。其中，化妆品支出增长12.2%，金银珠宝饰品支出增长20倍。

1999年4月，市商委布置开拓农村市场，召开区县财办主任会，要求各地将启动内需、开拓市场作为工作重点。

2000年，市商委提出开拓农村市场工作的意见，重点围绕农村产业结构调整、助农增收、提高农村购买力，力争在培育农村优势龙头企业、发展农村商品流通组织，建设农村商品市场体系等方面取得实质性进展。全面启动农村消费市场，加快重点城镇和农村商品市场的发展，指导、扶持一些重点县城中心镇，发展规范的室内集贸市场、专业批发市场、中型综合百货店、中小型超市、商业街、连锁店，以及省际贸易市场等，开拓农村市场。

2001年7月，市商委按照市主要领导“采取有力措施，花大力气振兴农村市场”的重要指示精神，会同市农办组成联合调研组，深入永川、合川、潼南、黔江、秀山、武隆、丰都、奉节等8县14乡就农村市场开拓开展了近两个月的专题调研，寻求激活农村市场的有效途径，8月下旬向市委、市政府提交开拓农村市场的调研报告，形成了《关于进一步开拓市场启动消费的意见》，并由市政府办公厅转发。在调研的同时，有针对性地指导区县加快培育农村流通组织，鼓励发展农民贩运大户，组织多种形式的展销会等，进一步畅通了农副产品、工业消费品的流通渠道。尤其是加大对农村市场设施建设的投入，市商委确定17个重点建设项目，总投资3.75亿元，总建筑面积30万平方米，安排落实了1000万元转向资金并给予贴息支持。由于采取了强有力的政策措施，农村消费品市场出现了持续回升的增长势头。全年实现社会消费品零售总额301.89亿元，增长7.1%；农村集贸市场成交额208.45亿元，增长6.8%。

2004年经济普查数据显示，社会消费品零售总额1068亿元。其中，县145亿元，县以下302亿元。

2005年6月16日，商务部核准重庆市"万村千乡"市场工程试点县（市、区），同意南川市、铜梁县、潼南县、綦江县、璧山县、涪陵区、开县、江津市、合川市、长寿区等10个县（市、区）为"万村千乡"市场工程试点县。同意重庆十分利商行连锁有限公司、重庆新合作联佳连锁超市有限公司、重庆正大有限公司、铜梁金泉商贸有限公司、铜梁百货股份有限公司、潼南聚宝源日杂有限公司、潼南丽雅购物中心、重庆重客隆超市连锁有限责任公司、重庆山城超市平价连锁有限公司、重庆市新大兴集团新大兴爱家食品超市有限公司、重庆商社（集团）有限公司、开县新天地连锁有限公司、开县亚宏实业有限责任公司、开县曙光商贸有限责任公司、江津市三农商贸有限公司等15家企业作为试点企业予以备案。

重庆市结合实际开展试点工作，提出了实施农村乡镇建连锁超市、村社建放心商店的"双建工程"。在实施中，按照统筹城乡经济发展要求，运用现代流通方式，引导城市连锁超市向农村延伸发展"农家店"，真正建立起"以县城为重点、乡镇为骨干、村社为基础"的新型农村市场流通网络，改善农村消费环境，保障农民放心消费、方便消费。实施农村市场"万村千乡"工程或"双建"工程。一是农村如同城市商场一样，明亮整洁的店堂、周到规范的服务、琳琅满目的自选商品，使农民拥有了和城市相差无几的消费环境。二是保障了农村的消费品质量。实行规模化经营，统一物流配送，使农村市场的商品流转速度加快，商品质量有了明显改观，名优特商品增多；有的企业还建立了顾客投诉制度，农民购物有了质量保证。同时，在连锁店的有力竞争面前，无证无照小店的经营空间日益萎缩，假冒伪劣商品难有市场，农村消费品的质量得到显著改善。三是降低了农民购物成本。四是拉动了农村消费增长。乡村连锁店使农民就近买到了质优价廉、品种丰富的商品，特别是春节前众多返乡的外出务工人员，作为农村一年中最主要也是最有实力的消费主体，不用再千里迢迢在外采购带回了，购买力明显回流。同时，各种工艺品、装饰品等高档商品也随着连锁店的广泛布局开始进入农村市场、进入普通农家，提升了农村的消费层次，进而拉动了消费增长。

10月11日，市商委做出了建设规划，明确了实施内容。引导鼓励重庆市及当地优势连锁企业和超市向村镇延伸发展。镇级"农家店"原则上以批零结合的综合性服务为主，鼓励其从事农资、日用商品、药品、食品批发与零售经营，以及政策允许的农副产品购销业务等。村级"农家店"以零售服务为主。"农家店"的具体建立和改造，将按商务部印发的标准执行。建设方式：（1）充分依托供销社农村综合服务社和专业合作社的生活资料、生产资料、村级药柜经营网点，建立改造村镇农家店。（2）引导重庆市各类大中型流通企业直接到试点区县（市）的村镇投资建立、改造连锁"农家店"。（3）鼓励重庆市各类大中型连锁企业通过吸收小型企业加盟的方式到村镇建立、改造连锁加盟"农家店"。（4）支持重庆市各类中小型企业通过自愿连锁，即企业自愿结合，统一采购、统一建立销售网络的方式建设连锁"农家店"。试点条件：试点区县的经济发展水平居全市（区、县）中等以上水平；试点区县人口密集度较大，在全市（区、县）居于中等以上水平；试点区县已有流通企业进入农村市场并取得一定成效，或有意到该地区拓展农村市场网络；试点区县

（市）政府积极性高，并制订出有力的推动措施。农家店建立改造试点流通企业的推荐申请试点的区县可选择1—3家从事连锁经营的流通企业向市商委推荐。试点企业不受地域限制，但试点企业要有意向参与试点区县的农村流通网络建设。工作重点：（1）依托供销社通过改造建立消费者放心商店，重点抓好日用消费品、农业生产资料等农民生产、生活的商品安全消费，杜绝假冒伪劣、过期商品入店，防止缺斤短两、哄抬物价等行为发生。（2）引导市内大中型商贸连锁企业，如商社（集团）、重百、重客隆、十分利等企业在试点区县（市）通过吸收小型企业加盟，新建或改造已有的超市和农家店，在乡镇多采用新建规模较大的综合超市或对一些规模较大的现有店进行改造，主要采用自选超市的形式。在村级多采用对现有的店进行改造，采用加盟、自愿连锁的形式，由公司统一管理，货源由镇级店配送，主要商品为副食、百货、电器、生鲜等，以丰富农村群众的日常生活，提高消费水平，方便购买。（3）充分利用试点区县（市）已经在乡镇、村设点开店的本地信誉较好、具有较强竞争优势的商业零售企业，通过加盟、自愿连锁等方式对现有的镇、村销售网点进行改造，实施统一进货、统一价格、统一配送、统一管理。同时在人口密集、购物消费不方便且尚无销售网点的村按照标准建立农家店。（4）鼓励和积极支持外资商业零售企业如正大集团在试点区县（市）已有的饲料销售网络基础上，通过进一步新建收购、兼并或加盟、自愿连锁等形式建立农家店，使其农村销售网络发挥更大作用，促进其组织化程度提高，以方便、实惠、安全的优势服务农村市场。措施保障：（1）加强领导。成立由市商委牵头，市级有关部门参与的全市“万村千乡”农家店建设改造试点协调工作小组。由市政府谢小军副市长任组长，市商委主任秦文武、市政府副秘书长张明树任副组长，市商委、市供销社、市农业局、市工商局、市财政局、市国税局、市地税局、市质监局、市卫生局、市物价局、市食药监局、市交委等为成员单位。市商委具体负责组织、协调等日常工作，负责建立试点区县（市）、试点企业档案，总结工作经验，及时向商务部上报试点工作进展情况。（2）用好用活现有政策。充分利用好现有的《国务院办公厅转发商务部等部门关于进一步做好农村商品流通工作意见的通知》（国发〔2004〕57号）、《重庆市人民政府关于推进商贸流通现代化加快商贸流通业发展的意见》（渝府发〔2002〕43号）、《重庆市支持连锁经营发展的实施办法》等文件规定的优惠政策。（3）研究出台扶持政策。简化相关审批程序，按有关政策减免税费，支持试点企业在区县（市）、乡镇发展直营店，支持试点企业按照加盟连锁、自愿连锁的方式，与基层供销社、综合服务社、诚信守法的个体经营者等联合，发展乡镇连锁店、村级农家连锁店。对试点区县（市）进行目标考核，对试点企业在资金、立项等方面给予重点支持，除申请商务部的扶持资金外，还将在重庆市商业结构调节基金中列出专项资金给予帮助和扶持。对试点企业在乡镇、村社新建商业网点用地上给予优惠政策的支持。

表2-1　**2005年重庆市“万村千乡”农家店改造试点情况表**

试点区县	2005年计划			承办企业
	总店数（个）	镇级店（个）	村级店（个）	
南川市	100	11	89	重庆市新合作联佳超市有限公司、重庆正大集团公司
铜梁县	81	35	46	重庆市铜梁百货有限公司、重庆市新合作联佳超市有限公司
潼南县	151	61	90	潼南丽雅购物中心、潼南聚宝源日杂有限公司
綦江县	29	13	16	綦江县万家福超市有限公司、重庆市重客隆超市有限公司

续表

试点区县	2005年计划			承办企业
	总店数（个）	镇级店（个）	村级店（个）	
璧山县	80	13	67	重庆市新合作联佳超市有限公司
涪陵区	46	7	39	重庆市重客隆超市有限公司、重庆市新合作联佳超市有限公司
开　县	110	15	95	开县亚宏实业有限责任公司、开县曙光商贸有限责任公司、开县新天地连锁有限公司、重庆市新合作联佳超市有限公司
江津市	110	10	100	江津市三农商贸有限责任公司、重庆市重客隆超市有限公司、重庆正大集团公司
合川市	52	14	38	重庆市新合作联佳超市有限公司
长寿区	81	19	62	重庆市新合作联佳超市有限公司、重庆梦红商贸有限公司
合　计	840	198	642	12个企业

全年建成115个乡镇连锁超市、691个村社放心商店，农村社会消费品零售总额303亿元，增长12.5%。构建农商互动平台，促进农产品流通，开展农商对接，市商委组织市内连锁企业及四川省部分商贸流通企业与农产品及食品供应商、农村种植大户、农业经纪人举办了3次农副产品及食品采购洽谈会，搭建了农产品进城的桥梁。

由市商委牵头，联合市财政局、市国税局、市地税局积极开展农产品连锁经营试点工作。在众多的连锁经营企业中推选了重庆商社（集团）新世纪百货连锁经营有限公司、重庆百货大楼股份有限公司超市分公司、重庆重客隆超市连锁有限责任公司、重庆丰都糖酒有限公司等4家连锁企业作为农产品连锁经营试点企业。

石柱县16个乡镇种植辣椒面积13余万亩，有年加工1000吨以上的辣椒加工企业35家，干辣椒制品厂31家，是川渝鄂地区最大的辣椒生产基地，而重庆火锅每年消费约20万吨辣椒，近9成的货源来自外省市。7月28日至29日，由市商委、市农办、市农业局主办，石柱县委、县政府承办的“2005年中国·重庆辣椒订购会”在石柱县召开。市饮食行业协会、市餐饮商会、市火锅协会、市调味品协会，52家大型餐饮企业、调味品生产企业，观音桥农贸市场和广东省、贵州省、湖北省、四川省的客商及石柱县辣椒加工企业、专业合作社和种植户代表等共300余人参加了订购会。此次订购会受到新华社重庆分社、《中国贸易报》、《中国食品报》、重庆电视台、《重庆日报》等新闻媒体的关注。重庆小天鹅集团、重庆秦妈餐饮文化有限公司等现场订购鲜辣椒9000吨、干辣椒7300吨、泡椒1000吨，合同金额6200万元；还签订意向性购销协议8.75万吨。投资500万元的重庆德庄集团原辅材料加工基地正式落户石柱。重庆秦妈餐饮文化有限公司、万州鱼泉集团、璧山怡留香酿造厂等对投资办厂产生了浓厚的兴趣。三九火锅底料厂、武陵山珍等企业分别签订了数千吨的订购意向协议。此次订购会的成功举办，引导重庆市农业种植结构调整，促进农民增收、农业增效，延伸重庆火锅产业链，带动了相关产业的发展，降低了企业经营成本，加快推进了原辅材料本地化、产业化发展。

一、农贸市场

进入21世纪，对城镇农贸市场进行改造升级。“农改超”“农加超”是商业发展中的新生事物。农贸市场改造为超市，是商务部在全国推行的一项重要工作。农贸市场改造升级工作涉及商贸、工商、房管等部门和广大消费者、经营者以及开发商、业主等。对此，市商委切实抓好城镇规范农贸市场改造，并加强指导。

2003年以来，重庆市部分企业学习借鉴外地实施“农贸市场超市化改造”（简称“农改超”）的经验，在主城各区投资改造农贸市场。至2004年末，主城九区实施“农改超”“农加超”等各种形式的农贸市场改造项目13个，在建项目31个，拟建项目6个。改造后的农贸市场运行基本正常，市场硬件及配套设施有了较大的改善，改变了传统农贸市场脏乱差的状况，购物环境得到了优化，对提升城市形象、保障商品流通、方便居民消费起到了积极的促进作用。但是，在农贸市场改造中也出现了一些问题，特别是2005年开始暴露出来的龙寰公司农贸市场以高额返租为诱饵，采取摊位分零出售方式，给市场供应及安全稳定带来了影响。

2005年，加强农贸市场改造指导，促其规范。7月20日，市商业委员会、市工商行政管理局、市国土房屋管理局三部门对规范农贸市场改造提出指导意见，促进农贸市场改造规范、健康、有序地发展，促进消费升级和方便群众生活，保护中小投资者和消费者的合法权益，防止潜在的风险。一是积极稳妥地推进农贸市场改造。传统农贸市场向农贸超市的转变，是随着城市经济社会发展和市场发育、成熟，农副产品零售业态从低级向高级发展的必然结果。在主城区及其以外有条件的其他区县（市）所在地积极稳妥地推进“农改超”“农加超”，鼓励农贸市场业主对传统农贸市场进行改造。农贸市场改造后，其使用功能仍具有公共配套服务设施功能，方便当地居民购买日常生活用品；不得转嫁改造成本，增加消费者负担。在主城核心区不再规划和批准新建传统农贸市场，城乡接合部新建的农贸市场必须按规范建设。二是抓紧做好农贸市场的定点规划。在各区县（市）政府领导下，商务主管部门会同有关部门积极做好城市商业网点的规划工作。农贸市场建设与人民群众生活密切相关，特别重视在城市居民区和新建社区内规划实施农贸市场改造或新建农贸超市，并将其纳入城市商业网点规划的重要内容，方便群众生活。农贸市场（农贸超市）商圈半径为300~500米，商圈范围内常住人口以2万人左右为宜。凡新建农贸市场（农贸超市）都要符合规划布点的要求，做到合理布局，避免盲目投资、重复建设。三是严格市场准入制度。对改造后的农贸市场，凡不符合超市业态条件，未实行市场统一进货、统一结算、统一管理、统一经营的，不能使用“农贸超市”名称。所有农贸市场（包括招商商场）的场地必须符合规划、消防的许可，符合农贸市场（农贸超市）建设规范，经房地产权属登记或房屋租赁登记，并在工商部门登记注册后方可开业。市场内独立经营的商品经营者（摊位）必须办理营业执照后方可从事经营活动。工商部门在市场登记注册时查验其经营场所是否具备商务主管部门出具的商业网点规划确认意见书和农贸市场建设规范等要求的手续。四是培育品牌企业，发展连锁经营。商务主管部门支持信誉好、经营管理能力强、运作规范的企业实施农贸市场改造，以品牌企业的示范作用带动农贸市场改造的健康发展。支持品牌企业发展农贸超市连锁经营，用现代经营方式与农贸市场传统网络嫁接，改造原有的经营网络，创新农副产品传统的流通方式。通过发展农贸超市连锁化组织，建立生产、加工基地和配送中心，实行规模化采购和网络化销售，实现传统农贸市场向现代流通业态的转换。五是加强农贸市场销售管理。农贸市场改造改建后，鼓励其统一经营或整体销售；属片区规划为小区配套的，不得分零销售；其他确需分零销售的，分零摊位的最小套内面积不得小于4平方米，并应具备该农贸市场经规划、商委、消防等相关部门的批准文件，办理有房地产权证或商品房预售许可证；分零销售时，买卖双方应就农贸市场的经营方式在买卖合同中予以约定。需销售摊位的农贸市场，销售单位不得采取售后包租、返租或变相售后包租、返租的方式进行销售，不得有高额回报的许诺。如有违反上述规定的，由国土房管部门会同商业委员会、工商行政管理局等相关部门依法查处。六是加大风险意识宣传，严格广告审查。工商行政管理局、国土房管部门加强对农贸市场改造后摊位出售广告宣传的管理，严格广告内容审查，不得有政府及有关部门同意该市场设立、改造的文件，不得有高额回报的许诺，并有投资风险由投资者自行承担的警示。加大对违法广告的查处力度，防止开发企业在摊位销售中利用虚假违法广告误导、欺骗购买摊位（商铺）的投资者。七是加强对农贸市场摊位出售合同管理。工商部门加强对农贸市场实施改造后摊位分零租赁和出售合同的规范管理，倡导使用合同示范文本，积极开展行政调解，加强对合同格式条款的监管，依法查处合同欺诈行为。八是不断提高农贸超市的经营管理水平。商务、工商等有关部门加强对这项工作的指导，兴利除弊，帮助、扶持农贸市场改造和农贸超市建设的健康发展。对已经建成的农贸超市，指导开发商加强农贸超市的经营管理或委托有较强商业经营管理能力的企业来从事市场管理，保障农贸超市可持续发展；已经出售摊位的农贸市场（农贸超市）以购买摊位的产权人为主体，成立业主委员会，对市场的经营管理做出决策。

12月14日，市商委发文（渝商委发〔2005〕302号），规范农贸市场改造升级工作。一是坚持农贸市场改造升级方向。对传统尤其是条件较差的农贸市场进行改造升级，是提升城市形象、优化购物环境、保障食品流通、方便居民消费的需要。改造的农贸市场在提升业态、改善环境、方便群众消费等方面发挥了积极的作用。“农改超”的方向是正确的，今后对符合条件的“农改超”继续给予支持。鉴于农贸市场改造升级有多种形式，“农改超”只是其中一种形式。为规范、准确地反映此项工作，今后宜统一为“农贸市场改造升级”。二是坚持农贸市场改造升级“三不变”原则。即规划定点的农贸市场地址原则上不能变，如拆除迁移，必在当地居民农副产品供应有所保障的前提下，按程序报当地政府批准。改造后的农贸市场经营蔬菜、生鲜食品为主的经营性质不变，以保证供应，方便群众生活。农贸市场改造升级后，农副产品销售价格应基本稳定，不能将改造成本转嫁给消费者。三是加强农贸市场改造升级的指导管理。商贸流通主管部门加强农贸市场改造升级的管理，着重在做好商业网点规划，依照商业网点规划进行行业指导管理。各级商委对农贸市场定点及改造升级不应审批。工商部门接受业主办理营业执照申请后，与商务主管部门联系，商务主管部门应依据政府批准的有关规划向工商部门提供建议意见。四是积极倡导市场统一经营管理，反对市场摊位分零出售。为使农贸市场改造升级后发挥整体优势，有利于加强经营管理，规避风险，维护投资者、经营者和消费者利益，鼓励改造升级后的农贸市场实行统一经营、统一管理，反对搞分零出售，反对售后包租、返租或以变相售后包租、返租并许诺以高额回报的方式诱导群众购买摊位。发现此类情况，商务主管部门应及时通报国土房管、工商等有关部门，依据有关规定进行管理。

二、中心镇商业

中心镇商业是全市流通网络的重要组成部分和有力支撑。小城镇商业是以建制镇为载体，商业各行业及各种业态在一定程度上集聚，配置日常生活所需的购物及生活服务以及农业生产资料供应和为“三农”服务的商业设施，服务对象为本镇居住人口、附近村民及外来消费者。加快小城镇商业的发展，是推进城镇化建设的重要组成部分。对于完善城镇功能，提高城镇建设水平，优化农业和农村经济结构，吸纳农村剩余劳动力，增加农民收入，拓展和振兴农村市场，活跃农村流通，全面建设小康社会具有重要意义。

中心镇商业是在区位、资源、产业特色优势突出的建制镇发展的、在一定区域内具有较强聚集辐射、示范带动、联动城乡、活跃流通、繁荣经济作用的地方特色商业。积极发展中心镇商业，把商贸流通业更加深入地引向农村，服务农村，引导产业、产品结构调整，培育当地的优势产业和品牌产品；完善城镇功能，提高城镇建设水平，优化城镇形象，营造城镇发展环境，推进全市城乡商业共繁荣。

2002年，市商委提出加快小城镇商业发展的意见（渝商委发〔2002〕144号），明确了以改善农村消费环境、适应和满足农村居民生活需要、扩大农村消费总量为着力点，积极发展新型商业业态，大力推进和完善商业服务设施建设，强化和提升商业服务功能，全面启动农村市场。发展目标："十五"期间，全市县以下社会消费品零售总额年增速8%以上；重点培育发展的100个小城镇商业社会消费品零售总额年均增长10%，到2005年占全市县以下乡镇社会消费品零售总额36%，全市社会消费品零售总额比重10%；100个小城镇商业服务覆盖600万人，占县以下总人口的28.5%。提出了商业发展功能要求：购物，提供交易场所（配置较规范的综合性或专业性市场，满足农副产品交易需要），修理服务，餐饮服务和旅馆、美容美发、邮政、通信、中介、信用社、照相、洗染、娱乐、旧货调剂和废旧物资收购等服务功能。小城镇商业发展类型分为工矿主导型、集散主导型、旅游主导型和乡镇企业主导型，根据不同特点形成各具特色的商业业态结构、经营结构和布局结构，做到布局合理、总量适度、稳步发展。一般要求设置规范的室内农贸市场或专业市场，中型综合超市，便利店和若干餐饮服务、文化娱乐等网点。建设培育有一定规模、商业门点集中、街区整洁、灯饰美观和经营特色较突出的商业街。重点选择三江镇等10个各具特色、经济实力较强、有较好的商贸流通发展基础、商业气氛浓郁的小城镇为商业示范镇。2003年6月，首批10个商业示范小城镇率先达到示范标准。2003年12月，第二批35个商业小城镇完成规划建设任务。2004年12月，第三批35个商业小城镇达到建设进度要求。2005年底，20个商业小城镇实现规划目标。明确了小城镇商业示范镇标准：配置与居民住宅相分离，营业面积35000平方米的集市场、超市、专业店、专卖店、便利店、服务性设施为一体的综合性小型购物中心；发展35家副食品、百货、餐饮或医药、修理等规范性连锁店；建设有一定规模的商业、餐饮、娱乐等门点相对集中、街区整洁、灯饰广告清晰美观、经营特色较突出的商业街；取消占道市场和露天市场，室内或棚盖市场交易设施配置规范、场地硬化，标示醒目，规章制度健全。并明确了措施：将小城镇商业发展纳入对各区县（市）的年度工作考核目标；对制定规划并符合要求的100个小城镇，一次性拨付10万元专项补助资金。

2003年8月4日，市商委调整商业中心镇定点规划（渝商委发〔2003〕110号），以市委、市政府确定的首批重点扶持的45个中心镇名单为调整依据，即上年先期启动的10个示范商业中心镇，同年启动的35个商业中心镇，共45个。除25个镇属确定范围外，调整11个镇，新增主城八区、双桥区的9个镇。通过调整，重点培育发展的45个商业中心镇，与首批重点扶持的45个中心镇完全一致，且一定三年不变。在推进商业中心镇的培育发展过程中，重点确保首批扶持的大渡口八桥镇、沙坪坝区陈家桥镇、渝北区统景镇、九龙坡区西彭镇等45个商业中心镇的目标任务完成，同时继续抓好其他商业中心镇的培育发展工作。制定完善商业中心镇发展规划，重点抓好一批商业中心镇的项目规划和建设。

11月10日，市商委提出加快中心镇商业发展的意见（渝商委发〔2003〕167号），到2005年全市中心镇商业初步形成设施配置合理、服务功能完善、以新型商业业态为主导的商业服务体系，社会商品零售总额年均增长12%以上。中心镇商业发展的基本原则：注重规划，合理布局；突出特色，强化重点；以人为本，可持续发展；扩大开放，加强管理。对中心镇商业发展的功能定位：购物消费功能、集散功能、商务功能、娱乐休闲功能。中心镇商业设施的配置要求：一是打造商业中心区，建设培育规模适度、整洁亮丽、配置合理、管理规范、商贸各业齐备、相对集中、商气兴旺的中心商业街区；二是鼓励在中心商业街区建设集娱乐、消费于一体的小型购物中心；三是在中心商业街区和区位合理的一定地段优先发展综合超市和日用品、副食品、餐饮、医药、洗染等各类规范性便利店、连锁店、专卖店等新型商业业态；四是根据实际发展具有100个床位以上和接待中、小型会议能力的星级宾馆；五是设置规范的室内农贸市场，依托资源或产业特色优势，建设和培育具有浓郁地方特色的专业市场；六是逐步取消占道市场，搞好绿化和交通组织，预留停车用地，优化购物消费环境；七是建设规模适当、辐射周边的商品配送中心。

11月11日，市商委授予九龙坡区西彭镇"商业发展示范镇"称号（渝商委发〔2003〕166号）。九龙坡区西彭镇实施"商贸活镇"战略，商业规划建设起点高，定位准确有特色，业态调整力度大。并奖励1万元。

2004年，把规划建设中心镇商业中心作为重点，引进连锁店、超市等新型业态，加快了中心镇商业建设步伐。垫江县澄溪镇、万盛区南桐镇、涪陵区白涛镇等12个中心镇商业设施项目基本建成并投入使用，石柱县西沱商贸中心、江津市珞璜商业广场等商业设施续建项目工程进展顺利。所建中心镇商业设施项目面积均在5000平方米以上，使乡镇商业设施规模小、档次低、功能单一的状况有所改善，成为承接城市、辐射和活跃农村市场的重要平台。重客隆、十分利、兆博名特、和平药房、桐君阁等一批超市连锁公司、便利店、专卖店纷纷下伸网点，使乡镇和农村商业设施建设呈现出起点高、商业结构调整好、新型业态发展快的良好发展趋势，当年商业结构调整资金支持14个中心镇市场建设项目，投资270万元；45个重点中心镇实现销售服务额102.69亿元，比上年增长17.2%。

2005年，市商委把建设中心镇商业设施作为推进社会主义新农村建设和推进城镇化的重要工作，把推进中心镇商业设施建设的实绩作为对区县商贸行政主管部门年度目标考核的重要指标。加强对不同中心镇的分类指导，建设各具特色的中心镇商业设施。江津珞璜、石柱西沱、涪陵白涛、万盛南桐、云阳江口等10个示范镇重点商业设施项目建设基本建成。100个中心镇商业销售服务额180亿元，增长28.64%。引导重客隆等市内知名企业向乡镇延伸销售服务网点，乡镇商业设施规模增大，档次提高，功能增加，商业业态逐渐齐备，保障老百姓放心消费、安全消费。

三、集市贸易

集市贸易成为商品市场的重要组成部分、城乡商品交流的重要渠道和方便人民群众购物的重要场所。

随着各种形式的农业生产责任制的不断完善和商品生产的发展，各种专业户、重点户大量涌现，集市贸易逐渐由自然经济的产品交换向着商品经济的商品交换转化。城乡集市随着经济体制改革的进一步深入和商品生产的发展，在交换的深度和广度上，都发生着深刻的变化，集市贸易由落后萎缩走向繁荣兴旺。一是集贸市场数量增多。1978年底，全市仅有363个，1985年增加到842个，1998年2365个，其中城市集市515个、农村集市1850个。二是交易规模日益扩大。1978年，全市集市交易成交额仅1亿元，1985年13.76亿元，1998年411亿元。三是交易内容和方式发生较大变化，开始由以农副产品交易为主向农副产品、工业消费品和生产资料综合交易转变，由单一的小额买卖向大宗批发、代客加工、配送服务、长途贩运等多种交易方式转换，形成以农贸市场为主，专业市场、综合市场、批发市场相结合的多形式、多层次、城乡一体的集市贸易网络。

1986年底，全市城乡集市848个，其中城区集市175个、农村集市673个。城乡集市的交易网点和规模出现了"三多一少"的情况，即自发形成的交易网点增多，早市、夜市增多，大中型集市增多，小型集市减少。自发形成的交易点128个，比上年底增加49个；早市41个，夜市20个，分别比上年增加17个和10个。大型集市199个，比上年增加8个；中型集市257个，比上年增加20

个；小型集市392个，比上年减少22个。全市城区平均每2.3万人、农村平均每1.5万人就有一个集市，群众可以就近购买生活必需品和销售自己需要出售的物品。粮、棉、肉、禽蛋、水产、蔬菜、水果等七大类商品的集市成交量96643万千克，比上年增长21.04%；集市十五大类商品成交额为12.33亿元，比上年上升28.6%，相当于社会商品零售额的22.6%。城区每个家庭平均在集市上购进菜、鱼、肉、禽蛋、果726千克，即平均每天每户家庭的餐桌上，有2千克的商品来自集市。有常年性农副产品批发市场12个，露天和夜间批发市场28个，路边、河边的批发交易点14个，零售集市内批发成交点32个，以及各类专业市场45个。集市批发成交量1亿千克，占集市商品成交量的10.37%，批发成交金额为1.47亿元，占集市商品成交总金额的11.9%。九龙坡区杨家坪蔬菜批发市场自9月建立以来，日批发蔬菜量5万千克左右，最多时候达6万千克，对平抑集市蔬菜价格、满足当地居民的需要起了重要作用。沙坪坝区歌乐山5月开始形成露天批发市场，每天成交2.5万千克，淡季成交约1.25万千克，各种时令蔬菜品种30种左右。江北县的两路镇3月开始形成季节性夜间批发市场，主要成交肉禽蛋、蔬菜等现货商品，一些贩运户通过各种交通工具，将鲜活农副产品运入城市。渝中区农贸市场上经营猪肉、鲜蛋、家禽的几乎全是批购零销人员；水产、水果经营者95%是批购零销人员；经营蔬菜的批购零销人员近80%。随着集市交易由单一的零售向着既有零售又有批发的方向转化和贩运活动的日趋活跃，就地批购零销活动迅猛发展。到年底，全市从事批购零销活动的大约有2万人。在经营品种上是鲜活商品多于干副商品，紧俏商品多于大市商品；在经营方式上是常年经营多于临时经营，综合经营多于专业经营；在经营地区上是城市多于农村，大型集市多于中小集市。据渝中区、沙坪坝区、北碚区对38个主要集市的调查，在集市上从事批购零销活动的有3503人。其中，来自农村的有3006人，占85.81%；来自城区的497人，占14.19%。无照经营的有3418人，占89.87%；有照经营的355人，占10.13%。从事猪肉、禽蛋、蔬菜、水产品等商品的有3241人，占92.52%；从事粮食、花生、干副食品、腌制品、土产、日杂、小五金等的有262人，占7.48%。这些人来自省内外58个市、县。除了毗邻的云南、贵州外，还有的来自河南南阳、浙江温州和河北邢台等地。但每个集市又以来自附近区、县的人占多数。据调查，渝中区大阳沟集市326个就地批购零销人员中，来自附近区、县的194人，占59.5%；北碚区从事就地批购零销的800人中，本区的有566人，占70.75%。多渠道、多层次、多形式修建集市，市内第一个军民共建的歇台子农贸集市是中国人民解放军后勤工程学院无偿拨出1037平方米土地作为市场场地之用的，且义务承担了该集市的设计工作，并投资7000余元修建了市场围墙，8月28日建成并投入使用。永川有18个社会单位先后赞助资金2.27万元，在郊区修建了小桥子农贸市场，并将赞助单位的名称刻在石碑上，以示纪念。沙坪坝区石桥乡出土地20亩和工商行政管理部门共同修建了一个全市最大的农贸市场。1986年，全市增加集市场地14.83万平方米，投资804万元，建设集市面积13.26万平方米，其中新建棚盖面积为5.56万平方米。年底，全市集市总面积159.47万平方米，平均每10人就拥有1平方米多的集市场地，市内和棚盖市场的总面积17.23万平方米，集市面积的覆盖率为10.79%。不少集市还增设了售货台、公平秤、垃圾箱、洗手池等服务设施，越来越多的市场做到了防雨有棚、售货有台、交易有秤、存货有仓、寄宿有铺，场地和设施配套的市场逐渐增多。城乡集市经历了一个由畅转平、由平转疲的过程，呈现出物资丰富、货卖堆山、销售疲软、价格回落的势头。城乡集市建设投资1559万元，新建、扩建集市75个，总面积6.72万平方米，其中室内市场4.54万平方米，棚盖市场4872平方米，露天市场1.69万平方米。九宫庙、綦江河东、南坪等一批大中型楼层式市场相继竣工并投入使用。推行规范化管理，开展“双质”（商品质量、服务质量）和“信得过”交易活动，取缔无照经营，严禁乱摆摊点。

1990 年，城乡集市贸易市场商品成交量为 122 万吨，增长 20.03%；15 大类商品成交额为 25.23 亿元，增长 10.25%。其中，城市集市贸易成交额 10.56 亿元，增长 17.4%；农村集市贸易成交额 14.67 亿元，增长 5.6%。集市商品成交额占社会商品零售额的 21.18%。集市商品成交量大幅度增长，打破了 3 年徘徊的局面；商品价格稳中有降，在猪肉、大米等几种主要副食品的价格上反映最为突出。集市交易淡季不淡，旺季更旺，基本无淡旺季之分。城区集市的肉禽蛋、水产品、蔬菜、干鲜果等主副食品成交量为 57084.7 吨，相当于同期市区国营商业零售量的 235%。其中，肉禽蛋成交量为 824.15 万千克，相当于市区国营商业零售量的 102.91%；水产品成交量为 1704.3 吨，相当于市区国营商业零售量的 140.5%；蔬菜成交量为 36233.3 吨，相当于市区国营商业零售量的 253%；干鲜果成交量为 10905.6 吨，相当于市区国营商业零售量的 589%；鸡鸭鹅兔成交量为 817.9 吨，相当于市区国营商业零售量的 369%；猪肉成交量为 4159.1 吨，相当于市区国营商业零售量的 76.08%。集市商品丰富，货源充足，交易活跃，成为城乡居民经常光顾的商业网点。集市蔬菜价格首次出现负增长。全市用于集市建设的资金 2040 万元，新建、扩建集市 46 个，建筑面积 7.60 万平方米。其中，沙坪坝区上桥蔬菜批发市场、江津几江市场竣工投入使用。到年底，城乡集市累计 895 个。其中，城市集市 201 个，农村集市 694 个。按类型划分：综合集贸市场 804 个，工业小商品市场 19 个，废旧品及其他市场 12 个。

1992 年，城乡集市呈现出成交量、成交额持续增长的好势头。到年底，全市拥有集贸市场 951 个。其中，城市市场 230 个，农村市场 721 个。按类型分：综合集贸市场 876 个，工业品专业市场 45 个，农副产品专业市场 21 个，废旧品专业市场 3 个，其他专业市场 6 个。集市总面积为 268.8 万平方米，全年集市商品成交量为 171.77 万吨，比上年增长 17.26%；成交额为 53.16 亿元，比上年增长 34.94%。集市商品丰富，交易活跃，价格稳定。

1993 年，城乡集市呈空前繁荣景象，成交量和成交额大幅度上升，上市品种增多，精加工产品、高档产品开始进入集贸市场，使集贸市场开始向多品种、多功能方向发展。到年底，全市有集贸市场 987 个。其中，城市市场 252 个，农村市场 735 个。按类型分综合集贸市场 899 个，工业品专业市场 53 个，农副产品专业市场 25 个，废旧品专业市场 2 个，其他专业市场 8 个。集市总面积为 295.7 万平方米。全市集市商品成交量为 205 万吨，比上年增长 19.7%。成交额为 75.8 亿元，比上年增长 42.5%，占全市社会商品零售总额的 42.7%。全市年成交额超过亿元的集市已由上年的 6 个增加到 10 个，最大的是朝天门综合交易市场，年成交额为 11.5 亿元。

1994 年，集市贸易市场个数 1048 个，比上年净增 64 个。总面积 420 万平方米，比上年的 296 万平方米增加 41.9%。集市商品成交额首次突破 100 亿元大关，达到 123 亿元，比上年增长 61.8%。集市贸易零售额占社会商品零售总额的 49.6%。7 大类商品成交量 226.5 万吨，比上年增长 6.5%。全市投资 7101 万元，新建、改扩建市场 70 个，面积 27.7 万平方米。其中，棚顶市场 40 个，面积 9.77 万平方米；室内市场 17 个，面积 13.2 万平方米。专业、批发市场的培育和建设取得明显进展。到年底，全市有各类专业、批发市场 101 个，比上年增加 14 个；成交额 43.66 亿元。

1995 年，集贸市场确定淡季市场和节日市场主要农副产品供应量，集市蔬菜成交量比上年增长 14.44%。主动到近郊的蔬菜基地和相邻的内江、广安、南充、涪陵等 10 多个产地县市建立起比较稳定的供销关系。在城区主要集贸市场设立农民直销区 39 处，提供交易场地 1 万余平方米，引进国营肉店、粮店、菜店进入市场设立专供点 32 处，提供摊位 1200 个，对直销菜农和国营专供点减免市管费近 300 万元，摊位设施费 100 多万元。按照“谁投资、谁受益”的原则，发动社会力量办起了6个蔬菜批发市场，开辟了15个简易蔬菜市场，工商部门在城区兴建了2个综合集贸市场，基本上缓解了城区蔬菜市场不足的矛盾。巩固和发展贩运队伍，市政府表彰了86名优秀贩运户，进一步调动了贩运户的积极性。工商部门投资4398万元，新建市场15个，新增交易面积12万平方米。社会单位和企业投资3605万元建设市场14个，增加交易面积13.4万平方米。由农民自筹资金建设的渝州交易城和农业部支持建设的重庆农副产品批发市场开市，标志着重庆市市场发展到了一个新的阶段。截至年底，各区市县都有了大型室内中心集贸市场。重新修订了《重庆市集贸市场规范化管理标准》，规范了管理人员和经营者的行为，完善了市场消防安全和消防责任制度。

1999年，全市集贸市场成交额461.3亿元，增长12.5%，比上年下降2.3个百分点，成交水平略有下降。

2000年，集市零售额占社会商品零售总额的42.46%。

2001年，集贸市场成交额占社会消费品零售总额的41.4%，比上年下降1.1个百分点。主要原因是近年来各类商品超市不断涌现，营销业态如连锁经营、商品配送等应运而生，冲击了集贸市场。

2003年，集贸市场成交额占社会消费品零售总额的42%，比上年上升0.6个百分点。

第三篇　商贸行业

商贸服务行业很多，包括批发零售业、餐饮住宿业等。管理内容宽泛，诸如生猪屠宰、酒类产销、商品展销会、特种商品、特种行业等。

第一章　批发零售业

批发零售业是社会化大生产过程中的重要环节，是决定经济运行速度、质量和效益的引导性力量，是市场化程度最高、竞争最为激烈的行业之一。批发零售业是衡量一个地区经济发展的重要标志之一，是生产者和使用者的桥梁和纽带，处于市场经济中最活跃的环节，是第三产业中的一个举足轻重的行业，在经济中占有相当重要的地位。进入 21 世纪后，批发、零售无严格的区别，几乎都是批零兼营。

根据国家统计局《国民经济行业分类》（GB/T4754 - 2011）标准，批发零售业共包括 2 大类、18 中类、92 小类，详情见附录。

第一节　批发业

批发业是指批发商向批发、零售单位及其他企业、事业、机关批量销售生活用品和生产资料的活动，以及从事进出口贸易和贸易经纪与代理的活动。批发商可以对所批发的货物拥有所有权，并以本单位、公司的名义进行交易活动；也可以不拥有货物的所有权，而以中介身份做代理销售商；还包括各类商品批发市场中固定摊位的批发活动。

批发是商品流通的一个重要环节，商品成交量大，影响面广，具有商品集散、指导生产、引导消费和调节供求的重要功能。批发市场是工业产品、农副产品商品流通的重要载体。批发市场作为买卖双方中介，众多的买方卖方在市场内相互竞价选择，实行公开竞价、公平竞争、公正交易、保证购销双方的权益和有序流通。不仅可以形成规模交易，其交易量和交易价格还代表着对市场走势的把握，这对形成基础价格、对企业经营和政府调控决策都具有指导意义。

在改革开放以前，商业系统有一级站、二级站、三级站，批发体系非常完整；物资系统也有一个生产资料的批发体系，另外还有农副产品的批发体系，包括粮食、棉花等。多层次的批发体制是在计划经济制度时期物资匮乏的条件下，为了掌握货源、保证供应，以批发商业为主，以稳定市场、保证国家生产建设的运行以及在保障人民生活的背景下形成的。计划管理的商品由批发收购，层层分配、流通，到1985年底前国营批发企业包括工业品批发站、基层批发机构（含供销社）延续30多年的“三固定”批发模式和“一、二、三、零”封闭式经营，以行政手段层层分配、调拨商品的运行机制，这在当时特定的历史条件下，曾起过积极的作用。但明显的弊端是环节多、流转慢、效益差，不能按照商品经济规律合理地组织流通，束缚了工商企业生产和经营的积极性。

随着市场经济的发展，批发业在计划经济体制下形成的按照行政区域组织商品流通，逐步被跨地域、跨行业的“大市场、大流通、大商业”所取代；一、二、三级批发到零售，多层级、多环节的批零分工，逐步被多渠道、少环节、开放式的流通模式所取代；以统购包销、统购统销为主导的商品购销方式，逐步被分购联销、联采分销、定牌监制、总经销、总代理等方式所取代；批发功能从单纯的商品交易（商流和物流）功能向多功能方向发展——商品交易与交易服务相结合，集电子商务、信息发布、价格调节、资金融通、展览展示等多种服务功能于一体，支持商流、物流、信息流汇集与分发。批发业务逐步向商品加工制造业、零售业、第三方物流业延伸，形成新型的商业供应链。批发业逐步转型升级，批发主体多元化，批发渠道复杂，批发市场如雨后春笋般迅速崛起，整个批发业出现批发层级不分、渠道隐蔽、市场秩序和价格混乱等，所有的工业部门、农业部门都搞批发。重庆市自20世纪90年代以来涌现的批发交易市场，是在特定的历史时期适应中小企业发展以及活跃城乡间、区域间商品交换的新型商品流通形式。批发交易市场的兴起，使多元化的商品流通渠道变得更加丰富，推动了各地特别是城乡之间的商品物资交流。随着市场不断增多，出现了专业化趋势，如日用工业品、建材、汽车、家具等专业市场，使批发市场进入了一个快速发展时期，各地都掀起了建设批发市场的热潮，新发展起来的综合市场和建材市场、家具市场、家电市场、通信市场、电脑市场等专业市场，进一步拓宽了批发市场的交易领域，形成了包括粮油、农副产品、日用工业品、生产资料在内的，有形市场和无形市场相结合的，门类齐全的批发市场体系。在发展过程中，商贸批发市场以灵活的竞争手段和批零兼营方式逐步取代了传统国有批发企业，在流通领域的批发和零售方面都占据了较为重要的地位。

1989年，各级对流通领域的混乱状况进行整治，对15大类商品的批发和经营做了明确的规定，把重要商品的批发掌握在国营、供销社商业手中；同时严格批发企业的审批权限，有效地遏止了批发环节的混乱状况。

1990年3月29日，市政府财贸办公室提出加强重要商品批发管理，将大米、玉米、小麦、油菜籽及菜油、生猪（国家收购部分）、化肥、农药、农膜、彩色电视机、国家级名酒、棉花、棉短绒、黄红麻、食盐、食糖、汽油、柴油、煤油、润滑油、市场用煤、烟花爆竹、元钉、镀锌铁丝、普通灯泡、棉布、洗涤布、中长纤维布、呢绒、汗衫背心、棉毛衫裤、胶鞋、肥皂、洗衣粉、火柴、铁锅、家用空调、录像机这37种列入重要商品。明文规定属于专营、专卖和国家指定单位经营批发的商品只能由相应的专营、专卖和国家指定的商品批发公司经营批发业务，其余重要商品限定由国合商业主管批发企业及经市重要商品的批发管理办公室批准的企业经营批发业务。禁止私营企业和个体工商户经营重要商品批发业务。严格重要商品批发企业的资格审查和登记管理。凡需经营重要商品批发业务的各类企业，六月底以前向所在区、县重要商品批发管理办公室提出申请，审批。

1994年，批发企业开拓经营，主要体现在批零结合、工贸和技贸结合上。在批零结合方面，全年市级批发公司零售额24500万元，同比增长1.78%；在工贸和技贸结合方面，市交电公司的长虹电视工商联营年销售12386万元，开拓经营的汽车经营年销售14253万元；市百货公司兴办的“华丹奴”皮鞋厂在重庆打开销路，并在市外建立10多个销售点；市五金公司的莱特科技公司为新世纪百货公司设计制作的超大型电子显示屏开启使用。全年市级批发企业开拓经营收入5.75亿元，同比增长10.2%。

1999年，国家国内贸易局确认首批重点联系批发市场，观音桥盘溪农产品批发市场，生产资料类的西南建材中心批发市场、重庆钢材中心批发市场，综合类的朝天门综合交易市场为国家国内贸易局重点联系批发市场。指导各重点联系市场做好市场发展规划、制定市场规则、规范市场秩序，协调这些市场与地方政府及各部门的关系，建立这些市场与全国各类市场的经常性联系，共同促进市场的健康发展。全市主要大型专业批发市场成交额199亿元，为使重庆成为西南地区最大的商品集散地，提高区域性商品流通聚合辐射能力奠定了基础。

一个时期以来部分批发市场假冒伪劣商品问题突出，违法交易行为时有发生，严重损害批发市场的声誉，针对这些问题，探索批发环节杜绝假冒伪劣商品的机制，促进批发企业建立内部自律与外部监督相结合的约束机制，促进批发市场建设和健康发展。5月11日，国家国内贸易局开展争创“百城万店无假货”示范市场试点活动，选择部分批发市场开展争创百城万店无假货示范市场试点活动。

2000年，重庆市按照“控制主城区，发展远郊区”和“特色突出，设施先进，功能齐备”的原则，重点抓好50个商品交易市场的培育和完善。朝天门综合交易市场控制规模，完善设施，改善交通，优化环境，配套功能，提高管理和服务质量。观音桥盘溪农产品批发市场改扩建，实施市场运作体制创新，进一步扩大聚合辐射面，成为西南地区交易规模最大、辐射面最广的农产品集散中心。西南建材中心批发市场进一步扩大交易场区，重点吸引延伸市场网络，改进供货服务方式，探索新型交易形式和方式。石坪桥含谷汽摩交易区依托汽车、摩托车支柱产业，以配件交易为主，逐步向整车交易发展，着力搞好规划，加强设施建设，强化管理，规范交易行为，成为西部地区最大的汽摩交易市场区。进一步培育完善万州小天鹅综合批发市场、马家岩装饰材料市场、龙水小五金市场、璧山中国西部鞋城、巴南重庆家具市场等专业市场，加快发展家电市场、通信市场、电脑市场、家居用品市场、图书音像市场，鼓励发展旧货市场、农机具市场等。2000年，全市批发零售贸易业商品销售总额2604.94亿元，其中批发业1562.36亿元。日用工业品批发市场成交额稳定增长，朝天门综合交易市场、新华路家电城、璧山皮革城、大足龙水小五金市场，全年成交额117.4亿元，同比增长5.4%。

2001年，十大商品市场继续保持平稳增长态势，成交额258亿元，同比增长23.44%，领头羊作用日益突出。朝天门综合交易市场、新华路家电城、璧山皮革城、大足龙水小五金市场、万州小天鹅综合批发市场等五大市场成交额131亿元，同比增长7.4%。观音桥盘溪农产品批发市场和菜园坝农副产品批发市场成交额60.7亿元，同比增长44%。西南建材中心批发市场、重庆汽车交易市场、马家岩装饰材料市场成交额61亿元，同比增长17.3%。

7月23日，市商委、市计委、市规划局等八委局出台了《重庆市主城区建筑装饰材料市场规划指导意见》。同时，市商委牵头制定了《重庆市建材市场建设联席会议制度》，对建材市场的报审程序做出了具体规定。

2004年，限额以上商品交易市场成交额457.32亿元，比上年增长19.5%。其中，十大商品市场交易额340亿元，增长10%；40个贸易市场交易额45.82亿元，增长19.3%。朝天门市场交易额突破100亿元大关，达到102亿元，商品辐射10多个省、200多个县，成为西部最大的综合交易市场；观音桥盘溪农产品批发市场交易额64.75亿元，分别列全国同类市场第10位和第2位，成为西部地区的龙头市场。荣昌饲料兽药市场、万州小天鹅批发市场等贸易市场跻身全市重点市场行列。

在2004年经济普查中，社会消费品零售总额1068亿元。其中，批发业92.26亿元，其中限额以上55.77亿元、限额以下19.72亿元，个体户16.77亿元。批发业法人企业6686个，从业人数125564人，销售额1023亿元，其中批发949亿元、零售74亿元。其中，国有企业526个，从业人数24886人，销售230.08亿元；集体企业408个，从业人数5708人，销售30.97亿元；股份合作企业208个，从业人数3552人，销售1.11亿元；联营企业42个，从业人数465人，销售2.69亿元；有限责任公司1691个，从业人数35128人，销售319.68亿元；股份有限企业321个，从业人数10543人，销售139.87亿元；私营企业3358个，从业人数41695人，销售261.74亿元；其他企业79个，从业人数1943人，销售16.48亿元。另外，港澳台商投资企业从事批发企业21个，从业人数319人，销售1.73亿元。外商投资企业从事批发企业32个，从业人数1325人，销售8.48亿元。

2005年，限额以上批发贸易业479个，流动资产349.2亿万元，固定资产原价88.64亿元，主营业务收入864.65亿元，主营业务税收及附加1.35亿元，应交所得税4.48亿元，应交增值税9.92亿元，从业人员60682人。其中，国有及国有控股企业128个，流动资产241.22亿元，固定资产原价77.54亿元，主营业务收入543.02亿元，主营业务税收及附加1.1亿元，应交所得税4.07亿元，应交增值税8.06亿元，从业人员39158人。国有企业71个，流动资产72.41亿元，固定资产原价25.91亿元，主营业务收入186.88亿元，主营业务税收及附加4404万元，应交所得税3.5亿元，应交增值税4.32亿元，从业人员16152人。集体企业12个，流动资产7.16亿元，固定资产原价7252万元，主营业务收入17.90亿元，主营业务税收及附加103万元，应交所得税219万元，应交增值税547万元，从业人员799人。私营企业169个，流动资产44.03亿元，固定资产原价3.59亿元，主营业务收入118.8亿元，主营业务税收及附加877万元，应交所得税1697万元，应交增值税5998万元，从业人员7377人。另外，港澳台商投资企业3个，外商投资企业4个。

11月12日，市商委、市工商行政管理局出台《关于促进重庆市商品交易市场二十强培育发展的意见》。

2005年度重庆市商品交易市场二十强有重庆朝天门市场、重庆观音桥盘溪农产品批发市场农产品物流中心、重庆铠恩国际家居名都、重庆绿云石都建材交易城、重庆金属材料现货交易市场、重庆隆鑫钢材市场、重庆石桥铺IT市场、重庆陶瓷市场、重庆龙水五金市场、重庆建玛特建材市场、重庆万州小天鹅综合批发市场、重庆西南鞋材交易中心、重庆畜牧科技城饲料兽药市场、重庆农副产品综合批发市场、重庆陈家坪机电市场、重庆龙文钢材市场、重庆菜园坝水果市场、重庆旧车交易市场、重庆万隆小食品批发市场、重庆涪陵合智商业广场。

第二节 零售业

零售业指从工农业生产者、批发贸易业或居民购进商品，转卖给城乡居民作为生活消费和售给社会集团作为公共消费的商品流通企业。有百货商店、超级市场、专门零售商店、品牌专卖店、售货摊等主要面向最终消费者（如居民等）的销售活动。包括以互联网、邮政、电话、售货机等方式的销售活动。还包括在同一地点，后面加工生产，前面销售的店铺（如面包房）。

从行业的生产要素来看，零售行业是典型的劳动力密集型和资金密集型行业且向典型的资金密集型转移。零售业作为流通的最终通道，对上游产业的拉动作用和主导化趋势日益明显。

改革开放以来，重庆零售业得到较快发展。进入20世纪90年代后，零售业经历了一场深刻的变革，不仅使零售业成为经济发展的热点行业，而且对整个流通业乃至经济运行方式都产生了积极影响，零售市场容量迅速扩大，连锁经营方式成功导入，零售业态突破以往百货商店一统天下的格局，新的业态形式层出不穷，出现了超级市场、折扣店、便利店、仓储店、专卖店、连锁店、仓储式商场等，并受到消费者和经营者的普遍认同。新的经营理念、营销方式、管理手段和管理技术被零售业率先采用，并向整个流通业传播，即时销售系统、电子订货系统的业务流程、管理方式发生了变化，引发了以流通社会化、现代化和与国际市场接轨为主要内容的流通革命。同时，竞争从店与店的竞争，发展到街与街的竞争。零售业的传统业态——百货店改变了过去“购物不讲环境，经营不求特色，商品不分档次，服务不要质量”的无市场细分、无市场定位的状况，出现了市场定位多元化的现象。重百、新世纪等商店对市场进行了细分并加以明确的定位，使得不同档次的商店根据自己的优势把握住了自己的目标市场，拥有了相应的目标顾客群。通过这种手段，商场提高了消费者的满意度，增强了企业的竞争力。大型百货商店以其较高的商誉、良好的服务、先进的设施、优美的购物环境倍受消费者青睐，成为零售业中的佼佼者。零售业的探索首先是从超级市场开始的。20世纪80年代中后期，超级市场也被作为现代商业的代表形式加以模仿，开架售货，顾客自助服务。进入20世纪90年代以后，掀起了超市发展的高潮，发展速度之快、普及面之广、效益之理想都是前所未有的。零售企业在不断变化的市场环境中赢得了属于自己的市场份额，并不断调整经营战略，其中包括业态调整和重新选择业态。

零售市场主要以零售企业为主，综合市场与专业市场也有零售业务。市场竞争非常激烈，重庆本土企业有重庆商社（集团）及重庆百货股份有限公司和新世纪百货；外来企业较多，如太平洋百货、茂业百货、新世界百货、立丹百货、银泰百货、美美时代百货、百盛购物中心、王府井百货、津乐汇、武汉中百、上海一百、连卡佛等，还有沃尔玛、家乐福、好又多、麦德龙、永辉、屈臣氏、苏宁、国美等超市。

在2004年经济普查中，社会消费品零售总额1068亿元。其中，零售业827.18亿元，其中限额以上233.45亿元、限额以下73.91亿元、个体户519.82亿元。

2005年，全市批发零售贸易业商品销售总额2604.94亿元，增长18%。其中，零售业1042.58亿元，增长13.4%。其中，限额以上零售贸易业408个，流动资产64.1亿元，固定资产原价33.6亿元，主营业务收入213.31亿元，主营业务税收及附加7166万元，应交所得税7016万元，应交增值税3.6亿元，从业人员50559人。其中，国有及国有控股80个，流动资产14.23亿元，固定资产原价15.15亿元，主营业务收入72.46亿元，主营业务税收及附加2864万元，应交所得税2677万元，应交增值税1.74亿元，从业人员11982人。国有企业55个，流动资产4.88亿元，固定资产原价2.29亿元，主营业务收入14.64亿元，主营业务税收及附加508万元，应交所得税105万元，应交增值税2421万元，从业人员3439人。集体企业14个，流动资产4962万元，固定资产原价4549万元，主营业务收入2.1亿元，主营业务税收及附加33万元，应交所得税19万元，应交增值税302万元，从业人员629人。私营企业172个，流动资产17.59亿元，固定资产原价5.94亿元，主营业务收入52.1亿元，主营业务税收及附加2737万元，应交所得税552万元，应交增值税6744万元，从业人员17761人。另外，港澳台商投资企业3个，外商投资企业6个。

第二章　餐饮住宿业

餐饮住宿业是一个重要行业，历来在重庆发展较好。

第一节　餐饮业

餐饮业是专门从事饮食品加工烹制，并提供场所、设备，就地为消费者服务的行业，包括饭店、酒家、餐厅、菜馆、农家乐、小吃部、冷饮店、咖啡厅和兼食品的旅店、宾馆，以及早点、夜宵、饭铺、茶馆、流动饮食摊车等。

重庆市餐饮业有悠久的历史，在清代就有包铺馆和饭铺。抗日战争期间，重庆为陪都，饮食业得到很大发展，1943 年就有中餐食店 260 户。其中，川菜馆 110 户，江浙馆 45 户，北方馆 27 户，粤菜馆 15 户，鄂菜馆 15 户，鲁菜馆 5 户，豫菜馆 5 户，徽菜馆 3 户，西饺馆、咖啡馆 30 多户。著名的有小濒天、斛东风、暇娱楼、九华吲、白玫瑰、凯歌归等数十家。中华人民共和国成立前，对饮食行业实施管理和协调的组织形式是行业帮会，以行业为帮，如饮食业早期有“雷祖会”和“詹王会”，内部又分化为本城帮、成都帮、下江帮、广东帮、小河帮等地方帮。按饮食的分类，又有饭食帮、面食帮等。其他服务业也大致有类似情况，只是不及饮食业复杂。民国时期，各行业先后成立了同业公会和职工工会，逐渐取代了帮会，同业公会属于“官督民办”性质，其作用就是具体落实政府有关部门颁布的法规、下达的训令，协调会员内部事务，上陈会员要求，兴办会员福利等。各行业的同业公会，以饮食业成员最多，其次是旅栈业。抗日战争爆发后，重庆饮食服务业发展很快，对行业的管理越来越严，管理内容也越来越多，尤以对饮食业和旅栈业较为突出，将其列入特种行业，相继出台了一系列管理办法。

中华人民共和国成立后，重庆餐饮业有了新的发展。1956 年，成立市饮食公司，不久撤销。1959 年，又成立市饮食服务公司，组建了重庆饭店，扩建了颐之时、粤香村餐厅，恢复发展了老四川、陆稿荐、唯一酒家等一批风味饭店，新建了江北公寓、涂山公寓、沙坪坝公寓等大中型综合饮食服务网点。改革开放以来，全市饮食业发展迅速，经济成分有国有、集体、个体、私营和中外合资，传统产品品种、特殊风味和经营项目相继恢复，新产品开发取得很大进展。历来重视餐饮行业管理。中华人民共和国成立初期，政府对饮食服务同业公会进行整顿、改组，废除了不少不适宜新社会的规章制度和苛捐杂税，随后又通过社会主义“一化三改造”帮助全行业从个体、分散状态走上合作化、集体化道路，在此基础上成立专业公司，对全行业进行统一管理。1955 年 7 月 1 日成立的重庆服务业公司，是重庆市服务业的第一家主管公司；1956 年 1 月 1 日，重庆市饮食业公司成立，标志着重庆饮食业开始纳入以国营为主导的比较统一的归口管理范围；1959 年 10 月 14 日，四川省重庆市饮食服务公司正式成立，这是原重庆市全面管理饮食服务行业的综合机构，归商业部门管理，如市第二商业局。各区县（市）在商业行政主管部门管理下，相继成立饮食服务业专业公司，管理当地的国有和部分集体饮食服务网点，工矿贸易商店的饮食服务划归市、区工矿贸易公司管理，农村集镇的饮食服务行业划归供销社领导管理。十一届三中全会以后，随着饮食服务行业的放开经营，形成了社会办饮食服务业的局面，饮食服务经营企业的所有制结构日趋复杂，管理体制呈现多元化，涉及商业、供销等多个行业。政府及商业、工商、税务、物价、公安、环保、劳动、卫生等部门陆续出台了一系列管理规章制度，加强了对行业的管理，促进餐饮业发展。

一、发展历程

餐饮业为第三产业中的一个传统服务性行业，发展餐饮业具有投资少、见效快、资金积累能力强、吸纳社会就业人员多等特点。改革开放后，重庆餐饮业起步较早。

1986 年，全市餐饮住宿业在全市生产总值中占 1.3%，为 2.17 亿元。会仙楼宾馆 1991 年被商业部列为全国饭店（酒家）50 强之一，颐之时大酒楼被誉为“美食世界”。重庆直辖给饮食服务业带来了新的发展机遇，同时加剧了市场竞争，参与经营的企业所有制结构日趋多样，出现了一批具有较大规模，经营手段和方式更灵活的私营、合资企业，使面临诸多困难的国合饮食服务业市场份额下降，经营普遍不景气。饮食业对外开放步伐加快，引进了新的经营品种、经营手段和经营形式，经营理念日趋多样，连最传统的地产火锅也掀起了一轮“老火锅”的热潮。餐饮业大众消费市场日趋扩大，面向大众消费的中低档市场异常活跃，自助餐、小吃套餐、快餐、送餐、超市餐饮等新的经营形式显示出强大的生命力。饮食服务业与旅游业的结合日趋紧密，从单纯的吃喝到旅游、玩耍、休闲、娱乐等系列化发展，近郊农村和风景区休闲旅游成了节假日的热点，从而推动了乡间小吃、农家风味的发展，形成了一批地域性的美食地带和代表品种，如南山泉水鸡一条街、歌乐山辣子鸡一条街、白市驿的炒田螺、渝北统景的麻辣鱼等。到 2005 年，餐饮住宿业在全市生产总值中占 2.2%，为 66.56 亿元；就业人员 75.4 万人。餐饮业发展进入了投资主体多元化、经营业态多样化、经营模式连锁化和行业发展产业化的新阶段。

重庆餐饮业发展历程大致分为四个阶段。

1. 起步阶段。20 世纪 70 年代末至 80 年代，餐饮业在政策上率先放开，政策的开放引导和各种经济成分共同投入，特别是一批个体私营的中小型网点以价格优势、经营优势、灵活的服务方式和方便实惠的定位赢得了市场认可，市场不断繁荣，使餐饮业发展取得新的突破。

2. 数量型扩张阶段。20 世纪 90 年代初，社会需求逐步提高，社会投资餐饮业的资本大幅增加，餐饮经营网点和从业人员快速增长，国际品牌也纷纷进入，外资和合资企业涌现，同时餐饮业发展积极调整经营方向，面向家庭大众消费，满足市场需求的能力提高，使餐饮业焕发出新的生机，行业蓬勃发展。

3. 规模连锁发展阶段。20 世纪 90 年代中后期，走上了连锁求发展的新型经营之路，很多品牌企业跨地区经营，并抢占了当地餐饮业的制高点，市场业态更加丰富，菜品创新和融合的趋势增强，规模化、连锁化成为这一阶段的显著特点。1995 年，苏大姐火锅率先在全国范围内试水连锁加盟新模式。以德庄、秦妈等企业为核心的重庆火锅连锁军团，从 1999 年开始发力，很快把重庆火锅的旗帜插遍全国。2002 年，重庆餐饮连锁“遍地开花”，在走出去的 202 个项目中，火锅比重 80%，代表企业包括德庄、秦妈、清华、君之薇、齐齐火锅、奇火锅、骑龙火锅、巴将军等。与此同时，陶然居、阿兴记、菜香源、顺风 123 等中餐企业也加入连锁开店的大军中，重庆餐饮企业擅长连锁的经营特长，使得重庆美食在全国一炮走红。

4. 品牌提升战略阶段。进入 21 世纪以来，餐饮业发展更加成熟，一批知名餐饮企业在外延发展的同时，更加注重内涵文化建设，培育提升企业品牌，积极推进产业化、国际化和现代化进程，综合水平和发展质量不断提高，并开始输出品牌与经营管理，品牌创新和连锁经营力度增强，现代餐饮发展步伐加快。重点在两个方面：一是推行基地及工厂（2002 年以后）建设。餐饮业作为产业链的终端，在大发展的同时，带动了生态农业、食品深加工业、旅游业、就业培训、物流等产业，不仅使其集团化、规模化发展，更为农村富余劳动力提供了众多就业岗位，为社会减轻了就业的压力。陶然居在白市驿兴建的陶然居建设社会主义新农村示范基地，骑龙火锅在北碚建成的骑龙社会主义新农村建设示范基地，德庄在石柱县和巴南区分别建立了辣椒、山地鸡基地及茶园新区的食品加工厂区，秦妈在石柱、江津、渝北建立生产基地和厂区，阿兴记在渝北区建立的 800 万只优质肉兔产业化养殖开发基地，五斗米在九龙坡区巴福镇建立的标准厂房。基地的建成，不仅推动了餐饮企业大胆进行产品的精深加工和技术创新，增强了企业的研发力，还促使企业成为管理完善、产销一体的现代餐饮集团，保证了放心消费的第一关。2007 年 6 月，国务院副总理回良玉考察陶然居烹饪学校，得知陶然居在石柱、城口、江津等 8 个区县建立了原材料基地，回副总理形象地将这些原材料基地比喻为“第一车间”，并指出：企业是“龙头”，不但寻求自身的发展，还充分发挥带头作用，通过“龙头”的发展来带动“龙身”“龙尾”的发展。重庆餐饮企业在田间地头建立的原材料基地及生产车间多达 200 个，为统筹城乡一体化做出了贡献。二是健康化发展。吃味道、吃环境、吃健康、吃概念，健康化的要求将会越来越高，健康美食和绿色餐饮成为时尚，时尚消费、健康消费成为重庆市餐饮消费的主流观念，直辖后餐饮消费呈现出几大变化，从以前的重视口味发展到既重口味又重营养，从单一的麻辣风味发展到海纳百川、包容各味，从大鱼大肉发展到膳食平衡，从实惠随意的就餐环境发展到要求有文化底蕴、精致典雅的餐厅包装，促使餐饮人在创新发展中寻求商机。应当说，重庆餐饮的包容性强、竞争力强，餐饮人的执着和创新力都在全国排领先地位。

从 1986 年到 2005 年，重庆餐饮业伴随着社会经济进步与发展在行业规模、社会地位和经济拉动作用等方面都发生了深刻的变化。主要呈现出六大特征：

1. 规模不断扩大。餐饮业快速持续发展，1997 年营业额 49.62 亿元，2002 年营业额实现了 100 亿元的历史跨越。截至 1998 年底，全市有各类饮食服务经营网点 79478 个，比 1997 年净增 8391 个。其中，特一级饮食店 26 家，特二级饮食店 76 家，一级饮食店 98 家，一级旅店 24 家。2005 年，全市餐饮业网点 79512 个，餐饮业零售额 1619669 万元，占社会消费品零售总额的 13.3%。14 家进入百强餐饮企业，龙头餐饮企业在 29 个省市和美国、加拿大等国家发展连锁店 2355 家，品牌效应日益显现。

2. 市场繁荣兴盛。饮食业的经营网点主要分布在城区商业闹市区、沿江码头、交通要道及工矿区、住宅密集区、旅游风景区等人口稠密且流量较大的地方。随着城区旧城改造步伐的加快，在新建的商业区、住宅区、新兴开发区、工业区、旅游区又相继建成了一批大众化、多功能的经营网点，无论在城市，还是在乡村，长江、嘉陵江上的餐饮船只，繁星点点；美食街独具特色，管理规范，靓丽繁华；上万家农家乐飘香于青山绿水间，到处都可领略到餐饮业多层次、全方位的发展。特别是部分江湖川菜的创始陆续形成了一批新的美食集聚地，建成了一批不同风味的饮食街，如歌乐山辣子鸡一条街、南山泉水鸡一条街、六公里美食街、含谷镇辣子田螺美食街、太安鱼美食街、中渡口豆花渔船等形成了城内、城郊、山上、河边等立体布局的经营网点。在城郊农村兴起了一批农家乐服务网点，在风景点新建了一批旅游度假村。

3. 投资主体多元化。餐饮业作为开放早、市场化程度较高的行业，各种经济成分、各种所有制形式的饮食经营企业竞相发展，改变了过去由国营饮食服务业一统天下、独家经营的状况，出现了多家经营、竞争发展的新格局。进入 20 世纪 90 年代后，外来企业进入，开始多元化发展。社会对餐饮业的投入持续增加，非公有制饮食服务网点逐年增多，到市外、国外开设的饮食服务网点逐年递增。在餐饮业网点中，非公有经济成为行业的主体。

4. 个性化和细分化趋势增强。随着餐饮需求的不断增强，餐饮业的经营结构得到调整，不再单纯追求靠公款消费和集团消费撑持门面，餐饮企业主动顺应市场，把经营和服务的重点放在普通大众特别是工薪族身上（大众化消费成为市场主体），经营方式灵活，门槛降低了，客人增多了，企业尝到了甜头。有2家被原国内贸易部授牌的“中华老字号”——桥头火锅和老四川大酒楼，长期坚持服务大众的经营宗旨，以中低档的价格吸引消费者，经营重心面向家庭、个人和工薪阶层，满足了大众化市场需求，开拓和延伸了经营空间；市场不断呈现多元化的特点，个性化、选择性和理性化消费特点日趋明显；各地的外卖、快餐、小吃、家常菜和半成品加工、超市食品的市场越来越大，以家庭私人消费为主的节假日市场更趋红火。1998年，受东南亚金融风暴的影响，国内需求相对不足，加上餐饮业经营企业增多，竞争激烈，价格和质量成为餐饮企业取胜的法宝。火锅业继“老火锅”盛行一时后“三拖一”火锅受市民欢迎，进入大打价格战的微利时期。部分新开张的餐饮企业凭借设施设备新、功能齐，以较低的价格争占市场份额，如扬子岛酒店以三星级的档次、二星级的价格在市场上取得了较好业绩，掀起了业内人士所称的“扬子岛现象”。富安湘园推出的“双休日家庭套餐”和渝都大酒店推出的每客48元包价制炒菜自选颇受大众欢迎。随着重庆主城区面积的扩大，社区餐饮发展迅速，出现了如南方花园、龙湖花园、加州花园等知名小区，在新建的住宅小区周边汇集了一大批餐饮企业，如最早兴起社区餐饮的南方花园，就集中了菜根香、香积厨、亚克西、瓦岗寨等100余家市内外餐饮企业，成为重庆新兴的美食集聚地。江北区金岛花园、南岸区泰正花园、九龙坡区九龙花园、沙坪坝区文化广场等新建的住宅小区也先后招揽众多餐饮企业，成为重庆餐饮的新亮点。围绕假日经济、旅游经济，进一步细分市场，其差异化竞争明显加剧，本地企业和外来企业加速扩张，老字号、新品牌陆续跟进，一些区域性品牌迅速崛起，新兴主体都有不俗的表现，市场领先企业保持竞争优势，继续扩大市场规模，加速空间布局。

5. 产业化、国际化进程不断推进。餐饮业的产业化发展进程不断加快，与种植业、养殖业、制造业、食品加工业融合得更紧，促进农副产品的转化升值，带动城镇就业，推动地方经济发展。引导培育了一批具有地方特色的知名品牌餐饮企业，特别是在主城区和地区中心城市鼓励发展快餐企业和配餐中心，发展了一批快餐连锁店。海外餐饮不断进入重庆市场，影响范围深入广泛，丰富了餐饮市场。外地的居民也对重庆美食充满期待，纷纷品尝，推动了餐饮业的迅猛发展。探索“厨房工程”建设，开发适应现代城市生活节奏发展的快餐、小吃、早餐、家常菜、方便食品等，发展配餐中心和连锁经营，实现规模化。

6. 行业发展水平不断提升。餐饮业品牌竞争和质量经营的局面已经形成，行业发展进入新的阶段。现代餐饮发展步伐加快，科技手段运用更加突出，现代经营管理理念加强，营销举措普遍推行，品牌文化含量日趋增加，技术创新和科学管理受到重视，加强人员培训，促进素质提高，标准化、工厂化、规模化和科学化的进程不断推进，由传统餐饮向现代餐饮的发展步伐加快。突出巴渝特色，注重特色经营，拓展传统市场，注重传统与创新的结合。创新发展渝派川菜，重点抓好川菜、名小吃、大众餐饮及快餐业的发展，风味小吃、家常菜品、新型早点等大众餐饮成为城市居民的消费热点，开始在餐饮业中显示出举足轻重的作用，并使其成为在全国有影响的地方特色大菜。健康美味的绿色餐饮成为重要消费趋向，市场消费向价格、品位、氛围、服务和品牌文化等综合型方向转变，人们追求健康营养和服务环境的个性消费成为新时尚。美食层出不穷，继承传统川菜，各大菜系及风味、特色优势得以体现，挖掘创新地方名菜300多种、新菜品上千个，重庆名菜享誉全国。重庆火锅以其麻辣鲜香为特色，立足重庆，燎原全国，香飘海外，成为重庆的一张“名片”。

重庆餐饮业在历届中国美食节上均披金夺银，获国际奖23个，国内金奖13个、金鼎奖42个，中国名宴、名菜、名点556个，重庆火锅名宴、名菜264个。突出巴渝文化，弘扬地方饮食文化，增强重庆餐饮文化氛围，提高重庆餐饮知名度。在各新闻媒体开辟专栏，加强对重庆餐饮业的宣传；将每两年一次的“重庆美食文化节”提升为全国性的美食节，向全国推出重庆名菜、名点，提出“吃在重庆”“川菜创新在重庆”，同时吸引全国各大菜系和餐饮名店来渝展示、发展，使重庆成为全国美食名城。

1986年，全市饮食业的经营网点有2.25万个，从业人员有54960人。餐饮行业多种经济成分竞相发展，全民、集体、个体一起上，呈现出改革开放以来的新面貌。占据市场主体的国营和集体的餐饮企业，推行以多种形式的经营承包制为主的经营管理体制改革迈出新步伐，提成工资和浮动定价逐步推行，人员培训力度不断加大。烹饪开始走出国门，呈现出多元化、全方位的发展格局。

1987年，餐饮业以国有、集体等经营形式存在，老四川、小滨楼、沙坪饭店、红旗饭店、丘二馆、西郊饭店、皇后餐厅、富江村、味苑餐厅等一系列国营、集体企业生意火红，民营、个体的餐饮企业逐渐增多。

1989年，全市饮食服务业网点有4.94万个，从业人员有97878人。其中，饮食业网点有2.59万个，从业人员有59715人。按所有制划分，饮食业国有网点有485个，职工有6615人；集体网点有4284个，职工有18638人；个体网点有2.11万个，从业人员有34462人。有中外合营饮食业2户，从业人员有987人。重庆市饮食服务公司系统营业收入2.35亿元，其中饮食业收入7303万元。

1990年，全市饮食服务业网点有5.27万个，其中饮食业网点有2.62万个。按所有制划分，饮食业国营网点有478个，集体网点有4105个，个体网点有2.16万个。全年市级国营饮食服务企业全年营业收入7028.9万元，实现利润414.33万元。

1992年，全市饮食服务业网点和从业人员比上年略减少，经营网点有5.19万个，从业人员有107877人，其中饮食业网点有2.67万个、从业人员有62302人。按所有制划分，饮食业国营网点有537个，从业人员有6872人；集体网点有4509个，从业人员有17974人；个体网点有2.36万个，有从业人员37456人。饮食服务业管理机构有118个，人员有399人。市级国营饮食服务业全年营业收入7763.67万元。但由于市级4家大型餐厅停业或局部停业装修，经济效益受到影响，实现利润368.74万元，比上年下降11.37%。

1993年，全市饮食业实现营业收入8831.5万元，比上年增加632.98万元，上升7.72%。一是利用饮食服务业的人才优势、技术优势、管理优势，加强劳务和技术输出，到市外开办川菜馆。市饮食服务公司向美国、新加坡、澳大利亚及国内各大城市输出等级厨师200余名，并在海口、东莞、惠州、北京、成都、大连、武汉等地承包和联合经营20个川菜馆。为企业增加收益。渝中区公司在北京、广州等地开办5家饮食店，仅广州重庆小洞天酒楼1993年就盈利50余万元。南岸桥头火锅在北京开设分店，创利润47万元。二是通过合资合作、引资联营等多种形式搞一些合作项目和新项目。江北观音桥饮食服务公司与台资合作成立金车快餐有限公司、重庆冷食品厂与日本亚细亚物产株式会社合资开发日本软管饮料生产线、大渡口饮食服务公司与香港康华实业有限公司合资成立阳明山庄酒店有限公司、摄影公司与香港拓能有限公司合作成立文苑婚纱艺术影楼等8个合资合作项目。

1994年，全市饮食服务业经营网点有4.64万个，从业人员有147632人。按所有制分，国有经营网点有4272个，集体网点有9275个，个体网点有3.28万个，中外合资网点有38个。个体经营网点大幅度增加，上升35%。全年实现营业收入2.17亿元，利润146.7万元。其中，饮食网点有

3.12 万个。

1995 年，全市饮食网点 3.48 万个，营业收入 22.38 亿元。

1996 年底，全市饮食网点有 6.43 万个，饮食服务行业从业人员有 290.3 万人。按所有制分，国有经营网点有 1815 个，集体网点有 2433 个，个体网点有 6 万个，其他有 60 个。按行业分，正餐网点有 1.87 万个，快餐网点有 2016 个，其他餐饮业有 4.36 万个。

1997 年，重庆直辖后，以火锅为代表的餐饮连锁企业拔地而起，从无到有，从小到大，遍及全国各地，同时涌现出一批实力雄厚、有发展潜力的大型品牌餐饮企业。全市有饮食服务经营网点 7.54 万个，比上年净增 8192 个。全年营业额 49.62 亿元，比上年增长 21%。8 月，美国肯德基在重庆会仙楼宾馆开设连锁店，美国德克士炸鸡、意大利比萨连锁店相继开业，标志着西式快餐连锁店涌入重庆。

1998 年，全市饮食服务业整体呈上升势头，经营网点、从业人员和营业收入均有较大幅度增长，国有企业由于拆迁、改制、历史包袱沉重等原因在全行业中所占比重逐步下滑，而个体私营、外资和社会饮食服务业却得到较快增长。

1999 年，全市餐饮营业额 48.62 亿元。

2000 年，全市餐饮业实现销售收入 54.56 亿元，比上年增长 12.2%。“九五”时期，餐饮收入年均增长 11%，缴纳税金年均递增 44%，发展速度在商贸各行业中居首位。餐饮网点遍及重庆的大街小巷、风景名胜区，大中小、高中低配置齐全。是年底，全市餐饮网点有 4 万多个，星级酒店上 100 家，并涌现出一批规模大和影响广的餐饮龙头企业，如重庆小天鹅饮食文化（集团）有限公司、重庆市饮食服务公司、小洞天、陈川粤、唐肥肠、维也纳、露凝香、德庄火锅、桥头火锅等。火锅连锁经营尤为突出，小天鹅、苏大姐、维也纳、桥头等火锅经营企业连锁店遍布全国，享誉海外。所有制结构有较大变化，国有资本绝大部分从餐饮领域退出，民营、私营餐饮企业得到快速发展，占据行业销售额大头，麦当劳、巴国布衣、菜根香等餐饮企业也相继在重庆开设分店。非公有制餐饮业成为整个餐饮行业的主体部分，渝中区 2000 年底餐饮企业有 3589 家，其中非公有制餐饮企业 3322 家，占 92.6%。渝中区小洞天新创的“三国宴”在台北展示，产生了轰动效应，成为重庆的一道创新名宴。这些创新菜品后来者居上，不仅丰富了重庆餐饮的美食内容，而且也带动了全市餐饮市场的兴旺，促进了全市餐饮经济的快速发展。重庆川菜和重庆火锅在国内外都有了一定的知名度，产业优势日趋明显。餐饮形象工程建设初见成效，由渝中区政府投资 1300 万元兴建的渝中区八一路美食街一期工程于 2000 年 12 月竣工营业，集美食、休闲、旅游于一体，汇聚小洞天、麦当劳、巴国布衣等市内外名品、名店，改变了过去以本地小吃见长、风味小吃为主的竞争格局，整条街充满文化气息，街面的“爽”和“悦”两组雕塑，一幅“巴渝饮食文化源流图”壁画和风格各异的店堂装修，体现了独特的饮食文化内涵。投入营运后，每月接待食客 150 万人次，营业收入 2600 万元，完成了从小吃街到美食街的跨越。随着二期工程的规划改造，八一路美食街将变成一条美食长廊，成为重庆解放碑的又一道亮丽风景。南山泉水鸡一条街，经过南岸区的建设与宣传，成为一条集餐饮、娱乐、旅游、休闲为一体的美食长廊。餐饮业成为假日消费的亮点，五一、国庆、春节等节日期间餐饮销售红火，对经济的拉动作用日益明显。餐饮食品加工、超市成品和半成品菜、速冻食品、方便食品、绿色食品受到顾客青睐，小吃城、美食广场、超市餐饮、新派川菜等大众餐饮消费销售势头见好。强化以会促销，展示重庆餐饮品牌。2000 年 10 月，市商委组织餐饮企业、行业厨师参加了由国家国内贸易局、杭州市政府主办的首届“中国美食节”，重庆代表团由中国烹饪大师、高级技师张正雄领衔，参加了中国烹饪大师技艺演示、中国名菜名点赛等活动。

张正雄被评为首届中国美食节“全国十佳烹饪大师”，参赛的猪娃戏蔬、桥头火锅等6道菜品获得4个金奖、2个银奖，向全国同行展示了渝派川菜的技术实力。南岸区、九龙坡区、江北区、荣昌县等通过举办美食节，促进了餐饮消费和招商引资。

2001年，全市餐饮业实现营业额60.57亿元，吸纳社会人员就业45万人，成为社会就业的支柱产业。全市有8家餐饮企业进入2001年度中国餐饮业百强企业排行榜（由中国烹饪协会、中国商业联合会、中国商业信息中心发布），分别是重庆小天鹅饮食文化（集团）有限公司、菜根香风俗酒楼有限公司、阳光温泉度假村、德庄饮食文化有限公司、饮食服务股份有限公司颐之时大酒楼、陶然居风味饮食文化有限公司、陈川粤实业有限公司、维也纳大酒店。

2002年，全市餐饮业实现营业收入69.73亿元。有餐饮业经营网点5万多家，从业人员有60万人左右。吸纳社会就业人员24.7万人。有两大特色：一是品牌餐饮业扩张势头强劲。二是美食文化在全国扩大了影响。2002年在杭州举办的第三届中国美食文化节上，由重庆加州花园酒楼、陶然居、维也纳、顺风123、外婆桥、犀牛宾馆、五斗米、荣昌三和大酒楼等8家餐饮企业组成的重庆代表团参加了国际美食展和中国名宴、名菜、名点的评选比赛活动，获得奖杯和奖牌55个。其中，获国际奖5个：重庆加州花园酒楼获“国际餐饮名店”称号，加州花园酒楼“归真宴”获国际美食质量金奖，加州花园酒楼制作的太极芋蓉饼、葵花向阳2款小吃获“国际名小吃”称号，张正雄烹饪师获“国际烹饪艺术大师”称号；获中国金鼎奖4个：陶然居的“陶然螺宴”，加州花园酒楼的热菜“土豆鳌裙”，顺风123的热菜“竹筏出山”，犀牛宾馆的热菜“香辣糯牛尾”；获“中国名宴”称号4个：陶然居的“陶然螺宴”，顺风123的“顺风宴”，外婆桥的“红色传统宴”，维也纳大酒店的“巴渝风味火锅大宴”。

2003年，全市有餐饮营业网点5.02万个，从业人员40万人，营业收入107.32亿元。

2004年，全市餐饮业实现营业收入130亿元。当年新发展连锁店铺320个。在2004年经济普查中，餐饮业零售总额127.89亿元，其中限额以上18.92亿元、限额以下6.37亿元、个体户102.6亿元；其他9.98亿元。

2005年，全市有餐饮企业（店）7万余家，餐位46万个，从业人员75万余人。餐饮业实现营业额162亿元；餐饮住宿业增加值66.56亿元，占重庆地区生产总值的2.17%。

二、渝派川菜

全国八大菜系之一的川菜作为一种文化现象，底蕴深厚。由重庆、成都及川北、川南的地方风味名特菜肴组成。川菜自古讲究五味调和，以味为本。川菜有24种味型，分为三大类：第一类为麻辣类味型，有麻辣味、红油味、怪味等，菜品有怪味鸡丝、鱼香肉丝、麻婆豆腐、水煮牛肉、宫保鸡丁、回锅肉、盐煎肉、太白鸡等；第二类为辛香类味型，有蒜泥味、姜汁味等，代表菜品有樟茶鸭子、五香熏鱼、酱炮羊肉等；第三类为咸鲜酸甜类味型，有咸鲜味等，代表性的菜品如一品宫燕、干烧鱼翅等。

重庆是川菜的发源地之一，兴于汉晋，发展于唐宋，明末清初逐步形成了味型多变、菜式活繁、适应性强的地方菜系。近代重庆开埠后，以川菜为主流的重庆餐饮业初具规模，重庆直辖以来餐饮业进入快速发展期，实现了历史的跨越。重庆菜属川菜系，具有麻辣酸香的特点，尤以麻辣为重，制作手法江湖风格较重，口味和用料讲究。鱼香肉丝和回锅肉是川菜中有代表性的名菜。鱼香肉丝酸甜适中，香气浓郁，其原料精细，刀法讲究，搭配适量的醋、糖、泡姜、泡椒和葱粒。在肉丝、肉片中加入芡粉，这样肉炒出来才够嫩。

重庆美食兴起于抗战时期的重庆川菜，素以融会东西南北技艺著称。业内人士善钻研，肯创新，走南闯北的厨房人士善借他山之石，使传统菜新意迭出，品种令人目不暇接。肇始于村妇之手的酸菜鱼、啤酒鸭、泉水鸡、麻辣鱼、水煮鱼等已成川菜之新锐，业内人士贯以“江湖川菜”称之，进而形成五个类别：辣子系列以干辣椒、干花椒为主要调味品，以辣子鸡、辣子田螺为代表；泡椒系列以自泡的辣椒为主要调味品，具有泡椒味浓郁、咸鲜醇厚的味感，以泡椒兔、泡椒凤爪为代表；水煮系列以传统的水煮技法演变而来，以干花椒或花椒面、干辣椒或泡辣、郫县豆瓣为主要调料，菜品麻辣咸鲜、味浓味厚，以来凤鱼、烧鸡公、泉水鸡、毛血旺为代表；酸菜系列以泡椒酸菜或泡萝卜为主要调料，菜品咸鲜微带乳酸，以酸菜鱼、老鸭汤为代表；烧烩系列以本地独有的烹饪原料，并采用独具匠心的加工方法使其成菜，如芋儿鸡、土豆烧鱼等。江湖川菜是重庆人豪放、热情个性的又一体现，给传统烹饪以大的冲击，诠释了“食无完味、适口者珍”的真谛，传统功底雄厚，名店旺楼各有诱客绝技，参加历届全国烹饪大赛屡获殊荣即是佐证。

重庆美食充分利用川菜味型多样、烹制方法出新多的特点，特别是麻辣味突出的特点，刺激南来北往的食客。几乎每个外地人到重庆都会不知不觉成为一名“麻辣”人，涮火锅、吃渝菜，直到双唇被辣得麻酥酥，心里才会踏实。而且重庆美食向来敢于创新、善于创新，传统川菜、江湖新品和知名火锅、小吃层出不穷，24种传统味型衍生出了成千上万个品种。颐之时大酒楼荟萃各种名特菜点及西餐饮食，南北风味小吃均有，被重庆人称为“美食世界”；重庆老四川餐厅以烹制经营牛肉菜品而享有盛名，在1989年商业部优质产品评比中，老四川灯影牛肉获饮食业优质产品金鼎奖，食客络绎不绝；南岸桥头火锅因其特色突出，名气越来越大。特别是获得部优奖和省、市名特小吃称号的菜点品种，深受消费者喜爱，经营普遍旺销，如经营金钩抄手、鸡汁锅贴、小笼包子、山城小汤丸、四味珍珠元子、担担面、红油水饺、棒棒鸡丝等数10个名特小吃品种的名小吃公司，王鸭子公司的“王鸭子”，小天鹅火锅大酒店的“清汤火锅”，唐肥肠酒家的肥肠系列菜品，江津津福乡的“酸菜鱼”、江北县王胖子的“麻辣鱼”、沙坪坝区歌乐山的“辣子鸡”、七星岗刘记血旺的“毛血旺”，等等。

重庆美食围绕鸡、鱼、鸭、牛羊等，开发了系列菜品。特别是鱼类吃法很多，火爆山城的有邮亭鲫鱼、油焖鱼、麻辣鱼、水煮鱼、酸菜鱼、肥肠鱼、豆花鱼等。鸡类有辣子鸡、芋儿鸡等。鸭类有啤酒鸭、老鸭汤等。

重庆品牌菜馆很多，陶然居、阿兴记、加州乐园、渝信川菜、一罐飘香、顺风123、外婆桥等，还吸纳外来饮食，如麦当劳、肯德基、赛百味、星巴克、棒约翰、必胜客等。

重庆市餐饮企业在第三届中国美食文化节展出的中国名菜、名点有干贝吉品鲍、四海会、泡椒鲜鲍、龙果燕窝羹、泡味圆贝、五福罗汉（以上菜品为加州花园酒楼选送），蛟龙献珍螺、糯米酥鸭方、陶然鳝鱼煲、水桶肚子鸡、陶然芋螺卷、陶然贵妃挞、山珍香片（以上菜品为重庆陶然居选送），胸藏万卷、竹筏出山、碧玉藏心、顺风百里、江岸荷香、群鱼归网、渝姝思乡、太极米糕（以上菜品为重庆顺风123饮食文化公司选送），千手万福、骄阳怪味骨、香脆女儿红、太和腊肉、网络庄椒鸡、猪耳凤眼爽、飘香竹叶卷（以上菜品为重庆外婆桥选送），奇香鱼丸、韵、平分秋色、翡翠银杏泥、又是一年瓜熟时、香辣糯牛尾、太白醉酒、玉塔春晓、争春幽（以上菜品为重庆犀牛宾馆选送），艄翁鱼、陶令霸王骨、纸包豆腐（以上菜品为重庆五斗米选送），缘香兔腿（以上菜品为荣昌县三和大酒楼选送）。

1997年12月5日—7日，由国内贸易部、中国烹饪协会主办的首届全国中华名小吃评定活动在杭州举行，全国368个品种参评。重庆有7个品种被评为中华名小吃，分别是老四川大酒楼的灯影牛肉、精毛牛肉，颐之时大酒楼的绿沙灵芝酥、金柿飘香，渝中区名小吃公司的王鸭子、山城汤圆、莲蓉凉糍粑。

1998年7月至10月，受挪威王国驻华大使馆、挪威海产外贸局委托，四川省烹饪协会和重庆市烹饪协会共同承办了'98挪威三文鱼川菜烹饪大赛，分初赛、复赛、决赛三个阶段进行。他们采用川菜煎、炸、溜、炒等烹饪技法，发挥川菜味浓味厚的特点，创造了“灯影鲑鱼”“辣子鲑鱼丁”“豆花三文鱼衣”等佳肴。经评审，有5名四川选手、3名重庆选手进入前八名。重庆市获二等奖1名（九龙坡区桃都城市酒店的张国富）、三等奖2名（渝中区小洞天集团公司小美食餐厅的晏正华和亨德门自酿啤酒城的张立洪）。

注重“老字号”的传承与创新。“老字号”历史悠久，文化底蕴深厚，有独特的产品、技艺和服务，承载着重庆商业的特色，有经久不衰的活力。重庆的“老字号”主要分布于商业、餐饮服务业等行业，其中商业服务业的“老字号”较多，一批“老字号”将传统产业与科学管理相结合、将传统工艺与高新技术相结合、将传统文化与现代文明相结合，发展为行业的领军企业。2006年，全市有8家9个“老字号”（桥头、老四川、颐之时、金星、玫瑰、迈进、桂楼、华华、精益高登）企业入选商务部首批认定的“中华老字号”。其中，有7个品牌属于食品加工、餐饮类，大部分属国营全资与国有控股。有以下特点：有多年成功的经营经历；有声誉良好和传统文化内涵的商号；有专有的加工工艺和独特的产品或服务；以手工制品为主，自产自销或前店后厂。据了解，中华人民共和国成立初期，重庆市老字号企业很多，涉及零售、餐饮、医药、食品加工、烟酒加工、居民服务（含照相、美发、洗染、浴池等）、书店、丝绸、工艺美术和文物古玩等行业。老字号企业经历了家族企业——公私合营——国有企业的发展历程，在市场经济条件下，其体制和运行机制与市场要求脱节，老体制很难适应新时期发展的要求。

2001年11月，市商委组织重庆代表团参加了在杭州举行的第二届中国美食节活动。重庆成为本届中国美食节获奖牌最多的城市，重庆加州花园酒楼精心策划的“归真宴”，重庆陶然居风味饮食文化有限公司由13道田螺特色菜点组成的“陶然螺宴”和6道精品菜点；重庆外婆桥风味饮食传播有限公司由14道风味特色菜点组成的“红色传统宴”和4道特色菜点；重庆顺风123餐饮文化有限公司由12道江湖特色菜点组成的“顺风宴”；重庆维也纳大酒店由40道精品菜点组成的巴渝风味火锅大宴，重庆犀牛宾馆、重庆五斗米、重庆荣昌三和大酒店的精品特色菜点参加了中国名宴、名菜、名点的大赛评比。重庆代表团的参赛菜品充分展示了重庆川菜“一菜一格，百菜百味”的传统特色和博大精深的文化内涵，夺得金鼎奖（大赛最高奖）1个、金奖9个、银奖8个，在参赛省市中名列前茅。重庆喜获各类奖牌55个，是参赛城市中获奖牌最多的城市。其中，国际奖5个，国内最高金鼎奖、宴、菜4个；中国名宴4个；中国名菜、名点42个。最高奖金鼎奖，全国总25个，重庆就获4个。重庆加州花园酒楼参赛的10个菜品全部获奖，其中“醉八仙”以独特的构思、精妙的设计、完美的制作、丰富的文化内涵获金鼎奖，并获金奖5个、银奖5个。重庆维也纳大酒店参赛的“巴渝火锅”获金奖。金沙洲休闲中心参赛菜品获金奖3个、银奖3个。重庆的中国烹饪大师张正雄现场表演烹饪技艺，为重庆餐饮树立了良好的形象。

附：部分渝派川菜介绍

回锅肉　是半肥半瘦的猪肉煮熟后切片炒成（如不煮而生炒就成了盐煎肉），炒回锅肉的关键之一是火候：爆油时恰到好处才油而不腻，否则火候不到则油，火候过头则干硬；关键之二是用豆瓣酱，酱香扑鼻。重庆人炒回锅肉一般用郫县豆瓣，略咸。关键之三是起锅前别忘放糖。吃光正宗的回锅肉后，会让人长久难以忘却。

老四川灯影牛肉　据传，此菜是九十多年前，四川梁平县一刘姓艺人来达县以做腌卤牛肉谋生，但生意萧条，只好锐意求新，创制成了一种薄片状的牛肉干。每当黄昏来临，他就在闹市设摊，专售此种牛肉干。为招来顾客，特在食摊前张一又大又薄的牛肉片，后面点一盏油灯，映得牛肉片又红又亮，灯影依稀可见，十分吸引过路行人。尝之，麻辣脆鲜，人们呼之为“灯影牛肉”。从此，这一独特食品远近传名，刘姓艺人生意越做越兴旺。流传至今，名不虚传。选用黄牛后腿肉，经腌、烘、蒸、炸、炒等工序制成。老四川餐厅店堂格调新颖，陈设典雅，拥有特级厨师5名，三级以上厨师33名。这家餐厅制作的精毛牛肉、烧牛头方、葱烧牛筋、清炖牛肉汤、枸杞牛鞭汤、沙参牛尾汤等菜品制作精细，风味独特，在数十种牛肉菜品中，灯影牛肉更是别具一格。这一菜品用料考究，一头牛只能精选出7千克左右牛肉为原料，配以川味调料，经过精工制作而成，有保鲜期长、香味浓郁的特点。食之麻辣鲜香，其味无穷，既是高级筵席的一道佳品，也可作为家庭便宴的菜肴，还可以作为赠送亲友的礼品。凡品尝过灯影牛肉的人，无不同声赞好。随着川菜热的兴起，灯影牛肉也漂洋过海，销售到美国等地，受到侨胞、港澳同胞和国外友人的青睐。

毛牛肉　五香味型。此菜不是牦牛的肉，而是经烹制起“毛”的牛肉。因烹制工艺复杂，一般家庭和餐馆都不做此菜。特色是色如琥珀，肉质松软，入口化渣，香郁鲜美，回味无穷。

水煮牛肉　麻辣味型。系川菜特色菜品之一，具有麻辣味突出、肉片鲜嫩的特色。

牛筋汤锅　油碟内榨菜、黄豆、香菜、香葱花、红椒如翡翠满堂，汤锅里的汤料一泡，浓香窜鼻，嫩牛肉、糯牛筋，筷子夹起在油碟中打个滚儿，送入口中，身心皆醉。

清炖牛尾汤　咸鲜味型。炖牛尾汤，制作讲究，须选用去皮牛尾中段，并从骨缝处下刀。炖前要用清水浸泡，入锅时加调料，烧沸去尽浮沫，改用小火慢慢炖软，达到牛尾软嫩，肉离骨而不散落，汤色清爽，鲜香而醇厚。

脆皮鱼　糖醋味型。用800克鲜鱼一条，加工洗净，上水豆粉，然后用热油淋炸定型，熟透浇糖醋味汁。特色是甜酸爽口，皮酥香，肉细嫩，回味绵长。

清蒸江团　姜汁味型。用嘉陵江中特产江团鱼（肥头鱼），清蒸成菜。具有鱼形完好、口味清爽鲜嫩的特色。被视为鱼类上品。

干烧鱼翅　咸鲜味型。用鲨鱼翅、鸡肉、鸭肉、猪肉、火腿，调以鲜汤，烧烤收汁，特色是翅针明亮，柔软爽口，汁稠味鲜。为高级宴席之佳肴。

烧鲤鱼　家常味型。选用600克左右一条岩鲤鱼，采用川菜独有的“干烧”烹制法制作而成。此菜具有鱼形完整、色泽红亮、肉嫩味鲜、微辣香甜的特色。水煮鱼集“麻、辣、鲜、香、嫩”为一身，鱼现点活杀，盛鱼的器皿状如脸盆，端上桌来嘶嘶作响，红彤彤形似樱桃的辣椒跃于红油上，看一眼，视线便再不会移开。

酸菜鱼　典型的重庆特色菜。酸菜鱼选用的酸菜全是酿制的老坛酸菜，酸味十足，回味中还带点甜味。选用河中刚打捞上来的草鱼为原料，故鱼肉特别鲜美。鱼片在由酸菜、泡姜、泡海椒熬成的浓汤中滚烫，吃起来格外鲜嫩入味。是采用先炒作料后加鱼炖煮的方式做成的，下面是煮好的酸菜，酸而美味，中间铺的是煮好的白色的鱼肉片，肉香嫩滑，然后在最上面均匀地放一层香菜末，最好再撒上一层芝麻。

乌江鱼　一般由鲢鱼做成，并非来自乌江。吃法借鉴了火锅。先不点火，舀一小勺浮在上面的油到自己碗里作为蘸水，夹食的鱼肉放到碗里浸一下再入口。鱼是剖成薄片的，下锅之前裹一下苕粉，这样一来鱼肉非常嫩，并且味道也足。乌江鱼并不太辣，汤浓味鲜，很适合外地人口味。鱼肉食尽，点火点菜，此种食法与火锅无异，但味相差较大。

邮亭鲫鱼　此种做法原本见于大足邮亭。烹制时先入锅干煎成两面黄，然后下汤煮熟，味鲜美鱼肉细嫩。邮亭鲫鱼引入重庆火锅，但吃法较重庆火锅又有新意，它摒弃鲜油碟、干油碟，改成放有碎米花生、碎米榨菜、葱花等小调料。待火锅内鲫鱼烧熟，食者将整条鲫鱼取出放入食盘内，酌量放入各种小调料，再舀一小瓢火锅汤调匀，一并食之；鲫鱼麻辣鲜嫩，辅之小调料花生脆香、榨菜醇香、火葱的芳香，均在口中迸发出来，味道一流，余兴未尽，还可加几款毛肚、时令蔬菜等，作为换口酒菜，下饭佐菜。

宫保鸡丁　辣香味型。据史书记载和民间传说，此菜与清代四川总督丁宝桢有关，因丁被封为太子少保（尊称宫保），故得名。其特色是鸡丁滑嫩爽口、香辣酸甜适度。

歌乐山辣子鸡　一盘红彤彤的干辣椒中夹杂着干巴巴的鸡肉块，上面撒上了芝麻，看起来还挺有食欲，吃起来鸡肉外酥里嫩，还有芝麻的清香，辣中带麻。

泉水鸡　鸡在重庆的吃法繁多：口水鸡，结合了卤味和白斩鸡的优点；辣子鸡，在大堆的干辣椒里埋了大量的鸡丁；烧鸡公，既像泉水鸡，又兼有火锅的风格；泡凤爪。正宗的泉水鸡在南岸区黄桷垭，一鸡多吃，香辣鲜美。

黑竹笋鸡　滋养类汤锅。主要由黑竹笋和鸡炖制而成，鸡肉中浸入了黑竹笋的清香，鲜嫩，滋养。

棒棒鸡　麻辣味型。选用鸡脯、鸡腿肉，入鲜汤煮熟，敲松肉质，撕成鸡丝，淋味汁。特色是麻辣咸鲜味美，鸡丝细嫩爽口。因在烹制过程中，用小木棒敲打鸡肉，使其松软，故名“棒棒鸡”。

椒麻鸡　椒麻鸡色呈本色，质地细嫩，麻鲜清香，条块均匀。

怪味鸡丝　怪味味型。为川菜独有的特色菜品。此菜集酸甜麻辣咸鲜香等味于一体。

江北熊鸭子　清宣统一年，重庆江北有个姓熊名汉江的小商贩，常在街头巷尾出售熏鸭，他制作的鸭子色泽金黄，肉质软嫩，爽口化渣，很受食者欢迎。到20世纪40年代，不少酒馆、餐厅争相找熊汉江订货，从此江北熊鸭子名噪一时，生意兴隆，商贩仿制者众。熊汉江为了维护自己的信誉，就用金纸剪成“熊汉江”三个大字，贴在玻璃柜内，因此又有“金字熊鸭”之称。这种鸭外形美观，光亮，呈椭圆形，表面为深棕色或茶色，皮脆肉嫩。切开后，内肉淡红，脂肪为淡黄色，层次分明。吃起来，清香爽口，回味浓郁，具有川味烤鸭的独特风味。

香酥排骨　咸鲜味型。选用猪肋骨，经腌渍入味，蒸软后，下油锅炸酥。特色是色泽美观，酥香嫩爽。下酒伴餐，实为佳肴。

锅巴肉片　烹制此菜，火候掌握要得当，操作要快。特色是肉片滑嫩，锅巴酥香，酸甜爽口。

蒜泥白肉　蒜泥味型。特色是汁红肉白，咸鲜微辣，蒜香味浓，片大如掌，薄而透亮。

鱼香肉丝　鱼香味型。为川菜中特色菜肴之一，是一道检验厨师调味技巧的功夫菜。特色是色泽艳丽，咸甜酸辣香兼备，姜葱蒜味浓郁。

龙眼烧白　咸鲜味型或醇甜味型。这道菜在当地居民餐桌上时常可见，俗称“扣肉”。特色是菜形美观，嫩软滋糯，肥而不腻。

糖醋排骨　糖醋味型。此菜是伴酒佐餐的好菜，要烹制好此菜有一定难度，对味汁的调配和烹饪的火候都有较高要求。特色是酥香甜酸适中，回味悠长爽口。

火爆双脆　咸鲜味型。此菜用鸡肫和猪肚头切配爆炒成菜，是一道火候功夫菜。特色是红白分明，咸鲜脆爽。

品海参　咸鲜味型。用大乌参一只，煨鲜汤，配鸡肉、火腿、干贝、冬笋、口蘑等，蒸软后，淋芡成菜。有形美色艳、质嫩汁亮、咸鲜味醇之特色。

夫妻肺片　相传是古时候由一对夫妻发明的，美味无比。是家喻户晓的重庆美食。

干煸鳝丝　麻辣味型。干煸为川菜独特的烹制法。掌握火候十分关键。干煸菜品的特色是酥软香爽，麻辣味鲜，回味无穷。

豆花　又称河水豆花，用大豆制成，润白鲜嫩，味道可口，加上店家特制的海椒，吃到嘴里不及咀嚼即化，食客回味余香。在涪陵一带盛行，而今有垫江石磨豆花。

荤豆花　一种汤锅里面放肉片、金针菇、冬瓜、萝卜、火腿片等，主要就是豆花。和火锅一样，煮的，吃豆花有调味碟，料主要由辣椒酱、麻油、芝麻组成。

毛血旺　红汤，里面就是大杂烩，有木耳、肉片、海白菜、平菇等，主要就是血旺（俗称血豆腐），能吃的都放在一起煮，特点也是麻辣。重庆特色之一。出自重庆市沙坪坝区磁器口镇——一个保留了重庆古老码头文化的小镇。据说，毛血旺的名称来源于其创始人姓毛，听说后来因为经营不善倒闭了。重庆的毛血旺中一般添加的是鸭血、鸭肠、泥鳅、午餐肉、鸭肚、猪心、豆芽等，而且极其便宜，而且吃毛血旺的地点非常讲究，只有在磁器口才可吃到正宗的。另有一种说法是70年前，沙坪坝磁器口有一王姓屠夫每天把卖肉剩下的杂碎，以贱价处理。王的媳妇张氏觉得可惜，于是当街支起卖杂碎汤的小摊，用猪头肉、猪骨加豌豆熬成汤，加入猪肺叶、肥肠，放入老姜、花椒、料酒用小火煨制，味道特别好。在一个偶然机会，张氏在杂碎汤里直接放入鲜生猪血旺，发现血旺越煮越嫩，味道更鲜。这道菜是将生血旺现烫现吃，遂取名毛血旺。

附：部分渝派川菜企业介绍

会仙楼　1982年建成开业，因地处会仙桥侧而得名。位于渝中区民族路186号，交通极为便利。集吃、住、游、购、乐于一体，有客房、餐饮、茶楼、旅游、桑拿等，是重庆市首批二星级旅游涉外定点饭店，被誉为巴渝第一楼，可满足中外不同消费层次的宾客需求，是住宿、娱乐、商务洽谈、会议的理想场所。餐饮部设皇后大酒楼，装饰典雅，供应川菜、火锅、风味小吃。商场专营各类精品、黄金首饰、豪华家具等。娱乐城能容纳300余人。会仙楼连锁是重庆市商务集团饮食服务有限公司的属下企业，以会仙楼宾馆、会仙楼客栈、山城饭店、会仙楼南泉度假村、会仙楼南山山庄五家酒店为主业，还有天府旅行社、新描容美容美发两家辅助实体单位。会仙楼连锁实行品牌连锁经营，采取统一标准化管理，用至真至诚的服务赢得各界好评，创造了良好的社会效益和经济效益，被授予市先进企业和文明单位称号。

颐之时　20世纪20年代初创办于成都，1948年迁重庆，弥久不衰，仍名厨云集，烹饪技术精湛。位于渝中区邹容路114号。是具有一定规模的、著名的涉外酒楼。餐厅颇具特色，经营上千种菜品，店堂设计突出了民族特色，环境幽雅。曾多次接待中央、省市领导、驻华使节和国外旅游团体，受到好评和称赞。酒楼现有特级厨师28名，一级厨师45名，特级宴会设计师12名，一级宴会设计师50名。中、高级技术人员占职工总数的95.8%。曾多次在全国和四川省烹饪大赛中获得金牌，1996年在四川省第二届烹饪大赛中获团体金牌，成为全省荣获金牌最多的酒楼。酒楼名菜已收入《中国名菜集锦》一书。酒楼荣获国内贸易部名菜、名点4个，重庆名菜2个，重庆名小吃2个，重庆优质名小吃4个，获全国烹饪大赛金奖菜品2个、银奖4个、金牌面点4个。1990年8月，被四川省政府正式命名为省级先进企业，2000年获“全国十佳”称号，2002年获“全国餐饮百强企业”称号。

重庆小洞天饭店　1924年创建，由廖青廷、樊青云、朱康林创办，并由廖主厨。当时店设在后四坡附近，依山筑楼，凿壁为洞，以洞为室，置身其间，举杯小酌，乃“洞天福地”也。依道家传说，仙人居住的山的名字，有十大洞天，三十六小洞天，七十二福地，小洞天由此得名。位于重庆市渝中区民权路107号。1993年12月组建成中外合资企业。占地面积1700平方米，建筑面积10600平方米。是按二星级宾馆标准投资建设的一家全新的涉外饭店，经营部门有客房部、餐饮部、娱乐中心、商务中心。联营部门有证券城、旅游商场、票务中心。以川菜为主。饭店位于解放碑购物广场，是商务、旅游、会议的理想下榻之处。饭店采用现代化管理系统，融汇国内外的管理模式，以准确、快捷、周到、温馨的服务，为宾客营造一方如归的家园。是重庆有名的川菜馆及川菜培训中心。1996年，有职工168人，其中特级厨师8人、中级专业技术职称者7人；固定资产2600万元，营业额1500万元，利税400万元。

重庆阿兴记餐饮（集团）有限公司　公司创办于1991年，前身为“涪陵巴人火锅”，是一家集餐饮连锁、物流配送、农业产业开发、农产品生产与加工于一体的大型民营企业。现有重庆黄泥磅店、重庆奥体中心店、重庆沙坪坝店、两路金港店（重庆江北机场对面）等7家直营店、1家科技公司、1家食品公司，年营业额超亿元，营业总面积20000多平方米。有员工1100多人的“重庆阿兴记”“涪陵巴人”两大品牌，为重庆餐饮旗舰企业。精心打造的阿兴记大饭店，装饰豪华典雅，经营精品川菜、港式粤菜、特色淮扬菜、正宗燕鲍翅，受到国际国内美食家的高度赞扬和众多顾客的称赞。阿兴记大饭店现已成为重庆餐饮界的标杆企业，近年单店营业额一直居于重庆市领先水平，先后荣获“国际餐饮名店”“国际美食质量金奖”“中国十佳酒家”“中华餐饮名店”“国家特级酒家（五钻石奖）”“中国餐饮百强企业”“中国名火锅”“全国‘以人为本、实现双赢’优秀餐饮企业”“中国质量服务信誉AAA级企业”“中国商业信用企业”“重庆市著名商标”“全国五一劳动奖状”等国际国内殊荣80多项，树立了公司的品牌形象，享有较高的社会知名度。

重庆陶然居饮食文化（集团）股份有限公司　创立于1995年，从一家路边小店起步，发展成为一家以餐饮为龙头，涉足房地产业、水泥生产、人才培训、生态养殖、物流配送的跨行业企业集团。公司坚持以创新为动力，以诚信为经营原则，以服务社会和满足多种需求为目标。一是菜品创新。成立了菜品创新研究开发中心，每个店每月推出10多个新菜品、30%左右的特色菜品。2002年，“陶然螺宴”荣获中国餐饮界最高奖项——金鼎奖；双椒鸡、晾竿白肉等30个陶然新菜荣获“中国名菜、名点”称号。二是服务理念创新。从消费者利益出发，点菜员在为客人点菜时为客人着想，提醒客人适度点菜，介绍酒水时须向客人推荐价格较低的品种；服务员热情、主动地接待顾客；公司设立了消费者投诉电话，顾客对酒楼的菜品质量、服务质量或收费价格等方面有不满意者，可直接投诉。公司在24小时内查清情况并妥善处理。三是产业创新。致力于发展绿色、健康、环保的食品。投资新建或完善原有的生产基地，在重庆白市驿、贵州红枫湖、广西北海、四川青城山等地建立了田螺、海鲜养殖基地和腊肉加工生产基地，确保菜品质量。同时，公司建立了物流配送中心，保证各店的正常经营，走产供销一条龙发展之路。经市劳动局批准，创办占地1.33公顷、配套设施齐全的陶然居餐饮职业培训技工学校，开设中高级厨师培训、餐饮管理、餐饮营销服务、财会、保安等专业。每年向社会及陶然居各店输送近千名厨师及管理、技术人员。四是经营理念创新。直营、联营、特许加盟三管齐下，2004年在全国20多个省市拥有58家大型餐饮连锁店，有员工1.1万人（当年新增社会就业岗位2000多个），资产上亿元，营业总面积16万平方米，营业额5.6亿元，上缴税金4000多万元。

菜香源饮食公司　传承经典美味，尽显巴渝韵味。首先提出“新概念川菜”的菜香源川菜馆，成为渝派川菜的领军新势力，以其锐不可当的品牌号召力，在各商业街、休闲娱乐区，成为一颗的璀璨明星。菜品新颖独特，厨艺堪称一绝。菜香源作为重庆新派川菜的发起者，不仅沿袭了传统川菜色、香、味、形的特点，更新增了声、养、器三大时尚元素和巴渝民俗民风文化元素，融带有浓郁巴渝情调的文化川菜、技术川菜、百姓川菜、新派川菜为一体，赋予了川菜知识性、健康性、大众性、娱乐性等全新内涵，真正做到了营养加美味的平衡搭配，受到了广大消费者的普遍肯定和好评。保持菜品的稳定性、新鲜感和吸引力，这是餐饮企业取悦客人、提升人气的一张闪亮名片。企业文化鲜活、文化理念、管理体系成为企业成功的法宝。

三、重庆火锅

重庆火锅，源远流长。发源于清代道光年间，发展于抗战时的陪都时期，繁荣于改革开放之后。20世纪30年代，重庆火锅从江边码头登堂入室，逐步走上兴盛时期。抗战时期，重庆的火锅特别兴旺。改革开放后，重庆火锅店如雨后春笋，遍城林立，生机勃勃。特别是20世纪90年代以来，政府及相关部门着力营造良好商业环境，大力推进餐饮业发展，全市火锅行业发展势头良好。火锅现已成为重庆美食的代表和城市名片。2007年，重庆市被中国烹饪协会誉为“中国火锅之都”。

重庆是火锅的发源地。据《华阳国志》记载，巴人“尚滋味，好辛香”。重庆自古而形成的自然条件和地理环境，造就了重庆火锅。重庆嘉陵江畔、朝天门一带的居无定所的船工纤夫的粗放餐饮方式促成了火锅的形成。他们将牛毛肚、猪黄喉、鸭肠、牛血旺等放入锅内，再加上辣椒、花椒等辅料，这就是最初的麻辣火锅。据传，在20世纪初，有马氏兄弟廉价收购牛毛肚和血旺，在南纪门的宰房街（现长江大桥桥坎下）开了一家以毛肚为主要菜品的红汤毛肚火锅馆，这才将火锅请进饭馆“定居”。

火锅之于重庆，既是一种生活，又是一种文化。重庆火锅以麻辣为主、多味并存，同中求异，异中求和，荤与素、生与熟、麻辣与鲜甜、嫩脆与绵烂、清香与浓醇等完美地结合在一起，折射出酣畅淋漓的文化个性与和谐兼容的城市品格，营造出“同心、同聚、同享、同乐”的地域文化氛围。

重庆火锅主要分为红汤和清汤两种，红汤以麻辣鲜香为主，而清汤以色清味鲜为特色。鸳鸯火锅就是这二者的结合体，即火锅用S形的金属片分隔成太极图状，一清一红，颜色分明。外地人在重庆喜欢吃火锅，他们觉得不吃火锅不算到了重庆。

重庆火锅种类很多，取材相当广泛，荤的可取自家禽、家畜及其内脏器官和水产，而几乎所有的蔬菜都可用作素菜，如鸭肠火锅、鳝鱼火锅等。至于油碟，重庆人喜用麻油拌蒜泥，一来清热降火，二来调味润滑，于是吃起更加回味悠长。冬天吃火锅是名正言顺的，但夏天火锅的生意更火爆，在三伏天临街露天而坐，赤裸上身（仅限男性），锅中汁水翻滚，桌上热气蒸腾，吃得汗流浃背，同时谈笑风生，席间觥筹交错，一杯冰啤下肚，畅快淋漓之极！而这也成了远近闻名的夏季重庆街头一景。

1996年，受四川省商业厅、四川省烹饪协会、四川省保护消费者权益委员会、四川省火锅文化交流工作委员会、“首届四川名优火锅评比”组委会的委托，市第二商业局、市烹饪协会、市饮食服务公司、市个体劳协、市消费者协会、市防疫站、市旅游局、重庆日报社、重庆电视台、重庆广播电台、厂长经理日报、渝中区饮食服务公司等12个单位组成了“川东片区组委会”，负责川东片地区名优火锅的评比工作，由市烹协牵头组织的专家评审组，由有关部门派员参加的综合评审组，经过近两个月的紧张工作，顺利完成了评比工作。重庆市（川东片）共评出名优火锅16个，优质火锅8个，风味火锅4个。名优火锅：桥头火锅（南岸区）、云龙园火锅（渝中区）、阳光火锅城（沙坪坝区）、重庆火锅城（南岸区）、凌汤圆大酒楼火锅厅（渝中区）、重庆宾馆火锅厅（渝中区）、扬子江假日饭店巴人火锅（南岸区）、一四一火锅（渝中区）、重庆药火锅（渝中区）、韵苑饭庄火锅厅（北碚区）、露凝香火锅城（九龙坡区）、西郊大酒楼火锅厅（九龙坡区）、九二九火锅大酒楼（九龙坡区）、棠城饭店火锅城（永川市）、巴人火锅城（涪陵市）、四川大酒店火锅厅（济南市）。优质火锅：西南兵工万友火锅（大坪）、嘉陵火锅城（双碑嘉陵厂）、渝北风味羊肉火锅（江北区）、金满楼大酒店火锅厅（江北区）、露凝香火锅馆（石坪桥）、四季春火锅（九龙坡区）、秋霞火锅（九龙坡区）、重庆酒楼火锅厅（北京顺义县）。风味火锅：上桥大酒楼火锅厅（沙坪坝区）、红珊瑚火锅（南岸区）、巴王火锅大酒家（渝中区）、船舶大酒楼火锅厅（江北区）。

1998 年 5 月 10 日，由市商委主办、重庆商报社承办的首届重庆名优火锅评比活动，是重庆直辖市成立以来第一次以政府名义对餐饮企业举办的专项活动，旨在扩大影响，弘扬餐饮美食文化。有 60 余家火锅企业报名参加，整个评定过程历时半年。经过市烹饪协会专家按火锅特色、菜品质量、汤质、规模等十项标准打分，结合 5 万多市民投票，最终评出重庆名火锅 13 家，它们是小天鹅、桥头、维也纳、露凝香、牛魔王、韵苑、龙阁、青风、武陵山珍、秋霞、台北石头、曾火锅、Y 火锅；重庆优质火锅 12 家，它们是清华、巴人（涪陵）、金嗓子（万州）、奔吃土灶、宝全、重庆崽儿、点式鱼头、华生园、景苑、金马、小小（江津）、金叶（黔江）火锅。

2001 年，评选出的 50 家“放心火锅”，即维也纳辉缔大酒店、维也纳大酒店、重庆小天鹅巴渝食府、粗粮王地王店、维也纳打铜街店、苏大姐老火锅沙坪坝区分店、苏大姐老火锅金岛分店、维也纳渝味轩大酒店、重庆小天鹅双重喜庆食府、重庆小天鹅南方花园店、涪陵巴人火锅城、加州花园酒楼、秦妈火锅渝北分店、秦妈火锅江北分店、牛魔王饭庄、渝北区三峡风情火锅大酒楼、德庄七星岗店、清华大酒楼沙坪坝分店、南方花园鸭肠王老火锅、北碚韵苑饭店、德庄石桥铺店、重庆小天鹅龙湖花园店、渝中区中天火锅城、德庄汉渝路店、百乐牛中王渝北分店、重庆桥头火锅、韵苑火锅南坪分店、百乐牛中王大坪总店、韵苑火锅大酒店、清华大酒楼沧白路分店、九龙坡区奔吃土灶老火锅、沙坪坝区甬煌楼海鲜火锅、清华大酒楼七星岗分店、沙坪坝区夏威夷火锅大酒楼、龙湖鸭肠王火锅店、华生园火锅石桥铺总店、德庄北站店、德庄小龙坎店、江北区程记火锅、渝中区老街坊火锅城、重庆红磨坊火锅城、清华大酒楼南坪分店、久隆坊火锅酒楼、渝中区方脑壳火锅馆、渝中区巴将军火锅、朱氏胖子烂火锅总店、渝中区田鸭肠火锅、华生园火锅沙坪坝分店、渝中区齐齐鳝鱼火锅精品城、涪陵皇城火锅楼。这是重庆市火锅协会为抵制重庆火锅业界存在的用福尔马林、香蕉水泡发菜品的现象，开展“‘重啤’杯放心火锅”评选活动，实行行业自律，通过火锅经营者的自查、整顿、培训，群众推荐、政府有关部门检查评比等程序，在全市评选出的 50 家“放心火锅”，为体现评选的公平、公正性，市卫生局、市技术监督局、市工商局等给予监督和支持，对使用有害身体健康的火锅底料及菜品，予以从严查处，确保广大群众放心吃火锅，也使重庆火锅这张城市名片更亮、优势更强。评选采取一明一暗两套方法，明的评选由市民及媒体随时通过刊登在重庆市各大媒体上的推荐选票，投票推荐或投诉，暗的评选则由市火锅协会的专家组及卫生防疫部门人员随时到参评火锅店抽查，然后综合两方面得分，评出放心火锅 50 家，并评选出一批信得过的火锅供货商，指导市民放心消费。

2001 年，重庆德庄火锅有限责任公司推出的“天下第一大火锅”引来众多食客。“天下第一大火锅”直径 10 米，高 1.06 米，可同时供 56 人就餐，进入上海大世界基尼斯纪录。

2003 年，全市有规模以上火锅企业 203 家（其中火锅连锁品牌企业 21 家），门店 1260 家，在全国发展加盟店 673 家，有从业人员 13 万人。全市火锅业营业额 43 亿元，比上年增长 19.7%，占全市餐饮业营业额的 40.2%。2007 年，全市火锅企业有 5.01 万个，占餐饮网点总数的 62.2%。

附：部分火锅企业介绍

重庆桥头火锅公司　50 多年的苦心经营，使桥头火锅在重庆千百家火锅店中独占鳌头。曾在四川省名优火锅评比中，三次被评为第一名，1994 年被国内贸易部命名为重庆市餐饮业第一家“中华老字号”名店。重庆成立直辖市以后，由国家国内贸易局，重庆市商委联合举办的九九重庆美食文化节评比中桥头火锅再次荣登榜首。2000年，被国家贸易局命名为“中国名菜”，被评为“首届中国美食节金奖”和“重庆市著名商标”。该店每年销售在千万元以上，并在南京、北京、上海等地相继开设了连锁店，1996年10月7日，时任国务院总理李鹏率18个部委办的有关人员，亲自品尝了桥头火锅。

重庆小天鹅饮食文化（集团）有限公司　始建于1982年，前身为小天鹅火锅店。本部位于江北区建新北路，在国内设有20个分支机构（分别设在重庆、成都、绵阳、西安、天津、广州、武汉等地）、2个三星级宾馆、16个艺术表演团、1个火锅底料厂和1个服装制作中心，并在美国西雅图市和加利福尼亚州设有分支机构。是集餐饮连锁集团、酒店管理集团、食品工业集团、房地产置业集团等多行业为一体的跨国集团企业。总资产4亿元，年销售收入超过15亿元，员工1.8万余人，集团有全资、控股、参股及特许加盟企业320家。开创了“火锅业”的6个第一（第一个使用液化气，第一个发展鸳鸯火锅、子母火锅，第一个研制火锅底料配方，第一个推行火锅自助餐，第一个推出民族歌舞伴餐，第一家引进特许经营管理模式）。创办的集巴蜀火锅、饮食文化和中国古老饮食文化与现代文明为一体的“小天鹅鸳鸯火锅”是中国“首家食疗火锅”，1992年在意大利举办的第56届国际博览会上获得金奖。曾先后荣获“重庆市名火锅”“四川省名火锅”“重庆十佳私营企业”等称号。先后在成都、北京、上海、天津等地开设“小天鹅”品牌火锅连锁店，开创中国民族餐饮特许经营先河。小天鹅集团从1995年首批进入中国民营企业500强以来，连续10年都被评为500强中国民营企业，连续4次被评为重庆市民营企业50强，获中国特许经营100强、中国餐饮100强企业、中国优秀特许品牌、重庆十佳企业等众多殊荣，并被重庆市委、市政府确定为“重庆市30家优势扩张型企业”。2003年、2004年在中国美食节上获得国际餐饮名店、中国名火锅宴金鼎奖、中国十佳火锅店、国际美食质量金奖等多项荣誉。2005年7月，被国家工商总局商标评审委员会认定为“中国驰名商标”。

重庆德庄实业（集团）有限公司　1999年成立，是集餐饮产业开发、食品产业开发、餐饮文化研究、原材料配送为一体的多元化现代民营企业。德庄集团善于把握机遇，对市场有超前意识，不断推陈出新，推动该品牌在餐饮和食品行业迅速崛起、发展壮大，为行业贡献了6个“第一”，即在重庆火锅业界第一个引入CIS企业形象设计，创立火锅菜品的第一个地方标准——德庄毛肚，收购体量庞大、包容重庆美食美景的“天下第一大火锅”（2000年春节重庆大火锅展示会在沙坪公园，直径10米，接待过数十万名游客并获得大世界基尼斯纪录的“天下第一大火锅”），第一个对底料、菜品实施标准化生产并统一配送，第一个建立ISO9001：2000国际质量管理体系。德庄有“三宝”和“一锅”：即德庄毛肚、德庄汤、德庄酒和“天下第一大火锅”，特别是德庄毛肚，色泽天然鲜活，富有弹性和肉感，下锅涮烫，久煮不老，脆嫩化渣，尤受广大食客的喜爱。德庄与高等院校合作，利用高分子发酶嫩化技术研制成功的“德庄毛肚”获得国家发明专利。重庆市技术监督局、重庆市卫生局将《德庄毛肚企业标准》确定为《重庆市火锅毛肚标准》，德庄毛肚获得了全国商业科技进步奖，这是中国餐饮史上单个菜品从未获得过的荣誉。率先在重庆火锅业通过了ISO9001：2000国际质量管理体系认证，其核心是以顾客为中心，实现产品标准化、服务管理程序化。同时，建立原材料基地，让田间地头成为德庄集团的“第一车间”——辣椒、花椒、生姜、方竹笋等火锅原料和菜品，按照德庄的要求种植、生产，通过集中炒料，然后向各连锁店集中配送，为全行业的加盟连锁大发展奠定了基础。并建立了现代化的食品加工基地，生产项目包括调味品系列、德庄酒系列、德庄厨娘中央厨房数十个产品系列。该集团坚持“以德经商、以德兴庄”的经营理念，在全国各地发展特许加盟店340余家，2004年实现营业收入12.1亿元。天下第一大火锅是重庆德庄火锅的一个形象标志，在2004年10月举行的第5届中国美食暨首届重庆国际火锅文化节的“万人品尝重庆火锅”活动中独领风骚，为在重庆市南岸区南滨路举办的大火锅宴席一大独特的风景，受到外宾和市民的称赞。

重庆君之薇餐饮文化有限公司　1998年仅凭6张桌子起家的吴任军，凭着吃苦耐劳、敢闯敢拼的胆识，君之薇迅速打开市场，以独特韵味的君之薇特色火锅文化谋市场，2004推出袖珍火锅，2005年打造出了君之薇的高品位鲍鱼火锅馆，把重庆火锅的“麻”“辣”“鲜”“香”与鲍参鱼翅的高贵华丽完美相融，2006年正式进军中餐行业。现在已经拥有全国加盟连锁店近300家，营业额突破3亿元，从业人员近2万人。

重庆秦妈老火锅公司　秦妈老火锅的由来已久，20世纪30年代末，山城重庆嘉陵江畔，老船夫秦老爸出船归来，常邀约三五个工友围炉而坐，把白日所采蔬菜和猪牛内脏与红辣椒、姜、蒜等一起熬制涮烫，红色汤锅直吃得川江汉子们一身热汗，精神爽朗。船夫收入少，大伙商议，不如让秦老妈每天照此多熬些汤料，让各家弟兄各自出些散碎银两，既可解决温饱，又可贴补家用。这样以红辣椒、花椒、姜、葱为调料，伴之以牛肚牛骨的秦氏火锅小店便在江边开张了。豪爽的秦老爸，热情的秦老妈，使小店很快以三五船夫纤夫填肚驱寒到过往商客及远近乡邻聚请饮乐之妙处，香飘两江，声名鹊起。改革开放后，秦老妈秉承祖方，与弃笔从辅己的丈夫一道，饱览典籍，博众家之长，不断熬制，终创汤红油亮、辣而不燥、味正醇厚的独特秦氏火锅配方。1998年初，新一代秦妈老火锅便诞生于加州花园旁。其锅底汤鲜味美，用料考究，油而不腻且易于消化，秦妈火锅以味见长，辣而不燥、汤红油亮、口感醇和是其特色，菜品丰富，装修典雅。

重庆苏大姐餐饮文化有限责任公司　是源于重庆古镇磁器口的苏大姐老火锅，其传承巴渝饮食文化风情，凝聚火锅传统技艺精华，以“百年老字号”引领重庆火锅的发展潮流，是重庆火锅连锁经营的先行者。苏兴蓉是苏氏火锅创办人苏维章的长女，苏氏火锅传人。中华人民共和国成立前，苏维章在重庆著名的古镇磁器口大码头创办了苏氏老火锅，因其醇厚的香味，成为当时“好吃狗”们口碑相传的美食。中华人民共和国成立后，苏老先生响应号召将商号公私合营。苏兴蓉于1987年创办了苏大姐老火锅店，苏大姐老火锅已成为“中国名火锅”，且发展为一家拥有多家直营店、培训学校、火锅底料生产基地、农业观光生态园、数百家连锁店覆盖全国的具有名牌效应的餐饮企业。

重庆孔亮火锅公司　创始人陈孔亮出于对火锅文化的热爱，自1992年开始经营火锅，就博采众家之长，对火锅调料配方进行改进，形成了锅底汤色红亮、汤汁稠酽、味老道醇、鲜香并重的特色，开创了独特的火锅口味风格。1998年正式将“孔亮”商标注册，成为重庆火锅界的最大亮点。形成了集餐饮（娱乐、休闲）、底料生产、厨师培训为一体的大型餐饮服务公司，且以经营“孔亮火锅”为主，并致力于新口味、新技术的开发和原料配送。1999年被评为重庆名火锅。由《中国质量万里行》评定为优质服务示范单位和质量信誉双满意单位，由中国烹饪协会及全国餐饮绿色消费工程组委会评为全国绿色餐饮企业称号，在2003年的第四届中国美食节、第五届全国烹饪大赛上分别荣获中国名火锅宴金鼎奖、中华名火锅，2005年由中国烹饪协会评为中华餐饮名店、中华餐饮100强。

重庆刘一手饮食文化有限公司　创建于2000年12月1日，是专业从事火锅连锁和特许经营的知名企业。公司总部设在重庆市高新区科园一路。是一家集火锅产业开发、物流产业开发、火锅原材料配送、火锅文化研究的多元化现代民营企业。坚持走“奉献创业，学习创新，竞合创效，诚信创牌”的发展之路，秉承“业精于勤、商精于诚”的企业理念和不断进取奋勇争先的企业精神。到2006年成功在全国各地发展直营店、联营店及加盟连锁店238家，从业人员1万余人，遍布全国15个省、自治区、直辖市，是重庆知名餐饮品牌，先后荣获重庆名火锅、巴渝名火锅、中国火锅十佳著名品牌、中国质量万里行定点单位、全国绿色餐饮企业、中国连锁企业五十强、中国优秀品牌、中国知名商标、全国餐饮百强企业等称号。

重庆顺风123餐饮有限公司　成立于1999年，力倡“率真生活、快意人生”的经营哲学，秉承江湖菜正朴、爽快、豪迈、真性情之文化内涵，以雅江湖为核心概念，以快意人生好滋味为核心价值观。形成了一套科学完善的餐饮连锁经营模式。连续三届在中国美食节上获得最高奖金鼎奖；获得中国烹饪协会授予的“中华餐饮名店”“全国绿色餐饮企业”称号。

重庆市南方花园鸭肠王老火锅　创建于1998年，创始人把巴渝地方名食一火锅进行了大胆的改革，从重庆火锅只重麻辣不顾鲜香的传统出发，调整用料配方，在精选原料的同时，加入十数味名贵香料及清热降火之中草药，采用自创的独特制料方法，经过多次改进，制成了锅底汤色红亮、无色素、味型老道醇厚、入口鲜香、辣而不燥之特色。并首创绿色食品——鲜鸭肠、鲜毛肚等近10种鲜菜。从菜源把关入手，杜绝有毒、有害健康的化学品，如福尔马林、双氧水等。倡导健康饮食，注重菜品创新。短短3年，南方花园鸭肠王老火锅声名鹊起，食客盈门，成为重庆新派火锅的佼佼者。他们的经营理念是：“我不是做得最好的，但我会力争做得最好。”2001年，重庆美食文化节组委会评其为“名火锅”。

重庆巴将军实业（集团）公司　成立于1998年4月，2000年11月创办“重庆巴将军火锅”。以打造“最具特色军团式企业”和“将巴将军旗帜插遍全球”为目标，是一家集餐饮特许经营、食品生产、农业产业化开发、火锅文化研究、人才培训为一体的现代智能型公司。集团下辖餐饮连锁公司、酒店管理公司、食品公司，并拥有一个20多名专家组成的顾问团、一支180名中高级管理人员组成的管理团队及1万余名员工。集团先后荣获“中国最具品牌价值中小企业100强”“中国餐饮百强企业”“中华餐饮名店”“中国名火锅”“全国食品安全示范单位”“全国绿色餐饮企业”“重庆名火锅”“质量定点示范单位”“中国优秀民营企业”等多项殊荣。秉承“以将军的风范立商界，用火锅的热情待顾客”的经营理念，以重庆“城市英雄”和“人文形象代表”——巴蔓子将军的真实历史事件为源头，以“巴文化”为源文化，以“忠文化”为核心，以“火锅文化”为基石，以“军文化”为推动力，致力于塑造“中国第一文化火锅品牌”，形成独特的风格，走出了一条个性化、品味化的发展之路。2004年初，集团经过多年的市场调研而提出准确的市场定位，率先推出“吧”概念火锅这一时尚的火锅经营形式。这既保留了重庆火锅的经典精髓，又融入了“吧”的时尚餐饮概念，被各大媒体评为“最具时尚性及推广价值品牌”，且被喻为“重庆火锅走向世界新形象”。以“火锅经营”为龙头，以“时尚餐饮”为突破口，以“农业生态园”为驱动力，向农业产业化方面发展，向集约化、科技化、信息化方向迈进。

四、名小吃

重庆小吃以品种丰富、创意高雅著称，普通原料经专业人士匠心独运，形成精美的艺术品，令人不忍下箸。美食不仅仅俘虏人的胃，更从行、色、皿、养等各方面给食客以美的享受。全国独特的金牌小吃宴是明证，遍布京城打着成都小吃招牌的多是重庆开县人。重庆烹饪人士勇于标新立异，运用良好的经商手段和营销策略，加强包装，去粗取精，挖掘含于其中的文化典故，兼收并蓄，发扬光大。

重庆风味小吃很多，有麻圆、凉糍粑、山城小汤圆、挞挞面、鸡丝凉面、吴抄手、鸡汁锅贴等。有20余种名小吃在全国、省级评比中获奖。

重庆市饮食服务股份公司和市烹饪协会在组织全行业推荐评审的基础上，选送作品参加1990年6月由商业部组织的优质产品金鼎奖的评审。重庆味苑餐厅特二级烹饪师曾群英主制的“素什锦”、老四川餐厅一级面点师刘国华制作的小吃“糟醉玻璃球”同时获商业部优质产品金鼎奖。1990年8月，重庆组织了12种名特风味小吃参加四川省名特风味小吃评审鉴定会，参赛品种全部获奖，其中山城小汤圆店的“山城小汤圆”、老四川餐厅的“精毛牛肉”、颐之时大酒楼的“腊肉白蜂糕”、味苑餐厅的“鸳鸯叶儿粑”、渝州宾馆的“渝州豆腐脑”、重庆宾馆的“五彩凉虾”、会仙楼宾馆的“提丝发糕”等7种获四川省名特小吃称号。小洞天餐厅的“豆蓉凉糍粑”、山城小汤圆店的“四味珍珠园子”、雾都宾馆的“汽水粑”、重庆宾馆的“魔芋凉粉”、丘二馆的“鸡丝凉面”等5种获四川省风味小吃称号。

1997年12月5日至7日，由国内贸易部、中国烹饪协会主办的首届全国“中华名小吃”评定活动在杭州举行，来自全国29个省、自治区、直辖市共368个品种参加了评审认定。市烹饪协会、重庆饮食服务股份有限公司、小洞天饮食集团公司组团参加此次评定活动，共有7个品种被评为“中华名小吃”，它们分别是老四川大酒楼的“灯影牛肉”“精毛牛肉”，颐之时大酒楼的“绿沙灵芝酥”“金柿飘香”，渝中区名小吃公司的“王鸭子”“山城汤圆”“莲蓉凉糍粑”。

附：部分名小吃介绍

麻圆　用糯米面包甜馅，外粘白芝麻炸至棕红色成熟。特色是外酥内软糯，形圆心空，味甜香。

油醪糟　用糯米制成醪糟胚，下油锅，加芝麻、橘饼、核桃仁、油酥花生仁、蜜枣、白砂糖等稍煎，然后放入沸开水中煮沸即成。特色是香甜不腻口，营养十分丰富。当地居民在孕妇生产后，都做给产妇吃，以尽快恢复身体。涪陵油醪糟是地方名小吃，由涪陵人袁宗廉于1942年创立。涪陵油醪糟由上等糯米发酵成醪糟，加核桃、芝麻、花生及猪板油等精心熬制而成。涪陵油醪糟油而不腻，甜而不涩，口感舒适，香甜可口，营养丰富，具有生血养发、滋阴补肾等功效。

山城小汤圆　以其小巧玲珑、皮薄馅大、香甜滑糯而著名。用料有糯米、黑芝麻、白砂糖、核桃仁等。将粉面揉匀，包甜馅心，煮熟。特色是白如玉珠，皮薄透明，隐约可见馅心，香甜滋软。

凉糍粑　凉糍粑用糯米制作，中间夹有“洗沙馅”，表面粘有白糖、芝麻面、蜜桂花、黄豆面。特色是形状多样，香甜滋糯。

吴抄手　调馅非常考究，肉蓉要保持充足的水分，制好后的馅能浮于水面。特色是滋润滑软，细嫩咸鲜。

清汤抄手　清汤抄手是本地名优小吃。抄手即为包面、圆吞。清汤抄手皮薄滑爽，馅嫩咸鲜，汤色乳白，香味醇厚。一是汤清，二是馅细，三是多种味别。

叶儿粑　用糯米粉面包麻蓉甜馅心或鲜肉咸馅心，外裹鲜橘子叶，置旺火蒸。特色是清香滋润，醇甜爽口，咸鲜味美。

鸡丝凉面　将面条煮熟，捞出扇凉，保持疏散，味道可按食者需要做出调整，适宜各方食客。特色是面条松软，鲜香爽口。

九园包子　用五花肉、冬笋、干贝、金钩、火腿等加调料制成咸馅；或用核桃仁、蜜枣、瓜条、橘饼、玫瑰糖、猪板油等制成甜馅。九园包子的特色是皮薄馅满，松泡爽口，味鲜美、香甜。

担担面　亦称“担担面”，旧时卖面人常以挑担方式沿街叫卖。挑子一头是炉火，用于烧水煮面，一头是炊具调料。面是有涪陵特色的碱性湿面，调料可依个人口味配制，主要调料有涪陵榨菜、水盐菜、炒花生、炒黄豆、油辣子、榨菜酱油、黄豆芽、大骨汤等。

河水豆花　将上等黄豆用水浸泡，磨浆过滤，再煮沸后用石膏点制而成。食用时，放入适合个人口味的调料，是佐餐下饭佳品，一般与米饭一同出售，俗称“豆花饭”。涪陵人一般用作早餐或中餐。

荞面豆花　出自彭水，趁热蘸食，鲜香嫩滑，食欲顿开。由荞麦面条、豆花、佐料组成，为苗家待客的上等食品。

嘟卷子　是彭水最为特殊的小吃之一，以前采用特殊的一种蕨类植物为原料（现今改为红薯），磨成细面，加水调成糊状，再放进热锅里烙成块，然后卷成圆条，切成一卷一卷的，蒸熟，拌上调料，于是就成为晶莹剔透、软糯滋润、别具苗家风味的彭水名特小吃。

苦荞粑　将苦荞磨成浆，发酵蒸熟，切成块，苦中有甜，清热解暑。

酸辣粉　主要采用红薯粉加工而成，分为两种：“水粉”即用红薯淀粉自己调配制作的；“干粉”即加工成粉条状的干粉条。是重庆城乡间广为流传的传统小吃之一，价廉物美，长期以来一直受人喜爱。

酉阳麻辣牛肉片　产于重庆酉阳。系以黄牛肉为原料，配以食盐、豆油、菜油、曲酒、白砂糖、辣椒、花椒，并选用当地药材、香料，按配方比例进行调味。制作时，精选腿肉剔骨去筋，顺纤维切成规律肉块，清水漂洗，去血水、污物。下锅煮20分钟捞出，原汤待用。肉块凉后，切成均匀的肉片。将各种配料放入原汤煎熬至一定浓度，再倒入牛肉片煮熟，文火收汁，待汁干液净时起锅，然后将冷凉熟肉片倒进烧热的食用植物油锅内煎炒，焦酥适度时取出冷却，用香料涂抹均匀，即得成品。外观紫红透明，麻辣兼备，焦酥香脆，瘦不塞齿，久嚼味长，开胃诱食，且保鲜期长。

石宝蒸豆腐　相传为石宝寨庙内斋食，后传至民间，名扬川渝湘汉，以其色泽黄亮、咸中带甜、麻辣适中、细嫩滑腻、松软绵长、清香扑鼻著称。

石宝甜醪糟　又称米酒。为石宝乡人邓氏独家制作，其品质醇珍，回味无穷。制法：采用糯米，经精心筛选，除去碎秕，清水浸泡，反复搓淘，滤水后以土陶甑子猛火蒸熟，再翻倒于簸箕，让其自然冷却。取当地井（泉）水烧开冷却于糯米饭上。将备好的曲药（家传秘方）按一定比例搅拌均匀，分装于白磁小碟中，分层放置于电热箱中，调温保存24小时后即可。

油炸米豆腐　生石灰水浸泡大米后磨细，煮熟，待冷却，用刀划成小块，再阴干至五六成，置于菜油锅内翻炸，待皮干黄后捞出、沥干、冷却后便可食用，其皮脆可口，心松软清香。

五、餐饮市场培育

主要在两个方面：政策支持、市场培育。

（一）政策支持

各级政府及部门转变职能，加强对餐饮业的引导和政策扶持，重点用规划、政策去指导餐饮业发展。加强规划引导，多次制定规划引导行业健康发展；加强政策支持，重点用政策来推动发展。先后多次出台支持发展文件，安排专项资金支持“品牌优、规模大、发展好”的龙头餐饮企业，引导其连锁化经营、规模化发展，对业绩突出的餐饮大店授牌表彰，培育美食特色街区和优势企业，鼓励发展非公餐饮业，培育有实力、有影响的饮食集团或连锁公司，扶持星级酒店、餐饮名店、火锅名店发展，支持餐饮大店名店扩张发展、开设分店，鼓励大型餐饮企业积极向市外发展餐饮直营连锁和加盟连锁，2005年新增500个市外连锁店，销售额新增15亿元，做大做强，形成产业化。培育美食街和名店、名菜、名小吃，如对美食街的改造给予一定的商业结构资金扶持，重点用于发展和完善渝中区八一路、南岸区南山和南滨路、九龙坡区直港大道、高新区科园三路等一批各具特色和风格的美食街。这一时期，围绕“便民工程”“厨房工程”“菜篮子工程”的延伸，重点发展为大众化服务的餐饮，如火锅、名特小吃、快餐等，抓好特色店、老字号店的连锁经营，以满足人民群众消费水平和生活质量不断提高的需要。同时，美化优化环境，改善卫生条件，营造文化氛围，培育成为西南地区有影响的美食中心。社会各方面广泛关注和支持餐饮业发展，制止对餐饮企业的乱摊派、乱收费行为，各种办证、验证、检查、管理等收费从低，公开餐饮业税费项目和标准，加强餐饮卫生标准管理，使餐饮业成为“放心行业”。

2000年1月16日卫生部发布《餐饮业食品卫生管理办法》，并于6月1日正式施行。4月27日，国家国内贸易局针对餐饮服务业发展的新趋势、新问题，提出强化餐饮服务行业管理，改善服务消费环境是商品流通主管部门的紧迫任务。改善服务消费环境，依靠行业管理，进一步完善服务消费市场法规体系，提高市场规范化运作水平；加大力度宣传贯彻酒家酒店分等定级国家标准；严格规范餐饮服务业国家级技术交流竞赛活动；充分发挥行业协会的桥梁、纽带作用。

2001年，市商委围绕做大做强餐饮业，在深入调研的基础上，向市政府提出了建设性意见。9月12日，重庆市政府以渝府发〔2001〕82号下发《关于加快我市餐饮业发展的意见》（以下简称《意见》）。提出以满足人民群众不断提高的物质文化需求为出发点，从社会经济发展水平和人民生活的实际出发，动员各方面力量，积极发展餐饮业，大力推进餐饮业与旅游业、会展业、食品加工业的结合，促进餐饮业向重特色、重科技、重创新、重文化、重品牌、重质量的方向转变。在发展过程中，坚持以市场为导向，以“中华老字号”、新兴餐饮业为重点，培育骨干餐饮企业；实施品牌战略，推广应用现代管理和现代科技，大力发展连锁经营，促进规模化经营，提高餐饮业的科技含量和文化内涵，实现传统餐饮业的结构优化和产业升级。《意见》提出“十五”期间发展目标，即把重庆建设成为西部最具活力的餐饮文化名城，餐饮业年均增长率为15%，规范发展具有地方特色的美食街（城）20个，在国内外发展餐饮连锁店500家。发展的重点是重庆川菜、火锅、名小吃、大众化餐饮及快餐业。《意见》要求，花大力气抓好餐饮行业文化建设和企业文化建设，在继承传统餐饮文化的基础上，大胆开拓创新，兼收并蓄，博采众长，体现以人为本的理念，展示巴渝文化、三峡文化特色。各区县建设一批具有浓郁巴渝风情、风俗的整洁美观的农家乐、度假村。抓好餐饮业的宣传造势，充分利用报纸、电视等媒体面向大众，开辟专栏、介绍餐饮名店、名菜、名厨，扩大餐饮企业的知名度。市商委加强对餐饮业的规划、指导、协调和服务，会同区县政府和市有关部门，制定餐饮业发展规划和行业管理办法，并按国家制定的酒家酒店分等定级标准进行定级。市商委、市劳动局加强对各类饮食从业人员的培训、考核工作，建立完善考核鉴定、评定和管理制度；清理整顿各类饮食服务人员培训学校（班），规范饮食服务人员培训，提高餐饮从业人员素质。营造良好的餐饮业发展环境，积极支持餐饮业发展，积极鼓励个体、私营经济发展餐饮，为下岗职工兴办餐饮提供优惠，鼓励和支持个体、私营业者参与国有饮食服务企业改革，并采取措施切实减轻企业负担。发挥行业中介组织联结政府和企业的桥梁、纽带作用，积极开展技术培训和交流活动，搞好行业自律，提高行业整体的经营管理水平和服务质量。把餐饮业的发展纳入区县目标考核，指导区县培育发展美食街（城），扶持一批知名餐饮企业，扩张一批餐饮连锁店。

2001年6月，按照国家经贸委要求，在重庆餐饮企业停止使用一次性发泡塑料餐具。

2003年6月，市商委提出《餐饮业和住宿业振兴计划》并发出通知，以尽快克服“非典”冲击造成的影响。4月份，餐饮业营业收入与上年同比仅增长5.04%，5月份，餐饮住宿业跌入低谷，营业收入同比下降40.5%，高的达到90%；住宿业客房入住率只有15%左右，企业效益急剧下降，行业亏损严重。在8—12月，实施7条振兴措施：①加大政策扶持力度，协调落实政策措施，各区县把国家和重庆市政府确定的税、费、政府基金减免延期至12月底等扶持政策落到实处，有条件的区县对受“非典”影响较大、经营困难的餐饮住宿企业给予适当的资金扶持；对餐饮、住宿企业实行“行政收费公示牌”；适当放宽市政广告管理，适当放宽宾馆、酒店、餐饮企业门前开展各种促销活动场地和周围的停车管理。②认真贯彻实施国家有关卫生安全的规定和行业标准，消除卫生安全隐患，改善服务条件，创造安全卫生的消费环境，从制度上建立餐饮业、住宿业的安全卫生屏障。③推进现代流通方式，大力发展连锁经营，支持和帮助品牌餐饮企业运用直营、合作、加盟等形式积极向市内市外发展连锁经营店铺，促进其尽快做大做强。④加强行业管理，提高服务水平，规范企业经营行为，促进餐饮住宿业技术进步和管理水平的提高。⑤加强住宿、餐饮业卫生管理，为顾客提供安全、放心、健康的消费环境。⑥举办多种形式的“美食文化”系列促销活动。⑦加大宣传力度，做好振兴计划的整体推广工作。

2003 年 9 月 25 日，市商委就加强餐饮业规范管理发出通知（渝商委发〔2003〕151 号），指出，餐饮业的规范管理直接关系到人民群众的身体健康和生命安全，搞好餐饮业的规范管理，确保顾客就餐卫生安全是商贸主管部门和各餐饮企业责无旁贷的职责。

2004 年 9 月 16 日，市政府办公厅转发市商委《关于进一步加快餐饮业发展的意见》（以下简称《意见》），提出了近期餐饮业发展的总体要求、目标、政策和措施。《意见》指出，以推进餐饮业规模化、规范化、标准化、品牌化为中心，促进餐饮业发展全面升级；以扩大需求为重点，积极推进餐饮业发展与假日经济、旅游经济、会展经济和食品加工的紧密结合；以“重庆老字号”和名店为龙头，大力发展连锁经营等新兴业态；推广运用现代管理和科学技术手段，提高餐饮业的科技含量和文化内涵，繁荣餐饮市场，全面发展重庆餐饮业。到 2010 年，全市餐饮业营业额 284 亿元，年均增长 15%，占社会消费品零售总额的比重为 14%；规范发展具有一定规模、地方特色突出、文化氛围浓烈、社会影响力大、年营业额 3 亿元以上的美食文化街（城）3 个；扶持发展年营业额 10 亿元以上的餐饮品牌企业 5 家，5 亿元左右的餐饮品牌企业 10 家；向国内外发展餐饮连锁店 2000 家；培训考核命名 300 名重庆烹饪大师、名师，100 名重庆餐饮服务大师、名师，制定品牌企业条件，评定重庆餐饮 10 强，努力把重庆建设成为极具魅力的中国西部餐饮文化名城。《意见》明确 7 条措施：①突出发展连锁经营，加快餐饮业规模化进程。②加强管理，规范餐饮业市场秩序。③实施品牌战略，做大做强重庆火锅。④挖掘创新，发展壮大重庆菜和重庆小吃。⑤大力发展“农家乐”，营造生态就餐环境。⑥开拓创新，丰富和提升餐饮文化内涵。⑦充分发挥餐饮行业协会作用。《意见》指出，为加强对全市餐饮业工作的领导，决定成立由市政府分管副市长为组长，市政府分管副秘书长及市商委、市财政局、市市政委、市工商局、市劳动保障局、市地税局、市环保局、市质监局、市公安局、市规划局、市卫生局等部门负责同志参加的市餐饮行业发展协调小组。协调小组负责研究和协调解决全市餐饮业发展的重大问题。9 月 21 日，召开全市餐饮业工作会，提出了餐饮业下一步发展的重点。

2005 年 6 月，市政府分管领导主持召开专题座谈会，听取餐饮企业、餐饮行业协会和商会关于加快餐饮业发展的意见和建议，有关部门为餐饮业发展提供多方面的支持，对餐饮业发展提出了 10 条意见。

2005 年 9 月 7 日，市商委加强对全市餐饮行业食品卫生的管理，并以渝商委发〔2005〕219 号发出通知。

（二）市场培育

自 1980 年饮食服务行业放开经营以来，坚持“国家、集体、个体一齐上”，国有、个体、私营、外资及其他行业纷纷涉足饮食服务行业，推进市场繁荣。

国有餐饮企业　经历多年发展与市场竞争，国有饮食业仍占有市场。由于城市改造拆迁、机制不活、历史包袱沉重等因素制约，网点逐渐减少，设施设备落后，人才流失严重，在行业中所占比重逐年下降，主渠道地位不复存在。这一时期，餐饮企业深化改革，开拓经营，多种形式搞活分配入手，灵活经营方式，内部管理搞承包，外部扩张搞连锁，企业增加了活力，为国家所做的贡献也随之增大。重庆市饮食服务公司成立于1959年，是全市最大的国有综合性饮食服务企业。1985年，上缴税利207.56万元，1990年477.41万元，增长1.28倍。市饮食服务系统在直属企业推行多种搞活分配的制度，调动了职工的积极性，提高了经济效益。搞活分配主要体现在两个层次：国家对企业所给予的搞活分配的政策，有承包制、提成工资制、工效挂钩制；企业根据国家给予的政策，在内部层层开展以搞活分配为重要内容的承包制和多种形式的分配办法。主要有：①部门实现利润后，按一定比例提成的全额利润提成。②营业额计算到人，对各自实现的营业额按比例提成的全额营业额提成。③按营业额基本定额，超定额按比例提奖金的超营业额定额提成。④职工实现超额利润中按一定比例提奖金的超定额利润提成。⑤对完成销售额按一定比例提奖的联销计奖。⑥既考核销售计划，又考核利润计划的联销联利计奖。⑦承包定额上交，费用由承包职工自理，其余归承包者个人所得的全部浮动包干。1994年初经渝委发〔1994〕7号文件批准，市饮食服务公司改组为股份有限公司，确定为全市60家现代企业制度试点企业之一，并经市体改委批准改组为定向募集股份有限公司。在市体改委、市财办、市第二商业局的具体指导和帮助下，该司积极进行现代企业制度试点，经过资产评估和资产重组，挂牌成立了重庆饮食服务股份有限公司。股份公司股本总额人民币3000万元，折3000万股，其中原市饮食服务公司以国有资产2594.8148万元折2594.8148万股，占总股本的86.49%；社会法人股405.1852万股，占总股本的13.51%。公司改制后将按新机制运行，发展成为集餐饮、旅馆、美容、娱乐、健身、旅游、商贸、加工为一体的多元化经营性公司。同时通过到市外、省外、国外开办川菜馆，通过兼并、控股、联营等方式发展一批子公司，成为一个集团化的大型企业。利用行业的人才优势、技术优势、管理优势，加强技术劳务输出，在外地开设经营网点。重庆饮食服务公司先后在纽约、香港、深圳、北京、天津、海口、广州等地开设酒家。南岸区饮食服务公司在北京、南京、上海等开设桥头火锅分店。渝中区饮食服务公司继续坚持“立足区内，打出区外，开拓发展”的经营战略，1994年实现利润616.05万元，比上年432万元增长42.6%，经济效益连续两年位居全市同行业榜首。该公司重点抓了裕和彩洗染厂、建设公寓、旅馆公司等门点经营结构的调整，提高适应市场和参与竞争的能力；并利用技术力量雄厚的优势，开拓国内、国际两大市场，在广州开办了小洞天酒楼、小洞天酒家、渝味轩酒家、嘉新川菜馆、如意酒家、王鸭子酒家，在北京开办了小洞天饭店、三星酒家、华都川菜馆等，仅对外开拓全年创利润近400万元。老字号老四川大酒楼放弃走高档路线的老路，面向中低档消费者，响亮提出“十元钱进中华老字号”，生意也日渐红火。有“重庆美食世界”之称的重庆颐之时大酒楼下调价格20%以上，小吃、家宴生意走俏，私人与家庭消费比重占90%以上。同时，餐饮业外卖业务增加，成品、半成品、方便菜品、速冻与超市食品等餐桌食品发展迅速。1995年，国有经营网点有4280个。国有餐饮业针对市场竞争加剧，高档消费、集团消费锐减，经营难度增大等不利情况，积极调整经营结构，面向人民大众和广大工薪族消费，做活了生意，取得了较好的经济效益。市饮食服务公司系统餐饮业全年营业收入1.07亿元，利润678.24万元。颐之时大酒楼降低承包筵席起点，加强零餐和大众化菜品供应，并将原快餐厅改造为供应小海鲜、煲仔类、炖盅类等数十个家居类菜点品种的家居厅，以适应工薪族的消费需要，全年酒楼营业收入2116万元，利润210万元。老四川大酒楼实行雅座免收服务费，扩大零餐供应，并推出30余个大众化牛肉菜品供应，在1995

年包席业务下降幅度大的情况下，仍实现营业收入928万元，利润50万元。会仙楼皇后大酒楼推出工作套餐、家宴、情侣套餐、便餐供应，味苑餐厅推出以8元为起点的自助套餐，开设夜市供应和外卖业务等，均取得了较好成效，营业收入和利润都较上年有所增长。大足县饮食服务公司充分发挥经营网点的口岸优势，面向大众消费，加强零餐、早点、外卖供应，既活跃了市场，又增加了收入，该司全年营业收入408.81万元，比上年增长95%。2005年，限额以上国有及国有控股企业14个，流动资产1.16亿元，固定资产原价1.28亿元，主营业务收入1.37亿元，主营业务税收及附加669万元，从业人员2586人。其中，国有企业9个，流动资产2776万元，固定资产原价8.76亿元，主营业务收入4007万元，主营业务税收及附加195万元，从业人员1107人。

集体饮食业　区县及以下经营饮食业的过去大多以集体所有制企业为主，但逐渐缩小，比重下降。1995年，集体经营网点有7992个。2005年，限额以上集体企业有5个，流动资产有344万元，固定资产原价642万元，主营业务收入1562万元，主营业务税收及附加47万元，从业人员171人。

非公有制饮食业　社会餐饮业和外资饮食服务经营企业也日益壮大，出现了一批规模大、档次高、经营灵活的酒楼、宾馆、饭店，特别是火锅店呈燎原之势，并出现了一批在全国有较大影响的私营饮食服务企业，其中以经营火锅起家的小天鹅饮食文化集团，以经营肥肠系列菜品著称的唐肥肠酒家，以经营川粤菜连锁店为主的陈川粤集团，均在国内同行业中享有相当高的知名度。陈川粤集团、小天鹅集团也在境内外开设新的网点，部分个体和社会经营单位利用川菜和重庆火锅的良好声誉，主动出击、进军外地市场，出现了一批新的名牌店，如陈川粤酒楼、大金川酒楼、金山城火锅等，均取得较好效益。利用外资搞好合资合作经营，原市饮食服务公司重庆饭店利用港资合作成立了三星级重庆饭店，摄影公司与港资合作成立了文苑婚纱摄影，还引进了外资经营的肯德基、德克士炸鸡、新加坡快餐、加州牛肉面等。国内其他菜系涉足重庆市场，如广东的烧鹅仔、潮州菜，北京的涮羊肉、全聚德烤鸭，日本的料理，韩国的烧烤等先后被引入重庆的餐厅，形成川菜、粤菜、江浙菜、北京菜、鲁菜以及西餐共聚山城、竞争发展的市场格局。1995年，全市个体餐饮业零售额11123万元，比上年增长98.9%，占全市餐饮业零售额的49.7%，占据了餐饮市场的半壁江山。个体餐饮业从以往的分散、单一、规模小逐步向集中、上档次、上规模发展，并以特色菜品和服务招揽食客。据市工商局统计，截至1995年底，全市个体餐饮业网点有3.45万个，从业人员有81725人。2005年，限额以上私营企业154个，流动资产3.33亿元，固定资产原价5.25亿元，主营业务收入10.68亿元，主营业务税收及附加5667万元，从业人员13819人。另外，港澳台商投资企业3个，外商投资企业2个。2005年，民营企业中，从事餐饮业的企业1041个，从业人员50369人，增加值15.14亿元，利润1.72亿元，实缴税金1.57亿元，固定资产原值20.8亿元，固定资产净值14.65亿元。

六、推进创新

全市餐饮业整体获得快速发展的同时，积极推进创新和现代技术运用，开始朝着品牌化、产业链式发展迈进，一大批企业迅速成长，品牌效应迅速增强。连锁经营、品牌经营、创新经营、特色经营成为趋势。加快品牌培育，积极推进连锁经营，加快技术创新，菜点有看头，烹制水平高，尤其是餐饮与文化的结合，餐饮业的技术创新、理论研究提升到更高的层次，使重庆美食品牌走向世界。

（一）菜品创新

重庆饮食业以善于创新闻名全国，组团参加的全国第一、二、三届烹饪比赛和四川省烹饪比赛均获得金奖，还多次派员赴国外参加技术交流、操作表演。随着重庆的对外开放，厨师既继承传统，又不墨守成规，善于从外来菜系中吸收营养，顺应市场，满足消费，陆续创制了一大批新菜品。近年来崛起于农家乡野并逐步推广到全国的“江湖川菜”就是其中的典型代表。许多精明的经营者和厨师以一个或几个特色菜品，辅之以灵活的经营方式吸引顾客，如酸菜鱼、豆花鱼、太安鱼、烧鸡公、乌江鱼、安平鸡、霸王兔和邮亭鲫鱼等菜品都曾风靡山城，播香全国；最具地方特色的重庆火锅也从以往的点菜制经历了“老火锅热”“自助火锅”“三拖一”（荤菜三元、素菜一元）排档火锅、火锅批发等新的经营形式；在开拓新的服务领域方面，不少餐饮企业努力发展餐桌食品，增加外卖、送餐和厨师上门等业务，从传统的店堂经营进入家庭厨房和居民餐桌，成为开拓餐饮市场新的经济增长点。成品菜点、半成品菜点、方便食品、速冻食品、火锅底料、川菜配料的生产也逐步形成了新的产业。培育品牌，鼓励企业自主创新。通过多年美食节展示宣传，餐饮菜品有所创新和发展，涌现了一批亮点菜品，评选出了重庆名菜和地方风味名菜、名小吃，其中泡椒牛蛙、秘制蛇段、双味全鱼、渝味牛尾、太极鲍凤宝等重庆名菜，辣子鸡、泉水鸡、豆花鱼等风味名菜，卤白鹅、鸡肉抄手、华举包子等名小吃深受广大消费者喜爱。

（二）业态创新

有正餐、快餐和其他餐饮，进行方便食品、速冻食品、名特菜品的工业化生产。

正餐　重庆正餐以渝派川菜为主，重庆火锅也在其中。名牌特色餐饮发展迅速。根据2004年经济普查，正餐内资企业有789家。2005年，限额以上餐饮企业正餐服务232户。

快餐　快餐市场增长迅速，适应了经济快速发展、工作节奏紧张状况下人们的餐饮需求，多种经济成分、多种经营形式的快餐店、连锁店纷纷涌现，合资开办的有台湾金车快餐有限公司、哥顿炸鸡店、立林快餐连锁店、新加坡快餐有限公司、今日快餐连锁店；独资开办的有麦考快餐连锁店等，这些快餐店大多集中在人流量大的繁华地带，供应品种既有三明治、汉堡包、炸鸡腿等西式品种，也有盒饭、面点、热炒、汤菜等中式菜肴，以其品种多、适应广和价格低吸引了众多食客。本土企业重庆乡村基快餐连锁有限公司成立于1996年11月23日。乡村基作为最大和最成功的快餐（中式）连锁经营企业之一，用洋快餐的经营模式、服务理念、就餐环境，提供比洋快餐便宜得多的中餐。拥有直营连锁餐厅39家，其中重庆37家、上海1家、成都1家。在每家餐厅中，乡村基的经营品类有30多个，以中餐和面食为主，也有极少数中式化了的西餐。作为健康快餐的领跑者，乡村基采取直营连锁形式、集中式生产、标准化产品的经营方式来持续保证食品质量，提供丰富美味新鲜的健康食品，成为追求健康、时尚人士的首选品牌，是打造最快捷服务的快餐的第一品牌。乡村基已成为西南地区市场占有率最高的快餐连锁品牌，它从重庆市场起步再到上海、成都等区域市场。重庆更多的是活跃在大街小巷的快餐供应点和流动快餐点，以经济实惠的大众化菜品满足了打工族及工薪族的需求。

随着重庆直辖市的设立和对外开放的步伐加快，洋快餐正式进驻重庆，正规西式快餐连锁店涌入重庆，1997年8月，美国肯德基在重庆会仙楼宾馆开设连锁店，德克士炸鸡、意大利比萨饼的连锁店也相继开业，加上先前开业的美国“加州牛肉面大王”，1997年底，全市有正规西式快餐连锁店近30家，从业人员近千人。

（三）经营方式创新

突出发展连锁经营。连锁经营是餐饮业的发展方向，是先进管理在更长的产业链上的扩大和延伸，既有利于餐饮业规范服务内容、提高服务质量和水平，也有利于企业保障卫生安全，提高抗风险能力。重庆火锅的特许加盟是特许人将自己所拥有的商标、商号、产品、专利和专有技术、经营模式等以特许经营合同的形式授予被特许人使用，被特许人按合同约定，在特许人统一的业务模式下从事经营活动，并向特许人支付相应的费用。重庆餐饮业充分发挥品牌优势，以重庆江湖菜和重庆火锅为代表，注重以连锁经营模式拓展发展空间，连锁店从无到有、从小到大，遍及全国各省市区。重庆小天鹅饮食文化（集团）有限公司是一家经营特色餐馆的私营企业，2001 年有连锁店 113 家，营业额4.98 亿元，职工人数1800 人，名列全国百强企业第12 名，成为重庆餐饮企业的龙头老大。重庆市菜根香风俗酒楼有限公司以富于浓郁的巴渝风俗风情而著称，以快速的增长、连锁经营的模式引得行业内外人士的赞赏，2001 年有连锁店 52 个，营业额 4.36 亿元。重庆市阳光温泉度假村是一家集体所有制餐饮企业，经营休闲餐饮，集餐饮、温泉洗浴、娱乐、观光于一体，2001 年餐饮营业额 3.72 亿万元。

（四）延长产业链

注重餐饮原材料基地建设。绿色餐饮的理念深入人心，绿色饭店越来越多，餐饮原辅材料也绿色环保并被人们所关注。2005 年，市商委开展餐饮业原辅材料进货情况调研，向市政府报送提高餐饮业原辅材料地产化的专题报告。报告指出，全市餐饮企业使用的原料80% 由本地提供，使用的主要辅料、调料的 70% 由外地提供。重庆市盛产辣椒、花椒等主要辅料，推进餐饮企业原辅材料的本地化空间较大。对此，市领导高度重视并做出指示。6 月，市政府分管领导主持召开专题座谈会，听取餐饮企业、餐饮行业协会、商会关于加快全市餐饮业发展的意见和建议。有关部门高度重视全市餐饮业的发展，提供了多方面的支持。市商委通过安排专项资金支持“品牌优、规模大、发展好”的龙头企业，引导其连锁化经营、规模化发展。市商委搭建平台，会同市农办、市农业局组织了 52 家餐饮企业的 300 多人参会，成功举办了“2005 中国石柱辣椒订购会”，签订购销合同 8.75 万吨，有 5 家企业在石柱县建辣椒加工厂，为餐饮企业的发展搭桥铺路，为农业增收、农民致富创造了条件。针对餐饮行业技术含量相对较低、粗放式经营的实际，鼓励企业自主创新，增加产品附加值。一批餐饮龙头企业开始着手建基地、建原料加工厂，进行产品的深加工和技术创新，增强企业的研发能力，加工各种餐饮底料、原料，壮大、延伸企业发展的产业链条，成为产销一体的现代餐饮企业，把好放心消费的第一关。德庄、小天鹅、陶然居等餐饮企业共建原材料基地 200 个。

七、美食街建设

重庆作为美食之都，其美食的布局别具特色，在重庆各城区都有自己的美食街，且自成体系，同时各区之间又相互呼应。从最早初具规模的解放碑八一路好吃街，到后来的南岸区南滨路、九龙坡区直港大道、渝北区加州美食一条街、高新区科园路等都吸引市内大型餐饮企业入驻开店。

经过 20 年的建设与发展，美食街成为重庆餐饮业发展的一大亮点，形成南山泉水鸡、江北欧式风情美食街、北滨路休闲美食街、六公里啤酒鸭美食一条街、歌乐山辣子鸡、磁器口豆花鱼、潼南太安鱼、璧山红烧兔及来凤鱼等具有较大影响的美食地带。

2004 年，市商委组织开展了对经营规模较大、市民知晓度较高、地方餐饮特色较突出的美食街命名的活动，在广泛调研的基础上，制定了重庆市美食特色街的评定标准。美食街长度原则上 1000 米左右，经营餐饮的店铺（含茶楼、酒吧）80 户以上，餐饮经营总面积在 3 万平方米以上，餐饮年营业总额 1.8 亿元以上，餐饮从业人员 1500 人以上，设室内外停车位 800 个以上。9 月 17 日，市商委拟命名南滨美食街、加州美食街、直港美食街、科园美食街等 4 条美食街，以弘扬重庆餐饮文化，提升重庆餐饮形象，打造重庆餐饮品牌，促进重庆市餐饮业的快速发展。被命名的美食街所在区商贸流通主管部门进一步加强管理，以人为本，服务创新，把美食街建设成为地方特色突出，餐饮文化氛围浓郁、整洁美观、繁华靓丽的示范街。9 月 21 日，在全市餐饮业工作会上正式命名了首批 4 条美食街。

2005年，市商委提出了加强对美食街的管理，对美食街的标识、服务质量规范等进行研究，对美食街的形象设计、停车位等进行探讨，推进美食街管理规范化。

附：部分美食街介绍

渝中区八一路好吃街　1986年5月，渝中区八一路好吃街形成。2000年12月，渝中区好吃街（位于解放碑八一路中段，长205米）一期工程完工，2001年元旦开始营业。好吃街得名由来已久，抗战时期各地在此躲避战乱的百姓在异乡重操旧业以谋生路，杭州的小汤圆、无锡的陆稿荐卤肉、武汉的“四象村”小吃、长沙的手工米粉都纷纷摆上街头，重庆的麻辣火锅、王鸭子、卤白鹅、黄凉粉也是各显神通。改革开放后，重庆和各地的名小吃又重新荟萃于此，“好吃街”的名声也不胫而走。

南滨路美食街　紧靠长江南岸，背靠南山，濒临长江，与渝中半岛隔江相望，显山露水，夜景迷人，交通便利，因其独特的地理环境汇集了极旺的人气，成为重庆餐饮的形象工程。这里云集了大江南北各地菜系，以中餐、火锅为龙头，带动休闲娱乐消费。最为食客乐道的是，几乎重庆各地的江湖菜都能在这里品尝到，有“江湖菜一条街”之称。而多家重庆知名餐饮企业也汇集于此，陶然居、外婆桥、顺风123、劲力、大蓉和、渝信、秦妈火锅、老院老店等，南滨路已成为重庆的品牌街。2001年初步形成的南滨路美食一条街，网点集中，整洁美观，繁华靓丽，文化浓郁，美食飘香，宾朋满座，成为接待中外客人的美食之地。2004年，被市商委命名为美食街。有餐饮、酒吧、茶楼等61家，经营面积10万平方米。其中，餐饮32家，酒吧、茶楼、歌城29家，集吃、喝、玩、乐于一体。南滨路美食街在全国率先开展创建“餐饮服务标准化示范一条街”活动，把服务、菜品、质量等全过程纳入标准化、规范化管理。2003年、2004年成功举办了第四届中国美食节、第五届中国美食节暨首届重庆国际火锅文化节。

加州美食街　位于渝北的核心区域龙溪镇，长1000多米，是重庆较早形成气候的餐饮名街之一，是商务应酬、朋友聚会的重要地带。加州美食街品类齐全，业态丰富，呈现出了多元化、多层次的良好发展态势。从川菜、重庆江湖菜到粤菜及各种地方菜品、地方小吃，高中低档皆备，拥有餐饮企业100多家。有老四川、巴渝红、古覆轩、一罐飘香大酒楼、徐生记大酒楼、德香苑北京烤鸭店、老北方饺子王等知名企业。

直港大道美食街　位于九龙坡区杨家坪直港大道，街长1400米，入口处一侧的美食街景观为雕塑“快乐美食家”。这条街最大的特点是店多，功能齐，经营特色突出，文化氛围突出，时代气息浓厚。直港大道两旁聚集了大小餐馆百余家，以川菜、火锅等大众型餐厅为主，也有粤菜、湘菜、西餐和方便实惠的各类名特小吃等。美食街有餐饮企业112家，其中知名餐饮品牌有30家、特色火锅36家、地方餐饮特色店12家。餐饮经营总面积近5万平方米，并设有室内外停车位1100个。知名餐企有菜香源、秦妈、醉和春、黄金岛、汤师傅、知味村、维也纳、小天鹅、刘一手、老院名店、武陵山珍等。直港大道美食街集餐饮、娱乐、休闲、观光为一体，1998年，九龙坡区政府决定开发，2001年下半年建成开街。2004年，被市商委正式命名为重庆直港美食街。

科园路美食街　属重庆较早的一条美食街，位于南方花园。科园四路以餐饮和休闲为主，适合中低档大众消费，餐饮规模大都较小，种类多为火锅、特色中餐，消费多以家人就餐、朋友团聚为主。科园三街以重庆菜、成都菜、粤菜为主，中高档居多，消费类型则以商务应酬为主，知名餐饮有陶然居、德庄、来福楼、西蜀人家等。2000年9月，陶然居在科园三街开设“南方花园店”，带动了整条街的餐饮，其规模兴旺程度都远远超过了科园四路。

洪崖洞美食街　是重庆新兴的美食集散地，汇聚了重庆四面八方的美食，接踵摩肩，成为重庆人体验美食的又一好去处。同时，成了重庆继解放碑美食街之后的又一个文化品牌。洪崖洞美食街依山而建，下接北滨路，上迎沧白路，巧妙地连通了渝中半岛的上半城和下半城。云集了抄手、酸辣粉、凉粉、凉面、串串香、汤圆等小吃，还有北京全聚德烤鸭、贵州等地的美食；有小吃店、火锅城、茶楼，还有咖啡馆、酒吧、大酒店；有桃片、花生酥、芝麻秆、米花糖、麻花等土特产；有杂耍的小贩，更有高雅的巴渝剧院和川剧演出；有平坦曲折的石板路、悬空而起的吊脚楼，还有豪华气派的观光电梯和依山而建的广厦楼。

磁器口美食街　一个保留了重庆古老码头文化的小镇，毛血旺即出自这里。磁器口镇核心区内有数10家餐饮企业，包括鸡杂、毛血旺、麻花鱼和油炸麻花等，由于古镇内建筑都是木质结构的，而且镇内街道狭窄，受场地限制，这些餐饮业规模都不大。

北滨路美食街　不仅菜品雅俗共赏而且还在嘉陵江边有了露天休闲、娱乐、运动的场所。该地段的“美食文化天地”和“动感风情酒吧街”，把观景茶座、观景酒吧、主题文化餐饮融为一体，形成品牌餐饮和品牌酒吧的聚集地。2007年3月在江北区嘉陵江畔北滨路举办了为期5天的火锅节。火锅企业摆开2.1千米长的2249张餐桌，有151万食客现场品尝，带来直接经济效益2000多万元，中国烹饪协会授予重庆“中国火锅之都”。

泉水鸡一条街　位于重庆长江南岸的南山上。南山海拔400～600米，气候温和湿润，较炎热的市区气温低2～3℃。境内苍松古木，终年常青；繁花异景，四季不断，是重庆近郊不可多得的旅游避暑胜地。与市区隔长江相望，相距10余千米。南山一棵树观景台是观望重庆夜景的最佳地点。南山的泉水鸡取当地土鸡，一鸡三吃，游客可以亲自挑选土鸡交店家烹制。

除此之外，重庆比较出名的美食街还有江北区洋河欧式风情美食街等。

八、美食节会

市商委以举办美食节会为契机，发展新型餐饮业态，扩大连锁经营，培养龙头餐饮企业，提高餐饮业的科技含量和文化内涵，使餐饮业成为全市商贸流通发展的亮点，并举办或参与美食、火锅节等大型活动。各区市县结合本地特点，积极举办都市消费节、美食节等丰富多彩的活动，如泉水鸡节在春节、五一、国庆三大节日期间推出的各种促销活动，积聚了人气，扩大了消费，丰富了群众生活，扩大了重庆商业服务业的影响。

1989年1月25日—2月10日，开展了“美食月”展销活动。据统计，美食月期间参展单位营业收入199万元，比上年145万元上升37.2%；供应服务55.59万人次，收到顾客表扬意见493件，满意率96%。

1997年5月，举办首届重庆火锅文化节，弘扬重庆火锅文化，促进火锅与旅游业的结合。由市委宣传部、市财办、市文化局、市旅游局、市外经委、市工商局等6家单位共同发起举办了1997中国旅游年首届重庆火锅文化节。活动在重庆龙阁火锅娱乐广场开幕，全市有50余家火锅经营企业参加，其中包括桥头火锅、一四一火锅等老字号国有企业及私营火锅业的佼佼者，如小天鹅、龙阁、维也纳、三五、Y火锅等。此次活动历时一月，各经营店通过展卖、操作表演、座谈等形式相互交流经验，探讨火锅发展前景，共同为发展重庆火锅出谋划策。

1999年9月25日—10月25日，举办了1999年重庆美食文化节。由重庆市政府主办，并与国家国内贸易局举行的“全国大众化名优菜点联展联销月”活动同时在重庆开幕，是市政府与国家国内贸易局联合主办的一次弘扬重庆餐饮文化的盛会，并确定为以政府名义举办的重大经济促销活动之一。有千家企业、上万个菜品参展，销售2.3亿元。

2001年9月28日，重庆市第二届美食文化节开幕。这届美食文化节由重庆市政府主办，市商委承办，主展场设在市劳动人民文化宫，10月28日闭幕。20个区县（市）参展，12个区县（市）设分展场，展期1个月，近千家餐饮企业推出3000多个菜品。主展场和分展场共吸引人流量200多万人次，营业收入1.2亿元。在美食文化节主题宴会展上展出的重庆小洞天饮食有限责任公司制作的“重庆三国演义大赛”、重庆小天鹅集团制作的“王府宴”、重庆市饮食服务股份公司制作的老四川“金牛宴”、颐之时大酒楼制作的“巴渝小吃宴”、重庆加州花园酒楼制作的“归真宴”等名宴名菜，风格独特。重庆德庄火锅有限责任公司推出的直径10米、高1.06米、可同时供56人就餐的“天下第一大火锅”引来众多食客，进入上海大世界基尼斯纪录。美食文化节主展场举办了10场文艺演出，并举办追溯川菜渊源、挖掘川菜文化底蕴、共谋餐饮发展大计的研讨会。这届美食节组委会和专家评选出“重庆餐饮名店”88家、“重庆名火锅”37家、“重庆名菜”95个、“重庆地方风味名菜”66个、“优秀农家乐”27家，重庆因此获得2003年第四届中国美食节的主办权。

2003年10月16日—26日，第四届中国美食节在重庆举行。由重庆市政府、中国饭店协会主办，市商委与渝中区政府、南岸区政府承办。同时，举办2003年重庆美食文化节。市委、市人大、市政府、市政协四大班子在家的领导，特别是主要领导亲临开幕式及各项重要活动现场，分管领导还多次亲临现场检查和指导工作。企业参展参赛热情高，参展参赛企业数大大超过历届美食节。市民参与程度高，国际化程度高，影响深远。中国美食节的成功举办，有以下特点：①硕果累累。这届美食节是规模最大、档次最高、影响面最广的一次美食盛会，有来自美国、德国、日本、韩国、法国、俄罗斯等20个国家、地区和国际行业组织的代表49人参展参赛，国际饭店主席也亲临重庆通过国际美食的精品展示和世界厨艺大师赛，展现国际美食最高水平。国际现代餐饮论坛上有7位国际餐饮专家做主题演讲，350多名国内外餐饮企业代表出席；北京、浙江、内蒙古等25个省区市的36个城市744家餐饮企业组团参加；正式代表和观摩代表共14920人；参与本届美食节各项活动的观众152万人次。从参展参赛的3581个菜品中评选出576个奖牌（证书），其中重庆获353个；评出中国美食最高奖——金鼎奖58个，其中重庆38个。②活动丰富。美食节期间，成功举办了国际美食展、中国名菜名点名宴名火锅宴展、中华名小吃展、中外厨艺绝技绝活表演、国际餐饮业发展论坛等8项重大活动。中国名菜、名点、名宴、名火锅宴展示认定，参展参赛企业310家、628道菜（宴），其中市外菜（宴）196道、市内菜（宴）432道。434道菜（宴）获奖牌（证书），其中重庆市获奖菜（宴）302道；评出金鼎奖菜（宴）58道，其中重庆市获奖菜（宴）38道。名火锅宴展是中国美食节首次推出的一项展示，全国各地的66台火锅宴参展，由重庆德庄餐饮集团制作的“中国第一大火锅”备受关注。参展企业47家，设置展台41个。评出奖项23个，其中重庆市获奖项12个；评出2003年世界厨艺大师金牌得主39人、银牌得主5人。中华名小吃展销活动，国内16个省（市、区）的131家餐饮企业设展位305个，其中市外企业设展位126个、市内企业设展位179个。评出奖项24个，其中重庆18个。展出荟萃东西南北中的风味名小吃品种1250种，销售额2593万元，客流量109万人次。在中外厨艺绝技绝活表演中，德国的“手指面条”、山西“头顶飞刀削面”、济南的“蒙眼剔布袋鸡”、江苏镇江的“银丝豆腐”、重庆颐之时大酒楼“红绸上切肉丝”等15个项目登台表演。中国十佳酒店、十佳川菜馆、十佳火锅店及最佳调味料展示。21个省（市）的108家企业参加展示评选活动，共评出36个奖牌，其中重庆市获18个奖牌。全国酒店酒家用品展销会在大渡口区陶瓷市场举办，展场面积1.3万平方米，参展展位929个，中外参展厂商131家，参展的商品16类2万余种。展销期间，批发零售金额4860万元，合同金额7118万元，达成意向性协议金额9136万元。重庆市餐饮品牌企业与北京、天津、福建、广东、四川、陕西、新疆等19个省、区、市签订连锁经营项目协议77宗，协议投资额8657万元。邀请国内外7位专家做国际美食发展趋势、经营创新演讲报告，国内外品牌餐饮企业的352名代表出席，论坛突出强调餐饮创新发展、食品安全立法已成为国际餐饮业发展的主旋律。开幕式、颁奖晚会、闭幕式气势恢宏，亮点纷呈，把美食节逐级推向高潮，参与观众31万人次，扩大了重庆在国内外的影响。③功效明显。第四届中国美食节在重庆举办，提升了重庆餐饮品牌形象，为重庆餐饮品牌发展连锁经营、参与国内外市场竞争起到积极的促进作用。④精心组织。

2004年10月15日—25日，由重庆市政府和中国饭店协会主办，重庆市商委、南岸区政府、江北区政府、九龙坡区政府、大渡口区政府共同承办的第五届中国美食节暨首届重庆国际火锅文化节在重庆市举办。有来自美国、德国、日本、韩国、法国等32个国家及国际行业组织的参展参赛和观摩代表150人，国内有来自北京、天津、辽宁、四川、内蒙古等30个省、区、市的代表团以及59个参展参赛团体和128个观摩团体共15300人（其中市外3300人、市内12000人）参加，规模超过了历届美食节。主要活动包括开幕式、招待酒会、中华名小吃展、家庭烹饪大赛决赛、万人品尝重庆火锅、火锅主题宴、火锅文化展、火锅文化论坛、国际美食展、中国名菜展、中国名点展、中国名宴展、重庆名菜展、国际名酒博览会、中国美食原辅材料展销、餐饮服务技能大赛和厨艺绝技绝活表演、全国饭店酒家设备用品展、国际餐饮业大会、餐饮企业招商引资签约仪式、“两江游”、颁奖晚会等。通过参展参赛活动，共评选奖牌、证书795个，其中国际奖33个（重庆18个，占54%）；中国名菜、中国名点、中国名宴、重庆名菜金鼎奖38个（其中重庆22个，占58%）；中国十佳酒家、中国名宴（点）、中国名菜、名火锅宴等国家级奖261个；重庆火锅名宴、名菜（宴）264个。本届美食节得到了重庆市委、市政府的高度重视和商务部、中国饭店协会的大力支持。市政府专门成立了由副市长谢小军牵头，有关部门和区领导参加的组委会，负责活动的全面协调、督促工作。市委书记黄镇东、市长王鸿举多次指示，要求千方百计确保安全，市委副书记姜异康和副市长谢小军还亲临会展现场检查筹备工作情况。

2005年10月18日—20日，商务部组织在成都举办首届中国餐饮业博览会，重庆市组织小天鹅、陶然居、德庄、秦妈、阿兴记大饭店等24家市内知名餐饮企业、3个市级餐饮协会以及部分区县商委负责人共138人组成的代表团参加博览会系列活动。此博览会包括中国餐饮业发展成就展、餐饮业发展论坛、服务技能比赛、餐饮业教育培训展、餐饮技术交流与国际美食展等。重庆市餐饮业成就展展区设计精美，是展区中的一个亮点，吸引了众多参观者，获得博览会组委会颁发的最佳展台奖。重庆市组团参加服务技能比赛的6名选手均获奖，其中金奖2个、银奖3个、铜奖1个，并获团体金奖。商务部副部长张志刚参观了重庆展区，给予了高度评价，并在重庆展区驻足留影。

九、美食文化

餐饮行业注重美食文化建设。一是注重行业宣传。利用各种媒体宣传行业发展，餐饮刊物相继出版，美食网站陆续开通，重庆火锅博物馆聚古通今，有力地推动了重庆餐饮业的可持续发展。二是加强企业形象宣传。企业注重内部文化建设，用美食及企业文化塑造形象。特别是改革开放后，重庆餐饮经营者特有的吃苦耐劳、踏实肯干的创业精神得到了充分发挥，以“三张桌子、三口锅、三个打工仔”起步的小天鹅总裁何永智，以5张桌子发展的陶然居董事长严琦，在加州花园摆上6张桌子做生意的秦妈董事长秦远红，花了200元租下一间小门面摆下3张桌子起家的阿兴记董事长刘英，还有亲自传菜的顺风123总经理戴华露，负责采购的德庄董事长李德建，招呼客人的君之薇董事长吴任军，放弃公职创业的和之吉董事长王和声等，都是依靠勤劳的双手和自己的实干精神创造了财富。

1997年，重庆直辖、香港回归和三峡工程截流等历史性事件给重庆餐饮业带来了新的发展机遇，饮食服务企业借助报纸杂志、广播等传播媒介，在境内外载体上频频亮相，会仙楼宾馆曾先后在《人民日报》《大公报》《重庆日报》《重庆晚报》《重庆晨报》《重庆商报》《体改信息》《重庆电话号码簿》《三峡库区邮政编码簿》、重庆电视台等宣传媒介上登出促销广告，招揽境内外游客。仅重庆饮食服务股份有限公司一家就新增广告费开支50万元。

1998年5月，40集电视系列片《中国川菜》VCD出版发行。此片由四川电子音像出版中心、四川新时代影视广告有限责任公司联合制作出版，由四川省烹饪协会、四川省蔬菜饮食服务总公司、重庆市饮食服务股份有限公司协助拍摄，由著名川厨大师吴万里、曾亚光、李耀华、史正良及熊四智、胡廉泉、彭子渝、张中尤等担任学术顾问和技术顾问。该片根据不同的地域、风俗、烹制方法及风味特色，选出回锅肉、麻婆豆腐等20道具有特色风味的传统菜肴，以纪实手法进行详细介绍。每集由菜品的来历、传说、典故、民风民俗、风物特产、名店名厨、烹饪方法、风味特色诸部分组成，集川菜历史、文化、风情、风俗于一体，具有民间性、文化性、欣赏性、趣味性和资料性。同时也是教学学习的参考资料，是全面了解川菜丰富的饮食文化和民俗风情的好帮手。

2001年10月23日，市商委举办“美食与文化”研讨座谈会，邀请重庆市文化界、艺术界、新闻界、餐饮企业的有关人士共聚一堂，座谈研讨重庆美食与文化如何有机结合，以促进重庆餐饮业进一步发展。与会代表一致认为，2001年重庆美食文化节与上届相比，从形式到内容上都有所提高，美食文化正向与直辖市相匹配的高度迈进，尤其是美食与文化的结合上更加明显和突出。由于种种原因，重庆餐饮对其文化内涵深度挖掘还远远不够。对如何使美食与文化更好地结合，各界人士发表了自己的看法。作协主席黄济人建议构造与直辖市相匹配的美食文化。重庆商报副总编邱远勋认为美食文化应纳入饮食、文化行业的议程，把重庆商业氛围、美食文化氛围提升到一定档次。渝中区商委主任马庆认为，餐饮行业作为商业的支柱产业，应大力提升餐饮文化。市政府副秘书长高进进认为，在餐饮业激烈的竞争中，文化竞争尤为突出，应把美食与文化这个主题细化。在餐饮发展竞争中，克服三种不良心态：浮躁心态，不能急于求成，对文化简单理解；追波心态，不能一味模仿、重复；故步自封心态，饮食文化传统要在继承中发展，而不是简单的继承。饮食与文化如何有机结合，需要人们思考研究包括环境文化、民俗文化、历史文化、服务文化等在内的23个领域，这样才能真正把美食与文化有机结合，促进重庆餐饮业的大发展。

2004年10月15日—25日，举办第五届中国美食节暨首届重庆国际火锅文化节。10月15日—17日举行火锅文化展，由两大部分和一项活动组成。两大部分是火锅器皿展和图片、楹联、书法、字画展。火锅器皿展主要展示从三耳火锅博物馆300多件藏品中精选出的108件器皿，其中有汉、唐、明、清时期的火锅器皿，有国家现代著名工匠制作的纯银火锅器皿（全国仅存两件），有日本、韩国、法国、德国、泰国等国家的火锅器皿。图片、楹联、书法、字画展展出的作品有重庆火锅协会提供的44幅火锅食相百态图，小天鹅集团公司提供的13幅写真画，重庆德庄实业（集团）有限公司提供的16幅字画，巴将军饮食文化发展有限公司提供的8件火锅赋木雕、10件火锅浮雕、2件火锅大木刻画、6幅书法字画和1件直径2米的大鼎，清华餐饮公司提供的6幅火锅漫画，维也纳大酒店有限公司提供的火锅百乐图，桥头火锅店提供的3幅字画，苏大姐餐饮文化有限公司提供的5幅字画，以及方百川等书法家的书法作品。

2005年，为全面介绍重庆火锅行业和火锅文化，重庆电视台开办《食在中国》栏目，宣传重庆餐饮业，介绍美食企业和特色菜品。《重庆日报》《重庆晚报》《重庆晨报》《重庆商报》等定期开辟美食专版，介绍重庆餐饮业发展情况。在第五届亚太城市市长峰会召开前，重庆火锅协会编辑出版中英文对照的《重庆火锅》专刊，汇集重庆品牌火锅、火锅培训学校、火锅餐饮业与投资环境、火锅配套原辅材料介绍等，图文并茂、全面介绍重庆火锅行业和火锅文化。

十、餐饮人才

重庆市餐饮业注重人才培养，川菜厨师人才辈出。重庆餐饮培训、研究机构如雨后春笋，烹饪理论研究百花争艳，有关企事业单位采取多种方式开展餐饮人才培养工作。为了向市外扩张，重庆火锅企业加紧人才培训，办起重庆小天鹅学校、重庆德庄职业培训学校、苏大姐火锅学校、重庆清华火锅培训学校等各类培训学校，培养火锅经营管理人员，积极为餐饮企业储备技术人才。原商业部烹饪技能培训中心设在重庆市饮食服务公司味苑餐厅，全国供销社烹饪技能培训中心设在重庆市供销社合作总社培训站，这两大培训站先后为全国培训厨师3000余名，使川菜技艺传遍全国，使重庆成为川菜创新人才培养的摇篮。

20世纪80年代初，由市委财贸政治部牵头，有市第二商业局、市劳动局、市服务局、市饮食服务公司等单位参加，组建了“重庆市饮食服务业技术培训职称考核领导小组”（后调整更名为“重庆市饮食服务业业务技术考评委员会”，简称“市考委会”），制定了职称考核登记标准，严格考核制度，推动了行业职工学技术练本领、向高级职称攀登的热潮，为行业为社会培养了一大批烹饪人才。市考委会自组建以来，曾组织全市性的饮食业技术考核34次，参加考评人数2840人。

重庆市饮食服务公司和重庆市烹饪协会在培养造就川菜烹调人才上取得了成效。1990年，委托西南农业大学举办烹饪营养大专专业证书班2期，送培青年厨师65名，其中毕业1期学员34名。为大专院校、工厂等社会单位培训烹调技师215名；区县饮食业为行业培训职工135名。同时，对近千名职工进行了技术职称考核前的培训。在培训的基础上，1990年9月对全市644名二、三级烹调师进行了技术职称的晋级考核，169名厨师晋升为一级烹调师，296名厨师晋升为二级厨师。1990年12月，在特技技术职称晋级考核中，吴万里等5人晋升为特一级烹调师，张正雄等27人晋升为特二级烹调师，李新国等9人晋升为特一级面点师，何美虹等7人晋升为特一级宴会设计师。至1990年底，全市饮食业拥有特级技师74名，一级技师376名，二级技师519名。在老厨师的培养下，一批青年技师脱颖而出。

1992年，国家劳动部门规范了饮食服务技术人才培训，经市劳动局批准，饮食服务行业相继建立了一批国家职业技能鉴定机构，负责全行业技术考评和职称晋升、发证工作，规范了饮食服务工种的技能培训。

1993年10月、12月，在第三届全国烹饪技术比赛上，重庆市厨师积极参加并获殊荣。此届比赛分个人赛、团体赛两个阶段。10月16日—23日，重庆代表队15位厨师参加西安赛区的个人赛。共17个单项30个菜品，获金牌11枚，银牌6枚。12月2日—10日，参加北京赛区的团体赛，获金杯1个、金牌5枚。重庆代表队黄文龙、桂祥林、黄明基等3人获第三届全国烹饪技术比赛优秀厨师称号。市政府拨专款支持参加这次全国烹饪大赛。由市烹饪协会牵头成立了参赛组委会，并具体负责组织工作。一是认真组织参赛队伍。从饮食行业、市级机关、高等院校、大型厂矿、中外合资企业等单位抽调15位厨师组成重庆代表队，全队平均年龄36岁，具有相当的技术实力。二是精心确定参赛品种。对参赛菜点品种多次进行研究和斟酌，充分发挥川菜烹制方法及味型多变的优势，就地取材，以巧取胜，确定了“开水豆花”“干贝瓜方”“红烧地羊方”“三菇朝圣”“枸杞菊冲”等43个具有浓郁地方风味和特色的菜点。三是从严进行赛前集训。制定了集训方案，在总教练吴万里的指导下，每位参赛者对参赛的每个菜点品种进行了严格反复地训练，提高参赛的应变能力和操作技术水平。

1995年，重庆市首次对中式烹调、中式面点、中餐厅服务和旅店服务、理发等工种进行了技师评聘。此次评聘是由市劳动局、市第二商业局、市工人考核委员会联合组织的。首批评聘在市饮食服务公司范围内进行。市饮食服务公司成立了技师评聘领导小组，对特级以上的技术人员经过个人申报、单位推荐、笔试、论文答辩等程序，严格按照技师聘任条件，从德、才、能、绩4个方面进行综合考核，并报市劳动局、市第二商业局审核批准后正式授予技师称号。这次共评出技师34名，其中中式烹调技师13人，中式面点技师7人，中餐厅服务技师4人，理发技师10人，这些技师大部分是1992年以前获得特级技师职称和1993年参加全国烹饪大赛中得奖的厨师。同时，经重庆市职业技能鉴定指导中心审查，重庆市劳动局批准，饮食服务业首批建立了3个国家职业技能鉴定所（站），即重庆市饮食服务公司国家职业技能鉴定所，国内贸易部重庆烹饪技能培训中心国家职业技能鉴定所，重庆饮食服务技工学校国家职业技能鉴定站。按照有关规定，重庆市饮食服务公司国家职业技能鉴定所可在全市范围内对中式烹调师、中式面点师、餐厅服务员、美发师等工种（专业）技师以下实施职业技能鉴定；国内贸易部重庆烹饪技能培训中心国家职业技能鉴定所可在全市范围内对中式烹调师、中式面点师等工种（专业）技师以下实施职业技能鉴定；重庆市饮食服务技工学校国家职业技能鉴定站可在全市范围内对高级中式烹调师以下和中级餐厅服务员以下实施职业技能鉴定。饮食服务业国家职业技能鉴定所（站）的建立，有利于促进行业职业技能鉴定社会化管理，同时，为发展职业培训事业，提高从业人员的业务水平，都发挥了较好的作用。

2004年4月13日，重庆市商业委员会、重庆市劳动和社会保障局、重庆市商业联合会、重庆市烹饪协会、重庆市饮食行业协会依据相关评定、考核标准，在各单位初审推荐的基础上，经过严格的评定、考核程序，经组委会审定，决定授予吴万里、张正雄等31人为“重庆烹饪大师”称号，授予王光华、杜建等47人“重庆烹饪名师”称号，授予刘伟、郑祥玲等9人“重庆餐饮服务名师”称号。

2005年，重庆市有国际烹饪艺术大师1名，中国烹饪大师7名、名师27名，中国餐饮服务名师5名，重庆烹饪大师47名、名师31名，餐饮服务名师9名。结合巴渝风土人情、文化和饮食特点，积极创新烹饪理念，丰富烹饪技艺，发展具有浓厚地方特色的重庆地方名菜300多种，创新菜品上千种。

第二节　住宿业

住宿业，也称旅店业、酒店业、饭店业。旅店业在清代，有一般的“鸡鸣早看天”的小栈房和高贵的“八大会馆”。抗日战争期间，重庆旅馆业兴旺，高级的有新世界、新川、陪都、大江通等数十家。中华人民共和国成立后，特别是改革开放以来，重庆旅店业增加了标准间的比重，强化了服务功能。

向消费者提供住宿、饮食以及相关综合性服务的企业，包括酒店、宾馆、旅馆、旅店、旅社、度假村等。住宿业态根据目标客源的需求不同，可分为政（公）务饭店、商务饭店、度假饭店、会议饭店、旅游饭店、主题饭店、精品饭店、交通饭店、长住饭店（公寓）、家庭饭店（旅馆）等大类。各大类住宿业态根据经营档次的不同，可分为超豪华型饭店、豪华型饭店、中档型饭店、经济型饭店、超经济型饭店五类。

住宿业的主管部门是商贸部门，负责指导饭店行业健康、规范发展，推进行业标准化、规范化、国际化。市商贸部门，根据全市国际国内旅游人员和从事商贸活动的人口以及其他流动人口增加的实际情况，改建和新建一批以中档为主的宾馆和旅店，严格控制高档宾馆建设，对经营欠佳的旅馆逐步实行转向经营。引入国外先进的管理方式和经营模式，从单纯的住宿发展到休闲、娱乐、购物、商务、旅游等一条龙服务，推出了钟点房、新婚套房、家庭经济房、旅游团队包房、会议团体包房等新项目。同时，发展经济型酒店，借助城市功能，将经济型酒店的一些设施、服务转给社会，降低建设、营运费用。支持“农家乐”的发展，促进“农家乐”的规范化、特色化。引进国际知名酒店到重庆市建立分支机构，投资建设高档酒店，提升重庆住宿业档次，增强对外吸引力。

重庆酒店业在直辖后有较大进步，市场潜力巨大，新的酒店不断出现。同零售业一样，依然是外资和本地资本竞争的格局，五星级酒店有 JW 万豪大酒店、国贸豪生大酒店、希尔顿酒店、申基索菲特酒店、世纪金源大饭店、洲际酒店、戴斯酒店、海逸酒店、君豪大饭店、南方君临酒店、凯宾斯基酒店、香格里拉酒店等；四星级酒店有重庆饭店、重庆海德酒店、重庆劲力酒店、重庆戴斯雾都酒店、重庆皇嘉大酒店、重庆赛格尔酒店、佰富酒店等；三星级酒店有重庆朝天门大酒店、重庆鸣虹酒店、重庆博圣酒店、重庆海航酒店（原重庆鸿都酒店）、重庆美渝大酒店等。还有很多经济型酒店。

1989 年，重庆市饮食服务公司系统旅馆业营业收入 1735 万元。

1990 年，全年市级国营旅店业全年实现利润比上年增长 13.84%。

1992 年，旅店行业进行了技术职称考评工作。按照部颁标准的要求，分接待服务知识、接待服务技能、礼节礼貌服务以及关联知识等几个方面对考生进行了理论和实操考核，并经过评委的认真评审，57 名考生通过考试，晋升为三级旅店服务师 54 人、一级服务员 3 人。重庆市旅店行业具有“三师”以上职称的共 258 人，其中特二级服务师 1 人、一级服务师 18 人、二级服务师 77 人、三级服务师 162 人。

1997 年，旅店业由于重复建设，加上交通日趋发达，床位过剩，供大于求，客房出租率普遍下降。涉外宾馆有 56 家，其中星级宾馆 29 家，三星级以上 12 家，床位 1.2 万多个，其他旅馆经营企业近万家。一些星级宾馆和设施新、功能齐的旅店在价格和服务上大做文章，进一步加剧了市场竞争；一些设施设备落后、服务质量差的旅店经营比较困难。

2000 年，旅店业经营稳中有降，客房销售价格下滑明显，多功能配套服务成为招揽客源的重要法宝。

2004 年，在经济普查中，全市住宿业零售总额 11.02 亿元，其中限额以上 7.71 亿元、限额以下 2.12 亿元、个体户 1.18 亿元。按登记注册类型分组的住宿业法人企业有 546 个，从业人数 34337 人，营业额 22.93 亿元。2004 年，星级饭店有 168 个，客房数 18878 间，床位 33948 张。

2005 年，客房收入 11.23 亿元。另据市统计局发布，2005 年星级饭店有 189 个，客房数 20789 间，床位 37270 张。

附：部分酒店介绍

重庆饭店　地处长江、嘉陵江汇合处的朝天门地区，是乘船东下的必经之地。前身是川盐银行所在地，1958 年改为经营服务业。是经经贸部和重庆市政府批准，与香港法华工商发展有限公司合资，按国际三星级标准改建而成的饭店，是重庆第一家港资饭店。自 1987 年 2 月开业以来，以其完备的服务设施、热情周到的服务赢得了中外旅客的赞誉。1989 年，在涉外饭店星级评审中，重庆饭店被确认为重庆市首家三星级饭店，获得了国家旅游局颁发的三星级饭店证书和标志牌。重庆饭店拥有标准客房 200 套、中西餐厅 5 个、会议厅 6 个，设有舞厅、酒吧、酒廊、商场、美容厅、康乐中心、写字楼、传真电传商务中心等服务设施。有一批技术骨干、经过严格训练的员工，能为旅客提供良好的服务。开业以来接待了来自日本、美国、法国等 15 个国家和港台同胞 8 万余人次。1989 年，营业收入 1551 万元，创汇 98.8 万美元。在 1987 年、1988 年重庆市涉外饭店优质服务评比中，连续两次获评第一名。

重庆山城饭店　位于火车站旁，是 1971 年为解决旅客投宿难的问题而建造的。1985 年、1989 年先后改造了全部客房，更新了全套家具，配备了全新卧具，400 个客房都增设了电视机，新安装电梯 2 部，饭店大厅、旅客餐厅装修一新，为顾客休息和用餐提供了舒适的环境。被重庆市指定为台湾同胞接待单位之一。制订并推行了规范化服务标准，实行了全面质量管理，服务工作上了一个新的台阶。到店旅客不但能住上舒适的客房、吃上价廉可口的饭菜，还有理发、看病、打长途电话、发电报、日用品供应等“十不出门”的服务项目。1989 年，客房床位出租率为 90.4%，实现营业额 469 万元，创利润 82.5 万元。1989 年 9 月，被商业部授予“全国商业先进企业”的称号，被重庆市第二商业局命名为规范服务示范门点。

第三章　副食品行业与商办工业

第一节　肉　类

肉类历来是商业部门开展市场供应的一项重要商品。肉类主要是猪肉，生猪加工屠宰也是商委的重要职责。

1985 年，国家放开生猪、蔬菜等农副产品的购销政策，取消生猪派购，放开价格，生猪实行有指导的议购议销，购销价格适当上调。国家除允许国有食品公司、供销社经营外，还允许乡镇企业、农牧工商联合企业、集体企业、个体经营户和农村养猪户自由购销。生猪经营放开后，取消奖售粮，改为国家收购生猪供应换购粮的政策。4 月 1 日起，实行国家收购 1 头肥猪供应 35 千克平价饲料粮的政策。市政府决定建设商品瘦肉型猪生产基地。

1986 年，生猪价格基本稳定，肉食市场繁荣活跃，购销两旺。3 月 10 日，四川省政府发出《关于调整生猪购销政策和加强食品经营管理的通知》，规定继续实行指导性收购计划和供应平价饲料粮的政策。对农民交售生猪给国营食品公司，每头仍按上年规定供应平价饲料粮 35 千克。生猪最低收购保护价一般可比 1979 年调整后的牌价每千克高 0.02 ~ 0.06 元。适当储备调剂，平抑市价，搞好供应。重庆继续实行指导性计划管理和供应平价饲料粮的政策，各级食品部门按照指导性计划组织安排购、销、调拨、加工等。市公司、市属厂分季召开产销衔接会议，衔接平衡调入市区、厂的活猪货源计划。部分县开展了与养猪户签订收购合同工作。对养猪户交售给国营食品公司的生猪继续执行每收购一头生猪供应平价饲料粮 35 千克的政策。购销价格坚持了既放又管的原则。由于部分农村遭受风灾、旱灾，集市粮食、燃料和仔猪价格上涨，养猪成本增高，市食品公司先后调整了 9 次调拨接收价，各区县相应调整了活猪收购价。全年活猪收价每千克 1.46 元，比 1985 年增加了 0.07 元，比 1979 年调整后的价格增加了 0.208 元。猪肉零售价调整 3 次，全年销价水平为每千克2.3元。12个县猪肉销价随着收价提高同时上调，有的县城销价与渝中区相等，个别的还略高于渝中区。璧山、巴县、綦江、长寿、江北等县在收猪最困难的淡季，价格彻底放开，采用随行就市经营。购销价格虽经几次调整，全年总水平仍低于全国和川西。10月11日起，全市鲜、冻猪肉适当拉开差价。国营食品部门在猪肉供应上适当拉开鲜冻猪肉差价，近郊六区鲜肉零售统货均价由1.18元每00克调至1.22元，冻肉仍现行价每500克1.18元。执行时间全市统一为10月10日，国营食品零售单位实行鲜、冻肉分柜出售。市上对个别区食品公司继续实行亏损补贴，年初市政府确定对9区包干亏损指标900万元，市公司储备冻肉5000吨用于淡季调剂供应市场，包干费用200万元。市财政对区实行与销售挂钩，“指标包干、超额不补、节亏留区”的办法管理；对12县下达包干入库利润计划435万元，对4个肉厂下达入库利润计划300万元。在执行中，由于活猪收购价格不断上涨，猪肉加工、销售成本增高，市销价格没有与收价同步上调，外调生猪又受到全国冻肉库存胀满、冻肉调拨价偏低的影响，全市食品系统普遍减利或超亏，全年盈亏相抵亏损804.6万元。其中，9个区亏损1315.73万元，12县盈利428.69万元，4个厂盈利268.01万元。

1987年起，由中央财政每年拨出专款，同商业部下达的猪肉调拨计划挂钩，给调出猪肉的产区以挂钩补贴。

1988年，从4月1日起，取消城市居民猪肉凭票定量供应办法。禁猪人群的牛羊肉凭票供应亦同时取消。国营鲜冻猪肉带骨统货均价从每千克2.6元升至3.8元，无骨后腿肉从每千克3.24元升至4.76元。对城市职工给予相应的补贴，补贴标准按每人每月定量供应猪肉1.5千克和赡养系数1.8人计算。并适当考虑相关因素给予明补。同时，相继执行生猪收购的奖售政策，调动了农民养猪和交售生猪的积极性。建立健全价格调节基金制度，凡调销猪肉到省外经营单位，不分国营、集体，均按调销数量提取一定的价格调节基金，由物价部门或政府指定的其他部门负责收取，专户储存，专款专用。提取标准视调销价格灵活掌握，计划内少提，一般每吨可掌握在50～100元；计划外多提，一般每吨可掌握在100～200元。

1989年，全市生猪经营面临农业受灾、冻肉外销不畅、本地市场淡季鲜肉不足、收购生猪资金紧缺等困难，国营食品公司充分发挥主渠道作用，积极组织生猪的收购、调运、销售。全年生猪发展1716.57万头，出肥880.98万头，分别比1988年上升1%和1.46%；国营购进生猪255.75万头，比上年下降4.1%；销售猪肉9.22万吨，比上年增长14.7%，加上城乡集市上市量，社会供应总量58.59万吨，人均吃肉23.04千克，增长6.3%。为了保护农民养猪积极性和鼓励产猪县多收多调支援城市供应，对县调市的生猪按每调一头奖给50～70千克平价粮指标或按平议价差补给粮食差价款；县对农民收购生猪按每头不低于35千克换购粮的标准，再结合淡旺季市场需求变化灵活增加换购粮5～10千克；收购价格在每千克活猪不低于2.60元保护价格的基础上，再根据淡旺季市场需求变化，由县区自行掌握适当上浮或另给价外补贴，全年收购均价每千克2.65元，比上年每千克上涨了0.22元，仅此一项，全市农民增加收入3900万元。由于受生猪收价提高、成本增加、销价倒挂、外调让利、费用上升等诸多因素的影响，国营食品公司发生亏损，亏损5457万元，盈亏相抵后亏损1658.92万元，比上年增亏1876.75万元。其中，9区亏损4914.65万元，比上年增亏129.9万元。

1990年，生猪白条肉外调受阻，内销不畅，国营食品企业及时调整猪肉产品结构，积极扩大生猪内外销分割肉生产。全年生产内外销分割肉11314.2吨，比上年分割肉产量增长2.64倍，占猪肉总产量的7.33%。生产的分割肉中，出口苏联3539.2吨、香港1654.1吨，境内销售3967.7吨。增加分割肉的生产，扩大了9161吨猪肉的销售，有力地缓解了农民卖猪难问题，减少了企业亏损，增加了外汇收入1314万美元。各生产基地县的肉猪瘦肉率从建设前的42%提高到48%～53%，初步满足了人民群众对瘦猪肉的要求。1990年所列全国100个产肉大县中，原重庆市12个县有10个县进入全国100强行列，巴南、合川、江津3县（市）出栏量都突破100万头。其中，巴县在全国100个产肉大县中，名列榜首，合川、江津两县（市）位居第二名、第三名，3县猪肉产量都突破7万吨。原万县市有奉节、忠县、梁平、开县、云阳、天城等6个县，原涪陵市有涪陵、垫江、南川、丰都等4个县（市），也先后进行评审并验收合格。黔江地区的黔江、秀山县1996年开始建设商品瘦肉猪生产基地。

1992年，《重庆市人民政府关于深化生猪、蔬菜流通体制改革的通知》对全市进一步放开生猪、蔬菜购销价格提出了新的要求。在深化生猪流通体制改革方面，从1月1日起，放开生猪购销价格，取消生猪收购奖售粮，生猪收购价随行就市。生猪市价由市食品公司制订指导价，具体由调拨双方协商定价。取消对城镇居民凭票定量供应的规定，销售价由各区县食品公司制订。政府对生猪购销不再纳入计划管理；对进入流通领域的生猪推行“定点屠宰、集中检疫、统一纳税、分散经营”的管理办法；国营食品部门组建跨地区、跨行业、跨不同所有制的食品企业集团，实行董事会领导下的经理负责制；建立生猪批发交易市场等。

1993年，针对国有食品行业放开经营后出现的问题，市政府提出扶持食品行业新政策，决定从1993年起到“八五”期末，对全市国有食品行业实行特殊政策。对9个区及市级食品企业采取市场销售的鲜、冻猪肉，由企业按税收管理体制报批，免征营业税。转向开展多种经营的，从有收入之日起，免征所得税两年。其中经营有困难的，由企业按税收管理体制报批，减免流转环节税。收购生猪免征产品税，生产销售的肉类冻制品、腌腊熟食制品继续免征增值税。对国有食品企业的特殊政策包括专用基金，免征能源交通建设基金和预算外调节基金；原租用的经营用房，房管部门暂不加收租金；收购销售生猪（含猪肉），免交市场管理费；对一季度前的亏损账，银行原则上不加息、罚息；食品企业占用的银行贷款，原则上维持现有规模，需要新增的流动资金主要由食品企业清收欠款，加速资金周转来解决，对收购生猪资金不足部分银行应尽早安排，以上政策的出台，缓解了国有食品行业面临的困难，推动行业转换机制和全面放开经营。

1994年，全年收购生猪108.96万头，销售44万头，调市61万头，外调5.7万吨，全行业实现销售额8.3亿元。积极搞好市场调控，做好猪肉限价供应，平抑猪肉价格，食品企业积极组织货源，保障市场供应。全年投放市场冻肉3000吨，活猪17.54万头，动用风险调节金1462万元。全年9区4厂食品企业上报转向项目31个，其中合资合营项目6个、扩产项目5个、短期项目8个、商贸大楼新改建项目4个、其他项目8个，累计投资4800万元。全市食品行业亏损额由上年的7117万元减少到4919万元，减少幅度30%，下降52%；12县食品公司亏损1696万元，同比减亏814万元，下降32%；市食品集团公司直属4厂亏损2807万元，同比减亏1001万元，下降26%。除江北县、江津市外，市食品集团公司和区市县食品公司都实现了减亏增盈。其中，沙坪坝、九龙坡两区公司实现了盈利。全市食品价格涨幅过大，并成为带动商品零售物价指数上升的重要因素。7月中旬以后，集市肉价格上涨达到高峰，这一情况引起了市政府的高度重视，7月18日，召开了平抑肉价格紧急会，决定从7月下旬起动用市场风险调节基金，限价抛售储备冻肉，到市外、省外组织肉类等措施平抑肉价格。国合食品公司在全市各区设立了135个肉专销点，实行定点、限价销售。食品行业还制定了“一足四不准”（每天投足规定数量，不准剔瘦肉、卖肉排、羊排和趸卖）的供应纪律，增加了限价管理的品种（由无骨后腿肉扩大到无骨前胛、保肋三线肉和千排）。市区商业主管部门和食品公司都组织了巡回、交叉检查，查供应数量、供应价格和遵守供应纪律。国有食品企业主渠道作用削弱，供需偏紧，价格持续攀升。针对一些不法分子见利忘义，在市场上销售注水猪肉和病死猪肉，牟取暴利的情况，有关部门全年查处注水猪肉和掺杂使假案件2072起，收缴、销毁劣质猪肉3500多千克。率先在城区的学田湾、石桥铺、南坪、杨家坪等大型市场和各县（市）城关中心市场实行“猪肉赔偿制度”，由工商部门全额赔偿消费者购买注水、劣质猪肉的损失。

1995年，全市国营食品部门购进生猪123.64万头，同比上升6.4%；市场销售50.66万头，同比上升38.31%。国营食品部门经营比重增大，特别是加强冻肉储备，加大了对淡季和节日市场的投放，保证供求平衡，抑制了猪肉价格上涨的势头。全年国营食品经营部门经营的猪肉，以无骨后腿肉为例，零售价格在每500克4.50～5.50元，集市价格等于或低于国营价格，更低于市政府下达的全年猪肉价格不超过每500克6元的目标任务，保持了市场物价的稳定。全市猪肉社会上市总量127163吨，同比增长22.89%；全年收购生猪123.64万头，储备冻猪肉5000吨。巩固了80个国营食品公司市场调控猪肉专供点；9区食品公司在元旦、国庆、春节期间和三季度生猪出栏淡季销售猪肉22.7万头，占全年销量的59.7%。

1996年，进行了生猪活体储备试点。市政府出台有关生猪定点屠宰的管理文件，明确商贸流通行政主管部门作为屠宰行业主管部门，正式开始负责生猪定点屠宰管理工作。

1997年，全市国有食品系统收购生猪163.19万头，外调及出口70.94万头，销售猪肉74.33万头，同比下降14.33%，其中近郊11区销售猪肉38.45万头，同比下降2.7%。完成了市政府下达的建立4000吨冻肉、1000吨“活体鲜储”的猪肉储备任务，并在适当的时候投放市场，起到了稳定市场的作用。在节日和淡季市场，全市80个猪肉专供点投放市场猪肉21.19万头，牛肉4.64吨，猪副产品422吨，腌腊熟卤制品206.07吨，活猪储备11698头。市食品公司年初采取租赁、承包的办法，先后在巴南区、江津市、合川市建立了3个直属加工厂。市食品公司积极参加市政府对全市执行定点屠宰工作的调查和近郊区较大规模定点屠宰场的设计验收工作，对全市43个区市县食品系统肉品检验工作进行了一次全面抽查，培训了卫检人员，保证了食品系统上市猪肉的卫生质量。

1998年，市政府办公厅就稳定生猪生产确保农民增产增收发出通知。重庆市生猪价格跌入近几年的最低点，每千克生猪收购价5元左右，仔猪销售价6元左右，分别比同期下降25%和40%左右。据调查，农民每出售一头肥猪，各种税费高达80元左右。3月，市政府下发了《关于贯彻实施〈生猪屠宰管理条例〉有关问题的通知》，决定对生猪屠宰“实行一家主管，多家协管，全市统一的行业管理体制”，明确了“各级商品流通行政主管部门为生猪屠宰行业管理工作的主管部门，农牧、卫生、工商、环保、技术监督等部门为协管部门”，并重新成立了重庆市生猪屠宰管理办公室（设在市商委），职责是负责制订全市屠宰行业发展规划并组织实施；贯彻实施屠宰法规和产业政策；监督管理屠宰厂场建设设计规范、屠宰操作规程、检验规程和产品质量标准；开展人员培训、考核、发证等工作。全市40个区县相继将本地区的生猪屠宰管理工作全部归口到流通行政主管部门，成立了相应机构，落实了管理和执法人员200多人，扭转了过去政出多门、管理不善的局面。3月9日，市政府发出《关于实行生猪定点屠宰和加强猪肉流通管理的通知》（渝府发〔1998〕18号），明确了宣传、培训、肉品品质检验、执法检查等。6月20日，市商委对生猪实行定点屠宰厂（场）、机械化或半机械化屠宰，确定主城区及以外区县政府所在地城镇都推行。9月29日，市商委就生猪屠宰管理若干问题发出了通知，就屠宰行业管理体制、管理机构、行政执法、规范化管理实施时间、检疫和品质检验、肉品检验场所、消费领域肉品管理等做出规定。对重新审定的屠宰厂（场），由各区县政府发给全市统一的许可证、标志牌和各种印章，配备经培训合格、持证上岗的肉品检验员。重点强化了主城区和区县政府所在地定点屠宰厂（场）的管理，加快实施机械化、半机械化屠宰，逐步解决环境污染、噪声扰民等问题，私屠滥宰现象得到遏制，上市肉品质量普遍提高。

1999年，国家对储备肉、财政补贴收入免征营业税。

2000年1月，市政府常务会讨论通过了《重庆市生猪定点屠宰厂（场）设置规划》，并颁布实施。1月31日，市商委就《重庆市生猪定点屠宰厂（场）设置规划》提出贯彻意见。6月29日，市政府印发《重庆市屠宰税征收管理实施办法》，从2000年7月1日起施行。8月28日，市政府第68次常务会议审议通过了《重庆市生猪屠宰管理办法》，市长包叙定于8月31日签署了第102号令，自发布之日起施行。12月6日，市政府专题开会，解决清真食品供应问题。市政府副秘书长高进进按照市长包叙定、副市长许忠民关于解决清真食品供应问题的批示，召集市民宗委、市商委、市财政局、市工商局、市地税局、市国土房管局、渝中区政府、重庆食品集团公司的负责人，就解决清真“三食”（清真牛羊屠宰、清真肉食和副食供应、清真饮食）供应问题进行了研究，明确了清真“三食”供应网点的设立，把清真“三食”供应点建设纳入商业网点建设总体规划，力争用2—3年的时间，形成基本满足穆斯林群众需求的清真“三食”供应网点。在南岸区、沙坪坝区、万州区、荣昌县设立清真牛羊肉屠宰场（点）。还在渝中区、沙坪坝区、九龙坡区、大渡口区、万州区和荣昌县的主要农贸市场确定清真牛羊肉专供摊位，由市伊协负责落实经营者。由市商委负责选择有条件的大型商场开办清真副食品专柜，市伊协负责落实经营者。鼓励本地或外省市穆斯林来渝开办清真餐馆。

2000年，市商委对42个屠宰管理办公室生猪屠宰进行统计考评。全年定点屠宰生猪421.34万头，其中检验合格418.25万头，合格率为99.3%。获得一等奖的有南岸区、永川市、铜梁县、长寿县、忠县等5个单位；获得二等奖的有潼南县、垫江县、大渡口区、璧山县、云阳县、江北区、北碚区、巴南区、万盛区、江津市、大足县、巫山县等12个单位；获得三等奖的有渝中区等12个单位。

2001年，市政府发布《重庆市生猪定点屠宰厂（场）设置规划》。11月12日，按照市场化运行管理原则，对储备肉工作进行改革。11月14日，市商委、市卫生局、市工商局发出进一步加强屠宰行业和肉品流通监督管理工作的通知。要求卫生、工商行政部门向管理对象以及全社会广泛宣传国家有关食品卫生、定点屠宰的法律法规，公布违法行为举报电话，落实举报奖励政策。重视新闻舆论的监督，在曝光违法案件的同时，加强对正面典型和定点屠宰成果的宣传。对于顶风作案、继续犯案的违法单位和个人，依法从重从快给予行政处罚，触犯刑法的，移送司法机关处置。

2002年，全市有20多个区县（市）制定了本行政区域内屠宰厂（场）的设置规划或提出了贯彻渝府发〔2001〕104号文件的实施意见，部分区县（市）完成或正在进行屠宰厂（场）重新规划布局、选址定点、确定业主、新建或改造等有关工作。各地商贸流通部门深入推行定点屠宰，提高定点覆盖面和定点屠宰率，全市推行定点屠宰的农村镇乡774个，占全市建制镇乡的62%，比上年增加5个百分点；全市1308个定点屠宰厂（场）屠宰生猪54.6万头，增长17%；定点屠宰厂（场）严把肉品品质检验关，不合格肉品检出率3.8%。市商委、市屠宰管理办公室下发了《关于规范食品超市生鲜肉经营行为确保生鲜肉品卫生质量安全的通知》《关于开展屠宰执法大检查的通知》《关于开展严厉打击屠宰加工病害肉、注水肉违法行为专项整治工作的紧急通知》。各地商贸流通部门以及屠管办整顿生猪屠宰和肉品流通秩序，严厉打击各种违法屠宰行为和违法肉品经营行为，查处违法案件1468起。其中，查处私屠滥宰案件440起，查处定点屠宰厂（场）内的违法案件85起，查处市场销售违法案件781起，查处加工用肉单位违法案件129起，查处储藏运输环节违法案件33起，屠宰执法罚款总额18.2万元，没收的违法肉品折价10.5万元，无害化处理不合格肉品48吨。

市商委考察审核推荐了重庆市16个生猪规模饲养企业作为候选者，经国家经贸委审定确认大正畜牧科技股份有限公司、江津正州养殖有限公司、江津永盛农业开发有限公司、万州天鹏养殖有限公司4户企业获得国家储备肉活体储备基地饲养场的资格。

2003年，生猪定点屠宰厂（场）从2000年的1400个减少到1200个，完成对31个区县城区生猪屠宰厂设置的审批。其中，万州区、涪陵区、北碚区、南岸区等14个城区建成二级或三级生猪屠宰厂，实行机械化屠宰。生猪出栏总量1810万头，总屠宰量635万头，比上年增长50%，上市鲜销520万头，其中机械化屠宰248万头。全年全市出动执法人员6.37万人次，开展生猪定点屠宰执法检查1.72万次，查处违法案件1692件。其中，私屠滥宰违法案件522件，定点屠宰环节的违法案件109件，市场销售环节的违法案件932件，加工环节的违法案件102件，储藏运输环节的违法案件27件，罚款总额14万元，销毁不合格猪肉6.22万千克。

2004年，全市生猪出栏总量1900万头（除活猪外调、加工外销、农民自宰自食），总屠宰量695万头，其中上市鲜销550万头。开展生猪屠宰执法检查1.8万次，查处违法案件1618件，销毁不合格猪肉4.04万千克，罚款11.2万元。有生猪屠宰厂（场）992个，其中机械化屠宰厂（场）153个、临时过渡手工屠场839个。5月25日，市政府印发《重庆市人民政府关于进一步规范生猪定点屠宰管理工作的补充通知》。6月30日，重庆市主城九区政府强制关闭不符合《重庆市生猪定点屠宰厂（场）设置规划》的所有手工屠场，除了渝中区、经开区、高新区不设置生猪定点屠宰厂（场）外，其余主城八区城市规划区范围内的8个大中型机械化定点屠宰厂从7月1日起全部投产运行。7月6日，市政府办公厅下发关于做好当前市场猪肉供应工作的紧急通知。7月，商委派出9个工作组，于夜晚零点左右深入生猪屠宰场调查屠宰情况，指导屠宰工作；白天查看各个农贸市场、食品超市，收集零售数据。屠宰企业积极组织货源，增加储备，同时鼓励并支持机械化屠宰厂直供直销，开展连锁经营，保证了市场供应。主城区猪肉价格恢复到正常水平，肉品质量提高，市场供应充足。

2005年，全年生猪屠宰总量737万头，同比增长6.1%。其中，上市鲜销615万头，同比增长11.7%。搞好禽畜定点屠宰工作，确保老百姓吃上“放心肉”。加大执法力度，全年查处违法案件982件，没收折价总额28万元，销毁不合格猪肉25吨，市场环境得到进一步优化。机械化屠宰厂（场）建设稳步推进，主城区和其他区县（市）政府所在地的城镇90%实现机械化定点屠宰，关闭了一批手工过渡屠场，新改扩建了一批机械屠宰厂（场），机械化屠宰量558万头，同比增长36.6%。主城区机械化屠宰量266万头。

附：部分肉类加工企业介绍

重庆食品集团公司　前身是重庆市食品公司，成立于1953年12月，1992年改为现名。是专营肉类供销的国有企业，其业务以流通为核心，并包括生猪生产、猪肉加工、市场供应、冷藏运输、外调出口等方面。重庆市食品公司为其核心企业，重庆肉类联合加工厂、永川肉类联合加工厂等为其紧密层。1995年拥有资产总额3.35亿元，职工2.3万人，生产场地及营业面积34万平方米，高低温冷库37个，冷藏容量5.8万吨，各种运输车辆400多台，铁路专用线两条，拥有日宰500头以上的生猪屠宰加工生产线30余条、猪肉制品深精加工生产线50条、生化制药生产线10余条。

重庆肉类联合加工厂　1958年6月建成，同年7月1日投产，占地面积26万平方米，建筑面积28万平方米，年宰杀生猪能力70万头，冻肉储存量1万吨，铁路专用线年吞吐冻肉5万吨，为全国十大肉联厂之一。以屠宰生猪、加工冻猪白条肉为主。截至1988年，全厂共屠宰生猪1240万

头，产值12.5亿元，实现利润2850万元，出口创汇642万美元。1992年11月28日，重庆肉联厂的肉类深加工技改项目总体工程通过验收，市计划委员会受国家委托组织有关部门专家、技术人员对整个工程项目进行了验收，并顺利通过。该工程概算总投资4650万元（包括丹麦政府混合贷款400万美元），总建筑面积42498平方米。1988年底，重庆肉联厂、永川肉联厂、合川食品厂破土动工。该工程主要建设项目有屠宰、分割肉、副产品精加工、小包装、熟食、罐头、制药、盐水猪头、动物蛋白饲料及血粉车间、高温库改低温库、扩建急冻间、食品检测中心、化验楼、污水处理工程以及附属配套设施。施工历时3年，1992年全部竣工投产。整个工程项目投产后，其年生产规模为屠宰生猪100万头，生产分割肉1万吨、西式灌肠2400吨、西式火腿900吨、罐头2000吨、软包有装食品500吨、精加工副产品3000吨、肉类小包装1000吨、排骨2000吨、动物蛋白饲料1600吨、生化制药8亿~10亿片、针剂700万~1000万支。技术改造完成后，各类深、精加工产品将由原来加工总产量的5%提高到35%左右，新增产值9200万元，创利税1200万元。1995年建立了重庆肉类批发市场，开拓了中西式香肠、腊肉、熟肉制品、生化药品、速冻小包装食品、冷食品等项目。拥有怡乐牌冻猪白条肉、分割肉、香肠、腊肉、火腿肠及重生牌生化药品、化学药品、中成药和日哥牌冰激凌、雪糕等100多个产品。

永川肉联厂　成立于2000年，主要经营屠宰、肉加工。

合川食品厂　成立于2000年，已有多年历史。主要经营猪、兔屠宰及制品。积极倡导“诚信如同生命，口碑重于泰山”的经营理念，以良心做买卖，坚决杜绝做损害客户利益的经营行为，在同行中树立了良好的口碑。

第二节　蔬菜及禽蛋水产品

改革开放前，蔬菜产销体制采取专业队生产、国家统购包销的办法。党的十一届三中全会后，运用计划调节和市场调节两种手段调节供求，逐步形成放管结合的产销体制，坚持大城市的蔬菜供应以郊区为主，形成了蔬菜生产、加工、运输、销售一条龙的服务体系。各地禽蛋（食品）公司搞好大中城市节日和淡季的鲜蛋供应，积极开展随行就市的办法议价并经营业务，产蛋旺季抓紧收购，充实库存，销售淡季使用亏损补贴，组织货源投放，实行最高限价，增加供应，平抑市价。

1986年，坚持“近郊为主，远郊为辅，外埠调剂，保证供应”的方针，搞好生产布局，落实菜田面积，有计划地建立和办好蔬菜批发交易市场，使其逐步成为蔬菜流通的中枢和集散中心。市属八区（未包括产销直接见面的双桥区）“两淡”总供应量为10.49万千克，按供应人口200万计，每人每天平均供量436克，比1985年的375克增长16.27%。其中，国营和合作商业供应量为4.17万吨，占总供应量的39.76%。“两淡”每千克销售均价：集市供菜为0.325元，国、合商业供菜为0.195元，与全年销售均价社会供菜0.30元，国、合商业供菜0.22元相比，波动不大。8个区在“两淡”中共购回市外菜6020吨。5月5日，市财办对蔬菜供应做出紧急部署，从5月5日到15日，经营部门做应急安排，保证供应每人每天平均200克，力争250克，争取3—5日控制价格上升。国营蔬菜经营部门将该月的合同菜提前收购，投放市场，对叶类菜主要品种按当地集市平均价格倒扣30%作价收购，莴笋收进掌握在每500克0.14元左右，销售价0.1元以内；春莲白收进掌握在每500克0.06元左右，销售价在0.08元以内；其他叶类菜按此作价原则挂牌议购；对已落实的二线菜源连夜紧急催调。国营蔬菜经营部门安排好本地区大型厂矿、大专院校的供应工作。水产放开价格，随行就市，议购议销，实行多渠道经营。市水产公司在销售上发挥个体户作用，使海鱼销售量比上年增长了1.2倍。

1988年，按国务院建设“菜篮子工程”要求，市政府宏观调控，稳定蔬菜基地面积，发展中远郊菜地，实行“粮地、粮菜”双挂钩，增加亏损补贴，落实以粮换菜专项用粮。

1989年，国营商业收购蔬菜16.02万吨，比上年增长25.4%；销售16.58万吨，增长22.3%；其中市属八区销售13.09万吨，城市人均日吃菜158克，比上年增长5%；如加上集市供应量，全年蔬菜供应量61万吨，城市人均日吃蔬菜736克。春、秋两个淡季，城市人均日吃菜分别为470克和540克。3月，市工商行政管理局发布了《关于对贩运蔬菜进城给予优惠政策的通告》。全年，水产鱼类国营供应5630吨，集市13722吨，城市人口年人均8.7千克，比上年增加1.2千克。

1989年，海水鱼销售5863吨，加上集市上市的各种鱼类13722吨，总上市量19585吨，城市人均消费8.7千克。带鱼销售均价由上年每千克5.78元下降到4.96元。

1992年，从1月1日起，近郊国合蔬菜部门实行“管淡放旺”的流通体制，即实行蔬菜产销旺季全放开，春、秋两个淡季国合蔬菜部门必须保证城市人口日平供应200克。蔬菜亏损补贴以1991年实际亏损额为基数，按现行财政体制两级承担，“八五”期间保持不变。八区蔬菜成交量为66.74万吨，肉禽蛋成交量为32.42万吨，水产品成交量为5.51万吨，干鲜果成交量为25.22万吨。

《重庆市蔬菜基地管理条例》经1992年3月13日四川省七届人大常委会第28次会议批准，于4月2日由市人大常委会公布施行。

1993年，从1月1日起，全面放开蔬菜购销价格，实行“放、管、建、转”相结合，推动蔬菜生产、流通、科研、管理体制的全面改革。市属八区社会蔬菜上市总量53.64万吨，其中春、秋两淡季期间上市23万吨，人均日供菜648克。蔬菜公司经营的蔬菜中，议购议销和省外调入菜共5.52万吨，基地合同菜1.24万吨。由于国合蔬菜企业在蔬菜产销全面放开后积极经营，较好地发挥了平抑物价、稳定市场的作用。全年八个区集市蔬菜平均单价每千克0.87元，仅比上年上升0.03元。

1994年初，气温骤变，种植面积减少，菜价大幅上涨。入夏后，持续高温干旱，蔬菜产量下降，上市总量减少，品种少、质量差。

1995年，蔬菜上市总量63.3万吨，同比下降0.19%。全市国有商业全年经营蔬菜5.1万吨，比上年增长19.5%，补充了淡季缺口，丰富了节日市场。抓淡季和节日市场供应，八区蔬菜公司在春、秋两淡季期间经营蔬菜2.56万吨。水产品销售总量3871吨。恢复和装修了60个蔬菜专供点。

1996年，全市有商品蔬菜基地2.38万公顷。其中，原重庆市1.33万公顷，万县市4800公顷，涪陵市5773.33公顷。原重庆市在1995年9月以前，经过多年建设形成的商品蔬菜基地5733.33公顷，虽具有一定水利、道路和生产设施条件，但基地整体水平仍不高。从1995年9月开始，市委、市政府决定实施以建设7600公顷蔬菜基地为标志的蔬菜产业化工程。该工程分两期进行，第一期从1995年9月至1996年9月，新建4400公顷；第二期从1996年10月至1997年10月，新建3200公顷，两期工程的总投资规模为9196万元。第一期工程1996年底竣工并通过验收，共建成电灌站73台站、2132.54千瓦，蓄水池1057口，山平塘118口，排水沟渠34.4千米，输水管道172.9千米，乡村公路109.7千米，大中路和田间便道395千米，育苗场8个，批发市场和集散点41个，产销服务站19个。第二期工程1997年10月建成。

1997年，国有蔬菜公司在大中型农贸市场和人口居住集中地区设有80个蔬菜专供点，积极参与市场竞争和市场调控，经营蔬菜9.13万吨。其中，八区经营蔬菜8.43万吨。国有蔬菜公司经营的蔬菜占社会供应量的比重由12%上升到14.1%。在近郊32个蔬菜生产乡镇设有35个蔬菜收购点，其中常年收购点11个、季节性收购点14个、临时性收购点10个。80个专供点中的26个点与基地种菜大户建立了稳定的产销关系，这些产销挂钩点直接经销菜农的蔬菜2.5万吨，占调控总量的27%，既稳定了专供点菜源，又解除了菜农卖菜难的后顾之忧。同时，政府投资103万元购置净菜加工和冷藏设备，组建净菜加工厂。1997年加工生产盒装（袋）净菜100余万盒并投放到40多个大中型超市和连锁店销售，配12台果蔬冷藏柜，解决在高温季节销售盒装净菜的难题。盒装净菜投放市场后，深受市民的欢迎和好评。由政府和企业共同出资32万元，建立了重庆市蔬菜副食品信息中心，该中心采用网络手段发布信息，上联内贸部全国农副产品信息中心，下联重庆八区中心市场和一个大型蔬菜批发市场，通过网络让全国了解重庆，重庆也能及时了解全国市场。

1998年1月22日，市政府通报表彰蔬菜产业化二期工程建设和1997年蔬菜生产先进区（市）县。经过一年的艰苦努力，全面完成了建设任务，蔬菜生产条件有了显著改善，形成了全市20万亩的生产规模。市政府决定，分别对蔬菜产业化二期工程建设和1997年蔬菜生产工作成绩显著的区（市）县予以通报表彰。获得蔬菜产业化二期工程建设一等奖的有：潼南县人民政府、北碚区人民政府、九龙坡区人民政府；二等奖的有：渝北区人民政府、沙坪坝区人民政府、大足县人民政府、永川市人民政府，三等奖的有：荣昌县人民政府、南岸区人民政府、巴南区人民政府、合川市人民政府、江北区人民政府、江津市人民政府。获得蔬菜生产一等奖的有：沙坪坝区人民政府、渝北区人民政府、巴南区人民政府；二等奖的有：南岸区人民政府、北碚区人民政府、潼南县人民政府、大渡口区人民政府、九龙坡区人民政府、璧山县人民政府；三等奖的有：合川市人民政府、永川市人民政府、铜梁县人民政府、大足县人民政府、荣昌县人民政府、万盛区人民政府、江津市人民政府、江北区人民政府。

2000年，引导菜农以市场为导向，调整种植结构，发展早熟、极早熟、晚熟、极晚熟和反季大棚蔬菜、精细菜、无公害蔬菜；同时，搞好产销服务，加大蔬菜外销力度，促进了蔬菜产销平衡和农民增产增收。

2001年，政府采取措施，扩大蔬菜种植面积，增加外购菜调剂市场供应，动用副食品调节基金平抑市价。

2002年，开始实施“菜篮子”产品加工、流通行业指导与管理，实施以“提倡绿色消费、培育绿色市场、开辟绿色通道”为主要内容的“三绿工程”，提高“菜篮子”产品的质量卫生安全水平。9月18日至20日，重庆市组团参加由全国三绿工程工作领导小组和天津市人民政府共同主办的“首届中国三绿工程博览会”。博览会有600个标准展位，30个省市近1000个企业参会进行了展示展销。三绿工程是由国家经贸委、财政部、卫生部、铁道部、交通部、国家环保总局、国家工商总局、国家质检总局共同组织实施，以保障食品安全为目的，以建立食品安全保障体系为手段，以提倡绿色消费、培育绿色市场、开辟绿色通道为内容的系统工程。该工程自1999年实施以来，放心菜、放心肉明显增多，培育了绿色市场，形成了一大批绿色消费群体。市商委组织了江北观音桥市场公司、涪陵榨菜（集团）公司、重庆商社（集团）新世纪连锁公司、重庆食品集团公司、重庆德庄火锅、重庆大正畜牧科技股份公司等6家企业组成重庆展团参会，用精美的图片、专门制作的音像光盘、文字宣传资料和绿色产品展示了重庆市开展三绿工程的风采，吸引了众多观众，受到了参会代表的好评。在博览会的工作会上，重庆市盘溪蔬菜批发市场被全国三绿工程工作办公室授予争创绿色批发市场示范单位，涪陵榨菜（集团）公司榨菜加工线被授予争创全国绿色加工线示范单位。

2004 年 12 月 20 日至 2005 年 2 月 20 日，开展以“让百姓买得放心吃得安心”为主题的“三绿工程宣传月”活动，提倡绿色消费、培育绿色市场、开辟绿色通道，提高上市销售食品卫生质量安全水平。

附：部分蔬菜副食品公司介绍

重庆市蔬菜副食品公司　重庆市第二商业局所属国有商业企业，成立于 1956 年 2 月，当时名称为中国蔬菜公司四川省重庆市公司，后成立重庆国营蔬菜公司，1962 年更名为重庆市杂品公司，同年 10 月更名为重庆市蔬菜公司，1984 年 1 月更名为重庆市蔬菜副食品公司，1995 年 11 月将其管理机构迁驻渝中区人民路 123 号附 1 号蒲田大厦。除开展产销调查、预测，安排合同，定期检查市场等日常工作外，还帮助各区蔬菜公司在工矿、学校、人口密集区域增设国有蔬菜公司蔬菜专供点 80 个，在蔬菜批发市场设批发点 9 个，加大市外菜调入量。1996 年经营蔬菜 7.31 万吨，并对参与调控的大路菜品种实行限价供应，使菜价上涨幅度回落。以“人道美”为依托，扩大副食品经营门类，增加了腌腊制品、糖果糕点、茶叶、烟酒、小食品、饮料、粮油、炒货、冷冻食品、鲜热食品等门类共 2000 余个品种。1995 年起，还陆续在北碚区中山路、渝中区张家花园、大渡口区钢花路、沙坪坝区沙正街、九龙坡区杨家坪西郊大厦等处设立了“人道美”连锁店和“人道美”商品配集中心。

重庆市“人道美”蔬菜副食连锁公司　充分利用 63 年历史的“人道美”老字号招牌，积极发展副食品连锁经营，1997 年初正式挂牌营运，1998 年连锁经营取得较大进展，加大扩张力度向近郊区县延伸，新增连锁店 3 家、直营连锁店 12 家，新增营业面积 4500 平方米，总营业面积 9000 平方米，经营门类 20 余大类，品种 5000 余个；加大从厂家直接进货比重，降低经营成本，增强了市场竞争力；加快商业业态调整和配送中心改造，实现便民店、自选店、大型超市和仓储式销售多种营销方式的组合运用，进一步扩大了经营规模，增加了市场份额；实施商业自动化管理，一期工程投资 160 万元，实现了公司总部、配送中心及主要超市微机联网，对商品的采购、配送、销售和储存、核算，初步实行了计算机管理，促进了公司由粗放型向精细化的现代化管理迈进。全年实现商品销售 4000 多万元，比上年增长 17.6%。被市商委列为重点扶持发展项目，“人道美”商标被评为“首届重庆市著名商标”。

重庆市水产总公司　国有中型商业企业。原名重庆市水产公司，1959 年 3 月成立，1994 年 4 月改为现名。主要从事海产品、水产品、鸡禽、副食品经营。下设有鱼禽分公司、副食饮料分公司、海味名特食品分公司、储运贸易分公司、水产食品加工厂、建东副食品交易市场、汽车队等 7 个经营单位，拥有 1000 吨和 250 吨冷库各 1 座，400 吨冷藏驳船 1 艘，干货仓库 4 座共 5300 平方米，冷藏车、卡车等 10 余辆。1995 年有职工 234 人，固定资产 2300 万元。

第三节　酒　类

酒是商品市场中的重要商品，酒类是副食品的支柱行业之一，直接关系到国家税收和人民群众的生命安全。

中华人民共和国成立以来，酒类产品曾经长期被划入专卖商品的范畴。1951 年 4 月，成立了重庆市酒类专卖事业管理局，将酒类产销活动纳入专卖管理。改革开放以来，随着社会主义市场经济的逐步形成，国家对酒类产品的管理由计划管理体制逐步过渡到以市场调节为主的模式，随之出现了市场无序竞争、假冒伪劣、损害消费者利益等现象，而且在一定的时期和某些地区还比较突出，私制假酒及酒类经营中损害消费者利益的事件时有发生。

重庆市以十大名酒为龙头，重点培育诗仙太白、大足笛女、江津几江、永川石松等几大品牌，提高品质，改进工艺，扩大规模，强化营销，做大做强。

1985年5月，綦江县发生假酒中毒死人事件。重庆市加大了对酒类商品生产、流通的管理。

1986年，加强酒类产销管理。根据《四川省加强酒类产销管理的若干规定》和重庆市政府〔1986〕1号、270号文件精神，以及省计经委《酒类产销许可证制度实施办法》的精神，重庆市酒类专卖事业管理局从1986年7月1日起与有关部门配合，加强酒类专卖产销管理，在全市范围内一律凭酒类产销许可证经营酒类生产、批发业务。为了妥善处理发证工作中的遗留问题和加强日常监督管理工作，做到了“三坚持”。一是坚持按照政策规定做好发证工作和妥善处理遗留问题。年底发证1444家，其中酒类生产企业887家、酒类批发企业557家。二是坚持执行许可证制度。对无证继续从事酒类生产、批发业务活动的企业和个人进行处理，以维护其制度的严肃性。三是坚持监督管理工作。各级酒类专卖管理机构的主要职能是行政管理，受政府委托行使酒类行业监督管理的权力，做到监督酒类生产、运输、经销，企业坚持质量标准，不准生产、经销假冒仿制产品，不准生产厂将高浓度液态酒和酒精直接卖给批零企业和个体户，不准批零企业和个体商户经销高浓度液态酒和酒精，避免酒类质量事故的发生。1986年9月，合川成立了合川县酒类产销联合体，大足县糖酒公司、大足县曲酒厂、大足县白酒厂也达成了酒类工商联销协议，成立了国营大足县酒类工商联销体。

1988年7月24日起，国务院决定放开名酒价格，同时适当调整部分粮食酿酒的价格。放开的名酒价格原由国家统一规定，改为由生产、经营企业按市场供求自主定价。

1989年，全市销售各类酒6.45万吨，其中白酒3.02万吨。重庆市酒类专卖事业管理局根据市政府2月10日和11月16日颁布的《重庆市酒类销售暂行规定》《重庆市酒类销售管理实施办法》，对酒类产销进行了整顿，防止了酒类在生产、流通方面出现的问题。重新核发了酒类产销许可证1312户，其中经营单位712户、生产厂家600户，分别比原有数减少21.86%、4.05%、36.71%；核发酒类零售许可证34555户，比原有数减少22.81%；查处违章案件1090起，其中罚没款38.94万元，没收假冒名优酒2.72万瓶、散装劣质酒1.5万千克。

1991年4月9日，重庆市财办提出振兴商管（办）酒厂酒类生产的意见。全市有商管（办）酒厂16家，职工5210人，固定资产原值7397万元，年生产能力近10万吨。5月30日，四川省商业厅转发商业部文件，明确酿酒行业产、供、销工作归口在省商业厅所辖省酒类专卖事业管理局。8月21日，下放部分酒类产品价格管理权限。

1995年，酒类销售总量18.35万吨，同比增长15.47%。

1998年11月30日，重庆市机构编制委员会同意市商业委员会挂重庆市酒类管理局牌子，不新增人员编制和领导职数。市酒类管理局下设酒类管理处，与市商委内设的行业管理处“两块牌子、一个机构”。同时，撤销重庆市酒类专卖事业管理局。其职责是贯彻酒类管理的地方性法规；实施行政执法并负责制订相关政策；承办对实施行政执法引起的行政诉讼的复议和应诉工作；负责酒类生产、经营许可证的管理及核发工作；收集汇总全市酒类产销报表；配合有关部门打击酒类生产、经营中的假冒伪劣违法行为。

1998年，实施名牌带动战略，通过推出诗仙太白、双桂啤酒等重庆6大名酒，借助媒体广泛宣传，扩大了重庆名酒的知名度，带动了酒类产销的发展，全年酒类产品实现销售收入4.3亿元，创利税 4227 万元，分别增长 14.34% 和 44.71%，确立了重庆酒类在商办食品工业中的支柱地位。重庆市政府批准授予诗仙太白牌 38 度特曲、露华浓牌 39 度低度大曲、笛女牌 52 度笛女大曲、几江牌 50 度高粱白酒、重庆牌 11 度淡色啤酒、双桂牌 11 度啤酒等 6 个品牌为重庆名酒。

1999 年 1 月，重庆市酒类管理局正式成立，随即开始了酒类商品管理地方法规的立法准备。市商委、市酒类管理局就加强酒类管理有关问题发出通知。通知指出，一是理顺全市酒类行政管理体制。二是明确各级酒类管理局职责。三是近期主要工作。四是酒类产销行业管理发证及核发权限。五是酒类管理局与原酒类专卖局工作过渡衔接问题。自 1999 年 3 月 1 日起，市及各区县酒类管理局正式履行对全市酒类产销行业的管理职能，酒类企业需办的各种许可证由市酒类管理局统一制发。原市及各区县酒类专卖局自 1999 年 3 月 1 日起停发各种许可证，原核发的许可证，可临时过渡，过渡期暂定为一年。设在企业的酒类专卖局，在当地商品流通主管部门设立的酒类管理局成立前可临时过渡，过渡期不超过 1999 年 6 月。在过渡期间，仍然在当地商品流通主管部门领导下做好当地酒类市场检查，打击酒类生产、经营中的假冒伪劣违法行为。7 月 29 日，重庆市第一届人民代表大会常务委员会第 18 次会议通过并颁布了《重庆市酒类商品管理条例》，并于同年 9 月 1 日起施行。

2000 年，市商委组织力量深入名酒企业和区县（市）调查研究，提出重庆名酒发展的思路、目标，确定了重点扶持的十家名酒企业，制定《关于加快重庆名优酒发展的意见》，确定“十五”重庆名酒发展目标。

2001 年，实施名牌战略，十大名酒厂家外抓开拓市场，内抓强化管理，不断推进企业体制和技术创新，呈现十大名酒产销同步增长的良好局面。十大名酒产量 56.7 万吨，比上年增长 32.3%；销售收入 15.24 亿元。其中，白酒产量 3.58 万吨，增长 4.7%；销售收入 4.58 亿元，增长 28.7%；实现税利总额 3.4 亿元，比上年增长 20.5%；白酒实现税利总额 5366 万元，增长 18.5%。太白酒厂、笛女酒业公司连续 3 年保持产量、收入、税利 3 项指标同步增长。太白酒厂产量 1.12 万吨，销售收入 2 亿多元，税利总额 2696 万元。笛女酒业公司产量 2975 吨，销售收入 4030 万元，税利总额 985 万元。石松酒业公司 60% 的产品销往西北地区，实现销售收入 6499 万元，税利总额 566 万元；合川酒厂着力开发“重庆红”“重庆午红”、枸杞酒，实现销售收入 847 万元。6 月 7 日—9 日，全国白酒行业工作会议在重庆召开，国家经贸委、财政部、税务总局、质量监督检验检疫总局、统计局等部门与全国白酒骨干企业的代表 300 多人，共同研讨全国白酒工业的发展。中国轻工业联合会副会长、中国酿酒工业协会名誉会长潘蓓蕾发来贺信，重庆市商委主任王学斯参加了会议。9 月 6 日，重庆市酒类管理局与重庆市公安局成立酒类专卖品打假联合办公室，由市公安局经济犯罪侦查总队与市酒类管理局稽查队抽调有关人员组成。联合办公室设在市酒类管理局。

2002 年 1 月 21 日，重庆市人大常委会第 38 次会议通过了《重庆市人大常委会关于取消或调整部分地方性法规设定的行政审批项目的决定》，对《重庆市酒类商品管理条例》中规定申办的酒类销售许可证和进口酒批发及销售许可证予以取消，只保留酒类生产许可证。白酒生产许可证由市质监局核发，白酒以外的其他酒类生产许可证由市商委核发。

2003 年 1 月 22 日，市商委调整酒类生产许可证发放权限委托范围（渝商委发〔2003〕7 号），这是继市商委 2000 年 2 月下放权限强化区县行业管理职能后，将年产 1000 吨以下的小型白酒厂和果酒厂生产许可证发放权限委托给了各区县酒类商品行政管理部门。7 月，市商委与市质监局对酒类产品生产许可证管理权限做了划分，明确重庆市白酒生产许可证的管理应服从国家统一规定，由市质量技术监督局负责受理白酒产品生产企业的申报，市酒类管理局不再受理白酒企业的申报；重庆市除白酒外的其他酒类产品的地方许可证发证工作，由市酒类管理局负责，即重庆市白酒生产许可证发放权限的委托即时失效。为此，市商委决定调整重庆市酒类生产许可证发放权限的委托范围，一是啤酒使用进口酒原浆加工企业生产许可证，由市酒类管理局发放；二是黄酒、果露酒、配制滋补酒企业生产许可证，由各区县酒类商品行政管理部门发放，同时报市酒类管理局备案。

2003年，全市酒类工业产值25.2亿元，比上年增长13.2%。生产白酒13.53万吨，减少2.3%；生产啤酒89.43万吨，增长13.1%。年内，市商业主管部门加强酒类商品生产经营管理，严厉打击生产销售假冒伪劣酒类商品的行为，检查经销门点1.66万个，没收假冒酒4.5万瓶（其中五粮液420瓶、剑南春220瓶、泸州老窖1.26万瓶），货值总额51.3万元；立案查处生产销售假冒伪劣酒类商品案件320宗，结案280宗，罚款31万元。查处生产销售假冒伪劣酒类商品大案要案5宗，分别是垫江县百货公司从观音桥农贸市场购进假五粮液120瓶，重庆祥辉天天渔港餐饮公司从重庆东利酒业公司购进假五粮液24瓶、假茅台24瓶、假剑南春120瓶，南川市王学文从不法酒贩处购进假五粮液72瓶，江北区渝江糖酒公司从不法酒贩处购进假泸州老窖5880瓶，长寿区某大酒店购进假剑南春54瓶、假五粮液6瓶、假茅台12瓶。

2005年2月19日，市商委制定《重庆市商业委员会〈酒类流通管理办法〉实施细则》，经市政府法制办审查通过印发施行。9月19日，市商委开展对全市酒类市场大检查，进一步净化酒类产销市场，确保酒类行业健康发展，防止假、毒酒事件发生。全年共没收假冒伪劣酒11200余瓶，货值金额78万多元，违法案件18件，移送司法机关查处案件2件。

附：部分酒类企业介绍

重庆市糖酒公司　为综合性国有大型商业企业。其前身为1951年4月11日成立的重庆市酒类专卖事业管理局及1952年3月成立的重庆市专卖公司。1953年1月1日起，原由市百货公司经营的卷烟业务移交给市专卖公司经营。1953年3月，成立中国专卖事业公司四川省重庆采购批发站，同年8月29日更名为中国专卖事业公司四川省重庆采购供应站，1958年成立四川省重庆市油盐糖烟酒公司，同年8月20日成立四川省重庆油盐糖烟酒采购供应站，1962年分别更名为中国糖业烟酒公司四川省重庆市公司和中国糖业烟酒公司四川省重庆采购供应站，1983年6月1日起重庆市糖业烟酒公司将卷烟业务移交给重庆市烟草公司，并于1984年7月成立了重庆市糖酒罐头食品贸易中心，1986年3月改为重庆市糖酒公司。集商品经营、仓储运输、旅馆服务、商办工业为一体。1996年，拥有资产2667万元，职工486人，仓库面积2.6万平方米，销售额1.73亿元。下属单位有中心公司、商业机具厂、储运分公司、服务大楼和永川6741库。2001年，在酒类经营方面，注重品牌产品的经营，以茅台、五粮液、剑南春等国家名酒及其系列酒的经营为重点，实现销售额7.08亿元，毛利461万元。履行政府赋予的啤酒经营行政管理职能，加强对市场的监管，解决了遗留多年的火车站落地酒问题，并对完成计划、资金到位的客户实行奖励，调动了啤酒经销商的积极性。组建批发部，构造自己的终端网络，全年销售酒类产品2.4万吨，创效益190万元。培育销售网络，以大中型商场、超市、卖场和批发商为配送目标市场，以酒店为直销目标市场，主城区批发部全面启动直销和配送工作，构建主城区、远郊区县和乡镇三级销售网络，建立终端网络点800多个，批发网点151个。

重庆市太白酒厂　始建于1917年，厂址在万县市天城塘坊镇。占地358亩，拥有固定资产1.8亿元，年产销曲酒2万吨，拥有自营进出口权。是国家优质酒、重庆市名酒生产厂家，是集白酒、曲酒、保健酒、果露酒、纯净水和饮料生产、销售为一体的大型企业，生产太白酒、太白陈曲酒、流杯酒、万县大曲等20多个规格的产品，产品畅销全国20多个省、区、市及东南亚国家。多次荣获国家、省、地级质量奖，主导产品诗仙太白酒是优秀的历史文化名酒，1959年在青岛全国评酒会上被推荐为国庆十周年宴会用酒，1963 年被评为四川省名酒，1980 年、1985 年蝉联四川省名酒称号，1984 年荣获商业部金爵奖，1988 年荣获国家优质银奖，1989 年诗仙太白特曲38 度、45 度、52 度获国家优质酒称号，1998 年诗仙太白荣获重庆市著名商标、重庆市名牌产品、重庆名酒称号，2001 年诗仙太白获中国国际博览会金奖。曾获四川省级先进企业、节能一级企业、质量管理奖企业等荣誉称号，为国家计量二级企业。2002 年入选重庆工业 50 强企业。进入 21 世纪后，企业各项经济指标每年以两位数以上的速度增长。2004 年，销售产品 2.2 万吨，实现销售收入 3.2 亿元，税利 5000 万元。产量、规模、经济效益居重庆市白酒行业首位，质量水平、经营信誉、银行信誉等级达到 AA 级，在中国白酒百强企业中名列前茅，成为中国白酒最具发展潜力的十大品牌之一。

重庆啤酒集团　是全国啤酒行业五大上市公司之一，具有广阔的市场基础、雄厚的资金优势、强大的品牌吸引力。重庆啤酒厂和重庆市糖酒公司于 1989 年组成山城啤酒联合销售公司，利用其糖酒系统销售网络，销售重庆啤酒系列产品，是重庆市最早一批工商联手开拓市场的经济联合体。经历了产品按计划调拨包销、发展个体批发形成无序竞争以及为争夺客源竞价倾销等种种危机和矛盾，厂商双方以市场为重，加强合作，不断调整营销策略，产销量逐年增长，不仅牢牢占领了本地市场，也促进了双方的共同发展。1998 年，该公司进一步完善“分区划片统一分销”的策略，采取各成员单位以行政区划为界，执行统一销价，不得交叉市场和降价销售；啤酒厂实行全代办运输，商品直达各批发点等措施，使该公司啤酒销售量达到 20 万吨，比上年增长 17.56%，占啤酒厂市内产销量的 80% 以上。2000 年 12 月 7 日，重庆啤酒集团斥资 1.5 亿元并购重庆双桂啤酒集团。双桂啤酒与重庆啤酒同属重庆名酒，同居重庆工业 50 强之列，年生产能力 10 万吨，年产销量 6 万吨，实现并购后，双桂集团成为重庆啤酒集团所属的全资子公司，由此重庆啤酒集团年生产能力达到 95 万吨，实现产销量 55 万吨。

涪陵百花潞酒厂　涪陵的百花潞酒至少有 100 多年历史，是宫廷贡品，用 100 种材料制成，是中国保健酒的珍品，曾获商业部优质产品。与涪陵榨菜一样名扬四海。原由涪陵市酒厂生产，产品有百花潞酒、关帝酒等。1994 年后，重庆市涪陵娃哈哈饮料有限公司承接了该厂。该厂还生产了编钟乐曲酒。

第四节　糖业及糖果糕点

食糖作为副食品之一，具有季节生产、常年消费，部分地区生产、全国消费的特点。食糖品种规格较单一、生产集中，具有易于管理的特性。食糖流通实际上早已市场化。1992 年 8 月 1 日，国务院批准建立食糖批发市场，糖酒流通企业普遍实行能实销多少就进多少货的策略，以销定进。1998 年，改革传统的食糖经营办法，建立符合市场经济要求的食糖流通体系和市场调控方式。之后，建立健全食糖批发市场，将食糖购销纳入批发市场体系运作，既稳定食糖市场和价格，又调节供求，使资源得到合理配置。

食糖的销售批零兼营，从各种形式的代理逐步向总经销、总代理发展，还发展多种形式的连锁经营，有效地开展直营连锁、特许连锁、自由连锁等连锁形式，努力扩大市场占有率。

储备糖作为调控食糖市场的重要手段，历史上和现在都发挥了巨大作用。在新形势下，实现静态的储备糖与动态的食糖市场更紧密地结合，真正起到“调蓄”的作用。

1986 年，国营糖酒公司按照购七留三的比例收购，同时根据下达的调拨计划，实行计划加合同的办法，组织调入，保证群众的需要。

1987 年，为稳定市场，保证群众生活用糖的基本需要，重庆市于 8 月 15 日实行凭票定量供应的办法供应生活用糖。

1988 年有糖源 8 万吨，供需缺口 3 万～4 万吨，利用各种渠道开展计划外糖源的组织工作。市对区县实行差额调拨，价格管理上民用糖按国家定价执行；进口糖和计划外自组糖，原则上按批次进价掌握，在规定毛利率内制定成品价格。7 月 15 日起，实行计划内外食糖价格双轨制。计划内食糖由国家定价，计划外食糖随行就市，协商定价。食糖零售价由每千克 1.48 元调整为 2.6 元。

1989 年，食糖销售 7.34 万吨，下降 22.4%，其中民用糖 5.1 万吨（含供销社 0.2 万吨），接近上年水平。生产用糖 2.24 万吨，下降 50.2%。由于每吨价格从上半年的 3000 元回落到下半年的 2400 元，工厂自组货源 2 万吨。对计划外白糖实行最高限价，产地调给销地的供应价格每吨最高不得超过 2800 元。销地经营企业从省外购进的计划外白糖，以进货价加 1.5% 的代组织手续费，另加实际运杂费、运输损耗及保险费，资金利息及税金等作价供应用户。从 12 月起到 1990 年 4 月末，城乡民用糖和行业生产用糖一律供应加价糖（婴儿、产妇定量仍按规定标准办法继续实行平价供应），并规定在此期间各地不得再新签订合同从市外调入计划外食糖。

1990 年，从 11 月 1 日起调升了食糖价格。产地糖出厂价，一级甘蔗白砂糖由每吨 2425 元调为 2600 元，调高 7.22%；中央计划糖二级站调三级站调拨价由每吨 2087 元调升为 2810 元，调高 34.64%；批发价由每吨 2302 元调为 3048 元，提高 32.41%；零售价由每吨 2600 元调为 3460 元，调高 33.08%。食糖调价后，出现新价不到位，计划糖价高于计划外糖价格的情况。7 月 27 日，市财办批复市第二商业局同意成立重庆市糖果糕点饮料公司，从 1991 年 1 月 1 日起资产经营一体化、统一核算、统一对财政解缴、统一向国家承包。

1991 年起，改革食糖流通体制，将糖业的管理由指令性计划改为指导性计划，食糖市场开始放开。

1994 年 12 月 26 日，成立于 1961 年的市糖果糕点饮料公司改制为重庆万德福食品有限责任公司，仍以生产经营糖果、糕点、饮料等为主，采取生产、批发、零售等经营方式。

1995 年，食糖市场供求平衡，糖价回落。市第二商业局系统食糖销售总量 86249 吨，同比下降 32.09%。

1996 年，食糖市场供应数量充裕，批发价格起伏大，零售价格稳中有降。

1997—1998 年，食糖货源充裕，供大于求，销售不畅，购销价格大幅下降。

2003 年 5 月 30 日，綦江县打通镇大罗中心小学发生学生集体食物中毒事件后，重庆市从 6 月 25 日—7 月 30 日在全市范围内开展了糖果、糕点生产经营专项整治工作。6 月 25 日，市政府召开了全市糖果、糕点生产经营专项整治工作电视电话会议。同时，市政府下发了《重庆市人民政府关于开展糖果、糕点生产经营专项整治工作的通知》，对开展糖果、糕点专项整治工作提出了具体目标、工作重点和要求。成立了以副市长谢小军为组长的整治工作领导小组，开展专项整治。据统计，6 月 25 日—7 月 30 日，工商行政管理、卫生、质监、药监、公安等部门出动了执法人员 41880 人次，执法车辆 5863 台次，检查生产经营主体 105192 户次；查处制售假冒伪劣案件 1966 件，案值 160.53 万元。其中，立案查处 338 件，案值 71.48 万元；销毁假冒伪劣糖果、糕点价值 49.38 万元；查处无照经营糖果、糕点案 950 件，案值 332.8 万元；取缔无证、无照经营 1010 户，责令停业整顿 796 户，吊销卫生许可证 14 户，吊销营业执照 14 户；没收、销毁生虫、腐败变质食品及原材料 9204.22 千克；捣毁无证生产经营地下黑窝点 27 户。9 月 2 日，市政府办公厅对开展糖果糕点生产经营专项整治工作情况进行了通报，指出了存在的问题。一是糖果、糕点生产企业多为小规模、作坊式的生产模式，其生产场地狭小，生产场地选址、厂区布局、厂房结构、生产环境、卫生设施、工艺流程不符合卫生要求；原辅材料、生产加工制作、生产存放在同一车间内。这些企业很多地处农村和山区，给管理带来一定难度。二是学校存在的问题仍然比较突出。主要表现在部分学校卫生硬件设施差；监督手段薄弱，管理不到位；校内无证、无照经营比较严重；部分学校健康教育未落实，学生自我保护能力差等。三是检验机构不健全。多数企业未建立健全检验机构，无法对原辅材料及产品进行常规项目的检测，不能保证产品合格出厂，造成劣质产品流入市场。四是销售食品索证不严，甚至违法经营。

2004 年 7 月—9 月，在全市开展了重庆首届糕点大赛活动。这次大赛以“创新发展，时尚安全”为主题，以打造糕点品牌、扶优抑劣、引导消费、促进发展为目的。有 35 家企业积极报名参赛，筛选出 31 家企业选送的 81 个产品参赛。大赛评审组采用随机抽样、编号暗评的方式，按照有关标准严格评审，大赛办公室按得分的高低并参考生产规模、生产历史、生产卫生条件等因素提出推荐名单。报经大赛组委会审定，共评选出重庆沁园实业有限公司沁园牌香莲牛肉月饼、重庆华生园食品有限公司华生园牌慕恩蛋糕、重庆渝兄食品有限公司天吉牌怪味胡豆等 62 个产品为“重庆名饼”“重庆名点”“重庆名小食品”称号。

附：糖类食品企业介绍

重庆万得福食品有限责任公司　前身是重庆市糖果糕点公司，成立于 1961 年，1994 年底改为现名。下设 4 个食品厂、3 个商业分公司、1 个零售商店等 10 个分支机构。生产糖果、饼干、糕点、饮料、冷食品 5 大类共 1000 种产品。所产怪味胡豆、蛋黄元、威化饼干、西施醉月月饼、金钩月饼、宫廷月饼、冰糖麻饼等先后获国家（部）优质产品称号，起酥饼干、凌汤圆心子、沙琪玛等商品 1992 年获首届巴蜀食品节金奖和银奖，1993 年被国家统计局评为“中国 500 家最大食品工业企业”之一。1995 年有职工 1965 人，固定资产 1829 万元，产值 5300 万元，销售收入 5000 万元。

第五节　调味品

调味品是人们生活中必不可少的副食品，包括酱油、食醋、酱类、酱腌菜、腐乳、烹调酒等。

1989 年，以盐作主要原料的酿造调味品由于受盐价和黄豆提价的影响，价格相应做了调整。酱油提高 50%，豆瓣提高 57.3%，豆腐乳提高 18.18%。市政府决定，从 12 月 1 日起调升地产酱油、醋等酿造品价格，散装酱油由每千克 0.72 元调为 1.08 元，调高 50%；散装醋由每千克 0.40 元调为 1.38 元，调高 245%。

1990 年 7 月 21 日，市财办批复市第二商业局同意成立重庆市酿造调味品公司，实行资产经营一体化。市酿造调味品公司及直属厂从 1991 年 1 月 1 日起实行资产经营一体化、统一核算、统一对财政解缴、统一向国家承包，同时保留重庆酿造总厂牌子。

1995 年，酿造调味品销售总量 22000 吨，同比增长 15.79%。

之后，调味品随行就市，生产企业不断开发新产品，努力开拓市场，适应市场需求，如生产火锅底料等。

附：调味品生产企业介绍

重庆黄花园酿造调味品有限责任公司　由原重庆市酿造调味品公司改制组建而成，公司始创于

1940年，历史悠久、工艺正宗。20世纪80年代，设有经营部、一厂、科研所、酱油厂、原料加工厂、纸箱厂、沙坪坝酿造厂、红星酿造厂、嘉陵酿造厂、北碚酿造厂10个单位。1992年1月20日，重庆酱油厂1.5万吨技术改造项目竣工投产，重庆市酱油生产在机械化和管道化的生产工艺流程上迈出了新的一步，生产的酱油更加符合卫生、营养的要求，年产中高档次的酱油1.5万吨，新增产值448万元，利税165万元。该厂位于重庆市南岸区海棠溪，占地2公顷多，1991年5月1日动工，项目总投资2900万元，新建生产厂房及附属配套建筑近2万平方米。生产的产品不仅满足了重庆市民不同层次的消费需求，同时还销往市外、省外。经过半个多世纪的发展，成为西南地区专业酿造调味品生产、销售的综合型大型企业，生产的酱油、食醋、豆瓣酱、甜面酱、火锅底料及各类复合调料，是采用独特的配方和工艺加工而成的，达到国内领先水平。产品畅销全国二十多个省、自治区、直辖市，并出口美国、日本、加拿大等国家，在市场上享有较高的知名度和美誉度。公司旗下拥有“黄花园”“山城牌”“南泉牌”“人道美”四大品牌。“黄花园”牌酱油于1997—2005年连续三届被评为“重庆市名牌产品”，并在2004年中国第五届美食文化节上获得“中国第五届美食节金奖”。由公司独创的“山城牌”金钩豆瓣酱荣获国家金奖，是酿造调味品行业唯一获此殊荣的产品。“山城牌”调味品先后28次荣获商业部、省、市优质产品称号，“山城牌”注册商标于2002—2005年连续两届评为“重庆著名商标”“重庆市知名品牌”，“人道美”牌系列产品于2005年评为“消费者满意商品”，“南泉牌”豆瓣酱获中国食品博览会金奖，并于2003年荣获“重庆市名优产品”称号。公司于2002年成功通过ISO9001：2000质量管理体系认证，是重庆市食品制造业首家获此认证的企业。公司于2003年获得国家质量监督检验检疫总局颁发的“全国工业产品生产许可证”（QS）认证，是重庆市酿造业最早获得国家级市场准入资格的企业之一。公司坚持以健康、优质、高效为总目标，服务于广大消费者，不断进行技术开发和研制，推出了许多受消费者喜爱的新型调味产品。公司始终秉承“质量第一，用户至上”的宗旨，紧紧抓住西部大开发的大好机会，大力开拓国内外市场，加快产品结构的调整，塑造全新的企业形象。

第六节　商办工业

商办工业主要以食品加工业为主，以农副产品为主要原料，主导产品以市场供应为前提，大多是人民生活必需品。

商办工业的形成和发展，经历了初建、曲折、调整滞缓、迅速发展几个阶段。进入20世纪90年代后，商办工业以市场为导向，加速了结构调整。按照生产力合理布局的要求，立足于存量资产的合理流动和重组，通过市场机制配置资源，实现优胜劣汰；按照产业政策的要求，立足于现有企业的改组改造和新技术、新产品的开发，择优扶强，支持大企业、大集团的发展壮大；充分发挥商办工业前店后厂、灵活多变的优势，立足于“抓大放小”和“三改一加强”，推行新的营销方式，促进行业整体水平提高。

商办工业包括的门类较多，一类是商贸部门归口管理的行业，如肉制品、调味品、豆制品、速冻食品和生化制药等；一类是在商品流通过程中兴办的工业，如前店后厂，配送中心搞的精深加工等；一类是与其他工业部门交叉的行业，如酿酒、服装、鞋帽、商业机械、电子产品等。有屠宰及肉食品加工、饮料及冷食品、粮油加工、酿造调味品、罐头工业、糖果糕点工业、酿酒、制茶、代乳粉、农副产品加工等20多个行业，并有饲料、粮机、储机、服装、鞋帽、商品包装、印制工业、废旧物资回收加工、型煤加工、塑料制品生产加工等，生产有5000多个花色和品种，其中食品加工占全市商办工业总产值的90%左右，相当于全市食品工业产值的60%。其品牌有怪味胡豆、米花糖（荷花牌、玫瑰牌名牌）、合川桃片、涪陵榨菜、永川豆豉、忠县豆腐乳等。

1986年，全市商办工业总产值9.65亿元，其中直属商办工业产值2.55亿元。全市食品工业评出30个优质产品，其中商办食品工业的就有24个、占总数的80%。市第二商业局大力发展商办工业，抓紧产品开发，新创优质产品23个（部优4个、市优19个），局优秀产品37个。市酿造公司、市糕点公司分获国家和省级奖励，有8个包装获包装奖，其中全国包装设计大奖赛优秀奖1个、一等奖1个。全年有技改项目30个，新增产值2425万元，推广新技术10项。粮油工业、饲料工业全年完成10万元以上的技改项目12个，总投资700万元，改造面粉厂3个，建成浸出油厂2个，建成单班年产2万吨的饲料厂1个。牛角沱面粉厂的特粉、菜园坝挂面厂的山城挂面、江津粮油加工总厂德感分厂的标一米等3个品种获得市优质产品的称号。粮油工业和饲料工业总产值3.51亿元。大米加工量25.45万吨，面粉加工量32.41万吨，食油加工量8647吨，饲料产量13.74万吨。独立核算的粮油工业和饲料工业利润1304万元。

1989年，市财办对搞好商办工业生产提出意见。认真落实生产计划安排；抓住主要产品的生产，市第一商业局系统抓好煤粉加工和煤球加工，市第二商业局系统突出酱油、夫醋及其他调味品、豆制品生产；各肉厂突出收购质量，搞好深加工；粮食部门保平价或议价，抓大米、面粉加工质量；供销系统重视榨菜等创汇产品生产。

1990年，重庆全心食品厂在调整产品结构、开发新产品上做到唱好“四季歌”，季季有重点、有创新。一季度推出“凌汤圆”系列汤圆心子，因风味独特，包装新颖，宣传奏效，深受消费者欢迎，产量由上年的23吨增加到120吨。二季度研制出三明治、菠萝蜜、香蕉条、球形冰激凌雪糕4个冷食品新品种，由于物美价廉，口感宜人，很快创立了牌子。该厂全年冷食品产量933.85吨，比上年增长42.17%。三季度开发了独特的闽南、东坡、精腿、状元红等系列风味月饼，投放市场倍受消费者青睐，集团订货闻风而至，门点销售供不应求，月饼产量310吨，比上年增长7%。四季度又生产新产品速冻水饺上市。该厂开发新产品，仅一年就盈利40多万元。

1991年3月20日，深入开展“质量、品种、效益年”活动，促进商办工业生产发展。市财办继续组织市商办工业企业开展生产竞赛。参赛范围是市、区、县年工业产值400万元以上的商办工厂，包括半独立核算的生产厂。主要考核参赛企业产值、利税、新产品开发三大指标，同时兼考核产品质量、食品卫生、生产安全等情况，新产品开发包括产品延伸、新品种、新花色。

1992年，全市商办工业多数产品产量稳步增加。其中，肉制品增长65%，调料酱类增长27%，罐头食品增长40%，榨菜加工增长16%，茶叶增长18%，饲料增长23%，再生胶增长13%，还有糕点小食品、食醋以及贵稀金属等有小幅增长。亏损严重的大户是食品行业，全市屠宰生猪减少42.8万头，减少产值上亿元。完成工业总产值22.3亿元，与上年基本持平。其中，供销社系统实现1.75亿元，同比增长20.9%；粮食完成7.01亿元，增长4.35%；市第二商业局系统下降4.7%，市第一商业局系统下降10%；实现利税6745万元，比上年减少150万元，其中产品销售税金实现5577万元，比上年增长20.7%；亏损企业167个，比上年减少64个，亏损额3400万元，与上年比基本持平。技术改造取得突破性进展，实施项目100余项，总投1.9亿元，比上年增长18.7%。江津米花糖、荣昌冻猪肉以及市燃料公司液化石油气站等一批重点项目进展顺利。粮食系统投入近8000万元，实施重点技改和短平快项目36项，完成投资近6000万元，70%的项目竣工投产，形成生产能力。开发新产品、新品种50多种，推出新包装近百种，新品和名优产品率大大提高。在首届巴蜀食品节上，有86个产品获奖，其中白玫瑰瓜子、色拉油等一大批新产品分别获金、银、优秀奖。先后对粮油加工、饲料生产和食品生产等方面进行了36项技术改造，投资总额7958万元。其中，投资改造大米厂12个，面粉厂4个，挂面、油脂、食品厂项目13个，大部分改造完成。全年粮油工业和饲料工业总产值7.01亿元，比上年增长4.3%，实现利润1295万元。市饲料公司通过设备工艺改进开发的颗粒饲料，被评为全市商办工业技术进步优秀奖。合川食品厂开发的食品软罐头系列产品，重庆商业职大开发出的大豆蛋白发酵型饮料，获得好评。10月，市政府财贸办公室提出了全市商办工业“扩大开放，加快发展”的规划意见。

1993年，全市商办工业抓了196个10万元以上的短、平、快技改项目，总投入3亿元，年内完成资金1.2亿元，130个项目建成投产。

1995年，全市商办工业企业1066个，其中独立核算企业380个，职工4万余人，固定资产8.1亿元。市政府财贸办公室提出了《重庆市商办工业“九五”技改发展规划纲要》。

1996年8月，市财贸办公室、市财政局表彰了1995年度商办工业技术进步获奖企业，长寿县供销社榨菜总厂出口高阻隔尼龙蒸煮袋榨菜等8个项目获市级商办工业技术进步奖。

1997年，市油脂公司生产的“红蜻蜓”牌菜籽色拉油、市铜龙食品有限责任公司生产的“铜龙”牌系列挂面、笛女酒业有限责任公司生产的“笛女”牌52度笛女大曲酒等3个产品荣获1997年重庆市名牌产品称号，结束了全市粮食系统无名牌产品的历史。

1998年，商办工业总产值10.04亿元，销售收入10.35亿元，亏损4812万元。商办（管）独立核算工业企业167个，其中亏损企业113个。市政府研究扶持重庆市商办食品工业重点产品发展，对指定产品生产经营在财政、税收等方面给予政策扶持。在对全市几百个产品进行筛选的基础上，市商委确定人和米业公司“人和”牌大米系列、诗仙太白酒等25家企业重点产品，对商办食品工业重点企业产品实行目标管理，从政策和资金上给予倾斜和扶持。全年25个重点产品的产值、产量、利税比上年分别增长18.89%、14.23%和38.42%。加快了企业技术改造和引进，市商委专项安排了1000万元结构调整资金，用于支持商办食品工业的发展，对人和米、几江酒、晶梅肉食品、红蜻蜓色拉油4个重点产品进行重点扶持，全系统用于技术改造和扩产项目的投资额1.12亿元。引导和扶持企业大力开发新产品，全年完成新产品开发63项，实现新增产值1.47亿元，新增利税2029万元。其中，梁平双桂啤酒股份有限公司开发的啤酒生产经营计算机集成管理系统和重庆露华浓酿酒有限公司研制的28%（V/V）露华浓低度大曲酒荣获国家国内贸易局1998年科技进步三等奖。“红蜻蜓”牌色拉油、“山桂”牌分割冻猪瘦肉、“铜龙”牌系列挂面、“红枫”牌麻辣牛肉脯等8个品牌被公布为重庆名牌。

1999年，商办工业实现工业总产值9.26亿元，工业增加值1.79亿元，销售收入9.18亿元，同比下降7.8%、14.1%和11.3%，盈亏相抵仍亏损5231万元，较上年减亏8623万元。全年生猪销售52.36万头，同比下降3.3%；外调及出口16.27万头，同比下降34.2%；亏损3004万元。

2001年11月，对全市食品工业做了调查。仅“八五”“九五”以来重庆食品工业累计完成工业总产值540亿元以上，实现税利110亿元，分别相当于2000年末固定资产净值的15倍、3倍。改造、调整、新建、淘汰了一大批企业，传统的卷烟制造业、啤酒制造业、白酒制造业、糖果糕点业、乳品制造业等行业通过更新改造、结构调整，行业的工艺技术水平和产品的技术含量得到提升，新兴的饮料制造、饲料加工、发酵制品、食品添加剂等行业从无到有，相继崛起；不具备竞争优势的制糖行业、水产品加工业相继退出。

2001年，根据市委、市政府把副食品工业培育成为新兴支柱产业的要求，花大力气加速推进副食品加工业发展，培育新兴支柱产业。全市副食品工业产值35.8亿元，销售收入59.9亿元，利税总额7亿元，分别比上年增长12%、13%、42%；主要产品产量超过170万吨。有9家企业产品获得绿色食品认证。在全市工业企业50强中，食品生产企业占3户。10月29日，市商委、市商业联合会举办首届全国10城市名优食品博览会。

2004年，全市副食品工业继续保持良好的发展态势，副食品工业总产值119.5亿元，比上年增长12.2%；工业增加值39亿元，增长12.4%；销售收入121.9亿元，增长12.4%；利税总额16.1亿元，增长11%。副食品工业行业吸纳从业人员6.8万人，比上年增加6000人，增长9.7%。副食品工业企业投入技术改造和创新资金2.9亿元，实现新产品产值12亿元。11月19日—28日，市商委与市政府驻北京办事处在北京王府井东安市场举办为期10天的“重庆名特优新食品推展会”，参展企业有24家，参展食品有调味品、肉制品、酒类、豆制品、果蔬制品、粮食制品、小食品、干副食品等8大类400多个品种，现场零售额32万余元，有14家企业与北京的经销商新建立经销关系（另有8家企业在北京设有办事处或分公司），并签订合同或意向性协议，合同或协议金额60余万元。

2005年，全市食品加工业全年实现总产值153亿元，同比增长18.3%；销售收入152.6亿元，同比增长16.8%；工业增加值48.1亿元，同比增长20%；利税21亿元，同比增长14.6%。

第四章　其他生活服务业

服务业是利用一定劳动条件为社会提供服务性劳动的行业总称。其涵盖范围广，有传统、现代之分，也有生活、生产之分。本志记载的是重庆市商业委员会系统的美容美发业、沐浴业、摄影业、洗染业、家政服务业。

第一节　美容美发业

美容美发业是从过去的理发业演变过来的，从发型发式的改变到美容化妆业务，美容美发进行了脱胎换骨的改革，其经营档次、原辅材料、器械使用、服务功能更加配套完善，并逐步与国际接轨，适应人们求新求美的消费需求。

美容，是运用手法技术、器械设备，并借助化妆、美容护肤等产品，为消费者提供人体表面无创伤性、非侵入性的皮肤清洁、皮肤保养、化妆修饰等服务的经营性行为。美发，是运用手法技艺、器械设备，并借助洗发、护发、染发、烫发等产品，为消费者提供发型设计、修剪造型、发质养护等服务的经营性行为。

商贸部门主管美容美发业工作，对美容美发业进行指导、协调、监督和管理。

1986年，理发行业组织对具有二级理发师以上技术职称的理发师进行了考核。1992年，市饮食服务业技术职称考评委员会组织了全市理发行业技工特三级师晋升特二级师、二级师晋升一级师、三级师晋升二级师的晋级考试。5月下旬，考评委员会在新描容美容中心对考生进行了专业理论笔试和实际操作技能两个方面的考核，并对晋升特级师的理发师进行了专题论文的考试。来自全市10余个单位的34名考生通过了考试，晋升为特二级理发师11人、一级理发师21人、二级理发师2人。至此，重庆市理发行业共有特二级理发师28名、一级理发师21名、二级理发师20名、三级理发师110名。

进入21世纪后，美容美发业积极开拓大众市场，在使用的原辅材料、服务手段、经营方式上做出了新的探索，集医疗、娱乐、休闲、美容于一体的“洗脚城”相继问世。

2000年，美容美发业持续红火，新原料、新工艺逐步得到应用，出现了新描容、标榜、花仙子等知名连锁经营企业。

2004年11月8日，经2004年9月23日商务部第11次部务会议审议通过的商务部19号令《美容美发业管理暂行办法》，予以公布，重庆市商委从2005年1月1日起贯彻执行。

第二节　沐浴业

沐浴业是历史久远的传统服务业。20世纪80年代以前，人们洗澡一般都去公共浴室。改革开放后，随着人们生活水平的提高和住房条件的改善，在家洗澡成为人们的主要选择，洗浴市场出现萎缩。20世纪90年代，新型浴场等沐浴业态的大量出现，使沐浴业这个夕阳产业又重新焕发出了生机。进入21世纪后，随着城乡居民收入档次拉开，人们多层次、个性化、特色化的沐浴需求日益增加。对于具有休闲、保健、娱乐、沐浴等多种功能的新型浴场，许多人由好奇发展到体验、享受。从洗浴延伸出来的服务，构成了一个以沐浴为主导、以休闲为主线的综合服务体系，满足了生活在快节奏的都市里的人群的需要，为传统的沐浴业带来了广阔的发展空间。一批沐浴企业依靠科学管理和高水准服务重新塑造了沐浴业的形象，推动了沐浴产业的成长，沐浴业正在向现代化、规模化、品牌化、国际化的方向发展。

发展沐浴业有利于促进消费、扩大就业、促进社会和谐。沐浴产业给社会带来了诸多的效益，越来越受到各级政府的重视。

沐浴业有综合浴场、普通浴池、足浴、温泉、SPA会所等多种经营形式；所有制形式由过去单一的国有制向股份制、股份合作制、外资经营等多种形式转变，许多优势沐浴企业还实行连锁经营。1992年，重庆市浴池业积极开拓经营，基本上淘汰了传统的服务设施及内容，先后引进了一批洁身型、保健型、享受型的新型浴种，桑拿、按摩、洗脚、修脚、捶背、舒筋等配套服务项目相当齐备，沐浴、健身、餐饮、娱乐、休闲的结合日趋紧密，取得了好的经济效益和社会效益，扭转了浴池业多年来经营效益差的局面，为行业的振兴闯出了一条新路。

2000年，沐浴业向保健型、休闲型、多功能转化。

附：部分沐浴企业介绍

建设公寓浴室　是重庆市闹市中心的一家大型浴室，经营普通男浴、女浴，1991年营业收入25.09万元，亏损4.87万元。1992年，该浴室投资40万元，新改造装修250平方米的高档“冲浪王国”，设有冲浪浴及全套跟踪服务，有搓背、捶背、舒筋、刮脚、捏脚、按摩、吹头发、擦皮鞋、送茶水等，并且设有休息间，客人就浴完毕后能在装饰豪华、带有空调的房间里休息，或听镭射音响，或看彩色录像片。进“冲浪王国”沐浴的人不仅能够洁身、健身，而且能得到一种美的享受。自3月8日开业以来，生意兴隆，在普通就浴人次比上年下降27%的情况下，实现收入45.5万元，基本全部收回投资。

民族路浴室　1992 年投资 8 万元将部分经营普通浴池的场地改造装修为具有洁身、健身防病、治病功效的 SST 桑拿浴，由木结构房间、电炉、自动控制温度系统、木床等组成，每次可进浴 6 人。自 9 月开张以来，吸引了不少洗浴者，9—12 月实现营业收入 27.14 万元，利润 1.34 万元，分别较上年同期增长 40.5% 和 46.96%。

重庆富侨保健服务有限公司　由中国郭氏富侨集团于 1998 年 7 月 5 日在江津区创建，是将传统的自然疗法和现代预防医学、康复医学相结合，为广大健康、亚健康群体服务的全国足疗保健连锁企业。总部位于重庆市九龙坡区大公馆，公司主要经营足疗保健、泰式按摩、亚健康理疗、反射疗法等。1998 年 7 月，富侨足疗保健创立。2000 年 3 月，富侨公司成立。2003 年 8 月，重庆郭氏富侨理疗学校成立。富侨公司坚持“诚实守信、科学保健、文明服务、顾客至上”的经营理念，走技能专业化、经营规模化道路，以独特的技术求生存、以一流的服务谋发展，赢得了广大消费者和社会的认可。凭借其良好的企业形象，荣获重庆直辖十周年“城市贡献奖”，被中华质量万里行组委会评定为“优质服务质量示范单位”和“重庆市十佳特色放心洗脚城”，被全国科技产业工作委员会足部按摩专业委员会授牌“科学保健服务社会”，还被评为“中国诚信经营企业”，卫生部、国家中医药管理局授予“亚健康防治科普与健康管理全国示范基地”。先后荣获“重庆市著名商标”“中国足疗连锁机构最具影响力品牌”“中国亚健康产业（足疗保健）消费者满意最具竞争力第一品牌”等 20 多项荣誉称号。公司董事长郭家荣（重庆市保健按摩行业协会会长）获“国际养生保健事业贡献金奖”。郭氏四兄弟均获全国高科技健康产业委员会授予的“中国自然医学疗法特级人才”荣誉称号。与“中医理疗”“泰式按摩”相媲美的“郭氏富侨按摩浴足保健”，汲取祖国传统推拿按摩的精髓，为人类的健康和亚健康带来了福音。公司遍布海内外的各直营店、特许经营店均按古色古香、高贵典雅的中华传统顶级民族风格装饰。郭氏富侨集团成立的“重庆郭氏富侨理疗学校”，设立保健技师初、中、高级教学培训基地和中高层管理人员进修培训基地，每年面向全国招生，以保证充足的技术人力资源供给。现已培养了数万人进入富侨就业。2005 年，重庆富侨公司在全国开办了 206 家连锁店。

第三节　摄影业

抗日战争期间，重庆照相业著名的有启新、光华、皇宫等 10 多家。

中华人民共和国成立后，摄影业逐渐发展，特别是改革开放以来，重庆照相业逐步从国外和市外引进了一批新的硬件设施和服务项目，推动了全市婚纱摄影、广告制作行业的进步，经营形式得到不断创新，增设了婚纱照、艺术照、广告照，从以黑白照、彩照为主发展到以婚纱摄影、艺术摄影、大型团体照、照片后期制作为主。婚纱摄影、艺术摄影以港台资经营为主，占据了摄影市场绝大部分销售额。

1989 年，重庆市饮食服务公司系统照相业营业收入 1203 万元，比上年上升 8.42%。

婚纱摄影从 1992 年引进港台风格影楼开始，逐渐走向繁荣。影楼的分工越分越细，有大众的，有高端的，越开越多，越开越大，越开越响，越做越细，无论从规模、品种、从业人员、与百姓的紧密联系上，婚纱摄影走向了顶峰。

1995 年 3 月 12 日—14 日，中国人像摄影学会第八届人像摄影展览评选工作座谈会在重庆召开。来自北京、天津、上海、武汉、无锡、深圳、鞍山、大连、哈尔滨、延吉、南京、西宁、南昌、兰州、郑州、西安、新乡、淄博、唐山、柳州、黄石、杭州、太原、青岛、成都、重庆等26个城市的50余名代表参加了会议。市人大、市财办、市第二商业局的领导到会祝贺并讲话。这次座谈会主要讨论、研究本届影展评选的有关问题。与会代表经过热烈的讨论，提出并确定第八届影展评选作品的范围、评比标准、评委条件等原则草案，同时对本届影展的评选方法、奖项、分配、作品、尺寸、作品标题等问题提出了许多很好的意见和建议，以供第八届影展组委会和评委会参考。重庆市《童真》《藏爱》《从两个人开始》等三幅作品入选中国人像摄影学会第八届人像摄影展览。

2000年，摄影业以婚纱照、艺术照、特种照为主，彩扩连锁店增多，总体价格水平下降，从业企业以港台资企业、合资企业、个体私营企业为主，金夫人、龙摄影、巴黎经典等成为全国知名的摄影连锁企业，数码制作等高新技术的应用使摄影业制作水平跃上新台阶。

进入21世纪后，摄影业中低档网点向近郊和居民集聚区发展，城区摄影网点被艺术照、婚纱摄影占领。培育品牌企业，带动摄影行业上档升级。2000—2005年，摄影业开展了以下工作：

1. 集约扩张发展，推动摄影行业上档升级。一是形成发展网络。注重引导行业向多业态、多元化发展，发展传统业态，引进新型业态，促进各种业态协调发展、快速推进，不断满足不同摄影消费者的需求。抓好小型照相便民店、小型数码网络冲印店等网点建设，推动婚庆服务、婚纱摄影、儿童摄影，数码彩扩进社区、进超市、进农村，把摄影服务送进千家万户，把方便留给人民群众。现有摄影网点3504个，基本形成了具有摄影公司、婚纱艺术影楼、婚礼婚庆公司、照相馆、摄影工作室、彩色冲印公司、摄影器材公司、摄影器材零售店和摄影器材生产厂家等完整摄影产业体系，初步构建起“主城区—区域中心城市—区县中心城市—中心乡镇”的经营网络，逐步形成了中央商务区、区县商务圈、社区、乡镇的网点格局。二是大力发展连锁经营。积极引导和支持品牌企业“走出去”，开拓国际国内摄影市场，通过连锁经营、企业并购、战略联盟等多种形式，支持组建大型摄影企业集团，不断提高市场占有率。重庆市20多家品牌企业在全国建立连锁店380多个。其中，重庆金夫人在全国28个省、区、市拥有71家子公司和210家连锁店，员工2.5万人，年营业额达6亿多元。三是带动相关产业发展。重庆市传统的摄影服务已扩展到了相关产业，带动了婚庆服务、餐饮酒楼、服装设计、教育培训、物流配送、消费创意、家居用品等70多个产业发展。重庆金夫人集团公司坚持多元化发展，已发展成为集摄影、婚庆、教育、培训、设计、输出、生产制作等为一体的产业体系，延伸了产业链条，扩大了品牌影响，增加了品牌利润，增值了品牌资产，满足了消费者的需求。

2. 提供人才保障，支撑摄影行业上档升级。积极支持摄影企业开展多种形式的技能培训和岗位职业培训，提高行业整体素质。一是构建培训网格。采取建立培训基地、联合办学、委托培训等方式，积极打造“立体培养”模式，大力培养摄影人才。目前，全市建有金夫人、圣玛莉、多彩化妆等摄影培训学校5所，每年培养各类摄影专业技术人才2000多名。其中，金夫人集团公司创办的金夫人专业技术培训学校，被中国人像摄影学会授予“中国西部摄影人才培训基地”，并被评为“全国摄影名校”。二是加强技术交流。先后成功举办了婚纱艺术摄影化妆造型、数码摄影技术及应用、婚纱摄影化妆造型培训班、新派婚纱摄影讲座、数码市场趋势分析讲座、索菲亚数码设备解析及数码市场分析、计算机应用技术、婚纱摄影化妆研修班、影楼后期数码设计与应用研修班、中级摄影师考核培训班、摄影技师考核培训班、高级摄影技师考核培训班等10多期学术、技术研究和培训班。三是培养高技能人才。开展了高级摄影师、中级摄影师、摄影技师等门类技术人才的培训、考核工作，全市拥有高级摄影技术人才33名。通过培训和考核，进一步提高了行业的技术人才队伍素质，夯实了摄影业快速发展、上档升级的基础。

3. 推进规范管理，建立行业标准。在调查研究的基础上，制定的《重庆市摄影业等级评定及服务质量要求》，提出分等定级具体条件，解决摄影行业在服务过程中存在的消费明示、产品质量、卫生安全等问题，规范企业经营行为、服务内容和从业人员的服务行为，以行业标准来推进行业的健康有序发展。同时，积极引导企业进行国际质量管理体系认证，鼓励企业建立完善的企业标准体系，提高管理水平和服务质量。2005年，重庆金夫人集团公司通过了ISO9001：2000质量管理体系认证，从摄影业务的接洽、化妆、造型、摄影、数码合成、输出、装裱和相关产业链方面建立了符合ISO9001标准要求的摄影质量管理体系，真正实现了管理规范化、经营程序化、服务人性化，推进了企业规范化、标准化发展的进程。

附：摄影企业介绍

重庆金夫人实业有限公司　成立于1989年，是重庆第一家专业婚纱影楼。“金夫人”品牌创始人周生俊先生，时任中国人像摄影学会副会长。由最初的6.5万美元注册资金、19名员工的小型企业发展至2005年，在全国28个省、区、市已有超过300家连锁店、控股店、加盟店，近120万对新人享受过金夫人连锁企业的服务。金夫人旗下拥有“金夫人”“巴黎经典”“玛雅”“儿童天堂”“台北萝亚”“凤凰婚礼”“金纱礼服”“金夫人摄影学院”等8大品牌。金夫人一直秉承着“至尊、至善、至美”的经营理念，以追求高质量、高水准的摄影和化妆造型及优质的服务水准在重庆站稳了脚跟，引领着中国婚纱摄影的发展潮流。在全国婚纱业中，金夫人首家推出了CIS企业商标识别系统，包括MI（理念识别）、BI（行为识别）、VI（视觉识别）及正在制作的SI（店面识别），确立了自己的品牌形象，相继推出行之有效的TCS（顾客百分百满意）、OEC（工作日清管理规范）。在2002年底，金夫人试点6西格玛质量管理体系，走在全国同行业的前列。公司以其较雄厚的实力，实现强强联手，组建金夫人集团，经营范围扩展到婚纱摄影、艺术摄影、儿童摄影、广告摄影、民用及专业数码输出、相框装裱制作、相册设计制作、礼服设计制作、广告设计制作、连锁经营管理、婚礼策划及婚庆服务、专业软件开发及教育培训等14个大产业链。2001年，金夫人召开了全国第一届连锁经营高峰会议。2003年，成立金夫人摄影学院，以金夫人强大的技术实力为依托，为中国摄影事业的发展培养出更多的优秀人才。公司现拥有专属的冲印系统——后期制作经营中心、油画装裱工厂、数码婚照设计公司——嘉壹数码、金亮激光冲印店等。1995年10月，中国摄影家协会、中国保护消费者基金会授予金夫人“1995年中国十大杰出影楼”荣誉称号；1998年，金夫人被重庆市政府评为优秀企业；1999年，“金夫人”被评为重庆市著名商标；2000年，获得由国家国内贸易局颁发的“全国十佳摄影企业”的荣誉称号。金夫人于2005年正式通过ISO9001质量管理认证体系。

第四节　洗染业

洗染业是指从事衣物洗涤、熨烫、染色、织补以及皮革制品和裘皮服装的清洗、保养等服务的经营行为的行业。规范洗染服务行为，有利于维护经营者和消费者的合法权益，防止环境污染，促进洗染行业健康发展。

随着经济社会的发展，洗衣设备、技术、管理模式、洗染业经营结构都发生了变化，服务项目增多，洗染业务量增加，高档时装洗涤、磨砂洗涤以及皮衣上光、改色项目等新工艺、新原辅料也普遍运用。重庆市出现了在全国有较大知名度的洁诚洗染连锁店。

洗染业积极倡导科学、绿色、健康洗涤和诚信服务的行业发展理念，科技创新、创塑品牌、优化环境，走自立、自主、自养、自强、联合、协作、发展之路。开设洗染店、水洗厂应在安全、卫生、环保、节水、节能等方面符合国家相关法律规定和标准要求。新建或改建、扩建洗染店应使用具有净化回收干洗溶剂功能的全封闭式干洗机，逐步淘汰开启式干洗机。经营者应在营业场所醒目位置上悬挂营业执照，明示服务项目、服务价格以及投诉电话等。执行洗染行业服务规范、操作规程和质量标准，并指定专人负责洗染质量检验工作。

商贸部门负责对洗染行业进行指导、协调、监督和管理。工商行政管理部门负责洗染企业的登记注册，依法监管服务产品质量和经营行为，依法查处侵害消费者合法权益的违法行为。环保部门负责对洗染企业开设和经营过程中影响环境的行为进行监督管理，依法查处其环境违法行为。

1998 年 12 月 8 日—13 日，国家国内贸易局服务消费司在重庆会仙楼宾馆召开了“全国洗染行业连锁经营与技术发展座谈会”。来自上海、北京、天津、河南、江苏、湖南、重庆等省市的 60 余名代表参加了会议。会议分析了国内洗染业市场的现状和问题，交流了连锁经营的经验。重庆洁诚集团在会上介绍了连锁经营方面的经验与成绩。

2007 年 5 月 11 日，商务部出台《洗染业管理办法》，自 2007 年 7 月 1 日起施行。

附：洗染业企业介绍

重庆洁诚洗染连锁公司　创建于 1994 年，积极探索连锁经营方式，实现洗染经营产业化，摸索出了一套行之有效的管理运行模式，营业收入每年以 15% 以上的速度递增。1996 年，被市政府列为十佳连锁企业。1999 年，被重庆市政府授予“著名商标”。2000 年，推行洗染连锁承包经营或特许加盟，迅速向近郊及新兴社区延伸经营网络，受到居民欢迎。年底，企业总资产 2500 万元，职工 650 人，连锁网点 180 个，经营额 2800 万元，日洗涤能力 8000 件。被重庆市政府列为“西部大开发重点培植发展企业”，并被国家国内贸局授予“全国十佳洗染连锁企业”称号。

第五节　家政服务业

随着人民生活水平的提高和生活服务领域的拓展，如家政服务、职业介绍、钟点服务、社区服务等新型服务业有较好的发展态势。发展生活服务业，不仅开辟了就业渠道，而且满足人们多样化的需求。坚持大众化服务，积极发展社区服务业，加快发展家政、维修、养老、幼托、看护、保健、文娱等便民利民服务，强化社区服务功能，加强社区服务的多元化投资，坚持以社会兴办为主，培育社区服务公司，增强社区服务企业自我发展的能力，促进修理、家政等进入社区的连锁店、便民店，促进大众理发、洗澡、洗染、照相、经济实用型旅馆的品牌经营、连锁经营，促进社区服务上规模、上档次。

家政服务业是涉及千家万户并关系人们生活方方面面的服务行业，开办各种服务项目，推动家务劳动社会化，扩大家庭服务业业态、业种，以经营搬家、净菜配送、婚丧礼仪服务、钟点工出租等，包括家庭清洁卫生、家庭保健服务、家庭修理服务、家庭健身服务、照顾老幼服务、家教服务、家庭接送服务、家庭园艺服务等，适应家务劳动社会化需求的新兴中介服务公司开始出现，业务经营呈逐年上升势头。

茶水业，是从单纯的品茶、休闲发展到集娱乐、商务洽谈、品茶于一体的服务业。各种水吧、茶楼、酒吧、酒廊不断开设，经营档次逐步提高。

附：家政服务业经营企业介绍

重庆商社（集团）家电维修有限公司　是重庆地区最大的专业家用电器维修企业，是重庆商社（集团）有限公司下属企业，也是国有家电维修企业。有各种专业维修技术人员400多人，具有各种电器的专业维修技师及多年的维修、安装、管理经验。有一大批专业技术人才，配备有各类现代化的检测维修设备，有专业的维修车间和调试室，所有维修员工全部获得劳动部颁发的家电维修职业资格上岗证，其中85%以上获高级职称。该公司与松下、东芝、夏普、日立、飞利浦、先锋、建伍、JVC、汤姆逊、优派、联想、长虹、LG、海尔、格力、科龙、美的、海信、春兰等国内外60余家品牌建立了特约维修站。有维修场地3800平方米，维修网点20多个，覆盖整个重庆主城区，年维修量10万台左右。2004年7月，被全国等评办评定为全国首批、重庆首家特级维修企业。

重庆千叶眼镜连锁有限公司　是国内知名的眼镜零售企业，50多家分店遍及重庆、四川，年营业额过亿元。先后荣获贸易部“商品信誉证书”、重庆市“著名商标”等称号。

第五章　商务服务业

商务服务业内容广泛，商贸部门主管的主要是会展、租赁业等。

第一节　会展业

会展业包括举办各类商品展销会、节庆等。会展业是市场经济条件下发展商贸流通业的重要手段。会展经济逐步发展成为一种具有相对独立性的经济类型，集场馆建设、购物、餐饮、旅游等于一体，并带动建材建筑、交通运输、广告、法律中介等相关产业的大发展，在扩大消费市场容量、推动经济增长方面发挥出越来越重要的作用。有统计表明，会展业对相关行业的带动效应为1:8，即会展的直接效益为“1”，对相关行业产生的效益为“8”。为此，把会展业作为商贸业新的经济增长点，突出抓好以节兴市、以会促销，推动会展经济的快速发展。

重庆会展经济从20世纪90年代开始，以经贸展为主，涉及饮料食品、机械、建材、家具等行业。在渝举办的全国性、国际性展览和会议较少，即使有也集中在主城区，其他地方的会展主要采取在体育场馆、临时搭棚、宾馆办展等方式，由政府主办各种商品交易会、展销会、美食节等活动。结合产业布局特点，从美食、汽车、房产等领域发掘和培育品牌会展，建设专业展览馆。

1986年，市第一商业局市级各公司先后召开各种大中型商品交流会、展销会120多次，销售成交额10亿元以上。9月初在昆明召开的四省（区）五方（云南、广西、贵州、四川、重庆）第二届商品交流会上，6个批发公司销售成交额1.35亿元，占会议总成交额的49%，居于首位。重庆百货大楼举办的重庆市首届地方轻纺产品博览会，有参展新品种1900个，销售165万元。群林市场与重庆电视台联合举办的百厂日用工业品大汇展看样订货会，仅在大足一地三天就成交362万元。1986 年，重庆工业品贸易中心组织省内外工商企业 3280 家，交易额 7 亿元，其中自营销售 1.21 亿元。

1988 年 10 月，重庆工业品贸易中心在南坪工贸中心落成，这是当时重庆最大的会展场地。

1989 年，由重庆市五金批发公司与上海五金机械公司联合举办的全国五金商品展销会于 11 月 18 日—25 日在重庆举行，来自全国五金工商企业代表 6000 多人，一批香港和日本实业界人士也专程到会洽谈业务，参展和交流的五金商品有 2 万多种，成交总额 8.7 亿元。

1997 年，把规范企业商品展销（展示）会行为作为市场监督的一项重要工作，进一步规范商品展销（示）会。一是根据《商品展销会管理办法》，严格审查了举办单位的资格和能力，保证商品展销活动的真实性和合法性。全年核发商品展销许可证 250 个，参展单位有 1000 多个，成交额 200 亿元，达成合作项目 100 个，促进了企业间的经济合作交流。二是严厉查处了商品展销活动中的违章违法行为，查处违法展销（展示）活动 10 起，为参展单位挽回经济损失 10 万元。

1998 年，重庆展览中心（原重庆技术展览中心）在陈家坪建成开展。在这里举办过全国性、区域性和行业展会 200 多个。11 月 16 日，市政府出台《重庆市商品展销会审批管理办法》（市政府令第 40 号），明确商品展销会审批权归商品流通行政主管部门。举办重庆市第一届名特优新产品迎春展销会。

1999 年 4 月 28 日—30 日，在朝天门广场举办 1999 年中国重庆投资贸易洽谈会（同时举办 1999 年中国重庆第四届国际三峡旅游节）。由市有关部门及各区县组团参加，广泛邀请世界各地的投资商、贸易商、中介机构、金融机构、跨国公司及驻华机构和大型外商投资企业及国内知名企业参加。这是重庆直辖后首次举办的对外招商引资暨贸易活动。

1999 年 12 月 28 日—2000 年 2 月，在重庆市会展中心举办重庆第二届名特优新产品迎春展销会。展销会由市政府主办，市商委、市经委和南岸区政府共同承办，市技术监督局、市工商局、市公安局、市广电局、重庆日报、重庆商报及有关区县政府协办。

2000 年，市商委直接主办了迎春展销会、“一会一节”等名优产品展销会。市内近百家企业的数百个产品赴西安参加“中国西部经贸洽谈会”。2000 年 12 月 29 日—2001 年 1 月 15 日，在重庆市会展中心、江北观音桥农贸市场举办重庆第三届名特优新产品迎春展销会。由市政府主办，市商委、市经委、南岸区政府和江北区政府共同承办，市质量技术监督局、市工商局、市公安局、市广播电视局、重庆日报、重庆商报及有关区县（市）人民政府协办。300 多家参展企业，数万消费者前往，展会前三天销售 500 万元。本地参展商范围扩大，参展商品丰富。除食品、酒类、农副产品、轻工产品外，还增加了名特小吃、花卉展销及农贸市场旺铺招商等市内 30 多个区县的企业参展，市外的上海、广州、福建、海南、青岛、河北等 13 个省市的企业和产品参展，西南地区的成都、贵阳、南充、自贡、泸州、广安等市地也应邀组团参展。实现总成交金额 7000 万元。

2001 年，全市举办各类会展 125 次。其中，全国性会展 2 次，全市性会展 72 次，区县级会展 48 次，外省市来渝办展 3 次，重庆到市外办展 4 次、境外办展 1 次。全市各类会展实现商品销售及合同成交总额 469 亿元。由重庆市政府、全国商联会主办，市商委承办第二届美食文化节。9 月 28 日开幕，历时一个月。美食节主展场设在市劳动人民文化宫，分展场设于全市 22 个区县。开展三大展销活动，即美食展示展销活动、文化宣传活动、评比树品牌活动。10 月 29 日，在市委小礼堂举行了隆重的闭幕式，由市商委副主任伍程敬主持，副市长许忠民致辞，参会的领导和嘉宾为这届美食节主题宴金奖、名店、名菜、名火锅得主授牌颁奖，组委会为闭幕式安排的一台精彩文艺演出，受到大家欢迎。这届美食节的成功举办，使重庆获得了 2003 年中国美食节的主办权。

中国第88届日用百货商品交易会和化妆洗涤商品交易会于2000年10月12日—14日在重庆技术展览中心举行。由重庆市政府、中国百货商业协会主办，重庆百货集团公司、四川省百货有限公司承办。展位总数1260余个，交易会使用展场总面积2.51万平方米；全国各地有700余家知名企业参展，与会正式代表4000余人，参会厂商代表1万余人；展馆面积2.51万平方米，分为洗涤用品展区，国际精品及化妆品、美容商品展区，包装、传媒、商业组团展区，日用百货商品展区。交易会三天实现合同成交额396530万元。交易会期间，市委书记贺国强会见了前来参会的有关领导。全国政协常委、原商业部部长胡平，中国商业联合会会长何济海，市政协主席张文彬，市人大副主任唐情林，市政府副市长许忠民、陈际瓦，市政协副主席黄立沛以及四川、云南、贵州等省市部门的领导参加了这届交易会。

2002年，会展经济继续保持良好的发展势头。全市全年举办各类会展210次，比上年增加85次。其中，全市性会展93次，外地来渝办展16次，区县级会展101次。外地来渝办展的有山东省轻纺家电名优产品（重庆）博览会、绍兴市名特新产品（重庆）博览会和首届杭州丝绸（重庆）大型博览会等。外出办展参展有市政府赴港举办香港·重庆周大型会展活动，市经委和市商委在南京举办的重庆名特产品展销会、跨国零售集团国际采购会及组团参加第三届杭州美食节等。举办的第三届重庆旅游交易会、重庆首届花卉艺术博览会、中国重庆第三届国际服装文化节及英国教育展、台湾问题图片展、中国国际教育高等教育巡回展、京津沪渝4市摄影作品展、三峡文物展览等展会把商业与旅游、商业与文化结合起来，增加了会展的文化内涵，呈现出较大的发展潜力。

举办重庆第五届名特优新产品迎春展销会。12月，市政府主办，市商委、南岸区政府承办。参展副食商品2000多种，总成交额1.2亿元。展销会期间评选出“消费者喜爱产品”72个，市商委授牌。

举办第90届中国鞋帽商品交易会。这是重庆直辖后首次承办的大型国家级鞋帽专业商品交易会，市商委、中国百货商业协会为主办单位，重庆百货集团公司为承办单位，璧山县政府为协办单位，9月6日—8日在重庆技术展览中心举行，交易会三天累计成交额19.3亿元。

2004年，全市会展经济发展较快，同时严把主体资格准入关，加强对各类商品展销会的监管，及时查处扰乱展销秩序的违法行为。工商部门全年核准展销活动登记217宗，实际开展展销活动208宗，查处违法违章案件7件，罚款217万元。

举办第五届中国美食节暨首届重庆国际火锅文化节。10月15日—25日，由市政府与中国饭店协会共同主办，市商委与市经委、市工商联、渝中区政府、南岸区政府、江北区政府、九龙坡区政府、大渡口区政府承办。有32个国家、地区及行业组织，30个省、区、市的代表团，59个参展参赛团体和128个观摩团体的代表15300人参加，参与群众170多万人次，实现营业收入15亿元。

2005年，全市共举办各类展会118个，展览面积50万平方米。组团参加成都餐博会，成功举办第54届全国药品交易会、首届老年产业博览会、第八届名特优新迎新展销会等各种节庆活动，各地结合本地特点，积极举办促进办成消费的节日，泉水鸡节、时尚消费展示会、美食节、三大节日促销等丰富多彩的活动。会展场馆主要有3处，即重庆国际会展中心展出面积5.8万平方米，标准展位3100个。10月，南岸区重庆国际会展中心建成并投入使用，总建筑面积22万平方米，投资22亿元。重庆市展览中心展出面积4.5万平方米，标准展位1500个。重庆农业展览中心展出面积1.5万平方米，标准展位500个。

举办重庆第七届名特优新产品迎春展销会。元月8日—16日，由重庆市人民政府主办、重庆市商业委员会承办的重庆第七届名特优新产品迎春展销会在渝中区上清寺鑫隆达会展中心成功举行。

此次展销会共展销商品3875种，有参展企业253家，参观、购物人数16万人次，成交额16772万元。

举办第54届全国药品交易会。12月1日—3日，在重庆国际展览中心，由重庆市人民政府、中国医药集团总公司共同主办，市商委承办。本届药交会展出面积4.5万平方米，展位2492个，来自全国30个省、区、市约10万名药商和1539个企业参加了交易活动，有近30万人次的客商入场观展，创造税收2000多万元，拉动消费3.58亿元。

举办重庆市首届老年产业博览会。11月10日—13日，由重庆市政府主办，市商委承办。展会吸引了以老年人为主体的观众20.8万人，现场成交额2021万元。博览会涵盖老年人吃穿用、保健医疗康复、养老安老的物业开发等物质方面的需求，另外还有助老智能设施以及老年大学、老年文化、老年旅游等精神文化服务。其中，共安排4大展区，即老年卫生保健和医药、老年旅游文化、老年设施、老年教育。

表3－1　**重庆市市级以上展览会、博览会表**

名称	主办单位	设立时间	举办周期	举办时间	主要内容
中国三峡国际旅游节	国家旅游局、重庆市政府	1996年	每年1届	6月	旅游文化
中国重庆国际啤酒饮料节	重庆市政府	1998年	2年1届	8月	啤酒展销及品尝
中国重庆国际服装节	重庆市政府	1998年	2年1届	9月	展销会、设计、模特大赛等活动
中国重庆投资洽谈暨全球采购会	商务部、重庆市政府	1999年	2年1届	单年4月	投资与贸易
重庆市高新技术成果交易会	国防科工委、重庆市政府	1999年	2年1届	4月	科技产品交易和展示
中国重庆国际汽车工业展	中国汽车工业协会、重庆市政府	1999年	每年1届	每年6月	汽车整车交易
重庆名特产品展销会	重庆市政府	1999年	2年1届	不定	集团式帮助企业拓展市场
重庆中国西部国际农产品交易会	农业部、重庆市政府	2002年	每年1届	1月	农产品展示展销及贸易洽谈
中国（重庆）全球采购会	商务部、重庆市政府	2003年	2年1届	双年4月或5月	贸易与投资
中国（重庆）火锅美食文化节	重庆市政府、中烹协	2004年	每年1届	不定	火锅调料展销和品尝
中国（重庆）老年产业博览会	民政部、重庆市政府	2005年	每年1届	10月或11月	老年产品展示展销及贸易洽谈
中国国际工业转包展览会暨中国国际工业装备展览会	中国机械工程学会	2005年	每年1届	11月	

附：会展企业介绍

重庆国际会展中心　位于重庆市南岸区南桥头，为设备最先进的大型综合性会议及展览场地，是重庆市重点建设的十大社会文化基础设施之一。重庆城市建设投资公司承建了重庆国际会展中心，总投资额为15亿元，由展览中心、会议中心、会展酒店和广场等几大部分构成。2005年投入使用，承办了2005亚太城市市长峰会、第54届全国药品交易会，完成了重庆会展业发展对硬件设施提出的阶段性任务。重庆国际会展中心占地23公顷，展馆面积13.27万平方米，会议中心面积4.17万平方米，广场面积1.5万平方米，酒店面积6.31万平方米，还有可同时容纳2700辆车的停车场。重庆国际会议展览中心的展览场地分为室内展场和室外展场，其中室内展场共有三个展厅。其中，一、四层展厅分三个区域（A、B、C区），室内使用面积约为5.7万平方米，可以设置标准展位约2500个。展览大厅室内净空高为13.5米。室外展场面积约为7800平方米。可以进行大型的活动及开幕式，也可以供租用单位在室外进行展览展示活动使用。会议中心共设5层，拥有大小风格迥异的会议室33个，包括千人宴会厅、千人演讲厅、报告厅、贵宾休息厅、新闻发布中心和签约中心等。大部分都可灵活组合以满足各种会议需求。会议大厅配置了先进的数字化会议系统、投影电子屏幕以及6声同传等设备，全方位的配套服务以满足不同的会议需求。

重庆展览中心　地处国家级重庆高新技术产业开发区，三面环街，南为谢陈路，西为科园四路，北为科园四街。仅科园四路与城市交通网的连接口就有8处之多，市内数条公交车线路均在展馆大门处设有站台，可直通渝中区、渝北区、大渡口区、沙坪坝区、九龙坡区，经鹅公岩大桥到南坪，经李家沱大桥至巴南区。展馆紧临成渝高速公路重庆段起点，并经成渝高速公路连接渝长高速公路，经陈庹快车道连接渝黔高速公路。展馆四周10千米范围内有重庆汽车西客站、重庆火车站、重庆火车西站、九龙货运港、朝天门港客站，经渝长高速公路到江北国际机场。

第二节　租赁业

租赁是出租人分期收取租金，将所拥有商品的使用权全部交给承租人的经营方式。这是一个新兴流通产业，多年来一直保持着积极的上升趋势，在经济中发挥着重要作用，被誉为“朝阳产业”。重庆市租赁业总体上处于起步阶段，租赁营业额较低，相关产业政策不配套，租赁企业的经营管理水平不高，租赁业的功能和优势尚未充分发挥出来。

2005年，市商委联合市国资委等单位，经过反复争取，成立了重庆市银海租赁有限公司，成为全市首家从事融资租赁业务的非银行金融机构，为中小流通企业提供融资、担保便利。

第六章　特种商品

特种商品包括成品油、危险化学品、民用爆破器材等。特种商品经营管理由市财办、市商委、市第一商业局、市第二商业局、市物资局等负责，承担组织市场供应，加强行业管理，确保安全稳定等职能。

第一节　成品油

成品油是关系国计民生的重要商品和社会必需的战略物资。市商委认真制订行业发展规划，把加油站行业发展规划作为指导和规范全市加油站建设和管理的依据，编制了全市加油站行业发展规划，提出了发展目标、布点密度、单站规模、用地面积等具体要求，经征求有关部门意见后，印发执行。扎实有效地开展成品油市场清理整顿工作，成品油流通秩序明显好转，违规建设加油站等违法违规行为得到有效遏制，部门分工协作的市场监管体系初步形成，现代流通方式进一步发展，中石油、中石化两大集团市场占有率显著提高。

从1985年1月1日起，商业部将所属石油局及其直属单位成建制划拨，组建中国石油化工总公司销售公司。重庆市石油产品经营系统的业务和人、财、物统一由市公司领导管理，各地（市、县）石油公司连同所属企事业单位成建制上划市公司，实行总公司和地方政府双重领导，业务管理实行以总公司为主的原则。7月，更名为中国石化销售公司重庆市石油公司，受中国石化销售公司和重庆市政府双重领导，市政府委托市第一商业局代管，县级机构改为支公司。市石油公司负责石油产品的计划分配、销售、经营政策，编制和审批下达石油销售系统的商品流转计划和已上划分公司的财务计划、劳动工资计划、基本建设计划及物资申请计划，对已上划地区分公司的人员编制、机构设置及其所属企事业的经营业务和人、财、物实行统一管理。

1987年10月23日，四川省商业厅向各市（地、州）商业局下发《关于建立加油站问题的补充通知》，具体规定过去经当地政府有关部门批准所建成的加油站，只要与油库分开单独修建，经验收合格，符合安全规范，应当给予承认，准予使用。加油站建设应严格按基建程序办理，实行分级管理，支公司须报分公司审查转报省公司、分公司须报省公司审查批准。加油站属零售企业，其价格一律实行零售价格。针对农村基层供销社在煤油定量供应中存在不按月供应、不兑现、搞搭配等问题，四川省商业厅与省供销社联合下发《四川省煤油供应办法（试行）》，全省80%的县实行凭票定量供应。

1989年10月23日，四川省政府办公厅发出《关于实行平价汽、柴油供应和重要商品运输挂钩的通知》，在成品油计划分配体制不变的原则下，对省内各类运输企业实行供应平价油料和运输重要商品挂钩的办法。

1994年，推进以资源配置为重点的成品油流通体制改革。

1999年，成品油供应趋紧。5月6日，国务院办公厅转发国家经贸委等部门《关于清理整顿小炼油厂和规范原油成品油流通秩序意见的通知》，清理整顿小炼油厂和规范原油成品油流通秩序。9月30日，市政府办公厅印发《重庆市清理整顿成品油流通企业和规范成品油流通秩序实施办法的通知》，清理整顿成品油流通企业和规范成品油流通秩序，包括所有从事汽油、煤油、柴油经营业务的批发企业、仓储企业和加油站（点）。进一步管住油源，集中批发，规范零售，建立规范的成品油市场流通秩序。

1999年6月至2000年10月，市商委在全市范围内开展了成品油清理整顿工作，原有的132家成品油批发企业经严格审核报国家经贸委核发批发批准证书的有48家；原有加油站（点）2000余个，对基本符合条件的1480个加油站（点）核发了零售批准证书。通过确认成品油经营资格，理顺了经营渠道，规范了经营行为，成品油流通秩序有了明显好转，初步建立起了适度竞争、规范有序的成品油流通体系，基本达到了集中批发、规范零售的总体要求。全市成品油批发企业原有132家，到2000年11月，清理整顿中申报87家，基本符合条件的有46家。其中，中石油、中石化成品油批发企业24家，社会成品油批发企业22家。各类加油站（点）2900多个，审核发证第一批1430个，限期整改530个，取缔126个。全年成品油需求量120万吨左右，其中中石油销售82万吨。

2001年，以中石油和中石化为代表的两大国内石油集团在重庆的销售分公司顶着压力大力发展连锁，取得了突出成绩。市商委会同市经委、市工商局、市质监局、市公安局等7个部门对全市成品油市场秩序进行了集中整顿，进一步规范了成品油市场准入和经营资格审批程序，明确规定成品油由中石油和中石化两大集团集中批发，凡无《成品油批发经营批准书》的，一律不得从事成品油批发经营。新建加油站（点），统一由中石油或中石化集团在重庆的企业全资或控股建设，按照有序竞争、合理布局、规模适度的原则从严审批，防止盲目扩大规模，遏止恶性竞争。全市有成品油批发企业49家，其中两大集团有33家，占67%；有加油站（点）1600余座（个），其中中石油、中石化两大集团有770余座，占48%；全市成品油销售140万吨。按照《重庆市加油站厕所建筑、卫生规范要求（试行）》分地区确定标准，规范加油站的厕所建筑和卫生标准，优化加油站环境和卫生状况，树立重庆直辖形象，并在开县召开了现场会，参观了中石油开县分公司改建、新建的加油站的厕所，取缔查封违规违法加油站45个，查处无证照加油站116个，整顿加油站（点）314个，停建不符合规定的已审加油站20个，查处不合格油品200余吨（总价值60余万元）。成品油市场秩序还不够规范，行政审批、市场监督不够科学；布局不合理，加油站低水平重复建设的问题仍然存在。

2002年，全市成品油销售150万吨，比上年增长7%，其中中石油重庆销售分公司销售90万吨、中石化重庆分公司销售18.7万吨。6月，按照国务院整顿和规范市场经济秩序的要求，市商委会同市工商局联合开展了全市加油站专项整治工作，对689个加油站（点）和5个油库进行检查，43个加油站（点）因手续不齐或存在严重安全隐患的被取缔关闭，6个擅自建设的加油站被责令停止建设，108个加油站（点）被责令停业整改或限期整改。全年对48个成品油批发企业、1502个加油站进行检查，取缔、关闭了存在严重安全隐患或违规经营的加油站90个，责令停业整改或限期整改的加油站231个，拟补办手续的加油站112个。经过专项整治，加油站数量从1508个减到1412个。查处各类违法违规经营企业306户，查扣违规成品油118吨，罚没金额30万元，注销27户不符合经营资格的企业，26户不符合经营条件的企业变更了经营范围，责令193户企业限期补办证照，强制更换85台计量设备。配合市国税局、市质量监督局，强化计量监督和税收征管。在油品检查方面，全市共抽检300个加油站的成品油508批次，抽检代表量6000吨，检出6个批次不合格的产品，代表量88吨。在计量检查方面，强制检定4069台加油机，受检率98%以上，一次合格率90%。在税收检查方面，检查1372个加油站，发现有问题的加油站365个，查补税款910万元，加收滞纳金53万元，罚款70万元，安装税控加油机3586台。严格市场准入制度，凡新建、改建、扩建加油站由市商委按照加油站行业发展规划和国家规定进行审批，其他部门和地区不得越权擅自审批，未经市商委批准，有关部门不得办理相关手续。地处三峡库区的区县，在三峡库区二期移民迁建加油站任务未完成前，不得审批其他新建加油站。调整布局不合理的加油站，对具有合法手续，但布点过密、不符合加油站行业发展规划要求的加油站，依据有关法律法规，采取多种形式调整或关闭，实行消防安全一票否决制，对经两次限期消防安全整改仍不合格的加油站一律予以关闭。对符合布局但达不到国家标准的加油站降为加油点。依法管理，对掺杂使假、短斤少两、偷逃税款屡整屡犯的加油站，取消其成品油零售经营资格，吊销其工商执照。

2003年，全市投入运营的加油站1496座。其中，中石油553座，占37%；中石化（含中石化重庆分公司、涪陵分公司和三峡分公司）66座，占4.4%；龙禹公司2座，占0.13%；社会加油站876座，占58.5%。全市有成品油批发经营企业44家，其中中石油20家、中石化4家、龙禹公司1家、其他社会批发企业19家。有成品油仓储经营企业10家，其中中石油2家、中石化1家、其他仓储企业7家。全市在用油库37座，总库容42.2万立方米（约能存汽油31万吨或柴油35.6万吨）。其中，中石油自有油库17座，总库容25.6万立方米（约能存汽油18.8万吨或柴油21.6万吨）；中石化自有油库4座，总库容2.95万立方米（约能存汽油2.16万吨或柴油2.49万吨）；其他社会批发企业自有油库16座，总库容13.65万立方米（约能存汽油10万吨或柴油11.5万吨）。全市成品油资源购进量是201.8万吨（柴油134.9万吨、汽油66.9万吨）。其中，三大石油公司购进成品油资源176.8万吨（柴油121.9万吨、汽油54.9万吨），占87.6%；其他社会批发企业购进成品油资源25万吨，占12.4%。全市成品油实际消费量是203万吨（柴油136万吨、汽油67万吨）。4月8日，市商委就规范加油站建设和授权特许经营企业管理发出通知。对负责新建加油站和授权加油站特许经营的企业进行了调整，重庆市负责新建加油站的企业为中国石油天然气集团公司重庆销售分公司、中国石化销售有限公司川渝重庆分公司、重庆龙禹石油有限公司；授权加油站特许经营的企业为中国石油天然气集团公司重庆销售分公司、中国石化销售有限公司川渝重庆分公司。除上述企业外，其他企业一律不得全资新建加油站，也不得以中国石油、中国石化两大集团的名义授权加油站特许经营活动。对违规建设和经营者，将按照《中华人民共和国安全生产法》《危险化学品安全管理条例》等有关法规进行处罚。各区县商贸部门对不具备资格的单位不得审批新建加油站和开展加油站特许经营活动。10月以来，因国内成品油市场，特别是柴油资源供应偏紧，重庆市成品油（柴油）暂时短缺，各区县（市）对柴油供应反映吃紧，部分社会加油站的供需矛盾较大。12月20日，组织17个检查组对全市成品油市场进行了一次大检查，落实责任，落实任务。

2004年，全市有46户成品油批发企业、10户成品油仓储企业、1386个加油站，成品油销售量241万吨，比上年增长18.7%。出台《重庆市加油站审批管理办法（试行）》《关于深入开展加油站专项整治实施意见》《重庆市成品油特许经营管理暂行办法》等规范性文件。对46户成品油批发企业、10户成品油仓储企业、1386个加油站的基本情况、设施设备、资源购销情况，671户成品油“三重用户”用油情况以及“三重用户”与重庆三大石油公司签订合同的情况，642个社会加油站的油源来源、购销情况等分别进行了统计。

2005年，做好保障成品油市场供应的协调工作，全年销售成品油256万吨，同比增长6.22%。限额以上企业销售汽油59.1万吨，柴油139万吨。成品油市场供应基本正常，但柴油供应一度偏紧，成品油价格在高位运行。全年汽油、柴油零售均价分别为每吨5213元和4584元，均比上年上涨14.3%。开展经常性的日常监督检查，要求39个加油站（点）责令停业整改，对整改不合格的3个加油站（点）予以关闭。6月3日，市商委为加强成品油市场监督管理，规范成品油市场秩序，维护经营者和消费者的合法权益，制定了《重庆市成品油市场管理暂行办法》。6月14日，市政府从9个方面支持中石油在渝企业加快发展，并就有关问题发出通知（渝办发〔2005〕138号）。

附：部分石油企业介绍

重庆市石油总公司　成立于1953年。主要经营汽油、煤油、柴油、润滑油等成品油及特种油品、石化产品，供应各种加油、防爆器材，代客接卸、储存油料，承接石油库站的建筑安装、设计等工程以及油品质量代检、代测。下辖4个油库，有铁路专用线和卸油码头，储油能力14.5万吨。有15个经营分公司，14个直属、联营加油站。与新疆、黑龙江、武汉等有关单位开展了联营业务，年经营成品油40万吨，销售额10亿元。

中国石油重庆销售公司　是中国石油天然气股份有限公司所属省级销售企业，也是重庆地区最大的国有全资石油企业，主要从事成品油批发和零售经营业务。公司下辖7个销售分公司、3个专业分公司、27个区县经营部以及2个中型控股企业，员工近万人。公司拥有加油站567座，具备年销售200万吨成品油的能力。在用油库12座，总库容28.10万立方米，在建库容23万立方米。公司年销售成品油210万吨左右（占市场份额的78%），是重庆成品油销售的主渠道。公司先后投入资金15.5亿元，新建和改造加油站400多座、油库9座，初步建成了满足重庆市场需要的销售、储运网络和现代物流配送体系。2006年，公司共销售成品油172万吨，销售收入96亿元，利润8866万元，资产总额23亿元。

第二节　危险化学品

危险化学品包括液化石油气、爆炸品、压缩气体和液化气体、易燃液体、易燃固体、自燃物品和遇湿易燃物品、氧化剂和有机过氧化物、有毒品和腐蚀品等，属于易燃易爆物品。

根据国家法律法规，按照职责分工，1990年以来，商贸流通主管部门（原市第一商业局，后为市商委）负责危险化学品经营、储存的管理工作。重庆市直辖后，市、区县两级商贸流通主管部门，坚持"安全第一，预防为主"的方针，深入推进危险化学品经营储存专项整治，强化危险化学品经营储存安全管理，确保了全行业无重特大安全事故的发生。

加强对危险化学品的经营管理。一是严格市场准入。按照《危险化学品安全管理条例》和《危险化学品经营许可证管理办法》等所规定的程序与条件，认真审查，严格审批，从源头上把好安全关。二是制订危险化学品储存规划。从危险化学品流通行业现状和危险化学品储存企业的审查、建设、管理、监督等实际出发，合理制订危险化学品储存行业发展规划。三是建立健全监督管理制度。根据《中华人民共和国安全生产法》《危险化学品安全管理条例》等有关法律法规，制订完善相应的管理办法和实施细则，建立回访和定期巡查等工作制度，形成细致、严密的危险化学品安全监管法律制度体系和持续、有效运转的监管运行机制。四是加强监管执法队伍建设。适时调整充实危险化学品安全监管执法人员，保障工作经费和工作条件，加强教育培训，不断提高执法人员的政治素质和业务水平。五是加大执法检查力度。会同消防、质监、工商等部门，坚持集中整治与日常监管相结合，以集中整治强化日常监管，以日常监管巩固集中整治成果。通过经常性的巡回监督检查和联合集中整治，依法从重从严查处违法违规经营、储存危险化学品的行为，对严重忽视安全工作的企业及其负责人或业主，依法加大行政执法和经济处罚力度。六是加强指导和培训，提高企业安全管理水平。七是完善危险化学品安全监督管理信息系统。建立重大危险源信息资料库和全市危险化学品经营储存单位管理信息系统，并进行动态管理和定期维护。

1989年，经营危险化学品的企业和门点3000多个。

1997年，复查换证2135个。其中，成品油1263个，液化气和工业气体451个，化工原料421个。检查单位及网点1740个，发出整改通知书245份，已经整改302个（含现场整改），取消严重违章经营的单位和网点27个。从10月中旬起，市第一商业局牵头对液化石油气市场进行了专项治理，先后检查了原重庆片区10个区市县的44个经营单位及网点，查处了3起严重违章事件，对10个安全隐患突出的经营单位及网点发出整改意见通知书，限期整改，达到了预期目的。

1998 年，市商委转发国家国内贸易局《关于明确国家国内贸易局生化制药管理办公室工作职能的通知》的通知，明确重庆市生化药品行业管理的主管部门是重庆市商业委员会，负责编制生化药品行业的生产、经营、科研、教育发展规划；对新开办生化药品生产、销售企业进行资格审查；生化药品品种生产定点审批；生化药品优质产品评选；生化药厂技改方案审查及工程验收。日常管理工作由行业管理处负责办理。各区县的生化药品行业归口管理工作由商品流通主管部门承担，对当地生化药品生产、销售企业提出的申请应进行初审并签署意见，报市商委审定。

1999 年 1 月 12 日，市政府印发《重庆市处置毒气事件和化学品爆炸等特种灾害事故预案》。3 月 24 日，市政府发布《重庆市易制毒化学品管理办法》，自 1999 年 5 月 1 日起施行。《重庆市液化石油气经营管理办法》（市政府 62 号令）发布以后，市、区县（市）化危品管理部门依法行政，严格管理，加大了对违规行为的处罚。开展对液化石油气经营企业的调查和清理整顿工作。有液化石油气充装站 109 个，其中主城区有 24 个；有液化石油气经营门点 2568 个（不含巫溪），其中主城区有 580 个。提出了开展清理整顿液化石油气充装站和经营门点的意见。易制毒化学品经营许可证审批取得突破。市商委负责规范易制毒化学品的流通秩序，监督、管理、指导全市易制毒化学品的经营活动，做好易制毒化学品经营许可证审核、发证和年审工作，配合市外经贸委做好易制毒化学品进出口审批和调查核实工作，对易制毒化学品经营企业的违法行为进行处罚。市、区县（市）商品流通行政管理部门审核办理重庆市易制毒化学品经营许可证 250 余个，初步规范了易制毒化学品的经营管理。合川市关闭、调整 45 个加油站，江北区商委配合消防部门督促区石油公司对多年来消防不合格的红旗河沟加油站投入 60 余万元进行了整改，消除了事故隐患。市商委与各区县商委（财办、商业局）主任、局长分别签订了《化学危险品经营管理授权委托和安全工作责任书》和《安全生产责任书》，明确了管理权责，落实了安全责任，大部分区县（市）也与经营者签订了经营安全责任书，层层落实了安全责任。

2000 年 2 月 16 日，市商委对危险化学品经营许可证管理做出规定，包括范围（爆炸品、压缩气体和液化气体、易燃固体、自燃物品和遇湿易燃物品、氧化剂和有机过氧化物、毒害品、腐蚀品）、申报条件、程序。

2001 年 4 月 17 日，市商委就规范全市危险化学品经营行政审批和许可，通知各区县商委（财办、财委、商业局），明确危险化学品经营定点审批管理权限及范围。4 月 19 日—20 日，市商委在涪陵召开了全市危险化学品经营管理工作会议，市商委副主任刘轶茂到会并做讲话，参加会议的有各区县商委（财办、商业局）的主任、局长，市政府法制办、市消防、市质监、市工商局等综合部门和涪陵区政府的领导及新闻单位的同志。会议要求强化监督管理，规范危险化学品流通秩序，进一步明确危险化学品经营管理工作的目标和任务，部署液化石油气清理整顿工作和成品油流通企业年审工作，规范危险化学品经营行政行为，确保社会稳定和全市危险化学品的经营安全。会议提出五点要求：一是组织好液化石油气的清理整顿工作；二是做好成品油批准证书的年审工作；三是组织排查危险化学品安全事故隐患；四是严格执行危险化学品市场准入制度；五是做好危险化学品经营管理办法的出台工作，使之更加合理和更具可操作性，使危险化学品经营管理工作的法制建设工作再上一个台阶。12 月 11 日，市政府办公厅明确危险化学品监督管理工作职责，市商委负责全市危险化学品经营许可证的发放，以及危险化学品储存企业的设立及其改建、扩建的安全审查工作。

2002 年，市商委对从事危险化学品经营、储存的各类企业进行年审。其对象是凡在重庆市行政区域内取得成品油零售经营批准证书、成品油仓储经营批发证书、成品油批发经营批准证书的成品油经营、储存企业和取得危险化学品经营许可证的剧毒化学品、液化石油气和其他危险化学品经营、储存的企业均应按规定进行年审。在液化气专项整治中，全面检查了全市 122 个充装站，关闭了 15 个设备设施简陋、安全隐患严重的充装站，取缔了 128 个经营门点，对 57 个经过整改，经消防、质监等部门验收合格的充装站，重新核发危险化学品经营许可证。

2003 年 2 月 14 日，市商委进一步明确危险化学品监督管理工作职责，并发出通知，要求认真落实。4 月 25 日，市商委下发了《重庆市危险化学品经营许可证发放及监督管理办法》。5 月 13 日，市商委根据《重庆市人民政府关于修订〈重庆市易制毒化学品管理办法〉的决定》，易制毒化学品经营许可证由原来的经营许可改变为经营登记，就办理、换发易制毒化学品经营登记证发出通知，明确易制毒化学品经营登记证的办理，仍然执行市商委《关于进一步下放危险化学品、易制毒化学品经营办证审批权限的通知》，由市商委授权各区县商品流通主管部门按有关规定和要求严格审查办理。但只能办理经营登记证，不得越权办理运输、生产证。9 月 18 日，市商委印发《重庆市危险化学品经营许可证管理暂行规定》的通知。9 月 28 日，市商委就重新编制《重庆市液化石油气（充装）站和经营网点发展规划》发出通知，编制时间为 2004 年至 2010 年，范围包括液化石油气储配（充装）站、液化石油气瓶装供应站、液化石油气经营网点（门点）。

2004 年，全市有成品油批发企业 47 个（含 3 个专项用户），仓储企业 10 个，加油站（点）1496 个；天然气加气站 43 个；剧毒化学品经营单位 11 个，一般危险化工经营储存单位 1147 个；杀鼠剂经营单位（临时经营许可证）636 个；液化石油气储配站 123 个，零售经营单位 3294 个。有 126 家液化石油气批发企业，销售液化石油气 13 万吨，销售收入 5.2 亿元。按照“五整顿，两关闭”的原则，对 72 个加油站（点）、1 个油库、31 个危险化工经营单位责令停业整改，对整改不合格的 36 个加油站（点）、1 个油库、12 个危险化工经营单位予以关闭，取缔非法加油站（点）20 个、危险化工经营单位 97 户，罚款 2 万元。加强对液化石油气经营的管理，修订完善了《重庆市液化石油气行业发展规划》，对全市液化石油气储配站、瓶装供应站（点）、运输企业进行清理检查和集中整治，责令人员未经培训上岗、消防间距不达标、库房不符合要求的 103 个液化石油气零售单位停业整改；关闭整改不合格的液化石油气零售单位 55 个、充装站 2 个，取缔液化石油气无证经营户 81 户，强制检测超期未检液化石油气钢瓶 2.33 万个，罚款 1.2 万元。9 月 17 日，针对液化石油气行业仍然存在无证无照经营、无证充装、使用过期钢瓶、短斤少两、违规储存和无证运输等问题，经市政府同意，制定出台《重庆市人民政府办公厅关于进一步加强液化石油气行业市场秩序监管工作的通知》，并提出有关要求。7 月 21 日，市政府办公厅印发深化危险化学品安全专项整治的通知。9 月 4 日，市商委就深化危险化学品经营储存专项整治发出通知，要求从 2004 年至 2005 年危险化学品经营、储存安全专项整治。

2005 年，加大监督检查力度，进一步规范危险化学品流通市场秩序。上半年完成危险化学品储存单位安全评价和登记工作，清理、关闭未经审批擅自建设或设立的危险化学品储存企业。对危险化学品经营单位执行“一书一签”（安全技术说明书和安全标签）制度情况进行检查，自 2005 年 8 月 1 日起，严禁经营没有“一书一签”的危险化学品。进一步完善危险化学品安全监督管理信息系统。截至 3 月底，全市有危险化学品经营、储存单位 3408 个。其中，成品油批发企业 47 个（含 3 个专项用户），仓储企业 10 个，加油站（点）1498 个；压缩天然气加气站 47 个；剧毒化学品经营单位 14 个，一般危险化工经营储存单位 1156 个；杀鼠剂经营单位（临时经营许可证）636 个。2 月 22 日，渝商委发〔2005〕39 号明确危险化学品监督管理有关工作，进一步规范危险化学品市场秩序，消除安全隐患。6 月，市政府第 180 号令发布《重庆市危险化学品经营储存委托管理规定》，委托区县（自治县、市）商贸行政管理部门实施危险化学品行政许可项目。8 月 26 日，鉴于易制毒化学品是制造新型毒品的主要原料和配剂，为加强易制毒化学品的管制，防止易制毒化学品流入非法渠道，市商委就进一步加强易制毒化学品经营登记管理提出要求。12 月 26 日，市商委提出做好危险化学品经营许可制度的实施工作，要求各区县商贸行政管理部门做好经营许可证换证的审批、发放工作。

第三节　民用爆破器材

民用爆破器材作为易燃易爆的危险品，其行业管理有很强的特殊性，政策性强，管理严格，责任重大，直接关系到人民群众生命财产安全，关系到社会公共安全和社会稳定。全市民用爆破器材行业规模小，数量多，涉及的领域宽，管理的跨度大，隶属关系复杂，多种经济成分并存。

1998 年前，民用爆破器材生产、经营和安全管理，国家是由原兵器工业总公司、国家物资部（后为内贸部）和公安部负责，重庆市是由原市化工局、市物资局和市公安局分别负责。之后，国家层面由国防科工委负责民民用爆破器材的生产、经营管理。

1998 年，市物资局、市公安局针对民用爆破器材流通中出现的乱审批、乱开证、私自购买、私自运输、私自转借、私自转让、乱经营等不法行为的严重问题，联合发文对民用爆破器材的流通安全管理做出严格规定，从专营体制、调拨、运输、储存、合同签订等方面做出具体规定，重申实行销售许可证制度、监封制度，加大流通中的监管力度，确保了民用爆破物资在流通中的安全。

1999 年 10 月 10 日，市政府办公厅印发《重庆市民用爆破器材管理暂行办法》。

2000 年，市政府撤销市物资局、化工局，设立重庆市民用爆破器材管理办公室，挂靠市商委。市商委负责民用爆破器材生产流通管理工作，原物资局有关人员转市商委工作。

2001 年，经国家有关部门批准，重庆市物资集团与重庆市化轻总公司、国营 845 厂、东溪化工厂、垫江 84 厂等 4 户企业按照《中华人民共和国公司法》和民用爆破产品经营的有关规定，共同出资组建重庆市渝物民用爆破器材有限责任公司，6 月 13 日挂牌营业。该公司由重庆市物资集团控股，经营实行审核、开票、收款、送货“一条龙”服务。至年末，该公司实现营业收入 1200 万元、利润 140 万元。

2002 年，民用爆破器材生产企业实现工业生产总值 17649 万元、利润总额 647 万元。生产炸药 3. 68 万吨，雷管 4367 万发。38 家民用爆破流通企业销售炸药 3. 69 万吨、雷管 7063 万发、工业索类火工品 1668 万米，实现利润总额 1277 万元。

2003 年，全市民用爆破企业 43 家，其中生产企业 5 家、流通企业 38 家。5 家民用爆破生产企业生产的民用爆破器材大类品种有铵梯炸药、乳化炸药、铵油炸药、火雷管、电雷管、导爆管雷管。

2004 年，全市有生产经营企业 45 家，民用爆破器材专用仓库 41 座，炸药 2060 吨，雷管 2010 万发。其中，生产企业 6 家，仓库 5 座。炸药生产线 9 条，雷管生产线 4 条，黑火药生产线 1 条，共 14 条。生产的主要品种有铵梯类炸药、乳化炸药、铵油类炸药、膨化硝铵炸药、火雷管、电雷管、导爆管雷管。有流通企业 39 家，仓库 36 座。销售的产品大类有铵梯类炸药、乳化炸药、铵油类炸药、火雷管、电雷管、导爆管雷管、导火索、导爆索、塑料导爆管等。全年民用爆破器材生产企业完成工业总产值 2. 74 亿元，实现利税 5801 万元。实际生产炸药 6. 04 万吨，生产雷管 6237 万发。民用爆破器材流通企业购进炸药 8. 46 万吨、雷管 1. 21 亿发、工业索类火工产品 1715 万米。民用爆破器材流通企业销售炸药 8. 43 万吨、雷管 1. 22 亿发，销售工业索类火工产品 1594 万米，向国防科工委申请增加炸药生产计划1.25万吨、雷管300万枚，确保了市生产建设对民用爆破器材的需要。1月17日，市商委根据工作需要，对内设机构进行了调整。重庆市民用爆破器材管理办公室（以下简称“市民爆办”）从特种商品营销管理处分离出来，作为市商委内部机构独立开展工作，并接受国防科工委民爆局的行业指导。吴巧灵担任市民爆办主任。9月13日，重庆市人民政府以渝府〔2004〕230号批复市公安局，暂缓移交民用爆破物品生产企业监管职能。仍按原监管体制和职能，负责民用爆破物品和烟花爆竹生产企业的安全监管工作。会同市安监局、市经委、市商委等相关部门加强对民用爆破物品、烟花爆竹企业生产、销售、运输等环节的监管，确保各环节工作的安全。各区县民用爆破物品和烟花爆竹生产企业的安全监管，参照上述精神执行。

2005年11月28日，《重庆市燃放烟花爆竹管理条例》正式公布实施。12月12日，市政府办公厅就进一步加强民用爆破器材安全监管工作发出通知（渝办发〔2005〕254号）。通知指出，各区县政府和市政府有关部门按照各自职责，密切配合，把民用爆破器材安全管理工作落到实处，确保民用爆破器材安全。要求市商委、市公安局建立健全民用爆破器材安全监管机构，完善民用爆破器材安全管理制度，切实做好民用爆破器材安全监管工作。各区县政府按照安全生产属地管理的原则，进一步明确本地区民用爆破器材安全监管部门职责分工，督促、指导有关部门认真做好交接工作，履行好有关职责，确保不出现监管脱节。民用爆破器材生产、流通企业取得的公安部门核发的爆炸物品储存许可证、爆炸物品销售许可证，经市商委审查合格并在证件上加盖公章后继续有效，待国家新的民用爆破器材安全管理条例出台后，再按照规定申请换发新的许可证。

第七章　特种行业

特种行业经营管理，包括对汽车流通、拍卖业、旧货交易业、废旧金属回收、散装水泥推广应用等的管理。

第一节　汽车流通

汽车流通包括汽车销售、二手车交易、报废汽车经营，由市商委行使管理职能。

一、汽车销售

重庆汽车制造业为支柱产业，其总产值占全市规模以上工业企业总产值的40%，形成了汽车门类较全，重、中、轻、微并举的发展格局，成为全国重要的汽车生产基地和汽车零部件生产的主要基地之一。与此相适应，重庆汽车市场体系日趋完善，汽车消费增长较快，汽车消费环境进一步改善。截至2003年，全市拥有汽车保有量75.26万辆，其中私人汽车12.89万辆。有整车生产企业17家，有40万辆微型车、20万辆轿车、7万辆轻型车和2万辆重型车的年生产能力；汽车销售企业797户，建成市场2个，在建和拟建汽车市场4个；汽车配件生产、销售企业2428户；汽车维修户6983户。

1994年，市物资局机电设备总公司根据全市汽车市场状况，利用多年来同东风、解放、五十铃、长安、大众等主要汽车生产厂家建立的关系，利用资源、信誉优势，投资200多万元在渝北区龙溪镇花卉园购买2000多平方米的商品房，建起重庆地区最大的室内汽车展场——重庆市机电设备总公司汽车商场，场内可停放各类汽车60多辆，并在朝天门建立了小轿车自选商场。场内实行开票、工商验证、办理移动证、加油、充电、发车一条龙服务，并逐步开展代用户办理上照、维修服务，方便客户看样购车，使用户购车放心满意。7月19日，商场正式开业，到年底展销各类汽车715台，金额近4000万元。

1999年12月11日，市政府同意西南汽车商城规划方案。西南汽车商城主要以汽车展销为主，辅以相应的配套设施，建设集展销、娱乐、休闲为一体的汽车博览中心。规划总建筑面积14.61公顷，总建筑面积25.28万平方米。其中，地下部分4.56万平方米，地上部分20.72万平方米。总停车位4100辆。

2002年7月，由于市政府推行主城八区路桥收费改革，实行年票制，促进汽车销量增加。市商委对重庆百事达汽车有限公司、中国汽车工业西南销售公司、重庆商社（集团）汽车销售有限公司3家汽车销售商进行抽样调查。7月1日—5日，三大汽车销售商销售车辆184辆，销售额3162万元，并呈上升趋势，其中经济型、中档轿车位居前列。汽车销售商普遍反映，路桥收费改革对汽车消费是一大促进。

2004年，市商委牵头组织市级9个部门开展了历时半年的对全市汽车市场的专项整治工作，进一步规范了汽车市场的经营秩序。组织、指导和督促各地区、各行业全面开展了汽车市场专项整治工作。检查各类汽车市场和企业9525户；查处生产、销售假冒伪劣配件企业135户，假冒摩托、汽车、拼装车58辆、配件352件，非法销售汽车合格证167套，侵权商标5000余个，案值352余万元，没收非法收入147.1万元，处罚金额150余万元；取缔无资格擅自从事报废车回收的企业38个；取消34户不符合标准的二类维修企业、161户三类维修户的维修许可，对476户维修户发出整改通知；查补税款285万元，加收滞纳金40余万元，处以罚款50余万元，全市汽车市场的专项整治工作取得了初步成效。

2005年，限额以上批发零售贸易业销售汽车14.1万辆。其中，轿车4.27万辆，销售额108.84亿元。8月10日，商务部出台《汽车贸易政策》。根据中国2001年加入世贸组织时的文件，从2004年12月11日起汽车分销领域有条件地对外开放，允许国外汽车生产企业等投资者在国内建立营销网络，销售进口汽车。自2005年起汽车进口配额取消，国外汽车也由原来通过进口商在国内销售，变成由其在国内总经销商建立网络后的销售。对此，明确规定了外商投资汽车销售企业的市场准入条件、申办程序。按照商务部《汽车品牌销售管理办法》，市商委、市工商局联合制定《重庆市汽车品牌销售管理办法》，正式对汽车经销企业实行汽车品牌授权经营备案制度。

二、二手车交易

旧机动车流通涉及国有资产、社会治安、安全、环保等多个方面，属特殊商品流通。

1997年12月28日，国内贸易部批复同意重庆市建立国家级“重庆旧机动车交易中心”，并授牌。该中心的主要职能包括旧机动车的交易管理，办理旧机动车交易过户、上牌等手续。其交易方式是旧机动车收购、销售、寄售、代购、代销、租赁、以旧换新、检测维修、配件供应、汽车美容及信息服务等。重庆旧机动车交易中心联网，并立足三峡、面向西南，在万州、涪陵、黔江和有条件的区县及重庆的周边地区建立分市场，从而建立起以中心市场为主体，以各分市场为网络的市场体系。

2001年，旧机动车成交量20921辆，成交额6.79亿元。

2002年，市商委、市公安局会同市工商局对全市范围内旧机动车市场开展了清理整顿工作。各区县（市）有关部门积极配合，认真组织实施，分别组织了对辖区内旧机动车市场和旧机动车交易情况的自查。在此基础上，市商委、市公安局、市工商局成立联合检查组，对涉及旧机动车交易的万州、南岸、永川、长寿、梁平5个地区进行重点检查，查阅批准文件、证照、管理制度以及交易登记、过户手续、销售台账、评估定价等档案资料，全面掌握了全市旧机动车交易市场的布局和经营管理情况。建成投入使用的旧机动车交易市场有3个，具有旧机动车经营资格的机动车市场1个，注册资金497万元，从业人员114人，注册评估师11人，经营总面积3.7万平方米，有汽车经营户、中介机构近500户。但仍存在以下问题：一是审批手续不完善。由于历史和政策的原因，4个市场全部不具备市级商品流通主管部门批准文件和市公安局特种行业许可证，而且注册资金未达到规定要求。二是经营场地设施简陋，配套服务设施严重不足，经营业态单一，交易手段落后。三是中介机构经营行为亟待规范，场外私下交易情况时有发生。四是市场服务性收费、税收标准执行不统一。2月1日，市商委依据国家《旧机动车交易管理办法》《旧货流通管理办法（试行）》和《市政府（2001－79）专题会议纪要》，编制并发布了《重庆市旧机动车交易市场发展规划》。

2003年，有旧机动车交易市场5个，旧机动车鉴定估价师61人，从事旧机动车鉴定评估的公司3个，旧机动车置换公司3户，合法旧机动车经纪公司及个人60个。

2005年，贯彻执行商务部等四部委发布的《二手车流通管理办法》，按照“合理布局，方便交易，节约用地，防止重复建设”的原则，规划定点二手车交易市场和二手车经销企业店铺。进一步明确了设立二手车鉴定评估机构的程序、二手车交易市场和二手车经营主体的管理办法，外商投资设立二手车交易市场的规定，二手车经销企业、经纪机构、鉴定评估机构申办的规定，二手车交易程序，二手车流通行业管理等事宜。全市二手车成交量4.36万辆，成交额13.65亿元。7月9日，市商委、市公安局、市工商行政管理局联合颁发《重庆市旧机动车交易市场发展规划》，规划在主城区、万州、涪陵、黔江、永川共设置5个旧机动车交易市场，并视经济发展状况，分阶段逐步推进。主城区南坪、万州今朝、涪陵展宏市场建成并投入使用，永川渝西市场迁建工作正在进行，黔江市场尚处筹备阶段。重庆市旧机动车市场发展实行严格市场准入审批制。全市旧机动车交易市场仍按主城1个，万州、涪陵、黔江、永川各1个共5个布点，不再新增旧机动车交易市场。任何地区和部门不得擅自批准设立旧机动车交易市场。

三、报废汽车经营

2001年8月1日，国家经济贸易委员会印发《报废汽车回收企业总量控制方案》，表明国家对报废汽车回收企业实行资格认定制度。设立报废汽车回收企业，应当符合国家经贸委关于报废汽车回收行业统一规划、合理布局的要求，确定各地区报废汽车回收企业数量主要考虑区域特点和汽车保有量，并从有利于报废汽车集中拆解、机械化处理和规模化经营发展合理布局。重庆控制数量2个。规范报废汽车回收企业经营行为，从源头上控制报废汽车“五大总成”流入市场，各地应积极引导钢铁企业和回收企业采取联营或股份制等形式，逐步形成报废汽车回收、拆解、销售一体化的管理机制。

市物资集团金属回收总公司按市场经济运作原则优化组合为33个新的经营网络。该公司再次获得市商委、国家经贸委审定的报废汽车回收拆解资格认证。2001年，该公司回收报废汽车6524辆，与上年持平；协助管理部门收缴无牌、无照和报废车2161辆；回收废黑色金属14.09万吨，比上年增长26.5%；回收废有色金属1.59万吨，比上年增长28.5%；实现营业收入1.08亿元，比上年增长54%；实现利润146万元，比上年增长29%。

2003年底，有报废汽车拆解企业3户。6月4日，市商委批准重庆市物华再生资源有限责任公司报废汽车回收拆解资格。要求加大报废汽车回收拆解管理力度，严格按照《报废汽车回收管理办法》守法回收、守法拆解，严禁“假回收”，杜绝报废汽车整车、“五大总成”及拼装车流向社会。9月15日，市商委印发了《重庆市报废汽车回收拆解管理暂行办法》，进一步加强报废汽车回收（含拆解）管理。

2004年，根据商务部等9部委和市政府关于开展汽车市场专项整治工作的通知精神，重庆市开展了报废汽车回收拆解市场专项整治工作。检查了3个报废汽车回收企业共69个回收网点，发出整改通知书8份，取缔未取得回收资格擅自从事报废汽车回收活动的企业（个人）41个（人），查处出售未标明“报废汽车回用件”字样的报废汽车零部件的行为8起，查处出售报废汽车“五大总成”的行为2起，查处违法案件6件，罚没款总额5.9万元。

第二节　拍卖业

拍卖业是以公开竞价的形式，将特定物品或者财产权利转让给最高应价者的买卖方式。拍卖活动应当遵守有关法律、行政法规，遵循公开、公平、公正、诚实信用的原则，以规范拍卖行为，维护拍卖秩序，保护拍卖活动各方当事人的合法权益。市商委负责管理拍卖业并实施监督。

重庆拍卖业于1991年开始恢复。10月18日，全市首家拍卖市场开业，结束了重庆无专业拍卖市场的历史。1996年7月5日，第八届全国人民代表大会常务委员会第二十次会议通过了《中华人民共和国拍卖法》。重庆直辖后，根据《拍卖法》规定，对原有拍卖企业进行清理、整顿、重新确认。按照“统筹规划、合理布局、严格规范、适度发展”的原则，制定了《重庆市拍卖市场发展规划》，将拍卖业纳入了规范化、法制化管理轨道。

1998年，全市有拍卖企业7个。其中，新批2户，保留5户，取缔6户。注册资本1629万元，从业人员90人，其中注册拍卖师7人。全年拍卖场次77场，实现成交额3275万元。其中，拍卖罚没充公物品231万元，房地产430万元，无形资产1390万元，其他1224万元。

2000年，15家拍卖企业组织拍卖会144场次，实现拍卖成交额2.95亿元，拍卖成交总量跃居西部地区前列。重庆商报、重庆晚报、重庆电视台等媒体开辟专版介绍拍卖业发展情况，各拍卖企业更加注重社会形象。配合国企改革参与破产企业资产拍卖，万州拍卖行组织此类拍卖会14场，成交额5000万元，成为拍卖业新的亮点。拍卖领域逐步拓宽，房地产拍卖成为拍卖业“重头戏”，成交额1.5亿元，占总成交额的一半。全市统一组织参加全国从业人员培训5期、35人次，新增加执业拍卖师12人。全市拍卖业拥有从业人员资格证书58人，注册拍卖师23人。积极探索电子商务在拍卖领域的运用。

8月7日，市政府办公厅复函市商委，同意重庆机动车拍卖中心为重庆市缉私、罚没机动车指定拍卖单位。拍卖中心的设立必须符合《中华人民共和国公司法》的规定，拍卖活动严格依据《中华人民共和国拍卖法》和国家有关规定开展。市商委依法对其拍卖活动进行监管。重庆机动车拍卖中心受托的指定拍卖标的车辆是国家行政机关、人民法院、海关依法没收和充抵罚金、罚款的机动车辆。市商委应会同有关单位，理顺委托渠道，统一拍卖资源，规范拍卖活动。

2001年，规范发展拍卖业，有控制地增加拍卖企业总量，年内实施拍卖企业年度预检制度，对多次违规操作和无作为的拍卖企业予以取缔。组织有一定规模的宣传活动，提升拍卖业整体形象。

搞好市场定位，创办特色企业，逐步将电子商务引入拍卖领域，加强企业内部管理，提高整体管理水平，提高人才素质，增强企业发展后劲。

2002 年，全市有拍卖企业 28 家，注册资本金 5119 万元，从业人员 340 人，其中国家注册拍卖师 43 人。市商委会同市公安局、市工商局在全市范围内开展了拍卖行业清理整顿工作。大部分拍卖企业证照齐全，管理运作较规范，有符合规定的注册资本金、固定的经营场地、专业人员，制定了相应的管理制度、业务规则、操作流程，具备一定办公自动化条件，档案管理较规范，从业人员有较高的文化素质，未发现因违规操作引起法律纠纷的现象。但也存在一些问题，一是个别企业违法出租经营资格，私设分支机构以及未经许可擅自变更注册地址；二是经营管理和市场开拓能力有待提高；三是行业自律管理需进一步强化；四是从业人员专业技术水平有待提高。通过清理整顿，市商委、市公安局、市工商局对检查验收的合格企业联合公告，接受社会监督。对 1 家无经营场地、无专业人员、经营管理混乱、违法出租经营资格的企业，给予停业整顿的处理；对无注册拍卖师、经营资格手续不完善的 2 家企业，责令其限期整改，整改期间不得开展拍卖业务，整改后仍不合格的，依法取缔经营资格；对私设分支机构（工作站）的企业，责令立即撤销分支机构（工作站），停止一切违规业务活动。

9 月 10 日，备受全市关注的烂尾楼——解放碑恒利大厦，在重庆集成拍卖公司举行的专场拍卖会上以 1.34 亿元成功拍卖，为重庆烂尾楼的处置开了一个好头，重庆上宏物业发展有限公司成了恒利大厦的新主人。恒利大厦是政府解决的“烂尾楼”项目之一。该大厦位于解放碑黄金地段的五四路与江家港交汇处，1994 年开工，大厦总建筑面积 4.44 万平方米，设计有停车场、商场、餐饮、写字间、住宅和设备层，高 35 层，工程概算 2.2 亿元，因各种原因而“烂尾”，涉及了诸多权利人的利益。此次拍卖所得款项，将优先安置拆迁户，并清偿施工单位的工程欠款和相关单位债务。

2003 年，4 月 22 日，市商委下发《重庆市拍卖行业管理暂行规定》，规范拍卖行为，加强监督管理，促进拍卖行业持续健康发展。市供销社拍卖中心在区县建立 36 个工作站，全年成交额 2.4 亿元。

2004 年，全市有依法设立的拍卖企业 57 户，拍卖业从业人员 583 人，其中注册拍卖师 120 人。全年拍卖企业举办各类拍卖会 895 场次，拍卖成交总额 33.52 亿元。有 9 户拍卖企业拍卖成交额上亿元，其中北城拍卖中心拍卖成交额 5.47 亿元。

2005 年，市商委印发《重庆市拍卖业管理办法》，加强对拍卖行业的规范管理。市商委对全市拍卖企业进行核查，及时处理核查中反映出来的问题，处理投诉 3 件。全市有拍卖企业 77 家，从业人员近 800 人，国家注册拍卖师 113 人。在政府部门和银行委托拍卖大幅度减少的情况下，全市拍卖企业开拓拍品来源，农副产品成交额增长 55 倍，文化艺术品成交额增长 16 倍，全行业成交额 32.22 亿元，比上年略有增长。重庆恒升、集成、拍卖中心、嘉信、北城、诚信、润民等拍卖公司经营业绩良好。

第三节　旧货交易业

旧货交易业是一个新兴行业，能满足不同消费者的需求。

1997 年 11 月 8 日，全市旧货调剂市场——重庆市商业储运公司朝天门旧货市场正式开业，这是重庆市第一家最大的旧货市场，成为国内贸易部定点旧货市场之一。地处渝中区，营业面积 5000

多平方米，进场经营户200多个，摊位出租率100%，年成交额6000万元。主要经营家用电器、国内旧服装、摩托车及部分收藏品和企业积压换代产品。商品来源主要有沿海省市调剂、本地收购、厂商积压换代产品。

1998年，有旧货市场4个，旧货企业39个，旧货个体经营户425户，旧货从业人员1083人。销售额6462万元，纳税额82万元。旧货业主要分布在渝中区、沙坪坝区、南岸区、江北区、九龙坡区、合川市、永川市、江津市和长寿县。

1999年，在旧货流通管理上，开设旧货企业、市场，实行先审批后登记的分级管理制度；开设机动车交易企业、市场和旧的机动车交易应具备相应的条件、先履行申办程序和并提交所需材料。

2001年1月5日，市商委对旧货行业管理有关问题做了规定，对旧货专业市场进行专门审批。

第四节　废旧金属回收

对废旧金属市场的监管工作是一项长期的任务。由于废旧金属收购站（点）多、分布广泛，交通干线、城市街巷、乡镇村社都分布着大量的收购站（点），活跃着大量的收购人员，针对废旧金属收购行业从业人员结构复杂，思想素质不高，文化层次低，法律意识淡薄，盲目追求利润最大化等现状，必须加强监管。一是大力宣传法规政策，有效震慑违法活动。二是通过开展废旧金属市场清理整顿，净化废旧金属市场，纠正了部分经营者违法违规的经营行为，打击和查处违法违规行为。三是加强制度建设，积极构建废旧金属市场管理长效机制。四是积极培训，努力提高废旧金属行业从业人员素质，进一步促进全市废旧金属市场的健康有序发展。

2002年，全市有废旧金属收购站（点）2360户。

2003年，供销社报废汽车拆解经营部建立了20个工作站，全年拆解各种报废汽车846辆。

2004年，全市废旧金属收购站（点）发展到近5000户，从业人员大幅度增加，导致一些收购站点无序竞争，甚至非法经营，大部分从业人员乱收滥购。9至12月，市商委、市公安局、市工商局在全市范围内联合开展了废旧金属市场清理整顿工作，联合制订方案，对辖区内的废旧金属回收站（点）进行了拉网式的清理整顿，把非法破坏、收购生产设施、市政公共设施、通信输电线路、铁路器材，非法回收、拆解报废汽车及非法收购报废汽车零部件、无照经营和超范围经营等作为清理整顿工作的重点。此次清理整顿检查废旧金属回收站（点）3370个，查处各类案件406件，打击、处理各类违法人员370人，发出整改通知书284份，查出无照经营和收赃的黑窝点48个，吊销21个经营单位的营业执照，没收非法所得182.04万元，罚款42.02万元，为国家挽回经济损失25万余元。

2005年，全市有废旧金属收购站（点）3939个，从业人员10947人。7月至10月，为严厉打击乱收滥购废旧金属和破坏盗窃市政、通信、电力及铁路等公用设施的违法违规行为，维护废旧金属回收市场秩序，市商委牵头，会同市公安局、市工商局开展了为期4个月的全市废旧金属收购行业清理整顿，狠抓了重点区县、重点区域、重点地段、重点环节和重点问题的整治，大渡口、九龙坡、沙坪坝、大足等区县重点围绕盗卖滥购铁路交通设施、工业原辅材料及其设施进行整治；渝北、涪陵、长寿、江津等区县重点围绕电缆、电力设施开展整治；巴南、万州、黔江、云阳等区县重点围绕老旧汽车报废行业开展整治。各区县在抓好重点地段、重点整治的同时，抓紧抓好了其他地段和一般性问题的整治工作。清理整顿中，检查回收站（点）3080个，发出整改通知书556份，查处无照经营点和收赃销赃黑窝（点）175 个，吊销 3 个站（点）的营业执照，查处各类违法案件 375 件，打击、处理各类违法人员 495 人，没收非法所得 46.2 万元，罚款 26.7 万元，促进了废旧金属回收市场的规范和健康发展。

第五节　散装水泥推广应用

推广使用散装水泥，促进预拌商品混凝土和散装水泥的发展，是节约资源、保护环境的一项重大措施。散装水泥推广的主管部门是重庆市商业委员会，散装水泥办公室设在市商委特商处。全市散装水泥主要使用对象是预拌混凝土企业。

2000 年 12 月 22 日，市商委就加快发展散装水泥发出通知，规定在渝中区等建筑面积在 1000 平方米以上或混凝土需求量在 500 立方米以上的，必须使用预拌混凝土。从事袋装水泥生产企业和使用建设单位应当缴纳散装水泥专项资金。

2003 年，市商委加快散装水泥的推广。一是进一步加强散装水泥推广工作的组织领导和协调。年初，及时调整了重庆市发展散装水泥“十五”规划，将散装水泥供应量从“九五”期间 300 万吨调高到“十五”期间 900 万吨。4 月，市商委召开全市推广散装水泥工作会，下发了《重庆市发展散装水泥“十五”规划》，并首次将发展散装水泥的目标作为区县商贸工作考核内容之一，形成了《重庆市散装水泥管理办法（草案）》。二是开展散装水泥推广业务培训，进行推广散装水泥宣传工作。三是加强散装水泥专项资金征收和发展散装水泥工作。南川、彭水首次实现散装水泥的供应和使用。全市散装水泥供应量 231.17 万吨，在全国排第 6 位。水泥散装率为 12%，商品混凝土使用量 432.68 万立方米，在全国排第 9 位。全市使用散装水泥 159.75 万吨，约占全市散装水泥供应量的 70%。全市征收散装水泥专项资金 1800 万元。支持市管水泥企业更新改造发展散装水泥生产的设备设施，协调解决预拌混凝土企业与水泥生产企业的问题。

12 月 23 日，市商委、市建委、市交委联合转发《关于限期禁止在城市城区现场搅拌混凝土的通知》，要求全市主城区行政区域内建筑面积 1000 平方米以上或混凝土需求量 500 立方米以上的房屋建筑和市政公用建设工程，从 2004 年 1 月 1 日起禁止现场搅拌混凝土。万州区、涪陵区、永川市的城区范围内同等规模的建筑工程从 2005 年 1 月 1 日起，禁止现场搅拌混凝土。其他交通建设工程和各区县城区范围内应积极发展和使用散装水泥，并创造条件推广搅拌商品混凝土。各预拌商品混凝土和干混砂浆生产企业应当全部使用散装水泥。重庆市散装水泥行政主管部门负责全市散装水泥的行政管理工作，重庆市建设行政主管部门负责全市预拌商品混凝土的行政管理工作。散装水泥行政主管部门和建设行政主管部门密切配合，加强对散装水泥和预拌商品混凝土的监督管理。公安交管部门应当对因施工需要进入城区的散装水泥运输车、预拌商品混凝土运输车及泵车及时办理定时、定线通行手续。对未经批准擅自现场搅拌混凝土的，各级建设行政主管部门要责令其停工并限期改正。

2004 年，全市供应散装水泥 389.03 万吨，增幅居西部地区第 3 位，居全国第 4 位。水泥散装率 19.9%，在全国列第 21 位，摆脱了重庆市直辖后这一排位长期居全国倒数后 5 位的落后局面。市级征收散装水泥专项资金 1044.78 万元。市商委及时协调地税、财政、建管部门，保持经常的工作联系，每月定时核对入账资金。主动到市管水泥生产企业听取意见和建议，为其服务，督促其按时缴纳资金。耐心细致地解决建设项目的退返问题，避免矛盾产生。对区县专项资金的征收，使专项资金真正发挥专款专用的作用。为切实发挥专项资金的作用，市商委深入区县各水泥生产企业，对发散项目进行了认真考察，特别是对在建的新型干法旋窑水泥项目进行了调查了解，对荣昌永荣矿务局水泥厂发散库等10多项区县改造项目进行了投入。6月6日至11日，开展散装水泥节能宣传周活动。9月14日，经市人民政府第39次常务会议审议通过，9月27日发布了《重庆市散装水泥管理办法》，11月1日起施行，为全面促进散装水泥工作健康发展提供了有力的法律政策保证。开通重庆市散装水泥网。市商委用散装水泥专项资金为区县散装办配置了电脑，促进了区县散装水泥工作信息化和电子政务的开展。

2005年，贯彻落实《重庆市散装水泥管理办法》，大力推广散装水泥，加强散装水泥专项资金征收、使用管理工作，充分发挥专项资金作用，按照“取之袋装、用之散装”的原则，达到“限制袋装、鼓励散装”的目的。强化全市散装水泥专项资金的征收、管理和使用，扶持骨干企业大力发展散装水泥，同时加大对渝西经济走廊区县和三峡库区部分重点区县散装水泥发放、运输、使用各环节的扶持，推动全市散装水泥工作的均衡发展。全市供应散装水泥563.21万吨，比上年增长44.7%，总量居全国省、区、市第18位，比上年上升2位；水泥散装率26.8%，比上年上升了7个百分点，在全国排名第19位，上升3位。全年全市征收散装水泥专项资金2130.16万元，其中市级专项资金1100.89万元。在开通重庆散装水泥网的基础上，推进散装水泥信息网上报送工作。

第四篇　市场体系

进入21世纪后，市场体系由分散到集中，专业化趋势加强，在市场竞争中涌现出一批规模大、市场竞争能力强的骨干企业，以批发、零售市场为主体的、多种经营方式并存的商品交易市场体系已具规模，由分布在全市城乡的商业网点、商业企业、商品交易市场组成的商品流通网络，以及餐饮、住宿和各类居民生活服务业和新型服务业网点实现了大的飞跃和提升，流通产业集中度提高，市场结构日趋合理，市场体系逐渐形成，成为城乡居民特别是城镇居民的首选消费场所，在竞争中领跑消费品市场，既为商品物流提供了强有力的物质基础，也为消费者提供了便捷的购物与消费环境。2005年，限额以上批发和零售业企业商品销售额1249亿元，在全部批发和零售业中所占比重为45.5%，城乡市场呈现出一派繁荣兴旺的景象。

第一章　市场建设

市场建设是商品市场体系的重要载体。

第一节　规划布局

规划是统领商贸工作的龙头，只有依据规划，才能体现对全社会商贸行业宏观调控的意志，才能实现商贸发展的既定目标。无论是战略构思，还是行业规划，都应遵循以人为本，远近结合，协调发展；结构调整，布局优化，改造与新建相统筹；大型商业设施建设与中小商店发展相结合；城乡、业态统筹安排；规划的调控功能与市场机制的基础作用相结合；与经济和社会发展水平相一致，和城市专业规划协调的原则。规划对象主要是零售业、商品交易市场、物流园区、会展业和生活服务业，包括市场体系、业态布局等。商业规划，既有五年发展规划，也有专业规划。

一、战略规划

1997年11月27日，中共重庆市委、重庆市人民政府发布的《关于加快商贸流通产业发展的决定》，是重庆直辖后发展商贸流通的指导文件。同时，市政府发布《重庆市商贸流通改革与发展纲要》。《纲要》提出到21世纪初，努力把重庆建设成为长江上游和西部地区最具有活力和竞争力的商贸中心，初步建立起立足重庆、辐射西南、联动长江、面向全国、统一开放、万商云集，商贸流通产业与其他产业共同推进，具有内陆中心城市特色，并与要素市场协调发展的商品市场体系。到2010年，把重庆建设成为在全国有较大影响、在国际上有一定知名度的商贸中心。

其基本标志，一是完善的市场网络体系。基本形成以主城中心商贸区、地区中心城市商贸区、重点城镇商业区为主体，以大型市场和物流中心为支撑，四通八达的商品市场体系，以及比较健全的以资本市场为主的要素市场体系。二是全新的企业运行机制。实行政企分开、政资分开，完成企业体制和经营机制的改造，推进现代流通组织形式和营销方式较快发展。三是多元竞争的繁荣局面。形成以国有及控股参股的大公司、大集团为主导，合资合作、股份合作、民营经济、外资商业多元竞争、协调发展、共同繁荣的市场态势。四是全方位的对外开放格局。吸引海内外大公司、大财团来重庆设立机构，投资发展商业，改造传统商业，以大开放促进商贸流通大发展。五是先进的管理水平。运用通信、电子、信息技术改造装备商业，建立现代物流和信息流体系，提高商贸流通的现代化管理水平。

其主要标志，一是商贸流通产业在国内生产总值的比重提高。到2010年，全市第三产业增加值4900亿元，年均增长15%，在国内生产总值中的比重占50%。其中商业、服务业增加值1470亿元，年均增长15%，在国内生产总值中的比重提高到15%。二是社会消费品零售总额迅速增大。到2010年，全市社会消费品零售总额3445亿元，年均增长15%。三是市场设施建设加快。到2010年全市商业、服务业营业面积达到2500万平方米以上，人均占有营业面积接近特大城市国际通行标准。

按照城市总体规划和多中心、组团式的结构特点，对重庆商贸流通发展的布局进行全面规划，分期实施，突出重点，形成特色。重点强化“四个层面、五大中心”的规划建设，四个层面即主城中心商贸区、地区中心城市商贸区、重点城镇商业区和乡镇商业区；五大中心即商务中心、购物中心、会展中心、物流中心和信息中心。进一步扩大城市流通规模，到21世纪初，形成布局合理、层次分明、功能配套、渠道通畅的整体格局。一是建设和完善主城中心商贸区。主城中心商贸区是重庆商业的核心。布局由解放碑、两路口至上清寺、观音桥、南坪、杨家坪等组团构成，形成以购物中心、大中型商场和众多专业名店、连锁超市为主体，以专业特色街和规范的夜市为特色的繁华商业圈。二是建设地区中心城市商贸区。重点搞好万州、涪陵、黔江、永川、合川、江津、南川、长寿、开县等城市商贸区的规划建设。其中，万州区、涪陵区按照大城市的要求，黔江、永川等城市按照中等城市的要求加快发展。三是尽快建设和形成主城商务中心。规划渝中区、北部新区、南坪地区为重庆的中央商务区，加快统一规划建设步伐，形成设施先进、功能配套、智能化程度较高的商贸活动中心，为国内外大公司、大财团来渝设立机构，开展商务活动创造良好条件。四是建设解放碑中心购物广场。以渝中区解放碑为轴心，方圆2.5万平方米，形成集购物、餐饮、旅游、娱乐为一体的西南地区最繁华的购物中心。到21世纪初，中心购物广场的商品销售额100亿元，其中对外地游客的销售额占50%左右。五是加快建设物流中心。该中心定位在沙坪坝区上桥、九龙坡区滩子口和万州区。规划到21世纪初，货物吞吐调节能力在现有基础上翻一番，成为西南地区和长江上游最大的物流中心。六是探索建设商贸信息中心。积极开发、推广和应用现代通信、电子、信息技术，发展一批商贸信息公司，逐步建立健全商业信息网络，加强与国内外经济信息的联系，加快商业信息化、现代化建设的步伐。

以城市为依托，逐步建立和完善以全国性批发市场为龙头，以专业性批发市场和区域性批发市场为骨干，以众多城乡集贸市场为基础，连接城乡、辐射西南乃至全国的商品市场体系。一是建设国家级商品批发市场。重点抓好立足西南、辐射全国的三大市场的培育，即朝天门日用工业品交易市场、重庆钢材中心批发市场、西南建材中心批发市场。二是建设区域性商品批发市场。加快建设和培育一批区域性商品批发市场：渝南蔬菜副食品批发市场，盘溪和观音桥蔬菜副食品批发市场，天星桥农副产品批发市场，重庆龙水小五金市场，重庆汽车交易市场，西南皮革市场，重庆闲置设备调剂中心。三是建设一批骨干专业批发市场。在主城区和地区中心城市，特别是在三峡库区，加快规划建设日用工业品、生产资料和粮油、肉类、酒类、果品、饮料、榨菜、药材、竹木等地区性骨干专业批发市场；在商品主产地、集散地积极发展中小型专业批发市场，形成贸易集中、信息灵敏、吞吐畅通的批发网络。

加速商业经营结构调整。紧密结合重庆市产业结构调整、发展支柱产业、农村扶贫和库区移民等举措，形成商业与工业、农业、旅游业及库区移民开发相互协调、相互带动的良性循环机制。大力推进工商联手，以品牌为龙头，以资产为纽带，发展紧密型的工商联营体，重点组建一批上规模的销售公司；通过商业代理或工商企业联合到市外设销售网点；举办有特色的地产品展销会，扩大重庆产品的辐射能力。大力发展农副产品生产加工基地，组建一批与农民合资合作、投资参股的“公司+基地+农户”的专业合作社，形成生产、加工、销售、服务一条龙，促进农业产业化经营。到21世纪初，全市建有较大经济规模的专业合作社1000家，实现农副产品加工销售增值40亿元左右。围绕库区小城镇开发建设、库区产业结构调整和移民安置，大力发展商业、服务业，最大限度地安置库区移民。

搞好商业业态调整。（1）加大连锁商业的推进力度，对现有连锁企业进行结构调整，通过股份制改造吸纳资本形成投资主体多元化；积极引进国内外知名大型连锁企业进驻重庆；政府加大对连锁企业的政策扶持；加强连锁专业人才培训。扶持抓好2—3家大型连锁企业的发展，使其上规模、树形象，并向周边区县延伸网络；引导综合性商场转变业态，向专卖店、精品店、特色店发展。（2）拍卖企业从注重数量转变到注重规模经营，力争在3年内培育2—3个年成交额5000万元以上大中型拍卖企业。加大拍卖市场的监管力度，依法规范拍卖行为，严厉查处无拍卖资格企业开展的拍卖活动，实现国有资产增值和财政收入，努力拓展拍卖领域。（3）旧货业，从政策上扶持，完善税务管理和准运制度；培育经营大户，组建营销网络；完善市场配套服务。规划3年内在主城区培育2—3个成交额5000万元以上的大型旧货调剂市场。在地区中心城市和中等城市培育20个成交额在500万元~1000万元的旧货交易市场。（4）大力发展社区服务和与人民生活密切相关的住房装饰、清洁卫生、维护修理、旅游服务、家庭服务等行业门类，推动家务劳动社会化。

2000年，市商委制定了《“十五”商贸流通发展规划》。“十五”期间，重庆商贸流通发展以满足人民群众不断提高的物质文化需求为根本出发点，抓住西部大开发的机遇，围绕发展这一主题，坚持以结构为主线，完善城乡商品流通网络，加快流通现代化、信息化进程。总体目标是提升商贸餐饮增加值对全市GDP增量的贡献，促进产业结构由“二三一”向“三二一”调整优化。商贸经济发展速度高于全市经济增长的平均水平，流通规模在西部地区位前列，商品聚集辐射功能进一步增强，把重庆建设成为长江上游商贸中心和西部地区最具特色、活力的商贸中心。战略重点是实施三大战略，实现三大突破，即西部大开发战略，以大城市带动大农村，加快构筑都市发达经济圈、渝西经济走廊、三峡库区生态经济区商品流通网和市场体系，主城区和地区中心城市商贸建设发展取得突破，增强重庆在西部地区的商品聚集辐射能力和商贸经济影响力、竞争力，发挥商贸中心城市“窗口”和辐射带动作用。不再保留纯国有商业企业，国有资本大部分退出，在大中型商业企业全面建立现代企业制度，所有制结构调整取得重大突破，国有经济成为商贸主体。培养、引进、使用高层次人才和适用型人才，提高商贸科技应用水平，发展以连锁商业为主的新型业态和电子商务，大中型市场和企业初步实现管理现代化，现代营销技术、信息技术运用取得突破，现代服务业成为商贸流通的重要增长点。

2001年4月，发布了《“十五”时期重庆商贸流通发展纲要》，分别就主城区商贸中心建设、远郊区流通网络发展、重点市场培育等做出规划。实施“大贸易、大流通、大市场”的战略，基本形成以主城中心商贸区、地区中心城市商贸区、重点城镇商业区为主体，以大型市场和物流中心为支撑，以众多商业服务网点和集贸市场为基础的商品市场体系。

2002年2月28日—3月1日，全市商业工作会上提出推进“双十百千”工程。“双十”，即培育完善10个商业中心，即主城区商圈，9个地区商贸中心城市，培育扶持重百、重庆商社（集团）、梨树湾钢材交易、和平药房、山城平价超市、家乐福、小天鹅、洁诚洗染、桐君阁等10个商业连锁物流配送大型骨干企业；“双百”，即培育发展100个社区商业服务中心，100个小城镇商业群；“双千”，新发展1000个连锁店铺，培育建立1000万元级的贸易市场和1000万元级的市外分销机构。通过大力推进“双十百千”工程，加快商贸流通的现代化步伐，增强重庆市商业竞争力，扩大市场份额，提高商业发展质量和水平。5月，市长包叙定在为期一周的全市商贸流通专题调研工作会上，明确提出努力把重庆建设成为长江上游最具活力的商贸中心。市商委提出了重庆市商贸流通发展新思路，即“十五”期间，社会消费品零售总额年均增速保持在10%以上，高于全市经济增长水平。全面推进商贸流通现代化，大力发展连锁经营，积极推进物流配送，稳步探索电子商务，促进商贸业均衡协调发展。

2003年，加强规划引导，加强城乡商贸经济协调发展的分类指导和规范管理。市商委分别召开主城地区、渝西地区和中心镇商贸发展会议，提出不同的赶超目标、发展重点和政策措施。主城商贸中心区按照突出特色、塑造亮点、调整业态、完善功能、错位发展的要求，加快发展旅游休闲商业、教育文化商业、餐饮娱乐商业、会展业等，形成组团式商贸产业集群。区域商贸中心区、县城和中心镇打造独具特色的中心商圈。同时，加快制订主城区和区县城市商业网点规划。全年完成28个专项调研课题，出台拍卖业、洗染业、生猪定点屠宰、危险化学品经营许可、报废汽车拆解回收、商业结构调整资金等9个管理办法和行业服务标准。

2004年，按照大市场、大流通、大商贸的发展思路，以推进商贸流通现代化、拓展和繁荣农村市场、促进消费增长为主线，加快构建城乡一体化的现代流通市场体系，发挥商贸流通产业在经济中的先导作用。主城区和地区商贸中心区商品市场建设进一步加快，县域特别是中心镇商业建设重点得到加强，为加快实施城镇化战略创造了良好的商贸流通环境。

2005年，加强商贸规划工作，强化规划引导作用。在完成了全市商贸流通26个重大课题的专题调研和重庆商贸流通“十一五”规划调研报告的基础上，市商委制定了商贸流通产业发展“十一五”综合发展规划以及10个专项规划，明确了“十一五”的发展指导思想、发展定位、发展目标和发展战略，确定了引导和扩大消费需求、培育各类发展主体、继续提高流通现代化水平、大力发展生产性服务业、完善提高生活服务业、加强产业联动、加强农村流通体系建设、内外贸一体化、区域经济合作、特种商品流通、流通体制改革、整顿和规范市场秩序等重点发展任务，明确了4个层次的商业发展布局以及发展支持系统等工作。

6月30日—7月1日，市政府召开了全市商贸流通产业工作会议。商务部副部长张志刚、市委副书记姜异康、市人大常委会副主任税正宽、市政府副市长谢小军、市政协副主席尹明善等出席会议。张志刚副部长对重庆商贸流通工作所取得的成绩给予了充分肯定，对下一步推进商贸流通现代化工作提出了要求。姜异康副书记、谢小军副市长就推进重庆市商贸流通产业发展分别讲话。会议进一步明确商贸流通产业发展和改革的总体思路，即“一二三四五”思路。一是一条主线，就是开拓市场，扩大消费，特别是开拓农村市场，扩大农村消费。二是两个转变，就是推动传统流通方式向现代流通方式的转变，推动传统流通格局向大市场、大贸易、大流通的格局转变。三是三个功能，就是把重庆建成长江上游物流基地、购物消费乐园和商贸信息中心。四是四个层次，就是建好都市中央商务区、区市县中心商圈、城镇商业特色街（专业市场）和乡镇（社区）商业点。五是五个体系，就是建设商品市场体系、现代流通体系、法制建设体系、监测调控体系、商业信用体系。会议还印发了《重庆市人民政府关于加快商贸流通产业改革发展的意见》（渝府发〔2005〕62号），从财政、税收、金融、土地房管、规费优惠等方面明确了支持商贸流通产业发展的政策。

二、专业规划

先后重点制定了商业网点规划和《“十五”期间重庆商品市场发展规划》。明确把重庆建设成为长江上游最具活力的商贸中心，坚持发展与调整并重，优化商业设施配置，积极推进商业设施建设，努力构建完善城乡商品流通网络，进一步增强商品聚集辐射功能，满足社会经济发展需要。

总体目标是初步实现主城商业设施布局合理，总量适度，5个购物中心特色突出，运行质量较高，消费环境舒适，有浓郁的都市现代商业氛围。9个地区中心城市商业设施初具规模，能够发挥跨县域的聚合辐射、示范带动和城乡联结作用。20个县城商业设施建设有突破性进展，购物环境有明显改善，基本满足本地区生产和生活需要。50个市级重点小城镇商业设施配置达到社区级要求，集贸市场、超市和连锁商店，能较好满足居民生活需要。培育3个年交易额100亿元、5个年交易额50亿元、5个10亿元~20亿元的大型批发市场。商业网点营业面积1500万平方米，人均拥有商业网点营业面积近0.5平方米，基本达到国内配置标准。

遵循的原则是整体适当分散，局部相对集中，布局合理的网络结构；大、中、小结合，以中小商业网点为主的规模结构；优先发展新型业态，实现新型业态与传统业态优势互补的业态结构；坚持资源比较优势，按经济区域配置商业设施。

（一）主城商贸区

主城商贸区是重庆商贸流通业的核心，是长江上游商贸中心的“窗口”和载体。“十五”期间基本完成设施建设，形成合理的布局结构、业态结构和网络商业。

主城商贸区主要由5个购物中心和兴建的国际会展中心、物流中心、信息中心和规划的商务中心一批大型批发市场构成。

1. 完善5个购物中心

解放碑购物中心。以解放碑为中心的步行街布局，面积0.25平方千米，营业面积总规模控制在50万平方米左右，社会商品零售额80亿元~100亿元。以大型综合百货、精品店、专业街（店）业态为主，以精品、名品、新品、高档品为主，以市内外中高档消费对象为主。加快八一路好吃街二期工程、重百大楼改造、时代广场、重庆图书城等项目建设，重点发展餐饮、文化用品、图书音像超市、休闲娱乐服务类。

沙坪坝购物中心。以商业文化广场为轴线，向两翼拓展，面积0.2平方千米，营业面积总规模控制在20万平方米以内，加快商业文化广场三期工程、融信大厦、沙百司改造等项目建设，重点突出商业文化特色。

观音桥购物中心。以观音桥至红旗河沟为轴线，向两翼拓展，面积0.3平方千米，营业面积总规模控制在30万平方米以内。该中心是未来中央商贸区的一部分，是北部新区的商业中心。抓紧改造一批项目，调整功能结构，尽快形成规模。

南坪购物中心。以南坪商业步行街为轴线，向两翼和地下拓展，面积0.2平方千米，形成地上、地下立体商业街区，营业面积总规模控制在20万平方米以内。完成商业步行街一期工程，加快南坪商业大厦、西计大楼群房、饮食专业街等项目建设，重点突出旅游特色和会展业。

杨家坪购物中心。以杨家坪转盘为中心向周边延伸，面积0.2平方千米，营业面积总规模控制在30万平方米以内。加快中心内居民的异地安置，拆住宅楼建商业用房。商业用房应具时代感和标志性，营造培育舒适的周边环境，突出街区特色。

沙坪坝、南坪、观音桥、杨家坪4个购物中心社会商品零售额分别达到20亿元~30亿元。业态以大型综合百货店、专业店、精品店、超级市场、连锁店为主，以名品、新品、中高档品为主及游客中高档消费对象为主。

2. 发展物流中心

物流中心具有分拣、加工、组配、包装、集散、储运等功能。物流中心布局必须充分考虑交通条件、用地条件和网络商业发展程度。规划在主城外环沿线和杨家坪至大渡口地区为大型物流配送中心集中地区。2005年物流配送规模达200亿元。

重点发展：生产资料、农副产品、冷冻、生鲜、熟制品物流配送；规划建设梨树湾金属材料配送中心、大渡口西南建筑装饰材料配送中心、盘溪农副产品配送中心；重点扶持人道美连锁、新世纪连锁、和平药房等配送中心。鼓励、引导仓储企业，优化资产经营，利用改造仓储设施兴办物流配送中心。

3. 建设商务中心

中央商务区具有金融、保险、信息、咨询、商业、文化和商务办公等各种服务功能。规划渝中区为重庆的中央商务区，北部新区和南坪为商务拓展区。加快道路交通改造，完善水电气、通信等基础设施，兴建现代化智能写字楼，提供西部最好的政策环境，筑巢引凤。

4. 发展社区商业

充分体现以人为本的原则，以方便居民日常生活、提高生活质量为中心，主要发展食品、日用品、餐饮、修理、文化用品和各类日常生活需要的商业、服务业，以小型网点为主，以菜市场、超市、便民店业态为主。

"十五"期间主城规划建成50个，居住人口1万~3万人的社区商业服务中心。该中心营业面积总规模一般为5000~10000平方米，以一家经营食品、日常生活用品为主的中型综合超市和一家经营蔬菜等鲜活商品为主的室内菜市场为骨干，同时发展餐饮和各类小型生活服务、金融、邮政、医药、书店等配套网点。"十五"末，主城中心区域基本取缔以街为市、以路为市的市场，集贸市场用地改为社区菜市场用地，纳入社区商业统一管理。

5. 调整批发市场布局

批发市场具有货物流量、人流量、场地大的特点，有商品集散、结算、信息传播和形成价格四大功能。批发市场规划在中环以外的寸滩、人和场、大石坝、杨公桥、上桥、大渡口、五公里、弹子石地区，选址应靠近城市快速通道，有利于人流集散的地方。中环内现有批发市场应逐步向外调整。渝中区重点发展要素市场，现有批发市场加快调整或转变批发业态。中环内不再兴建和开办批发市场。

（二）地区商贸中心

将万州、涪陵、黔江、永川、合川、南川等地区中心城市规划为地区商贸中心。地区商贸中心具有经济区域内购物、商务、会展、物流和信息中心等功能。发挥经济区域内聚合辐射、示范带动、城乡联结作用。

地区购物中心。规划在万州、涪陵、黔江、合川、永川等城市营造购物中心。万州营业面积控制在20万平方米，“十五”末社会商品零售额达到30亿元；涪陵、黔江、永川、合川、南川营业面积控制在10万~20万平方米，社会商品零售额分别达到10亿元以上。地区购物中心以1—3个大中型综合百货店、1—2个大中型综合超级市场、连锁店、精品店、专业街（店）业态为主，以区内中高档消费对象为主。

地区物流中心。以大中型专业批发市场、配送中心、网络商业为基础。批发市场和配送中心应规划选址在道路与国（省）道交汇的地方，方便货物人流集散。在物流规模上，万州50亿元(2010年100亿元)，涪陵、永川、合川分别达到20亿~30亿元，其余地区应有明显提升。

会展设施建设。规划在万州、涪陵、永川、合川兴建标准展位的场馆。“十五”末基本达到能接待大类商品或城区商品展览、展示、展销会的能力。

其余中心城市要规划发展连锁、代理、配送、拍卖、租赁、典当等营销方式。

（三）城镇商业

城镇商业由县城商业、中心镇商业、一般镇商业构成。城镇商业设施按照5万~20万人，中心镇5万人，一般镇1万人配置。县城商业是主城商贸区、地区商贸中心向外延伸，是县域内城镇商业中心。县城商业营业面积控制在5万~10万平方米。重点发展规范的室内集贸市场、专业批发市场、百货店、中型超级市场、商业街、连锁店、配送中心、餐饮商业。中心镇商业按照居住主导型、旅游主导型、产业主导型、商品集散主导型、交通枢纽型等不同特点配置商业设施，营业面积控制在3万平方米，以1个中型室内集贸市场、1个百货超级市场为骨干，配套零售、批发、餐饮、服务、文化、金融、网点。一般镇商业，营业面积控制在5000~10000平方米。

（四）连锁业、餐饮业、会展业、旧货业设施建设

1. 连锁业。成渝、渝涪、渝合、渝黔、渝遂、渝万6条高速路和主城内环、中环、外环道路的相继建成开通，为重庆市连锁业的发展奠定了基础。主城的社区和高速路沿线地区的中心城市、县城、中心镇均加快发展连锁网点。规划“十五”期间发展连锁网点1000个，营业面积30万~50万平方米，培育10个、每个经营规模5亿~10亿元的连锁公司。

2. 餐饮业。发展配餐中心和饮食连锁网点，力争“十五”末主城中心区域实现快餐、早餐集中配送、连锁经营，替代路边的饮食摊点，提高群众的生活质量。加快八一路好吃街二期工程建设，力争2002年春节建成营运；规划每个地区中心城市分别建成一条饮食专业街，年营业规模2亿~5亿元。充分利用现有空置商业用房，发展高中低、大中小饮食网点；在坚持环境保护的前提下，社区临街门面可调整、置换开辟为饮食网点。

3. 会展业。加快南坪国际会展中心和万州、涪陵、永川、合川等一批会展场馆的建设速度，完善重庆会议展览中心、重庆汽摩配件整车交易中心、西南建材中心批发市场等一批会展会馆配套服务设施，积极开发利用各种会展资源。

4. 旧货业。规划在主城外环沿线选址兴建4个大型旧货市场和闲置设备、再生资源交易市场，在地区中心城市和部分县城规划兴建20个大中型旧货交易市场，发展一批旧货经营企业和经营大户，基本形成以主城中心市场为骨干，区县市场为基础的旧货流通网络。

（五）重点市场培育

重点市场严格控制规模，调整经营结构、商品结构、业态结构，优化市场环境，完善配套服务设施，探索仓单交易、电子商务等现代交易方式，使批发市场从传统的交易方式、管理手段向现代

信息管理、加工配送、物流管理发展，实现有形市场与无形市场的有机结合，提升市场运行质量。加快省际贸易市场的建设培育，重点在渝东南地区发展5—10个交易规模上亿元的贸易市场。

100亿元以上的市场有朝天门综合交易市场、观音桥盘溪农产品批发市场、石坪桥含谷汽摩交易区。

50亿元以上的市场有装饰材料市场、重庆钢材中心批发市场、万州小天鹅综合批发市场、巴南重庆家具市场、永川重庆农副产品市场。

10亿~20亿元的市场有永川家电批发市场、合川工贸城、万州渝鄂农产品市场、万州商贸城、涪陵关庙综合市场。

商品市场发展措施：一是强化规划，促进有序发展。二是加强协调服务，营造良好环境。三是加大商业基础设施的政府投入，创造必要的发展条件。四是规划的实施。市里负责研究编制商品市场规划建设管理办法，协调编制有关鼓励商品市场发展的政策，编制全市商品市场分类发展规划，参与研究编制重点地区商品市场规划，督促各区县（市）实施本规划，检查纠正违反本规划的问题。在客观条件发生变化时，会同有关部门提出规划局部调整意见。

2004年，市商委把研究和编制都市区商业网点规划作为构建城乡一体化商贸流通体系的重点，开展商业步行街、大中型批发市场、城镇商业载体设施、汽摩市场、建材装饰市场、农贸市场改超市以及商业网点现状等专题调研，市商委与市规划局联合编制都市区商业网点总体方案并报市政府审定。完成2004—2020年都市区总体规划修编中商业网点专项规划纲要的编制。解放碑中央商业区和观音桥、南坪、杨家坪、万州、永川等商圈的改造顺利推进。完成全市农贸市场改超市发展意见和规范标准的起草。都市区以外的其他区县（市）按照商务部关于地级市商业网点规划的要求和年初全市商贸工作会上的部署，陆续开展了本区县（市）商业网点规划的编制工作，市商委参与和指导了部分区县（主要是主城区）商业发展规划和网点规划的论证和修改。

2005年，市商委收集了各区县（市）商业网点规划工作的进展情况，有7个区县的规划已经当地政府审批实施，7个区县已上报政府待批，13个区县正在调研或编制过程中，13个区县尚未启动。沙坪坝、九龙坡、北碚、涪陵、武隆、奉节、南川等区县请了重庆大学、西南师范大学、重庆工商大学等单位开展调研，编制规划。

市商委开展商业设施和商业空置房现状调查，基本掌握了全市商业网点，特别是大型商业网点的数量、地区分布、业态分布以及商业空置房等情况。开展都市区商业网点规划和国内外城市商业网点规划2个专题调研，形成《都市区商业网点规划调研报告》和《国内外城市商业网点规划调研报告》，且调研报告通过了专家评审。按照商业网点规划到点的原则，完成商业网点规划纲要的起草工作，与市规划局联合向市政府报送规划编制方案，为具体编制都市区商业网点规划打下了基础。各区县“十一五”商业规划工作积极推进，沙坪坝、南岸、渝北、巴南等7个区县（市）商贸流通业发展规划编制完成，并经区县政府批准实施；渝中、九龙坡、长寿、江津等20个区县商贸流通业发展规划编制完成，报区县政府审批；江北、大渡口等10个区县正抓紧修改完善商贸流通业发展规划。

第二节　商业设施建设　商品市场建设

一、商业设施建设

从1986年以来，政府加大投入，加快商业设施建设，商业网点数量增加，一批大中型商业设施建成，促进了市场繁荣。重庆市直辖前，重庆商业设施建设以渝中区为中心，以沙坪坝、杨家坪、南坪、观音桥为支撑网络，以大中型专业批发交易市场和大型零售商场为主干，布局合理、门类齐全、功能配套、城乡贯通的市场体系初步形成。直辖后的直辖效应和西部大开发的实施，使重庆成为一座热力四射的城市，人流、物流、资金流大量聚集，市场更趋开放活跃，是商贸设施建设最快的时期，政府从规划、资金、定位、功能上进行引导和扶持，加大商业设施投资力度，建设步伐加快，实现根本性突破。进入"九五""十五"，商业发展进入结构性调整阶段，特别是西部大开发、三峡移民迁建等政策性投入、地方财政支持力度加大，加之外来投资进入，其投资更加科学有效，促进了商业设施的建设。商业设施面积以每年200万平方米的速度增加。进入21世纪后，进一步加快建设商业设施，商品市场规模扩大，流通产业集中度提高，初步形成了城乡贯通的市场网络，主城区商圈极大地提升了大都市形象，形成了以五大购物中心为依托、以区域性大型批发市场为支撑、以一批中外大型商贸企业为骨干的大流通格局，营销模式由传统加速向现代模式演变。解放碑购物中心成为"中国西部第一街"，朝天门综合市场、观音桥农贸市场成为西部地区最大的综合市场和农副产品集散地；引进沃尔玛、王府井等国外、市外大型流通企业，组建起重庆商社(集团)、医药股份、新合集团、物流集团等大型流通企业集团，形成了推动流通现代化的骨干力量，初步构建起了大公司大集团主导商贸流通产业发展的新格局。全市商贸流通业从2004年进入新一轮快速增长期，2005年继续保持着高位运行，现代物流和电子商务崭露头角，全市商业设施总量2660万平方米，人均商业设施面积0.86平方米，满足了居民购物消费需要。

1986年，全市加快商业服务网点建设，继续发展多种经济形式，全民、集体、个体商业网点及人员稳定增长。全市有商业、饮食业网点22.36万个，从业人员465236人。每千人拥有网点15.7个。在商业网点构成中，纯商业（不含饮食、服务）网点16.56万个，从业人员345739人。增加商业服务网点，兴建粮、煤、菜、肉、副食等生活小网点518个，超额完成了市政府确定的全年增设500个网点的目标，这些网点大部分分布在边远地区和居民集中地区。江北城新建了一个300平方米的男女浴室；沙坪坝烈士墓地区多年存在买菜、买肉难问题，群众意见较大，兴建了一个农贸市场，扩建了肉店，重点解决新开发地区、边远地区和网点稀少地区群众买粮、买煤、买肉难等问题。年底江北观音桥大型农贸市场的80%工程完成，重庆百货大楼和重庆饭店的改造工程基本完工，上桥果品库第二期工程、南坪工业品贸易中心抓紧施工，渝中区八一路好吃一条街建设5个月全部完成，日产800吨煤粉的梨树湾煤粉厂开始兴建。

1987年，全市商业服务网点总数为10.61万户，总面积27.2万平方米；新增商业服务网点2644个，面积25万平方米；改扩建938个，8万多平方米。在新增网点中，全民823个、14万平方米，集体1821个、10万多平方米，商业系统1300多个、16万平方米，其他社会系统1300多个、9万平方米。新发展的个体商业2.02万户，营业面积4万多平方米。11月，全市最大的封闭式楼层市场观音桥市场投入使用，建筑面积1.5万平方米。

1989年，全市商业、饮食服务业（统计口径有了调整，含生产企业自销门市部）网点21.26万个，从业人员475985人。在商业网点构成中，纯商业网点15.1万个，从业人员338314人；合营商业机构17个，从业人员579人。据重庆市商业网点办公室统计，全市新、改、扩建网点3808个，营业面积31.18万平方米，商业服务网点总面积达到385.97万平方米，每千人占有网点面积为342平方米。

1990年，全市商业饮食服务业（含生产企业自销）网点20.73万个。在商业网点的构成中，纯商业网点14.36万个。按所有制结构划分，国营商业网点8631个，集体商业网点4.27万个，个体商业摊点14.5万个，合营商业机构19个（含中外合资商业机构2个）。

1991年，全市商业网点建成20.25万个。8月2日，市财办对上清寺—朝天门主干道两侧国合商业网点设置霓虹灯招牌和灯箱。

1992年，据市统计局统计，商业饮食服务网点有21.73万个，从业人员有479055人。在商业网点构成中，纯商业网点1.56万个，人员344956人。按所有制结构划分，国有商业网点9935个，人员108253人；合营机构8个，人员1355人。各类市场、商场、商业服务网点建设总投资17亿元。其中，大中型市场、商业设施36个，建筑面积58万平方米；新改扩建粮、煤、肉、菜等小型网点378个，面积12.1万平方米，投资7271万元；改造装修商业网点，兴建商业一条街，累计面积30万平方米。一大批市场设施建成，特别是朝天门服装市场的扩建、菜园坝市场一期工程投入使用、友谊华侨公司新大楼投入营运、颐之时大酒楼全面改造装修营业。全市动工总规模10.45万平方米，总投资1.87亿元。

1993年，是市场建设年。各级政府把市场建设当作培育和发展社会主义市场经济的大事，作为振兴地方经济的一次机遇来抓。各级商贸、工商行政管理部门把培育和发展市场作为工作重点，多方发动社会力量，针对各地的资源情况和生产优势，有重点地建设了一批贸易市场。年初确定的十大商场、十大市场、十大商办工业技改项目，工程进展较为顺利，全年投资5.3亿元，竣工247个项目，完成施工面积48万平方米。一批档次较高的骨干商业设施投入营运，增强了中心城市的流通功能。加快网点建设的投入，投资1003万元，新增施工项目18个，总面积1.75万平方米。其中，有10个项目投产使用，新增营业面积7030平方米，新转固定资产438万元。市第一商业局系统全年安排生产性项目11个，总投资1.54亿元，总规模10.78万平方米，在建规模8.53万平方米，实际完成投资9160万元，为历年最高水平，竣工面积3446平方米，新增固定资产824万元；完成建筑装饰改造面积9167平方米，投资416万元。重庆五交化贸易大楼计划总投资2.53亿元，总规模5.76万平方米，当年完成投资8100万元。11月，市燃料公司建成的全市第一座液化石油气储配站——梨树湾石油液化气站投入运行，工程总投资758万元，可为2.6万个用户提供民用燃气，并且12月与台湾理想事业集团签订租赁经营合同。市商业储运公司朝天门市场二期工程计划总投资900万元，总规模1.21万平方米，年度完成750万元，大楼框架上升至7层。市针织公司朝天门市场第十交易区将陕西路大楼改建为以经营服装、针棉织品、纺织品为主的专业市场，工程总投资160万元，总规模7200平方米，设摊位346个，同年4月开业。重庆菜园坝小商品市场是当时全市最大的一家室内小商品市场，位于重庆火车站旁，营业面积2万平方米，总摊位2710个，门面开间110间，库房4000平方米，进场经营者6000余人，当年6月投入营运。渝中区两路口百货公司总规模1000平方米的跃华大楼封顶断水。渝中区群林公司29层商厦工程封顶断水。合川市1.5万平方米的商业大楼封顶断水。全市工商行政管理部门投资8597万元，新建市场116个，面积14.6万平方米；发动社会单位和个人开办市场38个，面积67万平方米，一个布局合理、功能齐全的市场网络逐步形成。

1994年，全市社会商业设施建设新增营业面积近20万平方米，集贸市场累计1048个，其中专业批发市场101个。一是朝天门综合交易市场不断改建、扩建，交易额超过26亿元。观音桥农贸市场吸引了10多个省区贩运大户进场交易，成交额7亿元，成交量成为全国第9大农贸市场。二是群鹰商业广场、富安百货公司、新世纪百货、小洞天餐厅等一批档次较高的大型商业设施相继建成营运。三是重百大楼、友谊公司积极发展连锁店，增强了区域性商品物资集散中心的贸易功能。市第一商业局在建项目14个，总投资32034万元，竣工项目6个，面积24396平方米。市五交化贸易大楼总投资2.52亿元，总规模5.76万平方米，主楼上升至17层，裙楼断水竣工，面积1.1万平方米，进行内外装修。市储运公司朝天门交易市场二期工程总投资1190万元，总规模1.42万平方米，年内完成土建及大部分装修，增加摊位400个。重百大楼江北工程征地79亩，基本完成“三通一平”，累计投资800万元。合川商业大厦工程总规模1.43万平方米，总投资3000万元，其中裙楼商场6700平方米已封顶断水。曹家巷危改工程总投资1456万元，总规模2.8万平方米，8月破土动工。市交电公司完成朝天门鞋城二期工程，进场客户570家。

1995年，“八五”时期市场设施资金投入量比“七五”增加两倍以上，新增面积400万平方米，新建超万平方米的大市场、大商场10余个。其中，朝天门批发交易市场建成14万平方米，1995年成交额近40亿元。市第一商业局系统有五交化大楼裙楼（含新世纪百货公司）、市商业储运公司朝天门交易市场第三区和第五区、友谊华侨公司与合川五交化公司合股的合川商厦、重百大楼百汇食品超级市场等5个重点商业设施竣工并投入运营，其规模分别为2.85万平方米、3200平方米、1.42万平方米、5500平方米、6300平方米，总规模为5.76万平方米。新世纪百货公司自1月29日开业以来，实现销售2.6亿元，成为全市零售行业重要的窗口。

1996年，全市有商业饮食机构1.5万多个，从业人员64万多人，多元化的流通体制基本建成，市场体系日趋完善，社会流通规模扩大。8月19日，四川省重庆市人大常委会发布《重庆市商业网点建设管理条例》，自公布之日起施行。

1997年，全年商品市场设施建设完成项目167个，投入资金21.4亿元，新增商业网点营业面积110万平方米。解放碑中心购物广场集购物、餐饮、观光、休闲、娱乐为一体，成为西南地区最繁华的购物中心。

1998年，全市商品市场和网点服务设施建设社会总投入超过35亿元，新增营业面积120万平方米。同年，建成沙坪坝商业文化广场（第一、二期工程总规模3.86万平方米），南坪国际会展中心正在抓紧改造，主城区商业环境有所改善。

2000年，全市商业营业面积有1700多万平方米。其中，商业网点营业面积1000万平方米，交易市场面积700万平方米。5000平方米以上大型商场或零售商店54个（主城区93%、其他占7%），1万平方米以上大型零售商店21个，营业面积134万平方米；1万平方米以上大型商品交易市场130个（主城区占63.7%），面积339万平方米。人均拥有商业网点营业面积0.3平方米。市商委确定了17个重点商业设施建设项目，总投资3.75亿元。其中，业主自筹1.23亿元，贷款1.67亿元，三峡移民补偿资金0.25亿元，其他资金0.6亿元，安排落实了1000万元专项资金给予贴息支持，总建筑面积30万平方米，以专业批发市场和部分区县的商业步行街建设为主。

2001年，全市有商业市场2325个，总建筑面积为2400万平方米。其中，5000平方米以上的市场76个，建筑面积165万平方米。商业仓库540个，总建筑面积约360万平方米，营业面积252万平方米。专用仓库162个，总建筑面积约171万平方米，总营业面积120万平方米。

2002年，解放碑步行街二期工程完工开街，重百新大楼12月24日开业，渝中区“都市消费月”通过开展特色商贸、文化活动，展示了渝中区解放碑购物中心商贸繁荣的整体形象；南坪旅游商业街如期开街；沙坪坝商业文化广场三期工程进展顺利，绿色艺术广场已建成；观音桥、杨家坪购物中心已完成规划论证，并开始实施。万州宏远建材装饰市场、三峡蔬菜批发市场、合川北部建材装饰批发市场等一批重点项目相继投入使用。在农村市场网络建设上，选择了16个区县（市）安排17个重点商业设施建设项目，总投资3.75亿元，市商委组织落实了1000万元专项资金给予贴息支持，上述项目全部开始实施，其中大部分项目年前竣工并投入使用。

2003年，安排商业结构调整重点项目34个，资金3000万元。其中，五大商圈及商业步行街建设资金600万元，连锁商业和社区商业服务中心资金280万元，市场建设资金505万元，食品工业资金210万元，现代物流30万元，市政府确定的湖广会馆项目安排资金500万元，小城镇建设安排资金500万元，其他项目安排资金375万元。80%的项目基本完工，20%的项目正在按进度进行。

2004年，全市商业网点面积新增196.15万平方米，达到2600万平方米，人均商业网点面积0.84平方米。商业设施建设投资57.77亿元，增长33.5%。安排商业结构调整项目35个，资金1050万元，市级统筹安排资金350万元，共1400万元。项目中，商贸中心区建设项目3个，资金180万元；中心镇项目11个，资金200万元；市场建设项目4个，资金70万元；食品工业项目11个，资金335万元；现代流通项目5个，资金215万元；开县救灾资金50万元。

2005年，商业设施建设投入91亿元，比上年增长58%。商业设施总量达2660万平方米。在全社会固定资产投资中，批发零售业投资26.3亿元，住宿餐饮业投资12.02亿元，租赁及商务服务业投资1.5亿元。

据市统计局资料，2005年三峡移民工程商业、居民服务业用房规划总面积140.55万平方米，累计竣工建筑面积141.63万平方米，当年竣工面积3.98万平方米。

二、商品市场建设

重庆市是典型的大城市与大农村的结合体，市场网络遍布城乡。以把重庆建设成为长江上游的商贸中心为目标，按照“组团式、多中心、分层次”的商业中心发展思路，分四个层次推进商业中心建设，形成以主城商贸中心为核心、以地区商贸中心为骨架，城乡贯通、四通八达、运转高效的市场网络体系。

1980年至1991年是重庆商品市场逐步发展的阶段，商品市场建设坚持科学合理的规划布局，并与全市经济发展、城市建设、产业结构调整规划相结合，充分发挥市场的资源优势和市场之间的有机衔接及配套作用；坚持市场主体的多元化和筹资渠道的多样化，实行政府、银行、企业等多方共同融资的办法和坚持“谁投资、谁所有、谁受益”的原则，调动了社会各方力量办市场的积极性。到1991年底，陆续恢复和兴建集贸市场909个，兴办了一批大型批发市场，如重庆上桥果品市场、重庆朝天门综合交易市场等，基本解决了市场网点不足的问题，保证了城镇居民基本生活品的需要。

1993年，全市加快了市场建设速度，全年完成投资5.3亿元，竣工247个项目，完成施工面积48万平方米。新建生产资料和工业品市场25个，成交额91亿元；农副产品专业批发市场27个，面积24万多平方米，成交额12亿元。初步形成了以鱼洞、两路（渝北）、观音桥、杨家坪为中心的蔬菜批发市场；以朝天门、上桥、沙坪坝为重点的水果、禽蛋批发市场，以杨家坪、南坪、双碑为重点的鲜肉批发市场，建起了生产资料市场、大渡口建材市场、汽车交易市场、证券交易中心、朝天门服装城、菜园坝小商品市场等，逐步形成布局合理、门类齐全、功能完善、具有较强辐射力和聚合力的市场网络，一批档次较高的骨干商业设施投入运营，保证了市场活而有序。工商部门跳出了只管集贸市场的小圈子，以生产资料市场为突破口，发挥重庆市汽车、摩托车、建材、化工等骨干企业的生产优势和市场优势，依靠社会力量，抓住旧城改造和新区开发等机会，抓紧上了一批市场建设项目，全市有15个市场开工筹建，到年底有7个建成开业。社会单位自办市场28个，与工商部门联办市场24个，还出现了个人办的市场。8个重点市场全部开工。江津市、长寿县引进外资建设市场，打开了市场建设的新思路。在各区（市）县还形成了一批中心市场，市场结构日趋合理。

同年4月8日，市第一个饮料专业批发市场——重庆饮料食品批发交易市场在渝中区道门口开市交易，是市第二商业局和市工商局为建设大市场、发展大流通、搞活大商业联合兴办的一家饮料专业批发市场。市场使用面积1100平方米，场内设有120多个摊位，可同时容纳100余户生产厂家、经营商入场交易，进场摊户既有重庆市经营饮料有影响和有实力的重庆市糖果糕点饮料公司、重庆市糖酒公司、重庆航空饮料副食品公司、重庆农垦商贸物资公司等国有商业，也有一批长期从事饮料经营的个体商户，还有深圳长发公司、车鹏饮料公司，贵州苗岭矿泉水有限公司等省外经营商，市场交易商品如椰子汁、绿豆沙、矿泉水、啤酒、可乐、汽水、八宝粥、“八珍”、果珍、博桑、大亨等各种饮料食品，该市场5个交易厅旺季月成交额达300多万元。重庆饮料食品批发交易市场集经营、住宿、餐食、仓储等功能于一体，并兼有长话、信息、银行、广告多种服务，以地不分南北、货不分东西、人不分公私的经营网络和以主营大宗商品一级批发饮料精品为特色。

1994年1月11日，中央政治局委员、国务委员、国家体改委主任李铁映在四川省副省长蒲海清、重庆市委书记孙同川的陪同下，视察了重庆商品交易所（原重庆生产资料交易所）。李铁映同志还参观了交易大厅，为6.5低碳盘圆钢标准合约开场鸣锣，为交易所题词“高起点、规范化、公平、公正、公开”。

1995年，全市有各类市场1158个，其中集贸市场1113个。商品市场建设资金投入12亿元，比上年增长20%，新增营业面积60万平方米。市政府确定的67个市场建设项目超额完成，6大蔬菜批发市场和60个蔬菜专供点建成并投入使用。

1997年，全市有各类商品交易市场2428个，比上年新增73个。年内相继建成由港商李嘉诚投资兴建的大都会广场、西南地区规模最大的解放碑中心购物广场、法国家乐福公司重庆连锁店和重庆旧货调剂中心等大型商业设施。朝天门综合交易市场营业面积扩大到15万平方米，摊位达到1.48万个。

1998年底，全市有各类商品交易市场2469个，比上年增加41个。成交额上亿元的消费品市场有37个，增加12个。市商委对重点商品市场实行目标管理，突出抓了46个各类重点大中型专业批发交易市场的建设培育。成交额上10亿的市场，如垫江雨伞市场引来全国客商。

1999年，全市有商品交易市场2280个，其中消费品市场2232个、生资市场48个。

2000年，全市有商品交易市场2383个，成交额301亿元。有消费品市场2327个，有生产资料市场52个。经营面积1万平方米以上的有45个，成交额上亿元的有35个。社会单位办市场使得市场门类更加齐全，填补了长期空缺的装饰、灯饰、家具、电子、房地产、信息等专业市场。万州三峡综合市场、渝中区正大商场、渝海七星家具市场、中天装饰城、南岸区灯饰广场、高新区的南亚家具城、泰兴电脑城、江北区的观音桥综合市场、建川市场、九龙坡区的杨家坪地下商场、永川市的重庆农副产品综合市场等，投资都在1000万元以上，有的超过1亿元，经营面积在1万平方米以上。

2001年，全市有各类商品市场2422个。其中，消费品市场2354个，生产资料市场51个，生产要素市场17个。

2002年，朝天门日用工业品市场、观音桥农副产品市场、龙水小五金市场、璧山西部鞋城等发展成为国家级、区域性的大市场。

2003年，全市有各类商品交易市场2102个。其中，消费品市场2041个，生产资料市场44个，生产要素市场17个。

2004年，全市有各类商品交易市场2016个。其中，消费品市场1950个，生产资料市场47个，生产要素市场19个。

2005年，全市有各类商品交易市场2016个。其中，消费品交易市场有1950个，生产资料市场有47个，生产要素市场有19个。按市场规模分，成交额亿元以上的市场有81个（有摊位的有53941个，成交额6834207万元，其中零售额1617041万元），成交额超过10亿元的市场有14个（日用工业品类市场有5个，农副产品类市场有2个，生产资料类市场有7个，比上年增加2个），成交额超过百亿元的市场有1个。

经过20多年的培育，重庆市商品市场发展平稳，形成遍布城乡的、以零售和批发经营为主的市场流通网络，一批在西部地区乃至全国具有较大影响力、辐射力、带动力的大型专业市场和批发市场成为全市商贸流通业发展的重要支撑。

表4-1　　2000年重庆市重点商品市场一览表

市场名称	建筑面积（万平方米）	市场经营数（户）	市场从业人数（人）	2000年交易额（亿元）
重庆朝天门综合交易市场	35	11700	70300	72.13
重庆钢材中心批发市场	0.8	398	500	7.66
重庆新华交电城（渝中）	1.81	604	2084	14.1
重庆渝海家具城（渝中）	2.23	65	210	1.8
重庆西三街农副产品批发市场	1.9	509	1200	1.79
观音桥盘溪批发市场	14.75	1500	8000	49.08
西南建材中心批发市场（大渡口）	12	380	3500	31.09
重庆汽车交易市场（新旧汽车南岸）	2.5	168	500	17.8
马家岩板材批发市场（沙坪坝）	14.68	622	1128	12.2
西南物资交易市场（沙坪坝）	30	758	2400	8.27
大足龙水小五金市场	14.8	1903	21500	17.5
渝北龙溪建材批发市场	4	300	1000	2.6
西南汽车配件市场（双桥）	1.7	48	256	2.02
二郎皮革市场（合川）	0.32	118	1648	1.28
合川市场	2.2			1.74
中国西部鞋城（璧山）	17.48	1329	21980	13.63
永川农产品综合批发市场	2.3	300	1000	3.2
永川家电批发市场	0.3	26	80	1.5
重庆汽车摩托车交易中心（九龙坡）	5.0	340	750	5.89
綦江河东市场	1.54			2.53
丰都平都商场	1.7	950	1010	1.2
潼南综合贸易大厦	1.78	2020	2300	1.56
石柱黄水黄连专业市场	0.22	16	630	0.72
彭水乌江商业城	0.58	221	390	0.73
武隆油房沟综合市场	0.42	299	415	0.67

续表

市场名称	建筑面积（万平方米）	市场经营数（户）	市场从业人数（人）	2000 年交易额（亿元）
巴南鱼洞庭湖农贸市场	0.8	650	1850	2.15
巫山神女商城	0.48	210	450	1.48
巫溪裕宁商场	0.72	180	1500	0.81
南川中心市场	0.49	98	851	1.44
秀山风翔工业品市场	0.95	180	400	0.96
涪陵灌溪沟市场	1.09	327	548	1.52
万州江南大市场	1.67	250	600	1
万州商贸城	4.15	1500	4000	5
万州小天鹅综合市场	7.9	1870	4100	6.15
酉阳钟灵山农副产品市场	0.25	247	749	0.68
梁平双桂市场	1.2	585	613	0.32
忠县忠州市场	1.24	800	1700	0.72
黔江南海城综合贸易市场	2	2000	6500	0.85
北碚综合批发市场	3.0	1899	3324	1.98
江津德感综合市场	1.55	1200	650	2.1
万盛综合市场	1.5	824	0	4
长寿凤城市场	1.75	254	150	2.7
中国重庆畜牧科技城饲兽药市场	0.67	30	0	9
铜梁葛城中心市场	0.6	1000	115	1.99
奉节夔门仔猪市场	0.53	16	0	7.7
城口东门农贸市场	1.45	160	860	0.18
垫江沙坪雨伞市场	0.53			0.25
开县工业品市场	0.45		638	0.37

表 4－2　　**2004 年重点市场营业面积和交易额情况表**

市场名称	营业面积（万平方米）	交易额（亿元）
朝天门综合交易市场	38	102
观音桥盘溪市场	13.01	64.75
重庆绿云石都建材交易市场	17.1	37.2
重庆汽车交易市场	3.06	30.33
西南建材中心批发市场	12	27.31
马家岩板材批发市场	19.6	27.3
重庆钢材中心批发市场	8.3	25.82
中国西部鞋都	17.48	25.02
重庆市家具交易市场（一期）	10	15.23
大足龙水小五金市场	14.8	15.23

表4－3　　2005年部分重点商品交易市场情况表

市场名称	营业面积（万平方米）	交易额（亿元）
朝天门综合交易市场	38	111.65
观音桥盘溪市场	13.01	65.05
绿云石都建材交易市场	17.1	60.5
中国西部鞋都	17.48	36.96
马家岩板材批发市场	19.6	32.61
西南建材中心批发市场	12	31.27
重庆市家具交易市场	10	27.42
重庆汽车交易市场	3.06	24.68
重庆钢材中心批发市场	8.3	24.56
西南物资交易市场	22	19.56

表4－4　　2004—2005年亿元以上商品市场交易情况

单位：万元

指　　标	摊位数量（个）		总成交额		#零售额	
	2004	2005	2004	2005	2004	2005
合　计	48613	53941	6323735	6834207	1096521	1617041
食品、饮料、烟酒类	13974	13536	1391743	1194602	312628	314930
服装鞋帽、针、纺织品类	13385	16003	994252	1147715	178464	211229
化妆品类	380	472	79867	68492	9206	12779
日用品类	2567	3125	206059	141988	59965	43119
五金电料类	2574	3002	179748	172569	9588	28991
体育、娱乐用品类	142	253	2855	7352	1238	3017
书报杂志类	5	6	95	53	37	47
电子出版物及音像制品类	99	40	842	5165	683	1660
家用电器和音像制品类	501	634	18111	56412	3350	20486
中西药品类	111	510	7176	15431	3496	4542
#中草药及中成药类	33	438	624	10511	230	1422
文化办公用品类	621	1049	35827	54136	16193	19963
家具类	1045	1672	323838	497585	138493	229745
通信器材类	148	70	38448	14224	14591	9107
木材及制品类	814	1031	209933	257450	20643	35281
化工材料及制品类	244	1201	53380	92908	5576	10632
金属材料类	2849	1677	1463544	1307776	14580	461805
建筑及装潢材料类	2430	3021	385652	403953	128993	147896
机电产品及设备类	753	1891	186519	284807	56783	22307
#农机类	3	6	251	159	77	43

续表

指　标	摊位数量（个）		总成交额		#零售额	
	2004	2005	2004	2005	2004	2005
汽车类	460	987	327918	627548	8485	5588
其他类	5511	3761	417930	484041	113529	33917

表4－5　　2008年度重庆市销售额10亿元以上商品交易市场名录

序号	市场名称	地　址	营业面积（万平方米）	交易额（亿元）
1	朝天门综合交易市场	渝中区陕西路33号协信商厦六楼	40.64	156.47
2	医药物流市场	南岸区万寿路	9.00	138.75
3	观音桥农产品批发市场	江北区玉带山200号	33.63	134.93
4	重庆绿云石都建材交易市场	九龙坡区九龙工业园区火炬大道8号	22.00	99.84
5	重庆巨龙钢材市场	沙坪坝区上桥肖家湾54号	1.00	92.00
6	中国西部鞋都	璧山县金剑路498号	36.50	75.96
7	铠恩国际家居名都	巴南区渝南大道18—19号	40.00	70.00
8	重庆恒冠钢材市场	九龙坡区九龙工业园区火炬大道9号	7.00	69.21
9	汽博中心	金开区金渝大道99号	50.00	68.30
10	龙水五金市场群（含原5个市场）	大足县五金旅游城G栋3楼	20.40	65.11
11	马家岩建筑装饰材料市场（含大川）	沙坪坝区天马路236号	46.60	63.60
12	鑫鹏钢材市场	大渡口区钢花路1688号	2.50	39.19
13	重庆金属材料现货交易市场	沙坪坝区梨树湾5号	6.60	37.75
14	重庆西部机动车交易市场	巴南区渝南大道20号	10.00	35.34
15	重庆菜园坝外滩摩配交易市场	渝中区南区路169号	2.50	34.60
16	西南物资交易市场	沙坪坝区凤鸣山	22.00	33.21
17	重庆小天鹅综合批发市场	万州区白岩路399号	9.03	29.00
18	恒鑫老顶坡汽摩综合市场	九龙坡区石新路218号	9.32	26.00
19	陈家坪机电市场	九龙坡区石桥铺朝天村200号	7.00	25.00
20	南岸成车市场	南岸区海峡路	5.76	23.84
21	龙文钢材市场	大渡口区金桥路2号	14.00	20.67
22	渝南汽车超市	巴南区渝南大道66号	13.00	18.80
23	西部饲料兽药市场	荣昌县昌元镇宝成路99号	4.00	17.39
24	万吨冷冻品市场	大渡口区陈家坝丰收一村15号	1.00	17.30
25	泰兴通信电脑市场	九龙坡区石桥铺科园一路	3.70	17.12
26	赛博数码广场	九龙坡区渝州路6号	1.36	16.88
27	西三街水产品市场	渝中区西三街1—3号	1.90	13.21
28	万州商贸城	万州区太白路128号	3.90	13.18
29	宏远批发市场	万州区沙龙路二段298号	5.20	13.05

续表

序号	市场名称	地　　址	营业面积（万平方米）	交易额（亿元）
30	重庆万隆小食品批发市场	渝北区松石路103号	1.50	12.26
31	赛格电子市场	九龙坡区石桥铺科园一路2号1—3层	2.10	12.25
32	金科九龙机电城	九龙坡区九龙工业园区火炬大道13号	4.70	11.05
33	渝州交易城	九龙坡区石杨路40号	5.00	11.03

三、部分商品市场介绍

重庆朝天门综合交易市场　地处渝中区，1987年11月动工改建，1988年4月27日开市，当年收回投资。到1989年末，进场经营的有7个省、46个市县及重庆市工商客户349户。其中，国营33户、集体80户、个体229户、私营企业5户、合伙经营2户，成交额突破1亿元，征税92万元，收设施租赁费112万元，市管费21万元。经营中药材的有83户，经营化纤、针纺、百货等的有266户，初步形成了以化纤纺织品、中药材为特色的批发市场。1991年，由渝中区政府与市第一商业局系统的重庆商业储运公司合建合管，该市场利用市商业储运公司陕西路分公司原有仓库，以规划建设“商业城”为目标，扩建升高楼房，开辟屋顶花园，用天桥与大街平层、地下与“金竹宫”游乐场融为一体，建成了一个立体式、庭院式、综合性、多功能、全方位开放的市场，改建成了6个交易厅，总面积8500平方米，有379个门点和摊位。1994年，经营面积发展到10万平方米以上，进场经营户数达6500多户，商品成交额突破26亿元，成为全国大型交易市场50强之一。1998年，有全国各地的品牌产品2800种进入市场，其中重庆地产品牌产品2000种。建筑面积35万平方米，设有23个交易区、110多个交易厅，经营户1.17万户，从业人员70300人，辐射半径扩大至西南地区和湖北、湖南、陕西等省的200多个市县，是西部最大的综合批发市场。2001年，朝天门综合交易市场荣获全国百强商品交易市场第22名、全国百强工业品批发市场第9名，在西部地区前百家亿元以上商品交易市场中，荣登榜首。2004年，结合举办第5届都市消费节和朝天门市场创百亿市场庆典“个十百千万”系列活动，在元旦、春节、五一旅游黄金周期间集中开展了3次大型宣传促销活动。2005年，经营面积达38万平方米，成交额111.65亿元。

重庆江北观音桥农副产品批发市场　1987年5月建成投用，2000年1月与重庆盘溪蔬菜批发市场、建新市场合并组建为重庆观音桥市场有限公司。市场经营面积14.75万平方米，经营户1500户，从业人员8000人，2000年交易额49亿元。市场经营品种有干鲜蔬菜、粮油、肉食、禽蛋、水产品、海产品、干菜副食品、糖酒饮料、家具、灯饰等。市场的商品来自全国130多个地区，除满足重庆市的需求外，还辐射到云、贵、川、鄂等地。该市场2000年被国家国内贸易局确定为“IS09000质量体系认证试点批发市场”。“十五”时期，该市场分3个阶段进行改扩建，总资产5亿元，交易面积35.1万平方米，年成交额100亿元，逐步成为农副产品的集散中心、信息中心、价格形成中心和统一结算中心。盘溪蔬菜批发市场是国家国内贸易局重点联系市场和定点报价市场，是农业部的定点市场，是重庆市政府命名的重庆市十大市场之一。该市场由重庆市江北区商业服务网点办公室投资兴建，主管部门为重庆市江北区商业委员会。市场占地41亩，房屋建筑面积8800平方米，交易货棚2400平方米，交易大坝及场内公路1.6万平方米，有交易仓货位400余个，投资总额1600万元。市场地处重庆市北部新城的江北区石门盘溪。市场于1995年3月开业，开业当年就实现成交额2亿元，成交量1.2亿千克；1996年成交额4亿元，成交量2.2亿千克；1997年成交额7亿元，成交量4.6亿千克；1998年成交额6亿元，成交量4.9亿千克。区政府在北部新城新征地200余亩，扩建市场，把市场建成沟通南北、连接东西、辐射全国的市场，促进重庆市大商贸、大流通、大市场的建设，从而带动地区经济的发展，为重庆市的“菜篮子工程”做出更大的贡献。市场硬件服务设施齐全，除经营必需的仓库、交易货棚、停车泊位、垃圾站、垃圾车、经营门点、餐饮娱乐、理发等设施外，还配有客商宿舍、招待所、公平秤、公厕、公话、邮政、储蓄等。成功通过由国家认证认可监督管理委员会和商务部组织实施的绿色市场认证，成为全市唯一的国家级绿色市场。市场管理以盘溪市场管理处为主体，始终把管理寓于服务之中，把抓好治安工作、坚持合理收费、搞好硬件服务设施的完善和提高服务质量作为首要工作来抓，工商、公安、税务联合进场管理。对外统一收费，对内收入分流。为了培育市场，费、税长期实行优惠，吸引了全国60多个地区的蔬菜和300余户客商进场经营。蔬菜来自北方的山东、山西、甘肃、青海、陕西等，南方的广东、广西、海南、云南、贵州、四川、湖南及市内各区县市，旺季日成交量300多万千克，日成交额400多万元。进场的蔬菜除满足重庆市的供应外，还辐射到市外几十个市、县，对市场蔬菜供应起着举足轻重的作用。根据国家国内贸易局全国农副产品信息中心1998年对全国97个市场的统计，盘溪市场居第23位。2001年，列全国百强商品交易市场第45名。2002年，被中国商业联合会、国家统计局评为全国同类市场第二名。2004年，被重庆市文明委评为“长江三峡文明长廊”建设示范点。2005年6月，入选全国竞争力百强市场。2005年，经营面积13.01万平方米，成交额65.05亿元。

重庆商品交易所　1993年4月18日成立，1994年10月经国务院同意，由中国证监会批准为全国首批11家试点期货交易所之一，是实行自律管理的会员制法人。主要交易品种为电解铜、重熔用铝锭，试运行合约有铅、锌、锡、镍，先后成功上市交易黑色金属、有色金属、胶合板、国债等期货合约。1995年，成交金额589亿元。完成冻白条猪肉、冻分割肉和油菜籽等期货合约的开发，同时积极争取直径6.5毫米线材期货合约的恢复上市。该交易所实行会员制的组织形式，1995年，有会员单位104家，其中外地会员占74%，会员代理客户逾千家，覆盖全国20余省市。并建立了先进的计算机交易系统，交易终端全部采用ACER586/100，采用最先进的计算机语言，建立了VASE卫星通信主站，并通过分组数据交换网和国内外30多家财经咨询机构信息联网，如英国路透、香港霸才、台湾建功、中广卫、新华财经、世华等信息网。设交易、交割、结算、技术、会员管理、发展研究、稽查、综合、办公室等部门。

重庆上桥果品批发交易市场　1987年5月开业，是西南地区大型果品批发交易市场。该市场以万吨果品冷库为依托，占地3万多平方米。

重庆钢材中心批发市场　主要承担组织辖区内各钢材营销企业进行交易的任务。是国家首批设立的7大钢材市场之一，成为西部地区最大的钢材资源集散地。自1987年开市以来，组织企业进行交易。到2000年底，纳入市场监控管理的企业有1000多家，零星进场交易的企业有200多家，市场建筑面积8000平方米，从业人员500人，累计成交钢材426万吨，成交金额120亿元。其中，2000年成交额7.66亿元。到2005年末，该市场交易规模24.56亿元。

西南建材中心批发市场　1992年7月开业，是市政府确定的十大重点市场之一。该市场坚持“立足西南，服务三峡，面向全国，辐射海外”的宗旨，金属材料、建筑陶瓷等装饰装潢材料经营规模逐步扩大，交易品种日益丰富，档次逐年提高，成为西部地区最大的物资流通集散地。截至2000年底，该市场建筑面积12万平方米，经营户380户，从业人员3500人，累计成交额118亿元。其中，2000年进一步扩大交易场区，开辟新的消费群体和服务业务，吸引中外名陶企业进场交易，办成全国主要建筑陶瓷市场之一，交易规模31.27亿元。

中国西部鞋城　始建于1994年，是以璧山县交易中心为纽带、以生产基地为依托的大型鞋城。2000年，建筑面积17.48万平方米，经营户1329户，从业人员2.2万人，交易额14亿元。到2005年末，交易额36.96亿元。

重庆大足龙水小五金市场　位于重庆市大足县龙水镇，占地600多亩。2001年，成交额14.75亿元，是名扬西南的五金专业市场。龙水镇因此被誉为“中国五金之乡”。县、镇两级政府积极优化投资环境，简化办事手续，落实优惠政策，大力引进资金、人才、技术，促进市场的快速增长。该市场依托遍布全镇的上千家五金生产加工企业，吸纳来自全国各地的五金生产、加工和经销厂商，已发展成为重庆西部重要的商业中心。龙水五金旅游城是西部最大的、配套最全的、辐射能力最强的五金商品交易集散基地，已形成集五金商品交易、旅游观光、购物于一体，以现代物流五金信息网络中心为依托，以配送服务、加工代理、仓储管理、商品交易等大市场、大流通为特色的强大的五金市场体系，吸引了大量国内外的旅客来龙水购物并观光。

重庆汽摩配件整车交易中心　由隆鑫集团投资3亿元兴建。地处渝中区、沙坪坝区、九龙坡区三区交接的三角地带，中心建筑面积15万平方米，是重庆及全国最大的汽车、摩托车配件及整车交易中心。该中心是中汽公司下属汽配城联合会成员单位，直接为客商提供包括工商、税务、邮电、运输等方面的一条龙服务，为客商创造了高效、方便的经营条件。入驻商家265户，其中整车及经营厂商220户；共有1万余个品种、500余个品牌，其中汽车整车20多个品牌，摩托车涵盖了全国70余个知名品牌、数千种款式；经营人员超过千人。2001年，中心成交总额为6.62亿元。

重庆汽车交易市场　该市场分为旧车市场和新车市场两个部分，总经营面积3.06万平方米，2004年实现销售额30.33亿元。旧车交易市场位于南岸区，经营面积2.56万平方米，是实行股份制经营的市场，2004年交易额7.88亿元。新车交易市场经营面积5000平方米，2005年实现交易额24.68亿元。

重庆铠恩国际家居名都　是市政府确定的重点建设项目，位于巴南区八公里，占地600余亩，2000年建成并投入营业，建设总规模为80万平方米，总投资15亿元。由重庆凯特家私制造有限公司投资兴建，是规模大、档次高、业态整合好、功能全的家具交易市场。市场一期工程完成建筑面积10万平方米，投资13亿元，有来自全国各地的500多家厂商入场经营，场地出租率98%，提供就业岗位2000个，2004年销售额15.23亿元，成为重庆市最大的家具专业市场。市场二期工程建筑面积30万平方米，其中精品家具市场9万平方米、装饰材料精品市场5万平方米、灯饰市场2万平方米、材料市场及配套设施13万平方米。2005年，交易额27.42亿元。

重庆绿云石都建材交易市场　位于重庆经济技术开发区，营业面积17.1万平方米，2003年9月开业，主要经营钢材、石材等建筑装饰材料。2004年，市场步入快速发展轨道，2005年实现销售60.5亿元。

第二章　市场调控与监测

第一节　市场调控

商品流通调控是国民经济宏观调控的有机组成部分，依据商品流通规律，采取经济的、法律的、行政的手段，保持商品流通动态的供需平衡、结构平衡、地区平衡，保持商品价格总水平基本稳定，促进商品流通主体的正常经营，推动商品市场组织者的规范化。计划经济时期，商品市场长期处于全面短缺的紧张状况，商业部门采用统购、派购、计划调拨、凭票凭本、定量供应、国家定价的方式安排市场。随着社会主义市场经济体制的建立和经济的持续增长，市场各类商品资源极大丰富，以市场机制配置资源，商品市场资源配置方式实现市场化，调控方式从行政手段向经济手段、法律手段转移。到2005年社会消费品零售总额的95%、农副产品收购总额的97%、生产资料销售总额的92%，实现了市场调节价。

1988年，市财办要求建立重要商品必备库存。实行必备库存管理商品的范围，确定了3种商品：猪肉、食糖、农药，新增十种商品纳入重要商品必备库存管理。实行3种储备管理形式，即市储备商品、旺季前必备库存商品、库存警戒线商品。实行信贷资金、商品货源、费用补贴相应配套政策。全市用于粮、煤、菜、肉的亏损补贴2.8亿元。

1989年，市政府和各级商业部门高度重视市场供应工作，采取了一系列有效措施，稳住了市场，实现了供应稳定、人心稳定、物价稳定的目标。市政府同意市财办、市财政局、市税务局联合下发《重庆市市场调节基金管理办法（试行）》，就市场调节基金的提取、使用范围做出规定，从1989年1月1日起执行。

1994年，对储备的猪肉、食糖的账务管理，实行单独列账核算，独立承担盈亏。建立重要商品储备制度，对猪肉、食糖、铁丝、铅钉等商品建立市级储备，用于稳定生产、平抑价格、调控市场，防止市场出现大的波动。

1995年，建立副食品风险调控基金。主要由各级政府专项用于保证生猪、食糖、蔬菜等副食品供应，稳定副食品市场。市政府建立了重要消费品的储备基金和副食品风险基金，储备猪肉5000吨，由市财政补贴资金利息及冻存费750万元；储备食糖4000吨，由市财政补贴资金利息；副食品风险金1500万元，其中猪肉市场风险金1200万元、蔬菜市场风险金300万元，提高了政府对副食品市场的调控力度，保证了对副食品的旺储淡供、适时调控。

1997年，重庆市场调节体系逐步趋于完善，95%以上的商品价格实现市场调节，粮、油、肉、菜等重要商品经营在政府的宏观调控下，供求保持基本平衡，各类商品货源充裕，有效供给增加，短缺现象基本消除，市场呈现繁荣稳定局面。粮食定购粮入库83.18万吨，完成定购任务108.8%，粮食供应质量好于往年，销售价格回落。蔬菜零售经营量高于往年，近郊八区蔬菜经营9099万千克，同比增长24%。鲜菜质量好于往年，各专供点实行加工整理，盒、袋装净菜进入超市。春、秋两淡供应，淡季不淡，品种增多，春淡零售投放量2061万千克，同比增加41%。秋淡零售投放量

2892万千克，同比增加21%；蔬菜价格稳中有降，1997年平均零售价比上年低5%。猪肉市场货源充裕，无骨后腿肉市场均保持在每500克6～7元之间。

1999年12月21日，国家国内贸易局对国家储备肉、糖财政补贴收入免征营业税。2000年2月2日，重庆市根据财政部、国家税务总局《关于对国家储备肉、糖财政补贴收入免征营业税的通知》精神，对各级国有企业保管政府储备肉、糖在购、销、调、存各环节取得的财政性补贴收入，企业并纳入“补贴”收入科目核算的费用、贴息收入（包括各级财政直接拨付给企业和肉、糖主管部门下拨给所属企业部分），均免征营业税。

2000年6月22日，国家国内贸易局批复重庆市商委，确定开县郭家肉类联合加工厂为国家储备肉临时定点生产厂，要求严格按照有关国家储备肉管理办法，加强对定点生产厂的管理监督，确保国家储备肉的加工质量。

2003年10月9日，市政府办公厅转发《市统计局、市商委、市工商局〈关于加强商贸流通业统计工作建立“双十百千”工程统计跟踪体系的意见〉的通知》，为摸清全市商贸流通现状及变化发展情况，以准确、及时地反映商贸流通业的发展速度和规模，为市政府决策提供科学可靠的依据。

2004年，市商委适应职能转变的需要，及时调整了处室设置，新设置统计信息处，负责全市商贸流通统计信息工作。建立健全监测体系，市商委加强生活必需品市场监测和调控，建立了全市重要商品（生产生活资料）市场监测体系，设立生产资料市场监测点5个、生活资料市场监测点60个，遍及39个区县，监测范围扩大到商贸领域的批发、零售、餐饮、美容美发保健、沐浴、洗染、拍卖等行业，实行市场商品供应周报和日报制度，加强旅游黄金周市场监测工作，在历年监测企业和监测区域的基础上，重新筛选补充，将一些代表性行业列为监测对象。从3月开始对全市60个监测点的粮、油、肉、菜等8大类商品12个品种的购、销及价格情况进行监测。从7月起，又将主城九区生猪屠宰及猪肉市场供求纳入监测范围，并实行周报制度，在特殊情况下启动日报制度。4月和5月，分别在垫江、石柱召开全市市场监测工作会和全市食品工业统计工作会，对区县商贸主管部门和企业负责人进行生活必需品市场供求和食品工业生产监测统计工作专项业务培训。针对9月、10月市场上蔬菜、猪肉等生活必需品价格上涨的情况，市商委运用市场手段稳妥应对。7月8日，市商委制定了《重庆猪肉市场供应应急预案》，有效应对猪肉市场供应，确保猪肉市场的稳定。12月，对重庆大正畜牧科技股份有限公司巴南分公司、江津正州养殖有限公司、合川市五洋畜牧科技有限责任公司、荣昌县渝兴食品有限公司按《中央储备肉活畜储备代储单位资质条件》和《中央储备肉活畜储备基地场资质条件》进行核查，并推荐给商务部作为2005年中央储备肉活畜储备代储单位和基地场。

第二节　市场监测

2005年，全市建立起对生活必需品、重要生产资料、重点流通企业和特殊内贸行业管理等的4个直报监测系统，设立172个重要生产生活资料监测点，对600种商品进行统计监测，并重点对成品油、食品等12种生产生活必需品实行周报和日报监测制度，保证信息畅通，调控及时，全年重要消费品市场供应充足，商品丰富，价格基本稳定。市商委专门成立了市场运行监测调控处。全市除城口外的39个区市县都建立了生活必需品和重要生产资料监测点，制定了生产生活必需品市场异常波动应急预案，落实了专人负责市场监测工作。南岸、大渡口、北碚、南川、铜梁、大足、武隆、奉节等地，坚持每周按时报表，而且报送的信息多、质量高。涪陵、巴南、南川还不定期地组织企业监测人员召开座谈会，了解情况，解决困难，年终还拿出经费奖励企业监测员。

建立市场运行监测体系。2003 年开始建立市场信息系统，到 2005 年建立起对生活必需品、重要生产资料、重点流通企业和特殊内贸行业管理等的 4 个直报监测系统，设立 172 个重要生产生活资料监测点，对 600 种商品进行统计监测，并重点对成品油、食品等 12 种生产生活必需品实行监测。监测频率越来越密，准确率和时效性不断增强，为政府部门决策提供了重要依据，保证信息畅通、调控及时，重要消费品市场供应充足，商品丰富，价格基本稳定。

建立了生活必需品应急体系和储备制度。建立了由产销企业、物流配送企业和大型商业企业组成的商品应急保障供应体系，紧急组织物资，确保在应急状态下市场渠道畅通。随着消费品市场逐步放开，特别是经历自然灾害及“非典”疫情、禽流感等突发事件引起的市场波动后，建立了生活必需品包括粮油、副食品、应急必需品储备体系，确保关系民生的消费品不脱销、不断档。

第三章　市场秩序

建立规范的市场经济秩序，既是保证经济正常运行的迫切需要，又是完善社会主义市场经济体系的重要举措，也是全面推进社会文明进步的内在要求。无论是从流通业的健康发展，还是构建和谐社会的角度，整顿市场秩序都是不可或缺的。

第一节　市场秩序整顿规范

1986 年至 2005 年，开展了多次市场秩序整顿，规范市场秩序，商业服务业市场秩序明显改善，供零关系改善。执行《直销管理条例》《商业特许经营管理条例》《生猪屠宰管理条例》等法规和规章，先后出台了相关规定和管理规范，规范了市场主体和市场客体，杜绝假冒伪劣商品、有毒有害商品流入市场。规范市场运行，有效治理各种违法乱纪行为。

1989 年，开展治理整顿。整顿流通领域的经济秩序，按照既管又活的原则，继续对流通领域的混乱状况进行整顿。一是对批发进行了整顿。对 15 大类商品批发经营做了明确规定，重要商品的批发掌握在国营商业、供销社手里。同时，严格批发企业的审批权限，有效地制止了批发环节的混乱状况。二是认真清理整顿公司。全市撤销公司 156 户，合并 18 户，取消公司名称改变组织形式 14 户。在清理整顿中查处大案要案 180 件，累计罚款 998 万元。三是整顿了摊区市场。7 月中旬近郊 6 个区突击整顿，取缔非法交易点 1373 个，无照商贩 4310 户，取缔了黑市香烟市场、临江门所谓“劳务市场”等非法市场 6 个。从 10 月份以来，在渝中区对走私进口服装进行查缴，不到 3 个月查缴走私旧服装 6. 5 万件，并进行销毁。四是打击投机违法活动。全市共查处各种违法案件 4. 38 万件，市场罚没款 42. 87 万元，流通秩序逐步好转。五是市政府积极提倡工商结合，推销地方产品，但与许多地区不同的是，没有规定商业部门必须收购多少地方产品，更不限制商业单位从区外进货。相反，提倡和鼓励商业部门经销全国各地的适销对路、质价相符的商品，最大限度地满足市民的需要。重庆百货大楼在建店40周年之际，邀请全国各地工业企业来渝，开展60种名优商品大联展，一举扭转了2月至3月销售下滑的趋势。

1990年，根据国务院《关于进一步清理整顿各类商业批发公司的意见》，市第一商业局设立了“重要商品管理办公室”，4月起对全市经营37种重要商品（其中21种日用工业品）和危险化学品的企业实行资格审查。至年末全市上报经营重要商品批发的企业总数1260个，核准经营的1036个。其中，经营日用工业品的企业核准448个，未批准的164个。批准的448个中，专业公司118个，供销社159个，国营商业和供销社占日用工业品核发总数的61.83%。全市上报经营危险化学品的企业和门点总数1851个，已核准1682个，占上报数的90.87%。

1991年3月12日，市政府财贸办公室继续清理整顿市级商业批发公司，撤销公司1户、合并公司2户，共撤并公司3户。保留的34户公司中，有30户办理了法人执照。

1993年，打破旧的管理模式，改变行政命令性的管理方法，依照法律、法规来管理市场，市场管理工作逐步走向了依法管理的轨道。查处集市上各种违章违法行为2.81万件，取缔无照经营3986次，侧重查处了水产、肉类销售中掺假，以及食品、工业品的假冒伪劣活动，对食品、水产、工业品等进行了行业整顿，制定了行业管理规范。在城区市场继续推行净菜上市、精菜上摊，改善市场卫生。

1995年，根据国务院办公厅〔1995〕40号文件，对工商行政管理部门实行市场管办脱钩，全市工商行政管理部门把主要精力放在发挥主管市场的职能上，积极参与市场规划、论证和发动社会单位建设市场。

1997年，国家实行市场管办脱钩后，工商行政管理部门加大市场监管力度，积极参与市场的培育和发展，帮助市场主办者改善市场设施，完善市场服务功能，促进市场健康发展。

1998年，加大了对各类商品市场的整治力度，严厉打击了市场上的无照经营、假冒伪劣、短斤少两以及“菜霸”“肉霸”“鱼霸”等各种违章违法行为，共查处各种违章违法行为5.9万件，市场罚没金额185万元，帮助挽回经济损失583万元。

2000年，在元旦、春节期间对与人民生活和生命安全有关的腌腊制品、卤制品、糖、烟、酒、茶、干副食品开展了专项整治。春耕期间对农资市场进行了专项整治，查处了一批假农药、劣质化肥、农膜和假种子、劣质农机具。加强粮食收购市场监管，严格审查《粮食收购资格证》发放标准，把住粮食收购市场准入关，加强对自用粮企业、粮食经营企业的监管，加大粮食收购市场执法力度，坚决打击非法收购、运销粮食行为，查处违法收购、运销粮食案582件，没收粮食1030吨，罚款73万元。针对一些非法制售剧毒鼠药引发的多起食物中毒事件，在全市范围内对非法制售剧毒鼠药的行为开展了为期3个月的集中整治，查处无照经营户2388户，收缴各种剧毒鼠药2万多包（支），罚款2万多元。对影响城市“畅通工程”的15个非法占道交易市场进行了为期2个月的专项整治，8个占道市场被取缔，3个占道市场整体搬迁，对4个占道市场进行了规范。对饭店、娱乐场所、旅游品市场等进行了综合整治，检查旅游经营单位1368户，取缔无照经营24户，罚款8万余元；打击非法捕猎野生动物的行为，查获贩卖的青蛙4万多千克、蛇3万多条、猫头鹰15只、娃娃鱼6条，并及时放生。关闭了南岸区、南坪、南川市、万州区、云阳县、开县药品市场，对510户药品经营者的经营资格进行了重新审查；取缔了120户“两证一照”不全的经营户，销毁价值100万元的假冒伪劣药品。对学校周边的文化市场进行了集中整治，关闭了50多家电子游戏厅，销毁价值100万余元的黄色盗版光盘，净化了学校周边环境。

2001年，贯彻国务院《关于整顿和规范市场经济秩序的决定》的文件精神，市政府出台实施意见，市商委出台整顿和规范市场经济秩序工作的意见，市商委牵头对酒类产品、成品油市场的整顿，配合有关部门对生猪屠宰、副食品、液化石油气等商品市场进行整治。对酒类、成品油、液化气、生猪定点屠宰、调味品等商品市场进行重新规划。随着市场经济的快速发展，经济违法犯罪活动的手段愈来愈隐蔽，花样不断翻新，在一些领域中市场经济秩序混乱的状况尚未根本改变，有的问题还比较严重。主要表现在：一是食品安全问题比较突出，假冒伪劣产品的生产和销售尚未得到有效遏制。二是非法传销的形式和内容花样翻新，行动更隐蔽。三是社会信用紊乱，商业欺诈严重。这些问题影响了经济健康发展，损害了人民群众的根本利益，对投资环境产生了负面影响。4月份后，各区县按照市商委会同市卫生局、市质监局、市工商局联合发出《关于加强调味品生产销售管理的通知》的要求，对辖区的调味品生产企业进行了新标准的宣传贯彻培训和清理检查，并对销售市场进行了严格的清理整顿。巫山县捣毁制假窝点1处，销毁假醋325千克，查封不合格散装酱油700千克，食醋225千克，瓶装酱油36瓶，袋装酱油2744袋，食醋38袋，无生产许可证的黄豆酱油36瓶。长寿县出动执法人员100余人次，检查酱油、食醋生产企业6家；经营单位和个体工商户95户，抽查酱油25个批次，食醋5个批次。4月，市商委召开全市酒类商品打假工作专门会议，各区县加大对酒类商品制假、贩假窝点的查处力度。全市共出动检查人员14429人次，检查门点（酒楼、宾馆、商场、农贸市场、作坊）1.83万个，查获假冒伪劣瓶装酒3478瓶，散装酒4200千克，没收过期变质啤酒1440瓶，案值17.49万元，罚没总额90570元。市商委在全市宾馆、饭店、餐厅、学校、单位食堂以及肉制品加工企业中，推行了肉品进货登记制度，确保原料用肉的卫生安全，开展了打击牛羊肉注水行为的专项斗争，加强对肉食品质检的监督管理工作。建立了屠宰执法统计报告制度，加强屠宰企业收费行为的监察工作，制止主城区30多家屠宰企业违规收费行为，纠正了屠宰行业不正之风，减轻了生猪经营者的不合理负担。整规打假开展以来，市屠管办和各区县屠管办单独或联合有关部门或委托镇（乡）政府开展执法检查6296次，出动执法检查人员17547人次，查处违法案件1052起，捣毁私屠滥宰窝点381处，罚款总额117807元，没收违法产品折合金额为49525元，销毁不合格肉品17272千克。整顿成品油、液化石油气市场，净化了市场环境。在全市划片交叉检查中，整改拆迁加油站（点）59个，取缔5个。对全市128个液化石油气充装站和2600余个零售经营门点进行了清理整顿，取缔和关闭了不合格的不愿整改的充装站10余家和300余家经营门点，打击了无证经营、违规经营的不法行为，规范了经营行为，净化了市场。

2004年，以“质量、卫生、安全”为主题，在主城9区中心城区的农副产品批发市场、大型食品超市连锁企业配送中心建立并完善食品安全检测体系。抓好重点商品（粮油、肉类、果蔬、奶制品等）重点环节、重点市场的整治，建立食品药品放心工程的4种保障机制（社会监督机制，食品药品安全信息收集、评价、发布机制，部门间的协调机制和企业信用机制），遏制无证生产、加工、经营食品行为，及时查处制售假冒伪劣和有毒有害食品的大案要案。开展集贸市场专项整治，对全市10个重点市场和区县218个重点市场，以“打假、除霸、清照、查税”为目标，进行全面整治，在全市集贸市场中推行准入制、清出制、公示惩戒制和检验制度等。由市商委牵头，开展加油站专项整治，加快成品油信息网络建设，继续规范加油站特许经营行为，扩大两大集团市场占有率。开展粮食市场现状调查和清理，全市有粮食批发市场21个、零售市场456个，有粮食经营企业和个人6073户（人）。全市可进入粮食收购市场的企业有83户，其中国有粮食收购企业有23户、其他粮食收购企业有60户。加大对违规违法行为的查处力度，查处粮食经营违法案件268件，查扣粮食5162吨，罚款54万元，没收非法所得33万元。督促粮食收购、经营企业建立“粮食购销台账”，加强对陈化粮销售的管理，对陈化粮竞买企业从竞买、出库（入库）、运输、加工和使用等环节实行全程跟踪监管，同时督促陈化粮竞买企业建立健全陈化粮进销台账和加工、销售报验制度，查处倒卖陈化粮案件23件，查扣陈化粮3000余吨，罚没款155.5万元。加强农资市场监管，开展了农资打假护农行动，督促农资经营企业建立健全“两账两票一卡”制度（农资进销台账、进销发票和信誉卡）、产品质量跟踪监管制度和农资监管联络制度等，发放“农资信用卡”150多万张，查处农资经营违规违法案件3470件，案值8816万元，罚款757万元，没收处理农资产品172万千克，捣毁制假销售窝点37个，受理农民投诉4231件，为农民挽回经济损失7392万元。

2005年，以专项整治为重点，开展对食品质量、屠宰、酒类市场专项整治活动，会同有关部门规范和整顿商贸流通市场秩序，同时开展商德商誉教育和反欺诈活动，取得明显成效。7月20日，市商委按照国务院“用一年左右时间，在全国范围内开展打击商业欺诈专项行动”的部署，提出在全市开展打击商贸活动中欺诈行为的专项行动，有效解决企业在促销、进货、服务、劳务、合同等方面的一些不规范、欺诈行为，推动商贸流通秩序的好转，规范市场经济秩序，维护市场公平竞争，保护消费者的合法权益。通知各地各行业着力整治和打击商业欺诈行为。7月26日，市商委命名全市首批“渝商千店重诚信”活动示范店，重庆书城、重庆重客隆超市连锁有限责任公司龙水连锁店、北京华联（重庆）综合超市有限公司等50家店（商场）为“渝商千店重诚信”首批市级示范店（商场）。这是各区县（市）推荐，经过“渝商千店重诚信”活动办公室严格考核验收，并报“渝商千店重诚信”活动领导小组审批而命名的。8月16日，市政府召开全市打击商业欺诈专项行动电视电话会议，市工商局局长周朝东、市卫生局局长屈谦、市商委主任秦文武分别就前一阶段开展整治虚假违法广告、打击非法行医和打击商贸活动中的欺诈行为的进展情况以及下一步工作安排做了发言。市政府副市长谢小军讲话指出，进一步提高对打击商业欺诈专项行动重要性的认识，增强责任感和使命感。明确任务，落实责任，切实抓好下一阶段打击商业欺诈专项行动的各项工作，针对关系群众切身利益、危害社会严重的商业欺诈行为，突出重点，加大集中整治力度，严厉惩治一批违法犯罪分子，商业欺诈泛滥的势头得到有效遏制。9月6日，市商委发出通知，在全市商贸流通服务行业中开展以“自律、诚信、发展”为主题的反欺诈、树形象活动，以规范市场经济秩序，维护市场公平竞争，保护消费者和企业的合法权益。在商业零售、美容美发、餐饮、住宿、摄影、家电维修、洗染、足浴保健、家政服务、拍卖、成品油零售等商贸流通服务行业，广泛开展以“自律、诚信、发展”为主题的反欺诈、树形象活动。

第二节　市场安全管理

进入21世纪后，食品安全越来越引起社会的关注。全市突出以屠宰、餐饮为重点，开展食品质量、生猪屠宰、酒类市场的专项整治活动，建立了良好市场秩序，食品安全体系建设加快推进，监管力度加大。

2002年8月，规范生鲜肉品经营管理，确保百姓吃上“放心肉”。市商委发出《关于规范食品超市生鲜肉品经营行为，确保生鲜肉品卫生质量安全的通知》，要求各区县商贸流通主管部门加大力度，规范食品超市生鲜肉品经营行为。

2004年，实施食品放心工程。按照国家食品药品监督管理局、公安部、农业部、商务部、卫生部、工商总局、质检总局、海关总署8部门联合下发的《实施食品放心工程综合评价办法（试行）》，市商委等部门对食品安全监管工作内容进行量化，制定可操作性的考核办法，以增强全面、准确、科学评价各地区、各单位开展食品放心工程的效果。璧山县作为全国11个食品放心工程综合评价的试点城市，直接接受国家8部门的检查。市商委围绕食品流通的安全，配合有关部门开展食品质量、生猪屠宰、酒类市场的专项整治活动，调查处理了石蜡火锅底料、假冒牛肉干、劣质奶粉、劣质粉条、毒黄鳝等食品质量安全事件。年初，部分省市发生禽流感疫情，市商委与市卫生局、市农业局等部门联合发出《关于规范家禽屠宰经营的通知》，指导区县做好禽流感防控工作，加强对畜禽及其产品销售的监管，确保了流通领域清净无疫、市场供应正常。2月，重庆某些企业生产火锅底料添加石蜡被中央电视台曝光，有关职能部门密切配合，加强市场监管，及时组织召开有关行业协会和知名火锅经营企业参加的紧急会议，发出《关于加强对火锅底料生产、销售进行监督检查的通知》，要求企业加强原辅材料购进管理，建立健全规章制度。商贸流通部门组织检查组对火锅底料生产企业进行了历时半个多月的拉网式检查，打击伪劣产品。查出问题食品3056件，查处屠宰违法案件1451件，查处假酒案件125件。

根据市政府发出的《关于开展食品生产企业专项整治的通告》精神，2004年2月17日至4月17日，对全市食品生产企业集中开展专项整治工作，重点整治定型包装食品（指按一定量、一定标志并由固定包装而构成的一个零售单位的包装食品）生产企业。从事食品生产经营活动，必须依法取得卫生行政部门颁发的卫生许可证和工商行政管理部门颁发的营业执照；从业人员必须持有健康证；实行生产许可证管理的食品，还须取得质量技术监督部门颁发的食品生产许可证。对无证无照从事食品生产经营活动的，坚决依法查处取缔。食品生产经营活动中严禁下列行为：生产经营不符合卫生标准的食品；生产经营假冒伪劣食品；以非食品原料及添加剂生产食品；食品包装及标识不符合国家有关规定。对上述违法行为，依法予以查处。情节严重、涉嫌犯罪的，移送司法机关处理。工商行政管理、卫生、质监、公安等行政执法部门组成联合检查组，按照各自职能对食品生产企业进行集中检查。对拒绝检查、阻挠执法、妨碍执法人员执行公务的，由公安机关依法予以处罚。

2005年，突出以创建“放心食品店”为抓手，推进食品安全工作。市商委牵头，多个部门配合，经过严格现场评审，命名重百大楼等68家食品经营超市、食品专卖店为首批重庆市“放心食品店”。

2月16日，市商委就食品安全工作发出通知，要求商贸系统标本兼治，着力治本，以实施“三绿工程”为重点，以培育建设“放心食品店”为核心，以整顿规范生猪屠宰市场、强化酒类管理为重点，以建立食品安全长效机制为目标，把食品安全工作推向一个新的阶段。

9月，由市商委牵头，组织市零售商、肉类、酒类管理、糖果糕点、调味品、蔬菜、水产、豆制品等8个食品行业协会，联合倡议开展重庆市“放心食品店”创建活动。主城9区申报“放心食品店”150多家，经过评选，重百大楼等68家食品经营超市、专卖店被命名为首批重庆市“放心食品店”。其中，食品超市57家，猪肉、板鸭、糕点等专卖店11家；外资有3个企业5家店铺；国内市外9个企业14家店铺；市级13个企业38家店铺。9月30日，召开了重庆市“放心食品店”命名授牌大会。市政府副市长谢小军、副秘书长张明树和市商委主任秦文武以及重庆市“放心食品店”工作协调小组、评审委员会成员、市有关协会、主城9区商委、25家获牌企业负责人、68个店长和重庆市10余家新闻单位记者等近200人参加了会议，向68家店铺授予了重庆市“放心食品店”标牌。

第五篇　流通技术与商业业态

流通现代化起步于20世纪90年代，现代流通方式从无到有，一改过去传统落后、以手工作业为主、水平低下的状态，成为商业系统集中使用高科技手段、科技含量较高的行业之一，流通方式的现代化水平得到了迅速提高。现在连锁经营形式成为零售业发展的主流。现在电子计算机、中央空调、冷冻设备、电子防盗系统、防伪系统、保鲜技术、仓储物流配送等技术广泛应用于商业企业，连锁经营、物流配送、电子商务等现代的新型流通方式得到快速推广。

第一章　流通技术

现代流通方式突飞猛进，至2005年底，全市连锁企业有连锁店铺8334个，经营额293亿元，占社会消费品零售总额的24.1%。同时，西式快餐业抢滩重庆，美国肯德基和德克士、意大利比萨等快餐连锁店在全市发展近30家，从业人员近千人。流通领域逐步把电子信息技术、物流配送技术等现代化技术手段引入企业经营管理，其中重百大楼分店和连锁店、天利粮油配送中心、天友食品连锁配送中心、洁诚洗衣连锁、新世纪百货万州分店、重百超市涪陵分店等都具有相当规模并注重规范化运作，营业总面积10万平方米以上。随着国际零售企业的入驻以及国内零售商上海华联、北京国美等抢滩，市场格局发生快速变化。

第一节　连锁经营

连锁经营是企业经营若干同行业或同业态的店铺，以同一商号、同一管理授予特许经营方式组织起来，共享规模效益的一种经营组织形式。连锁经营是现代流通的一种经营方式和组织形式，是现代商业特别是零售业的发展主流。作为现代流通手段之一的连锁经营成为流通企业采用的主要经营组织方式，从少到多、从小到大，逐步发展壮大起来，极大地方便了居民生活，使消费者购物更加方便、快捷。2005年底，全市连锁企业零售额达293亿元，占社会消费品零售总额的比重为25.5%。其中，限额以上连锁零售、餐饮门店总数6503个（直营店2256个），营业面积313.38万平方米，从业人员112545人，零售额142.13亿元；一些公司通过特许经营，不断扩大企业规模，遍及全国所有省市，初步形成了具有自主知识产权的特许连锁体系。

20世纪90年代，重庆现代流通方式有了初步发展，一些商贸企业把发展连锁经营作为发展之路，以连锁经营为主要载体，加快商业服务的改造提升。

1994年，市第一商业局国有商业连锁经营取得实质性进展。重百大楼、友谊华侨公司和两路口百货公司等大中型零售企业为拓展市场，积极发展连锁经营，总投资2500万元以上，分别在北碚、沙坪坝、杨家坪、涪陵等地开办了5家连锁店，营业面积7000平方米。重百大楼北碚分店开业当天创下88万元的销售实绩。友谊华侨公司沙坪坝分店日均销售保持在20万元以上，既树立了企业形象、扩大了销售规模，又缓解了商业网点过分集中在市中区地段、不便群众的矛盾，促进了商业网点的外延和辐射。

1995年，重百大楼、友谊华侨公司、渝都百货集团公司和两路口百货公司、沙坪坝渝江百货公司等企业，先后开办连锁店、分店、平价商场、超级市场自选商场10家，总规模2.35万平方米，全年新增销售额3.2亿元。其中，重百大楼北碚分店年销售8000万元，实现利润400万元，显示出强大的活力。11月底，率先在大渡口区开展了粮油连锁经营试点，大渡口区粮食局“佳禾”粮店连锁总部是在原有10个粮店的基础上改造建成的，总投资100万元，拥有总面积2500平方米的经营用房。其中，仓库面积1000平方米，实行了“八统一”（统一领导管理、统一核算、统一标识、统一规范、统一进货、统一销售、统一陈列、统一时间），取得明显效果。

1997年，随着全国连锁商业会议的召开，连锁商业加快了发展速度。新发展连锁店铺65个，主要以与人民生活相关的行业、商品为重点，着力发展以粮、油、肉、菜、副食品为主的连锁店，覆盖面广，连锁向奶制品、洗衣延伸；市级连锁商业向周边郊县、三峡库区延伸，成为城乡连接的纽带。粮油肉菜副食连锁抓住了统一管理、统一配送、统一核算、统一价格这几个关键环节，配送中心的建设形成雏形。市第一商业局所属企业通过发展连锁经营，加大开拓区域市场力度，重百大楼先后新开设杨家坪九龙商场和南坪南丰市场两个分店，规模均在3000平方米以上，并依托百汇超市在大坪、烈士墓、交院、中梁山、李家沱等开设12家连锁店；新世纪百货公司在万县设立2000平方米分店，同时在开县设立加盟连锁店1个；市针织公司新建开业1万平方米的大生商场；市石油总公司在施家梁、歌乐山、江津走马新建3个加油站；市百货集团的重客隆、重百北碚商场、友谊合川商场、沙坪坝商场等逐步形成辐射周边市县、三峡库区等区域连锁网络，扩大了市场占有率。

1998年，全市有商业连锁公司14家，连锁店373个（含洗衣150个），营业面积5.09万平方米，销售额6.58亿元。其中，副食品自选店64个，营业面积1.67万平方米，销售额1.09亿元；副食品超市4个，营业面积2.1万平方米，销售额3亿元；粮油便利连锁店25个，营业面积4405平方米，销售额2570万元；油脂专营店27个，营业面积1155平方米，销售额9140万元；日用百货便利连锁店3个，营业面积1300平方米，销售额690万元；药店连锁店、洗染店连锁店250个，营业面积6390平方米，销售额12540万元。

同年9月12日，市政府办公厅以渝办发转发《重庆市商委、市体改委、市医药管理局就发展医药连锁经营有关问题紧急报告的通知》，指出近年来积极发展医药连锁经营，取得了良好的经济效益和社会效益。重庆和平药房连锁有限责任公司自成立以来，连锁网点由原来的12个发展到68个，销售额与同期相比，以70%的速度递增，全年实现销售额1亿元。医药连锁经营的发展，是实现医药流通现代化的重要途径。鉴于药品不同于一般商品，关系着人民群众的生命健康，既促其发展，又严格管理。医药连锁经营资格，由市体改委、市商委、市医药管理局审核批准后，方可向市级有关部门申办药品经营的相关证照。已批准重庆和平药房连锁有限责任公司、重庆桐君阁大药房连锁公司为市级医药连锁公司。这两家公司可在重庆市辖区范围内设置连锁经营网点，各区县和有关部门应给予支持，以促其健康顺利发展。市级医药连锁公司下设的连锁药店，从事药品经营的许可证、合格证等各种证照，由连锁公司总部向同级有关部门统一办理。批准的市级医药连锁公司，必须按照国家药品监督管理局的要求，限期完成 GSP（医药商品质量管理规范）达标工作，并在公司下设药品配送中心，该中心为下属连锁药店统一配送药品，并对各连锁药店销售的药品质量负责，药检部门对药品配送中心的药品统一抽检，集中监督，不得重复抽检。

2000 年，全市有 5 户连锁公司显现集团雏形，连锁店有 562 个。其中，当年新开店 90 个，连锁销售额 27 亿元。重庆和平药房、重庆山城平价超市、重庆小天鹅集团 3 家连锁企业被评为全国连锁业百强企业，在中国西部也只有 3 家。

2001 年，继续引导大公司、大集团和大型连锁企业向社区、地区中心城市和县城发展连锁网点，扩大连锁覆盖面，促使以集中配送和统一管理为核心的连锁业快速发展。有一定规模的各类连锁企业 23 家，连锁店铺（亭）发展到 728 个，销售规模 40 亿元，比上年增长 50% 以上。以集中配送和统一管理为核心的连锁业快速发展，其中和平药房、山城平价超市、小天鹅集团入围中国连锁企业百强。新世纪百货拥有 15 个连锁店、6 个大型综合商场，实现经营模式由综合商场向连锁超市与综合商场相结合的转变，经营商圈从中心区向次中心区、人口密集区拓展，当年新世纪百货连锁销售额上升 162%，成功推出“商社电器”连锁品牌，在江北、南坪、沙坪坝开设了 9000 平方米的家用电器连锁专卖店。小天鹅火锅、洁诚洗衣、山城平价超市、和平药房、桐君阁药房等企业显现连锁集团雏形。和平药房有连锁店 518 家，销售突破 5.6 亿元；重庆山城平价超市当年新发展 22 个连锁超市，全年销售额 4.5 亿元；引导市内大店名店在区县开分店，重庆百货大楼在合川、永川开的分店，新世纪百货合川商场，山城平价超市涪陵连锁店、永川连锁店、渝北连锁店均在年内营业。10 月，市统计局、市商业委员会、市工商行政管理局联合在全市开展了连锁店调查研究。12 月 10 日，市统计局、市商业委员会联合表彰连锁店快速发展先进单位，评选出特等奖 2 名、一等奖 3 名、二等奖 11 名、三等奖 24 名。

2003 年，新培育和发展连锁品牌企业 3 家，即重庆市重客隆连锁有限公司、重庆名豪实业集团百货连锁有限公司、重庆桐君阁大药房。引导重百大楼、新世纪百货等大店名店在郊县开分店 8 个。全市供销社系统加快传统经营网络改造，推进商品连锁经营。市丰谷农资超市公司与市农资公司合并重组，在 18 个区县（市）开办 737 个连锁小超市，全年销售农资 35.5 亿元。联佳超市公司与金鼎日杂公司合并重组，发展直营店 7 个，在 12 个区县（市）发展连锁经营店，把 2100 个自营和加盟网点开到了村社，全年销售额 2.5 亿元。组建了新合药业桐君阁分公司，实行药品连锁经营，发展加盟药店 773 个，发展农村村级药品专柜 227 个，全年销售额 8683 万元。

2004 年，全市连锁商业门店新增 386 个，累计 6245 个，实现连锁经营销售额 209.96 亿元，增长 29.3%。市供销系统初步形成农资、药品、烟花爆竹、再生资源等 4 类商品连锁经营网络和联佳超市连锁经营网络，当年新发展各类连锁经营网点 2477 个。建立丰谷农资配送中心 39 个，连锁店 777 个，联佳日用品连锁店 2350 个，桐君阁药房（药柜）1383 个，烟花爆竹经营网点 131 万个，再生资源经营网点 560 个。

2005 年，全年新发展连锁店铺 445 个，累计 8334 个，实现连锁经营销售额 293 亿元。限额以上连锁零售业和餐饮业门店总数 6503 个，其中直营店 2256 个。在总数中，有百货店 103 个，超级市场 115 个。这些门店的营业面积 313.38 万平方米，从业人员 112545 人，营业总收入 252.42 亿元，销售总额 209.4 亿元。重百大楼、新世纪百货连锁经营进一步向市内区县和外省市扩张网点，销售规模继续扩大。重庆商务集团重客隆、新华集团、桐君阁大药房在连锁经营方面发展势头强劲，在市内城乡开办连锁网点的步伐加快。重庆商社（集团）有限公司、重庆百货大楼股份有限公司、重庆小天鹅控股（集团）有限公司、重庆德庄实业集团、重庆秦妈餐饮文化有限公司5户企业进入2005年全国连锁企业百强。重庆商社（集团）新世纪百货连锁经营有限公司、重庆百货大楼股份有限公司超市分公司、重庆重客隆超市连锁有限责任公司、重庆丰都糖酒有限公司等4家连锁企业为农产品连锁经营试点企业。6月27日，市商委出台《重庆市关于大力发展连锁经营的意见》《重庆市支持连锁经营发展的实施办法》，加大对连锁经营发展的政策支持力度。

一、特许经营

特许经营是指特许者将自己所拥有的商标（包括服务商标）、商号、产品、专利和专有技术、经营模式等以特许经营合同的形式授予被特许者使用，被特许者按合同规定，在特许者统一的业务模式下从事经营活动，并向特许者支付相应的费用。本地企业中的山城超市，外来企业的肯德基、麦当劳，均以特许加盟形式，实施低成本扩张。实施投资主体的多元化，被特许者均承担投资风险，享受投资收益，有效调动了投资者的积极性，品牌效应更为明显。

自从1997年《商业特许经营管理办法（试行）》颁布以来，特许连锁在重庆市内风行，很快进入快速发展期。餐饮业、零售业和服务业是特许经营最具活力的行业，同时，特许经营还在向更广泛的领域渗透，饰品、珠宝、房地产中介、汽车销售、汽车维修以及教育培训、网络技术、家政服务、卫生保洁等成为前景广阔的行业。对于被特许者而言，要“连”起规模，“锁”住质量。对于特许者而言，需要进一步完善特许经营的法制环境，规范加盟商的行为，加强特许经营体系的建设和管理等。进入21世纪后，特许经营发展更加迅速。

二、直销

直销是众多现代商业模式中的一种，也是无固定地点销售的主要形式之一。这种经销模式可以有效地降低企业的运营成本，对促进市场经济条件下商品流通的发展有着积极作用。

2005年8月，国务院公布《直销管理条例》，12月1日起施行，标志着直销行业进入法制化发展轨道。《条例》规范直销行为，加强对直销活动的监管，防止欺诈，保护消费者的合法权益和社会公共利益。条例共8章55条，分总则、直销企业及其分支机构的设立和变更、直销员的招募和培训、直销活动、保证金、监督管理、法律责任和附则。对相关概念予以明确：“直销”是指直销企业招募直销员，由直销员在固定营业场所之外直接向最终消费者推销产品的经销方式。“直销企业”是指依照《直销管理条例》规定经批准采取直销方式销售产品的企业。“直销员”是指在固定营业场所之外将产品直接推销给消费者的人员。

第二节　电子商务

电子商务是利用计算机网络（主要指Internet网络）平台，按照一定的标准开展的商务活动。电子是手段、是方式，商务是核心、是本质。电子商务是一项应用面广、技术性强、涉及面宽的社会信息化系统工程。

2000年，重庆市电子商务建设起步。全面推进以信息技术为核心的现代管理，注重将先进的信息技术和新的管理理念有机结合，在现有即时销售系统的基础上，进一步完善商业管理信息系统的建设，实施以供应链、需求链为基础的商业流程重组，同时使用客户管理系统、电子订货系统等现代营销管理手段，逐步探索企业资源计划的应用，深化商业智能运用度，提高信息化应用水平。

根据渝府发〔1999〕50号文件规定，市商委为全市电子商务的牵头建设单位。为此，市商委组织专门力量，开展调研，编制了《重庆市电子商务建设规划》，并于2000年10月正式施行。重庆市电子商务发展股份有限公司于2000年12月成立，该公司是发起式股份制高科技企业，主要承担电子商务平台的建设及试点示范工程建设等工作，推出了“重庆网上大市场”电子贸易项目。该项目是在国家级重点项目“网上农贸超市”建设基础上的扩展，也是整个重庆市电子商务建设“41532”工程中首批启动的项目。

市计划委员会确定市商委负责编制流通业信息化规划，即《重庆市“十五”国民经济信息化专项规划》。

2001年，进一步探索现代信息技术在商贸领域的运用，在大中型零售企业、连锁企业逐步普及计算机，一些大型商业企业开始应用条码技术、即时销售系统和电子订货系统、管理信息系统等现代信息电子技术，逐步引进品类管理和供应链管理等现代管理技术，并推进电子商务发展。同时，一些企业在接入互联网、建立网站、开展电子商务、从事网上采购和网上销售等方面探索。一批重点市场和重点企业成为流通现代化的积极推动者，朝天门市场、观音桥市场、重百大楼、重庆商社（集团）、新世纪百货、小天鹅集团等积极采用配送、网上交易等先进的流通技术，提高流通效率，集聚辐射功能进一步增强。市商委决定重点推动大中型零售企业实现电子商务模式，并逐步在物流业运用电子商务模式。按照“政府引导、市场机制、企业运作”的原则，在市级各有关部门的大力支持下，重庆大学等科研院校、大型企业的专家的鼎力协助，经重庆市电子商务发展股份有限公司工程技术人员一年的努力实现了《规划》所提出的目标。

2002年，由市商委牵头组织实施的重庆市第一个城市级电子商务交易平台——重庆网上大市场（示范版）在11月第三届重庆高交会上正式开通，标志着重庆市利用高新技术提升第三产业手段来提高市场竞争力有了重要突破。6月26日—28日，全市商贸信息网上直报系统第一期应用培训在重庆电子职业技术学院举行。渝中、江北、九龙坡、沙坪坝、南岸等区县商贸主管部门和市食品公司、市糖酒公司、人道美蔬菜副食连锁公司、名豪购物广场等抽调企业信息部门负责人参加了培训。9月20日，副市长许忠民在市政府副秘书长高进进、市商委副主任伍程敬陪同下，视察了重庆市电子商务发展股份有限公司。10月，科技部正式批准重庆市电子商务发展股份有限公司承担的“现代流通供应链管理服务中间系统平台研制项目”为“十五”国家科技攻关计划“西部开发科技行动”重大项目（国科发计字〔2002〕313号，课题编号：2002BA901A17），并给予重点支持。

2003年，兴建投入使用更多的现代化、信息化的商业设施，条形码的普及、自动销售管理系统的应用等都有较快发展。年底有效运行的电子商务网站有1533家，比上年末增长16%。

2004年，商业企业应用电子信息技术的进程加快，全市电子商务B2B网上交易额30亿元，比上年翻了一番。

2005年，大型商场基本普及了即时销售系统、管理信息系统和电子订货系统等信息技术，普及率80%以上。部分大型零售企业通过电子商务供应链管理平台实现了网上商品采购，全市电子商务B2B网上交易额实现53亿元，增长76.7%。新世纪百货、名豪集团、重客隆、涪陵新大兴等企业通过电子商务供应链管理平台实现网上商品采购。绿云石都、龙文钢材等市场开辟网上交易业务，全年网上交易额15.6亿元。12月，市政府办公厅印发了市商委、市信息产业局发布的《重庆市加快电子商务发展的实施意见》。

第三节　物流配送

物流配送是现代商贸流通业的重要组成部分，配送的完善和快捷成为实现连锁经营的重要保障。现代物流是原材料产成品从起点至终点的相关信息有效流动的全过程，将运输、仓储、装卸、加工、整理、配送、信息等方面有机结合，形成完整的供应链，为用户提供多功能、一体化的综合性服务。现代物流的本质是运用全新的组织管理体系和技术对社会商品流转进行重组和再造，是储运技术革新与现代信息技术结合的产物，是利用现代信息技术和物流装备，整合传统物流分散独立的运输、储存、装卸、搬运、包装、流通加工、整理、配送、信息处理等功能环节，形成完整的供应链，实现物流运作网络化、一体化、信息化、集约化、高效化的先进生产组织方式，是企业降低物资消耗、提高劳动生产率以外的“第三利润源”。

重庆市物流发展处于起步阶段，与先进地区相比尚有差距。现代物流局限于仓储和运输，自成体系，物流企业的社会化服务水平和市场化运作程度低，社会物资资源得不到有效配置；基础设施较差和技术装备落后；物流专业人才缺乏。但市场潜力和发展前景十分广阔。早在20世纪80年代，一些商业企业利用仓储、运输设施的优势，拓展业务。1986年，市第一商业局系统仓库对外开放7.38万平方米，占仓库总面积的19.57%，纯收入138.1万元。重庆市商业储运公司是本市仓储工业品的专业部门，有仓库面积10.53万平方米，对外开放面积5.52万平方米，占仓库总面积的52.4%。储存量33.09万吨，收入122.38万元，占仓库总收入的48.5%。上桥物流中心铁路专用线，向社会开放运量2.47万吨，占总运量的67.66%。货运汽车向社会开放运量9.77万吨，占总运量的78.13%，收入197.29万元。

1997年，建立了重庆天利粮油配送中心、重庆天友食品连锁配送中心、重庆人道美蔬菜副食连锁配送中心。

1999年，国家国内贸易局确定了283家企业为发展商品物流配送重点企业。其中，重庆市有5家，为重庆百货大楼股份有限公司、重庆商社（集团）新世纪百货公司、重庆金属材料股份有限公司、重庆市机电设备总公司、重庆市化工轻工总公司。这些企业都具有较好的设施及业务运作基础和一定的经营规模，具备了进一步发展商品物流配送的基本条件，加速了社会化、产业化进程。

2001年，一些传统的运输和仓储企业通过改造发展成为物流企业。完成万州物流中心、上桥物流中心的规划设计，并已进入实施阶段，一批传统的专业仓储企业和商业批发企业的仓储设施面向社会开展经营业务，商业储运公司、百货集团公司、部分连锁企业建立配送中心开展自营配送服务，和平药房、新世纪超市、少数大型生产企业建立专业的物流配送中心，长安公司建立长安民生物流公司。一些运输、邮政企业组建专业公司专门开展物流配送服务，如长航建立重庆长航物流公司，铁路部门建立重庆中铁快运公司，邮政部门建立重庆邮政物流公司等。

2002年，重庆市出台《重庆市人民政府关于推进现代物流发展的意见》，完成了5大物流园区的规划方案。6月11日，市政府决定成立重庆市发展现代物流领导小组，副市长许忠民任组长，副秘书长高进进、市商委副主任伍程敬、市交委副主任丁纯为副组长，市计委、市经委、市国土房管局等部门分管领导为成员，领导小组下设办公室（设在市商委），日常工作由市商委副主任伍程敬、市交委副主任丁纯牵头负责。

2003年10月，市政府发布《重庆市现代物流业发展规划纲要》，指出重庆市拥有长江“黄金水道”，高速公路路网逐步形成，西南出海通道已经打通，西南地区最大的铁路路网也即将建成，并且拥有位列全国第十的航空港，具备发展现代物流的交通条件。

2004 年，物流配送加快发展。零售业物流配送方面，为适应连锁企业经营网点增多、规模扩大的需要，大中型连锁经营企业大多自建了物流配送中心，对其经营的商品实行统一配送，商品配送率和配送量不断提高。规划并建设上桥、寸滩、大渡口、万州、涪陵 5 大物流基地，引进荷兰马士基、韩进海运、中邮物流、中海物流、中集物流、长安民生物流等 6 家第三方物流企业，商社电器和新世纪百货两家企业 80% 的物流实现外包。第三方物流企业的增加值比上年增长 30%。

2005 年，市商委确定了现代物流发展的方向和一批重点项目。抓紧物流基础设施的规划与建设，在大渡口（含滩子口）、沙坪坝（上桥、梨树湾）、北部新区、万州（五桥）、涪陵规划建设集信息、仓储、再加工、配送、多式联运及展示、交易等功能为一体的物流园区，构筑发达的交通网络平台和先进的信息网络平台，形成“五大园区、两大平台”综合配套的物流保障体系，为现代物流发展奠定了基础。大型连锁企业配送中心的培育和转型，加快重百大楼、新世纪百货、重庆烟草、重庆医药等大型企业内部物流配送系统的构建和改造，使尽快成为规范化的配送中心，并逐步向社会化的配送中心转变。生产企业组建专业化的物流配送系统，调整大型工业企业组建专业化的物流配送系统，调整大型企业内部组织结构，分离采购供应系统，组建发展长安民生物流等一批物流配送公司，为生产加工提供原材料、零配件、产成品的配送业务，并逐步实现社会化配送。探索发展第三方物流企业，整合现有物流资源，按现代物流要求，改造调整市商业储运公司、市供销社储贸公司、长江水运公司、万州百货站等一批传统批发、仓储、运输企业以及邮政事业部门，使其向专业化的第三方物流企业转换，为生产者和用户提供优质高效的部分或全程物流服务。改造提升大型商品批发市场，选择梨树湾钢材市场、盘溪蔬菜批发市场、西南建材市场等有条件的大型批发市场试点，通过信息技术改造和交易方式的改革，升级为功能齐全、辐射广阔的社会化、专业化采购配送中心。物流配送逐渐普及，上桥、寸滩、大渡口、万州、涪陵五大物流基地加快建设，有的发展成型，物流基础设施建设取得重大进展，物流平台逐步延伸。

7 月 22 日，出台《重庆市人民政府关于加快现代物流业发展的意见》。现代物流业发展的总体思路：以企业为主体，以改革开放为动力，强化政策导向，切实解决现代物流业发展的突出问题，努力在全市范围内形成信息通达、物畅其流、快捷准时、经济合理、对企业有吸引力的社会化、专业化的现代物流服务体系，培育和壮大一批有竞争力的现代物流企业，促进现代物流业快速发展。倡导工商企业实现第三方物流业态，大力培育和规范现代物流市场；积极推进对外开放和资产重组，发展和壮大现代物流企业。科学规划建设具有鲜明功能的物流基地，构建快速便捷的物流通道。加强基础性工作，促进现代物流业可持续发展；建立扶持政策与工作机制，优化现代物流业发展环境。

第二章　商业业态

商业零售业态是零售企业为满足不同的消费需求进行相应的要素组合而形成的不同经营形态。新型业态是消费需求、技术进步和市场竞争不断变化的产物。从 20 世纪 90 年代中后期开始，零售业进入了快速发展期，传统业态被大规模改造，新型业态不断出现，从连锁超市（最初被称作“自选商场”）诞生算起，仅用短暂的时间，便历经了发达国家零售业态150年的发展变迁，新老零售业态如便利店、折扣店、超市、百货店、专卖店、购物中心、网上销售等，均在重庆发展。

第一节 发展历程

在计划经济年代，人们日常生活中必不可少的柴米油盐肉蛋奶，主要是在小规模的国营商店、供销社或合作社购买，后来演变成副食店。计划经济时期的供给制度赋予了副食店某些市场管理职能，几乎所有副食品都是定量供应，市民排队购物成了日常生活中的一个重要内容。其商业业态单一，经营方式陈旧，零售企业主要为单一百货店、副食店和粮店，各类服务业更是简单传统，旅馆、饭店、理发店等门店规模甚小，各种服务业简单划一。改革开放后，积极发展各种业态，服务内容与范围不断拓宽，传统商业向现代商业迈进，传统单一的百货店发展为超级市场、专业商场、专卖店、大卖场、精品店、仓储式购物、购物中心等新型业态并存和自动售货、网上购物等无店铺销售形式的格局，总代理、总经销等现代营销方式应运而生，遍布城乡，商业业态与经营方式发生了重大变革，实现了质的创新。跨国商业集团家乐福、麦德龙等在渝开业，填补了诸如货仓式卖场等业态的空白，商品流通体制、购销方式以及供应链管理模式上发生了重要而深刻的变化。商贸业态比较齐全，国际上比较通行的商业业态形式在重庆市场上都显现，各种零售业态，除百货店、商品市场以外，以连锁经营为基本特征的大型超市、购物中心、便利店、专卖店、大卖场、仓储商店、尾货调剂中心、折扣店、特许加盟店以及网上购物、电视购物、直销等无店铺销售方式等，以及大型高档酒店、酒楼和经济型酒店、大众化餐饮等遍布城乡，在各种社区和消费群体中“各司其职”“各居其位”，呈现出百花齐放、百业竞争的态势。其中，超市成为零售市场的主力业态，产销结合、科工贸结合、国际国内市场相对接、品牌经营等先进营销方式在商业领域较普遍。

20世纪90年代，随着经济体制改革和市场经济的快速发展，代理制覆盖的商品范围不断扩大，不仅包括金属、非金属和机电产品等生产资料，而且涉及多种生活资料。商品流通推行的商品销售代理制是流通领域的一项重大改革，物资批发企业改变经营方式，向配送中心、总代理、总经销转变，重点发展钢材、水泥（散装水泥）、木材、民爆器材等生产资料的配送服务，建立大型配送服务中心，加强与重点生产企业和工程建设单位的联合、协作，扩大配送规模，保证商品质量和服务质量，推进物流配送产业化。1999年5月5日，国家国内贸易局进行商品流通一级代理商资格认证工作，经流通企业积极申报，各级流通主管部门认真审核和复查，公布了第一批商品流通一级代理商资格认证结果，全国有205家企业符合商品流通一级代理商资格标准。其中，重庆金属材料股份有限公司获一级钢材代理商，重庆市机电设备总公司为一级机电代理商，重庆市化工轻工总公司为一级非金属代理商。20世纪90年代中后期，国家逐步放开了商品批发与零售对外资的限制，著名商业品牌抢滩市场，不仅带来了规模化的资金，同时也带来了先进的规模化流通的经营管理与技术，超市、大卖场、仓储式购物中心等经营方式彻底颠覆了传统的商业理念，开启了商业模式改革的先河。传统市场经过不断调整改造和提升，逐步发展成为现代化大型商业中心、展览中心和信息中心，超市、摩尔式大型商城，还有一批专业化、精品化大卖场，红星美凯龙、北京居然之家的品牌连锁，都是传统市场向现代化流通方式转型的成功范例，其商品贸易、信息、展示、研发、配送、供应链管理相结合的产业优势日益凸显出来。流通企业加快向物流配送商和供应商转型，经营理念和经销模式都发生了巨大变化。

20 世纪 90 年代末期，城市零售商业出现了大规模的发展与变革，现代百货商店、连锁超市、便利店、大卖场、购物中心乃至各种无店铺销售形态的出现和快速发展，提高了城市居民消费需求的满足程度，提升了城市发展的现代化、国际化水平，在流通领域的变革中是具有标志性的。1999 年，大中型综合百货业，作为市场商品销售的主体仍然引领市场潮流，主要大中型百货业零售大约增长 16.3%，而以家乐福为代表的大型超市及几家主要食品连锁商业企业增长 6%，连锁超市等新型业态发展空间广阔。

进入 21 世纪后，把调整经营组织结构、发展新型业态放在商贸流通工作的突出位置，促进流通的组织化程度和现代化水平的提高，商业业态调整步伐进一步加快，新业态的推进从偏重超市业态向便利店、仓储商场等多业态发展，从偏重直营连锁向特许连锁等多种形式发展，从偏重商品销售向多种形式的连锁服务发展。鼓励各类品牌企业到地区中心城市和县城开分店，同时鼓励向市外扩张。批发业重点向配送服务和代理经营发展，扩大钢材、水泥、机电、家电的配送服务和代理经营。大力培育连锁品牌企业，重百、新世纪、山城平价超市发展连锁超市，和平药房、桐君阁大药房跨地区连锁，小天鹅、陈川粤、老四川名店发展连锁，洁诚洗衣连锁继续发展连锁店，引导市食品集团公司发展“放心肉”“安全肉”连锁配送工程。

2000 年，加速商业业态调整，促使传统经营业态加快向新型商业业态转变，大力发展现代营销组织形式和营销方式，使业态裂变，大型零售卖场、超级市场、连锁店、批发市场、星级宾馆、星级酒店、大型饭店以及高档洗浴中心、婚纱摄影、美容美发、高级茶楼、各类会馆等新兴业态持续发展。流通规模进一步扩大。

2001 年，有百货店、超级市场、便利店、专业店、专卖店、大型综合超市、仓储式商店、购物中心等零售业态。6 月，世界知名商贸企业的德国麦德龙入驻重庆，填补了重庆市货仓式卖场的空白。麦德龙的现购自运货仓式批发超市被业界誉为批发业中的“革命性创新”，这种配销方式运作过程为麦德龙向供应商提供订货单、供应商直接送货；顾客到商场购物，要求顾客用现金结算，麦德龙不设配送中心，采用仓储合一、法人会员制的大宗消费（不直接面向个人消费客户）的经营模式。其特征是商品进销价位低，现金结算保证勤进快出，顾客和供应商自备运输工具，使商品在三者之间能以最小的成本完成流通，从而减少风险。麦德龙的主要顾客是中小型零售商，顾客不管数量、品种多少，均可享受与大零售商一样的优惠价格。麦德龙采用先进的管理方式，遵循国际上成熟的交易规则，在采购、销售、付款等方面与供货商有一套规范的操作程序，订单—送货—收货—形式发票—增值税发票—付款，每个环节都通过电脑控制，环环相扣，既能全面掌握商品进销存的动态，将库存控制在最合理范围内，又有效地防止了各个环节的“人情干扰”。由于向供应商下订单的商品量大，供应商愿意给予优惠，进价低，同时，长期坚持低成本经营，货仓式商场内很少装饰且从来不做广告，其宣传最主要是依靠“口碑效应”，所以麦德龙拥有价格优势。

2004 年 6 月 9 日，商务部组织有关单位对国家标准《零售业态分类》（GB/T18106－2000）进行了修订，国家质量监督检验检疫总局、国家标准化管理委员会联合发布新国家标准《零售业态分类》（GB/T18106－2004），10 月 1 日正式施行。标准适用于国境内从事零售业的企业和店铺。新标准按照零售店铺的结构特点，根据其经营方式、商品结构、服务功能以及选址、商圈、规模、店堂设施、目标顾客和有无固定经营场所等因素进行分类，总体上可以分为有店铺零售业态和无店铺零售业态两类。按照零售业态分类原则分为食杂店、便利店、折扣店、超市、大型超市、仓储会员店、百货店、专业店、专卖店、家居建材店、购物中心、厂家直销中心、电视购物、邮购、网上商店、自动售货亭、电话购物等17种业态，并规定了相应的技术条件和经营特点。

2004年10月1日新颁布的《零售业态分类标准》中的17种零售业态在重庆市场竞相发展，相继出现了超级市场、便民连锁店、专卖店、购物中心、仓储式商场等新型零售业态，自动售货、电子商务、网上购物等无店铺销售形式和经纪、代理制等现代营销方式，零售业呈现出多样化的发展态势。经济普查资料显示：2004年，全市零售业有超级市场90个。

2005年，限额以上零售各业态中，百货商店103个，超市115个，专业店、店铺销售等业态增多。

第二节　业态种类

商业业态种类较多，分为有店铺零售业态和无店铺零售业态。

一、有店铺零售业态（12种）

1. 食杂店

选址：一般位于居民区内或传统商业区内。

商圈与目标顾客：辐射半径0.3千米，目标顾客以相对固定的居民为主。

营业面积：一般在100平方米以内。

商品（经营）结构：以香烟、饮料、酒、休闲食品为主。

商品售卖方式：柜台式和自选式相结合。

服务功能：营业时间12小时以上。

管理信息系统：初级或不设立。

2. 便利店

选址：商业中心区、居住区、交通要道以及车站、医院、学校、娱乐场所、办公楼、加油站等公共活动区。

商圈与目标顾客：商圈范围小，顾客步行5分钟到达，目标顾客主要为单身者、年轻人。顾客多为有目的的购买。

营业面积：100平方米左右，使用率高。

商品（经营）结构：即时食品、日用小百货为主，有即时消费性、小容量、应急性等特点，商品品种在3000种左右，售价高于市场平均水平。

商品售卖方式：以开架自选为主，结算在收银处统一进行。

服务功能：营业时间16小时以上，提供即时性食品的辅助设施，开设多项商品性服务项目。

管理信息系统：程度较高。

3. 折扣店

选址：居民区、交通要道等租金相对便宜的地区。

商圈与目标顾客：辐射半径2千米左右，目标顾客主要为商圈内的居民。

营业面积：300~500平方米。

商品（经营）结构：商品价格一般低于市场平均水平，自有品牌占有较大的比例。

商品售卖方式：开架自选，统一结算。

服务功能：用工精简，为顾客提供有限的服务。

管理信息系统：一般。

4. 超市

选址：市、区商业中心、居住区。

商圈与目标顾客：辐射半径 2 千米左右，目标顾客以居民为主。

营业面积：6000 平方米以下。

商品（经营）结构：经营包装食品和日用品。食品超市与综合超市商品结构不同。

商品售卖方式：自选销售，出入口分设，在收银台统一结算。

服务功能：营业时间 12 小时以上。

管理信息系统：程度较高。

5. 大型超市

选址：市、区商业中心、城郊接合部、交通要道及大型居住区附近。

商圈与目标顾客：辐射半径 2 千米以上，目标顾客以居民、流动顾客为主。

营业面积：6000 平方米以上。

商品（经营）结构：大众化衣、食、用品齐全，一次性购齐，注重自有品牌开发。

商品售卖方式：自选销售，出入口分设，在收银台统一结算。

服务功能：设不低于营业面积 40% 的停车场。

管理信息系统：程度较高。

6. 仓储式会员店

选址：城乡接合部的交通要道。

商圈与目标顾客：辐射半径 5 千米以上，目标顾客以中小零售店、餐饮店、集团购买和流动顾客为主。

营业面积：6000 平方米以上。

商品（经营）结构：以大众化衣、食、用品为主，自有品牌占相当部分，商品品种在 4000 种左右，实行低价、批量销售。

商品售卖方式：自选销售，出入口分设，在收银台统一结算。

服务功能：设相当于营业面积的停车场。

管理信息系统：程度较高并对顾客实行会员制管理。

7. 百货店

选址：市、区级商业中心、历史形成的商业集聚地。

商圈与目标顾客：目标顾客以追求时尚和品位的流动顾客为主。

营业面积：6000 ~ 20000 平方米。

商品（经营）结构：综合性，门类齐全，以服饰、鞋类、箱包、化妆品、礼品、家庭用品、家用电器为主。

商品售卖方式：采取柜台销售和开架面售相结合方式。

服务功能：注重服务，设餐饮、娱乐场所等服务项目和设施，功能齐全。

管理信息系统：程度较高。

8. 专业店

选址：市、区级商业中心以及百货店、购物中心内。

商圈与目标顾客：目标顾客以有目的选购某类商品的流动顾客为主。

营业面积：根据商品特点而定。

商品（经营）结构：以销售某类商品为主，体现专业性、深度性、品种丰富，选择余地大。

商品售卖方式：采取柜台销售或开架面售方式。

服务功能：从业人员具有丰富的专业知识。

管理信息系统：程度较高。

9. 专卖店

选址：市、区级商业中心、专业街以及百货店、购物中心内。

商圈与目标顾客：目标顾客以中高档消费者和追求时尚的年轻人为主。

营业面积：根据商品特点而定。

商品（经营）结构：以销售某一品牌系列为主，销售量少、质优、高毛利的商品。

商品售卖方式：采取柜台销售或开架面售方式，商店陈列、照明、包装、广告讲究。

服务功能：注重品牌声誉，从业人员具备丰富的专业知识，提供专业性服务。

管理信息系统：一般。

10. 家居建材商店

选址：城乡接合部、交通要道或消费者自有房产比较高的地区。

商圈与目标顾客：目标顾客以拥有自有房产的顾客为主。

营业面积：6000 平方米以上。

商品（经营）结构：商品以改善、建设家庭居住环境有关的装饰、装修等用品、日用杂品、技术及服务为主。

商品售卖方式：采取开架自选方式。

服务功能：提供一站式购足和一条龙服务，停车位 300 个以上。

管理信息系统：较高。

11. 购物中心，分社区型购物中心、市区购物中心、城郊购物中心三种。

A. 社区型购物中心

选址：市、区级商业中心。

商圈与目标顾客：商圈半径为 5 ~ 10 千米。

营业面积：建筑面积 5 万平方米以内。

商品（经营）结构：20 ~ 40 个租赁店，包括大型超市、专业店、专卖店、饮食服务及其他店。

商品售卖方式：各个租赁店独立开展经营活动。

服务功能：停车位 300 ~ 500 个。

管理信息系统：各个租赁店使用各自的信息系统。

B. 市区购物中心

选址：市级商业中心

商圈与目标顾客：商圈半径为 10 ~ 20 千米。

营业面积：建筑面积 10 万平方米以内。

商品（经营）结构：40 ~ 100 个租赁店，包括百货店家、大型超市、各种专业店、专卖店、饮食店、杂品店以及娱乐服务设施等。

商品售卖方式：各个租赁店独立开展经营活动。

服务功能：停车位 500 个以上。

管理信息系统：各个租赁店使用各自的信息系统。

C. 城郊购物中心

选址：城乡接合部的交通要道。

商圈与目标顾客：商圈半径为 30 ~ 50 千米。

营业面积：建筑面积 10 万平方米以上。

商品（经营）结构：200 个租赁店以上，包括百货店家、大型超市、各种专业店、专卖店、饮食店、杂品店以及娱乐服务设施等。

商品售卖方式：各个租赁店独立开展经营活动。

服务功能：停车位 1000 个以上。

管理信息系统：各个租赁店使用各自的信息系统。

12. 工厂直销中心

选址：一般远离市区。

商圈与目标顾客：目标顾客多为重视品牌的有目的的购买。

营业面积：建筑面积 100 ~ 200 平方米。

商品（经营）结构：为品牌商品生产商直接设立，商品均为本企业的品牌。

商品售卖方式：采用自选式售货方式。

服务功能：多家店共有 500 个以上停车位。

管理信息系统：各个租赁店使用各自的信息系统。

二、无店铺零售业态（5 种）

1. 电视购物

目标顾客：以电视观众为主。

商品（经营）结构：商品具有某种特点，与市场上同类商品相比，同质性不强。

商品售卖方式：以电视作为向消费者进行商品宣传展示的渠道。

服务功能：送货到指定地点或自提。

2. 邮购

目标顾客：以地理上相隔较远的消费者为主。

商品（经营）结构：商品包装具有规则性，适宜储存和运输。

商品售卖方式：以邮寄商品目录为主向消费者进行商品宣传展示的渠道。并取得订单。

服务功能：送货到指定地点。

3. 网上商店

目标顾客：有上网能力，追求快捷性的消费者。

商品（经营）结构：与市场上同类商品相比，同质性强。

商品售卖方式：通过互联网进行买卖活动。

服务功能：送货到指定地点。

4. 自动售货亭

目标顾客：以流动顾客为主。

商品（经营）结构：以香烟和碳酸饮料为主，商品品种在 30 种以上。

商品售卖方式：由自动售货机完成售卖活动。

服务功能：没有服务。

5. 电话购物

目标顾客：根据不同的产品特点，目标顾客不同。

商品（经营）结构：商品单一，以某类品种为主。

商品售卖方式：主要通过电话完成销售或购买活动。

服务功能：送货到指定地点或自提。

2004年，限额以上连锁零售业和餐饮业门店总数6245个。其中，百货店92个，超级市场62个。

到2005年，限额以上连锁零售业和餐饮业门店总数6503个。其中，百货店103个，超级市场115个。形成零售业态多元化格局，百货店、超市、综合超市、便利店、折扣店、专业店、仓储式商场、购物中心、大型摩尔（MALL）、厂家直销中心、邻里中心、会所、社区综合服务中心和邮购、网购、电视电话购物等零售业业态发展较快。

第六篇　教育与精神文明

商业系统学校坚持育人为本，培养了一大批职业技术人才，自身也得到了较快发展。商业系统内加强职工教育，加强精神文明建设，职工队伍素质普遍提高，文化氛围浓厚。

第一章　商贸院校与人才培训

商业系统从事教育教学的机构有重庆第一财贸学校、重庆第二财贸学校、重庆市商务高级技工学校等。

第一节　重庆第一财贸学校

重庆第一财贸学校，是经市政府批准的全国重点全日制财经类中等职业学校。2009 年改为重庆商务职业学院。隶属重庆市商业委员会。

始创于 1962 年，其前身是位于南岸四公里街的重庆市财贸干部学校，为当时全国十大财贸学校之一。因原商业部征用重庆财贸学校校址组建重庆商学院，于 1986 年停办。原重庆市与永川地区合并后，启用重庆第一财贸学校名称，并于 1990 年搬迁至重庆市沙坪坝区歌乐山恢复招生。经过十多年的建设与发展，学校规模逐步扩大，办学软硬条件逐步得到改善，办学效益逐渐凸现，2000 年被中共重庆市委、重庆市人民政府命名为市级文明单位，2001 年被重庆市人民政府批准命名为市（省）级重点中等专业学校（中专），2002 年被沙坪坝区人民政府授予园林式单位，被重庆中专教育学会评为美育优秀学校。

1990 年 8 月 29 日，重庆第一财贸学校校址交重庆商学院，1987 年即停止招生。市财办与市第二商业局商定，一财贸校与二商校校址互换。一财贸校迁往歌乐山二商校，一财贸校在南坪乡四南村原和平生产队征划 50 亩建校地交给二商校建校，学生规模 700 人。

1991 年 7 月 18 日，市委财贸政治部决定成立中共重庆第一财贸学校总支部委员会。

1994 年，通过了重庆市普通中专办学水平评估。同年年底，与重庆广播电视大学联合办学，开办成人大专教育。

1995 年，在校生突破 1000 人。

1999 年，与重庆商学院联合办学，开办成人大专教育。

2000 年，与渝州大学联合办学，举办普通高校高职教育，被评为重庆市重点中等职业学校。

2002 年，重庆商学院与渝州大学合并成立重庆工商大学，继续与其合作，开办成人大专函授班。

2004 年 4 月，重庆市教育委员会同意重庆第一财贸学校与重庆商务高级技工学校合并，筹建重庆商务职业学院。沙坪坝区人民政府就重庆商务职业学院征地有关问题召开协调会议，并初步同意在学校周边征地 300 亩。重庆市发展计划委员会批准重庆商务职业学院建设投资项目，并登记核准备案。

2005 年，与涪陵师范学院联合办学，开办成人大专教育。2 月购买重庆美术颜料厂闲置厂区 6830 平方米，7 月重庆第一财贸学校成立党委，潘昌友兼任党委书记。

学校占地面积 90. 3 亩，校舍面积 3. 23 万平方米，有 9455 平方米学生宿舍三幢。二幢教学楼共有教室 44 间，建筑面积 3734. 4 平方米；6 个微机室、3 个网络教室，面积为 607 平方米；计算机 305 台，全部与 Internet 网相连；建有财会模拟实习室 2 个，可供 128 人同时进行财会模拟实习；230 座和 80 座的多媒体教室各 1 间；具有现场直播和转播闭路电视的中央控制系统和演播厅，另有电子实验室、计算机组装与维护实验室、语音室、装潢艺术设计实操室和计算机辅助设计室、形体训练室等学生实训实习场所。

学校以培养复合型应用人才为目标，以“厚实基础、注重实践、提升素质、全面发展”为人才培养标准，积极探索能力本位、学分制和弹性学制教学改革，强化专业知识和技能全面发展。设有会计系、计算机科学系、经济管理系、公共管理系、商务艺术设计系。开设有财会电算化、证券与投资、金融与保险、计算机应用、电子商务、旅游管理、物业管理、经济贸易与法律事务、市场营销与现代企业管理、公共关系与文秘、商务英语、装潢艺术设计等十余个专业。学校设有计算机、英语、普通话等级证书，预备会计、推销员、秘书、物业管理、高新技术模块等资格证书考点。学生通过学习培训，获取相关证书，可增强就业竞争力。

第二节　重庆第二财贸学校

重庆第二财贸学校创办于 1956 年，原为江津地区财政贸易干部学校，1974 年开办中专，名为江津地区财贸学校。永川并入重庆后，改为第二财贸学校。2004 年与重庆商业职工大学资源整合后，成人高等教育与中专教育并存；2007 年 2 月，重庆市人民政府批准改制为重庆财经职业学院，开办高等职业教育。重庆财经职业学院隶属于重庆市商业委员会，是经教育部备案的普通高等学校。学院位于渝西经济走廊上的区域性中心城市——永川城区，处于腾飞中的重庆职教基地中心。

1986 年 12 月 15 日，中共重庆市委财贸政治部发文批复重庆第二财贸学校，同意重庆第二财贸学校试行校长负责制，从 1987 年 1 月起开始，每届任期三年。

1999 年 8 月 6 日，市政府发文批复市教委、市商委，同意重庆第二财贸学校与重庆商业技工学校合并办学。合并后实行中专管理体制，以重庆第二财贸学校进行法人登记，暂保留重庆第二财贸学校、重庆商业技工学校两块牌子。两校合并后，其经费来源在市编委下达的编制人数内，比照重庆第二财贸学校经费标准，由市财政局核定。11 月 17 日，重庆市机构编制委员会批复市商委，同意重庆第二财贸学校与重庆市商业技工学校合并，保留重庆市商业技工学校牌子，不再保留重庆财贸干部学校牌子。重庆第二财贸学校仍为市商委管理。核定全额人员编制 130 名，差额人员编制 50

名，其中单位领导职数 5 名。当年，重庆第二财贸学校晋升为省部级重点中专学校。

2004 年 6 月 18 日，市商委批准同意重庆商业职工大学与重庆第二财贸学校合并办学，实行“两块牌子、一套班子”的管理体制。2004 年晋升为国家重点中专学校。

2005 年 12 月 16 日，市政府行文批复市商委，确立重庆商业职工大学管理体制。同意重庆商业职工大学和重庆第二财贸学校合并办学，同时保留两校牌子，资源共享，合作办学，实行“两块牌子、一套班子”的办学体制。明确重庆商业职工大学的举办主体为国家机关，即重庆商业职工大学是市商委管理的成人高等学校。重庆商业职工大学和重庆第二财贸学校分别进行法人登记，涉及的机构规格、事业单位法人变更登记等事项，按照机构编制管理有关规定依法办理。两校合并办学后，市财政按照原有规定继续安排重庆第二财贸学校有关经费，其标准定额不变。

第三节　重庆市商务高级技工学校

重庆市商务高级技工学校（原名重庆饮食服务技工学校）是一所集高级技校、中专为一体的，重庆市商委以培养烹饪和酒店管理类中高级技能型人才为主的全日制国家级重点职业学校。学校地处重庆市南岸区学府大道江南大学城中心地带，占地 5.51 万平方米，校舍建筑面积 2.71 万平方米，固定资产约 2100 万元，生产实验实习设备价值 200 余万元，藏书 4 万余册。

1985 年 12 月 24 日，经市政府办公厅批准，四川省饮食服务技工学校重庆班更名为重庆市饮食服务技工学校，仍隶属于重庆市饮食服务公司，办学经费由市财政工交事业列支。

1988 年 6 月，学校结束了企业办校的历史，学校的行政关系隶属于重庆市第二商业局。

1990 年 5 月，市编制委员会发文批复核定学校为县级事业单位。

1992 年 6 月 10 日，成立党总支委员会。

1994 年 5 月 3 日，经重庆市教委批准，重庆市二商职工中专学校与重庆市饮食服务技工学校联合办学，至此，学校形成“三块牌子、一个班子”。是一所市属公立的重点职业学校，学校致力于培养高中级的烹饪、旅游服务专门人才和具有市场经济意识、掌握现代化高新技能知识、商贸服务复合型中级人才。

1998 年，市商委成立，其学校行政关系隶属于重庆市商委。

2000 年，学校被国家劳动和社会保障局评为国家重点技校。

2001 年 3 月 16 日，市机构编制委员会办公室批复市商委，同意重庆市第二商业职工中等专业学校更名为重庆市商业职工中等专业学校。更名后其机构规格、人员编制、经费渠道均不改变。

2005 年，经劳动和社会保障部审批为重庆市商务高级技工学校。

2006 年 4 月，学校升格并更名为重庆市商务高级技工学校。

第四节　重庆商学院

重庆商学院前身为重庆第一财贸学校。

1986 年 2 月 18 日，市委批复市委财贸政治部，同意设立中共重庆商学院筹建领导小组临时委员会。临时委员会由王正和、肖玉书、张宗礼、周观亮、宗树义 5 人组成，宗树义为临时党委书记，肖玉书为临时党委副书记。

1987 年 11 月 19 日，重庆市委组织部批准重庆商学院筹备组党的组织关系从中共重庆市委财贸政治部划转中共重庆市委宣传部。

重庆商学院创建于 1987 年，隶属国内贸易部，为普通本科院校，地址在重庆市南岸区。设有贸易经济、经济学、企业管理、国际贸易、统计学、秘书学、旅游管理、经济法、计算机应用、商务策划、装潢艺术设计、环境艺术设计、市场营销、会计学、税务、货币银行学等 15 个专业及 5 个专业方向。2002 年 1 月 8 日，教育部批准渝州大学和重庆商学院合并筹建重庆工商大学，4 月 23 日两校合并，组成新的学校班子。同时撤销渝州大学和重庆商学院的建制。同年 5 月 24 日，市政府办公厅行文发布组建重庆工商大学的通知，该校系本科层次的普通高校，由市政府领导和管理，以实施本科教育为主，同时承担研究生培养任务，全日制在校生规模暂定 28000 人。

第五节　人才培训

市场竞争归根结底是人才的竞争。商贸发展坚持以人为本，把人才队伍建设始终作为一件重要工作来抓，牢固树立“人力资源是第一资源”的思想，推进人才资源战略，大力培养商贸经营管理人才，培养一批市场观念强、文化层次高、事业心强、勇于拼搏、熟悉法律和国际贸易、懂业务、懂管理的商业企业管理人才；大力培育和引进营销、法律、信息、网络、拍卖师等专业技术人才，大力提升商业企业员工的文化水平和职业技能，全面提高商业人才队伍素质，为商贸发展奠定坚实的人才基础。

1986 年，职工教育上了一个新台阶，高等学历教育巩固发展，电大经济类 3 个班和酿造职大 178 名学员圆满结业；中专教育初见成效，182 名学员圆满结业，同时又招生 175 名；有计划地开展了职工技术培训，开办了酿造工艺、制冷工艺、生物制药等中技培训班，培训中级技术工人 4462 人。加强了干部职工轮训，第二遍青工政治轮训开 33 期、1769 人，普法学习 48 期、3649 人，初步形成了初级到高级、多门类、多层次的教育与职能技术培训网络。6 月 18 日，市财办批复市第二商业局，授予周木生等 8 人为一级厨师、刘波等 23 人为二级厨师、彭丽等 3 人为一级服务员。12 月 3 日，市政府行文批复市财办，同意成立重庆工商行政管理职工中等专业学校。该校由市工商行政管理局领导和管理，属成人中专性质，开设企业登记与经济合同管理、市场管理两个专业，办学规模 400 人。同年，市政府行文批复市财办，同意设立市供销社职工中等专业学校，归供销社领导和管理，为成人中专。

1987 年 11 月 24 日，市财办授予张长生等 69 人为红案一级厨师，周国珊等 349 人为红案二级厨师；田怡仁等 15 人为白案一级厨师，汪清富等 75 人为白案二级厨师；曾庆林等 11 人为冷菜一级厨师，张利等 42 人为冷菜二级厨师；蒋英等 43 人一级服务员；杨光明等 37 人为理发一级技师，周长春等 63 人为理发二级技师；李国庆等 132 人为照相一级技师，胡万寿等 139 人为照相二级技师。11 月 24 日，授予吴万里等 7 人为红案特二级厨师，李国兴等 2 人为白案二级厨师，何红美等 3 人为特二级招待师。

1988 年 5 月 9 日，市财办批复市第二商业局，授予潘德君等 3 人为红案一级厨师，王德金等 11 人为红案二级厨师；许飞渡等 2 人为白案二级厨师；蒋文祥等 4 人为冷菜二级厨师。6 月 14 日，授予刘大东等 33 人为红案特三级厨师，金建梁等 9 人为白案特三级厨师，张国柱等 6 人为冷菜特三级厨师，代贵一等6人为特招待三级技师，蒋开智等6人为特级顾问。9月28日，授予黄建国等9人为红案一级厨师，林子康等11人为红案二级厨师；姜伟等4人为白案二级厨师；肖涂全等2人为冷菜一级厨师，陈延军等2人为冷菜二级厨师；周光惠为一级服务员。9月30日，授予蒲光兴等17人为红案二级厨师。

1989年，市第二商业局系统着重对所属行业技术工人进行培训。经考核合格者，授予技术职称的高级技师、技师、技工893人。

1990年，市第二商业局系统经过培训与考核，授予食品、蔬菜高级营业员150人，高级屠宰工327人，高级制冷师130人，特级厨师48人。

1998年8月，全国开展了“内贸技能之星”评比活动，重庆市双桂啤酒集团公司总经理、高级工程师杨永树，市饮食服务公司美容分公司理发师、特一级美发师曾子亮，市糖酒公司酿酒高级工程师刘升华获得殊荣。

2001年12月4日，重庆市劳动和社会保障局函告市商委，同意重庆市商贸行业国家职业技能鉴定所更名为重庆市商业联合会国家职业技能鉴定所，更名后的职业技能鉴定所鉴定职业（工种）范围和等级不变。

2002年7月24日，市委党校致函商委直属站举行首届毕业班典礼，1999级秋季经管大专班和2000级春季经管本科班两个班153名学员毕业。市商委副主任宋培滨到会祝贺并讲话。

2003年，在机关、企事业单位中开展公务员、国有企业经营管理人员、专业技术人员三层次大规模培训。7月8日，市商委印发《关于大力开展国有企业经营管理人员培训工作的实施方案》和《关于大力开展专业技术人员培训工作的实施方案》的通知。计划用5年左右时间（2003—2007年），采取集中脱产培训的方式将市商委机关80余名处级以下公务员轮训一遍。其中，副处级以上公务员累计脱产培训时间不少于3个月，主任科员以下公务员累计脱产培训时间不少于2个月。

11月24日，市商委向市级直属企业及有关单位发出通知，要求认真贯彻实施《中华人民共和国国家通用语言文字法》，在全市商贸行业普及普通话，使用规范汉字，提高商贸企业干部职工素质，营造和谐的商业营销气氛，培育企业的核心竞争力。在干部职工中大力普及推广普通话，提倡一般职工学习普通话，窗口企业、窗口单位和学校把普通话作为工作、教学用语，营业员、教师在工作中以普通话作为基础用语，按有关规定达到普通话等级标准才能上岗。企业加强对现有在岗人员培训，提高普通话的应用能力。新聘用工人员必须经过普通话培训并合格才能上岗等制度，搞好企业普及普通话的工作。推行规范汉字，市级直属企业、有关商贸企业在管理工作、文秘工作方面严格推行规范汉字，经营部门以及商场、市场、宾馆等公共场所的设施、招牌广告、标志牌等用字，必须符合国家的规范和标准。

第二章　精神文明

商贸服务业是与广大人民生活联系最密切的行业，也是窗口行业。采取各种措施，深入开展了以职业道德教育为重点的职业道德、职业责任、职业技能、职业纪律“四职”教育，普遍开展了各种优质服务竞赛，开展文明单位创建，特别是重百、新世纪的礼仪服务、普通话等，促进物质文明、精神文明建设，树立商贸流通新形象。

1986年，市委财贸政治部提出深入开展创建文明财贸单位的意见，要求商业、供销、粮食企业门市，工商所、税务所，各专业银行的分理处、营业所、信用社、储蓄所，财贸集体企业，到1990年基本达到文明单位“六好”标准。六好标准，即政治思想好、执行政策好、店容店面貌好、清洁卫生好、服务态度好。市政府办公厅转发市财贸办公室《关于商业文明一条街建设工作的意见》，要求财贸系统、社会商业、个体经营户开展商业文明一条街建设，1748个门点积极参与商业一条街建设活动。在江北、北碚、沙坪坝、南岸、渝中、九龙坡及长寿等13个区县的闹市中心，开展了建设商业文明一条街的竞赛，13条街所辖的财贸系统、社会商业、个体户共1748个门店都被纳入了一条街建设活动。“一条街”建设的主要任务是改造装修商业网点。全年13条街共改造装修各类网点365户，占网点总数的20.1%，打开临街“关闭户”为商业门面的108户，占应打开数的50%。江北区在观音桥转盘地区开展了创建商业文明一条街活动，到年底改造装修各类网点52个，占“一条街”应改造装修门点的64.2%，打开了44处“关门户”，面积3000平方米，观音桥面貌焕然一新。7月初，商业部门开展了“讲职业道德、尽职业责任、守职业纪律”的“三职”教育。11月，把“三职”教育深化为“四职”教育，提高了职工思想觉悟，促进了商风的好转，服务态度差的情况有一定改善。职工学技能、钻业务的热潮兴起，提高了职工的素质。市第一商业局系统涌现出重庆华华公司等30个双文明单位；全国商业劳动模范、重庆百货大楼营业员蔡薇等30个双文明标兵；其他先进单位（集体）167个，其他先进个人951人。同时，开展了创建文明商店的活动，全市评出184家文明商店，推动了商业服务质量的提高。市第二商业局深入持久地开展“四职”教育，服务水平显著提高，涌现出一批文明商店和优秀营业员、优秀服务员、优秀商业职工。其中，东风餐厅荣获市委、市政府授予的“服务典范”金匾，人道美商店荣获“全国五一劳动奖状”和“全国先进班组”称号，山城饭店等100家企业获文明单位，陈世玲等17人获商业服务标兵，叶发群等177人获优秀营业员、优秀服务员、优秀商业职工。饮食、照相、理发三个行业开展了技术职称考核，1300多人参加考试。在近郊7个区及食品贸易中心综合经营部开展争创“文明肉店”、争当优秀营业员的对口竞赛活动。市粮食部门在开展“四职”教育中，以提高粮店服务质量为重点，从8月1日起开展了优质服务一条龙劳动竞赛，参赛单位377个。其中，粮店304个，加工厂7个，仓库5个，油脂批发部6个，近郊区粮站仓库储运组22个，区粮食公司、粮站一级管理机构33个，制定了竞赛条件和评比计分办法，通过劳动竞赛，粮店服务质量有了明显提高。

人道美商店，是重庆老字号，主要经营酱油、醋、咸菜等副食品。该商店为消费者生活需要服务，优质服务重信誉，薄利多销，对出售商品保质保量、价格合理，讲究职业道德，做到不乱提价、不短斤少两，有损人民健康的食品不进货、不销售，坚持服务规范化，营业员接待顾客用语、程序、商品陈设、店堂卫生及个人仪容都有具体规定，举办了取货“一手准”，计价收款“一口清”的操作表演和比赛活动。1981年以来，连续6次被重庆市人民政府命名为“文明单位”“文明商店”。1986年9月，荣获“全国五一劳动奖状”，企业相关人员出席了全国先进班组表彰会。

1989年，在全市财贸系统开展“双质”活动，即整顿商品质量、服务质量，巩固原有“四职”工作成果。

1993年，市级财贸系统开展文明单位创建活动，合格46个。其中，省级文明单位4个，即重百大楼股份有限公司、重庆交电站中心商场、重庆市蔬菜副食品公司人道美商场、重庆市饮食服务公司山城饭店。

1994年，商贸系统坚持以培养“四有”（有理想、有道德、有文化、有纪律）新人为根本目标，普遍开展了以“四有”“五爱”“四职”为基本内容的教育活动，弘扬“红岩精神”的系列革命传统教育活动，深入开展了以职业道德教育为重点的职业理想、职业道德、职业技能、职业纪律的“四职”教育和以优质服务、优良秩序、优美环境和“学雷锋、树新风”为内容的“三优一学”创文明城市活动以及以“文明友爱在山城，山城处处有雷锋”为主题的社会公德教育，窗口行业普遍开展了各种优质服务竞赛，全面推进精神文明建设。

1995年，商业行业将职业道德教育和职业道德规范相结合，将开展优质服务和纠正行业不正之风相结合，将完善内部管理机制和公开接受社会监督相结合，促进“四职”教育活动朝着更加扎实、深入和规范化的方向不断发展。在继续抓好行风建设，开展优质服务竞赛活动的基础上，商业等窗口行业认真开展提倡文明用语、不说“服务忌语”活动，积极推广使用“请、您好、谢谢、对不起、欢迎光临”等常用文明用语和戒绝“不知道、我就这态度、后边等去、有意见找领导去、别烦我”等50句“服务忌语”，结合行业、单位的特点，制订出了各具行业、单位特色的“文明用语”和“服务忌语”，并与完善其他服务规范相结合，与语言服务训练相结合，与深入开展“四职”教育、全面提高职工素质相结合，进一步提高了行业优质服务水平，推动了职业道德建设的规范化发展，促进了社会文明程度的提高。重庆百货大楼被命名为四川省“职业道德建设标兵”。

1997年，将“扬红岩精神，树商业新风”活动由原近郊7区12家试点企业推广到万县市、涪陵市和近郊9区及永川等12个地区的43家企业，由百货零售业发展到石油加油站和交易市场等行业，并在7月召开示范单位授牌大会。商业承诺服务活动被赋予新内容，仅重百大楼送货24438件（次），涉及顾客17896户，深受消费者欢迎。市第一商业局系统邀请全国劳模、上海一百店营业员马桂宁来渝做先进事迹报告，举办马桂宁鲜菜献艺会和拜师徒活动，在全系统掀起岗位技术练兵热潮。举办创“顾客满意商店”金银牌授奖活动，5家零售企业分别被授予金牌和银牌，推动了全市商业服务水平上台阶。

1998年，市商委机关把“红岩精神”落实到开展“三优一满意”的活动之中，着力树立为基层、为群众、为重庆经济发展服务的思想，转变工作作风，提高办事效率。创文明行业活动，在商业企业开展“双优”（优质产品、优质服务）活动，重点放在开展规范化服务和优质服务，开展了“山城百店无假货”和“五联一体化活动”等，促进了“讲文明、树新风”向纵深发展。商贸企业积极引导干部职工发扬“爱国、奋斗、团结、奉献”的红岩精神，坚定搞好国有企业的信心。学校广泛开展爱国主义教育和争创文明礼仪示范学校等活动，努力培育“四有”新人。

2000年，坚持围绕中心，服务大局，突出“建设文明新重庆，奋进西部大开发”主题，继续发扬“爱国、奋斗、团结、奉献”的红岩精神，加强社会公德、职业道德、家庭美德教育，培育“四有”公民，紧密围绕市委、市政府整治发展环境，优化投资环境，落实“十个一批”的工作大局，开展旨在着重解决文明言行、服务质量、环境卫生、交通秩序四个方面突出问题的“讲文明、树新风，改善发展环境”活动，从我做起，从小事做起，推广规范化服务。1月6日，市委宣传部、市文明办、市商委、市工商管理局、市技术监督局等联合命名重庆市首批“山城百店无假货”活动市级示范街（店），确定出13家商业企业作为首批市级示范街（店），分别是重庆百货大楼股份有限公司、重庆商社（集团）新世纪百货公司、重庆移动通信公司渝北分公司、重庆元伟家具有限公司、南岸商业大楼、重百九龙坡百货有限公司杨家坪商厦、重庆中药材公司九龙坡分公司龙康国药店、重百沙坪商场、重庆明日百货广场有限责任公司、银贸商厦、重百北碚商场、重庆友谊合川实业有限公司、重庆商社（集团）新世纪百货公司万县商场。4月18日，市委、市政府命名1999年度市级文明单位和文明单位“五十佳”，其中商业系统的重庆南坪商业大楼、重庆第二财贸学校获得1999年度市级文明单位。工商部门开展了“文明市场”创建活动，到年底有市级文明市场66个。城区普遍推行净菜上市、精菜上市，部分市场还实现了市场商场化管理。

2001年11月29日，市商委系统评选重庆市“万名文明市民”活动，市商委推荐郑祥文等33人为重庆市“万名文明市民”候选人。

2002年，亚洲议会和平协会（AAPP）会议第三届年会在重庆召开。这是重庆市首次承办的规模大、规格高、影响广泛的国际性会议。市商委决定4月份在主城区商业零售企业中开展以“当好东道主，服务众宾客，展示新商贸，宣传新重庆”为主题的“优质服务月”活动。要求商贸企业以新的形象和精神风貌迎接参加盛会的宾客，用“文明经商，优质服务”的实际行动，展示重庆商贸人的热情和服务的高水准。

5月14日，市商委被市委、市政府通报表彰。

同年，市商委机关开展文明单位创建活动。开展文明细胞建设，命名组织人事处、纪检监察室、财会处、工业处、信息处、特商处、老干处、审计处、渝商物业等9个处室为文明处室。

市商委把优化加油站环境，整改加油站厕所作为树立重庆直辖新形象的一项重要工作来抓，经过市区两级共同努力，通力配合，全市加油站厕所整改工作初见成效。截至6月底，全市投入资金296万元，完成207个加油站的厕所整改任务。其中，高速公路沿线3个，主城区26个，主干道141个。其中，达一类标准的29个，二类标准的62个，三类标准的116个；增加蹲位540个。

2003年，宣传贯彻落实“以德治国”的重要方略，全面实施《公民道德建设实施纲要》，弘扬和培育民族精神，不断提高商贸干部群众的思想道德素质，积极创建“诚信商贸”，提升重庆商贸的整体形象，市商委决定在商贸系统开展以“健心健身强素质，诚信文明奔小康”为主题的系列活动，大力弘扬和培育以“红岩精神”为特色的民族精神，激励商贸广大干部职工把智慧和力量凝聚到建设长江上游商贸中心上来，不断提高员工的思想素质，营造诚信经商、文明服务的良好商业氛围，推动商贸经济的健康快速发展。市商委制定了《重庆市商业服务质量规范（试行）》《重庆市商业职工职业道德规范（试行）》《重庆市商业企业经营者职业道德规范（试行）》，印发到各区（市）县商贸流通主管部门和市级各公司、厂、校，要求认真贯彻执行。

2004年，以弘扬“红岩精神”为重点，广泛开展道德实践活动，推进“健心健身强素质，诚信文明奔小康”活动，深化活动内容，把重点放在开展“共铸诚信”活动上，促进了诚信一条街、文明单位、文明行业创建质量和水平的提高，以创建树形象，取得实实在在的成效。

2005年，商业行业按照科学发展观和构建和谐社会的要求，营造诚信、文明、和谐的商业环境，营造诚信经营、文明经商的氛围，掀起了构建和谐商业的热潮。为迎接第五届亚太城市市长峰会在重庆召开，提升市民文明素质和城市文明程度，组织开展文明礼仪培训、文明服务竞赛、文明出行教育和以治理城市脏乱差为主要内容的“做文明市民，迎市长峰会”精神文明创建活动，树立“礼仪重庆、诚信重庆、知识重庆、魅力重庆”的良好形象。在商贸系统35个主要行业开展“做文明商贸职工，迎亚太市长峰会”和“提高商贸服务质量，迎接亚太市长峰会”系列活动，充分展示商贸流通行业形象，并以此为契机，推动商贸流通工作跃上一个新台阶。一是整治店容店貌，整治经营安全。二是抓好员工培训。市商委组织窗口企业骨干培训，窗口企业组织员工开展培训。三是规范服务标准。市商委编印《重庆市商业服务质量规范》《重庆市商业职工道德规范》《重庆市商业企业经营者规范》《重庆市商业零售企业促销行为规范》《重庆市商业零售企业进货交易行为规范》《重庆市餐饮业服务质量规范》，并下发至窗口企业，要求组织职工进行学习，并严格执行。四是提高服务技能。组织商贸企业服务技能表演活动，提高服务技能。五是营造购物氛围。窗口企业营造经营场所视觉宣传效应，店堂内各类标识、招贴物上可印上峰会会标及宣传标语。包装物品效应，零售企业购物袋、餐饮企业就餐用品等可加印峰会会标和标语。

全市商贸系统继续开展“山城百店无假货”活动，命名表彰50个“渝商千店重诚信”文明商场和商店。市商委会同市发改委等部门规范和整顿商贸流通市场秩序，开展商德商誉教育。市商委按《重庆市商业零售企业促销行为规范》和《重庆市商业零售企业进货交易行为规范》，指导企业自觉遵守市场相关法规，按照公平、公正的竞争原则诚信经营，规范经营行为。

第七篇　人物　荣誉　品牌　行业协会

第一章　人　物

本志主要记载历任主要领导。

历任市财办、市商业局、市商委主要负责人，以任职时间和市财办、市第一商业局、市第二商业局、市商委为序。

于承永

于承永　1926年5月生，男，汉族，辽宁大连人，高中文化。1946年9月，加入中国共产党。1946年9月，参加工作。1983年11月，任重庆市财办主任、党组书记。1986年5月，任重庆市政协副主席。

张文彬

张文彬　1934年生，男，重庆市人，大专文化，高级经济师。1954年11月，加入中国共产党。1951年5月，参加工作。1986年3月，任重庆市人民政府财贸工作办公室主任、党组书记；之前任中共巴县县委书记。1988年5月，任中共重庆市委常委、组织部部长，同年6月任重庆市人民政府副市长。1991年4月，任中共重庆市委副书记兼政法委书记。1993年6月起，任重庆市政协副主席、党组书记。1997年6月，任重庆市政协主席、党组书记。

章必果

章必果　1935年3月生，男，汉族，重庆市人，初中文化，高级经济师。1953年2月，加入中国共产党。1951年10月，参加工作。1986年12月，任重庆市工商局局长、市政府财办主任。1991年10月，任重庆市人民政府副市长。1993年6月，任重庆市人大常委会副主任。

林万银

林万银　1933年1月生，男，汉族，江苏镇江人。高中文化，高级经济师。1954年11月，加入中国共产党。1950年11月，参加工作。1980年11月，任重庆市第一商业局副局长。1992年12月，任重庆市财办代主任、党组书记。1993年6月，任重庆市人大财经委员会副主任。

史锦杰

史锦杰　1947年10月生，男，汉族，山西太谷人。大学文化，高级经济师。1974年12月，加入中国共产党。1969年3月，参加工作。1983年6月，任重庆市第一商业局副局长。1987年2月，任重庆市市中区委常委、常务副区长。1989年5月，任重庆市旅游局副局长。1993年5月，任重庆市人民政府财贸办公室主任、党组书记。1997年4月，任中共重庆市巴南区委书记。2000年2月，任重庆市劳动保障局局长、党组书记。2006年5月，任重庆市第二届政协常委。

张文亭

张文亭　1928年3月生，男，汉族，河北涉县人。高中文化，经济师。1949年5月，加入中国共产党。1945年6月，参加工作。1975年10月，任重庆市第一商业局领导小组副组长、党组副书记、副局长。1980年8月，任重庆市第一商业局局长、党组书记。1987年10月，任重庆市人大财经委员会副主任。

杜金平

杜金平　1931年10月生，男，汉族，天津市人。初中文化，高级经济师。1952年9月，加入中国共产党。1949年5月，参加工作。1981年5月，任重庆市第一商业局副局长。1987年10月，任重庆市第一商业局局长、党组书记。1992年8月，任重庆市人大财经委员会副主任。

王敬先

王敬先　1944年3月生，男，汉族，重庆市人。大学文化，高级经济师。1980年1月，加入中国共产党。1961年9月，参加工作。1990年12月，任重庆市第一商业局副局长。1992年8月，任重庆市第一商业局局长、党组书记。1997年7月，任重庆市商业委员会副主任（正厅级）。

朱维新

朱维新　1929年12月生，男，汉族，重庆市人。高中文化，高级经济师。1954年12月，加入中国共产党。1949年12月，参加工作。1976年2月，任重庆市第二商业局副局长。1979年8月，任重庆市第二商业局局长、党组书记。1990年11月，任重庆市政府政策研究室研究员。

朋吉德

朋吉德　1931年5月生，男，汉族，重庆市人。高中文化，高级经济师。1953年3月，加入中国共产党。1949年12月，参加工作。1980年3月，任重庆市第二商业局副局长。1990年6月，任重庆市第二商业局代理局长、党组书记。1992年1月，任重庆市政府政策研究室研究员。

陈信卫

陈信卫　1951年2月生，男，汉族，重庆市人，中共党员。大学学历，高级经济师。1972年11月，参加工作。1985年8月至1989年7月，任重庆市糖业烟酒公司总经理。1989年7月，任重庆市第二商业局副局长。1992年2月，任重庆市第二商业局局长、党组书记。1998年5月，任重庆市盐务管理局局长、兼重庆市盐业公司总经理。

王学斯

王学斯　1951年10月生，男，汉族，重庆大足人，研究生文化。1974年，加入中国共产党。1969年，参加工作。1989年，任重庆市政府财贸办公室副主任。1992年6月，任重庆市财办党组副书记、副主任。1997年4月，任重庆市财办主任。1997年7月，任重庆市商业委员会主任。2003年，任重庆市政府副秘书长。重庆市委第一届、第二届委员。

秦文武

秦文武　1949年生，男，土家族，重庆石柱人。1970年参加工作，在职研究生。1997年7月，任重庆市供销合作总社主任、党委书记。2002年12月，任重庆市商业委员会党组书记、主任。

夏培度

夏培度　1944年2月生，男，汉族，重庆江津人。大专文化，高级政工师。1966年7月，参加工作。1987年1月，加入中国国民党革命委员会。1979年6月，四川省达县师范专科学校教师。1986年9月，任民革四川省重庆市委机关副主任干事、副处长、副秘书长、代秘书长、秘书长。1996年2月，任民革四川省重庆市委副主委兼秘书长。1993年7月，兼四川省重庆市政协副秘书长。1995年3月，兼任四川省重庆市第二商业局副局长。2000年11月，任重庆市商业委员会副主任。2003年1月，任民革中央常委、重庆市政协副主席。

第二章　荣　誉

第一节　国家级荣誉

一、“全国五一劳动奖状”获得企业（全国总工会表彰）

重庆蔬菜公司“人道美”副食品商店（1986年）　“人道美”副食品商店，重庆老字号，主要经营酱油、醋、咸菜等副食品。坚持为消费者生活需要服务，薄利多销，优质服务，注重社会效益和经济效益。1981年以来，连续6次被重庆市人民政府命名为“文明单位”“文明商店”，企业相关人员出席全国先进班组表彰会。

重庆百货大楼股份有限公司　自1991年起连续5次被国内贸易部、国家统计局评选为“全国百家最大规模、最佳效益零售商店”。

重庆商社（集团）新世纪百货公司　公司先后荣获国家有关部委、中国消费者协会、重庆市经委等授予的“优质服务企业”“信得过企业”“质量效益型企业”“顾客满意商店”等称号。

二、“全国五一劳动奖章”获得者（全国总工会表彰）

蔡　薇　女，重庆市百货大楼售货组长

王德法　万县五金采供站

陈胜淑　女，涪陵综合贸易公司长江旅社经理

段作芳　女，重庆理发总店红宫理发室理发员

段　平　重庆百货大楼羊毛衫组售货组长

艾　新　女，重庆百货大楼股份有限公司营业员

谢　莉　女，重庆商社（集团）新世纪百货公司营业员（1998 年）

崔锡明　女，重庆商社（集团）新世纪百货公司质量管理办公室主任（2002 年）

三、全国劳动模范和先进工作者（全国总工会表彰）

艾　新　女，重庆百货大楼股份有限公司营业员（2000 年）

尹学成　重庆桥头火锅饮食服务公司桥头火锅店经理（2000 年）

董　毅　女，重庆商社（集团）有限公司家用电器分公司经理、党支部书记（2000 年）

朱治平　重庆太白酒厂

廖永明　重庆市商业储运公司业务主办（2005 年）

崔锡明　女，重庆商社（集团）有限公司质管部主任（2005 年）

四、全国三八红旗手

彭忠英　重庆新大兴实业（集团）有限公司董事长

严　琦　重庆陶然居饮食文化集团董事长

刘　英　重庆阿兴记餐饮有限公司董事长

谢　莉　重庆奇火锅快乐餐饮有限公司总经理

第二节　部、市级荣誉

一、重庆市劳动模范和先进工作者

刘伟力　重庆商社（集团）新世纪百货公司总经理兼党委书记（2000 年）

陈登明　重庆饮食服务公司颐之时大酒楼厨师长（2000 年）

彭进果　中国石油重庆分公司烈士墓加油站站长（2000 年）

黄秀娟　女，重庆市商业储运公司旧货调剂市场保安组组长（2000 年）

冯　刚　重庆市油脂公司江北油脂储炼厂副厂长（2000 年）

陈生杰　重庆金属材料股份有限公司主任（2000 年）

夏忠兰　女，重庆渝北商业大厦有限责任公司百货部黄金柜柜长

陈　建　重庆重百九龙坡百货有限公司总经理

刘建红　重庆江津米花糖有限责任公司班长

李树明　重庆江津酒厂有限责任公司董事长

陈信卫　重庆盐业公司党组书记、总经理

梁从友　重庆物资集团公司董事长、总经理

涂　涌　重庆商社（集团）电器有限公司总经理（2005 年）

唐宪华　重庆医药股份有限公司董事长、总经理（2005 年）

陈代平　重庆港务（集团）有限责任公司猫儿沱分公司机车队火车司机（2005 年）

孙 燕 女，重庆商社（集团）中天大酒店有限公司中餐部主管（2005 年）

白 桦 女，重庆商社（集团）有限公司业务发展部统计员（2005 年）

庞庆军 重庆商社（集团）化工有限公司副总经理（2005 年）

钟世容 女，重庆百货大楼股份有限公司江北商场经理、党支部书记（2005 年）

陈亚娣 女，重庆市粮食储运公司总经理（2005 年）

秦鸿志 重庆市糖酒公司总经理（2005 年）

郭韵明 重庆饮食服务股份有限公司石灰市农贸主任（2005 年）

冯 刚 重庆市油脂公司江北油脂储炼厂副厂长（2005 年）

聂 勇 重庆宾馆有限公司食品开发部经理（2005 年）

刘 刚 重庆扬子江假日饭店厨师（2005 年）

李国庆 重庆市上桥粮食中转库工人（2005 年）

黄志福 重庆市粮食储运公司化龙桥粮油分公司组长（2005 年）

王玉梅 女，重庆百货集团公司渝都大酒店九重天旋转风味厅餐厅经理（2005 年）

蔡林静 重庆新大兴实业公司总裁助理

周生俊 重庆金夫人实业有限公司总裁

刘义红 女，重庆朝天门银星商城 3001 号个体经营户

二、享受政府特殊津贴人员

刘伟力 重庆商社（集团）新世纪百货公司高级经济师（1998 年）

黄耀五 重庆第二财贸学校校长（2000 年）

三、振兴重庆争光贡献奖

刘伟力 重庆商社（集团）新世纪百货公司党委书记、总经理（2003 年）

严 琦 女，重庆陶然居饮食文化集团董事长（2005 年获得“振兴重庆争光贡献奖”提名奖）

朱治平 重庆太白酒厂党委书记、厂长（2002 年）

叶定坎 重庆千叶眼镜连锁有限公司董事长、总经理（2004 年）

四、商贸服务系统先进企业获得者

重庆山城饭店 1989 年 9 月，被商业部授予“全国商业先进企业”称号。

重庆肉联厂 1989 年 9 月 4 日，被四川省政府授予“省级先进企业”称号。

永川食品厂 1989 年 9 月 4 日，被四川省政府授予“省级先进企业”称号。

重庆市蔬菜公司汽车队 1989 年 9 月 4 日，被四川省政府授予“省级先进企业”称号。

重庆市金属回收公司 1989 年 9 月 4 日，被四川省政府授予“省级先进企业”称号，是重庆市物资部门首家省级先进企业。

颐之时大酒楼 1990 年 8 月，被四川省政府授予“省级先进企业”称号。

老四川餐厅 1990 年，被四川省政府授予“省级先进企业”称号。

江津糖果厂 1990 年，被四川省政府授予“省级先进企业”称号。

五、重庆市十大杰出青年岗位能手

何亚玲 女，重庆商社（集团）新世纪百货公司（1998 年）

六、重庆青年五四奖章获得者

谢 莉 重庆商社（集团）新世纪百货连锁经营公司瑞成商都总经理办公室主任

任渝欣 重庆山城超市连锁公司董事长

严　琦　重庆陶然居饮食文化集团董事长

陈鸣红　中石油重庆销售公司人和加油站经理

郭家富　重庆家富富侨公司董事长

邓文忠　渝满天餐饮管理公司董事长

七、重庆市三八红旗手

徐　革　重庆商社（集团）新世纪百货连锁经营公司世纪新都

徐　楠　重庆圣雅菲科技有限公司

秦远红　重庆秦妈餐饮管理公司

八、机关人员获奖情况

1998年4月3日，市政府通报表彰奖励实现1997年度安全生产责任目标单位及责任人，市商委王学斯、宋培滨，市第一商业局王敬先、曹昌珍，市第二商业局陈信卫、雷太惠。

1998年5月6日，市政府办公厅通报表彰1997年度全市政务信息工作先进集体和先进个人，市商委秘书处被评为先进集体，刘域被评为先进个人。

1999年，国家国内贸易局确定首批争创“百城万店无假货”示范市场，重庆金属材料现货交易市场在此之列。

2000年1月14日，重庆市国有资产管理局表彰1999年产权年检登记工作先进单位，市商委获得二等奖。

市政府办公厅表彰2000年度全市政务信息工作先进集体和先进个人，市商委被评为政务信息工作先进集体，黄护国被评为先进个人。

2000年3月8日，国家国内贸易局通报表彰1999年度全国商办工业统计工作先进单位和个人，市商委获得先进单位，黄继全获得先进个人。

2001年，机关命名信息处、财会处、工业处、组织人事处、监察室等5个处室为文明处室。

2002—2004年度全市安全生产先进集体和先进个人名单公布，市商委被评为先进集体。

2005年，市政府办公厅通报表彰2005年度全市政务信息工作先进集体和先进个人，市商委办公室被评为先进集体，简真瑜被评为先进个人。

2005年11月21日，重庆市酒类管理局获2005年商务部酒类流通管理工作先进单位，江津市商业贸易委员会陈柒芳获先进个人。

九、其他

1993年10月16日—23日，在第三届全国烹饪技术比赛上，重庆代表队15位厨师参加西安赛区的个人赛，获金牌11枚、银牌6枚。同年12月2日—10日，参加北京赛区的团体赛，获金杯1个、金牌5枚。重庆代表队黄文龙、桂祥林、黄明基等3人获第三届全国烹饪技术比赛“优秀厨师”荣誉称号。

1994年1月25日，按四川省人民政府川府发〔1993〕194号文件《四川省人民政府关于表彰1993年全省财贸战线100个先进单位的通知》。重庆市人民政府财贸办公室以重财办发〔1994〕3号关于《关于奖励我市荣获1993年度全省财贸战线先进单位的通知》，重庆市财贸系统的中国农业银行重庆市分行、重庆市交电批发公司、重庆市饮食服务公司、沙坪坝区供销社、合川市粮食局等5个单位被四川省人民政府评为1993年全省财贸战线先进单位。市财办决定对获得荣誉称号的单位给予一次性奖励。领导集体成员每人奖金500元，企业职工可按人均半个月工资额以内掌握，不计征奖金税。

1999 年，国家国内贸易局表彰 1998 年度“全国内贸技能之星”，重庆市糖酒公司酿酒高级工程师刘升华、重庆市饮食服务股份有限公司美容分公司理发特一级美发师曾子亮、重庆双桂啤酒（集团）股份有限公司总经理、高级工程师杨永树获得“全国内贸技能之星”荣誉称号，并获颁荣誉证书。

黄花园加油站、大石坝加油站获得全国“青年文明号”称号。

2000 年 10 月 20 日，市政府通报表彰职业教育工作先进集体和先进学校，市饮食服务技工学校获此殊荣。

2004 年 9 月 7 日，共青团中央、商务部决定命名 36 个青年集体、继续认定 255 个青年集体为 2003 年度全国“青年文明号”。其中，重庆市有 5 个，为重庆商社（集团）新世纪百货男装分公司牛仔组、重庆商社（集团）新世纪百货分公司日化二组、重庆商社（集团）家电维修有限公司电子电信部、重庆新世纪百货女装分公司经典组、重庆百货股份有限公司北碚商场小食品柜。

第三章　品　牌

商业品牌包括商品、服务等品牌。商业服务品牌增多，新世纪、重百等企业成为重庆人必去之处。小天鹅、德庄等企业红遍大江南北，重庆火锅成为全球的一大品牌，德庄火锅创造了上海大世界基尼斯纪录，渝系川菜占据重要席位。足浴、摄影名声大振。商办工业是重庆商业的一支重要力量，以发展名牌为突破口，加大产品结构调整力度。重庆直辖后全市投入 5000 万元进行技术改造，重点扶持人和米、几江酒、黄花园酱油、红蜻蜓色拉油等产品，提高市场占有率。1998 年，通过推出重庆 6 大名酒，带动了酒类产销，全年实现销售收入 4.29 亿元，创利税 4227 万元。重庆市涪陵榨菜（集团）有限公司通过实施名牌战略，榨菜年产量 2 万吨，销售突破 1.4 亿元，利税 1100 万元，成为国内榨菜行业规模最大的企业。

市政府实施名特优产品发展战略，大力扶持名特优产品，提升渝造产品实力，向外界推荐渝产品牌。市商委积极行动，做好系统的名特优产品扶持工作。从 1998 年开始，每年举办名特优新商品迎春展销会，展示渝产品牌的魅力。名牌产品的生产企业开拓创新，加大技术进步力度，努力开发新产品，在市场竞争中创名牌、保名牌，提高质量管理水平，促进产品上规模、上档次。

品牌的打造和维护是一个永无止境的过程。首先，鼓励行业内外、企业之间的强弱兼并、强强联合，促进生产要素向优势企业和名牌产量集中，培育和发展一批以名牌产品为龙头、以优势企业为依托的大型企业集团，推动行业整体上水平、上档次。其次，充分发挥老字号产品品种多、形象好的优势，积极开发新的品种，特别是创立具有较高科技含量的名牌和适销对路的大品牌，对潜力大的产品在资金、技术等方面予以重点倾斜，促使其迅速进入名牌系列。

1989 年，兰香园食品厂生产的玉兰牌裱花蛋糕等 18 种食品、酿造品获商业部 1989 年度优质产品奖。老四川灯影牛肉获商业部饮食业优质产品金鼎奖。

1990 年，潼南县酿造厂生产的琴牌桂花蒜、大足县裕盛通酿造的宝顶牌宝顶冬尖获商业部 1990 年度优质产品称号，重庆市糖果糕点公司江南食品厂生产的丹桂牌宫廷月饼及 16 个企业生产的 24 个产品获重庆市 1990 年度优质产品奖。

1997 年，重庆市油脂公司生产的红蜻蜓牌菜籽色拉油，重庆市铜龙食品有限责任公司生产的铜龙牌系列挂面，笛女酒业有限责任公司生产的笛女牌 52 度笛女大曲酒等 3 个产品荣获 1997 年度重庆市名牌产品称号。

1998 年，市政府批准授予诗仙太白牌 38 度特曲、露华浓牌 39 度低度大曲、笛女牌 52 度笛女大曲、几江牌 50 度高粱白酒、重庆牌 11 度淡色啤酒、双桂牌 11 度啤酒等 6 个品牌为重庆名酒，红蜻蜓色拉油、山桂牌分割冻猪瘦肉、铜龙牌系列挂面、红枫牌麻辣牛肉脯等 8 个品牌为重庆名牌。

一、重庆名牌产品（涉商部分）

系市质量技术监督局评选，经市政府同意并公布的重庆各产品涉商部分见表 6－1、6－2、6－3、6－4、6－5、6－6。

表 6－1　　1998 年度重庆市商贸行业名牌产品表

产品名称及型号	生产企业
笛女牌 35 度 500 毫升笛女醇	重庆市笛女酒业有限责任公司
诗仙太白牌 45 度 500 毫升特曲	重庆市太白酒厂
军神牌 38 度军神酒	军神集团重庆市合川酒厂
露华浓牌低度大曲	重庆永川露华浓酿酒有限公司
涪江牌 35 度大曲	重庆市潼南酒厂
古佛洞牌 48 度 500 毫升古佛酒	南川古佛酒（集团）有限责任公司
良恭牌水磨糯米粉 800 克/袋	万县市粮油食品第二供应公司
康师傅牌方便面系列	重庆顶益国际食品有限公司
三五牌 400 克火锅佐料	重庆市渝中区大坪三五火锅馆
佛手牌 80% 味精	重庆天厨味精厂
鱼泉牌榨菜系列	重庆万县市外贸榨菜厂
川牌强化开胃精	重庆养猪科学研究院饲料总厂
永川牌豆豉系列产品	永川市酿造调味品有限责任公司

表 6－2　　2003 年度重庆市商贸行业名牌产品表

产品名称	生产企业
诗仙太白牌 38 度特曲酒	重庆市太白酒厂
重庆牌 10 度啤酒	重庆啤酒（集团）有限责任公司
双桂牌 11 度啤酒	重庆啤酒集团梁平有限责任公司
百年好合牌曲酒（35 度、45 度、52 度）	重庆石松酒业有限责任公司
乌江牌榨菜	重庆市涪陵榨菜（集团）有限公司
沁园牌裱花蛋糕	重庆沁园实业有限公司
飞马牌 99%（纯）、80% 味精	重庆飞亚实业公司
铜龙牌挂面	重庆市铜龙食品有限责任公司
红蜻蜓牌菜籽色拉油	重庆市油脂公司
蟠龙牌优质大米	重庆市梁山米业有限公司

续表

产品名称	生产企业
铜梁龙牌早籼大米	重庆市铜梁龙米业有限公司
渝泰牌鸡精	重庆渝泰食品有限公司

表6－3 2004年度重庆市商贸行业名牌产品表

产品名称	生产企业
双桂牌啤酒10度	重庆啤酒股份有限公司
涪江牌大曲酒28度、35度（500毫升/瓶）	重庆市涪江酒业有限公司
几江牌白酒50度、金江津白酒35度（500毫升/瓶）	重庆市江津酒厂（集团）有限公司
诗仙太白牌盛世唐朝曲酒38度、45度、52度，特曲酒45度	重庆市太白酒厂
笛女牌大曲酒35度、38度（500毫升/瓶）	重庆市笛女酒业有限责任公司
三五牌火锅佐料、调料（袋装、瓶装）	重庆市渝中区大坪三五火锅馆
周君记南山牌麻辣香水鱼（鸡、鸭、兔）超浓缩调料	重庆三九火锅底料厂
沁园牌面包	重庆沁园实业有限公司
辣妹子牌方便榨菜	重庆市涪陵辣妹子集团有限公司
天雁牌99%味精	重庆天厨味精厂
天友牌搅拌酸奶（塑杯装、屋形盒装）	重庆市天友乳业股份有限公司
良恭牌水磨糯米粉	重庆市万州区新绿粮油有限公司
蓬江牌牛肉脯	重庆市蓬江食品有限公司
白市驿板鸭、鸭肉干	重庆白市驿板鸭食品有限责任公司
启昌牌分割鲜、冻猪瘦肉	重庆垫江启昌食品有限公司

表6－4 2005年度重庆市商贸行业名牌产品表

产品名称	注册商标	生产企业
啤酒	山城牌	重庆啤酒（集团）有限责任公司
特曲酒38度、45度、52度	诗仙太白	重庆太白酒厂
白酒50度	巴渝	重庆三峡酒业有限公司
高粱酒60度	石松牌	重庆石松酒业有限责任公司
鸡精调味料	三峡	重庆昊元生物产业有限公司
食用盐50千克、1千克、0.5千克	索特	重庆索特盐化股份有限公司
方便面50～200克（桶、碗、袋装）	康师傅	重庆顶益食品有限公司
酱油、豆豉系列	永川	永川豆豉食品有限公司
榨菜	鱼泉	重庆万州鱼泉榨菜有限公司
屋型盒牛奶240毫升、500毫升、980毫升、1000毫升	天友	重庆市天友乳业股份有限公司

续表

产品名称	注册商标	生产企业
火锅浓缩底料	红 99 牌	重庆红九九食品有限公司
油酥米花糖	玫瑰牌	重庆市江津米花糖有限责任公司

表 6－5　重庆市“中国驰名商标”表（涉商部分）

序号	商标	注册人/所有人
1	乌江	重庆市涪陵榨菜（集团）有限公司
2	山城	重庆啤酒（集团）有限责任公司
3	小天鹅 CYGNET	重庆小天鹅投资控股（集团）有限公司
4	鱼泉 FISHWELLBRAND	重庆市鱼泉榨菜（集团）有限公司
5	诗仙太白及图	重庆市太白酒厂
6	谭木匠	重庆谭木匠工艺品有限公司
7	金夫人 GOLDENLADY 及图	重庆金夫人实业有限公司
8	陶然居	重庆陶然居饮食文化（集团）股份有限公司
9	天友 TIANYOU	重庆市天友乳业股份有限公司

表 6－6　重庆市主要名特产品表（涉商部分）

序号	注册商标	产品名称	生产企业
1	石宝寨	腐乳	重庆市忠县忠州腐乳酿造有限公司
2	鱼泉	榨菜	重庆鱼泉榨菜有限公司
3	乌江	榨菜	重庆市涪陵榨菜（集团）有限公司
4	辣妹子	榨菜	重庆市涪陵辣妹子集团有限公司
5	巴南	银针	重庆市二圣茶叶有限公司
6	骄王	保鲜花椒	重庆市四面山花椒开发有限公司
7	美人鱼坊	鲢鱼	重庆市程文农业开发有限公司
8	荷花	米花糖	重庆市江津米花糖厂
9	玫瑰	米花糖	重庆市江津米花糖有限责任公司
10	川洲	桃片	重庆市合川区川洲桃片有限公司
11	白市驿	板鸭	重庆市白市驿板鸭食品有限责任公司

二、部分名牌产品介绍

涪陵榨菜　具有百年历史的品牌产品。1898 年诞生并推向市场，历经百年沧桑，与欧洲的酸黄瓜、德国的甜酸甘蓝并誉为世界三大名腌菜。1915 年，涪陵榨菜获巴拿马国际博览会金奖。1997 年实施品牌战略，走集约化生产、产业化经营的发展之路，发展成为产销规模最大、品牌知名度最高、辐射带动能力最强的优势特色支柱产业。涪陵青菜头种植涉及 22 个乡镇、16 余万农户、60 余万人口，榨菜生产常年从业人员在 7 万人以上（包括季节工、临时工）；有半成品原料加工户近 1.2 万户，年半成品加工能力在 100 万吨以上；有榨菜加工企业 63 家（方便榨菜企业 45 家、坛装榨菜企业 11 家、出口榨菜企业 7 家)，成品榨菜生产能力 50 万吨以上。榨菜产品形成了以坛装榨菜为主的全形榨菜，以小包装精制榨菜为主的方便榨菜和听、瓶、盒装高档榨菜及出口榨菜几大系列、100 余个品种，产品主要销往全国各地，出口至东南亚、欧美等 50 多个国家和地区。自国家开展评优活动以来，各式品牌的涪陵榨菜共荣获国际、国内省部级以上金、银、优质奖 100 余个(次)。有企业产品品牌 190 个，其中有"乌江""辣妹子"2 个驰名商标、"涪陵榨菜""川陵""亚龙""茉莉花""三笑""志贤""杨渝"7 个重庆市著名商标。1995 年 3 月，涪陵被国家命名为"中国榨菜之乡"，2003 年被国家授予"全国果蔬 10 强区（市、县)"和"全国农产品深加工十强区（市、县)"。2005 年，"涪陵榨菜"通过国家质检总局原产地域产品保护审定。同时，涪陵区被农业部认定为全国创建第二批无公害农产品（种植业）生产示范基地县达标单位和全国榨菜加工示范基地。

乌江牌榨菜　重庆市涪陵榨菜（集团）有限公司前身为 1951 年成立的川东军区榨菜厂，原下辖 21 户移民搬迁企业。自 2000 年移民搬迁以来，该公司抓住企业迁建机遇进行结构调整，组建了华字头的"龙、飞、凤、舞、富、民、安、康"8 家集团直属万吨级生产厂，下设重庆市邱家榨菜食品有限责任公司、重庆市红天建筑工程有限公司、重庆市涪陵榨菜酱油有限公司 3 家独资子公司。该公司是全国最大的榨菜生产经营企业，跻身中国农产品深加工企业 50 强和国家级、市级农业产业化重点龙头企业，获得"全国五一劳动奖状""全国轻工业先进企业"。乌江牌榨菜获中国名牌、中国驰名商标、中国榨菜行业标志性品牌等称号。作为榨菜行业领军者，乌江牌榨菜实力最强、市场覆盖最广，产品覆盖 32 个省、275 个地市，出口 12 个国家和地区。

品牌知名度最高。1981 年，乌江牌榨菜荣膺中国酱腌菜行业唯一最高奖，并获得部级优质奖。2004 年，"乌江"商标获得中国酱腌菜行业中的首枚中国驰名商标，其后又获中国名牌产品称号。

技术装备最先进。先后耗巨资从德国、意大利进口万吨高精生产线、自动脱盐淘洗设备、巴氏杀菌设备、紫外线杀菌器等，确保每一个环节都无可挑剔，为打造世界顶尖品质的酱腌菜产品不遗余力。

品质最优秀。2002 年，率先发起"100%无防腐榨菜"的行业革命，在众多榨菜企业中，乌江牌榨菜企业以消费者利益为出发点，提倡做道德产业。乌江牌榨菜系列产品获得了国家绿色食品认证、原产地标记注册、ISO9001：2000 国际质量管理体系认证、HACCP 和 QS 认证、美国的 FDA 认证。

产量和规模最大。销量连续二十年保持第一。榨菜企业引进国外先进设备，革新传统落后的生产方式，增加开发投入，提高了产品的质量和档次，营销网络遍及全国中等以上城市和日本等 10 多个国家。2001 年，实现销售收入 5.09 亿元，利润 4489 万元，上缴税金 1785 万元。

江津米花糖　名牌有玫瑰牌、荷花牌、几江牌、芝麻官牌。

玫瑰牌油酥米花糖，原为太和斋米花糖，创制于 1910 年。是江津正宗老字号产品，有 100 多年历史，选用优质糯米、核桃仁、花生仁、芝麻、饴糖、植物油、玫瑰糖等原料，传统工艺与现代科技相结合精制而成。其米花原为砂炒，后改为油酥。其产品具有酥脆香甜、形式精巧、物美价廉、携带方便等优点，因而畅销市内外，20 世纪 60 年代初便远销国外。被四川省商业局评定为 1979 年度优质产品。重庆市江津米花糖有限责任公司是国家中型二档企业、全国最大的米花糖生产厂家，有标准化的生产厂房、园林式的生产环境、先进的生产设施，1993 年就进入全国糕点业市场占有份额百强企业。早在 1943 年就获得"四川省农业改进厅甲等奖状"。自 1985 年起，多次荣获商业部、国家旅游局优质产品奖，1993 年被评为首批重庆名牌产品并予以保持，1996 年评为国际名牌食品。玫瑰牌商标先后被评为四川省、重庆市著名商标。企业多次被评为重庆质量效益型先进企业，2002 年通过 ISO9001 国际质量体系认证。

荷花牌米花糖，选用全国各地优质原材料，使用科学独特之配方，萃取传统工艺之精华，采用现代科学技术，精制而成。产品营养丰富、色泽诱人、口感酥脆化渣、香甜可口，独具荷花风味。产品畅销全国 150 多个大中城市及广大乡镇，并远销美国。由位于江津市郊的重庆市荷花米花糖（集团）有限责任公司生产。该公司环境优美，水陆空交通方便，生产设备先进，技术力量雄厚。公司注册资金 3200 万元，固定资产 1820 万元。1992 年 5 月，被重庆市人民政府评为重庆市乡镇一级企业。2001 年 7 月，被重庆市人民政府评为 2000 年度重庆市百户重点私营企业。2004 年 5 月，获自营进出口权。2005 年 4 月，通过了 ISO9001：2000 国际质量管理体系认证。2005 年 12 月，国家工商行政管理总局复评荷花商标为重庆市著名商标。

几江牌米花糖，创建于 1993 年，以生产江津的地方传统特产——油酥米花糖为主，经过多年的自身发展和资源整合，确立了“传承、发扬传统食品；创新、引领时尚健康”的产品发展方向，不断研究和开发了一系列的特色产品。年产值 1000 余万元，产品销往 20 多个省市。

芝麻官牌　为一家集生产、销售和研发为一体的食品企业，已具有 20 余年历史，主要生产、销售重庆地方特色的休闲食品。两套商标“芝麻官”“顺发”均被评为重庆市著名商标。客户网络遍及全国，基本建立起了一套终端客户渠道和分销网络。芝麻秆、怪味胡豆和油酥米花糖部分规格包装已申请并取得外观设计专利。该企业于 2005 年 1 月通过 ISO9001：2000 国际质量管理体系认证，其膨化食品、炒货食品（油炸类）、糖果制品（糖果）、糕点（油炸类糕点）和豆制品（非发酵性豆制品）取得食品生产许可证。积极持续研发产品，培养团队，建设品牌，完善管理。

合川桃片　始创于 1840 年。用上等糯米、核桃仁、川白糖、蜜玫瑰等原料，精制而成，是全市地方名产之一。特点为粉质细润，绵软，片薄，撕开似“乔牌”，卷裹不烂，色洁白，味香甜，突出浓郁的桃仁、玫瑰香味。1917 年，曾在巴拿马国际博览会上获金奖。1926 年，在成都“花会”上，合川两家桃片厂分获特级奖和甲级奖。1979 年，被四川省商业局评为优质产品。

白市驿板鸭　白市驿板鸭历史悠久，以产于白市驿而得名，素以色、香、味、型俱佳而闻名于世，质量优良，驰名中外，是重庆的著名特产。据史料记载和调查证明，白市驿熏烤板鸭的历史，迄今有 130 年左右。民国二十六年（1937 年）向楚编印的《巴县志》卷十一“农家副业”一章中，谈及巴县农家多养棚鸭，不缺乏制作熏烤板鸭的货源。又据白市驿经营板鸭店的商界老人曾树云口述：19 世纪 70 年代初，白市驿宰牛师傅张金山，在成都见到“卞一芳”饭馆挂着用竹片绷衬的板鸭，但未经熏烤。张金山回来后，与开烧腊店的赖兴成、杜三毛等人商议，决定仿照“卞一芳”的方法，合作经营板鸭生意，并试行工艺改革，增用火腌渍，再加上熏烤、烘炕。经过反复试制，终于制作出了独具特色的“白市驿板鸭”。白市驿板鸭的历史和起源，还另有两种说法：其一，据《广汉县志》记载“清道光八年，白市驿板鸭引入广汉”。据此推算，白市驿板鸭的历史当在两百年左右；其二，据黄金乡年逾古稀的老人龚汝才回忆，他见过一本小册子，记载白市驿板鸭模仿南京板鸭制作，至今有两百多年历史。但其经营历史至少为 120 年左右，这是可以肯定的。白市驿板鸭所选活鸭，是优质放养鸭，重 1.4 千克至 2 千克。制作时，经过宰杀、浸烫等 15 道工艺流程。熏制前，用香料将生鲜鸭腌渍。在剖腹散骨之后，用两块竹片绷成平直，状如扇形，表体金黄或棕色，肉质内呈玫瑰红色，腹腔干燥。经过改革后生产的白市驿板鸭，表体金黄，切片紧密，肉色淡红，色泽均匀，色、香、味俱全，用于蒸、煮、炒等食用，回味甚浓，堪称味美可口的佳肴。1984 年，白市驿板鸭被评为商业部优质名特产品。最早加工板鸭的多为家庭作坊，产品面向酒馆等，后来逐渐畅销重庆市大小酒馆及码头各地。抗日战争时期香飘上海、广州、香港等地，销路大增。中华人民共和国成立后，当地扩建厂房，增添设备，扩大了板鸭生产，提高了产品质量，使产品远销国外，还先后被评为省、市和商业部的优质产品。

永川豆豉　永川以生产豆豉而闻名，素有“豆豉之乡”的美称。豆豉为中国传统名特食品，尤以重庆永川生产的豆豉最富特色。永川豆豉属毛霉型豆豉，生产工艺起源于永川家庭作坊，有300多年的历史。采用上等大豆，经一年多时间发酵和多道工序加工而成，富含蛋白质和人体所需氨基酸，香气浓郁，滋味鲜美，既可用于烹饪，也可代菜佐餐，不但营养价值高，而且有开胃助食、解表发汗之功效，深受国内外消费者喜爱，产品畅销不衰。重庆永川区嘉泰实业有限公司在传统经验和现代技术的基础上，博采众家之长，精工细做的“嘉泰豆豉”大豆蛋白可以充分转化成多种氨基酸，更易于人体吸收。产品不含任何化学添加剂，具有传统风味，产品油润闪光，颗粒完整，豉肉疏松，醇香独特，鲜甜而无污染，营养丰富，既可饮食又可调味。配料为优质黄豆、高粱酒、自贡井盐等。

石宝牌忠州豆腐乳　忠州豆腐乳历史悠久，创于唐代，盛于清朝。据民国《忠州志》载：“冬令严寒之际，以黄豆所制之豆腐，切成方形小块，置木架上霉之弥月，菌满涤以火酒，浸以黔盐入瓮封固约半年，启而食之，味极鲜美。”忠州豆腐乳以质纯细腻、清香味佳、舒适可口、口味绵长而著称。其营养丰富，能健脾开胃，增进食欲，密封久存不腐，其味更加醇美，在国内市场独具一格，为佐餐名菜，馈赠佳品。1924年，忠州豆腐乳在北京举办的全国手工艺品展览会上被命名为“忠州特产”，从此闻名遐迩。1958年，被商业部评为全国名土特产品。1988年，获首届中国食品博览会金奖。2001年，通过了“中华著名特产认证”，并荣获“中国国际农博会名特产品”称号。注册商标“石宝寨”被重庆市工商管理局认定为首批“著名商标”。

山桂牌广味香肠　山桂牌广味香肠，为部、省优质产品。梁平县食品公司生产。主要原料为川东瘦肉型猪的精瘦肉、膘头肉，辅料为优质白酒、白糖、精盐、天然肠衣等。采用传统工艺和现代科技灌制烘炕而成。真空包装，存放3~6个月仍保持新鲜品质。色鲜味美，回味滋浓。蒸煮15分钟即可佐酒下饭。1985年、1990年先后两次获国家优质银奖。

牛皮糖　系四川小货帮产品，约有半个世纪的历史。重庆金星糖果厂20世纪50年代生产本品以来，不断改进，使产品质量优于同类产品。其特点是口味香甜适口，绵软化渣，香甜适口，有韧性，耐咀嚼，不黏牙，在糖食中独具一格。

土沱麻饼　是重庆江北区的传统名点，有60多年历史。底面呈褐色，块形饱满完整，皮薄馅大，松酥滋润，味美甜香，风味独特。

香山蜜饼　产于重庆忠县。相传为唐代诗人白居易贬谪忠州刺史时所创。白居易初到忠州，苦无下酒之物，便就地取材，将忠州出产的面粉、蜂蜜、板栗、核桃、花生等物，精心配制，悉心蒸烤，制成香、甜、酥、爽的香山蜜饼。后传至民间，成为忠县一著名小吃。后来，忠州人民为了纪念白居易，便特用诗人晚年“香山居士”之雅号，将此饼命名为“香山蜜饼”。

2006年，全市有8家9个“老字号”（桥头、老四川、颐之时、金星、玫瑰、迈进、桂楼、华华、精益高登）企业入选商务部首批认定的“中华老字号”。

第四章　行业协会

行业协会是从事商品流通、餐饮业、住宿业和其他生活服务业的企业、个人自愿组成的行业组织。主要以发布行业信息、制订行业标准、开展技能培训、交流工作、组织会展、进行行业自律，维护会员权益，为会员单位服务，在服务会员、反映诉求、课题调研、向政府部门提出政策建议等方面，推动商贸服务业发展。

伴随着商业管理体制的不断改革，商贸市场趋于成熟，新兴行业快速发展，以商贸服务企业为主，相关单位自愿组成，依法登记的商业联合会以及各类专业协会应运而生。在社会主义市场经济体制下，政府调控经济除了运用经济手段、法律手段和行政手段外，还要依靠民间性质的中介组织，通过中介组织把政府的各种意图和政策导向传导给企业。行业协会把企业的意见和要求反馈给政府，是政府与企业之间的桥梁和纽带，是政府对流通行业协调管理的重要组成部分。

1992 年以来，重庆市商业联合会、重庆市烹饪协会、重庆市饮食行业协会、重庆市火锅协会、重庆市总商会餐饮商会、重庆市商品批发交易市场协会、重庆市连锁经营协会、重庆市金银珠宝饰品行业协会、重庆市礼品行业协会、重庆市会展行业协会、重庆市家电维修协会、重庆市美容美发行业协会、重庆市副食品流通协会、重庆市纺织流通协会、重庆市百货流通协会等相继成立，到 2005 年，全市有 40 家商业行业协会。

一、重庆市商业联合会

重庆市商业联合会是重庆市商业委员会倡导，经市政府办公厅批准、组建的具有法人资格的民间社团组织。自 2000 年 12 月底以来，按照“提供服务、反映诉求、规范行为”的要求，努力发挥桥梁纽带作用，作用和影响力日益增强，受到有关方面和企业的好评。市商业联合会是企业与政府的桥梁和纽带，是市商委的助手，是企业会员的家。

市商业联合会由从事商品流通业、餐饮业、服务业、商办工业的企业或企业集团和各级商业联合会、全市性商业专业协会、其他类型的中介组织自愿组成，有会员单位 300 家。宗旨和任务是立足商品流通，发展大市场、大流通、大商贸，坚持面向社会商业，积极开展相关的商业经济活动，坚持为企业和行业服务，坚持为政府部门和社会服务，维护会员的合法权益，搞好行业自律，承担行业协调职能，充分发挥桥梁纽带作用，推动商业的繁荣和发展。

成立之初，把工作的切入点放在组织网络建设上。一是发展会员单位。以创新精神发展会员，努力做到三个突破，即突破所有制界限，全方位发展会员；突破区域界限，面向区县发展会员；突破传统商的范畴，延伸到广义“商”的领域中发展会员单位。二是组建区县商业联合会。采取宣传发动、上门动员、工作支持等措施，面向主城区积极组建商业联合会，主城区和万州、垫江、云阳、黔江、开县、长寿区建立商业联合会。三是培育和发展行业协会。有行业协会 42 家，有 16 个区县商业联合会，会员企业 11600 余家，初步形成点、线、面结合的行业协会工作体系的新框架。

2002 年 9 月 14 日，与新成立的 10 家行业协会在《重庆日报》向全市商贸职工发起“诚实守信、文明经商”的倡议。2003 年 7 月，市商业联合会制订了行业自律工作的 10 条意见。10 月下旬，由市商业联合会携 32 家行业协会及区县商业联合会郑重承诺“诚信经营，从杜绝假冒伪劣做起，不制假、不售假、不欺诈、不以劣充好”，收到很好的社会效果。2004 年 11 月至 2005 年 1 月，与电视台、市零售商业协会联合开展了“老百姓最喜爱超市”评选活动。2005 年底，对发展影响大、示范作用强的企业进行“重庆商业信用企业”评选，评出 50 余家“重庆商业信用企业”。

错位经营，找准位置求生存，商业联合会是社团组织，其性质和地位决定了必须与政府和企业错位。政府管宏观，企业干微观，商业联合会抓中观。商业联合会就是要干政府不便管、不好管，企业想干又干不了的事。组织了数十次培训和各类讲座；抓内外交流，出国出境商务考察每年都有七八批；抓技能大赛，与市财贸工会联合举办了全市饮食、百货技能大赛，与银联公司联合举办了 2 次收银员大赛，与有关部门联合开展了火锅调味师大赛；抓会展，举办了“平顶山食品饮料文化节”，并主办和联办了其他大小展会 10 余次；抓为会员服务，切实为会员的维权发展办实事、办好事，排忧解难，帮助发展。

二、重庆市烹饪协会

重庆市烹饪协会成立于 1988 年 7 月，与市饮食服务业业务技术考核委员会合署办公，协会组织原重庆市烹饪界先后参加了全国一、二、三届烹饪大赛，第一、二届派出厨师加入四川省代表队参赛，第三届单独组队参赛。1997 年，重庆直辖后重新组建。从事餐饮业经营、管理与烹饪技艺、餐厅服务、饮食文化、餐饮教育、烹饪理论、食品营养研究的企事业单位和餐饮经营管理者、专家、学者、厨师、服务人员等自愿组成的餐饮业全市性的跨部门、跨所有制的行业组织。

协会成立以来，以“提供服务、反映诉求、规范行为”为办会宗旨，积极开展行业组织、行业自律、资源整合、企业维权、工作协调、技术交流、人才培训等方面的工作，为政府、社会、会员和企业服务，对促进行业进步与发展起到了积极的作用，并帮助餐饮业和餐饮文化走出了国门。

开展调查研究，到企业实地了解，挖掘行业调研的深度，对物价上涨、餐饮卫生、企业税务、农民工和企业经营等市场热点问题进行了适时跟踪和研究，为行业发展提供了及时、翔实的信息，并将有关情况向市政府有关部门进行反映，提供参考。

三、重庆市饮食行业协会

重庆市饮食行业协会是由餐饮经营企业、团体、高等院校自愿组成的具有独立法人资格的社团组织。成立于 2002 年 9 月 3 日，有会员 81 家，涵盖了重庆市餐饮业中有代表性、有影响的大部分企业，聚集了一大批长期从事餐饮经营、管理、研究、培训等方面的高中级专业人员。协会接受业务主管部门市商业委员会的业务指导和社团登记机关市民政局的监督管理。

市饮食行业协会本着“政企之桥、会员之家”这一根本宗旨，准确定位，规范发展，有序开展一些有行业特点的服务活动，如行业自律、质量评比、专业培训、技术鉴定、业务交流、信息发布、制订比赛标准、组织烹饪技术比赛并指导、进行业务技艺交流、开展各类美食节等。通过这些活动，不断增强协会凝聚力，使协会真正成为团结广大会员的“会员之家”、联系政府与企业之间的“政企之桥”。

四、重庆市火锅协会

重庆市火锅协会成立于 2001 年 4 月 8 日，是从事火锅行业的企业、从业人员、专家学者及配套经营企业自发组成的社团民间组织。是重庆火锅行业自律性组织，有会员单位 148 个。协会成立的宗旨是弘扬重庆火锅文化，提升重庆火锅的整体形象，服务协会会员，使之在比人才、比文化、比技术、比品牌的市场竞争中立于不败之地，使“重庆火锅”产业化，走向全国，走向世界。

协会在加强行业管理，凝聚重庆火锅产业力量，维护会员单位及行业合法权益，树立重庆火锅品牌形象，建立健全行业自律机制，提高行业素质方面，充分发挥了行业组织的作用。协会围绕行业发展方向，抓好协会四大功能，发挥协会四方面作用，服务于行业，服务于会员，为重庆火锅的健康发展做出了应有的贡献。

实现协会服务功能，为企业办好实事。向会员企业提供各种服务，包括信息、咨询、法律、政策传达、专业技术培训等服务，充分发挥联系面广和专业人才集中的优势，帮助企业办理一些“难缠”的事情；先后组织开展了火锅调味师、餐馆财务、加盟连锁、企业管理、服务技能、法律知识、企业团队精神等服务性培训，并组织开展了经济技术交流合作，在服务会员上下功夫。协会工作的重头戏是为会员单位维权。2004 年 11 月 12 日，召开“维护市场经济秩序、确保非公经济权益”的新闻发布会，呼吁全社会共同关注、支持、理解餐饮企业的发展。

一是实现行业协会综合功能，为会员单位提供全方位服务。发布行业信息，为基层会员单位提供有关火锅行业的政策法规、信息咨询。协会自成立初就发现该问题是影响重庆火锅发展的极端行为，协会在全市率先开展“放心火锅”的评选和检查，真正让市民吃上放心火锅。组织会员单位参加“中国名火锅”评选活动，有 19 家单位 22 个品种获得由中国饭店协会授予的“中国名火锅”称号。对重庆火锅行业经营市场价格进行协调，统一规范市场，杜绝恶性竞争，保障重庆火锅的优质品质。

二是实现协会纽带功能，为会员单位反映诉求。积极配合政府主管部门开展调查研究，在规划布局、产业政策、行业标准、业态发展、结构调整、品种创新、企业政策等重大问题上向政府建议，为会员单位争取发展政策。

三是实现协会业务指导功能，帮大扶小会员企业。协会在行业内部开展大企业带动中等企业、帮助扶持小企业发展壮大的工作。小天鹅、德庄、苏大姐、秦妈等火锅企业做大做强，如今都发展成了全国餐饮百强企业。家福、齐齐、喜缘、乡水源等加盟店发展达到百家，遍布全国各地。

四是发挥抗风险能力，帮助企业渡过难关。重庆火锅相继发生的罂粟壳、潲水油、石蜡底料、苏丹红、老油等事件，这些事件稍微处理不当就会导致重庆火锅发展出现重大危机。2003 年初，石蜡火锅底料事件出现后，协会会长毅然代表协会和制造石蜡底料当事人做客中央电视台《新闻会客厅》节目，为重庆火锅正名，消除了社会不良影响。协会因此被民政部授予“全国先进民间组织”的称号。

五是开展行业培训。在开展经营理念及行业技能系列培训上，协会邀请国内外连锁加盟方面的专家、教授、律师以及市卫生局、市技术监督局等人员为会员单位管理人员进行统一培训。还与市商业联合会、市劳动局等有关职能部门成立重庆市火锅行业从业人员培训、鉴定工作领导小组。同时，确定重庆小天鹅集团所属美食文化学校、重庆苏大姐火锅培训学校为火锅调味师定点培训单位，学员结业时获得市劳动局颁发的等级证书，并推荐到协会所属火锅企业就业。在第四届中国美食节上，协会带领重庆火锅业界各著名大中型火锅企业参赛，显示了重庆作为“中国火锅之都”的良好形象。最终取得“国际餐饮名火锅店”2 家、“中国十佳火锅店”“中国名火锅宴金鼎奖”15 家、“中国名火锅宴”42 家的喜人成绩。这次美食节还成立了全国火锅业专家委员会，结束了全国火锅业各自为政的局面。全国火锅专家委员会由全国火锅文化的研究者、特许经营的管理者、火锅经营的企业家等组成，具有高度的代表性、专业性和权威性。

协会与重庆出版社联合编辑出版《重庆火锅》大型画册，与中国烹饪协会及重庆市商业联合会编辑出版《重庆火锅》信息大全，让所有人了解重庆火锅，让重庆火锅走向中国，在世界各地展示其独有的饮食文化魅力。

五、重庆市总商会餐饮商会

重庆市总商会餐饮商会于 2002 年 7 月 26 日成立，是由重庆市餐饮经营企业自发组织的行业商会，是中介社团组织。自成立以来，餐饮商会主动适应社会主义市场经济发展的需要，为重庆餐饮行业与政府之间搭起了沟通的平台，认真实施“团结、协调、维权、咨询、自律”五大功能，积极为国家服务、为社会服务、为会员服务，同时加强行业自律。2005 年，餐饮商会会员单位发展到 1038 家，覆盖了全市范围内的知名餐饮企业，在重庆巴南、垫江、江津、璧山、荣昌、永川等地相继建立了 20 个分会。

六、重庆市商品批发交易市场协会

重庆市商品批发交易市场协会，是由重庆市辖区内的商品交易市场，包括各专业和综合性的批零市场和从事开发建设、经营管理的业主自愿结成的地方性非营利社会组织，是依法登记注册的行业性社会团体法人。业务主管单位为重庆市商业委员会，登记管理机关为重庆市民政局。2002 年 8 月 31 日成立，有会员单位 50 余家，成员涵盖重庆市商品市场的多种门类和多个区域，并囊括重庆市商品市场 20 强企业。观音桥农产品市场等 18 家大型专业市场为协会副会长单位，重庆绿云石都建材城和绿云尚都服装城董事长平维为协会会长。

协会宗旨是坚持为政府、为行业、为会员服务，发挥政府与市场间的桥梁纽带作用，组织、团结广大会员积极探索商品交易市场经营管理和服务新模式，适应现代流通和新型业态发展要求，维护行业的整体利益和会员单位的合法权益，规范市场经营行为，维护市场公平竞争秩序，创建文明诚信市场，促进商品交易繁荣兴旺，为加快重庆市商贸流通现代化建设做贡献。

七、重庆市连锁经营协会

重庆市连锁经营协会成立于 2003 年 3 月 26 日，隶属重庆市商业委员会。为重庆市唯一的连锁行业管理服务社团组织，设商业地产专业委员会、餐饮连锁专业委员会、沐浴保健专业委员会、供应商专业委员会、特许经营专业委员会、维权委员会、食品安全专业委员会等 12 个分支机构。

协会宗旨是为会员服务，为行业服务，为经济建设服务，通过加强与有关政府部门、社会各界及相关行业的沟通与合作，为连锁企业营造一个良好的外部环境，促进重庆连锁经营的快速健康有序发展。主要任务是维护本行业的共同利益，维护会员的合法权益；成为会员与政府、相关职能部门、同行业、合作者沟通的桥梁，配合政府维护和创造良好的行业发展环境，协助政府进行行业管理；为会员提供所需要的各类服务，帮助会员单位解决难题和疑虑，如年检、办证等；建立信息平台，为会员单位提供国内外最新行业动态，出版《连锁简讯》，免费为会员在协会的网站上进行形象宣传和品牌推广，推进会员单位的现代企业制度建设；建立人才培训基地，为会员单位和社会推介合适人才；举办各类评选活动，调动企业参与的热情，规范行业发展；定期或不定期地组织团队外出考察，学习先进的经验；组织会员参与本协会及各省市协会组织的考察、培训、研讨、展览、会议等活动。

协会自成立以来，以“引导行业、服务会员、回报社会、提升自我”为宗旨，围绕服务会员，在发挥协会优势、开展行业建设、促进企业发展等方面取得了成效，被会员、行业、政府及社会各界广泛认可。

协会不仅每年都进行 1—2 次会员需求和服务满意度调查，还适时组织工作人员分期分批走访会员企业，和会员企业进行面对面的沟通，了解企业的真实想法和需求，使各业务部门能结合工作特点制订、完善服务项目和服务内容。

八、重庆市金银珠宝饰品行业协会

该协会于 2003 年 9 月 8 日正式成立，是由重庆市内从事金银珠宝饰品的各类不同企业自愿结成的专业性、非营利性社会组织，是依法登记注册的地方性社会团体法人。有单位会员 146 个，包括了90%以上的正规饰品商家，涵盖了全市所辖区县。

协会以理事会为核心，会长单位为重庆金店有限责任公司，副会长单位有重庆百货大楼股份有限公司、重庆商社（集团）新世纪百货公司、上海老凤祥银楼重庆分公司、重庆市金银饰品质量监督检测站、重庆市珠宝玉石与贵金属质量监督检验站。另外，协会还有8家常务理事单位、21家理事单位。

协会的宗旨是遵守国家法律、法规及重庆市政府政策，按照协会的《章程》，发挥协会的中介、服务、自律、维权、协调、交流、管理以及和政府、企业、消费者之间的桥梁纽带作用，维护会员的合法权益和正当利益，维护市场公平竞争秩序，竭诚为企业和行业发展服务，推动重庆市金银珠宝饰品业的繁荣与发展。工作范围包括制订行业准入标准、资质审核、技能培训、鉴定、举办产品会展、协调价格、产品质检、处理消费者投诉等。

九、重庆市礼品行业协会

该协会成立于2003年3月28日，是由重庆市从事礼品经营销售、代理销售、设计策划、生产加工的企业单位自愿组成的行业性、非营利性社会组织，是国内从事礼品经营的首家行业协会，是依法登记注册的地方性社会团体法人。协会隶属于重庆市商业委员会，接受其指导和监督管理。

协会的宗旨是遵守宪法、法律、法规和国家有关政策，遵守社会道德风尚，坚持为政府、行业和会员单位服务，代表和维护全行业共同利益及会员单位的合法权益，在政府和企业之间发挥桥梁和纽带的作用，促进重庆礼品业的全面进步；依靠行业自律机制，规范经营行为和市场经济秩序，维护行业公平竞争，促进全行业的协调、健康、有序发展。

市礼品行业协会积极探索深化改革，提升服务水平，加快行业信息化建设力度，为促进重庆礼品行业市场的健康快速发展，适应市场化、国际化发展趋势提供更多更好的服务。

十、重庆市会展行业协会

该协会成立于2003年9月22日。由重庆市内从事会议、展览业务的企事业单位以及与会展业相关的企业、科研单位等自愿组成，涵盖了会展组织策划、会议庆典、展览展示特装工程、展馆、广告、酒店、旅行社、展品运输、会展研究、大专院校等各个方面，初步具备了行业的广泛性和代表性。其宗旨是遵守国家宪法、法律法规，遵守社会道德风尚，协助政府对会展行业进行协调、管理和服务，制订行规行约，形成行业自律机制，维护会员的合法权益；组织行业进行区域及国际间交流与合作，提高行业整体素质，促进重庆会展行业的健康发展。

会员单位近百家，由展览组织委员会、展览工程专业委员会、会议服务委员会、节庆委员会、宣传培训委员会等五个专业委员会构成。日常办事机构为秘书处，设在重庆市渝中区民生路318号巴渝世家小区内渝中区国际创意产业基地内。

协会自成立以来，努力发挥自我管理、自我服务、自我发展的自律、协调及管理作用，借助展会推动和宣传重庆城市形象。打造品牌会展，制订会展发展规划，规范和完善会展市场管理机制。建立行业与政府、行业与行业、行业内部之间的沟通与交流平台，积极与国际国内相关机构和社团建立广泛的交流与联系，为开展更大范围的交流与合作打下基础。建立会展统计数据库，培育会展专业人才队伍，把推动和提高整体会展水平和质量作为协会工作的终极目标。先后组织会员单位参加会展经济、研讨会展经济的一系列重大活动，取得了政府及其相关部门的支持和帮助。协会拥有行业会刊，并初步建立起了会展行业诚信自律机制、会展统计数据库、会展人才信息库，与全国其他城市协会建立起了广泛的联系，初步形成了内外联络、信息沟通和交流的信息网络。

十一、重庆市家电维修协会

该协会成立于2000年，是接受市商委领导，从事家用电子电器维修服务行业工作，为会员提供服务的行业组织。积极引导维修行业健康有序的发展，营造家用电器服务向服务商转化的市场环境，规范家电维修行业市场秩序。

贯彻执行安全规定，从“关爱员工”的角度要求空调安装工必须佩戴安全带。参加废旧回收利用工作，协会对电子电器产品的回收利用市场状况，以及回收渠道和再利用等标准化问题开展了调查、研究、讨论等，对家电企业总部维修工厂、驻省或大区维修车间、较大型专业维修服务企业等进行走访，了解问题，商量对策。

协会致力于行业培训，推动技术进步，掀起行业训练新风尚。组织维修大比武，推动维修服务技术进步。加强维修技术研究与推广工作，协会围绕高端电视维修技术、印刷电路板上元器件维修技术及工艺等，积极推动行业标准化发展。积极开展等级评定，把重点放在厂家办事处售后服务单位的等级评定上，面向社会售后服务单位开展等级评定。规范家用维修市场，2005 年协会开办了 5 期电子技术和制冷技术培训班，培训高级工、中级工、初级工 260 人，提高了企业人员的技术水平和素质，完成了等级评定最重要最基础的一环——标准化和等级化。开展农村劳动力转移技术培训 1000 人次。用标准规范市场，组织会员单位认真学习《空调安装操作规范流程》《空调安装 17790 标准》《锡焊标准》和技术等级制度，不断推进行业技术员操作的规范性。从安全培训方面规范市场，举办各种培训班，加强对员工的安全意识、安全操作规范流程、安全防护、安全措施等方面进行培训，最大限度地减少事故的发生。

协会充分发挥自身的协调组织优势，开展各种项目的合作，包括代结电子电器的安装费、调试费和维修费，代购配件和技术资料业务，合作承揽社会工程，合股经营，运用其他行业的连锁网络开展家电维修社区服务等。利用集团三家电字号（商社电器、新世纪电器、重百电器）的资源优势，全年开展等级评定 30 个单位。全市家电维修行业单位大力开展 ISO9000 质量管理认证、ISO14000 环境管理认证、ISO18000 安全管理认证。协会通过网站信息平台和网页向会员单位和维修企业发布国内各厂家最新技术资料和国外最新科技动态。

十二、重庆市物流协会

其前身是成立于 1990 年 9 月的重庆市仓储协会，2001 年 7 月更名为重庆市物流与仓储协会，2003 年 3 月更名重庆市物流协会。业务主管单位为重庆市商业委员会。

协会坚持定位于“民”，一直按广泛性、代表性、民办公助性的“三性”进行组建，团体会员单位由 34 个发展到 121 个，覆盖了商业、物资、外贸、粮食、供销社、工交、图书音像、电子商务等众多部门和相关的大专院校、科研机构。

开展较为大型的行业性活动 120 次。开展仓库普查和物流市场调查，组建“重庆仓储市场”，及时调剂仓容、运力余缺，有 9. 75 万平方米一度闲置的库房、货场由“死”变“活”，为社会节省了大量投资，为企业增加了大量收入。参加有关行业改革、发展的政府决策论证，宣传贯彻《重庆市加快现代物流业发展的意见》《重庆市促进现代物流业发展政策实施意见》等文件，发挥了政企之间的桥梁、纽带作用。研究制订《重庆市通用仓库价格管理办法》，经市物价局批准印发，并对仓价初步到位、标准逐步统一发挥了有益作用。开展“仓储质量认证、仓库等级评定”活动，先后评定 29 个“甲级仓库”、5 个“特级仓库”。并协同中物联、中仓协评定国家 5A、4A、3A 级物流企业共 5 个，四星、三星级仓库共 5 个。制订行规行约，加强行业自律。实施《重庆市物流行业诚信公约》，开展“创诚信物流企业”竞赛活动，评选出 10 家“十佳”诚信物流企业和 29 家诚信物流企业。围绕工作热点、难点，举行“企业改制”“现代物流建设”等交流会、研讨会 19 次。及时反映企业呼声，为企业排忧解难。密切校企合作，协同 10 所院校加强物流专业建设。并举办 9

期职业培训班，共有299名保管员、物流配送员获全国通用的中级职业资格证书，65名保管员获初级职业资格证书。协同有关单位举办物流师的认证培训，共有3400多人获得物流师、助理物流师证书。举办“WTO与重庆物流、企业配送策划与案例分析”等讲座论坛20次，增强了业界现代物流的观念。内协外联，开展了26次“仓库之家”活动、12次片区协作活动，并组织企业代表参加相关协作网在拉萨、西安、银川、桂林、福州等地举行的会议，密切物流经济技术协作。

十三、重庆市糖果糕点协会

1986年由重庆市糖果糕点饮料公司、重庆华山玉食品总厂、重庆冠生园食品工业总公司、重庆缙云食品厂等10余家在行业具有影响力的企业发起，于1987年7月10日成立，会员单位有270多户，都是市、区、县的国营、集体生产销售企业。2003年9月19日，重新成立了重庆市糖果糕点流通协会。2004年9月6日，更名为重庆市糖果糕点行业协会，主管部门是市商委，会员单位是市内外从事糖果、糕点、饼干、小食品、速冻食品等生产、经营的企业、宾馆、大酒店以及原、辅材料供应单位，有重庆瑞龙食品有限公司、重庆华生园食品有限公司、重庆江津米花糖有限责任公司、重庆宾馆有限公司、重庆冠生园食品有限责任公司、重庆市荷花米花糖（集团）有限公司、重庆桂园风味食品厂、重庆天天旺食品原料开发有限公司、重庆大酒店有限公司、重庆缙云食品有限公司等40多家，全行业从业人员有2万多人，年产值18亿元以上，协会会员单位职工人数、产值均占全行业的70%以上。

协会的主要任务和作用是维护会员单位的合法权益，搞好行业自律工作；向政府反映会员和行业的问题、意见和愿望；参与制订行业标准和行业发展规划；参与质量管理和监督，配合政府职能部门进行质量安全检查；制订技术职称标准和考核办法，组织全行业的技术培训、考核和评定；组织行业内产品的竞赛、评比、展销活动；协调行业内生产、经营、融资、人才交流等关系，促进行业发展；组织地区间、行业间横向联系，促进引资和联合；开展国际交流与合作。协会将始终代表会员的合法权益和行业利益，致力于行业的协调、健康、有序发展。

协会起草了重庆市糖果糕点行业工人技术等级评定标准，编印了30余万字的资料。1987年至1996年，协会在全行业对糖果、点心、饼干、小食品四大类专业进行了2期理论、实操、培训、考核，3期高级技工升技师、技师升特级技师的考试，经重庆市工人技术考核委员会、重庆市劳动局审核并授予高级技工、技师，特级技师90余人次，在全行业举办了2期中级技工培训、考核学员360多人。协会每年几大节日均开展产品质量评比、打击假冒伪劣、端黑窝点，维护市场公平竞争秩序，净化市场，引导消费，受到企业和消费者欢迎。协会应企业要求还安排行业技师、特师到企业解决生产中设备和产品质量方面的难题。协会组织调配紧缺物资并分给企业，解决企业生产的燃眉之急，还调剂企业多余的原辅材料减少积压损失。1991年，中国食品工业协会授予重庆糖果糕点协会“全国先进集体”。

2004年，根据重庆市政府和相关部门关于《加强食品行业专项整治活动》文件的精神，协会向全市糖果糕点行业同仁（企业）发出书面倡议，把“做放心食品，质量取胜，诚信服务”作为每个企业发展的宗旨。坚决杜绝假冒伪劣产品，加强员工培训，严格配方、工艺和操作规程，严格自检自查，营造安全环境，争创诚信企业。2005年，搞好食品市场准入制，实行对生产企业管理程序化、质量标准化、现场审查、验收，合格者颁发食品安全生产许可证。

十四、重庆市酒类管理协会

重庆市酒类管理协会成立于1998年6月，有会员单位50余家。会员单位有重庆市的酒类生产企业、销售企业、相关的配套企业及部分国家名酒生产企业驻渝办事机构。协会尊重会员单位的生产经营自主权，在行业内履行服务、沟通、协调、监督、管理的职能，当好政府的参谋和助手，是政府同企业之间的桥梁和纽带。协会的宗旨是依靠政府，团结会员，服务行业，振兴酒业。

协会自成立以来，为企业培训了大量的业务骨干。1998 年，组建了重庆市白酒评比委员会，诞生了 21 位重庆市级白酒评委，并组建了重庆市白酒评委专家组。2000 年，组织了重庆市酒类行业品酒员培训，为酒业输送了 6 位国家级评酒人才。2001 年，组织了重庆市酒类行业首届产品质量评比，产生了金奖产品 22 个、优秀奖产品 10 个。2002 年，开辟了重庆市“放心酒”承诺活动。净化酒类市场，规范酒类市场秩序，确保市场放心消费，为酒类企业提高质量创造了基础和条件。2004 年，制定了《重庆市酒类管理协会散装白酒零售行业规则》，规范了酒类零售行业的秩序。先后举办了 5 期培训班，通过培训考核，评出了市级白酒评委 61 人，向国家推荐并通过国家考核，评出了国家级白酒评委 3 人、资格评委 3 人、果酒评委 1 人，填补了重庆市没有国家评委的空白。同时开展了重庆市白酒行业首届产品质量评比，本着“公正、公平”和“实事求是”的原则，评出了重庆太白酒厂诗仙牌白酒等 22 个金奖产品，重庆市笛女酒业有限公司笛女液等 10 个优秀品牌，提升了重庆市酒类产品的形象。

十五、重庆市厨柜协会

该协会是由重庆市从事厨柜销售、生产的企业及相关单位，自愿组成的地方性、非营利性社会组织，是依法登记注册的行业性社会团体法人。其宗旨是遵守宪法、法律、法规和国家有关政策，遵守社会道德风尚，代表和维护全行业共同利益及会员单位的合法权益；依靠行业自律机制，规范厨柜的生产、经营行为和市场经济秩序，维护行业公平竞争，促进本行业的协调、健康、有序发展。接受业务主管单位重庆市商业委员会的业务指导和社团登记管理机关市民政局的监督管理。协会的业务范围：一是宣传贯彻国家的政策法规，引导会员单位依法开展经营活动，协助政府部门搞好行业管理。二是接受政府部门委托或授权，参与产业调整规划布局、厨柜产品流通政策的制订，参与政府部门举办的有关听证会，参与制订行业标准，开展行业调查、统计和评优评级活动。三是根据会员和行业的意见和要求，向政府有关部门提出工作意见和建议。四是组织制订行规行约和行业诚信制度，建立行业自律机制，规范行业经营行为，协调行业价格和其他争议，制止不正当竞争行为，维护公平竞争的市场秩序。五是协调会员与会员、会员与业内非会员、会员与其他行业经营者、消费者、本行业与其他社会组织和有关职能部门的关系，开展与国内外相关行业的经济技术交流合作。六是组织业内经验交流、招商引资和产品推介促销活动，推广典型经验和现代营销方式，帮助会员单位开拓市场和产品销路。七是创办协会刊物，收集整理和分析本行业的生产经营情况、发展趋势，介绍国内外新技术、新产品和新动态，为会员单位提供有关政策、法律、产品、市场等方面的信息和咨询服务。八是举办各种类型的培训活动及业务技术咨询活动，帮助会员单位提高经营管理水平和从业人员综合素质。九是承担政府部门委托的其他事项，开展有益于厨柜行业经营发展的其他活动。

十六、重庆市肉类行业协会

重庆市肉类行业协会是由重庆市内畜禽蛋养殖、屠宰、加工、销售企业及其他相关企事业单位自愿组成的地方性、非营利性的社会组织，是依法登记注册的行业性社会团体法人。

协会的宗旨是发挥联系政府与企业的桥梁、纽带作用，团结会员及行业企业，遵守宪法、法律、法规和国家方针、政策，遵守社会道德风尚；加强行业自律，增强行业凝聚力，维护行业合法权益，提高行业竞争力，规范市场经济秩序，促进全行业健康、协调、有序发展。协会接受业务主管单位重庆市商业委员会及其授权的重庆市商业联合会的业务指导和社团登记管理机关重庆市民政局的监督管理。协会的业务范围：一是宣传贯彻国家政策法令，加强行业自律管理，制订行规行约，开展行评行检，规范行业行为，创造和维护行业公平竞争环境。二是向政府反映企业的意见和要求，协调企业间、地区间生产经营问题，维护企业合法权益不受侵害，促进企业健康、协调发展。三是依照国家、政府的产业政策和相关法规，向主管部门提出肉类行业的发展方向、产品结构调整、资源合理配置等方面的建议。四是接受政府委托，拟订肉类行业生产技术规范、产品质量行业标准，并组织贯彻落实与监督检查；对重大技术改造、引进、投资与开发项目进行论证；参与肉类行业生产、经营、从业、上岗有关资质及有授权范围的发证工作。五是为企业生产经营、市场营销、企业管理、经营决策等提供咨询服务。六是开展技术交流活动，组织新产品、新技术、新工艺及优秀科技成果的鉴定与推广应用。表彰、奖励优秀项目、先进个人和先进企业。七是举办各种培训班，为企业培训各种人才。办好协会主办或联办的会刊、网站等媒体，提高行业企业整体素质和文明经商水平。八是举办地区性、全国性、国际性肉类食品、肉类加工设备交易会、展示会、信息发布会、研讨会和经验交流会。九是开展国内、国际交流活动，组织行业企业学习和运用世贸组织规则和有关国际贸易法律法规，进行与国外同行的经济、贸易、技术交流，反对不正当倾销行为，维护重庆肉类企业的安全和声誉。十是承担和开展政府及有关部门委托办理的肉类行业管理和发展的其他工作、活动。

十七、重庆市调味品协会

2003 年，重庆市调味品协会成立，已发展 100 多个会员。协会的成立给重庆调味品行业带来了相互交流、学习，共谋行业发展的平台，规范了重庆市调味品行业的发展。协会在行业内履行服务、协调及协助政府部门搞好行业管理的职能，当好政府的参谋和助手，是政府同企业之间的桥梁和纽带。协会主要以指导、引导企业发展，反映会员情况，提供行业信息，服务会员为宗旨，把重庆调味品行业如何做大做强，如何创新路作为任务来开展工作。协会还定期组织会员开会，进行技术交流和问题探讨，分析行业情况，为会员解决问题，使会员们在协会这个大家庭中健康、快速的发展，为重庆调味品行业调制出更加美味的调料。

重庆调味品协会积极配合政府部门严格执行《食品质量安全生产许可证》制度，强化企业自身管理水平，以对人民群众高度负责的态度，做好标准化和食品安全工作。目前，协会正在全行业内深入开展“不购假、不制假、不售假，确保食品放心工程”活动，以进一步完善协会的服务功能，改进协会的服务方式，与时俱进，求实创新，为振兴重庆调味品行业而努力。

十八、重庆市水产商业协会

重庆市水产商业协会成立于 2003 年 8 月 8 日，有会员 133 人，主要从事海鲜产品、淡水产品、冻品的养殖、经销、储藏、运输等业务。其销售范围除重庆市主城区外，还包括涪、万、黔等大多数区县，同时向重庆市周边的四川、贵州、云南等省辐射，并与广东、广西及港澳台等形成了产、供、销网络，与越南、泰国等有着频繁的贸易往来。其销售的产品涉及海水产品，如龙虾、虾、贝类等；淡水产品，如江团、鳜鱼、鳗鱼、大口鲶、鳜鱼等 100 余个品种及冻品 40 余个，年销售量 18 万吨，年销售收入 20 亿元人民币，已成为西南地区最大的水产品批发市场。

重庆市水产商业协会以优质服务为宗旨，以为会员办实事为己任，以市场政策为导向，遵纪守法，遵守社会道德风尚，本着“诚信为本，自律为金”的原则，竭诚为广大人民群众服务。协会已在重庆市渝北区回兴镇购置 340 亩土地，新建了一个具有超大规模、设备一流的水产品综合批发市场，投资近 3 亿元人民币。该市场是广大协会会员“自己投资、自己经营、自己管理、自负盈亏”的，具有中国特色的水产品综合批发市场。该市场实行股份公司制，按公司法运作。

十九、重庆市摄影行业协会

重庆市摄影行业协会坚持以市场为导向，大力实施品牌战略，营造良好的发展环境，着力打造行业领头旗舰，全力推进摄影行业上档升级，努力促进摄影行业向规范化、科学化、现代化方向发展，实现了摄影行业又快又好发展。

协会积极为会员单位提供技术培训、设备维修及设备引进、消费纠纷解决等服务。创办《重庆摄影》会刊，介绍行业发展动态、摄影新技术新方法和企业管理经验、企业先进典型，及时与全国有关行业协会交流，为企业了解行业信息和交流合作创造机会。及时向政府反映企业的正当诉求，为政府当好参谋。组织企业参加市内外有关学术交流活动，为企业做大做强、开拓市场提供理论指导。组织企业参加了“全国中小影楼经验交流会”“全国儿童摄影经验交流会”“重庆市中小影楼（中小企业）经验交流会”等活动。推荐会员单位参加全国青工大赛，获全国影楼十佳化妆师、全国十佳优秀化妆师等荣誉称号。举办了“中国影楼金镜头”摄影大赛，组织参加了第十一届全国人像摄影展，会员单位获得艺术类团体季军的优秀成绩。

向各会员单位发出了《重庆市摄影行业诚信自律倡议书》，号召会员单位加强企业自律、诚信服务。组织会员单位参加了全市商贸流通行业的郑重承诺“诚信经营、人人杜绝假冒伪劣商品，不制假、不售假、不欺诈、不以次充好”活动。针对摄影行业服务纠纷解决难的问题，行业协会积极引导，研究制订了《重庆市摄影行业服务质量和消费者权益争议解决办法》和《重庆市摄影行业数码相机拍摄和扩印中发生纠纷的解决暂行办法》，帮助企业协调解决服务纠纷，保护了经营者和消费者的合法权益，较好地维护了市场秩序。

二十、重庆市洗染业协会

重庆市洗染业协会成立于 2002 年 8 月 10 日，是重庆市从事洗染行业及相关单位自愿结成的行业性非营利性的社会组织，业务主管机关是重庆市商业委员会。协会以为会员单位、为行业、为社会服务，促进全市洗染业健康、有序发展为宗旨，积极履行行业服务、行业自律、行业协调、行业管理、行业维权等方面的职能。协会自成立以来，受重庆市质量技术监督局委托起草的重庆市《洗染业服务质量标准》，已经国家有关部门备案并颁发实施，协会还在引导业内同仁使用规范设备、规范原料，对顾客诚信服务和发展会员单位等方面做了大量工作，会员单位及全行业的服务质量和社会信誉度有新的提高。面对具有巨大市场潜力的重庆洗衣市场，重庆市洗染业协会将与时俱进，不断为全市洗染业的发展做出新的贡献。

二十一、重庆市家政服务行业协会

重庆市家政服务行业协会于 2003 年 1 月 22 日成立。首批 33 家企业成员共同做出“加强自律，诚信服务”的承诺，标志着重庆市单打独斗的家政服务行业正在整合资源变大变强、日趋规范。协会将整合家政资源，强化管理，拓展家政服务项目，并设定服务档次和收费标准。全市 30 余家会员单位涉及家庭服务、搬家、清洗保洁等服务型企业。行业协会发挥了协调、维权、服务、自律、管理的作用。家政服务行业协会制订行规行约，制订服务质量标准，并认真组织实施。开展以诚信服务为主要内容的活动，打造诚信商业形象。开展全行业的职业教育培训，全面提高家政服务行业人员素质和服务水平，树立家政服务行业新形象。逐步推行行业准入制度，提高行业准入门槛，规范行业服务行为。

二十二、重庆市零售商协会

重庆市零售商协会是经重庆市民政局批准，以重庆市商业委员会为业务主管，成立于 2002 年 8 月，以各种经济成分的商品零售商场、购物中心、超市、仓储式超市、专卖店等企业单位为主体的自愿联合组成的行业组织，是行业性社会团体法人。协会坚持为社会主义商品流通服务，为企业服务，以发挥协会在企业和政府之间的桥梁、纽带作用，反映企业的情况和要求，接受政府委托的行业管理事项，维护和执行政府的决策、法令，维护会员的合法权益，推动全行业发展。

协会积极宣传和贯彻国家有关方针、政策和措施，通过《重庆零售商信息》会刊和各种途径收集、整理、反馈报道市场信息和企业深化改革、转换经营机制的情况。受重庆市商业委员会委托，开展调查研究，为零售商业的布局、业态发展、结构调整等重大产业问题提出建议，制订规划、推动行业立法、规范行业行为、组织经验交流、进行人才培训、招商引资和行业的资料统计工作，按照有关规定组织商品交易会、开展市场销售评估和品牌介绍推广，提高行业组织的社会影响力等，竭诚为企业和行业发展服务。

二十三、重庆市涂料商业协会

重庆市涂料商业协会是由重庆市从事涂料经营的商家和生产厂家组成的，于2003年9月10日成立。重庆东日、互惠、宏漆等70多个品牌厂商为协会首批会员单位。其宗旨是自律、协调、维权、服务，集中行业优秀代表，整合重庆涂料经营生产资源，着力拓展综合行业优势，加大服务力度，深化服务内涵，扩大经营领域，促进重庆市涂料行业的发展和社会效益的提高。开展行业自律，协调行业与政府各职能部门之间的关系，维护会员单位自身的合法权益，提高行业企业的服务水平。发挥协会成员资源共享的优势，加强行业内部以及与其他相关行业的沟通与协作，组织开展各项交流考察活动，促进会员发展和对外合作，使其在激烈的市场竞争中处于相对有利的地位。

二十四、重庆市灯饰行业协会

重庆市灯饰行业协会于2003年9月26日成立，由重庆市内从事灯具生产、经销等相关经营服务的单位组成，涵盖主城区各大灯饰市场。拥有会员122家，其中会长及（常务）副会长单位19家、（常务）理事单位19家、会员单位84家，国内国际知名品牌在重庆的销售基本上由会员单位代理。协会以提供服务、反映诉求、规范行为、夯实基础、壮大队伍、加强服务、搞好自律、讲求成效为重点，以服务政府、服务行业、服务消费者为宗旨。主要工作是宣传贯彻国家有关的方针政策和法律法规，协助政府主管部门开展行业管理，引导会员依法开展经营活动；研究灯饰行业经营管理的理论和方法，探索灯饰经营管理模式，为政府部门制定政策提供依据，为灯饰行业企业提供实际运作进行指导；制订行规行约，加强行业自律，及时反映会员单位的愿望和要求，维护会员的合法权益；参与有关企业的专业资格认证；采取多种形式开展培训工作；协调本协会相关产业关系，加强协会内外的信息交流与合作，开展国内及国际灯饰界的学术交流与技术合作，总结推广先进的管理经验和管理方法，为企业提供各种形式的技术咨询和服务；组织参加各种会展和投资考察，为会员拓展经营提供商机和平台；承办政府部门委托的其他工作。

灯饰行业是一个新兴行业，是随着人民生活水平的提高而逐步发展起来的行业，主城区大型灯饰市场已发展到了近10家，从业人员上万人，年销灯饰数十亿元，为促进重庆地方经济的发展，美化重庆人民生活，提高人民生活质量做出了积极贡献。

二十五、重庆市拍卖行业协会

该协会2003年3月1日成立，有44家拍卖企业会员，27名国家注册拍卖师以个人名义申请加入。是由重庆市辖区内的拍卖企业和拍卖师个人自愿组成的地方性非营利社会组织，是依法登记注册的行业性社会团体法人。其宗旨是坚持为政府、为行业、为会员服务，发挥桥梁、纽带作用，当好政府部门的参谋助手，组织、团结广大会员积极探索拍卖业经营管理的新模式，维护行业的整体利益和会员单位的合法权益，增强行业凝聚力，规范经营行为，维护市场公平竞争秩序，促进全行业经济效益和社会效益的提高。接受重庆市商业委员会及其授权的市商业联合会的业务指导和社团登记管理机关重庆市民政局的监督管理。基本任务是贯彻执行国家的法律、法规、方针、政策，探索新形势下拍卖企业的改革和发展方向，研究入世后对市场带来的冲击及应对措施，提出有关行业发展规划的建议；协助政府部门开展行业管理工作，制订行规行约，促进市场规范化管理和经营；调查、整合全行业的基础资料，研究本行业的发展历史、现状及发展趋势，为本协会开展工作和政府部门指导行业工作提供依据；向政府有关部门反映会员的愿望和要求，协调解决行业经营中出现的问题，保护会员的合法权益不受损害；制订行业培训计划，组织从业人员资格培训，举办讲座、研讨会、培训班，提高行业人员素质；组织会员单位开展各类信息和业务交流，促进企业之间的协作；积极开展对外交往，扩大与市外及国外同行业的交流与合作，并接受委托组织对外考察和接待来访等外事活动；接受办理政府和有关部门委托的其他工作。

二十六、重庆市汽车商业协会

该协会2002年8月25日成立，是由重庆市内从事各类汽车贸易的不同所有制企业的经营者及汽车售后服务企业等相关单位自愿结成的专业性、非营利性社会组织，是依法登记注册的地方性社会团体法人。其宗旨是遵守国家法律法规及重庆市政府政策，按照协会广大会员的意愿，发挥协会的中介、服务、自律、维权、协调、交流、管理以及和政府、企业、消费者之间的桥梁纽带作用，面向社会汽车贸易服务业，开展相关商业经济活动，维护会员的合法权益和正当利益，维护市场公平竞争秩序，推动重庆市汽车流通业的繁荣与发展。业务范围是开展信息技术咨询、交流及信息服务等活动，组织技术协作、技术培训，承担政府部门的委托，协助做好行业发展情况的调查研究，结合行业特点，在行业发展规划、产业政策、行业标准、结构调整等关系行业和企业发展的重大问题上向政府提供预案和建议，维护会员单位和行业的合法权益，协调各种关系，加强本行业的横向联系。

二十七、重庆市二手车流通协会

2005年5月13日，重庆市二手车流通协会成立。重庆是二手车流通最早兴起的地方，到现在二手车交易已有20多年的历史，年均交易量在3万辆左右，交易额约15亿元人民币。该协会的成立，标志着重庆市二手车行业步入了规范化发展的轨道。

二十八、重庆市液化石油气行业协会

2000年5月9日，重庆市商业委员会批复同意成立重庆市液化石油气行业协会。

二十九、重庆市民用爆破器材行业协会

重庆市民用爆破器材行业协会于2002年5月成立，是由重庆市民用爆破器材行业的生产企业、流通企业、使用单位、工程爆破单位及其他有关单位自愿结成的地方性、非营利性社会组织，是依法注册登记的行业社会团体法人。接受业务主管单位重庆市商业委员会和登记管理机关重庆市民政局的业务指导与监督管理。

其主要业务范围，包括协助政府、主管部门宣传贯彻执行国家、重庆市对民用爆破器材生产、流通、使用的有关政策法规、规定规范，引导会员单位依法开展生产经营活动；调查了解国内及重庆市民用爆破行业基本情况和发展动态，为主管部门制订行业发展规划提供咨询意见，接受委托协助会员单位制订发展计划；受主管部门的委托进行生产信息的收集、统计和分析，发布行业信息。编辑发行《重庆民爆》刊物，编辑发行行业有关法规、标准和技术文件，为会员单位提供信息咨询和服务；开展职业技术培训，帮助会员单位提高生产经营管理水平和员工素质；协调会员单位之间在生产经营、技术合作以及市场竞争中产生的问题，维护会员单位合法权益，维护公平竞争的环境；组织会员单位在经济、安全、科技、管理等方面的合作与交流，加强与国内外相关行业组织的联系与交流。

三十、重庆市婚庆行业协会

该协会是重庆地区从事婚庆服务的企业及与此相关的单位自愿组成的地方性、非营利性社会组织，是依法注册登记的行业性社会团体法人。

业务范围包括宣传贯彻国家关于婚庆行业的各项政策，促进企业提高内外市场竞争力；监督、指导婚庆市场运作，推动婚庆行业健康、有序的发展；制订婚庆服务及相关产业的行业标准和行业规范；组织婚礼文化和婚庆产业的理论研究，掌握婚庆行业发展的规律和动态，向有关部门提出相关立法或制订政策的建议；举办婚庆相关专业的培训、考核及资格认证；编写相关培训教材和书籍；开展婚礼、婚俗、婚姻文化的宣传、知识普及和心理咨询等工作；倡导文明、健康、时尚的婚礼模式，举办有示范意义的婚庆或相关的活动，引导婚庆行业的发展方向；办婚庆服务机构，对婚庆产品进行考核、评比和表彰；开发、认定、推介符合行业标准的婚庆产品；协调解决与婚庆服务和婚庆行业有关的各类纠纷，维护会员的合法权益；组织开展国内和国际婚庆行业间的学术、业务交流与合作。

三十一、重庆中华美食文化研究会

2000年4月20日，重庆市商业委员会批复同意成立重庆中华美食文化研究会。

三十二、重庆市美容美发行业协会

重庆市美容美发行业协会，原名是重庆市美容业协会，前身是成立于1994年6月的重庆美容协会（曾称重庆美容美发协会）。由重庆市从事医疗美容和生活美容、美发护发、美体健身、美甲文彩、化妆造型、色彩搭配和形象设计等相关的企事业单位（个体工商户）、相关产品产销单位、教育培训和咨询服务机构以及从业人员组成的地方性非营利性社会组织，是依法成立的行业性社会团体法人。

协会宗旨是宣传并遵守国家法律法规和政策，遵守社会道德规范，推行“合法经营、诚实信用、尊重知识、创新技艺、规范管理”，加强行业与政府的联系，团结全行业，加强自律管理，维护会员合法权益。积极为会员和行业的发展服务，推广科学健康的新项目和组织开展知识与技术的交流，加强与国内外行业的交流，培训专业技术人才，为社会物质文明和精神文明建设服务，促进重庆市美容业的健康发展。其业务范围：一是开展行业发展调研，开展医疗美容和生活美容、美发护发、美体健身、美甲文彩、化妆造型、色彩搭配和形象设计等服务经营以及人员培训和管理的经验交流活动，促进经营管理现代化、规范化发展。二是开展美容美发及相关行业从业人员的技术技能水平评比和技术交流活动，促进技艺水平不断提高，激励涌现出更多的专业优秀人才。三是组织推行行业准入的技术和管理规范，制订行规行约并组织实施，建立完善行业自律性管理约束机制，维护公平竞争的市场环境。为政府行政管理和决策提供建议，接受委托、承办有关经营条件、技术项目等评估、认证、鉴定。四是评选和奖励表现突出的优秀从业人员、企事业单位、培训咨询机构、产品产销单位。五是推广国内外行业的先进技艺和新项目，组织技术、管理、法规等培训，培养优秀的服务、培训、经营管理等方面的人才。向政府及有关部门和国家级行业组织推荐本市的先进企事业单位和人才。六是依照有关规定创办会刊和网站及出版有关书籍、音像制品。开展咨询服务，举办为会员和行业发展服务的业务。受政府委托承办或根据市场和行业发展需要举办交易会、推广展览会等有关活动，为企业开拓市场创造条件。七是对会员开展法制教育和爱国主义教育，督导行业内有关单位和个人遵守法律、诚实经营、合法从业、优质服务；收集行业信息、会员意见和要求，向政府有关部门反映意见和提出合理化建议，搞好协调、维护会员和行业的正当权益。八是组织会员开展有助于社会文明和社会进步的公益事业及有关活动。九是承办政府交办的任务和本协会宗旨所赋予的任务。

三十三、重庆市蔬菜营销协会

该协会于1998年11月成立，是由重庆市经营蔬菜基地的产销机构、农业企业、蔬菜批发企业和贩运大户组建起来的民间社团，为市民和菜农架起了一座蔬菜生产和市场之间的桥梁。62个单位会员、88名个体会员团结起来，共同承担起了政府难以做好的蔬菜生产和流通之间关系的协调服务工作。协会开拓市场，唱起蔬菜流通主戏，在处理恶性竞争方面也发挥了重要的作用。

三十四、重庆市再生资源行业协会

重庆市再生资源行业协会是于1988年由重庆市从事再生资源回收利用的企业自愿组成的省（市）一级社团组织，是跨系统、跨所有制的全市性行业组织，在全市再生资源回收利用领域具有广泛的影响力和行业代表性。

协会有直属会员单位165家，其中以团体会员名义加入的区县级协会23家，涵盖再生资源回收利用会员单位1300多家，协会会员全市地域覆盖面达95%。协会会员中既有国有企业和集体企业，又有中外合资企业和众多的民营企业；既有专业从事再生资源回收的流通企业，又有以再生资源为主要原料的加工利用生产企业。两级协会会员的再生资源总经营量在重庆市的市场占有率达70%以上。重庆市废钢铁、废有色金属、废纸、废塑料、废橡胶及报废机动车回收经营和加工利用规模最大的企业，均是协会副会长、常务理事和理事单位。

协会的宗旨是以会员为本，竭力为会员服务、为行业服务、为政府服务，维护会员、行业的合法权益和市场的正常秩序，充分发挥政府与协会会员之间的桥梁纽带作用，当好会员的代言人、政府的好帮手，促进重庆市循环经济发展、资源节约型和环境友好型社会建设。

协会为会员和行业构建了7个服务平台：（1）信息服务。每月定期编发《重庆再生资源通讯》1000余份，为会员提供行业最新动态、市场行情、重要政策法规等第一手信息。（2）维权服务。对会员反映执法人员在执法中不合法、不合规、不合理的行为，调查取证后，及时向政府相关部门投诉，维护会员的合法权益。（3）业务咨询服务。对会员需要了解的在业务经营活动中的供求渠道、收购或销售价格、企业诚信度及投资项目可行性等问题，及时提供指导性意见。（4）职业技能培训鉴定服务。为会员和行业从业人员组织开展职业技能培训和鉴定，并给考核合格人员向市劳动部门申领国家职业资格证书。（5）资源整合服务。在回收会员企业之间和回收与利用会员企业之间，不定期地组织开展资源调剂交流活动。（6）法律咨询服务。协会与律师事务所合作，对会员企业内外劳动合同纠纷和业务纠纷，免费提供法律咨询服务。（7）在线服务。协会与市绿色回收网络公司合作，共同打造中国西部（重庆）再生资源网。

三十五、重庆市果品行业协会

重庆市果品行业协会于2004年12月成立。坚持服务宗旨，引领行业发展。为会员服务是协会的根本宗旨，也是立会之本。认真搞好信息服务，以简报、资料摘编等形式，发出简报80多期，在网上发布有关信息300多条，在重庆日报、重庆晨报、重庆晚报、重庆商报、重庆电视台、中国果品流通协会、重庆市商业联合会披露协会信息100余条，在行业内产生了较大的影响，受到了广大会员、会员单位和业界的好评。为提升重庆果品专业社和果品龙头企业的行业地位，增强荣誉感和自律感，2006年上半年与重庆市商业联合会联合开展“放心果品经营单位”评比活动，先后评比选出16家“放心果品经营单位”，下半年向中国果品流通协会积极申报“中国果品优质基地”

“中国果品诚信满意企业”“中国果品优秀企业家”“中国果品产业发展贡献奖”“中国果品发展优秀乡镇”“中国果品发展全国十佳市县领导干部”以及“中华名果”等品牌推荐工作。经过评审，重庆市有17家单位及个人获得殊荣，这对提升重庆市果品产业在全国的影响力，增强重庆果品的竞争力起到了较好的推动作用。

协会组织不断壮大，由成立之初的30个会员发展到108个。其中，团体会员96个，协会还相继成立了西瓜、梨子、零售配送3个分会。在协会的支持帮助下，渝中区、南岸区、渝北区、潼南县、忠县、奉节县也分别成立了果品行业协会、果品营销协会、柑橘联合协会、脐橙营销协会等6个区县级协会。

第八篇　区县商业

区县商业是重庆市商贸流通经济的重要组成部分。区县行政管理体制在不断调整，商业体制也在逐步改革深化，这些措施都促进了区县商贸服务业的快速发展。

第一章　区（市）商业

万州区商业

万州区商业委员会是区政府综合管理全区商贸流通业的职能机构，是政府的组成部门。主要职责是编制商品流通的规划，指导建设各类市场和商业服务网点，组织和安排市场供应等。其前身是始建于2001年的万州区贸易委员会及龙宝、天城、五桥区贸易委员会，2005年4月合并组建。2005年有以下内设机构，分别是办公室、政策法规科、现代流通科、改革发展科、餐饮服务科、特种商品营销管理科、统计信息科、食品经营管理科、市场科、财务会计科、人事科、离退休人员管理科、党委办公室、纪检监察室等14个科室。编制73人，领导干部职数7人。归口联系单位有区外经委、区粮食局、区海关、区检验检疫局、区食药监局等。管理服务的企事业单位有商业学校、第二石油燃建总公司、五桥石油公司、区食品公司、区金属回收公司、区百货采购供应站、五桥食品公司、天城民用爆破器材专营公司、新世纪百货万州商都、重百万州商场等。

原万县地区的商业网点设施基本上都在三峡库区淹没线以下，被淹商业企业营业用房25.50平方米，仓库40.53平方米，办公用房9.20平方米，职工宿舍1.41万平方米，空地51.46平方米，损失总额为4.01亿万元。大批商贸企业因被淹没关闭，商贸经济存量锐减，百货站、五金站、百货大楼、日杂站、农资站、土产棉麻站、医药站、中药站、物资站等移民搬迁后，经营状况日渐萎缩。

2000年以后，进一步完善了基础设施建设，不断改善购物环境，开辟商业步行街，建设了以高笋塘为核心的主城中心商贸区，形成以太白路、白岩路、新城路、国本路、和平广场为主要商业街区的核心商圈，周家坝、百安坝、观音岩等次中心商贸区渐显雏形，发展和培育了一批如小天鹅、万州商贸城、江南大市场等农副产品、服装百货、装饰建材、汽车等专业批发市场和综合批发市场，万州美食城、王牌路餐饮一条街等特色街已渐成规模。到2005年时，全区有批发、零售、仓储和服务网点2.1万个，建成和完善商业服务设施164万平方米。其中，1万平方米的商场有6个，10万平方米的批发市场有7个，商品市场交易总额41亿元。中石油万州分公司、新世纪百货万州商都、万州烟草公司、万州盐业公司、鄂渝钢铁公司等10户重点商贸企业实现销售收入32亿元，上缴税金7212万元，占全行业总数的44.8%。小天鹅市场、万州商贸城、宏远市场等3个重点市场实现交易额24.5亿元，占市场交易额的59.8%。2005年，有大型超市、便利店、折扣店、专业店、专卖店、美食街（城）等19种商业业态。

商贸企业改革不断深化。1993年，万县市体改委先后批准11户企业进行有限责任公司试点，同年积极推行“国有民营”改革，有268户企业和4404个门市（柜、组）实行国有民营，分别占企业和门市总数64.4%和44.9%。到2001年，对全区224家国有、集体商贸企业的产权制度进行了改革，组建起产权明晰的股份制企业156家，关停并转了一批资不抵债、无力经营的商贸企业，优化了企业的经营制度、用工制度、分配制度、管理制度，企业和员工的责、权、利关系更加明晰，经营水平不断提高。抓大放小，借助移民调整结构，引进了一些实力企业强强联合、重组资产，积极组建大型综合商社和商业集团，建设了一批集吃、住、游、购、娱于一体的功能齐全的大商场，新世纪百货万州商都、重百万州商场、万州百盛、摩登百货、重百电器、苏宁电器、商社建材等零售商场进一步创新经营理念，规范服务，提高发展水平。

加快非公有制商业发展。2004年底，全区有商贸流通企业1298家，个体工商户19687户，从业人员10.5万人，非公经济比重80%。到2005年底，全区贸易和服务企业总数1534家，个体商业和服务业经营者23452户，新增就业岗位4810个，贸易服务业从业人员11万人。

连锁经营和电子商务开始起步，经营范围逐步扩大，改善和优化了市民购物环境。从2000年起，积极发展现代物流业，利用立体交通网络，在火车站、深水港口及客运码头建立物资配送中心，建立仓储设施，实施物资配送，发挥辐射功能，实现“买全国卖周边”“买周边卖全国”的营销战略，形成物资集散中心，向周边区县延伸商业网点。以红溪沟码头、火车站为核心的万州现代物流园区正在加快建设。三峡库区农副产品仓储配送交易中心、鄂渝农资建材物流配送中心、三峡库区红太阳药品连锁及现代物流配送中心、三峡库区粮油物流配送中心等大型专业市场逐渐形成。到2005年，物流配送企业发展到近100家，配送额32亿元。通过港口中转的钢材、原煤、粮油、日杂百货较多，商品外销率51.3%，配送到川东片区以及相邻的湖北恩施、利川等地。充分发挥电子商务中心平台，帮助提高企业电子信息技术装备水平，增强了企业核心竞争力。通过加大电子商务网的宣传推广力度，吸引更多商贸企业登记注册，发布供求信息、招聘求职信息，促成网上交易等，扩大了企业的知名度。

餐饮业发展较快，所有制、规模、菜品等变化较大。1992年底，万县城区有餐饮企业1489家，从业人员6535人。其中，旅馆92个，从业人员1021人；国有饮食公司1个，当年营业额296万元。著名的老字号有抗日战争初期创办的美味春、小桃园，20世纪40年代的阅江楼，20世纪50年代的雅园饭店（原流杯食店）。规模较大、设施较完善的有太白宾馆，始建于1982年，建筑面积5100平方米，是当时下川东唯一的二星级旅游涉外饭店；川东饭店，其前身为东方红旅社，建筑面积1.8万平方米，是下川东最大的国营旅馆；万县地区行署招待所，始建于1952年，1986年扩建为4600平方米，床位400个；美味春住宿部，始建于1979年，建筑面积3000多平方米，房间106个，床位280张。万州国有餐饮业积极改善经营管理和服务，以万县市饮食公司、服务公司、第二饮食服务公司（原属万县）为代表的国有餐饮业在1995年前营业收入呈上升趋势，以后逐渐衰退。2000年初，万县市服务公司改制为有限责任公司，更名为万州区金河旅游服务有限公司，同年5月第二饮食服务公司被私营企业——金鼎物业公司兼并。2001 年末，万州饮食公司资不抵债而依法破产，该公司所属的美味春、阅江楼、雅园等老字号名店随之销声匿迹，只有小桃园小笼汤包的三代传人——何文学（特级面点师）还以小桃园的老招牌在大都市商品城 6 楼和太白路一巷经营。百年老店逐渐消失，昔日的一批特级厨师如罗其华、李光俊、张克勤等人都在北京等地或国外打工。曾于 1996 年在世界中国烹饪联合会会刊《东方美食》举办的食雕擂主赛中荣获二等奖的万州厨师王朝元也去了外地。民营和股份制餐饮企业得到快速发展。1991 年“小八仙”餐饮公司迁址白岩路，1995 年 10 月重庆大三峡宾馆（集体），1998 年 3 月王子大酒楼，1998 年 5 月华顺餐饮娱乐公司，1999 年 12 月长江大酒店，2000 年 6 月千禧餐饮公司等企业相继开业，这些企业不断创新各具特色的菜品，满足了多层次、多样化消费的需求。发扬巴渝美食文化。2001 年 10 月，举办万州美食文化节，评选出万州餐饮名店千禧酒店等 26 家，名火锅满江红火锅等 12 家；名菜一方鸡、德香烤鸭等 11 个；地方风味名菜巴山寻香、碧绿金橘等 11 个；万州名小吃花卉鸡嗉子、桃园汤包等 15 个。同年，重庆举办美食节，万州区有 13 家餐饮企业获重庆市餐饮名店、5 家餐饮企业获重庆市名火锅、7 个菜品获重庆市地方风味菜美誉。2002 年国庆节前后又举办了万州区第二届美食文化节，评出特色餐饮店鱼吃跳餐饮公司等 13 家，特色酱肉包等 7 个；特色风味菜三峡金凤、999 香水兔等 13 个。2005 年，市商委成立餐饮服务科。2005 年底，餐饮业营业收入 6.76 亿元，同比增长 14.5%。全区星级以上宾馆增加到 15 家，床位增加到 2509 张，营业收入 1.26 亿元，同比增长 14.9%。

1980 年 10 月至 1991 年 9 月，万县地区行政公署、万县市人民政府先后在市内举办了 6 次面向全国的大型物资交易会和经济文化交流活动，接待外地客商 3.38 万人次，商品成交总额 46.19 亿元，对提高万县地区和万县城市的知名度，促进地方扩大对外开放和加快经济发展起到了积极的作用。2005 年，全区举办了“迎春商品展销会”“金秋消费月”“三峡库区商品交易会”“送货下乡”等形式多样的会展活动。全年三个“黄金周”和会展活动期间商品销售额 11.2 亿元。

黔江区商业

黔江区贸易局是区政府综合管理全区商贸流通业的职能机构，始建于 1992 年 9 月，时称黔江地区商业局。1999 年 8 月，更名为黔江开发区商业贸易委员会，2000 年 9 月黔江地县合并，将黔江开发区商业贸易委员会、黔江地区外贸局、黔江地区物资局、黔江县财办、黔江县商业局、黔江县外贸局、黔江县物资局等单位合并组建黔江区贸易局。主要职责是管理全区商品流通和经营，规划及组织各类市场和商业网点建设等内贸工作及外贸进出口工作，向上对应重庆市商委和市外经委。归口管理单位有区工商分局、区粮食局、区供销社、区旅游局、区盐务处及盐业公司、中石油黔江销售分公司、黔江民爆公司、昕烨公司、和平药房及部分区级其他商业公司。

1986 年至 2005 年，黔江区努力调整优化商业结构和商业布局，着力培育餐饮、批发、零售等强势行业。积极发展主城核心商圈、乡镇商业区及贸易市场，重点建设农贸市场和生产资料、日用品摊区市场，建好村级、社区商业网点。引进区外大型流通企业落户黔江，培育现代流通企业。鼓励骨干企业发展连锁经营、物流配送、电子商务等现代流通方式，带动全区商业结构调整优化进程，优化创新经营业态，转变增长方式，构筑区域商贸经济高地。坚持城乡互动，不断完善市场网络。2005 年，基本形成以主城核心商圈为龙头、以乡镇市场（连锁超市）为主体、以村社放心商店为基础的城乡融通的市场网络。

20年间，黔江商业贸易稳步增长，社会商品零售消费总额不断上升，城乡市场繁荣。结构类型不断发生变化，20世纪80年代至90年代初，国营商业在市场中继续发挥主导作用。到1995年非公有制商业经济非常活跃，占社会消费品零售总额的36%，公有制经济消费品零售额占64%。2005年，黔江区社会商品零售总额实现14.69亿元。全区人均社会商品零售额2896元，比2000年增长69.16%。餐饮业营业收入达到1.6亿元，占社会消费品零售总额的10.89%。

2005年，全区商贸服务设施总量35万平方米，比2000年新增面积18万平方米，增长106%，“十五”期间年均增长21.2%。重点商贸企业和商品市场逐步壮大，中心镇及贸易市场发育较好，中心镇实现销售服务额1.58亿元，贸易市场交易额实现2.33亿元。重点小城镇商贸服务业快速发展，商贸流通的规模化、集约化程度全面提高。商贸从业人员达2.4万人，占第三产业从业人员的38.5%，商贸流通业成为城乡居民就业的主要渠道。

2005年，全区连锁经营网点289个，营业面积3万余平方米，实现销售额1.76亿元，占全区社会消费品零售总额的12%。外贸出口实现“零”的突破，自营出口青蒿素产品300千克，实现出口额17.7万美元。同时，蚕茧出口外向型企业，产品的出口竞争力得到提高，矿产品、农副产品、生丝、中药材等主要出口产品发展态势良好。

涪陵区商业

涪陵区商业委员会于2001年10月由涪陵市财贸办公室和涪陵市贸易局合并而组建。有关行政和行业管理职能划入商业委员会。2005年，内设机构有综合科、商贸市场科、特种商品营销管理科（挂危险化学品管理办公室牌子）、企业发展科、食品工业科（挂散装水泥推行办公室牌子）、屠宰管理办公室、经济协作科、组织人事教育科、离退休人员管理科。2005年，机关有153人，其中在职职工39人，离退休职工114人。下属单位有涪陵区榨菜办、涪陵区集管办、涪陵区民爆专营公司、东凯能公司。

涪陵历来是长江上游和乌江流域的商贸重镇和物资集散地，具有得天独厚的发展商品经济和促进商品流通的优越条件。改革开放以来，涪陵商贸业发展迅速，一个特色鲜明、充满活力的区域性商贸物流中心基本形成。重庆直辖后，商贸流通产业保持了持续快速增长的良好发展态势。2005年，全区社会消费品零售总额40.3亿元；商贸流通业占第三产业比重25%以上，占全区GDP的10.2%；从事商贸流通行业的有3.3万人，占全区第三产业从业人员的31.1%。全区有各类市场128个，总面积20多万平方米（其中1万平方米以上的市场3个），集市贸易成交额9亿多元，初步建立起了面向全国、联动长江、辐射乌江、层次清晰、结构紧密、统一开放，专业化、特色化和区域化特色突出的市场体系。

涪陵国有商贸流通企业改革从1986年起至2005年基本结束。1986年至1988年，国营商业企业实行风险抵押等多种形式的承包责任制和租赁制，引入风险竞争机制，公开选聘厂长（经理），企业内部经营指标层层分解，落实责任，推行新型分配、用工制度。各公司与主管局签订承包责任制，企业扩展销售市场。1989年至1990年，深化企业内部改革，实行党政分开，建立健全厂长（经理）负责制，推行经营承包责任制，优化劳动组合，改革人事、分配制度等。1991年9月，开展“四放开”（指经营、商品价格、分配、用工四方面放开）改革试点工作。1992年，通过发展多种经济成分的商业形式，逐步建立完善以国营商业为主导，多种经济形式、多种经营方式并存、多渠道、少环节的“三多一少”流通格局。农村流通市场取消农副产品统一派购制度，推行合同定购，扩大市场销售的比重和范围，供应农村市场的日用工业品采用国家定价和企业定价相结合的方式。允许农民进城经商办企业，贩运农副产品。城市商业企业试行工效挂钩、利税分流、税后承包等改革。1993 年，推行以包为主的“改、转、租、卖、包”等多种形式责任制。1994 至 1998 年，实现经营机制转换和经营模式改变，迈出由商品经济向市场经济过渡的步子，打破工人干部界限，推行全员合同化管理；推行全员风险抵押上岗；企业主管局职能由行政管理转向为企业服务；对企业“四管四不管”（管企业的法定代表人，不管其他人；管企业的外部环境，不管企业内部事务；管各项政策是否落实，不管企业具体工作；管工资总额和实现利润、资产增值的增长幅度，不管企业内部分配）。1999 年至 2000 年，积极探索企业产权制度改革，国有企业改制组建有限公司，涪陵饮食服务公司下属的饮料厂改制组建成重庆市涪陵天府物业有限责任公司，食品厂改制重组为重庆市涪陵傲雪冷品厂。2001 年至 2005 年，按照“总体规划、分步实施、突出重点、整体推进”的改革思路，在确保国有资产不流失、确保国有企业职工身份彻底转变的前提下，通过解除企业与职工的劳动关系，实行一次性经济补偿等多种办法，全面铺开辖区内国有商业产权制度改革。到 2005 年底，全系统 37 户国有商业企业有 34 户基本完成改革任务。其中，改制重组 4 户，兼并 2 户，关闭 23 户，破产 5 户。妥善安置职工 3950 人，化解各种债务（主要是银行债务）6800 万元。3950 名职工中，在职职工全部同企业解除劳动关系，领取一次性经济补偿，社保费续缴自行负责；退休职工全部领取每人 2400 元非统筹费，医疗费用报销全部进入医保中心，实行社会化管理；党组织关系及户口基本移交社区管理。除涪陵东凯能有限公司（国有参股）、民用爆破器材公司（未改制）仍属国有流通企业外，绝大多数国有商贸流通企业通过改制、兼并、关闭、破产等形式退出历史舞台，流通领域基本由民营流通企业所主导。

20 世纪 80 年代辖区内除地区行署所属招待所外，涪陵城区餐饮店主要有通仙楼酒家、清香饭店、人民饭店、长江饭店、秋月门饭店、南门山饭店、清和园饭店、红旗餐厅、五一餐厅、豆花鲜、胜利餐厅、南北味餐厅、东城饮食店、陈烧腊等。从业人员仅 260 余人，有特二级厨师 2 人，特三级厨师 4 人，一级厨师 10 人，二级厨师 20 人，三级厨师 30 人。随着人民生活水平的不断提高和餐饮业的迅速发展，到 2005 年，全区有各类餐饮企业千余家，营业面积 8 万余平方米，年营业额 5 亿元，解决就业人员 6000 多人。全区有各类厨师 337 人，其中高级烹饪技师 5 人，烹饪技师 12 人，高级烹饪师 52 人，中级烹饪师 26 人，初级烹饪师 15 人。涌现出一批如涪陵饭店、太极大酒店、凯元大酒店、建涪宾馆、卧龙居、巴人餐饮等知名大型餐饮企业。辖区内餐饮品种主要有中餐、西餐、火锅（汤锅）、小吃 4 大类。辖区内餐馆绝大多数是中餐的川菜馆，主要代表有涪陵饭店、宏声度假村、太极大酒楼、建涪宾馆、锦绣宾馆、巴人中餐馆、桂林苑、毛氏酒楼、富贵坊、卧龙居、从古到今食府等。涪陵做苏菜（淮扬菜）的代表有太极大酒店的淮扬菜馆；做粤菜的代表早期有陈川粤酒楼，后有涪陵饭店。火锅是涪陵餐饮一大特色，主要代表有南方鸭肠王、张家火锅、外婆桥火锅、德庄火锅、秦妈火锅以及鸭棚子老鸭汤、老三届蛇汤锅等。涪陵的小吃历史悠久，很具地方特色，主要有油醪糟、挞挞面、麻辣小面、红油小面、臊子面、杂酱面、牛肉面、河水豆花等。

1997 年前，涪陵地（市、区）商业主管部门为涪陵城区餐饮业的主管部门，行使宏观政策指导职能，分别管理地（市、区）属国有集体性质的餐饮企业，对社会其他性质的餐饮企业进行指导，举办美食文化节，引导本地企业参加区外各种餐饮展示展销活动，开展餐饮技能大赛，提高餐饮企业的经营水平和管理水平。2004 年，涪陵区商委承办了首届美食文化节。2005 年，涪陵区商委承办了“乌江涪陵榨菜杯”榨菜美食烹饪大赛。

渝中区商业

渝中区作为重庆的“母城”，在中华人民共和国成立后成为重庆市第一区，1955年改称市中区，1995年3月在重庆市区划调整中更名为渝中区。渝中区商业委员会前身是1986年8月成立的市中区商业管理委员会，主要职责是编制商品流通的规划，指导建设各类市场和商业服务网点，组织和安排市场供应等。2005年，有办公室、市场科、流通科、特商科、企业指导办公室、现代服务业发展与指导中心6个科（室）。

渝中区历史上就是长江上游商品物资的集散地。经过多年发展，渝中区逐步与国际大都市接轨。以商贸为代表的产业成为推动渝中快速发展的不竭动力，渝中区在重庆市乃至西部的经济影响力、辐射力越来越强，购物之都魅力四射。解放碑步行街上的大都会商厦、时代豪苑、世贸中心等一大批商务楼为城市增色不少，并吸引了万豪、海逸、希尔顿酒店等五星级酒店入驻。渝中区培育出了“西部第一街”——解放碑步行街这一商贸业旗舰，两大商圈——朝天门商圈和菜园坝商圈，三条经济产业带——滨江产业带、两路口—上清寺产业带和大坪—鹅岭产业带。解放碑中央商务区也荣膺“中国十大新地标商务区”，作为重庆主城核心，是重庆人购物的首选之地，是重庆的商贸中心。

商贸业、餐饮业、旅馆业空前繁荣，商贸中心地位进一步巩固。渝中区商业网点密集，业态丰富，劳力士、卡地亚、阿玛尼等一批世界顶级品牌汇聚区内，引领全市消费时尚。同时，以重庆商社（集团）、美美时代百货、太平洋百货、王府井百货、朝天门综合交易市场等为代表的大商家、大市场闻名全国，影响西南，辐射长江上游地区。

大渡口区商业

1986年初，大渡口区管理商业、供销和粮食的行政单位有区财贸工作办公室和区商业局。1992年3月起原财贸工作办公室的牌子挂到区商业局，商业局也同时履行区财贸工作办公室的职能。1987年7月，设立区粮食局。1995年4月，设立区供销合作社。1995年12月，设立区市场建设管理办公室。1999年6月，设立区酒类管理局。2001年11月，撤销区财贸工作办公室、商业局、粮食局、酒类管理局组建区商业委员会。2002年5月，区商业委员会增挂区粮食局牌子。至2005年底，区商业委员会、区粮食局、区供销合作社、区旅游事业管理局合署办公。

1987年，国营商业公司全面实行联销计酬的企业内部逐级承包责任制，下半年开始试行租赁经营制。1987年到1988年初，国营商业企业实行承包经营责任制。1991年，区商业局所属11家公司全部实行了“四放开”（经营放开、价格放开、分配放开、用工放开）。1997年至2003年4月，区商、供、粮企业全部进行了企业产权制度改革，企业改造为有限责任企业，职工与原企业解除劳动关系，或离开企业自谋出路，或以社会自然人身份入股新企业成为股东，或以社会自然人身份重新成为新企业的员工。

2003年，确定了大渡口商圈的用地范围和功能定位，即袁茹路以西、文体路以南、春晖路以东、老九中路以北约 81 公顷、核心商圈 1 平方千米的面积作为商圈范围，大渡口商圈是当时重庆市唯一将公园引入商圈的“生态购物公园”。2005 年 3 月，商圈核心区国瑞城项目破土动工，随后，核心区域内的天泰金地广场、香港城、松华花园等开工建设。

1992 年 4 月 23 日，重庆建材市场建立，1992 年 7 月 8 日开市。1994 年 10 月，西南建材交易市场与重庆建材市场合并，原西南建材交易市场由江北区建新市场迁至大渡口区。1995 年 3 月 8 日，原西南建材交易市场更名为西南建材中心批发市场，接受国内贸易部的指导和管理，由国内贸易部和市政府共同组成管理委员会。1994 年 4 月，龙文钢材市场成立。该市场是一个集仓储、交易、金融、运输、信息服务为一体的大型综合性中板交易市场，占地 1.30 万平方米，室内仓库 600 平方米，货物年吞吐量 25 万吨，有 80 多家公司入驻，存货单位百余家，是重庆市规模最大的中板专业市场。2004 年，重庆龙文实业有限公司被国家发改委、市物价局确定为重庆市唯一全国价格监测定点单位。1996 年 1 月 26 日，重庆肉类批发市场成立（1998 年增挂重庆大正食品交易城牌子），该市场拥有低温冷库 3 座，库容量 27000 吨，高温冷库 1 座，库容量 5000 吨，周转场地 1 万余平方米，有 2 条铁路专用线（1920 米，能一次停放 30 多个车皮）直达冷库站台，为全国最大冷冻冷藏库。1998 年 9 月 2 日，西南建材中心 436 处钢材现货交易市场成立。该市场占地 180 多亩，室内仓储面积 3 万多平方米，露天 4 万多平方米，库存能力 20 万吨，年吞吐能力 60 万吨以上，有铁路专用线 3 条。1998 年 10 月 28 日，重庆陶瓷市场试营业，占地面积 230 亩，总投资 3.08 亿元，建筑面积 29.52 万平方米，广场面积 2.70 万平方米，到 2005 年有 500 余家厂商入驻，年交易额 6 亿元，是重庆市十大专业市场之一。2002 年 8 月，鑫鹏钢材市场开业，占地面积 6 万余平方米，建筑面积 5.7 万平方米，进驻商家 110 余家。2005 年，交易额 15 亿元，是大渡口区交易量最大的钢材市场。

1997 年 9 月 20 日—23 日，国内贸易部、国家建材局、重庆市政府共同主办 1997 中国重庆三峡经济区国际建筑建材博览会，参展企业近 200 家（其中外商 12 家），是重庆市有史以来参展企业、参展外商、展位数量最多的一次博览会，实现交易额 3.5 亿元，签订意向性协议 2.4 亿元。1999 年 4 月 18 日—20 日，国家国内贸易局、国家建筑材料工业局、重庆市政府主办 1999 重庆建筑装饰装潢材料展销会，国内各地著名厂商 100 多家参展，现货成交额超过 1000 万元，签订供货合同 3.6 亿元，这次展会是全市唯一获得国家国内贸易局批准的全国性高规格、高水平大型展销会。2000 年 6 月 18 日—22 日，国家国内贸易局、国家建筑材料工业局、重庆市政府主办 2000 中国重庆建材商品展销会，全国 20 多个省市及港台地区和欧美、亚太地区的 150 多家知名建材企业参加。购物旅游者 11 万人次，签订交易合同 350 多份，成交额超过 3.8 亿元，现货交易 40 余万元，招得总代理和经销商共 260 个，30 余家参展商展后留驻重庆陶瓷市场设点经营。2003 年 10 月 17 日—25 日，中国饭店协会、重庆市政府主办第四届中国美食节酒店酒家用品展销会，130 多家单位参展，展会销售额 4860 万元，合同意向性成交金额 9100 万元，观展人数约 10 万人次，是全市规模最大、档次最高、最具代表性和专业性的酒店用品展销会。2004 年 10 月 11 日—17 日，中国饭店协会、重庆市政府主办第五届中国美食节暨首届重庆国际火锅文化节饭店设备用品展销会，参展单位 91 家，800 余家酒店、餐饮企业参会并签订购货合同 1558 万元。

江北区商业

江北区商业委员会，前身系区商业局（成立于 1958 年 7 月）和区财贸办公室（成立于 1992 年

1月）。区商业局为区政府管理区商贸流通业的职能部门，管理区属国有、集体商业，负责本系统经济、改革及思想政治工作，并接受区财贸办公室的宏观指导，疏通流通渠道，扩大商品流通，安排好市场，尤其是蔬菜、食品、燃料、石油、医药的市场供应和节日市场。区财贸办公室为江北区政府的综合管理职能部门，管理商业局、供销社、粮食公司以及渝北商业大厦，负责建新市场和改革、经营、发展及思想工作，并进行商业网点建设管理。1998年3月，撤销区财办、区商业局，合并组建区商业委员会，负责制订并组织实施全区商贸发展战略规划，指导建设各类市场和商业服务网点，组织和安排市场供应等。2005年，内设机构有党工委办公室、行政办公室、市场流通科、特种商品管理科、北滨路商贸发展管理办公室等5个科（室），行政编制14人。下属事业单位江北区商业经济信息中心，成立于2003年，事业编制7人，与市场流通科合署办公。

1986年以后，着力培育观音桥商业，加快了江北区商业市场的发展，到2005年，观音桥商圈已成为重庆主城区的重要商业经济中心之一。江北区商业业态不断丰富和完善，形成了百货店、超级市场、便利店、专业店、专卖店、大型购物中心、仓储式商场、专业公司等现代商业经营业态。培育了望海花卉专业街、洋河休闲娱乐美食专业街、北城天街名店坊、重庆美居建材中心、北滨路动感风情街等专业特色街。先后建成大顺、金科、小天鹅、南桥寺、电子学院等5家社区商业服务中心。2005年，全区商贸服务设施面积200万平方米，商贸服务业网点2000余个，其中商场5个，市场55个，餐饮服务店500个，便利店、专业店、专卖店等超过1500个，初步形成城乡贯通的流通网络体系。

2003年，江北区委、区政府将观音桥商圈建设确定为江北区“六件大事”之一快速推进，仅用两年时间就完成了市政基础设施和景观建设，政府以7.5亿元的基础设施建设投入，吸引到北京世纪金源集团、香港红塔集团、台湾远东集团、北京金融街投资集团等30余家知名企业投资近200亿元，实施30余个项目，成功处置了十余幢“烂尾楼”，盘活商业设施面积50万平方米，新建、改建商业设施面积150万平方米。成功引进大型百货店6家、大型购物中心2家、大型综合超市6家、大型家居建材店2家、大型电器专业店3家，经营面积5000平方米以上大型商业网点39家，200多个国际知名品牌及2000多个国内知名品牌亮相各大商场。2005年2月，成功开街。在观音桥商圈拥有35万平方米的超大型购物中心——金源时代购物广场；5万平方米的金源地下不夜城；载入吉尼斯世界纪录的嘉年华三面翻广告墙；五星级国际影城——UME；高科技主题公园——方特科幻乐园；喷射高度80米的大型灯光音乐喷泉；面积20万平方米、水体面积7000平方米、绿化覆盖率40%的生态公共空间，已成为一个融公园、广场、步行街三位一体的生态商圈、文化商圈、时尚商圈。北城天街购物广场，由龙湖集团运用SHOPPINGMALL国际商业流行理念建设的现代化商业设施，总商业建筑面积11.12万平方米，是重庆规模最大、业态最丰富、功能最完善的超大型购物中心，集购物、休闲、餐饮、娱乐一体，拥有台商在大陆开设的首家旗舰店——远东百货、重庆最大的概念运动购物中心等上百家时尚服装专卖店、名品家居店及数家大型特色餐饮、重庆市顶级的电影院——UME国际影城，三个休闲景观广场。

1997年前，江北区商业系统国有商业企业保持着计划经济体制的完整建制。归属重庆市第一商业局系统的企业有五金公司、百货公司、石油公司、煤建公司、渝北商业大厦等5户企业，归属重庆市第二商业局系统的有糖酒公司、食品公司、蔬菜公司、副食水产公司、江北区餐旅业总公司、江北城饮食服务公司、江北区工矿贸易公司等7户企业（医药公司按行业归属市医药局）。这13户企业均属小型商业企业，在职职工总人数为3391人，离退休职工人数为1838人，经评估确认的资产总值为2.44亿元，总负债1.45亿元。从1997年至2001年，按照“产权明晰、权责明确、政企分开、管理科学”的现代企业管理要求，全面启动了产权制度改革工作。改制前13户国有企业评估总资产2.44亿元，净资产9931.38万元，改制后划归重庆石油（集团）总公司资产1119万元，净资产640万元；接受兼并资产2411.89万元，兼并收益1637.56万元；批准核销不良资产643.3万元；用于抵偿债务1.37亿元；安置职工资产4673.89万元；建立离退休人员养老保障专项资金1789.3万元；职工住宅优惠资产853.45万元；职工一次性购买国有资产优惠额385.97万元；上交区财政945.58万元，其中已交739.58万元；区财政和再就业中心拨付安置费762万元，其中已拨付606万元；在建工程作价补贴631.75万元。截至2002年6月末，国有控股企业尚余国有资产净值3147.13万元。总的来说，国有资产得到了合理处置。改制前，13户国有企业共有在册职工3391人，离退休职工1838人。改制后，上划和接受兼并转出在册职工176人，离退休职工73人；与原国有企业解除劳动关系2293人，其中一次性领取安置费自谋职业1348人，重新加入新组建的有限公司945人；截至2002年6月末，国有控股企业中尚有国有职工737人，全部改制企业中仍保留国有身份的离退休职工1908人；全部股东人数1716人，其中在岗股东733人、不在岗股东983人。改制前11户企业（不含石油公司、医药公司）每年亏损额为600万~800万元，其中政策性亏损350万元左右。改制后7户企业实现盈利，4户企业大幅减亏，改制企业员工收入比改制前增长50%以上，取得明显的经济效益。

全区有加油站18座，油库3座，工业气体充装站2座，液化石油气充装站2座，危险化学品经营企业（乙类）63家，生猪定点屠宰场1个，有效地满足了市场需求。

沙坪坝区商业

沙坪坝区商业委员会于2001年8月由区财贸办公室（始建于1993年4月）、区商业局（始建于1958年8月）合并组建而成。主要职责是编制商品流通的规划，指导建设各类市场和商业服务网点，组织和安排市场供应等。内设机构有办公室、市场科、流通科、特商科、企业指导办公室、现代服务业发展与指导中心6个科（室）。

沙坪坝区是重庆主城的核心区块之一，是重庆重要的物资集散地和商贸聚集区。全区商贸流通骨干企业不断壮大，商业业态日趋完善，市场竞争力进一步增强，以商贸服务业为主导的第三产业与第二产业并肩成为全区国民经济发展极其重要的支柱产业。

改革开放以来，沙坪坝区商贸服务业经历了坎坷道路，得到了不断的发展和壮大。全区社会消费品零售总额由1986年的1.4亿元增加到2005年的87.9亿元，增长了62倍。到2005年，全区商业网点有24746个，商业零售面积80万平方米，商品销售总额200亿元。商贸服务业吸纳就业从业人员约14万人。随着商贸服务业的发展和扩大开放，商贸的业态业种不断丰富，重百沙坪商场、新世纪凯瑞商都、王府井百货、嘉茂购物中心等大型百货企业，苏宁电器、国美电器、商社电器等大型家电企业，赛博数码、锦阳数码等信息数码产品专业店，家乐福、好又多、人人乐、永辉等大型超市和阿兴记、丽苑大酒店、岷山饭店等住宿餐饮名店先后进驻。三峡广场中心商圈发展成熟，商圈功能日趋完善，商贸特色日益显现，总面积2.5平方千米，营业面积66万平方米，入驻企业近600家，商业网点近6000个，每天人流量在30万人次以上，形成了集购物、休闲、观光、餐饮、娱乐为一体的综合商业区。2005年，中心商圈实现商贸销售总额120亿元，占全区商贸销售总额的60%，社会消费品零售总额53亿元，占全区社会消费品零售总额的60%，三峡广场商圈被国家命名为“百城万店无假货示范街”“全国特色文化广场”“中国特色商业街”，并成为重庆都市魅力一日游的重要景点。磁器口老重庆民俗风情餐饮街荟萃川渝两地名优小吃和特色餐饮，被命名为“重庆市级美食街”和“中华美食街”；凤天美食大道聚集市内大型餐饮企业，展示出沙区美食的魅力与发展潜力。大学城熙街是在大学城核心区域打造培育的集购物、餐饮、休闲、娱乐、观光等为一体的商业特色街。

区内专业市场发展迅速。2005 年，市场占地 1000 余亩，经营面积 70 万平方米，专业市场交易额 91.3 亿元，形成了以建材装饰材料、木材、金属材料、家具、二手汽车等为主要交易内容，各种商品门类齐全，高中低档俱备，辐射能力较强的市场体系。市场服务范围，除重点覆盖重庆及川东地区外，远销云南、贵州和湖北部分地区。马家岩建材市场群、梨树湾重庆市金属材料交易中心、巨龙钢材市场成为全市重要的专业市场。

采取改制重组等多种形式，国有商业企业体制改革从 1993 年实行公有民营开始，经过租赁、承包阶段后，从 1997 年起进入股份制改革，历经 10 年基本完成国有商业企业体制改革，共有 21 家企业实行股份制改革，盘活资产 1.5 亿元，变现资产约 1000 万元，安置分流职工 3650 人。集体企业 78 家通过合并、兼并、解体后尚存 25 家，职工从 3800 余人减到 1000 余人，其中三分之二为退休工人，商业网点从 400 余个经城市建设拆迁、资产出售后剩 80 余个。

九龙坡区商业

九龙坡区商业委员会由区财贸办公室（1991 年 12 月成立）、区商业局（1958 年 7 月成立）组建而成。1992 年 8 月，撤销区商业局和区财贸办公室，组建九龙坡区财贸工作委员会，挂九龙坡区粮食局牌子。内设机构有党工委办公室、行政办公室、市场流通科、特种商品营销管理科、财会统计科、粮政科等 6 个科（室）。商贸流通管理体制和管理职能发生了重大变化，由过去对商业、粮食企业的管理和对生活消费品的管理为主，转变为对全区商贸流通进行宏观管理和对政策法规执行的引导和监督。

九龙坡区是重庆市的商业副中心之一。从 1989 年到 2005 年，商贸流通取得突破进展，国有集体商业企业全面开展产权制度改革，多种经济成分共同发展，社会大商业、大市场、大流通格局初步形成，建立起了以杨家坪商圈为龙头，带动和辐射地区商业协调发展的 3 个层面的商贸区的市场网络体系。

传统百货店利用连锁经营的组织形式进行了改造和功能创新，分散经营的杂货店、小店铺得到了有效的整合和升级，错位经营的格局开始形成，主题百货、大中型超市、综合性百货商场个性化经营逐步显现，大型零售商业、连锁店、加盟店占了绝对优势，专卖店和便利店呈现快速发展势头，各类业态的中型超市进入成长期，新型服务业快速发展，综合百货从单一的业态发展为百货、超市、购物中心、专业商场、专卖店、便利店、咖啡店等 13 个业种 40 多个高中低档业态并存、共同发展、互为补充的商业结构。全区餐饮行业形成了中西结合、大中并举、高中低档配套，各具特色的餐饮企业，多种服务业纷呈涌现，极大地促进了市场繁荣。社会消费品零售总额由 1995 年末的 27.41 亿元增加到 2005 年末的 107.28 亿元，连续居重庆市主城各区的第二名。

20 年间，商业设施建设取得突破性进展。2005 年，全区完成深国投购物广场、斌鑫世纪城等购物中心、综合商场投资项目 6 个，建筑总面积 18.4 万平方米，完成投资总额 4.78 亿元。区内有交易市场63个，市场面积76.13万平方米，其中面积1万平方米以上的市场14个、农贸市场38个。仅绿云石都、隆鑫钢材、杨家坪农贸市场等7个重点商品交易市场的商品年成交金额131.8亿元。2001年以来，全区先后引进了沃尔玛、家乐福、新世纪百货、小天鹅、英皇酒店等一批知名商贸企业，填补了九龙坡区缺乏国际顶级品牌和顶级饭店的空白。外资商贸企业和区外企业从无到有、从少到多，已经成为九龙坡区商业业态调整和商贸流通业发展的重要推动力，加速了零售市场的资源整合。2005年，有商贸服务网点9048余个，其中购物中心1个、商场8个、市场63个、便利店1300个、专业店850个、专卖店等超过480个，初步形成了城乡贯通的流通网络体系；餐饮服务店2538个，营业面积42.4万平方米，实现餐饮社零总额10.19亿元。

商业流通企业改革采取了承包、租赁、股份制改革和移民迁建、破产重组、改制重组等多种形式，从1988年1月至1990年12月，商供粮系统实行第一轮经营承包，由主管局（社）与所属中小企业采取“双目标”承包的办法，以销售总额、利润指标作为承包内容，与企业签订承包合同，实行个人承包。1991年1月至1993年12月，进行第二轮经营承包，改变过去个人承包的方式，实行集体领导承包。1991年初，全面展开以转换经营机制为核心的企业“四放开”改革，11月底商业、供销系统放开企业26家，占全区商业企业的70.3%；粮食系统从当年第四季度开始全部放开。1992年12月，全区“四放开”企业44户，占财贸企业总数的97.7%，其中规范化合格企业17户、合格率为38.6%。1992年5月，在已经实行“四放开”改革的国合商业、饮食、服务企业中的小型、边远微利、亏损的中型零售商供企业，经批准对内部零售门点实行“双保”经营（保证国家税收稳定增长、保证企业利润不断提高）、“一抵押”（承包者按规定分别向企业缴纳一定数额或一定比例的经营风险抵押金和库存商品风险抵押金）、“四定”（定资金、定人员、定经营目标、定经营范围），面向市场，自主经营，自负盈亏。1993年初，国有商业企业、供销社和集体商业企业在“四放开”“双保”的基础上，积极推行“国有民营”和“集有民营”的改革措施。1994年底，全区有23家公司和基层社推行了“公有民营”，主要涉及496个门点、5190名职工。其中，433个门点、3518人实行了“公有民营”，共抽回商品资金438.6万元，占应抽回资金数的85%。1992年10月至1995年3月，开展产权制度改革试点。1997年10月至2001年12月，产权制度改革正式实施，全区20个国有商业企业，有14个企业实行了产权制度改革。其中，实行国有资产整体转让的企业有8个，实行兼并的企业有6个。到2001年底，国有商业企业的改制面达80%。2002年2月，凡是未改制的区属国有企业继续改制，改制的国有企业有3个，占原国有企业总数的15%。其中，区食品公司、铜罐驿食品站实行国有资产整体转让。渝州曲酒厂于2003年7月24日实施破产。2005年末，全区25家国有商业粮食企业，有24家实行了产权制度改革，占企业总数的96%；区供销社的5个基层社和8个专业公司，有9个实行了产权制度改革，改革面69.2%。全区商供粮食系统的55个集体企业，有24个进行了产权制度改革，占集体企业总数的43.6%。

随着市场经济的快速发展，非公有制商业发展迅速。到2005年末，有个体商业经营户6808户，个体饮食业1046户，个体服务业1622户；有私营商业企业1955家，私营饮食企业76家，私营服务企业291家。

南岸区商业

南岸区商业委员会是南岸区政府综合管理商贸流通业的职能机构。其前身是始建于1984年4

月的农业财贸办公室，1986年5月改为财贸办公室，2001年与区商业局、区网点办合并成立区商业委员会。主要职责是负责全区商品流通的经营、规划，组织各类市场和商业网点建设，管理安排生活必需品，负责商业经济的发展。

1985年至1989年间，重庆工业品贸易中心、重庆物资贸易中心、扬子江假日饭店、南坪商业大楼、南坪市场、药品市场、金台大厦、惠工百货、裕佳机动车零配件市场等一批现代商业贸易设施陆续建成。1990年，有商业网点4596个，营业面积20.3万平方米，千人拥有网点13.6个、营业面积602平方米。区属国有商业公司级企业34个，服务人员5586人，经营网点649个，营业面积11.43万平方米；集体商业公司级企业6个，服务人员5806人，经营网点1263个，营业面积6.03万平方米；个体商业网点2684个，从业人员4938人，另有社会商业、生产企业自销网点849个，从业人员4847人。1997年底，有商业网点5221个，建筑面积67.54万平方米，营业面积46万平方米，其中1万平方米以上大型网点12个、3000平方米以上中型网点28个；有各类市场40个，营业面积21万平方米，其中生产资料市场7个、生活资料市场33个。重点培育了西南皮革制品批发交易市场、南方商厦市场、惠工百货商场、重庆装饰材料市场、南坪建材市场、重庆灯饰广场等专业市场，形成了以南坪、上新街、弹子石转盘为中心，以涂山路、川黔路为干线的市场、网点新格局。1998年后，随着鹅公岩长江大桥、大佛寺长江大桥、南滨路、南坪商业旅游步行街等基础设施的陆续建成，先后引进了重百南丰、新世纪百货江南商都、麦德龙、普尔斯马特、百盛、国美电器等众多国内外品牌商业百货公司及大型超市，改造新建了南坪商业大楼。2005年底，全区有商业网点2.67万个，千人拥有商业网点42个，营业面积120万平方米。以建设商业步行街为核心，以会展经济为特色，以医药、家居、汽车销售为支柱产业的经济形态，设施先进、业态丰富、辐射范围广、服务功能强，集会展、医药、购物、餐饮、休闲、娱乐、商务、旅游于一体，形成了农副产品、建材、装饰、皮革、灯饰、汽车、汽车摩托车配件、家具、药品、电脑、电器等行业门类较为完善的专业市场体系，有从业人员5.3万人，实现社会商品零售总额69.97亿元。其中，国有经济17.49亿元、占25%，集体经济3.5亿元、占5%，个体私营经济47.45亿元、占67.8%，其他经济1.53亿元、占2.2%。2005年，建成南坪商业步行街，先后引进国内外知名品牌企业24家，新增商业设施面积56万平方米，平均日客流量3万~4万人次。

1990年至1994年，南坪药品市场、后堡市场、文峰市场、西计市场、珊瑚市场、四公里市场、西南皮革制品交易市场先后建成并投入使用，到1994年底有各类市场36个，总面积9.7万平方米。1997年，新建各类市场20个，新增市场面积11.66万平方米，改建市场8012平方米，增加棚盖市场800平方米，总投资超过4.19亿元。至2002年，重庆旧车交易市场、重庆装饰材料市场、南坪建材市场、山河汽配市场、南坪灯饰广场、区粮食批发市场、上新街市场、南坪商业大楼（新楼）市场和浪高地下商场等陆续建成并投入使用。全区共有各种类型的商品交易市场62个，其中南坪市场、重庆机动车交易市场、重庆旧车交易市场、西南皮革市场、重庆灯饰广场等5个商品交易市场的年交易额均在亿元以上。至2005年，全区有批发零售企业796家。其中，限额以上企业68家，拥有各类商业网点2.67万个，营业面积125万平方米，实现销售总额158亿元，形成农副产品、建材、装饰装修、汽车、汽车摩托车配件、家具、药品、电脑、家电等行业及大型百货商场、大中小型超市、购物中心、连锁店、专卖店等多种业态的市场体系。

从1998年起，大型百货商场、综合超市、购物中心、连锁店、专卖店、快餐店等新型零售业态发展迅速，以南坪为核心的都市商圈基本形成，各类商场、会展、餐饮业的知名度和影响力迅速扩大，重庆百货大楼、新世纪、国美电器、麦德龙、百盛等内资、外资大型商业企业先后在区内开设连锁店，实行统一管理、统一配送的有重百南丰商场、新世纪百货江南商都、百盛商场等。超级市场有人人乐商场、上海锦江麦德龙南岸商场、中百仓储万寿路店。

1997年，选择区饮食服务公司和区工业品贸易公司两户企业进行改革试点，区饮食服务公司改制为重庆桥头火锅饮食服务有限公司，区工业品公司改制为南岸区工业品有限公司。2001年开始，国有商贸企业启动产权制度改革，区糖酒公司、蔬菜副食品公司、百货公司、百货文化用品公司、燃料石油公司、五金公司、三峡商场、食品公司等企业先后改制，区东升工矿贸易公司2001年被关闭，区商业大楼2003年被北京华联兼并，2005年改革基本完成，原区属国有商贸企业退出市场。

服务业主要有餐饮、住宿、美容美发、洗浴、按摩、保健、洗染、照相、打字复印等行业，由外资、合资、民营企业和个体户经营。1986年前，南岸区餐饮业主要由国营饮食服务公司和区供销社下属企业经营，规模较大的有国营的上新街饮食服务公司、弹子石饮食服务公司、宵灯酒楼和集体性质的龙门浩饮食服务公司、骡子堡饮食服务公司等。有餐饮营业网点96个，较大的餐厅12家，营业总面积14153平方米，从业人员1061人。2005年，全区餐饮业基本形成了“一片”（南坪商务圈以转盘为中心方圆2平方千米）“一路”（南滨路）和“四街”（南城大道特色餐饮、黄桷桠泉水鸡、南山农家乐、鸡冠石长江鱼）的集中发展格局。住宿业（店）3182个，交易额19.08亿元。其中，限额以上星级住宿业（店）16个，营业面积14.75万平方米，床位4554张，餐位数2.51万个，从业人员2443人，营业额1.8亿元。有四星级酒店2家，房间686间，床位1052个，从业人员848人；三星级酒店5家，房间713间，床位1268个，从业人员894人。美容美发店3100多户，主要由个体私营业主经营，从业人员近万人，年交易额上亿元。2000年后，比较高档的洗浴、洗脚企业发展起来，较有名气的为大浪淘沙、海棠晓月温泉度假村、慈母山温泉等洗浴洗脚城，香山、富侨洗脚城可容纳上千人同时浴足，洗浴、洗脚的功能逐渐由以前的单纯洁身向享受、休闲、保健演变。2005年，有洗浴、按摩、保健企业上千户，从业人员上万人，交易额上亿元。有洗染连锁店70余个，从业人员上千人，主要分布在城镇主要街道。有打字复印店200余个，从业人员400多人。

会展经济成为南岸经济发展的一大品牌。自1999年起，每年一届的名特优商品展销会、泉水鸡文化节及美食节、房交会等展销会如期举行。2005年，投资20亿元、建筑面积约23万平方米的重庆国际会展中心建成，具备了全市会展核心区的基础和实力，为南岸会展经济的发展奠定了良好的基础。2005年，亚太市长峰会成功召开，41个国家（地区）的124个境内外城市近1000人参加了此次峰会。历年先后举办展会34个（8次较大规模的展会、26个会议），展会内容涉及房地产、制造业、医药业等各领域。

北碚区商业

北碚区商业委员会是综合管理全区商贸流通业的职能机构，是北碚区政府的组成部门。主要职责是编制商品流通发展规划，指导建设各类市场和商业服务网点，规划和培育商品市场体系，组织和安排市场供应等。始建于1984年2月的区财贸办公室、1958年7月的区商业局、1988年6月的区粮食局于2001年9月合并组建成区商业委员会，实行“两块牌子、一套机构”（区粮食局）。2005年，内设机构有党政办、商业科、特商科、市场监测科（粮食科）、财务科等5个科（室）。

1986年至2005年，尤其是重庆直辖以后，随着购物环境的不断改善，市场购买力逐年增强，商品供应日益丰富，居民消费更加活跃，北碚商业呈现出加快发展的良好势头。

消费环境极大改善。20年来，北碚区的商圈、市场及网点、特色商业街建设取得了明显成效。一批骨干商业网点和重点市场相继建成使用，全区商贸形象发生了很大变化。城区形成了以中山路、胜利路、金融一条街为核心，以天生综合市场为龙头，以重百北碚商场、国美电器北碚店、中百超市北碚店、胜利商场、中山商场、勿忘我连锁店以及一批专卖店、精品店为支撑，集购物、餐饮、休闲、娱乐为一体的繁华商业圈。碚峡路建材装饰、美食一条街、月亮田美食街形成气候，城北新区餐饮商业街正在兴起，新城嘉陵风情步行街于2005年6月全面启动，天生、文星湾等7个社区商业服务中心也建成使用。到2005年，全区商贸业营业面积有60多万平方米，营业面积5000平方米以上的商场3个，各类交易市场70余个，总面积21万多平方米，商贸服务业网点15776个，从业人员3.49万人。一批知名企业相继入驻北碚，各类连锁店、专卖店不断延伸扩张，一批餐饮名店陆续在北碚开设分店。各主要商场以整洁、明亮、时尚的装修格调，为消费者提供了舒适的购物环境。尤其是北碚规模最大的零售商场缙麓商都——重百商场、重百超市北碚中心店、重百电器北碚精品店于2005年建成和扩张开业，以及竞发物业购物中心经营规模扩大，7个社区商业服务中心的建成，使北碚的消费环境不断优化。以超市、连锁经营为代表的新型业态得到较快发展，品牌企业、重点市场的辐射带动作用明显增强。2005年，全区有连锁经营企业15家，连锁店159个，销售总额5.85亿元。

改革不断深化。1988年，全区商业系统普遍推行了税利分流、税后承包、经营责任制和目标责任制，并对商业企业的经营机制、干部人事制度、内部分配关系等方面推行“内外双包制”，实行经理公开招标、优化劳动组合、工效挂钩的改革。1990年6月，全区商贸企业推行第二轮承包，各主管部门分别与企业就承包形式、承包期限、承包考核指标、基数、主体、分配、奖惩等签订了承包合同。1991年，实行“四放开”，即经营放开、价格放开、分配放开、用工放开的改革。1993年，实行了以加快企业经营机制转换，实现所有权与经营权分离，建立以企业竞争机制、激励机制、自我约束机制为主要内容的公有民营改革，到1994年推广公有民营的门点有604个、占总数的91.7%，职工3083人、占总数的88.45%，回收商品资金428.88亿元、占应收数的50.29%。交纳抵押金155.2万元，盈利门点417个、占69.01%，平过门点116个、占18.3%，减亏门点59个、占9.8%。1997年，实行产权制度改革，建立现代企业制度，到年底全区应改制的国合商业38户，已改制28户、占73.68%，集体企业19户、占73.08%，改制形式为有限责任公司的22户、股份合作制的10户、解体的2户、兼并的2户、民营企业的11户。到2001年，除个别企业外，全区国有商业产权制度改革基本完成。对粮食、生猪、蔬菜等几大生活必需品实行了全面放开，市场调节面100%。同时，加大了对个体、民营商业的扶持以及区外知名商业企业的引进力度，使之成为发展北碚商业的新的增长点。2001年，全区非公有制商贸业零售额6.52亿元，占全区社会消费品零售总额的43.8%。

餐饮服务日益兴旺。进入21世纪以来，酒店、餐馆、美容美发店个数不断增加，规模和档次均有较大提升。婚庆寿宴日趋红火，美容美发成为平常消费，“十五”期间，全区有餐饮网点数5802个，五年累计零售额13.73亿元，比“九五”时期净增5.78亿元，年平均增长11.9%。骑龙、家福等火锅名店已在全国各地发展加盟店100多个。实施“名街、名店、名菜、名师”战略，1998年以来连续开展了四届北碚名店、名吃评选活动。2002年，在第12届全国厨师节活动中，北碚新世纪酒家厨师参加川菜烹饪大赛，获得了1个银奖、3个铜奖的好成绩。2003年10月，在重庆举行的第四届中国美食节上，北碚区有10个餐饮企业参赛，获得了包括中国名宴金鼎奖在内的

10个奖项。获奖情况是：西南师范大学桂园宾馆“琼林争芳宴”获“中国名宴金鼎奖”，骑龙火锅店“中华火锅龙舟宴”获“中国名火锅宴金鼎奖”，宏新大酒楼“花园名都宴”获“优秀奖”，北碚泉霖饮食文化传播公司“缙云风情宴”获“中国名宴”，家福火锅店“家福双凤宴”获“中国名火锅”，西南农业大学饮食中心“橙香猪手”、建工大酒楼“状元相思球”“竹竿虾衣”、成都钟水饺北碚店“香排骨”获“中国名菜”，任兄任鸭子系列食品厂“任兄豆干”获“中国最佳名小吃”。2003年在重庆市第五届名特优新产品展销会上，北碚缙云食品有限公司生产的“蝶花”牌怪味胡豆被评为“消费者喜爱产品”。2005年有27个门店被评为“北碚名店”、41个菜品被评为“北碚名吃”。

万盛区商业

万盛区经济贸易委员会是区政府综合管理全区商贸流通业的职能机构，是区政府的组成部门。其前身是始建于1991年3月的南桐矿区人民政府财贸办公室，2001年8月由区轻工局、区财办、区乡镇企业局、区体改委、区物资局、区计经委（部分职能）等合并而成。主要职责是规划指导并组织实施全区工业、商贸结构和布局的调整；负责制定工业新兴产业、支柱产业、重点行业发展规划及商业经济发展规划，并组织实施和督促检查；组织起草和实施工业、商贸方面的综合性经济政策；参与制定并实施全区产业发展规划及产业结构政策和产业区域政策。指导建设各类市场和商业服务网点，组织和安排市场供应等。

2005年，内设机构有办公室、经济运行科、商贸流通科、产业项目科、政策法规科、集管办等6个科（室），有行政编制30名。

万盛商业在发展中变革，在变革中焕发生机与活力。

1987年，在饮食服务行业中进行租赁经营试点，在东林百货商店等试行联销计酬工资分配办法，取得较好的经济效益和社会效益，营业收入普遍比承租前增长30%～70%，职工收入增加。1988年至1990年，又进一步完善了各种经济承包经营责任制。制定新的承包措施，实行工资总额与效益挂钩，全员风险抵押等多种形式的经济经营责任制。1992年，主要以转换经营体制为主线，在商业企业中全面推行经营、价格、分配、用工“四放开”及“公有民营”的改革，有效地调动了经营者的积极性，增强了企业的活力。1994年，全区商业企业有172个门点、757名职工进行了“公有民营”改革，分别占总数的71%、51%。与此同时，区政府在万盛百货公司开始进行企业产权制度改革试点，将企业净资产的大部分转让给职工，少部分作为国家参股的股金，建立万盛百货有限责任公司。1996年，商贸企业改革力度进一步加大，全区国有商业企业全面实施企业产权制度改革，将区五交化公司、百货批发公司国有资产全部转让给内部职工，成立有限责任公司。对资不抵债、扭亏无望、不能偿还到期债务的区糖酒公司进行破产。截至1997年底，有7户国有企业转为股份制企业，商业企业改制8户，占应改制国有企业总数的50%。另有4户企业由于经营不善，资不抵债，依法宣布破产。

2001年至2005年，区委、区政府出台多项优惠政策，大力发展个体、私营商业企业，积极开展招商引资，鼓励民间投资，加强商业基础设施建设。孝子河商住楼、康隆盛步行街、子如广场南北商业楼、辰景花园商业中心、广进名都、红枫农贸市场、东林农贸市场、南桐商业步行街、万盛区客运中心和三星级酒店等一大批商业基础设施相继建成并投入使用，万盛大厦至龙凤碑商业街不断改造升级，全区商业基础设施明显改善。中石油、中石化、重客隆集团、重百集团、重庆商社、陶然居等10余家市内外知名企业纷纷来万盛开设连锁经营，提升了万盛区的商品档次、流通规模和购物环境。全区商贸流通日趋繁荣，娱乐服务业蓬勃兴起，城乡贸易显著增长。区原有国有商业和集体商业已基本退出商贸流通领域，个体、私营商业成为商贸流通经济的主导力量。

2005年，全区社会消费品零售总额8.39亿元，商业设施总面积29万平方米，人均拥有商业面积1.07平方米。有国有和集体商业企业19户，股份制企业19户，私营企业150户，个体工商户6624户，其中个体、私营企业占了总数的99.44%。新的流通体制逐渐形成，以连锁经营、租赁服务、中介、直销、仓储物流等为代表的现代流通业蓬勃兴起和发展壮大，全区商业经济进入了加速发展期。全区连锁经营销售额1.05亿元，占社会消费品零售总额的12.79%。

1986年，区商业局下属从事餐饮业的企业有13家，其中国有企业7家、集体所有制企业6家；从事餐饮业的营业网点有51个，其中国有企业28个、集体企业23个，从事餐饮业的从业人员282人，年营业收入185万元。区饮食服务公司对所属的红旗旅店、东风旅店进行装修改造，率先在全区的饭店增设雅座，改进了服务环境，取得了较好的经济效益和社会效益。1988年，商业局系统饮食业实现营业收入198.9万元，同比增长11.5%。1989年，饮食服务业改大餐为小吃，改宴席为工作餐、零餐，供应广大群众。20世纪90年代以来，随着万盛旅游业的迅猛发展，珊瑚楼、钟声大酒楼、筑楼餐厅等一批旅游定点餐馆相继开业，青羊饭店、炊烟依旧、环福楼、金玉满堂等一批高中档酒楼在万盛城区大有名气，石林、黑山风景区沿线从事餐饮业的宾馆、酒楼、农家乐不断增加。为发展万盛旅游业，提高万盛餐饮的菜品质量和服务水平，弘扬地区饮食文化，1999年10月16日，区人民政府财贸办公室印发《万盛区餐饮名店名菜管理办法》。1999年9月29日至10月3日，举办了万盛区首届美食文化节，通过群众投票、推荐和饮食业专家组的评选及美食节组委会审定，评选出了区首届美食文化节餐饮名店、名火锅、风味小吃。2000年12月13日，万盛区成立烹饪协会。2002年10月，全国厨师节在成都召开，筑楼饭店的“飘香鱼”、刘氏烧鸡公餐厅的“刘氏烧鸡公”第一次获“中国名菜”。2003年10月26日，在重庆举办的第四届中国美食节上，邓鑫源餐厅的“猴头献宝”“鑫酒玉扇”被评为“中国名菜”；刘氏烧鸡翁餐厅的“雄鸡宴”获得“中国名宴优秀奖”，“墨鱼炖土鸡”被评为“中国名菜”，“刘氏酥油茶”评为“中国名点”。2002年5月至2005年10月，区烹饪协会分别与区妇联、鑫源酒家和筑楼餐厅联合培训下岗职工、厨师160余人，其中40余人获得中级职称。

渝北区商业

渝北区位于重庆市区北部，是1994年12月17日经国务院批准，在撤销原江北县建制的基础上设立的新区。渝北区商业委员会是渝北区商贸流通主管部门，主要职责是贯彻执行国家有关商贸流通业的法律法规和方针政策，提出商贸流通业的发展规划和政策建议并组织实施；负责推进商贸流通业发展，拟订开拓市场、促进消费的政策措施，提出培育商贸流通大企业、促进商贸流通中小企业发展的政策建议，推动流通标准化和连锁经营、特许经营、物流配送、电子商务等现代流通方式的发展；承担组织实施重要商品市场调控和流通管理的责任；负责城乡商贸统筹发展工作，指导大宗产品批发市场规划和城乡商业网点规划，承担城乡统筹商贸网络建设工作，推进城乡市场体系建设；负责“商贸大区”“会展新区”“美食名区”建设工作，拟订“三区”建设规划，组织实施

“三区”建设重大项目，促进区域商贸中心的形成；承担牵头协调整顿和规范市场经济秩序的责任；承担商贸流通业监督管理的责任；负责商贸流通对外经济合作，拟订商贸流通对外经济合作的政策措施，负责辖区内以及本区在外地举办大型展会的统筹和协调工作，指导、监督商贸流通各类促销活动；拟订粮食总量平衡和粮食流通的中长期规划，提出粮食流通发展的建议，负责粮食流通的行业管理和粮食流通设施的建设管理，负责辖区内储备粮油管理和粮食收购市场准入工作，承担粮食监测和应急调控、粮食库存检查的责任；负责推动商贸流通科技信息化建设，会同有关部门管理商贸流通各类业务资金、专项基金，组织、指导商贸流通业职工技能培训和有关特有工种职业技能鉴定。2005年，设6个内设机构，分别是党政办公室、现代流通与会展产业科、特种商品科、餐饮服务业科、粮油管理科、规划财务科。

1986年以来，特别是自1994年建区以来十年间，渝北区充分发挥近郊优势，抓住机遇，深化改革，扩大开放，促进了商贸流通业的全面进步。1987年1月，江北县百货大楼竣工，建筑面积2800平方米的营业厅开业；3月，江北县五交化批发公司按中型企业租赁经营改革试点；9月，23家集体所有制企业实行资产股份制经营，职工按股分红。2003年9月，《重庆市渝北区商贸发展战略规划》正式实施。2004年12月25日，首届重庆万隆小食品节在龙溪隆重开幕。来自全国各地的400多家客商、100多个国内比较知名的小食品品牌参加了展出。2005年1月，营业面积1.34万平方米，拥有百货、超市和家用电器商场3个业态，员工1000余人的重庆百货渝北店正式开业，结束了该区没有大型中高档百货商场的历史。

巴南区商业

巴南区商业委员会是巴南区政府综合管理全区商贸流通业的职能机构，是政府的组成部门。其前身是区财贸办公室、区商业局和区物资局三个单位，于2001年9月合并组建。2005年，内设机构有办公室（挂酒类管理局牌子）、市场流通科（挂生猪屠宰管理办公室牌子）、特种商品管理科（挂危险化学品管理办公室和民用爆破器材管理办公室牌子）及规划发展科等三科一室。

2001年商委成立后，规划实施“十五”商贸业发展战略，加大商业设施改造和建设投入力度，新建成了华夏八街、协信铜锣湾巴南购物广场、铠恩国际家居名都、渝南汽车超市等大型商场标志性商业建筑。在此基础上，奋力打造并初步建成了鱼洞和李家沱两大商圈和渝南大道特色专业市场群、鱼洞滨江路休闲娱乐带。到2005年底，全区商贸服务设施总量近80万平方米，商贸服务业网点16420余个，其中商场60余个、市场80余个，便利店、专业店、专卖店等超过3000个，初步形成城乡贯通的流通网络体系。

初显雏形的城区商业连绵带。形成了鱼洞、李家沱两大商业中心和花溪工业中心的格局，加上在鱼洞、李家沱两城区之间正在规划建设的龙洲湾新区，鱼洞、龙洲湾新区、李家沱以及渝南大道专业市场产业带的商业格局逐步延伸扩展并互相对接，形成独具特色的城区商业连绵带，对全区商业发展将产生巨大的辐射作用。

初具规模的专业市场产业带。花溪镇逐步开发建设大型专业市场产业带，汇集包括家具、汽车、旧车交易、服装等多种行业的专业交易市场或生产基地。随着家具市场、重庆西部国际汽车城、闲置设备交易市场、麒龙服装加工基地和渝南汽车超市的全部或部分建成，渝南大道一带的专业市场产业已经初具规模。

初具特色的商业街。巴南区两大核心商业圈内的商业街日渐繁华，并且初具特色。有些商业街集聚了一些专业店和专卖店，能够为居民提供专门商品和专业服务，如鱼洞解放街的电子通信专业街、巴县大道的餐饮一条街等。商品要素市场活跃，商业和餐饮业网点数和从业人员数逐步增长，平均每千人拥有商业网点 11.3 个。

国合商业在管理体制和经营方式上进行了一系列改革，先后推行了集体承包、“四放开”、租赁经营、股份合作制等。从 2000 年 9 月开始，进一步加快区属国有企业改革，对全区所有国有商业企业进行了改制，到 2005 年关闭（解体）、出售了所有国有工业商业企业，对所有国有商贸企业除巴南百货公司、巴南五交化公司仍为国有，实行租赁经营外，都实行了股份合作制改革，新成立的公司除区糖酒公司正常经营外，其他都实行租赁经营。与此同时，个体商业、市内外大型商贸企业如重百、新世纪百货、国美电器纷纷入驻巴南。

长寿区商业

长寿区贸易委员会，其前身是始建于 1956 年 7 月的中共长寿县财贸政治部和 1982 年 3 月的长寿县人民政府财贸办公室及 2001 年机构改革组建的长寿县贸易委员会。2001 年 12 月 25 日，国务院批准长寿撤县设区，2002 年 4 月改名为长寿区贸易委员会。

2003 年 7 月，长寿区商业物资管理办公室合并到长寿区贸易委员会。

2005 年，内设机构有办公室、现代流通科、商贸管理科、特种商品管理科、综合科、商业网点建设管理办公室等 6 个科（室）。行政编制 10 人，机关后勤编制 2 人，其他事业编制 14 人。

1986 年至 2005 年，推进以中心商圈和特色专业市场、专业街为主体的商贸流通业建设，推动国有、集体、个体私营经济发展，形成多种经济成分、经营业态、流通渠道、服务门类的市场流通体系。建成协信购物广场，引进重百长寿商场、新世纪百货长寿商都、永辉超市长寿店、苏宁电器、国美电器、中天装饰城等商业企业。2005 年，全区社会消费品零售总额 22.78 亿元，批零销售总额 33.71 亿元，商业增加值 4.55 亿元，商业服务网点 1.26 万个，经营面积 98.31 万平方米。

1987 年 11 月，经长寿县人民政府财贸办公室批准，由国营商业企业、集体商业企业和个人集资，联合组建了长寿商场，隶属长寿县商业局。商业局管辖国有商业企业 10 家，集体商业 13 家，商业工业企业 3 家，职工 3908 人。1990 年，继续完善任期目标责任制和联销联利计酬责任制。1991 年 7 月，对局属公司、厂全面推行了“四放开”。1992 年，进一步推行“四放开”，改革落实保税全利责任制，企业实行用工自主，优化组合，打破“三铁”（铁工资、铁交椅、铁饭碗），取得明显效果。1996 年后，在系统内全面推行股份制改革，截至 2000 年底，商业局所属国有企业 1 家，股份制企业 24 家，从业人员 1296 人。

2005 年，全区商贸服务设施总量 98 万平方米，商贸服务业网点 1.26 万个。其中，商场 95 个，市场 45 个，餐饮服务店 3250 个，便利店、专业店、专卖店等 9160 个，初步形成城乡贯通的流通网络体系。中心商圈建设以协信购物广场为核心，为周边直径 500 米的中心商圈，已形成包括黄桷湾片区在内的老城区商业区，一个具有购物、餐饮、休闲、娱乐、旅游、商务、金融服务和现代通信服务等综合功能的区域性现代化商贸中心基本形成。

2004 年底至 2005 年初，由区工商分局、区贸易委等 6 家单位共同开展了长寿区第一届“名菜品”“名小吃”“名餐厅”评选活动，金凤山大酒店等 3 家餐厅被评为长寿区首届“名餐厅”，“太极美味鱼”等10个菜品被评为长寿区首届“十大金牌菜”，“老陈叉烧肉”等57个菜品被评为长寿区首届“名菜品”，“美点葫芦”等6个小吃被评为长寿区首届“名小吃”。

2005年，长寿城区家政服务公司有5家（含清洁公司），建立较早的有特丽洁、双进、管家婆等家政服务公司。在20多家物业服务管理公司中，较具规模的有天骄物业管理公司、东方之骄的天润物业管理公司、阳光世纪城的物业服务管理公司、维丰物业管理公司、巨轮物业服务管理公司等。城区有婚介、职介、房介等中介服务门点19个，火车、飞机等票务服务中心7个。城区内有健身保健、按摩、洗浴、台球、旱冰场、老年歌舞队等38家（队），电子游戏、网络会所、歌舞厅等36家，电影院2家，茶楼30多家。

江津市商业

江津市商业贸易委员会是江津市政府综合管理商贸流通业的职能机构，是1998年3月撤销市委财贸部、市政府财贸办公室和商业局而组建的。主要负责产业规划发展，推进企业产权制度改革，加强生猪定点、酒类专卖、危险化学品、旧货市场、重要商品经营、商品展销等行业管理，组织整顿和规范商贸流通秩序，开拓城乡市场、推广清洁燃料、安全生产和稳定工作等。指导粮食、烟草、盐业、外贸等部门工作，负责江津市财贸校和商职校的管理工作。2005年为“四科一室”，即办公室、市场流通科、特商科、食品工业科、综合科。所属公司13个，独立核算企业136个（其中集体55个），国有在册职工4900多人，离退休干部职工2300多人。机关在编人员19人，离退休干部57人。

1997年底，江津食品公司宣布破产（纳入重庆市计划内破产），江津酒厂和江津米花糖厂股份制改造基本完成。从1998年5月开始，将地处各区镇的食品经营站、煤炭经营站、酒厂、工矿商店等56户国有小企业全部下放移交给当地政府管理，共移交账面资产4741万元、负债5145万元，在册职工2068人、退休职工729人。企业下放的同时，资产实行零转让，企业全面改制，职工转变身份。到2000年，江津完成76户国有商贸企业改革，重点盘活企业有江津酒厂、江津米花糖有限责任公司和江津酿造调味品有限责任公司，3家企业共安置职工近2000人，盘活资金约2.5亿元。

2005年，注册登记的2.25万工商户中，商贸流通网点3.48万个，营业面积162万平方米，百货店9530个，日用杂品店5820家，副食店4680个，各种连锁店、专营专卖店1540家。医药、盐业、烟草、酒类、图书等商品基本上实现了连锁，连锁配送率80%。副食、日化、家电、农资、餐饮、美容美发连锁店铺不断涌现。商贸流通服务有从业人员13.78万人，从业人员占第三产业从业人员的56.2%，占全区从业人员的18.5%。

2005年，餐饮住宿业网点数有4398个，营业面积有50.33万平方米；美容美发、影视、茶楼、网吧等服务业经营网点2000余家，营业面积20.57万平方米，分别占全区商业网点和营业面积总数的31.1%和12.7%；餐饮住宿业从业人员25878人，占全区商贸流通业从业人员的18.8%。足浴、美容保健企业发展壮大，美容保健网点数千个，营业面积12万多平方米，从业人员近万人，年营业额近2亿元，创税利3000多万元，各类美容保健技术培训学校3所、职工技术培训学习班20余个。

截至2005年底，登记注册的商品交易市场58个、综合超市39个。斑竹巷批发配送市场初具规模，总经销、总代理商近40家，物流配送车辆50余辆。以主城区斑竹巷日用小商品批发市场、城南综合批发市场、8个具有一定规模的农贸市场和主城区外有一定规模的商品交易市场，如以德感农资批发市场、先锋花椒批发市场为中心，以重点中心镇市场为骨架，各乡镇交易市场依托的城乡商贸市场体系已基本形成，交易活跃，市场繁荣。

合川市商业

合川市商业委员会（财贸办公室）、商业局、粮食局、物资局多年来一直是合川商贸流通业各所属企业的主管部门。1985年成立的合川县商业委员会，1990年一分为二分别组建成合川县人民政府财贸部和合川县商业局。2001年10月，将合川市财办、商业局、粮食局、物资局合并组建为合川市商业委员会，并挂合川市粮食局牌子，内设办公室、政工科、市场流通科、财务统计科、粮油管理科四科一室。

1986年，有固定集贸综合市场72个，无固定经营市场325个。其中，以街为市的市场229个、占总数的70%，以公路为市的市场36个、占11%，以旧庙堂、操场、晒坝为市的18个、占5%，有临时市场42个、占14%。采取国家、集体、个人一起上的办法，新增市场面积1万平方米。主要通过门市进行商品零售业务，1990年后零售商业呈现一片繁荣景象。1995年后逐渐形成以门市零售商业网点为主的久长路步行街、柏树街、书院路、黑龙池服装鞋类一条街；形成以瑞山路为中心的五金、交电、化工一条街；双牌坊建材、防盗门一条街；涪江二桥南桥头汽车、摩托车一条街；梓桥街小百货一条街；药市街、丁市街、小南门竹制品一条街。2005年，合川的批发和零售业实现社会消费品零售总额42亿元。

1988年12月，以县饮食服务公司为主，开展了合川名特风味小吃夜市展销周活动，40多家饮食企业参加，由名厨师挂牌现场烹饪，罐罐鸡、鸡肉抄手、衙门口八宝粥、羊杂粉、担担面、张烧腊等合川传统风味小吃上百种。1990年，合川饭店开创了冰激凌、雪糕新品种。2005年，住宿和餐饮业实现社会消费品零售总额57.6亿元，其中星级企业实现社会消费品零售总额2.7亿元、星级以下企业和个体户社会消费品零售总额54.97亿元。

1987年3月，饮食行业全面推行提成工资制。4月，10家饮食店试行租赁经营，再由饮食业扩大到服务、加工、修理三个行业，以及百货、五金、蔬菜和集体商业。租赁企业实行招投标办法，并将承租人一定的个人财产做抵押，责权结合，到年底，推行租赁经营的10家饮食店营业额64.2万元，实现扭亏为盈。1987年8月，又先后在百货、石油公司、桃片厂实行了招投标承包经营，在糖酒、五金、煤建、信托公司实行了原班子承包经营。1988年，县商委对直属中型企业在基本完成承包经营的基础上，着手抓了完善企业内部承包经营。5月底经营部（科）向公司（厂）承包127个，柜组（班组）向经营科（部）承包145个，都达到应承包数的100%。县食品公司实行了定额管理责任制。独立核算的集体企业83个，陆续实行了全员风险抵押承包和内部责任制或定额管理制，与经营效果挂钩。1992年，合川石油公司、食品公司、饮食公司实行“四放开”改革。1993年，在商业小型企业中广泛推行“公有民营”改革，采取公开招标、公平竞争、择优选择承包租赁承包经营者。推行“公有民营”的国合商业企业33个、门点240个，分别占应推行企业的84%、门点78%。应推行的企业职工2301人，推行的职工1591人，占应推行的69%。各企业先后抽回商品资金810万元。1993年至1995年，先后在燃料公司、百货公司、桃片厂、饮食服务、合阳五交化、海洋肉食品公司、酿造厂、畜禽食品冷冻厂等单位实行了股份合作制改造试点。同年，在国有商业企业、商办厂实行厂长（经理）年薪制，将系统内国有企业法人代表年薪由企业提到商业局统一考核发放，每月根据企业实现销售收入结合盈亏进度按比例发给月薪，年终结合企业年度考核奖惩一并结算。2000年底，商业局系统的国有、集体企业出售资产1532.1万元，这些资金主要用于安置职工、还贷款、维持简单生产等。

2005年，组建了重庆市第一个商贸综合执法队——合川市商贸粮食综合执法队。

永川市商业

1993年以来，永川商贸流通业实现了从传统商业到现代流通业、从县域商贸到区域商贸的跨越式发展，商贸经济成为该区建设区域经济文化中心和现代大城市的重要产业支撑之一。

自2003年开始，在规模、业态和组织形式等方面逐步超越渝西地区12个区县（市），拥有了渝西最大的商品批发企业、商品零售企业、农副产品批发市场、家电批发市场、购物广场、超级市场、家具市场、农贸超市，食品、石油、家电、汽车、百货、饮食等行业的经营方式、组织形式、营销规模和销售额也领先于渝西地区其他区县（市）。商品销售总额占渝西经济走廊社会商品销售总额的31%，成为渝西地区的人流、物流、信息流集散地。商品交易由永川市内发展为辐射渝西、川东南及黔东北等20多个县市。自2003年以来，全区社会消费品零售总额、商品销售额、对外辐射交易额、人均消费四项指标连续居渝西地区第一，成了渝西地区的现代商贸物流中心。

南川市商业

2001年8月，撤销南川市财贸委员会、商业局，建立南川市商业委员会，与市对外贸易经济委员会合署办公，挂食品工业管理办公室牌子，主管商贸流通、餐饮服务业与对外贸易经济工作的市政府组成部门。内设5个职能科（室），即办公室、市场流通科、特种商品营销管理科（挂市酒类管理局、市民用爆破器材管理办公室、市屠宰管理办公室牌子）、工业科、对外经贸管理科。

1986年至1991年，全面推行企业承包经营责任制。1992年至1997年，建立现代企业制度，完善企业经营机制，开展股份制、公司制的试点与推广，转换经营机制，企业真正成为市场主体。1998年以后，建立和完善现代企业制度，流通领域形成了多种经济成分、多种经济方式、多种流通渠道共同发展的商品流通体制，商贸新型业态不断拓展，流通体制全面向市场经济流通体制转变。

2005年，社会消费品零售总额19.7亿元，其中城市市场10.2亿元、农村市场9.5亿元。城市有各类交易市场50个，营业面积10.8万平方米，集市成交额6.5亿元；农村消费市场加速发展，已建立专业合作社155个，综合服务社145个，便民店129个。餐饮业营业额2.4亿元。食品工业通过改革、改制、资产重组，走向上规模、上档次、创名牌的轨道，食品工业完成产值3.8亿元，销售收入3.5亿元。

双桥区商业

双桥区经济贸易委员会是管理全区经济运行、粮食流通和储备、商贸流通和餐饮服务业工作的职能机构。其前身是成立于1985年12月的农贸委员会（挂乡镇企业局、商业局牌子），1988年7月商业局单列出来，1990年5月成立区财贸办公室并挂商业局牌子，2001年8月组建经济贸易委员会，不再保留政府财贸办公室。城镇集体经济管理办公室、工业局、商业局、粮食局、酒类专卖局和原计划经济委员会的工业经济管理职能划入经济贸易委员会，乡镇企业管理局并入经济贸易委员会，保留乡镇企业管理局牌子。直属单位有区糖酒副食公司、食品公司、百货公司、饮食服务公司、燃料石油公司、商业物资总公司、蔬菜公司、酿造厂。

20世纪80年代至90年代初国合商业在市场中发挥主导作用，1994年逐步实行企业改制，2003年开始加快了区内各国有商贸企业的改革改制步伐，区供销合作社、糖酒食品公司、粮食系统全部完成改制，原服装社、供销社大集体、经协总公司、原饮食公司等破产企业和改制企业职工遗留问题通过清欠、依法追收、变现资产等形式，基本解决，催生了一批民营商贸企业。

1988年至1989年，先后在双龙东路、双龙西路、双路街道、通桥茅店等地新建、扩建粮肉菜网点18个，新增营业面积9229平方米。1990年后，采取政府拨款，社会、企业集资等办法，加快商业网点建设，至1997年全区有商业网点1134个、面积11.57万平方米、从业人员5180人，每千人拥有商业网点27个、面积2754平方米。1997年，实行企业产权制度改革，国合、集体商业网点相继退出，基本上成为个体网点。2005年，基本形成了以商圈为龙头、以连锁超市为主体、以村社放心商店为基础的市场网络体系。2003年，建成了红景天商业步行街，建成商业面积2万平方米，主要以经营服装、百货等为主。2004年，开始着力打造双北中路饮食一条街，建成商业面积3万平方米，形成了包括中餐、火锅、小吃、夜市等多种品种、多种经营形式的餐饮一条街。西南重型汽车配件市场是双桥区最大的工业品市场，进入市场交易人员遍布全国各地，各类经营者约200户，1998年成交额2亿多元。2004年，启动时代广场商圈建设，总投资3.5亿元，建成商业面积10万平方米。2005年，建成了以德瑞商都为中心的商圈，商业面积2.5万平方米。以广泰海云阁、时代广场、德瑞商都等为中心的商圈初步形成。

第二章　县（自治县）商业

綦江县商业

綦江县商业贸易委员会，前身是县政府财政贸易办公室，1992年改为县商业贸易委员会，2000年12月县商业局职能、人员并入县商贸委，2001年8月县物资局职能、人员由县商贸委接管。

1986年至1990年，投资857.94万元，新建商场、市场15个，建筑面积9.6万平方米。1991

年至 1995 年，投资 2672.6 万元，新建市场 18 个，建筑面积 16.34 万平方米。1996 年至 2000 年，投资 3.8 亿多元，将古南镇中山路旧房拆迁，新建为家用电器和美食一条街，建筑面积 15.64 万平方米，有商场 4 个，铺面 112 间。新建河东巨龙商场，建筑面积 3.9 万平方米。2001 年至 2005 年，古南镇河东文龙村建成宽 40 米、长 2000 余米的大街，有商场店铺 860 余间，其中电力大道已成为美食一条街。

1999 年 5 月，兴业商贸公司在古南镇南门开办虹桥超市，营业面积 3700 多平方米，经营日用工业品、主副食品等 2 万多个花色品种，年销售 1000 余万元。继又在永新、东溪、赶水等镇开办 5 个连锁超市。2002 年 3 月，重庆医药公司兼并綦江医药股份公司，在古南镇交通路开设和平药房綦江中心连锁店，继在古南镇中山路、龙角路、北街和农村乡镇开设 18 个连锁店，在古南镇河东开办医药超市。同年 12 月，重庆市重客隆超市在古南镇巨龙商场负一楼开设綦江连锁店，营业面积约 4000 平方米，职工 130 人，年销售 1700 多万元。接着古南镇又先后开办了万家福、佰家购、新世纪、永辉等 19 家超市。2005 年，县商贸委实施"万村千乡市场工程"，至年底在农村各镇办起超市 13 家、连锁店 11 家、村便民店 29 家。当年，县商贸委被商业部评为"万村千乡市场工程"先进集体。

1988 年，县商业局与所属国营企业签订了三年的承包租赁经营责任制合同，三年的销售、税金、利润分别比前三年增长 38.94%、57.77%、45.46%。1989 年，县物资局所属国营企业实行承包租赁经营责任制，销售、利润分别比上年增加 55.6% 和 103.53%。1991 年，实行"四放开、五自主"。1992 年 5 月，县商业局、县供销社各有 20 户企业推行"四放开、五自主"，各有 10 户企业基本合格。1992 年，实行"三自三保、国（公）有民营"改革。1994 年，县商业局有 7 户企业试行"三自三保"改革，涉及 71 个柜组的职工 234 人；县供销社有 12 个基层社的 282 个柜组门点试行"三自三保"改革，涉及职工 304 人。

1986 年，全县餐饮网点 1647 户。其中，古南镇 153 户，在川黔公路和区、乡公路沿线农家乐，以价廉味美的腊肉、豆花、鲜鱼、鲜菜吸引着休闲旅游者。重庆金星股份有限公司生产的金角牌老四川五香牛肉干，1988 年被商业部评为优质产品，1990 年获得中国旅游购物节天马银奖，1991 年获世界蓝天杯国际专利博览会金奖和中国优质保健产品金奖。

潼南县商业

潼南县商业贸易委员会于 2001 年 8 月由县财贸办公室、县商业局合并组建，职责是主管全县商贸流通业、餐饮服务业。内设机构：综合科、商贸流通管理科、特种商品管理科。

改革开放以来，潼南县商贸服务业经历了坎坷的发展道路，得到了长足的发展。全县社会消费品零售总额由 1993 年的 2.87 亿元增加到 2005 年 17.77 亿元，增长 5 倍，年均增长 20%。到 2005 年全县有商业网点 18933 个，商业零售面积 40 万平方米，商品销售总额 25 亿元，从业人员约 2 万人。八角庙农贸市场成为年销售上亿元的大型农贸市场，新世纪、德庄、秦妈、顺风 123 等知名企业入驻潼南，丰富了商业业态，提升了商业档次和服务质量。潼南采取解体、破产、重组等形式，历经 10 年基本完成了 13 家国有商业企业体制改革，共分流安置职工 1985 人、退休职工 773 人。

铜梁县商业

铜梁县贸易局于2001年9月设置，是主管全县商贸流通业、粮食流通和储备、餐饮服务业的县政府工作部门。内设机构有办公室、商贸流通科、粮油管理科、会统科等4个科（室）。

改革开放以来，铜梁县商贸服务业得到了不断的发展和壮大。全县社会消费品零售总额由1986年的2亿元增加到2005年的22.04亿元，增长了10倍。到2005年末，全县拥有各类超市104个，各种便民店3325个，各种回收店73个，各种服务业店3076个，总营业面积18.27万平方米。饮食服务经营户2589家，宾馆、旅馆、旅店住宿222家，其他服务业1085家，食品工业企业及其个体工商户发展到354户。生猪定点屠宰、危险化学品经营、散装水泥推广、报废汽车拆解等特商行业经营，从无到有，经营规范。社会消费品零售总额达到22.04亿元。赵木二羊肉大酒店“连理羊排”“六赢羊酥”分别在重庆第四届、第五届中国美食节上被评为“中国名菜”，双双荣获中国饮食文化最高奖——金鼎奖，首开铜梁名菜历史最高荣誉之先河。重庆市铜梁龙米业有限公司的优质粮油生产基地，低温、无毒、绿色储藏技术，拥有西南一流的大米生产线和传统工艺油脂生产线，通过ISO9001：2000国际质量管理体系认证和国家食品安全生产认证，其产品还获得国家认证的自营进出口资格。重庆市益星食品有限公司巨资投入，全面实施机械化屠宰生猪，2004年12月22日经国家认证认可监督管理委员会审查认证，取得中华人民共和国卫生注册证书，其猪肉产品拥有自营进出口经营资格。

2005年末，各乡镇普遍建成集贸市场1—2个。其中，巴川镇有北门龙城（工业品）市场、铜梁县生产资料市场、渝西第一蛋禽交易市场、龙门堤市场、李家湾市场、九州市场、仙鱼塘市场、红旗市场、水井巷片区市场、塔山坡市场共10多个规模型农贸市场，推动着全县商贸经济的发展。

国有商业企业体制改革从1993年实行“公有民营”开始，经过租赁、承包阶段后，从1997年所有国有、集体商业企业按照“经营、用工、价格、分配”四放开的原则，不断转换经营机制，依法自主经营、自负盈亏，增强企业内在活力，以产权制度改革为主线，采取股份合作制、有限责任公司、租赁、兼并、破产、解体等多种形式，加快商业小企业改革步伐，全面放开搞活。铜梁县国有、集体商业企业产权制度改革于1999年上半年基本结束。到2005年末，全县注册登记商贸服务业经营户9512户，注册资金3.3亿元。其中，内资企业670户（包括国有企业、集体企业、股份合作制企业、公司、其他经济组织），注册资金8268万元；私营企业188户，注册资金1.71亿元；个体工商户8654户，注册资金7840万元。这些经济组织，按商贸服务行业分类，有副食品加工业222户，注册资金3161万元；商业批发与零售业6908户，注册资金1.92亿元；住宿与餐饮业1282户，注册资金5240万元；租赁和商业服务130户，注册资金4781万元；居民服务和其他服务955户，注册资金874万元。

大足县商业

1986年，分别设有县财办、县商业局、县物资局、县外经委等。2001年8月，由县财办、县商业局、县物资局、县外经委、县酒类管理局合并组建为大足县贸易局，负责全县商贸流通工作，行使合并组建的全部职能。内设办公室、流通与工业科（挂屠宰管理办公室牌子）、特商科（挂民用爆破器材管理办公室、危险化学品管理办公室、散装水泥办公室牌子）、外经贸科（挂外资科牌子）、市场科、财务审计科等5科（室）。

1987年，对14家国营商业企业根据不同情况，从租赁、承包入手，逐步扩大企业改革。国营商业企业第一轮承包，实行租赁经营和经理任期目标责任制。1989年，将原县曲酒厂、白酒厂合并组建为笛女酒厂；撤销蔬菜水产饮食服务公司，成立蔬菜公司、饮食公司。1990年，国营商业企业进入第二轮承包，采取聘任三年，任务一年一订，实行任期目标责任制。燃料公司（原煤建公司）、信托公司因多种原因暂缓承包。1991年，7家企业试行“五自主、四放开”经营管理。县食品公司兼并信托公司，冷食品厂与红星餐旅馆合并为红星冷食品厂。1993年，将县食品公司分别组建为12个单体公司、县百货公司组建为5个单体公司、县笛女酒厂组建为9个单体厂。1995年，县饮食公司分解为4个独立公司，大足县国营餐厅、蔬菜公司合并组建大足县商业大厦有限公司，由县粮食总公司兼并笛女酒厂。2002年底，对国有大中型企业实行规范的公司制改造，进一步放开搞活国有中小型企业。

1986年到2002年，全县农贸市场由3个增为37个。其中，综合农贸市场有6个，年交易额从1986年的5016万元到2002年底的4.48亿元。2002年，专业市场有11个，交易额16.49亿元。2005年，新增专业市场7个，即大足商贸城、龙水西部金属交易城、大足宏声广场、宝顶都康旅游文化广场、龙水金都广场、龙水建材市场、大足商贸中心。至年底，有专业市场18个，交易额21.5亿元。2005年，全县有商业网点4890个，从业员工15880人，营业面积21.2万平方米。其中，百货店2734个，大型综合超市30个，便利店1555个，专业店273个，专卖店298个。

2005年，全县有餐饮网点1305个，从业人员9076人，营业面积81.5万平方米。餐饮业特色街邮亭鲫鱼一条街，地处邮亭镇，由22户经营户组成。其中，3户获县政府授予的餐饮名店，5户获县政府授予的名优特色菜品，3户被旅游局授予“旅游定点餐厅”，营业面积2300平方米，年营业额250万元。龙岗小火锅一条街，地处龙岗月东街，由13户经营户组成，营业面积1010平方米，年营业额200万元，主要以小火锅系列为主，菜品有片片鱼、串串香、“三拖一”、药膳等。滨河路小吃一条街，地处龙岗滨河路，由38户经营户组成，营业面积1140平方米，年营业额200万元，主要经营小吃、小炒、烧烤等。宝顶好吃一条街，地处宝顶镇，由26户经营户组成，营业总面积1820平方米，有县政府授牌企业5户。北环路餐饮一条街，地处龙岗北环路体育馆至建设银行段，由大、中、小中餐馆68户，火锅12户，小炒16户，共96户组成，营业面积9800平方米，年营业额7000万元以上。

大足名菜有烤全羊（枇杷山庄）、益脑健身兔（大足宾馆）、香辣酥香鸡脆（大足宾馆）、棠香鸡（快乐酒家）、金禾兔腿（金禾苑）、粉蒸鲶鱼（金禾苑）、篱笆荷香煎鱼脯（金果园）、脆香怀胎肉（金果园）、橙香豆腐鱼（复兴酒楼）、南山风光（复兴酒楼）、金骨鲫鱼（中发苑）、滑滑羊柳鱼锅（中发苑）、四季春羊肉汤（四季春）、枇杷过水活鱼（枇杷山庄）、南国沙拉卷（金果园）。名小吃有黄金卷（复兴酒楼）、爱心胡萝卜（大足宾馆）、鸳鸯叶儿粑（金禾苑）、日式烧烤莲子饼（大足宾馆）。

2002年4月26日，首届中国龙水五金博览会，在龙水镇举行，有来自广东阳江、浙江永康、山东临沂、河北安平等地国内经营五金的知名商家和县内五金生产企业500多家客商进场参展，有12个招商引资项目在博览会上签约，投资总额6.3亿元。新落成的龙水五金陈列馆开馆迎接四方宾客。

荣昌县商业

荣昌县商业贸易委会是由成立于1978年6月的县财贸办公室、1957年1月的县商业局、1958年12月的县物资局（物资管理公司）于1999年10月合并组建而成的。负责全县商贸流通、餐饮服务、酒类产销的管理，国有商业企业的购销业务和计划和利润指标安排、人事工资、职工队培训教育、安全保卫、企业改革等工作。归口管理单位有县粮食局。内设机构有办公室、商贸流通科、食品管理科、特种商业管理科、市场和信息科。

1986年，县商业局系统有国有商业企业13户。其中，商品流通企业9户，商管工业企业2户，其他2户。将县公司以下的25户国有小型企业划为“三小”企业，执行集体商业企业会计制度，实行独立核算，承包经营，激活小型国有商业企业。1988年，在县级商业批发公司中开展承包经营，一定三年，并从责、权、利三方面规范企业经营行为，调动企业的经营积极性。1991年7月，企业进行“四放开”试点工作。1992年，县商业局系统所属国有商业流通企业全部采取“四放开”“五自主”，系统内4家工业企业都实行了“五自主”经营，扩大了企业经营自主权，增强了企业活力。1993年，推行“公有民营”和发展单体公司，使专业划细和核算划小，鼓励职工参与市场竞争，把所有权和经营权分离，到1994年1月各县级公司批发业务成立单体公司9个，零售企业实行“公有民营”29个。县商业局系统国有商业企业改制成立的非公有制企业有县蔬菜副食品有限公司、县石油有限公司、县饮食服务有限公司、县民生酿造有限公司、县百货有限公司。

2005年底，全县商业网点数为12851个，营业面积36万平方米，全县人均拥有商业网点面积0.55平方米。有集贸市场33个，专业市场13个，总建筑面积5.6万平方米，年成交额15.8亿元。有连锁店186家，营业额1.32亿元。有酒店、宾馆46家，从业人员580人，营业面积1.3万平方米。其中，三星级宾馆1家。有餐饮业2471户，从业人员8157人，营业面积10万平方米，营业额3.4亿元。各类服务业也有了新的发展，在县城昌元镇有悠闲、娱乐、保健、美容等服务业86户。

璧山县商业

璧山县商业旅游委员会是璧山县商贸流通业的主管部门，主要职能包括商贸流通产业规划编制（包括市场、商场、现代服务业），商场、市场的规划、建设、培育，餐饮服务业、美容美发业、旅游业等的行业指导管理，畜禽定点屠宰、食品工业管理，酒类流通经营和除白酒以外的生产管理，危险化学品经营、散装水泥推广及散装水泥基金征收，原国有改制商业企业的管理以及改制遗留问题的处置，负责金融部门存贷款情况统计和实施对金融企业信贷工作考核，商委口内综合协调。

从1989年到2005年，璧山商贸流通取得突破进展，国有集体商业企业全面开展产权制度改革，多种经济成分共同发展，社会大商业、大市场、大流通格局初步形成，初步建立起以商圈为龙头，带动和辐射地区商业协调发展的3个层面的商贸区的市场网络体系。

传统百货店利用连锁经营的组织形式得到了改造和功能创新，分散经营的杂货店、小店铺得到了有效的整合和升级，错位经营的格局开始形成，主题百货、大中型超市、综合性百货商场个性化经营明显体现，大型零售商业、连锁店、加盟店占了绝对优势，专卖店和便利店呈现快速发展势头，各类业态的中型超市进入成长期，新型服务业快速发展，从综合百货单一的业态发展为百货、超市、购物中心、专业商场、专卖店、便利店、咖啡店等13个业种40多个高中低档业态并存、共同发展、互为补充的商业结构。全县餐饮行业形成了中西结合、大中并举、高中低档配套的各具特色的餐饮企业，多种服务业纷呈涌现。

梁平县商业

2001年8月，县财贸办公室与县商业局合并，组建梁平县商业委员会。

1986年，在完善利润承包办法的基础上，继续实行利润承包经营责任制，商业局与公司，公司同基层企业，层层签订利润承包合同。1992年，国有商业企业推行了“四放开”和“三项制度改革”。1993年7月，对国营小型商业企业推行“改、转、租、包、卖”等多种形式的改革，对商办工业企业进行股份制试点，流通商业企业除对经营稳定、效益较好的门店继续实行承包经营责任制外，对其余的门店则推行“国有民营”和“改、租、转、包、卖”等形式改革，国有民营的门店数占门店总数的24%。其中，百货公司对所属华祥商店实行“国有民营”改革，买断商品、自筹资金、自主经营、税费自理，在消化14名职工的基础上，每年向公司上缴纯利润2万多元。对商办工业转换经营机制和股份制改革。1994年5月，对梁平县国营啤酒厂进行改革，成立四川双桂啤酒股份有限公司（是万县地区第一家规范化的中型股份制企业）。对不适宜“捆”在一起的企业，实行“母体裂变”，重组企业。1994年8月，县国营芦笋酒厂把曲药车间分离出来，建成民营的梁平县跃华酒曲厂，这是全县第一家“国转民”的股份制合作企业。1996年，按照“转换体制、产权明晰”的原则和“抓大放小”的思路，对企业实行“一企一策、稳步推进、重点突破”的改革办法，制订新的改革方案。

以县城改造为契机，建成了名豪商贸区、乾街商贸区、祥和商贸区、三峡风步行街、毕家巷美食休闲街、综合交易市场、时代综合集贸市场等商业集中区，县城聚集和辐射功能明显增强。新世纪百货、国美电器及一批餐饮、服装、药品等大型连锁零售企业等相继入驻梁平。2005年，拥有新世纪百货等50余家超市商场和名豪酒店（4星级酒店）等5家星级酒店。

城口县商业

2001年9月，撤销县商业局，其管理职能职责划归县经济贸易委员会。所属企业有县百货五金交电化工公司、县石油燃料建材公司、县食品公司、县糖酒公司、县蔬菜水产饮食服务公司、县商业联合公司、县国营酒厂、县食品厂、县调味品酿造厂。

到1987年底，县内市场形成了以国营经济为主体、多种经济成分并存，多条流通渠道、多种经营方式、少环节流通的格局，市场迅速活跃，商品成交额不断上升。1990年末，全县社会消费品零售总额为4820万元。县国营酒厂生产的茶花牌猕猴桃酒，获1995年国际食品及加工技术博览会金奖，县食品厂的糖果、糕点新产品增加到20余种。其中，诸葛牌椒盐桃片糕和猕猴桃果酱获四川省优质产品称号，酿造厂试制出豆奶和花生奶等新产品陆续投放市场。1998年后，市场逐步繁荣，县内由各街道商贸演变为各具特色的专营市场。2000年，注重门面的装修装潢，各店铺以干净、整洁、豪华、舒适、热情服务来激发人们的购买欲，增强顾客的回头率。2005年，社会商品零售额为2.94亿元。

丰都县商业

1996年11月14日，丰都县财贸委员会与丰都县商业局合署办公。合署后统一设置办公室、商贸市场股、财税金融股、财务审计股、安全保卫股。1998年4月1日，撤销丰都县商业局，其职能职责归并县财贸委员会。1999年4月2日，县财贸委员会挂酒类管理局牌子。2001年11月，更名为丰都县商业委员会，县外经办行政职能并入县商委。

20世纪80年代后期至90年代，普遍推行承包、租赁经营责任制以及股份制试点，实行“国有民营”和“公有民营”的资产经营形式，广泛开展以“六自主”（自主经营、自负盈亏、自我发展、自我约束、自主分配、自我管理）、“四放开”（经营、价格、用工、分配）为主要内容的改革试点，推行全员劳动合同制、管理技术人员聘任制，实行岗位技能工资、计件工资、联销联利计酬等多种分配形式，收到良好效果。2000年后，全面推行产权制度改革，全县归口商贸流通企业63个。其中，供销合作社18个，职工9523人。到2005年，能正常经营的只有仙家酿造、糖酒公司等企业，其余均停业或亏损经营。总亏损额4.45亿元，账上资产只有1.4亿元，负债总额7.68亿元，资产负债率546%。“空壳企业”有44个。按照“三个有利于”（有利于国有集体资产不流失、有利于银行债务不悬空和有利于职工安置）的改革标准、“三改变一退出”（改变所有制结构、职工身份、分配制度及国有资产在非垄断性行业中退出）的改革原则和“三个一批”（扶优扶强发展壮大一批、招商引资对口支援搞活一批、破产关闭一批）的指导思想，强力推进产权制度改革，由职工出资改制6户、外商兼并2户。对经营正常的仙家、糖酒公司2户实施“二次改革”，改变职工身份，实现职工再就业的195人，其余企业报经批准均破产关闭，对职工以到龄退休、“直通车”和买断工龄改变职工身份等办法安置，从而调动了各个方面的积极性，促进了商贸流通的发展。

三峡大移民，丰都县城全迁，商贸系统肩负着移商、移民安置的重任，从2001年开始至2003年1月10日止，商委系统完成移民销号97个单位，占目标任务的100%；搬迁单位58个（归类合并后），占目标任务的100%；建房面积86万平方米，是淹没面积的2.53倍；建职工住宅4386套，搬迁安置13215人，占目标任务的106%；拆除旧房屋34万平方米，占目标任务的100%；整理完善档案1450卷。通过三峡移民、移城、移商的大好时机，采取“走出去、请进来”和对口支援等多种形式、多种渠道、多种措施吸引客商来丰搞建设、经商办企业500多家，注册资金10多亿元。宏声集团投资2500多万元，兴建起了宏声商业广场，建筑面积1.3万平方米，商铺322家。

垫江县商业

垫江县贸易委员会是主管全县商贸流通工作的县政府工作部门，下设办公室、商贸经济指导科、外贸科、财务审计科等4个科（室）。主要职责是管理全县商品流通和经营，规划及组织各类市场和商业网点建设等内贸工作及外贸进出口管理工作。

1987年，对16家国营商业企业根据不同情况，从租赁、承包入手，逐步扩大企业改革，实行国营商业企业第一轮承包。1990 年，国营商业企业进入第二轮承包，采取聘任三年，任务一年一订，实行任期目标责任制。2005 年，除工业品公司还有部分遗留问题外，其他的全部停业、关闭、解体。

调整优化商业结构和商业布局，着力建设和畅通县、乡两级商业渠道，重点建设乡镇农贸市场和生产资料、日用品商业网点，逐步培育现代流通企业。鼓励骨干企业发展连锁经营、物流配送、电子商务等现代流通方式。2005 年，初步形成商业类别齐全、功能设施齐备、市场日趋完善、多种经济成分并存的商贸流通新格局。

武隆县商业

武隆县商业委员会，前身是始建于 1990 年 6 月的县财贸委员会、1958 年 1 月的县商业局、1996 年的县物资局、1984 年 4 月的县外贸局，2001 年 10 月 11 日合并组建为县商业委员会。主要职责是编制商品流通的规划，指导建设各类市场和商业服务网点，组织和安排市场供应等。2005 年，设有 6 个职能科（室），分别是办公室、流通科、特商科、组织人事科、工业科、对外贸易经济科。

2001 年，全县社会商品购进总额 6.65 亿元，商品销售总额 7.24 亿元；全社会消费品零售总额 6.23 亿元。2002 年，社会商品购进总额 8.05 亿元，社会商品销售总额 8.23 亿元；全社会消费品零售总额 7.1 亿元，商贸入库税金 1600 万元。2003 年，社会商品购进总额 9.1 亿元，社会商品销售总额 9.23 亿元；全社会消费品零售总额 8.1 亿元，商贸入库税金 1900 万元。2003 年全年新上 12 个项目，完成投资 2500 万元，新增商业网点 196 个，新增营业面积 1.79 万平方米。新引进知名企业 4 家，新建连锁店 16 家、专卖店 40 家、特色店 35 家、加盟店 3 家。2004 年，社会商品购进总额 10.2 亿元，社会商品销售总额 10.5 亿元；全社会消费品零售总额 9.2 亿元，商贸入库税金 3767 万元。培植了流通企业，实现营业收入 3750 万元。实现集市贸易成交额 3.5 亿元，形成了美食娱乐、建工建材、精品百货、五金交电、汽摩配专业特色街。业态得到了调整，有特色店 380 余家，新增超市 8 家。豆制品 10 个系列 46 个品种，产品销往北京、上海、广州等 20 多个省区市的 50 多家超市。2005 年，社会商品购进总额 11.7 亿元，社会商品销售总额 12.3 亿元；全社会消费品零售总额 10.65 亿元，商贸入库税金 4100 万元。全县有商贸服务网点 4480 个，经营面积 26.4 万平方米，商贸服务业网点 1890 余个，中型商场 19 个，市场 13 个，餐饮服务店 1280 个，便利店、专业店、专卖店等 345 余个，初步形成了城乡贯通的流通网络体系，经营形式呈现多样化，商业门类与品种不断丰富和完善，引进时代商贸和鸿程鞋业，组建了武隆时代商贸公司和武隆鸿程鞋业总店。

忠县商业

2001 年 9 月，撤销原忠县财办、忠县商业局、忠县物资局，组建忠县商业委员会，挂对外贸易经济局的牌子。是主管全县商贸流通、餐饮服务业、食品工业、外经外贸的县政府组成部门。内设办公室、流通管理科、外经外贸科、执法队、非公有制经济发展办公室。2004 年，撤销非公有制经济发展办公室，建食品工业科。有职工 24 人。2001 年，有批零贸易和服务业单位 6324 家，从业人员13165人。

1988年，国有商业完善经营责任制，推行厂长（经理）负责制。1989年，推行经营承包责任制，优化劳动组合，改革企业人事制度、内部分配制度，解决“铁交椅”“铁饭碗”“大锅饭”等内疾，调动生产者和经营者的积极性。1992年，国有商业放开经营、价格、分配和用工。1993年，国营企业推行以包为主的“改、转、租、卖、包”等多种形式。1994年至1998年，转换经营机制，改变经营模式，逐步由计划经济转向市场经济。1999年至2000年，围绕企业产权制度改革，实行股份制改造。2002年至2003年，推进国有企业改革，国有商贸企业改制面达53%，粮食系统实现减员883人。2003年至2005年，全面实施国有集体商贸流通企业改制，县百货公司、县酿造公司、县宏发酿酒公司、县燃建公司、县糖酒公司、县工矿公司、县五金公司、县物资企业公司、县渝忠食品公司、县医药公司、县宏达商贸有限公司、县渝东商贸有限公司、县综合服务公司等16个国有集体商业企业被纳入改制序列（县民爆器材有限公司和县外贸公司未纳入改制之列）。2005年10月，改制终结14家，暂未完成改制企业1家。改制企业在册职工2116人，退休594人，安置1920人，支付安置经费2993万元。改制后，核销债务2832.28万元（银行贷款），企业资产评估1.29亿元，变现资金6977万元。

2005年，有餐饮企业1058家（县城有427家），营业面积6万余平方米，从业人员6859人，年销售收入18500万元。2004年11月20日至28日，举办忠县首届美食节，开展名菜、名点、名宴、名火锅、最受消费者欢迎餐饮企业（店）、最受消费者喜爱产品等评选活动。有40余家餐饮企业（店），60多种名特菜品、小食、产品参展，重庆三峡风大酒店有限公司的“三峡风情宴”、忠县香山宾馆的“春满香山宴”被评为“忠县名宴”；“金牌双味鱼头王”“湖辣鱼”“雅凤金牌翅”“德香苑卤烤鸭”“石磨豆腐”等8道菜被评为“最受消费者喜欢的名菜”；“夏桑玉米粑”“印度飞饼”“香山手工面”等5种名点被评为“最受消费者喜爱的名点”；“良玉牌汤圆粉”“万光牌牛奶”被评为“最受消费者喜爱的产品”。2005年底，全县有住宿业网点72个，营业面积68.2万平方米。其中，星级宾馆3家，小宾馆17家。2005年，有美容美发保健业服务机构653个，营业面积1.45万平方米，从业人员2450人。2005年，仅县城上规模上档次的照相馆就有25家，营业面积1600平方米。其中，最有名的有皇家新娘、新派玫瑰、天长地久、劲松、宏运、华夏、金夫人等。

开县商业

2001年9月，撤销开县财贸委员会、开县商业局、开县物资局、开县对外经济贸易局，成立开县商业委员会，挂开县对外经济贸易局牌子。内设办公室、流通与科技发展科、行业管理科、外经贸管理科、企业指导科、综合执法科。2005年12月，对机关科室进行调整，撤销流通与科技发展科、企业指导科、综合执法科，保留办公室、外经贸管理科，将行业管理科更名为特种商品管理科，设立商贸发展科、食品餐饮服务科。

2005年，社会商品零售总额28.4亿元，城乡集贸成交额11亿元，餐饮业增加值5.58亿元，商贸餐饮服务业从业人员8.5万人。

2005年，全县商贸服务设施总量120万平方米。其中，室内商品交易市场77个、34.3万平方米，基本消除建制镇室内商品交易市场空白。长沙、赵家、河堰、义和、和谦5镇建起规格较高的工业品专业市场。新县城核心区集中规划启动占地67公顷、商业面积60多万平方米的核心商圈，香港城、大时代、新世纪、龙锦名都等项目开工建设30余万平方米。2005年，启动实施全国“万村千乡市场工程”，新建和改造镇、村标准农家店142个。全县有商贸服务业网点9500余个，便利店、专业店、专卖店等超过2500个，初步形成城乡贯通的网络体系。开县被商务部表彰为2005年度全国“万村千乡市场工程”先进集体。连锁经营额超过3.1亿元。

1986年，全县有集贸市场58个，专业市场2个，个体户1.34万户，从业人员1.46万。1991年，全县集贸市场已发展到70个，其中综合农贸市场62个。1995年，全县各类市场迅速发展，新建集市10个，面积2200平方米，有各类市场84个。2000年，全县有各类市场88个，其中综合集贸市场61个（以街为市的40个）、工业品市场7个、粮油批发市场1个、生产资料市场19个。2005年，全县基本消除建制乡镇无室内市场的空白，村级标准便民交易点平均每乡镇3个以上，临江渝江商业广场、赵家商贸城成为库区乡镇级市场建设典范。全年农村建成商贸市场10个、5.5万平方米，商贸服务设施网点总面积120万平方米。初步形成城乡贯通的区域市场体系，城乡商贸经营条件得到有效改善，带动了新兴商业发展。香港城、大时代、新天地、金凯丽都等新城内的市场，吸引重庆百货和苏宁电器、国美电器、商社电器等企业入驻。

云阳县商业

云阳县商务局是主管全县商贸流通业、餐饮服务业、对外贸易与经济合作、粮油流通和储备工作的县政府组成部门。前身是始建于1990年6月的县财贸委员会、1958年1月的县商业局、1996年的县物资局、1984年4月的县外贸局，2001年10月11日合并组建为县商务局。下设办公室、组织人事科、外经外贸科、市场流通科、粮食科、特种商品科、食品行业管理科等科（室）。

1986年至1991年，全面推行企业承包经营责任制。1992年至1997年，建立现代企业制度，完善企业经营机制，开展股份制、公司制的试点与推广，转换经营机制，使企业真正成为市场主体。1998年以后，建立和完善现代企业制度，流通领域形成了多种经济成分、多种经济方式、多种流通渠道共同发展的商品流通体制，商贸新型业态不断拓展，流通体制全面向市场经济流通体制转变。

社会消费品零售总额中，1990年，国有经济占30.4%，集体经济占33.7%，个体私营经济占35.9%。1995年，国有经济占26.35%，集体经济占26.7%，个体私营经济占37.9%，其他占9.1%。2000年，国有经济占18.2%，集体经济占10.1%，个体私营经济占68.9%，其他占2.8%。2005年，国有经济占6%，集体经济占0.1%，个体私营经济占90.9%，其他占3%。2005年，流通企业个体户10054户，私营企业512户，注册资金13.4亿元，从业人员2.18万人。2005年，社会消费品零售总额13.34亿元。

奉节县商业

奉节县商业委员会是县政府综合管理全县商贸流通业的职能机构，是政府的组成部门。其前身是奉节县财政贸易委员会、商业局、物资局，2001年12月合并为奉节县商业委员会。内设办公室、市场流通科、特种商品管理科3个职能科（室）和1个行业管理综合执法队。机关有行政编制13名，内设机构领导职数5名。机关后勤服务人员有事业编制1个。

社会消费品零售总额由1986年的1.42亿元增长到2005年底的12亿元。商业从业人员由改革之初的1.14万人增加到2005年底的5.54万人。到2005年底，全县建成批发零售贸易业网点4475个，营业面积58.18万平方米，从业人员3.62万人。其中，规模较大的市场有12个，商品交易市场有55个。

全县商品代理、连锁、配送商家338户，各类营销组织186个，完成了6号桥汽车机电交易一条街、王家坪装饰材料一条街、水井沟小商品批发一条街三条商业特色街树牌工作。

奉节商贸流通业和商品市场发展大致经历了“改革起步、全面展开、快速发展、规范创新”几个阶段。1986年，改革开放初期，主要在调整市场流通结构、发展多种经济成分、扩大企业自主权和改变商品经营机制上进行改革，采取“国家、集体、个人一起办商业”的措施，开放城乡集市贸易，建立工业品贸易中心和小商品批发市场，扩大工业企业自销路子，初步改变了单一的市场流通结构。改革商贸流通企业的经营方式，对大中型国营零售商业和饮食服务企业试行经营承包制，对小型国营零售商业、饮食服务企业实行“改、转、租”。改革商品购销政策，物资流通突破单一的计划分配体制，从主要采取指令性计划逐步向扩大指导性计划和市场调节的方向转变。调整商品经营机制，改批发按商品分工、零售按城乡分工的体制为城乡通开、货畅其流的新体制。1991年，乡镇企业和一些民营企业的异军突起，为商贸流通业和商品市场的迅速发展奠定了基础。2002年以后，进入规范化发展阶段。着力构建城乡互动、双向畅通的商品流通体系，加大农村市场建设力度，逐步完善流通基础设施，积极探索构建以城市市场为龙头，以乡镇超市为骨干和以村级便民店为消费终端的农村现代消费经营网络，着力加强市场信息化建设，不断规范市场秩序。

成功举办奉节县首届三峡风杯山城啤酒节和两届美食文化节，评选出“奉节名菜”20道、“奉节名火锅”5个、“奉节名汤锅”5个、“奉节名特食品”6个、“奉节名小吃”18个，同时举办了餐饮服务技能大赛和夔州饮食文化研讨会，提升了奉节餐饮美食的知名度。

巫山县商业

巫山县贸易局是县政府综合管理商贸流通行业的职能部门，是县政府的组成部门之一。其前身是成立于1989年2月的县财贸委员会、1966年7月成立的县商业局和1951年3月成立的县粮食局，2001年8月合并组建巫山县贸易局。归口管理单位有县粮食局，与县贸易局实行“两块牌子、一套班子”。现设有办公室、市场行业管理科、财务统计科、政工科、粮油业务储运科等5个科（室）。

20世纪80年代后期至90年代，普遍推行承包、租赁经营责任制以及股份制试点，推行“国有民营”和“公有民营”的资产经营形式，广泛开展以“六自主”（自主经营、自负盈亏、自我发展、自我约束、自主分配、自我管理）、“四放开”（经营、价格、用工、分配）为主要内容的改革试点办法，推行全员劳动合同制、管理技术人员聘任制，实行岗位技能工资、计件工资、联销联利计酬等多种分配形式，收到良好效果。

2005年，初步形成商业类别齐全、功能设施齐备、市场日趋完善、多种经济成分并存的商贸流通新格局。

2005年，全县有国有商贸流通企业5个（主要是从事专营专卖的企业）、股份（合作）制商贸企业8家、股份有限公司5家。有商业网点6952个，营业面积40.1万平方米，从业人员13796人。

全县有专业市场2个，经营面积2650平方米，综合农贸市场7个，营业面积2.2万平方米。有成品油批发企业1个，加油站15座（中石油14座、社会加油站1座），液化石油气充装站4个，经营网点规划办证65个，生猪屠定点屠宰场子19个（年定点屠宰生猪4.5万头）。初步形成了商业网点覆盖全县，各种流通形式并存，经营品种齐全，基本满足城乡人民群众生产、生活需要的商贸流通新格局。

巫溪县商业

巫溪县贸易局是县政府综合管理商贸流通行业的职能部门，是县政府的组成部门之一。其前身是成立于1989年2月的县财贸委员会、1966年7月成立的县商业局和1951年3月成立的县粮食局，2001年8月合并组建巫溪县贸易局。归口管理单位有县粮食局，与县贸易局实行“两块牌子、一套班子”。2005年，设有办公室、市场行业管理科、财务统计科、政工科、粮油业务储运科等5个科（室）。机关编制13名，其中行政编制11名、事业编制2名。有下属单位县粮油批发交易市场、县粮油总公司。

2005年，商贸服务设施总量23万平方米，商贸服务业网点6000余个。其中，商场3个，市场5个，餐饮服务店1335个，便利店、专业店、专卖店等超过1100个，初步形成城乡贯通的流通网络体系。

商贸流通改革稳步推进。2002年12月，破产关闭14户商贸企业，完成了商业流通体制改革。对20户国有商贸企业进行改革，盘活变现资产1670万元，安置职工812人。离退休职工全部移交劳保部门。2005年，基本上完成了商业、粮食领域40户商贸企业的改制任务，安置职工1630人，国有资本从商贸企业退出，民营资本快速跟进，非公有制经济得到快速发展。多种经济成分、多种经营方式、多种经营渠道并存的大流通格局基本形成。

1988年底，县境内有饮食服务机构560个。其中，国有餐馆1家、基层供销社旅食店4家、合作食店7家、个体经营餐馆、食店548家，有从业人员590人，营业额256万元；旅店业214家，服务人员329家，其中个体旅栈业191家、营业额98万元；照相业21个，从业34人，其中个体摄影业20户、从业人员23人；个体理发店79家，从业人员87人，营业额21.9万元。2005年底，饮食服务业、非公有制经济得到了快速发展，国有资产从饮食服务业退出，住宿餐饮业网点发展到2004个。

2004年，举办外来展销2次，有参展商150户，展销额近150万元。县内展销2次，参展商100余户。承办首届迎春商品展销会，交易额107万元；第二届大宁党参节农产品展销会，交易额180万元，签订意向性协议6个，协议额3000多万元。

石柱县商业

2001年9月，县级机构进行改革，县财贸办公室、县经委等8个部门合并成立县经济贸易委员会，是管理全县工业经济、内外贸易的综合性政府部门。设立商贸科承担商贸流通、外经外贸的工作职责。直属单位（直属企业）有百货、五金交电化工、糖酒、食品、石油煤建、蔬菜水产、饮食服务7个专业公司，商办工业企业有县酒厂、饮料厂、酱菜食品厂、新星包装厂、玻璃厂，以及商业综贸公司、大众食店、清香食店3户集体企业。粮食有县城直属粮站、8个区粮油经营站、55个粮油经营所。局属企业有粮油贸易公司、粮油工业食品公司、饲料公司、粮油加工厂、高家镇转运站、汽车队，共有职工723人。医药企业有县中药材公司和县医药公司。还有盐业、烟草、石油、物资贸易、外贸企业和供销合作社。

在商业网点中，从事百货业的有806家、营业面积3万平方米，糖酒副食1188家、营业面积4.3万平方米，五交交电213家、营业面积0.8万平方米，烟花爆竹花圈113家、营业面积0.4万平方米，日杂用品256家、营业面积0.8万平方米，中西药186家、营业面积0.8万平方米，农资农具109家、营业面积0.5万平方米，家具建材105家、营业面积1.1万平方米，打印修理181家、营业面积0.6万平方米，餐饮娱乐536家、营业面积2.9万平方米，宾馆旅店150家、营业面积2.9万平方米，音像图书64家、营业面积0.2万平方米，美容美发187家、营业面积0.6万平方米，废品收购44家、营业面积0.3万平方米，农副产品收购217家、营业面积1.2万平方米，其他421家、营业面积1.2万平方米。

2005年，全县社会消费品零售总额10.54亿元。其中，批发零售贸易额为8.60亿元，餐饮业零售额1.66亿元，专业批发市场成交额1.42亿元，批发、零售、仓储和服务业网点数为4300个。新建和完善商业服务设施面积2.74万平方米。连锁企业14个，连锁门店数140个，实现销售额5281万元。农村连锁超市门店128个，连锁超市乡镇覆盖率100%。

1987年，国有商贸企业推行“一包、二联、三定”的承包经营责任制，所有权与经营权分离。1988年至1989年，企业内部实行用工、分配制度的配套改革，全面推行逐级承包，全员风险抵押，优化劳动组合，实行定岗、定员、定任务、公开竞争上岗、工资与效益挂钩的办法。1990年起，推行目标管理责任制。1997年12月起，全县39户国有商业和供销合作社实行产权制度改革。至2002年末，改为股份制企业10户，解体出售资产15户，破产14户，安置职工4042人。

1986年，全县57个乡镇中47个乡镇有集市，到2002年末有集市44个。1986年，新建下路、西沱、临溪、黄水、南宾5个区所在地农贸市场，启动建设黄水黄连专业市场。1989年至1990年，建成专业市场4个（黄水黄连专业市场、临溪兔毛专业市场、龙沙兔毛专业市场、扩建南宾镇兔毛专业市场）。1991年，全县集贸市场成交额6690万元，其中兔毛成交额2022.84万元、黄连成交额1184.84万元。2002年，全县有各类市场64个。其中，室内（含楼层）市场5个，建筑面积22559平方米；棚顶市场16个，建筑面积14363平方米；露天市场45个，面积87416平方米。重点市场有黄水镇黄连专业市场。该市场于1986年动工，1987年8月17日建成开业，1992年6月扩建，1993年10月竣工，建筑总面积2500平方米，市场面积1600平方米，交易区面积1400平方米。有川、渝、鄂10多个省市的客商1000多人入市交易，年均交易额5000万元。该市场先后5次被命名为国家级文明市场、6次被命名为省级文明市场、2次被命名为市级文明市场。

秀山县商业

2001年以前，秀山县商贸流通业的主管部门为县商业局，2001年撤销县商业局，与县外贸局、县工业局、县乡镇企业局合并为县经贸委。

1986年至2005年，秀山县围绕“商贸富县”规划商贸布局，积极发展一般乡镇商业区及贸易市场，重点建设农贸市场和生产资料、日用品摊区市场，建好村级、社区商业网点。引进县外大型流通企业落户，培育现代流通企业。鼓励骨干企业发展连锁经营、物流配送、电子商务等现代流通方式，以带动全县商业结构调整，优化创新经营业态，转变增长方式，构筑武陵山区商贸物流中心。坚持城乡互动，不断完善市场网络，至2005年基本形成了以县城花灯广场中心商圈为龙头、以乡镇农贸市场为主体、以贸易市场为骨干的城乡商贸网络体系。从1997年开始，县酒厂、县糖酒公司、县百货公司、县酱园厂、县糖果厂、县物资系统下属公司、县招待所等国有商贸流通企业完成了改制。

20年间，秀山县商业贸易稳步增长，社会消费品零售总额不断上升，从1986年的不足1亿元上升至2005年的11.6亿元。县内新增锰都大酒店、大华超市、湘客隆超市、越秀超市、新兴家电、新时代家电、渝东南酒楼、巴渝风酒楼、花灯寨等一大批民营大型商贸流通和餐饮企业。

2005年，有专业、综合市场39个。其中，县城内市场6个，乡镇市场33个，总营业面积约30万平方米，年销售额在10亿元以上。全县规模较大的综合市场有年销售额在亿元以上的渝东南贸易综合批发市场的爱源·凤翔商城。年销售额在千万元以上的农贸市场有3个，分别是西街农贸市场、东大街水果批发市场、渝秀农贸市场。县内特色商业街主要有以经营餐饮、娱乐、洗浴、保健为主的凤栖路民营经济一条街，以经营住宿、建材为主的东大街建材市场，以经营汽摩及配件为主的麻土汽摩配件一条街，以经营餐饮、夜宵为主的三角塔饮食一条街。县城已基本形成以花灯广场、留金购物广场、人民路步行街为核心的花灯广场中心商圈，且该商圈已成为全县人民的购物、休闲中心。

酉阳县商业

2001年，设置酉阳土家族苗族自治县经济贸易委员会（保留“酉阳土家族苗族自治县中小企业局”“酉阳土家族苗族自治县乡镇企业局”“酉阳土家族苗族自治县非公有制经济管理办公室”牌子），是县商贸主管部门，是调节全县国民经济运行，宏观管理全县工商经济、企业改革、非公有制经济的县政府组成部门。主要职能是贯彻工业经济运行、商品流通、餐饮服务业、企业改革、对外贸易和非公有制经济发展的方针、政策、法律、法规，预测分析并制定全县经济运行调控目标、政策、措施，组织解决全县经济运行中的重大问题，并向县政府提出建议。负责社会大商贸，组织商品大流通；规划和培育商品市场体系，监测分析市场运行和重要商品供求状况并组织调控，负责规划、布局商场、市场，制定、实施市场建设和培育方面的措施；加强工商联手，推进商贸业态和流通组织创新，促进营销工作现代化。制定重要消费品和生产资料的经营政策和措施并加强指导，负责酒类的产销管理，负责对危险化学品零售经营的办证工作，负责对实物租赁、拍卖、旧货、餐饮服务等行业的管理和监督，负责对老旧汽车更新与报废的管理，对废旧金属回收、散装水泥推广、木材节约、民爆物资等的管理和监督。规划指导并组织实施全县工商经济结构和布局的调整，负责制定新兴产业、重点产业、支柱产业的规划并组织实施和督促检查；起草和实施工业、商品流通方面的综合性地方经济政策，牵头制定并实施全县工商经济发展总体规划及产业结构政策，负责建材、冶金、医药、化工、食品、煤炭、机械、典当、黄金及饰品等行业的管理；负责整顿和规范市场经济秩序，以及减轻企业负担的协调和管理工作。研究推动全县工业企业技术进步的方针、政策；指导和推动“产学研”联合，研究和规划竞争性行业的投资布局，建设工商经济项目储备库，指导工商企业投资和银行贷款方向。宏观管理不同所有制和不同类型企业，规范企业运行行为，研究、拟定全县企业改革方针、政策、规划，审批企业体制改革方案，指导企业改革，推动企业建立现代企业制度，指导企业实施战略性重组，组织实施企业兼并、破产、减员增效、扭亏脱困工作，组织管理企业内部法律顾问工作；负责整顿和规范市场经济秩序的日常事务，负责企业产权交易的指导和管理工作，指导工商经济行业协会和行业中介组织的工作。

彭水县商业

2001年，县商业局、县财委、县对外贸易局、县经委职能合并，成立了县经济贸易委员会。2005年5月，又将县经济贸易委员会职能进行划分，把工业、内贸、外贸分别独立，成立了县商业委员会。内设机构有办公室、流通科、特种行业管理科、安全科、酒管办、家电办、生猪定点屠宰办公室、散装水泥办公室，有工作人员12人。

自重庆市直辖以来，特别是2002年以后，彭水县商贸业得到了迅猛发展，流通规模、基础设施建设、经营管理水平等方面都得到了显著提高。副食品工业产品销售收入、工业增加值分别为4300万元、1600万元。国有及国有控股、参股企业利润总额350万元，同比增长23.6%；完成商贸流通项目投资650万元，引进秦妈火锅、七十二行、龙湖鸭肠和新一佳服装超市和桐君阁大药房等企业。2005年，社会消费品零售总额12.21亿元，餐饮业3912万元，连锁经营销售经营额为6205万元，副食品工业产品销售收入、工业增加值分别完成5892万元、6376万元；商贸流通企业实现利润1798.46万元，商贸业重点项目投资完成190万元。从事商业贸易的注册个体户有8105户，商业企业有313家，从业人员有1.8万人。

附　录

一、涉商主要行政规章、文件

重庆市商业网点建设管理条例

（1996 年 7 月 25 日重庆市第十二届人民代表大会常务委员会第二十一次会议通过，1996 年 8 月 19 日四川省第八届人民代表大会常务委员会第二十二次会议批准）

第一章　总则

第一条　为了加强商业网点的建设管理，促进经济发展，保障有效供给，方便居民生活，根据国家有关规定，结合重庆市实际，制定本条例。

第二条　本市市区及建制镇商业网点的规划、建设和管理适用本条例。

第三条　本条例所称商业网点是指从事商品流通、为生产和生活服务的固定经营场所，包括商品的批发、零售、仓储，饮食服务及各类商品交易市场。

本条例所称与居民日常生活密切相关的商业网点是指粮、油、菜、肉等主副食品及燃料的零售、批发、仓储和理发店、浴室等服务行业的固定经营场所。

第四条　商业网点建设应遵循统一规划，合理布局，行业配套，方便生活的原则。

鼓励、支持各种经济组织投资建设商业网点。

第五条　各级人民政府应加强对商业网点建设管理工作的领导。商业网点建设应纳入国民经济和社会发展计划以及城市总体规划。

第六条　市、区市县商业行政主管部门是本辖区内商业网点建设管理工作的主管机关。各级商业网点建设管理办公室负责本辖区内商业网点的日常管理工作。

计划、建设、规划、国土、城建、房管、财政、工商等行政部门按照各自职责，密切配合，共同搞好商业网点的规划、建设和管理。

第二章　规划

第七条　商业网点的发展规划，由市、区市县商业行政主管部门会同有关部门依据城市总体规划编制，经市、区市县规划行政主管部门审核后，报同级人民政府批准。

第八条 商业网点年度建设计划，由市、区市县商业行政主管部门会同有关部门依据商业网点发展规划编制，报同级计划部门综合平衡后，纳入年度国民经济和社会发展计划。

第九条 经批准的商业网点发展规划和年度建设计划，不得随意变更，确需变更的，应当按原审批程序报批。

第十条　新建、改建、扩建居民区，规划行政主管部门和商业行政主管部门应当按照商业网点发展规划和年度计划，确定与居民日常生活密切相关的配套商业网点。

第十一条　原规划布局不合理的商业网点，由商业行政主管部门会同规划行政主管部门拟定调整方案，报同级人民政府审批后实施。

第十二条　大中型商业网点建设项目，商业行政主管部门应参与规划和论证。

第三章　建设

第十三条　商业网点建设资金的来源：

（一）商业网点建设费；

（二）财政投入的资金；

（三）银行贷款；

（四）由企业支配可用于商业网点建设的资金；

（五）外商投资；

（六）其他符合国家规定的投资。

第十四条　新建、改建和扩建住宅的单位或个人，《建设工程规划许可证》前，按国务院规定由建设单位7%面积作为商业网点用房或按相应的投资缴纳商业旧房改造住宅建设项目，按新增住宅面积的7%共用房或按相应的投资缴纳商业网点建设费。

未提交商业网点用房或缴纳商业网点建设费的，规划行政主管部门不得核发《建设工程规划许可证》。

第十五条　商业网点建设费应主要用于与居民日常生活密切相关商业网点建设。

第十六条　建设与居民日常生活密切相关的商业网点应当经济适用，符合经营商品的要求。

第十七条　本条例第十条确定的商业网点用房应与住宅建设项目同时规划、同时设计、同时施工。工程竣工后，商业行政主管部门应当参与验收，合格后方可交付使用。验收不合格责令限期改正。

第十八条　城市建设中需要拆除与居民日常生活密切相关的商业网点，应按照谁拆谁建的原则，依据有关规定拆一还一，先安置后拆迁。还建的商业网点用房应符合经营商品的要求。恢复使用面积结合自然开间的增加部分，按建筑综合造价作价。

第四章　管理

第十九条　与居民日常生活密切相关的商业网点用房按下列规定管理。

（一）政府投资和商业网点建设费建设的商业网点用房，以及按规定征收的商业网点用房，属国有资产，由政府授权商业行政主管部门统一管理；

（二）产权属房地产管理部门管理的商业网点用房，商业行政主管部门会同房地产管理部门确定商业网点用房的承租人和改造方案。

（三）房屋租金按国家规定标准执行。

第二十条　政府投资和商业网点建设费建设的与居民日常生活密切相关的商业网点不得擅自改变经营范围，确需改变的，必须经商业行政主管部门批准。

第二十一条　商业网点建设费，由商业行政主管部门负责征收。

第二十二条　商业网点建设费按照国家有关规定管理，实行专款专用，不得挪用。

第二十三条　以下住宅建设项目依法审核后，免缴商业网点建设费。

部队营房、学生集体宿舍由区市县商业行政主管部门依法审核；安居工程、广厦工程及国务院规定的其他免缴对象由市商业行政主管部门依法审核。

除本条规定的免缴对象外，任何单位和个人不得擅自减免商业复议或网点建设费。

第五章　法律责任

第二十四条　违反本条例，按以下规定处理：

（一）不按规定提交商业网点用房或缴纳商业网点建设费的，由商业行政主管部门责令限期提交或缴纳，逾期不提交或不补缴的，除按规定提交或缴纳外，并处以其补缴商业网点建设费 10% ~ 30% 的罚款；

（二）政府投资和用商业网点建设费建设的与居民日常生活密切相关的商业网点，经营者擅自改变经营、范围，由商业行政主管部门责令限期改正，逾期不改的，收回商业网点用房；

（三）擅自减免商业网点建设费的，依法追究责任人的行政责任；

（四）挪用、截留、贪污商业网点建设费的，依照国家有关法律、法规处理。

第二十五条　对拒绝或阻碍商业行政主管部门工作人员依法执行公务或围攻、辱骂、殴打执法人员，妨碍公务行为的，由公安机关依照《中华人民共和国治安管理处罚条例》给予处罚；构成犯罪的，依法追究刑事责任。

第二十六条　商业行政主管部门工作人员，应当严格履行职责进行管理，对违反本条例，利用职权、徇私舞弊的，由其所在或上级主管机关给予行政处分；构成犯罪的，依法追究刑事责任；给当事人造成损失的，依法承担赔偿责任。

第二十七条　当事人对行政处罚决定不服的，可依法申请行政复议或起诉。逾期不申请复议也不向法院起诉又不履行处罚决定的，由作出处罚决定的行政机关申请人民法院强制执行。

第六章　附则

第二十八条　市人民政府根据本条例制定实施办法。

第二十九条　本条例具体运用中的问题，由重庆市商业行政主管部门负责解释。

第三十条　本条例自公布之日起施行。重庆市人民政府 1989 年颁布的《重庆市商业服务网点建设基金管理办法》同时废止。

重庆市人民政府
关于印发《重庆市商贸流通改革与发展纲要》的通知

1997年11月24日

（渝府发〔1997〕47号）

现将《重庆市商贸流通改革与发展纲要》印发给你们，请认真组织实施。

商贸流通在重庆国民经济和社会发展中具有十分重要的战略地位。《纲要》的制定和实施，对于进一步加快我市商贸流通改革和发展，增强中心城市的聚合辐射能力，努力把重庆建设成为长江上游和西南地区的商贸中心具有十分重要的意义。各地区和各有关部门要切实加强组织领导，根据《纲要》对本地区、本部门的商贸流通改革和发展作出规划，采取有效措施，把《纲要》中提出的各项任务认真落到实处。

重庆市商贸流通改革与发展纲要

根据党的十五大精神和重庆市第一次党代会、第一届人代会确定的把重庆建设成为经济繁荣、社会文明、人民富裕、环境优美的长江上游经济中心城市的战略目标，为了进一步加强商贸流通的发展，增强中心城市的聚合辐射能力，构建统一开放、四通八达、繁荣活跃的市场流通体系，并以商贸流通的发展促进和推动一、二产业的发展，使重庆商贸流通以崭新的姿态迈向二十一世纪，特制定本纲要。

一、形势和任务

（一）改革开放以来，重庆商贸流通有了较大发展，特别是放开搞活农副产品流通、发展多元化经济、首创贸易中心、率先实行商业“四放开”和小企业“公有民营”，在全国产生了较大影响。但近几年来，我市商贸流通发展步伐放慢，主要表现为：市场建设滞后，布局不合理；企业组织化程度较低，经济运行质量不高，经济效益不好；行业调控管理体制不顺，重复建设和资源浪费突出，影响了中心城市流通聚合辐射功能的发挥，制约了国民经济的持续快速发展，与京、津、沪3个直辖市和广州、武汉、成都等大城市拉开了差距，与重庆直辖市的地位极不相称。

（二）重庆历来是长江上游的商贸中心和物资集散地。加快重庆经济和社会发展，商贸流通肩负着五大历史使命：一是充分发挥“窗口”“龙头”作用，进一步增强中心城市承东启西、南北传递的聚合辐射能力；二是以市场为导向，引导和促进老工业基地产业结构调整和生产发展；三是以市场为纽带，加快农村经济产业化、市场化进程；四是吸纳企业下岗职工，转移农村富余劳动力和库区移民，有效实施社会“再就业工程”；五是营造良好的开放环境和商业文化氛围，展示现代化大都市文明形象。

（三）重庆直辖市的建立，使商贸流通面临良好的发展机遇。交通、通讯等城市基础设施的加快建设，三峡库区和区域市场的巨大消费需求和多形式的区域经济协作，老工业基地产业结构的加快调整，丰富的农副产品、矿产资源和独具特色的三峡旅游资源的开发利用以及库区开发性迁建，为商贸流通的发展提供了强有力的支撑。

（四）现代商贸流通是社会再生产的重要环节，是国民经济的重要组成部分，是现代化大都市的重要标志。重庆今后五年乃至十五年国民经济和社会的快速发展，必须依赖于商贸流通的加速发展。国内生产总值以及财政收入的新增部分，近一半来源于第三产业特别是商业服务业；实施社会再就业工程，包括吸纳企业下岗职工和转移农村富余劳动力，商业服务业是重要渠道；人民物质文化生活水平的不断提高，要由发达的商业服务业来适应和满足；城乡经济的活跃，大都市的繁荣，必须通过商贸流通的快速发展来实现。没有发达的市场和商品流通，就没有城乡经济的现代化。要把我市建设成为国际化的大都市，就必须确立“流通活市”的方针，以商贸流通为先导，带动我市国民经济和社会全面发展。

二、指导思想和目标

（五）重庆商贸流通发展的指导思想：以邓小平理论和党的基本路线为指导，立足重庆大工业与大农业并存、大城市与大农村并存的实际，实施“大贸易、大流通、大市场”战略，大力推进“两个根本性转变”，建立与社会主义市场经济相适应的流通体制，推动全市经济发展，满足人民物质文化生活水平不断提高的需要。

（六）商贸流通发展的目标：到2000年，努力把重庆建设成为长江上游和我国西部地区最具活力和竞争力的商贸中心，初步建立起立足重庆、辐射西南、联动长江、面向全国、统一开放、万商云集，商贸流通产业与其他产业共同推进，具有内陆中心城市特色并与要素市场协调发展的商品市场体系。到2010年，把重庆建设成为在全国有较大影响、在国际上有一定知名度的商贸中心。

基本标志：

——完善的市场网络体系。基本形成以主城中心商贸区、地区中心城市商贸区、重点城镇商业区为主体，大型市场和物流中心为支撑，四通八达的商品市场体系，以及比较健全的、以资本市场为主的要素市场体系。

——全新的企业运行机制。实行政企分开，政资分开，完成企业体制和经营机制的改造，推进现代流通组织形式和营销方式较快发展。

——多元竞争的繁荣局面。形成以国家控股参股的大公司、大集团为主导，合资合作、股份合作、民营经济、外资商业多元竞争，协调发展，共同繁荣的市场态势。

——全方位的对外开放格局。吸引海内外大公司、大财团来重庆设立机构，投资发展商业，改造传统商业，以大开放促进商贸流通大发展。

——先进的管理水平。运用通讯、电子、信息技术改造装备商业，建立现代物流和信息流体系，提高商贸流通的现代化管理水平。

（七）重庆商贸流通发展的主要指标

1. 商贸流通产业在国内生产总值中的比重。到2000年，全市第三产业增加值达到860亿元，年均增长16%，在国内生产总值中的比重提高到40%，其中商业、服务业增加值达到260亿元，年均增长16%，比重提高到12%。

到2010年，全市第三产业增加值达到4900亿元，年均增长15%，在国内生产总值中的比重达到50%，其中商业、服务业增加值达到1470亿元，年均增长15%，比重提高到15%。

2. 社会消费品零售总额。到2000年，全市社会消费品零售总额达到850亿元，年均增长18%。到2010年，全市社会消费品零售总额达到3445亿元，年均增长15%。

3. 市场设施建设。到2000年，全市商业、服务业新增营业面积400万平方米，累计达到1500万平方米。到2010年，全市商业、服务业营业面积达到2500万平方米以上，人均占有营业面积接近特大城市国际通行标准。

（八）商贸流通改革与发展必须坚持以下原则

1. 市场导向原则。政府宏观管理，企业经营活动，商业设施建设和其他服务项目的投入，必须坚持市场导向，发挥市场机制，优化配置资源的作用。

2. 城市带动原则。以市场为纽带，走城市流通带农村流通，城市经济带动农村经济共同发展的新路子，实现城乡共繁荣。

3. 多元竞争原则。大力推进国有商业企业改革，抓大放小，实施战略性改组；放胆放手发展个体、私营等非公有制经济；进一步扩大对外开放，发展外资商业，形成多元化商业经济相互竞争、协调发展的格局。

4. 贸工农一体化原则。以市场为先导，以支柱产业和优势资源为依托，资产为纽带，推进产供销、农工商、科工贸、内外贸等多形式的联合协作。

5. 服务人民生活原则。坚持富民为本，增强服务观念，不断开拓新的服务领域、服务方式和服务项目，提高服务质量，满足人民群众日益增长的物质文化需要，使商业、服务业上水平上台阶。

6. 经济效益原则。商贸流通企业要以提高经济效益为中心，不断完善和加强企业内部管理，用三年左右的时间，使大多数商业亏损企业实现扭亏为盈，彻底走出困境。

三、功能布局与重点建设

（九）按照城市总体规划和“多中心、组团式”的结构特点，重庆商贸流通发展的布局要全面规划，分期实施，突出重点，形成特色。重点强化“四个层面、五大中心”的规划建设。四个层面即主城中心商贸区、地区中心城市商贸区、重点城镇商业区和乡镇商业区；五大中心即商务中心、购物中心、会展中心、物流中心和信息中心。进一步扩大城市流通规模，到2000年，初步形成布局合理、层次分明、功能配套、渠道通畅的整体格局。

（十）主城中心商贸区的建设和完善。主城中心商贸区是重庆商业的核心。布局由解放碑、两路口至上清寺、观音桥、南坪、杨家坪、三角碑等组团构成，形成以购物中心、大中型商场和众多专业名店、连锁超市为主体，以专业特色街和规范的夜市为特色的繁华商业圈。

（十一）地区中心城市商贸区建设。重点搞好万县、涪陵、黔江、永川、合川、江津、南川、长寿、开县等城市商贸区的规划建设。积极培育一批大中型批发交易市场，新改扩建一批大中型商场，规划建设一批专业商业街，建成地区购物中心和商品物资集散地。其中万县市、涪陵市按照大城市的要求，黔江、永川等城市按照中等城市的要求加快发展。

（十二）重点城镇商业区建设。加快县城、大集镇商业区的建设。依托口岸和农产品资源及加工优势，建设培育一批生产资料、日用工业品、农副产品中小型批发交易市场，扩大城乡商品交流，拓宽农副产品销路，实现货畅其流。

（十三）乡镇商业区建设。加大农村乡镇街区市场、三峡库区市场、少数民族地区边贸和民贸商业设施建设力度。重点建设农贸市场和生产资料、生活用品摊区市场，大力发展个体、私营经济，转移安置农村剩余劳动力，发展一批生产和加工基地，变农副产品资源优势为商品优势。

（十四）尽快建设和形成主城商务中心。渝中区、北部片区、南坪地区为重庆的中央商务区，要加快统一规划建设步伐。到2000年，中央商务区的写字楼和综合服务设施达到200平方米，形成设施先进、功能配套、智能化程度较高的商贸活动中心，为国内外大公司、大财团来渝设立机构，开展商务活动创造良好条件。

（十五）建设解放碑中心购物广场。以渝中区解放碑为轴心，由民族路、民权路、邹容路、八一路、五一路、五四路、中华路等构成中心购物广场，其主干道步行街东西长400米，南北长350米，总面积2.5万平方米。以10个大型购物商场、宾馆酒店为主体，形成集购物、餐饮、旅游、娱乐为一体的西南地区最繁华的购物中心。到2000年，中心购物广场的商品销售额达到100亿元，其中对外地游客的销售额占50%左右。

（十六）建设国际会展中心。该中心定位在南岸区的南坪。近期力争建成国际标准展间1000个，展厅面积2万平方米，通过改扩建南坪、菜园坝、解放碑、朝天门等一线的宾馆服务设施，使高中档床位达到2万个，形成能接纳上万人的区域性、全国性以至国际性的会展中心。加强重庆与中央各部委的联合，举办面向国内外的商品展销会、经贸洽谈会以及大型旅游文化活动，营造浓厚的商业氛围，提高重庆的知名度和影响力。

（十七）加快建设物流中心。该中心定位在沙坪坝区上桥、九龙坡区滩子口和万县市。充分利用铁路中转站、港口码头、高速公路等交通运输条件，统筹规划，配套建设。到2000年，货物吞吐调节能力在现有基础上翻一番，成为西南地区和长江上游最大的物流中心。

（十八）探索建设商贸信息中心。积极开发、推广和应用现代通讯、电子、信息技术，发展一批商贸信息公司，逐步建立健全商业信息网络，加强与国内外经济信息的联系，加快商业信息化、现代化建设的步伐。

四、批发市场及网络体系

（十九）以城市为依托，逐步建立和完善以全国性批发市场为龙头，专业性批发市场和区域性批发市场为骨干，众多城乡集贸市场为基础，城乡连接，辐射区域和全国的商品市场体系。“九五”期间，全市批发市场建设的要求是，立足搞好现有市场，重点培育一批档次高、功能齐、规模大、辐射远、管理规范的农副产品、日用消费品和重要生产资料大型批发交易市场，形成大市场促大流通的新格局。

（二十）培育国家级商品批发市场。“九五”期间，重点抓好立足西南、辐射全国的三大市场的培育。

朝天门日用工业品交易市场：抓紧完善设施，优化环境，配套功能，力争使营业面积达到30万平方米。到2000年，该市场的交易额由现在的40亿元增加到100亿元。

重庆钢材中心批发市场：通过设立分市场，与全国六大钢材市场联网，增强该市场的聚合辐射能力。到2000年，成交量突破200万吨，成交额由现在的20多亿元达到60亿元，成为西南地区最大的钢材交易中心。

西南建材中心批发市场：内贸部已批准该市场为区域性中心交易市场。在现有设施和规模的基础上，抓紧二、三期工程建设，逐步推行会员制和中远期竞价方式。到2000年，该市场的规模达到20万平方米，交易额达到100亿元，成为区域最大的建材交易市场。

（二十一）建设区域性商品批发市场。“九五”期间，要加快建设和培育一批区域性商品批发市场。

渝南蔬菜副食品批发市场：该市场二期工程的占地面积扩大到6万平方米，逐步形成功能配套，管理规范，集交易、加工、配送于一体的农产品批发市场和报价中心。

盘溪和观音桥蔬菜副食品批发市场：该市场现有经营面积3万平方米，年成交量10多亿公斤，交易额23亿元。到2000年，经营面积达到6万平方米，年交易额40亿元，成为西南地区最大的蔬菜副食品专业批发市场。

天星桥农副产品批发市场：到2000年，该市场的经营面积达到3.22平方米，交易额达到20

亿元。

重庆龙水小五金市场：该市场现有经营面积10万平方米，经营者3万余户，年产销额15亿元。到2000年，该市场销额30亿元，成为全国最有影响的小五金专业批发市场。

重庆汽车交易市场：该市场现已征地102亩，拟投资1亿元，建成营业面积5万平方米，入场经营者年销售各类新旧机动车1.1万辆，交易额9亿元。到2000年，该市场的营业面积达到10万平方米，年交易额达到50亿元，成为设施先进、交易规范的区域性汽车展销中心。

西南皮革市场：南岸区弹子石现已形成皮革及制品展销和前店后厂的布局，生产销售规模1600万件，年交易额6亿元。璧山县青杠皮革市场现初具规模，已形成一定规模的市场交易区和加工区。这两个市场要通过规范管理，扩大规模，提高档次，创立名牌，到2000年，生产销售规模达到7000万件，年交易额达到30亿至50亿元，成为西南地区最大的皮革加工批发基地。

重庆闲置设备调剂中心：该中心规划占地10万平方米，投资6000万元，并与国内外联网，力争建设成为区域最大的闲置设备调剂中心。

（二十二）建设一批骨干专业批发市场。在主城区和地区中心城市，特别是在三峡库区，加快规划建设日用工业品、生产资料和粮油、肉类、酒类、果品、饮料、榨菜、药材、竹木等地区性骨干专业批发市场；在商品主产地、集散地积极发展中小型专业批发市场，形成贸易集中、信息灵敏、吞吐畅通的批发网络。

积极探索和兴建旧货交易市场。抓紧规划选址，在重庆主城区建设2至3个、在地区中心城市和重点城镇建设20余个旧货交易市场。

（二十三）规范和发展城乡集贸市场。集贸市场发展的重点在乡镇，每个乡镇都应建立比较规范的农贸市场，并逐步由露天市场改建为棚盖市场。城市农贸市场建设的重点在规范完善，加强管理，主城区在2000年以前基本解决“以街为市”的问题。到2000年，全市城乡集贸市场成交额力争达到580亿元。

（二十四）稳步发展期货交易。重庆商品交易所是经国家批准的国家级期货交易市场，“九五”期间，主要是完善规则，加强自律，稳步发展会员，发展一批经纪公司，加快信息网络现代化建设；争取中央支持，增加交易品种，扩大交易规模，到2000年，年交易额力争突破2000亿元，使其成为我国中西部地区最大的期货交易中心。

五、企业改革与制度创新

（二十五）实施抓大放小，整体搞活国有商业企业。以大中型骨干商业企业为龙头，资产重组为手段，打破地区、部门、行业、所有制界限，培植发展一批大型商贸集团和综合商社。近期重点发展组建重庆商社（集团）和重庆百货集团两个国家级的商业企业集团。到2000年，这两个集团的年销售额分别达到50亿元，净资产规模分别达到5亿至10亿元。调整组建石油、粮油、物资、食品、副食品、饮食服务、农资等10家大公司和企业集团，经营规模分别达到5亿、10亿、20亿三个档次。各区（市）县要规划组建一批年销售额上亿元的大公司和企业集团。这些大公司和企业集团将成为我市国有商业经济的主体。以产权转让为途径，加快我市国有商业中小企业的改革进程。区（市）县的商业、粮食（除政策性经营外）、物资企业，通过股份合作制、有限责任公司、租赁及兼并、破产、拍卖等多种方式，将企业的全部或大部分国有资产有偿转让给企业职工或其他社会法人和自然人，使国有商业中小企业走向市场，参与竞争，全面放开搞活。力争在1998年上半年基本完成国有商业小企业的产权制度改革。

（二十六）采用公有制的多种实现形式，推行资产重组，实施国有商业战略性调整。通过大公司、大集团兼并、联合、吸收、托管，带动中小企业的调整和发展；通过公司制改造、参股、控股、收购，形成企业多元投资主体；通过资产出售、企业破产、解体，使企业资产和组织结构得到优化。坚持扶优扶强，围绕优势企业扩张、名牌产品上规模、品牌经营占市场的需要，实施跨地区、跨行业、跨部门、跨所有制的战略重组，在更大范围内盘活商业存量资产，使改革、改组、改造有机结合，资产重组与企业组织结构调整、产品结构调整相结合，促进企业经济增长方式的根本转变。

（二十七）以建立现代企业制度为目标，转换企业经营机制。2000 年以前，全市国有大中型商业企业按照“产权清晰、权责明确、政企分开、管理科学”的要求，加快现代企业制度改革步伐，初步建立起适应市场竞争要求的企业体制和经营机制。根据我市大中型商业企业的实际情况，多数企业改组为国家参股或控股的有限责任公司，少数企业改组为国家控股发起设立的股份有限公司，其中 5—10 户企业改组为募集设立的上市公司。到 2000 年，除国家规定的政策性经营外，我市不再保留纯国有商业企业。通过股份制改造，使大中型商业企业步入机制活、结构优、效益好的发展轨道，成为自主经营、自负盈亏、自我发展、自我约束的法人实体和市场竞争主体。

（二十八）深化企业内部改革，转换企业经营机制。在“四放开”改革的基础上，进一步深化国合商业企业内部改革，特别是搞好用工、分配制改革，建立起适应市场经济发展的用工、分配制度，在企业内部真正形成压力机制和激励机制，使企业充满生机与活力。企业完全按照市场规律，根据市场需求开展经营活动，政府部门对企业的正常经营活动不限制、不干预，充分保障企业经营自主权。

（二十九）加强大中型企业经营管理，提高经济运行质量和效益。商业股份制企业或集团，要按照《公司法》的要求，建立健全相互协作、相互制约的法人治理结构。企业内部模拟市场成本核算，强化企业基础性管理工作，以企业资产和资金占用监管为主线，实行资产经营责任制。对经营者实行严格的监督、考核、奖惩制度，形成有效的激励和约束机制。加强企业党内监督和职工民主管理，实现企业经营决策和管理的民主化、科学化、制度化。以解决企业过度负债为重点，采取“减人增效、增资减债”“贷改投”“债转股”等措施，逐步减轻企业负担。到 2000 年，力争使全市国有大中型商业企业经营管理质量和效益明显提高，盈利企业面达到 80%，亏损企业面控制在 20% 以内。

（三十）全面深化供销合作社改革。继续贯彻落实中共中央、国务院中发〔1995〕5 号文件和市委、市政府渝委发〔1996〕27 号文件精神，坚持为农业、农村、农民服务的宗旨，把供销社真正办成农民的合作经济组织。基层供销社稳步扩大社员股金，形成资本为农民所有。组织社员代表直接参与供销社决策、管理和监督，完善民主管理体制。与农业产业化相结合，加强同农民和乡镇企业的联合，实现供销社经营与农村经济一体化。县以上供销社要真正成为基层社的联合社，发挥供销社整体经营优势。供销社所属企业要推进产权制度改革，盘活资产，调整结构，培植一批对基层供销社有带动作用的龙头企业。

六、民营商业的发展

（三十一）在商业的各个领域放胆放手大力发展个体、私营、外资商业，并作为新的经济增长点加以培植。民营经济与国有、集体经济处于平等的法律地位，实行公平竞争。“九五”期间，要加大对民营商业的扶持力度，到 2000 年，力争使全市社会消费品零售总额中非公有制经济所占比重有较大幅度提高。

（三十二）鼓励民营商业企业全方位拓展。在零售商业、餐饮服务娱乐业，在经济欠发达的区

（市）县，把发展民营商业列为重点，使其成为商贸流通的主体。在城市商业和批发业，也要充分发展民营商业，使其与国有、集体商业互相促进，共同发展。在库区开发性移民和小城镇建设中，也要把发展民营商业作为重点，认真规划，抓好落实。

（三十三）支持民营商业企业与国有商业企业之间互相参股、控股、联营、兼并。引导民营商业企业参与国有商业企业的产权优化重组。制定切实可行的政策措施，引导民营企业收购区（市）县商业小企业，兼并缺乏发展能力的中型商业企业，参股进入国有大中型商业企业，盘活国有存量资产，推动民营商业的资本扩张和经营开拓。引导和扶持民营商业企业上规模、上档次、上水平，向公司化、集团化、股份化方向发展，转变经济增长方式，提高经济效益。到2000年，培育一批经营规模超亿元的民营商业企业。具备条件的企业，鼓励其发展外向型经济，走跨国经营的路子，政府有关部门积极帮助争取商品进出口权。

七、经营结构调整和业态变革

（三十四）加速商业经营结构调整。紧密结合我市产业结构调整、发展支柱产业、农村扶贫和库区移民，形成商业与工业、农业、旅游业及库区移民开发相互协调、相互带动的良性循环机制。

1. 城市商业与工业相结合。紧紧围绕市场开拓，扩大重庆地产品的市场覆盖面和占有率，促进工业特别是轻工、纺织、食品行业的调整和发展。物资企业发展总经销、总代理，推行配送和直达供货，围绕工业生产和重点工程，提供系列化服务。大力推进工商联手，以品牌为龙头，资产为纽带，发展紧密型的工商联营体，重点组建一批上规模的销售公司；通过商业代理或工商企业联合到市外设销售网点；举办有特色的地产品展销会，扩大重庆产品的辐射能力。

2. 农村商业与农业产业化相结合。县以下商业、供销、物资、粮食企业围绕农村经济发展，兴办实业，开拓新的经营服务领域。农村商业特别是供销合作社，要充分发挥农村流通主渠道作用，大力发展农副产品生产加工基地，组建一批与农民合资合作、投资参股的“公司＋基地＋农户”的专业合作社，形成生产、加工、销售、服务一条龙，促进农业产业化。到2000年，全市建立有较大经济规模的专业合作社500家，实现农副产品加工销售增值20亿元。

3. 商业、服务业与旅游业相结合。围绕国际、国内旅游，特别是三峡旅游，大力开发旅游产品，形成新的产业；发展饮食文化，增强旅游特色；进一步拓宽旅游、文化、娱乐休闲和商业服务领域，增强吸引力；依托重点旅游景区，组织开展各种文化艺术活动，举办各种商品展销会、博览会和经贸洽谈会，以商业服务促进旅游发展，旅游发展推动商业服务。

4. 食品加工业与农副产品资源开发相结合。积极推进“科技带动、市场带动、品牌带动”三大战略，重点引进外资嫁接改造传统食品工业，促进优势农产品的开发和经营结构调整。围绕市场开发保鲜食品、速冻食品、保健食品、休闲食品、方便食品、旅游食品等；大力扶持粮油、肉品、白糖、糖果糕点、饮料、干菜副食品、酿造调味品等一批品牌产品，扩大规模，占领市场。到2000年，全市商办工业的产值从目前的30亿元增加到80亿元。

5. 库区商业与移民开发相结合。遵循“迁建重组、创新机制、大公司带动、对外合资合作”的原则，有计划、有重点、分阶段地搞好库区商业的迁建调整，使迁建企业有一个好的机制，好的经营项目，成为库区商业新的经济增长点。围绕库区小城镇开发建设、库区产业结构调整和移民安置，大力发展商业、服务业，最大限度地安置库区移民。

（三十五）大力发展现代商业组织形式和营销方式，实现商业经营的业态变革。

批发业：改造现有批发企业，由经销向代理制转变，由坐店向配送服务发展，结合资产重组和大公司、大集团的组建，重构批发商业在区域和全国市场的营销网络。建立多层次的配送体系，构建现代配送中心的框架结构和功能机制，推动批发企业的全面转轨变型。在2000年以前，重点扶持4—5家上规模、上档次、规范化的配送中心；培育年销售额超亿元的品牌公司50个，使配送供货占全市批发经营额的比重达到30%左右。

零售业：向购物中心、超级市场、连锁店、货仓式销售、专卖店方向发展，重点是大力发展现代连锁经营。连锁经营的发展以主城区、地区中心城市为主，并向“两市一地”和区（市）县延伸，向周边地区扩张，经营主体以大中型优势零售企业为主，同时鼓励民营、外资企业发展连锁经营。今后城市新建的零售网点，都要采用连锁形式，实行“新网点、新业态”。“九五”期间，连锁经营在粮油、副食品、日用日货、建筑装饰、医药、饮食、洗染、维修等行业重点发展，并培育5—8家规模较大和管理规范的连锁集团公司，每家连锁公司的连锁店达到50个以上，副食品连锁公司的销售额达到亿元以上，生产资料、日用百货连锁公司的年销售额达到2亿～5亿元。到2000年全市连锁店超过500个，各类超市达到100个，连锁经营额占社会消费品零售总额的比重达到5%左右。

仓储运输业：改变目前工商企业自办仓储运输封闭式服务的状态，加强仓储运输业社会化服务功能建设，使储运业成为生产流通领域中一个独立的行业门类，真正实行企业化管理、社会化服务，建立与生产和流通相适应的储运服务体系。挖掘潜力，盘活存量资产，发展货仓式销售，兴办物业和批发交易市场，建设商品配送中心和物流中心，扩大服务领域和范围。为适应扩大社会流通规模的需要，新建和改造一批配送库、冷藏库、转口贸易库，发展大吨位集装箱运输。到2000年，全市重点改扩建现代化大中型仓储设施30余座。

餐饮服务业：餐饮业，重点发展为大众化服务的点心、早点、名特小吃、快餐等，以满足人民群众消费水平和生活质量不断提高的需要。旅馆业，要根据我市国际国内旅游人员和从事商贸活动人员以及其他流动人口增加的实际情况，继续改建和新建一批以中档为主的宾馆和旅店。服务业，主要是大力发展与人民生活密切相关的住房装饰、清洁卫生维护修理、旅游服务、家庭服务等行业门类，推动家务劳动社会化。

八、商业管理体制改革与职能转换

（三十六）按照政企职责分开的要求，商业行政主管部门要由直接管理转变为间接管理。其主要职能是：制定商业发展规划并组织实施，拟定地方性法规和行政规章，制定关系国计民生重要商品的经营政策和调控办法，统筹规划并组织实施重要商品市场的建设和管理，指导协调国有、集体商业企业的改革和结构调整以及民营、外资商业的发展，指导协调各种商业中介组织工作的开展。

（三十七）按照“国家统一所有，政府分级监管，投资主体营运，企业自主经营”的原则，结合重庆国有商业企业实际情况，建立有效的国有资产管理、监督和营运机制，实行政企分开、政资分开。建立和完善国有资产出资人制度，加强国资运作监督，搞好企业重组，盘活资产存量，用好资产增量，确保国有资产的保值增值，防止国有资产流失。逐步推行对国有大中型商业企业（包括国有控股企业）委派财务总监的制度。对具备条件的大型商业企业集团，实行国有资产授权经营。

（三十八）建立和规范流通中介组织。建立重庆总商会，明确职能，发挥对商业行业中介组织的领导作用。建立健全和规范完善各类商业流通行业协会，制定行规行约和等级技术标准，协调企业之间的关系，维护企业合法权益，充分发挥行业管理的作用。

（三十九）加强重要商品市场调控。运用经济、行政、法律手段，切实加强对关系国计民生重要商品的市场调控。继续实行“米袋子”“菜篮子”市长和区（市）县长负责制，稳定粮油、生猪和其他重要农副产品生产，搞好收购、储备、加工、销售，保证市场供应。继续办好国有粮油肉菜专供店、便民店、连锁店，方便群众生活。进一步巩固和完善粮油、猪肉、食糖、成品油、民用煤和农资等重要商品储备制度和风险基金调节制度，提高政府调控市场的能力。

（四十）加强市场法规建设。有计划地组织制定商贸流通方面的地方性法规和行政规章。“九五”期间，重点研究制定商品市场建设管理、重要商品经营等方面的法规和规章，以及国家有关法律法规的实施细则，建立健全正常的市场交易和竞争规则。加大市场执法力度，严格市场管理，维护公平竞争，努力营造公开、公正、公平的市场经营环境。

九、商贸流通的对外开放

（四十一）充分利用国际国内两个市场、两种资源，把商贸流通发展与扩大对外开放紧密结合起来，以大开放促进大发展。重点是引进国内外资金和先进技术及先进管理经验，加大商业、服务业的投入，促进商业、服务业经营管理方式的转变，推动商业和服务业的发展。要引进境外知名大公司、大财团来渝设立商务办事机构，支持外商兴办各类市场，建设高档次酒店和其他服务设施。有计划地发展中外合资合作的批发商业、零售商业、连锁超市和配送中心。到2000年，商业引进外资达到5亿~10亿美元，兴办中外合资合作商业企业50家。

（四十二）重庆商业面向全国开放。加强与国内各大城市、经济发达地区特别是沿海地区的商贸合作，引进大商家、大集团来渝投资兴办商业、服务业。充分利用重庆拥有的农副产品资源和市场潜力优势，吸引国内商家、厂家的资金、技术和品牌，带动重庆商业、服务业的发展，实现优势互补，利益均沾。立足三峡库区的迁建开发，用好用活开放政策，引进一批国内优势企业和品牌产品到库区落户，促进库区商业服务业、农副产品加工业以及旅游业的发展，形成库区新的经济增长点。

（四十三）推进内外贸一体化。加快我市出口商品基地建设，培植出口商品货源。重点发展一批有外贸进出口权和劳务输出权企业，搞好内贸企业直接出口业务，通过与外贸企业的代理、联合联营等方式或延伸外贸经营权的办法，扩大内贸企业进出口业务。商业零售业、生产加工业和餐饮业要积极向国外开拓，兴办海外企业。到2000年，我市商业发展海外企业要达到30家，自营和代理出口创汇要达到3亿美元。

（四十四）大力开拓国内市场。通过代理、经销、联营、合作等多种形式，工商联手举办展销会、交易会等途径，大力开拓国内市场。“九五”期间，我市要突出加强“三个层面”的市场开拓：一是加强与重庆经济协作区工商企业的合作，巩固发展长江上游20余个地市、8000万人口的传统市场；二是加强与贵阳、昆明、南宁等大中城市的联合，重点突出成渝两市的联手开拓，大力拓展西南地区2亿多人口的大市场；三是向长江流域4亿人口的大市场进军，以上海为龙头，以重庆为龙尾，联合武汉、南京以及长江沿岸大中城市，共同建设长江商贸走廊。

十、商贸流通的现代化建设

（四十五）实施“科教兴商”战略，不断提高商贸流通现代化水平。以现代科学技术带动商业业态调整，通过加大科技投入，大力开发、推广和应用电子技术和信息网络技术，加快商业设施和管理现代化建设步伐，及时沟通国内外市场行情和有关经济信息。到2000年，城市大型商场、连锁公司、批发市场和商办工业企业，基本实现生产经营管理的信息化、智能化和自动化。近期重点在一批大型批发、零售企业和商办工业企业，推广运用商品销售即时管理系统，商场信息管理系统，电子数据交换系统，电子电话订货系统，生产及仓储自动化系统，冷藏及保鲜技术，商品养护及质量监测技术，包装运输技术、商品装潢及广告技术等。

（四十六）加强商业职工队伍建设，努力培养高素质的经营管理人才。继续办好各级财贸学校和商业、物资、粮食、供销社干校，建立健全正规教育与职业教育、职业培训相互配套的教育培训体系。组织实施商业跨世纪的“百千万”工程，即培育一百名高层次、复合型的优秀企业家，一千名高级管理人才和经营骨干，一万名法律、审计、外经、信息、工程技术等专门技术人才，积极做好引进高级专业技术人才的工作。

（四十七）加强社会主义精神文明建设。坚持“以人为本”的方针，搞好商业服务业的职业道德、职业技能、职业规范和优质服务建设。坚持全心全意为人民服务的宗旨，发扬爱集体、爱岗位、爱职业的敬业精神和讲文明、树新风的职业风尚，树立一批先进标兵和先进典型。制定行业文明服务规程，认真抓好检查落实。深入开展“弘扬红岩精神，树立商业新风”活动，形成重庆商业服务文明、优质的崭新风貌。

中共重庆市委　重庆市人民政府
关于加快商贸流通产业发展的决定

1997 年 11 月 27 日

（渝委发〔1997〕40 号）

全面贯彻党的十五大精神，顺利完成我市跨世纪三大战略任务，把重庆真正建设成为长江上游和西南地区的经济中心，必须加快商贸流通产业的发展。市政府制定了《重庆市商贸流通改革与发展纲要》，对我市商贸流通产业的改革、开放、发展和现代化建设提出了明确的目标和要求。为加快《纲要》的实施，推动我市商贸流通产业的发展上一个新台阶，特作如下决定。

一、商贸流通产业在我市经济发展中的战略地位

商贸流通是国民经济的先导产业，是社会再生产的重要环节。《重庆市国民经济和社会发展第九个五年计划和 2010 年远景目标纲要》提出了今后十五年把重庆建设成为长江上游和西南地区的经济中心，形成长江上游新兴产业群，到 2010 年全市国内生产总值比 1995 年翻两番的奋斗目标。实现这一宏伟目标的关键之一是尽快把商贸流通搞上去，充分发挥商贸流通对区域经济发展的辐射带动作用，对调整工业结构和实施农业产业化的促导作用，对城市带动农村、推进城乡经济一体化的纽带作用，对适应和满足人民物质文化生活水平提高的保障作用。没有发达的商贸流通，就没有发达的市场经济；没有商贸流通的快速发展，就没有国民经济的快速发展；没有商贸流通的繁荣和现代化，就没有都市和农村的繁荣和现代化。

各级党委和政府要确立“流通活市”的方针，把商贸流通摆在全市经济发展的重要战略位置，提高认识，转变观念，抓住机遇，开拓创新，加快全市商贸流通产业的快速健康发展。

二、商贸流通产业发展的目标和任务

今后十五年，重庆商贸流通产业发展的目标是：坚持以邓小平理论和党的基本路线为指导，以深化改革、扩大开放、加快调整为主线，促进商贸流通体制和经济增长方式的根本转变，把重庆建设成为长江上游和西南地区的商贸中心。重庆商贸中心的特征是，率先构建有特色的社会主义市场流通体制，形成“组团式、多中心”，统一开放，万商云集的市场网络体系，建立充满活力和竞争力的企业运行机制，并与国际大市场全面接轨，到 2000 年，全市社会消费品零售总额达到 850 亿元，年均增长 18%；商业、服务业增加值达到 260 亿元，年均增长 16%，占国内生产总值的比重由 1996 年的 9.5% 提高到 12%。

建设重庆商贸中心，从现在起到2000年，在以下几个方面取得突破性进展：

（一）实现商业与其他产业的一体化。围绕全市产业结构调整，坚持市场导向，加强城市商业与工业结构调整的结合，农村商业与农业产业化的结合，城市商业与农村商业的结合，饮食服务业与旅游业的结合，相互促进，协调发展，推动长江上游新兴产业群建设，尽快形成一批优势产业。

（二）完善多层面的市场布局。在市场规划布局上主要突出四个层面：即主城、万县、涪陵等几个中心商贸区，地区中心城市商贸区、重点城镇商业区和乡镇商业区，形成以国家级、区域性大市场为龙头，大中型购物中心、超市、连锁店、农村商业服务网点为基础，布局合理、功能完备的市场网络体系。

（三）形成大都市商贸特色。在主城区以及万县、涪陵，要集中力量加快建成一批具有较大规模和较高档次，能代表重庆商贸流通形象的标志工程。主城区要突出建设五大中心，即商务中心、会展中心、物流中心、信息中心和解放碑中心购物广场。

（四）培育繁荣活跃的农村市场。我市广大农村既是农副产品的生产基地，又是城市工业品的巨大市场。要加强城乡商品交流，鼓励城市商业向农村扩张，大力组织工业品下乡、到乡镇去培育市场。同时要打通农副产品进城的通道，使农副产品及时销往城市。在培育农村市场和加强城乡商品交流中，各级供销社要转换机制，强化功能，改善服务，发挥重要作用。

（五）构建充满活力的流通主体。所有国有、集体商业企业都要深化改革，努力探索具有市场竞争力的公有制实现形式；按照经营、用工、价格、分配“四放开”的原则，不断转换经营机制，依法自主经营，自负盈亏；增强企业内在活力；鼓励流通领域的多元竞争，实现以国家参股控股的大公司、大集团为主导，股份合作、合资合作、民营商业、外资商业协调发展、共同繁荣。

（六）营造大开放促大发展的新格局。积极引进海外大公司、大财团，国内大商家、大厂家来渝设立办事机构，兴办各类市场和商业服务设施。加强与周边地区的协作和联合，发展合资合作的零售业、批发业和服务业，扩大与海内外的经济贸易往来。

（七）促进流通方式及管理现代化。改革传统流通方式和业态，使零售连锁经营和批发代理制成为流通的主要发展方式。加快商业管理现代化进程，在大型商场、连锁公司、批发市场，基本实现管理的信息化、智能化和自动化，使一批商贸大公司、大集团的经营管理达到国内先进水平。

（八）建立高效的宏观调控体制。理顺政府行政管理体制，转换管理职能，完善管理方式，建立政企分开、有效调控、有序竞争的商贸流通调控体制。

三、商贸流通产业发展的工作重点

建设长江上游和西南地区商贸中心是一项系统工程，必须着眼长远，立足当前，全面规划，突出重点，配套推进，狠抓落实。近期要切实抓好以下重点工作，并取得显著成效。

（一）推进国有商业战略性改组

着眼于整体搞活国有商业，寻求能促进生产力快速发展的公有制实现形式，抓大放小；推进战略性改组。通过资产重组和结构调整，增强国有商业的控制力和竞争力。

以建立现代企业制度为方向，两年内基本完成国有大中型商业企业的公司制改造，除国家规定的政策性经营外，不再保留纯国有商业企业。现有国有独资商业企业要有步骤地改造为国家控股或参股的有限责任公司或股份有限公司，采取多种方式，形成投资主体多元化。完善商业企业的法人治理结构，建立企业优胜劣汰机制、经营者竞争上岗机制和国有资产保值增值机制，使企业真正成为适应市场竞争的法人实体和竞争主体。以资产为纽带，优势企业为龙头，组建跨地区、跨部、跨所有制和跨国经营的流通企业集团。全市重点抓好重庆商社（集团）、百货集团、石油集团、副食品集团、物资集团等10多个大公司大集团的组建，其中商社（集团）、百货集团1998年销售额达到30亿元以上，2000年达到50亿元进入国家级商业集团行列。万县市、涪陵市和黔江地区以及近郊区（市）县有条件的，可通过强强联合，以强兼弱，组建一批经营规模上亿元的大公司。以产权制度改革为主线，采取股份合作制、有限责任公司、租赁、兼并、破产、解体等多种形式，加快商业小企业改革步伐，全面放开搞活，尽快推向市场。全市国有商业小企业产权制度改革1998年上半年基本完成。认真落实国家有关破产、兼并、减人增效的政策措施，按照全市统一部署对缺乏经营活力以及资不抵债的企业进行改造重组，一企一策，用三年时间，使大多数国有大中型骨干商业企业走出困境，经营状况显著改善。

（二）转换机制增强公有制商业活力

进一步改革企业经营机制，强化内部管理，增强企业活力和竞争力，充分发挥公有制经济在流通中的主导作用。根据行业特点，实行和完善多种分配形式，批发企业主要与利润挂钩，零售企业主要与销售挂钩，饮食服务业主要实行提成工资制，使个人收入与销售、效益同步增长。企业要以经济效益为中心，严格内部管理，以加快资金周转和控制成本费用为重点，认真落实各项基础管理工作，加强内部审计监督，试行资产经营责任制，狠抓扭亏增盈。建立健全有效的激励和约束机制，制定严格的奖惩办法，调动经营者和广大职工的积极性。积极探索和试行企业内部新的经营管理方式，对企业内的独立经营部门，可以改建为企业和职工共同投资参股的有限责任公司；对开拓新的经营服务项目，提倡和鼓励以职工自筹资金为主进行经营。

（三）抓紧建设一批形象工程和重点项目

加快重庆商贸流通的发展，要以现有的商业设施为基础，使其最大限度地发挥作用，同时又要规划和建设一批重点工程项目。1997年底前，完成解放碑中心购物广场的改造和建设，形成规模，突出特色，成为集购物、餐饮、观光、娱乐为一体的西南地区最繁华的购物中心。坚持市场建设与培育并举的方针，1998年重点抓好朝天门批发企业、日用品市场、西南建材中心批发市场、重庆钢材中心批发市场、盘溪观音桥蔬菜副食品批发市场、菜园坝商贸中心等十大全国性、区域性交易市场的建设和培育，扩大批发市场聚合辐射规模和范围。在主城区和万县、涪陵以及黔江、永川、合川、江津、南川、长寿、开县等地区中心城市，抓紧规划建设一批地区性专业批发市场、特色品专业街和规范管理的夜市，营造商业氛围；加快国际会展中心的改扩建，使其具备举办各种大型会议和商品展销的综合功能。

（四）加快商业业态调整步伐

商业业态调整的主要方向：商业批发向配送中心发展，物资批发向代理制发展，商业零售向连锁经营发展，促进商业经营方式的根本转变，尽快建立社会化综合性服务功能机制。商业零售连锁经营，以发展粮油便民店、副食品超市和工业品货仓式销售为主，积极推行送货制，并以市级大型连锁公司为依托，向万县、涪陵市和黔江地区延伸。在2000年以前，全市每年要新建连锁店100个，销售规模占社会消费品零售总额的比重要逐年提高。物资批发企业要在发展代理制、培育物资批发市场、健全网络服务体系方面取得明显成效。1998年，建成5家规模大、档次高、规范化的商业批发配送中心，探索建立社会配送网络体系。

（五）工商、农商联手，加强市场开拓

工商联手的重点，一是以品牌为龙头，资产为纽带，按照股份制的形式，工商共同组建一批上规模的销售公司。认真推广啤酒、汽车工商联手拓展市场的经验。二是通过商业代理或工商企业联合到市外设立连锁销售网点，扩大地产品辐射能力。三是市商委与市经委配合，举办多种形式的地产品展销会，开拓区域和全国市场。支持工商企业合办货仓式销售。近期要重点搞好长江上游和西南地区的市场开拓，尤其要搞好与我市接壤的云南、贵州等地的市场拓展，积极发展边贸。

农商联手要以开发粮油、生猪、蔬菜、水果、药材等优势农副产品为主，加快建立农副产品生产加工基地和农村市场化服务体系，开发一批名优新产品，扩大市场占有率。区市县商贸企业特别是供销社要大力发展“公司（龙头企业）+基地+农户”的联手形式，推进贸工农一体化经营。1998年，全市要建成较大规模的专业合作社批发市场100家，带动农副产品生产加工增值5亿元。

（六）大力发展民营商业

民营商业是商贸流通的重要组成部分，要放胆放手加快发展。各区市县要认真贯彻落实市委、市政府关于大力发展非公有制经济的各项扶持政策，支持鼓励城市下岗职工和农村剩余劳动力从事商贸服务业。引导民营商业与国有商业相互投资参股、兼并联合，推进商业所有制结构的调整。支持民营企业收购区市县商业小企业，兼并、联合缺乏活力的中型商业企业，通过参股进入大中型商业企业，以盘活国有存量资产，壮大民营企业实力。指导和扶持民营商业企业上规模、上档次、上水平，重点扶持经营有特色、发展速度快、吸纳社会就业人员多的民营商业企业发展。1998年，力争全市重点培植10多个经营规模超亿元的民营商业公司或集团。

（七）强化和完善重要商品市场调控

继续实行“米袋子”“菜篮子”市长及区市县长负责制，健全重要商品储备和风险基金调节制度。稳定粮油、生猪和其他副食品的生产，搞好收购、储备、加工、销售，保持供求基本平衡。发挥国合商业的主导作用，提高政府调控市场的能力。要按照中央的要求认真搞好国家定购粮的收购管理和按保护价敞开收购议价粮的工作，争取中央支持，增加我市国家粮食储备。继续搞好粮油、猪肉、食糖、农资、成品油和民用煤等重要商品储备。商业和农业部门要密切配合，加强“菜篮子工程”建设，特别是抓好基地渡淡菜的种植安排，落实二线菜和外地菜的组织，增加淡季的有效供给，确保市场物价稳定。有特色地组织旺季和节日市场，开展多种形式的商品促销活动，活跃商业气氛，繁荣城乡市场。要根据市场的变化，进一步改革和完善市场调控的运行方式。

（八）切实搞好库区商业企业的迁建调整

对库区商业企业的迁建调整，各级政府和有关部门要高度重视，列入总体规划，按照“迁建重组、机制创新、大公司带动、对外合资合作”的原则，有计划、有重点、分阶段地组织实施。围绕库区小城镇开发、产业结构调整，以及移民安置，大力发展商贸服务业。要用好用活中央的扶持政策，对库区商贸流通产业发展的项目、资金、技术等方面政策予以倾斜。利用各省市对口支援的有利条件，引进一批国内优势企业、名牌产品到库区落户，实现优势互补，共同发展，带动和促进库区商业、农副产品加工业和旅游服务业的开发，使其成为库区新的产业带和经济增长点。

四、商贸流通产业发展的政策措施

（一）商品市场规划，建设实行统一管理。新建1万平方米以上的批发交易市场和5000平方米以上的大型商场等重点项目，要符合全市市场建设规划布局，由市商委会同市计委联合审批。市商委负责大型商品市场的建设培育和监督管理，各区市县负责辖区内中型市场和商场建设及监督管理。

（二）扶持人民生活必需品市场建设。经市和区市县和有关部门政府批准建立的粮食、肉食、蔬菜等人民生活必需品的市场、商场，规划、国土部门要优先安排；产权归市及区市县政府所有的，免征建设用地使用费；对改扩建后新增营业面积部分（不含文化娱乐、旅游业），投资方向调节税按零税率处理，所缴纳的营业税、所得税在三年内经批准市和区市县财政按50%返还业主单位，享受工商行政管理部门现行的各项优惠政策。新建居民住宅小区内，按规划要求配套建设的农副产品市场和商业网点设置，由物业公司经营，也可以优先出售给住宅小区内承担生活必需品供应的商业企业。

（三）积极扶持连锁经营发展。大力发展粮品、蔬菜副食专供店和便民连锁店，市计委、市财政要安排部分资金给以扶持；银行对连锁企业流动资金要优先安排，执行国家规定利率。全市培植几户管理规范、优势明显、市场覆盖面大的公司新建连锁店，银行要给予一定额度的贷款，贴息两年。商品的质量和卫生检验，实行对连锁公司配送中心的统一检验，各连锁店不再重复检验。允许经营食盐、烟、酒等专营专卖商品。

（四）大力支持民营商业发展。各商业银行对效益好、还贷能力强的民营商业企业，在信贷、资金贴现等方面要给予支持。城市合作银行和农村信用网点支持民营商业企业发展。对新办商业、旅游业、餐饮业的民营企业，自开业之日起，免交所得税。对承包、租赁、兼并、收购国有中小困难企业的，年度起，在五年内用利润弥补亏损可免交所得税。

（五）积极支持国有商业结构调整。从1998年起，全市下达的年度兼并、破产、减人增效计划指标，对商业企业进行结构调整，市政府将给予专项资金支持，企业按1:1配备资金，按项目报市政府审批。市级商业企业的国有股收益和经批准向社会募集一定额度的资金，要集中用于国有商业企业的增量投入和结构调整。

（六）重点扶持一批骨干企业。对连锁公司或配送企业30强，并给予下列政策支持：由商贸流通企业占有和使用，而管理权在土地房屋管理部门的国有土地使用权，通过置换，由政府作为资本金注入国有（含控股）商业企业；经营性房产权适当作价，转让给商业企业，具体办法由市商委、市土地房屋管理局会同所在地政府商定后实施。对企业转让部分存量资产的收益，全部留在企业，继续用于生产和经营。允许企业在本年内用当年利润弥补历年亏损。对少数重点企业经批准给予专项财政政策。对已改制实行现代企业制度的大型商业（集团），符合上市条件的，市政府积极向国家推荐上市。

（七）大力扶持企业开拓市场。对工商企业联手，积极开拓市外市场，扩大产品销售规模的，银行贷款实行重点倾斜，给予优先安排。地产品销往市外达到一定规模的，给予专项政策支持。商业、粮食、物资、供销社企业投资发展农村商品基地，实行贸工农一体化经营的，在三年内所得税全部返还。

（八）加大政策性行业扭亏增盈扶持力度。粮食企业的政策性和商业性经营财务核算要严格分开，凡属政策性经营业务，采取政府委托粮食企业代理经营的办法；合理确定代理费用，并及时足额拨补到位。

对商业、粮食、食品、蔬菜等企业分流的富余人员，要纳入全市再就业工程，统一培训、妥善安置。粮食、食品、蔬菜行业转向经营，安置富余人员，财政、税务部门要给予资金和政策支持，工商部门免征工商行政管理费三年。

各级党委和政府要高度重视商贸流通产业的改革和发展，并纳入本地区经济和社会发展的总体规划，切实加强领导，精心组织，狠抓落实。各有关部门要加强协调，密切配合，大力支持。各级商业行政主管部门要搞好统筹规划、分类指导、协调服务和监督管理，并认真组织实施。要建立健全地区、部门工作责任制，把决定提出的目标和任务层层分解落实。要进一步解放思想，实事求是，大胆探索，真抓实干，努力开创我市商贸流通产业改革和发展的新局面。

重庆市商品交易市场管理条例

（1997 年 11 月 28 日重庆市第一届人民代表大会常务委员会第五次会议通过，1998 年 1 月 1 日起施行，原《重庆市商品交易市场管理条例》在重庆市辖区停止使用）

第一章　总则

第一条　为了促进商品交易市场的发展，维护商品交易市场秩序，保护市场开办者、市场经营者、商品经营者和商品购买者的合法权益，根据有关法律、行政法规，结合本市实际，制定本条例。

第二条　本条例所称商品交易市场（以下简称“市场”）是指有若干商品经营者和商品购买者入内，集中、公开、独立地进行生活资料和生产资料现货交易的固定场所。

本条例所称市场开办者是指开办市场的投资者。

本条例所称市场经营者是指从事市场物业经营管理，出租市场场地和设施以及提供相关服务，收取租金和服务费，能够代表市场进行民事活动的组织。

本条例所称商品经营者是指在市场内出售商品或提供服务的公民、法人和其他组织。

第三条　凡在本行政区域内管理、开办、经营市场和在市场内从事商品交易活动的公民、法人和其他组织，均应遵守本条例。

第四条　依法设立的市场和正当的市场交易活动受法律保护。

第五条　商品交易应当遵循平等、自愿、公平、质价相称、诚实信用的原则，遵守公认的商业道德。

第六条　市场监督管理应当遵循依法、公开、高效和便民的原则。

第七条　各级人民政府应该加强领导，为市场的繁荣和发展创造条件，协调和督促有关职能部门做好市场的管理和服务工作。

各级人民政府应当采取措施，鼓励开办社会公益性市场。

第八条　工商行政管理部门是市场监督管理和行政执法的主管部门，其他有关职能部门按照各自职责依法对市场实施监督管理。

第二章　市场设立和登记

第九条　公民、法人和其他组织及境外投资者，均可依法开办市场。

市场开办者可以转让市场经营权和出让市场产权。

第十条　公民、法人或其他组织投资开办的市场，实行企业登记注册制度。

前款主体与其他主体联合开办的，其出资额占百分之五十以上的市场，实行企业登记注册制度。

摊位（货柜）不足五十个的生活资料市场和商品经营者不足二十户的生产资料市场，实行备案制度。

前述三款以外的市场实行市场登记证制度。

第十一条　开办市场应符合下列条件：

（一）有相应的场所、设施、资金和管理服务人员；

（二）上市交易的商品符合国家的有关规定；

（三）法律、法规规定的其他条件。

第十二条　市场开办者申请办理市场企业登记注册的，除按有关法律、法规的规定提交企业登记注册应提交的文件外，还应当提交下列文件：

（一）县级以上人民政府或其授权部门批准建设市场的文件；

（二）消防监督部门的批准文件。

第十三条　经市人民政府或其授权部门批准开办的市场，由市工商行政管理局登记注册。

经区、县（市）人民政府或其授权部门批准开办的市场由该市场所在区、县（市）工商行政管理局登记注册。

法律、法规另有规定的，从其规定。

第十四条　市场名称参照国家有关规定办理，由工商行政管理机关核定。

冠重庆市的市场名称，应当报市工商行政管理局核准。

市场开办者可以向工商行政管理机关申请办理市场名称预先登记。市场名称预留期限为六个月。

第十五条　工商行政管理机关对市场登记注册申请应当从受理之日起二十日内作出是否准予登记注册的决定。

对准予登记注册的，发给企业营业执照。

对不予登记注册的，应说明理由，并书面通知申请人。

第十六条　市场合并、歇业、撤销或改变登记注册事项的，市场开办（经营）者应当在清算结束或作出变动决定之日起三十日内到原登记管理机关办理注销或变更的手续。经登记注册领取企业营业执照的市场应当按照国家有关规定办理年检手续。

第十七条　开办者申请办理市场登记证的，按照国家有关规定办理。

开办者办理备案登记的，应于市场开业之日起三日内向当地工商行政管理机关备案。

第三章　市场经营者和商品经营者

第十八条　市场经营者应当履行下列权利：

（一）依法自主经营；

（二）依法收取场地、设施租金和其他相关服务费用；

（三）拒绝乱收费、乱罚款和各种形式的摊派；

（四）法律、法规赋予的其他权利。

第十九条　市场经营者应当履行下列义务：

（一）负责市场经营设施和安全防范设施的建设、维修；

（二）建立健全市场防火、防盗、治保、卫生防疫、计划生育、产品质量、计量标准和环境保护等制度，负责市场日常事务管理；

（三）设置免费复检的经依法检定合格的计量器具；

（四）配合工商行政管理机关和有关部门对市场的监督管理；

（五）按时向有关行政管理部门报送各类统计报表；

（六）依法纳税；

（七）法律、法规规定的其他义务。

第二十条　市场经营者应当按照公开、公平的原则安排商品经营摊位或地点，可以采取招标或拍卖的方式确定。

有条件的市场经营者，可以为有关方面创造条件，在市场内设立服务机构，提供代购、代销、代储、代运、信息咨询、邮政、电信、金融、保险、会计核算等服务。

第二十一条　商品经营者按照规定应当办理营业执照的，必须向当地工商行政管理机关申请办理营业执照。

持有营业执照的商品经营者跨区、县（市）入场设点从事经营活动，应当到市场所在地工商行政管理机关办理报到登记手续。

第二十二条　商品经营者进入市场经营，必须遵守市场规定，服从管理；市场经营者不得非法拒绝商品经营者入场交易。

商品经营者在市场内固定经营的，应当与市场经营者签订入场经营书面协议。

第二十三条　商品经营者享有下列权利：

（一）提出开业、变更、停业、歇业申请；

（二）对核准登记的名称在规定范围内享有专用权；

（三）在核准的经营范围内自主经营；

（四）依法决定商品价格和服务收费标准；

（五）依法进行广告宣传；

（六）拒绝法律、法规、规章和市人民政府规定以外的其他行政性事业性收费或各种形式的摊派；

（七）依法成立自律性组织；

（八）法律、法规规定的其他权利。

第二十四条　商品经营者不得有下列行为：

（一）在乡、镇级以上人民政府和县级以上工商行政管理机关禁止经营的场所或区域内从事商品经营活动；

（二）转让出租、出借、出卖、涂改、伪造或擅自复制营业执照或许可证；

（三）擅自转让或出租、出借、出卖摊位；

（四）擅自改变经营范围。

第二十五条　商品经营者应当依法纳税，不得偷税、漏税或抗税。市场的商品经营者应当向当地工商行政管理部门交纳市场管理费。

有条件的市场，商品经营者按照法律、法规、规章和市人民政府的规定应当交纳的各项行政性收费和定期定额的事业性收费，由工商行政管理部门统一收取，其收取办法由市人民政府另行规定。

第二十六条　市场开办者、市场经营者、商品经营者和商品购买者，均不得妨碍和阻挠监督管理部门依法执行公务，不得干扰市场监督管理机关的正常工作秩序。

第四章　市场交易规则

第二十七条　禁止下列物品上市交易：

（一）走私物品；

（二）毒品；

（三）国家和本市重点保护的野生动植物及其制品；

（四）反动、淫秽、封建迷信、盗版的书刊、音像制品及其他非法出版物；

（五）按规定应当检疫而未检疫或检疫不合格的农副产品和有毒有害、污秽不洁、腐烂变质的食品及其制品；

（六）假冒伪劣商品，国家明令淘汰的商品，以及过期失效的商品；

（七）法律、法规、规章和市人民政府禁止上市交易的其他物品。

第二十八条　除国家指定或经有关机关批准的经营者外，其他经营者不得经营下列商品：

（一）枪支弹药、管制刀具、爆破器材；

（二）易燃、易爆、剧毒及其他化学危险品；

（三）麻醉药品、精神药品、毒性药品和放射性药品；

（四）金、银、文物和有价证券；

（五）法律、法规、规章和市人民政府限制上市交易的其他商品。

第二十九条　市场交易禁止下列行为：

（一）哄抬物价、牟取暴利；

（二）强买强卖、欺行霸市；

（三）掺杂、掺假，以假充真，以次充好，以不合格产品冒充合格产品；

（四）使用欺骗手段销售商品；

（五）使用未检定或检定不合格的计量器具或销售商品不足量；

（六）法律、法规禁止的其他交易行为。

第三十条　商品交易除即时清结者外，应当采用书面形式签订合同。合同的订立、履行、变更或者解除，按有关法律、法规的规定执行。

第三十一条　上市商品应该划行归市。

固定经营场所的商品经营者，必须亮照、亮证经营。进入市场的商品经营者，应当在市场经营者或市场监督管理部门统一划定的地点经营，不得随意摆摊设点。

第三十二条　商品销售价格和服务收费标准，国家有规定的依照国家规定执行。有固定经营场所的商品经营者，应当对其销售的商品或提供的服务实行明码标价。

第三十三条　商品购买者要求出具购货凭证的，商品经营者不得拒绝出具或出具虚假购货凭证。

第三十四条　商品购买者按国家规定向商品经营者提出的维修、更换、退货等要求，商品经营者不得故意拖延或拒绝。

第五章　市场的监督管理和服务

第三十五条　工商行政管理机关在市场履行下列监督管理职责：

（一）贯彻执行有关市场监督管理的法律、法规和规章，制定相应的管理制度和措施；

（二）依法确认市场开办者、市场经营者和商品经营者的主体资格和审查上市交易商品的合法性；

（三）保护合法经营活动，依法查处违法行为，维护市场交易秩序；

（四）依照本条例收取市场管理费，严格按照国家规定范围使用，接受财政、审计监督；

（五）协助计划生育行政管理部门监督、指导市场经营者做好计划生育工作；

（六）法律、法规规定的其他职责。

第三十六条　工商行政管理等行政执法机关在依法查处违法行为过程中可视具体情况采取责令暂停销售商品、扣留或封存商品等行政强制措施；对易腐烂变质和其他不易保存的商品，可以先行处理。

第三十七条　工商行政管理部门应组织开展创建文明市场活动，为市场创造良好的交易、服务和管理环境。

第三十八条　工商行政管理部门应当协助市场经营者在市场设立服务机构，引导商品经营者成立自律性组织，开展自我教育、自我管理和自我服务。

第三十九条　工商、税务和其他有关部门可以根据需要，在市场内设置机构或者配备人员参与市场的监督管理和服务并指导、协助市场经营者搞好与各自职责相关方面的管理工作。

公安机关可以设立市场治安机构，专门负责其辖区内的市场治安管理工作。

第四十条　有关行业协会应当协助市场监督管理部门和市场经营者，共同做好市场的监督管理和服务工作。

第四十一条　市场行政执法人员依法执行公务时，不持证或不佩戴统一标志上岗的，市场开办者、市场经营者、商品经营者和商品买者均有权拒绝接受其监督检查。

第四十二条　市场监督管理人员不得从事商品经营活动，不得利用职权徇私舞弊、索贿受贿，不得有压价强行购买商品或其他侵害公民、法人和其他组织合法权益的行为。

第四十三条　行政执法机关查处违反本条例规定的违法行为，按下列规定执行：

（一）法律、法规有明确规定的，从其规定；

（二）法律、法规未作明确规定的，由工商行政管理机关依照本条例的规定查处；

（三）多个行政执法机关对同一违法行为依照法律、法规规定均有查处权的，由首先查处的部门依法处理。

行政执法机关实施行政处罚必须按照《中华人民共和国行政处罚法》的规定执行。

第六章　法律责任

第四十四条　违反本条例的规定，有关法律、法规有处罚规定的，依照其规定执行；处罚规定不明确的，依照本条例的规定执行；构成犯罪的，依法追究刑事责任。

第四十五条　市场开办者、市场经营者有以下行为的，按下列规定处罚：

（一）未经登记注册擅自开办市场，或隐瞒真实情况、提供虚假证明取得登记注册，变更登记或注销登记或年检手续的，按照国家有关法律、法规的规定处罚；

（二）违反市场登记证管理规定的，按照国家有关规定处罚；

没有处罚规定或不按规定办理。

（三）未按规定办理备案登记手续擅自开业经营的，责令限期补办备案登记手续；逾期不办理的，可处五千元以下的罚款；

（四）违反本条例第十九条第（一）、（二）项规定不履行义务的，责令限期改正；逾期不改正的，处五千元以下的罚款；情节严重的，可责令停业。

市场因上述原因停业或关闭给商品经营者造成的直接经济损失，由市场经营者承担赔偿责任。市场开办者依法应当承担连带责任的，承担连带责任。

不具备市场开办条件的市场，限期完善条件，限期内不能达到规定条件的，予以取缔。

第四十六条　违反本条例第二十一条规定，属无照经营的，按照有关法律、法规的规定处理；属不办理报到登记手续的，责令限期办理；限期不办的，处五百元以下罚款。

第四十七条　违反本条例第四十四条第（一）项、第三十一条第三款规定的，责令改正，可处一百元以下罚款。

违反本条例第二十四条第（二）项规定的，可处二百元以上五千元以下罚款。

违反本条例第二十四条第（三）、（四）项规定的，可处一百元以上二千元以下的罚款。

第四十八条　违反本条例第二十七条第（五）项规定，销售按规定应当检疫而未检疫的农副产品的，责令当事人向有权机关申请检疫，可并处二千元以下罚款；拒绝检疫或检疫不合格的，可以没收商品和销货款。

经营重庆市人民政府禁止或限制上市交易商品的，责令当事人限期改正，可处一千元以下罚款。

第四十九条　拒交市场管理费的，责令其限期交纳，可并处所欠费用一倍至三倍的罚款。

使用未经检定或检定不合格的计量器具的，责令改正，没收计量器具和违法所得，可并处一百元以下罚款；销售商品不足量的，处十元以上二百元以下的罚款。

第五十条　不按本条例第三十三条规定履行义务，拒绝出具或出具虚假购货凭证的，责令其改正，可并处十元以上一万元以下罚款。

第五十一条　违反本条例第三十四条规定的，责令其限期改正；拒绝履行维修、更换、退货义务的，可处一万元以下罚款。

第五十二条　擅自销售被责令暂停销售的商品，转移、隐匿、销毁与被查处行为有关的财物的，视情节可处被销售、转移、隐匿、销毁财物价款的一倍至三倍罚款。

对被销售、转移、隐匿、销毁财物价款无法确定的，可处三万元以下罚款。

第五十三条　当事人对行政执法机关依照本条例作出的行政处罚决定和其他具体行政行为不服的，可以依法申请复议或向人民法院起诉。

对逾期不申请复议、不起诉、又不履行行政处罚决定的，作出行政处罚决定的行政执法机关可以将扣留、封存的商品变价后抵缴罚没款或者申请人民法院强制执行。

第五十四条　市场监督管理部门的工作人员违反本条例有关规定，严重失职、越权、滥用职权、徇私舞弊、索贿受贿，侵害当事人合法权益的，由其所在单位或者上级机关给予行政处分，构成犯罪的，依法追究刑事责任；给当事人造成损害的，依法承担赔偿责任。

第七章　附则

第五十五条　本条例具体应用中的问题，由重庆市工商行政管理局负责解释。

第五十六条　本条例自 1998 年 1 月 1 日起施行。

重庆市商品展销会审批管理办法

1998年11月19日

（重庆市人民政府令第40号）

《重庆市商品展销会审批管理办法》，已经1998年11月16日市政府第30次常务会议审议通过，现予发布，自1999年1月1日起施行。

重庆市商品展销会审批管理办法

第一条　为了加强对各类商品展销会的审批管理，规范商品展销活动，结合本市实际，制定本办法。

第二条　本办法所称商品展销会，是指由一个或者若干个单位举办，具有相应资格的若干经营者参加，在固定场所和一定期限内，以购销商品为目的的各种展览会、展示会、博览会、购物节、交易会等商品展销活动。

第三条　凡在本市行政区域内举办各类商品展销会的单位和个人，均应遵守本办法。

第四条　商品流通行政主管部门是本市各类商品展销会的审批行政主管部门。法律、法规另有规定的除外。

第五条　商品流通行政主管部门审批各类商品展销会应坚持联合办展的原则，避免同类商品展销会在同一时期、同一地区雷同。

第六条　经营者参加各类商品展销会的招商招展坚持自愿原则，主办（承办）单位不得通过行政干预强制参展。

第七条　在我市举办的各类商品展销会，应按以下规定审批：

（一）举办国际性的各类商品展销会，由市商品流通行政主管部门初审，报市政府审核后转报国务院审批；

（二）举办全国性或冠有“全国”“中国”等字样的各类商品展销会，由市商品流通行政主管部门初审后，报国家商品流通行政主管部门审批；

（三）举办全市性或冠有“重庆”“三峡”等字样的各类商品展销会，市外单位来本市单独或联合举办的各类商品展销会，两个以上区县（自治县、市）联合举办的各类商品展销会，由市商品流通行政主管部门审批；

（四）举办除本款（一）、（二）、（三）项规定以外的各类商品展销会，由举办地商品流通行政主管部门审批，但应报市商品流通行政主管部门备案。

在本市举办的对外经济技术展览会，由市外经贸行政主管部门依照国家有关规定办理。

第八条　各类商品展销会的主办单位应具备下列资格之一：

（一）经济贸易促进机构、行业（专业）协会、商会；

（二）经国务院有关部门批准具有主办资格的单位；

（三）具有组织招商招展能力，能够独立承担民事责任，设有专门从事办展的部门或机构，有相应的展览专业人员的法人或其他经济组织。

第九条 各类商品展销会的承办单位应具备以下条件：

（一）具有法人资格，能够独立承担民事责任；

（二）具有相应管理机构、人员、设施和规章制度；

（三）具有与展销规模相适应的资金、场地和设施。

第十条 各类商品展销会主办单位应在展销会举办日3个月之前，向商品流通行政主管部门提出申办申请，并提交下列文件：

（一）证明主办单位和承办单位具有举办商品展销会资格的有效文件；

（二）举办商品展销会的申请书；

（三）商品展销会场地租用证明；

（四）商品展销会组织具体计划和实施方案；

（五）其他需要提交的文件。

第十一条 市外单位在本市举办各类商品展销会，除须具备本办法第八条第三项规定的资格外，还应持有所在地县级以上商品流通行政主管部门或工商行政管理部门的批准文件。

第十二条 商品流通行政主管部门应当自接到申办商品展销会之日起15日内按下列程序办理：

（一）属于本办法第七条第一款第（一）项规定的商品展销会，应在5日内作出初审决定。通过初审的，应在通过之日起5日内转报市政府审核；未通过初审的，应书面通知申请人并说明理由；

（二）属于本办法第七条第一款第（二）项规定的商品展销会，应在5日内作出初审决定。通过初审的，应在通过之日起5日内转报国家商品流通行政主管部门审批；未通过初审的，应书面通知申请人并说明理由；

（三）属于本办法第七条第一款第（三）、（四）项规定的商品展销会，应在5日内作出批准或者不批准决定。批准的，发给申请人《商品展销会批准书》；未批准的，应书面通知申请人并说明理由。

第十三条 各类商品展销会主办（承办）单位凭《商品展销会批准书》，到工商行政管理部门依法申办《商品展销会登记证》。

第十四条 主办（承办）单位凭《商品展销会批准书》和《商品展销会登记证》，可以发布商品展销会广告。

第十五条 各类商品展销会应在政府批准的或经商品流通、公安、消防等行政管理部门共同审批的场所举行。

第十六条 主办（承办）单位有下列情形之一的，由负责审批的商品流通行政主管部门予以处罚：

（一）未经批准擅自举办商品展销会的，责令停止举办，并处以30000元以下罚款；

（二）骗取商品展销会批文，以及骗取商品展销会批文后举办商品展销会的，收回批文，责令停止举办，并处以30000元以下罚款；

（三）涂改、出租、出借、转让《商品展销会批准书》的，责令改正，处以20000元以下罚款；

（四）擅自改变批准的场所举办商品展销会的，责令改正，并处以10000元以下罚款。

第十七条 对违反本办法的行为，法律、法规、规章另有规定的从其规定。

第十八条 当事人对依照本办法所作出的具体行政行为不服的，可依法申请行政复议或者提起行政诉讼。

第十九条　商品流通行政主管部门工作人员在商品展销会审批工作中以权谋私、徇私舞弊的，由商品流通行政主管部门或监察机关给予行政处分；构成犯罪的，依法追究刑事责任。

第二十条　本办法由市商品流通行政主管部门负责解释。

第二十一条　本办法自1999年1月1日起施行。

重庆市易制毒化学物品管理办法

1999年3月24日

（重庆市人民政府令第52号）

《重庆市易制毒化学物品管理办法》已经1999年1月25日市人民政府第33次常务会议审议通过，现予以发布，自1999年5月1日起施行。

重庆市易制毒化学物品管理办法

第一条　为了加强对易制毒化学物品的管理，预防和打击涉及制造毒品的违法犯罪活动，维护社会治安秩序，根据《中华人民共和国刑法》《全国人民代表大会常务委员会关于禁毒的决定》和《重庆市禁毒条例》的有关规定，结合重庆实际，制定本办法。

第二条　本办法所称易制毒化学物品，是指醋酸酐、乙醚、三氯甲烷、麻黄素和其他可用于制造毒品的化学原料和配剂。

第三条　凡在本市行政区域内生产、经营、使用、运输、储存易制毒化学物品的单位和个人，必须遵守本办法。

第四条　各级人民政府应加强对易制毒化学物品管理工作的领导。

公安机关依据本办法对易制毒化学物品的生产、经营、使用、运输、储存进行监督。

化工、医药、卫生、商业、工商、交通等行政管理部门按职责分工做好易制毒化学物品管理工作。

第五条　对易制毒化学物品的生产、经营、使用、运输实行定点和许可证管理制度。

生产、经营、批量使用、运输易制毒化学物品，除依照法律、法规的规定办理工商登记手续外，还必须按本办法第六条、第八条的规定申领易制毒化学物品生产、经营、使用、运输许可证。

第六条　生产、经营、使用易制毒化学物品许可证按以下规定核发。有关行政管理部门和市公安机关禁毒工作机构自收到申请之日起30日之内应作出批准或不批准的决定，对不予批准的应讲明理由。

（一）生产（包括加工、合成，下同）易制毒化学物品的，由市化工行政管理部门审核发证；

（二）经营易制毒化学物品的，经所在地的区县（自治县、市）行业主管部门审查后，由市商业行政管理部门审核发证；

（三）批量使用易制毒化学物品的，应向市化工或医药等行政管理部门提交书面申请，经审查后，由市公安机关禁毒工作机构审核发证。

无主管部门的单位和个人生产、经营和批量使用易制毒化学物品的，分别向所在地的区县（自治县、市）行业主管部门提交书面申请，经本条前款规定的行政管理部门和市公安机关禁毒工作机构审查批准，分别发给生产、经营或使用许可证。

市化工、商业行政管理部门应当将易制毒化学物品的生产、经营审批发证情况抄送市公安机关禁毒工作机构备案。

第七条　对生产、经营、使用易制毒化学物品许可证，实行年度检验制度。

第八条　运输易制毒化学物品的物主，应凭生产、经营或使用许可证件，到市公安机关禁毒工作机构办理《易制毒化学物品运输许可证》。运输许可证实行一证一次有效，不得重复使用。

市外单位和个人来渝经营或运输易制毒化学物品，必须持有营业执照副本和所在省、自治区、直辖市行业主管部门或有关部门核发的易制毒化学物品经营、使用或运输许可证明和本市公安机关禁毒工作机构会同有关行业主管部门核发的经营许可证或运输许可证。

第九条　承运单位和个人在承运易制毒化学物品时，应当验明运输许可证，对无运输许可证的易制毒化学物品，不得擅自承运，并将有关情况及时报告公安机关。

第十条　生产、经营、使用、运输、储存易制毒化学物品的单位或个人，应建立严格的自查登记制度，接受县以上公安机关和行业主管部门的查验。

第十一条　定点生产的单位或个人不得向非定点经营的单位或个人提供易制毒化学物品；定点生产、经营易制毒化学物品的单位或个人不得向无使用许可证的单位或个人提供易制毒化学物品。

第十二条　易制毒化学物品的进出，应当按照国家有关对外贸易的规定办理；任何单位或个人不得擅自向境外提供易制毒化学物品。

第十三条　凡不再生产、经营、使用易制毒化学物品的单位或个人，应当及时向原发证机关办理注销手续，发证机关应将注销情况及时通报工商行政管理部门和行业主管部门。

第十四条　公安机关应当建立对非法生产、经营、使用、运输、储存易制毒化学物品的举报制度，对公民举报的违法犯罪线索和违法犯罪行为予以及时查处。

第十五条　行业主管部门应当建立健全行业监督管理责任制度，对所主管的企业、事业单位生产：经营、使用易制毒化学物品的情况进行监督检查，协同配合公安机关做好对非法生产、经营、使用、运输、储存易制毒化学物品等违法行为的查处工作。

第十六条　对执行本办法成绩突出或检举揭发违法犯罪有功的单位或个人，由行业主管部门或公安机关予以表彰、奖励。

第十七条　违反本办法规定，非法生产、经营、运输易制毒化学物品的，由公安机关依照《重庆市禁毒条例》第十五条或第十六条的规定处罚。

第十八条　违反本办法规定，非法批量使用易制毒化学物品的，由公安机关处以3000元以上3万元以下的罚款，对单位直接负责的主管人员和其他责任人员处3000元以上5000元以下的罚款。

第十九条　违反本办法规定，向未取得经营许可证、使用许可证的单位或个人提供易制毒化学物品的，由公安机关处3000元以上3万元以下的罚款。

第二十条　冒领、骗取、伪造、买卖、转租、借用易制毒化学物品有关证件的，由公安机关处5000元以上1万元以下的罚款；构成犯罪的，依法追究刑事责任。

第二十一条　生产、经营、使用、运输、储存单位或个人，未按规定对易制毒化学物品的生产、经营、使用、运输、储存情况进行登记备查的，由公安机关责令限期改正；逾期不改正的，对责任单位或个人处1000元以上5000元以下的罚款，对单位直接负责的主管人员处1000元以上3000元以下的罚款。

第二十二条　违反本办法规定，非法承运易制毒化学物品的，由公安机关处1000元以上3000

元以下的罚款。

第二十三条　生产、经营、使用、运输和储存易制毒化学物品的单位和个人，由于管理不善，防范措施不力，致使易制毒化学物品丢失的，由公安机关责令限期整改，对单位主要负责人和直接责任人员处以警告或300元以上500元以下的罚款。

第二十四条　对非法生产、经营、批量使用、运输和储存的易制毒化学物品以及非法所得，由公安机关依照《重庆市禁毒条例》第二十条的规定，予以没收。

第二十五条　阻碍国家工作人员执行公务的，由公安机关依法给予治安处罚；构成犯罪的，由司法机关依法追究刑事责任。

第二十六条　根据本办法负有管理职责的国家机关工作人员，必须忠于职守，秉公执法，不得徇私舞弊；玩忽职守，违者，由主管部门依照有关规定给予行政处分；构成犯罪的，依法追究刑事责任。

第二十七条　当事人对公安机关及有关行政管理部门依据本办法作出的具体行政行为不服的，可依法申请复议或者直接提起行政诉讼。法律、法规另有规定的，从其规定。

第二十八条　本办法应用中的具体问题，由重庆市公安机关负责解释。

第三十九条　本办法自1999年5月1日起施行。

重庆市酒类商品管理条例

（1999年市一届人大第十八次常委会通过）

（2005年市二届人大第十九次常委会修订）

第一章　总则

第一条　为了加强酒类商品生产和流通领域的管理，保护酒类商品生产者、销售者和消费者的合法权益，根据《中华人民共和国产品质量法》等有关法律、法规，结合本市实际，制定本条例。

第二条　本条例所称的酒类商品，包括白酒、啤酒、黄酒、果酒、滋补酒、食用酒精以及其他含有乙醇的饮料。

第三条　在本市行政区域内从事酒类商品生产、销售的单位或个人，以及对酒类商品生产、销售活动实施监督管理的行政机关，应当遵守本条例。

第四条　市酒类商品行政管理部门负责全市酒类商品生产、销售的监督管理。

区县（自治县、市）酒类商品行政管理部门负责本行政区域内酒类商品生产、销售的监督管理。

工商、技术监督、卫生、物价、公安等行政管理部门按照各自的职责依照法律、法规的有关规定，做好本市酒类商品生产、销售的监督管理工作。

第五条　酒类商品生产实行许可证制度；酒类商品销售实行备案制度。

第二章　酒类商品的生产

第六条　从事酒类商品生产的单位或个人必须符合下列条件：

（一）具有一定生产规模以及相适应的生产场地、注册资本及生产设备；

（二）具有保证产品质量的工艺条件，计量、检测手段及符合要求的专业技术人员；

（三）具有健全的安全生产制度和安全防护措施；

（四）符合卫生、环境保护的有关规定；

（五）法律、法规要求的其他条件。

第七条　从事酒类商品生产的单位或个人，申领酒类商品生产许可证，应当向所在地区县（自治县、市）酒类商品行政管理部门提出书面申请，区县（自治县、市）酒类商品行政管理部门应当在收到申请七日内提出初审意见，并报市酒类商品行政管理部门，市酒类商品行政管理部门应当在收到申请书及相应文件后，对申请者的条件进行审查，并在二十日内办结。符合条件的，发给酒类商品生产许可证；不符合条件的，书面说明理由。

市酒类商品行政管理部门可以委托区县（自治县、市）酒类商品行政管理部门颁发酒类商品生产许可证。国家对酒类商品生产许可证另有规定的，从其规定。

第八条　禁止伪造、涂改、转借、出租、出售酒类商品生产许可证。

第九条　从事酒类商品生产的单位或个人应当依照法律、法规的规定，对产品的质量进行严格管理。禁止不符合质量标准的产品进入市场。

第十条　加工改制液态白酒，必须使用符合国家标准的食用酒精，理化、卫生指标必须达到国家规定的液态白酒质量标准。

严禁任何单位或个人向酒类生产单位或个人销售合成酒精、工业酒精、甲醇。

第十一条　酒类商品的装载容器、包装及其标识必须符合有关法律、法规的规定。

第十二条　生产酒类商品，禁止下列行为：

（一）使用合成酒精、工业酒精、甲醇和其他有害人体健康的添加剂生产酒类产品；

（二）掺杂、掺假，以假充真，以次充好，以不合格产品冒充合格产品；

（三）伪造产地，伪造或者冒用他人的厂名、厂址；

（四）伪造或者冒用认证标志、名优标志等质量标志；

（五）伪造他人注册商品标识或者假冒他人注册商标及包装。

第三章　酒类商品的销售

第十三条　从事酒类商品销售应当向所在地的区县（自治县、市）酒类商品行政管理部门备案。备案的具体办法由市人民政府另行制定。

第十四条　从事酒类商品批发的单位或个人，必须符合下列条件：

（一）有符合规定的注册资金；

（二）经营场所及设施符合卫生和消防要求；

（三）有熟悉酒类知识的专业人员和健全的管理制度；

（四）法律、法规或规章规定的其他条件。

从事进口酒批发的，应有识别进口食品卫生监督检验标志的手段。

第十五条　从事酒类商品零售的单位或个人，必须符合下列条件：

（一）有工商营业执照；

（二）有熟悉酒类知识的从业人员；

（三）法律、法规或规章规定的其他条件。

第十六条　酒类商品经营者应当销售取得酒类商品生产资格的生产者生产的酒类商品。

第十七条　销售散装白酒必须标明产地、厂名、品名、原料、酒精度，盛装容器必须符合国家卫生标准。

第十八条　销售酒类商品，禁止下列行为：

（一）掺杂、掺假，以假充真，以次充好，以不合格商品冒充合格商品；

（二）伪造产地，伪造或者冒用他人的厂名、厂址；

（三）伪造或者冒用认证标志、名优标志等质量标志；

（四）销售过期、变质的商品；

（五）伪造他人注册商品标识或者假冒他人注册商标及包装。

第四章　监督检查

第十九条　酒类商品生产许可证实行年审制度。

从事酒类商品生产的单位或个人变更名称、地址、经营范围，以及合并、分立、终止，应当到原颁证部门办理变更或注销手续。

第二十条　酒类商品行政管理部门及有关执法部门的执法人员查处酒类违法案件时，应当出示执法证件，并可以按照规定程序抽取样品，询问当事人和有关人员，查阅账册等有关资料。对需抽取的样品和暂时扣留的物品或资料，应当向当事人出具有效凭据。

从事酒类商品生产、销售的单位和个人应当协助检查，如实提供情况，不得拒绝、阻碍执法人员的监督检查。

第二十一条　市和区县（自治县、市）酒类商品行政管理部门应当配合技术监督、工商、卫生以及有关主管部门，对酒类商品进行定期或不定期的监督检测工作。

第二十二条　酒类商品管理执法人员负有保守被检查者的商业技术秘密的义务。

第五章　法律责任

第二十三条　酒类商品生产、销售单位和个人违反本条例规定，给他人造成人身、财产损失的，应当承担赔偿责任；构成犯罪的，依法追究刑事责任。

第二十四条　违反本条例规定的下列行为，由酒类商品行政管理部门给予处罚：

（一）无酒类商品生产许可证生产酒类商品的，责令停止生产，没收违法生产的酒类商品、生产设备和违法所得，可并处一万元以上五万元以下罚款；

（二）不按规定时限办理酒类商品生产许可证审核的，视为无证生产，按本条第（一）项的规定处罚；

（三）伪造、涂改、转借、出售、出租酒类商品生产许可证的，没收违法所得，吊销酒类商品生产许可证，可并处三万元以下罚款。

第二十五条　生产、销售假冒伪劣酒类商品的，由酒类商品行政管理部门责令停止生产、销售，吊销酒类许可证；没收违法酒类产品，没收违法所得，可并处违法所得的一倍至五倍的罚款；无违法所得或违法所得无法计算的，处以二十万元以下的罚款。

使用合成酒精、工业酒精等非食用酒精、甲醇或其他有害人体健康的添加剂加工改制液态白酒的，除按照前款处罚款外，还应依法追究行为人的责任。

对本条第一款、第二款规定的违法行为，工商、技术监督等行政管理部门有权依照法律、法规的规定予以处罚，但对同一违法行为，不得重复处罚。

第二十六条　酒类商品经营者不得向未成年人出售酒类商品，违者处警告或五十元罚款。

第二十七条　违反本条例第十六条、第十七条规定的，由酒类商品行政管理部门没收违法所得，可并处一千元以上一万元以下罚款。

第二十八条　当事人对酒类商品行政管理部门不予颁发酒类商品生产许可证的决定不服的，可以依法申请行政复议或提起行政诉讼。

当事人对行政机关的处罚决定不服的，可以依法申请行政复议或提起行政诉讼。逾期不申请行政复议又不提起行政诉讼，又不履行处罚决定的，作出处罚决定的行政机关可以申请人民法院强制执行。

第二十九条　依照本条例所实施的罚款和没收财物的管理，按《重庆市罚款和没收财物管理条例》的规定执行。

第三十条　酒类商品行政管理部门和有关执法部门及其工作人员玩忽职守、滥用职权、徇私舞弊、泄露管理当事人的商业、技术秘密的，由有关行政机关给予行政处分；造成经济损失的，应当给予赔偿；构成犯罪的，依法追究刑事责任。

第六章　附则

第三十一条　酒类商品生产许可证由市酒类商品行政管理部门统一印制，其工本费按市物价局、财政局核定的标准执行。

第三十二条　本条例自1999年9月1日起施行。

重庆市液化石油气经营管理办法

1999年8月16日

（重庆市人民政府令第62号）

《重庆市液化石油气经营管理办法》已经1999年8月5日市人民政府第44次常务会议审议通过，现予发布施行。

重庆市液化石油气经营管理办法

第一条　为加强对液化石油气的经营管理，根据国务院《化学危险物品安全管理条例》和有关规定，结合本市实际，制定本办法。

第二条　本办法所称的液化石油气（以下简称液化气），是指以丙烷、丁烷为主要成分作为燃料使用的液态石油气体及其合成燃料。

第三条　在本市行政区域内从事液化气经营的单位和个人（以下简称经营者），以及对液化气经营活动实施监督管理的行政机关，应当遵守本办法。

第四条　市商品流通行政管理部门负责全市液化气经营管理工作，其主要职责是：

（一）编制液化气中长期发展规划，合理设置经营网点；

（二）审查经营者资格，核发《化学危险物品经营许可证》；

（三）指导和监督经营活动，查处违法经营行为；

（四）负责经营人员专业知识的培训和考核；

（五）会同有关部门对液化气储配站（场）的建设进行定点审查及竣工验收；

（六）协助价格行政管理部门管理液化气销售价格；

（七）协助公安消防部门做好对液化气经营的安全管理工作；

（八）协助公安消防、技术监督、劳动等行政管理部门调查处理重大液化气事故。

第五条　区县商品流通行政管理部门依照本办法第四条除第（二）项之外的主要职责负责本辖区液化气的经营管理工作。

第六条　有关部门应依法按照各自职责实施对液化气行业的监督管理工作。

第七条　液化气批发经营者必须具备下列条件：

（一）有符合规划和国家规范要求的液化气储配站（场）；

（二）有稳定的、符合国家质量标准的液化气气源；

（三）有熟悉本专业的中级以上技术管理人员；

（四）有与经营规模相适应的资金；

（五）有符合国家规定的压力容器及其安全附件；

（六）有符合国家规定的计量器具；

（七）有防火防爆设施及其管理责任制；

（八）有符合消防技术规范、技术标准的安全管理制度；

（九）法律、法规、规章规定的其他条件。

第八条　液化气零售经营者必须具备下列条件：

（一）有符合网点规划的液化气供应站（点）；

（二）有符合国家规范要求的储存设施和营业场所；

（三）有液化气专业技术管理人员；

（四）有符合国家规范的防火防爆设施及其责任制和安全管理制度。

第九条　从事液化气经营的单位和个人应按下列程序申办《化学危险物品经营许可证》：

（一）向所在区县商品流通行政管理部门提出经营申请，填报《化学危险物品经营许可证申请表》；

（二）所在地商品流通行政管理部门，自收到《化学危险物品经营许可证申请表》之日起10日内，应会同公安消防部门进行初审并填写初审意见书，报市商品流通行政管理部门审批；

（三）市商品流通行政管理部门自收到初审意见书之日起10日内，符合条件的核发《化学危险物品经营许可证》，不符合条件的，书面说明理由。

从事液化气经营的单位和个人凭《化学危险物品经营许可证》向所在地工商行政管理部门申办《营业执照》。

第十条　禁止伪造、转让、出借、出租、买卖、涂改《化学危险物品经营许可证》。

第十一条　经营者运输液化气应凭《化学危险物品经营许可证》及《营业执照》向交通和公安消防管理部门分别申办《危险物品运输许可证》和《化学危险物品准运证》。

第十二条　商品流通行政管理部门每年应对液化气经营者资格进行复查，复查合格的，准予继续经营。

第十三条　经营者歇业，应提前30日向当地商品流通行政管理部门和有关部门提出申请，商品流通行政管理部门收回《化学危险物品经营许可证》后，到工商行政管理部门办理歇业手续。

第十四条　经营者应遵守下列规定：

（一）禁止从罐车直接充装液化气钢瓶；

（二）禁止私自处理残液和在液化气钢瓶之间翻倒液化气，充装液化气和排除残液必须在液化气储配站（场）内固定设施上进行；

（三）按期向具备法定资格的检验单位提出申请，对液化气储罐、压力管道、压力表、罐车及钢瓶进行检验，建立完整的设备档案；

（四）经营场所实行一点一证，禁止无证经营；

（五）批发经营者必须在查验《化学危险物品经营许可证》后，方可向零售经营者供气；

（六）与用户签订供气合同，为用户代办保险手续；

（七）液化气必须储存在专门的仓库内，经营网点必须限量存放；

（八）充装前钢瓶内的残液不得超过0.5公斤，充装的液化气质量和计量应符合技术监督行政管理部门规定的标准；

（九）从业人员必须按国家有关规定参加培训考核；

（十）自觉接受商品流通和有关行政管理部门的监督、检查；

（十一）执行价格行政管理部门制定的液化气价格。

第十五条　液化气储配站（场）的安全管理，必须遵守下列规定：

（一）设有醒目的“严禁烟火”等警戒牌；

（二）进入的汽车必须带上火星熄灭器；

（三）电气设备、照明必须符合防爆安全要求；

（四）操作和维修应使用不发火工具；

（五）不准带入火柴、打火机等火种；

（六）不准穿钉鞋和化纤衣服进入。

零售网点禁止使用明火和不规范的电气设备、设施。

第十六条　新建、改建、扩建液化气储配站（场），液化气、合成气集中供气站必须报市商品流通行政管理部门，由市商品流通行政管理部门会同有关行政管理部门进行选址定点，按规定办理施工前的有关手续。

工程竣工后，经有关部门专业验收合格，方可投入使用。

第十七条　经营者违反本办法第十四条第（五）、（六）、（七）、（九）项规定的，由商品流通行政管理部门给予警告，责令其整改，可以并处500元至1000元的罚款。

第十八条　经营者违反第十条、第十四条第（四）项规定的，由商品流通行政管理部门责令限期改正，可以并处1000元至5000元罚款。情节严重的，依据《化学危险物品安全管理条例》的规定，吊销《化学危险物品经营许可证》。

第十九条　经营者违反本办法第十四条第（一）、（二）项和第十六条规定的，由商品流通行政管理部门责令其整改，并处5000元以上30000元以下罚款。

第二十条　违反本办法的其他违法行为，由有关部门按照法律、法规的规定处理；构成犯罪的，由司法机关依法追究其刑事责任。

第二十一条　当事人对商品流通行政管理部门不予颁发经营许可证的决定不服的，可以依法申请行政复议或提起行政诉讼。

当事人对行政处罚决定不服的，可依法申请行政复议或提起行政诉讼。逾期不申请复议或不起诉又不履行行政处罚决定的，作出行政处罚决定的机关可申请人民法院强制执行。

第二十二条　商品流通行政管理部门及其工作人员应遵纪守法，秉公办事。对以权谋私、滥用职权、徇私舞弊、玩忽职守或收受贿赂的，由其所在单位或上级主管部门给予责任人员行政处分；构成犯罪的，由司法机关依法追究刑事责任。

第二十三条　本办法由市商品流通行政管理部门负责解释。

第二十四条　本办法自发布之日起施行。

重庆市人民政府办公厅
关于印发《重庆市民用爆破器材管理暂行办法》的通知

1999年10月10日

（渝办发〔1999〕76号）

《重庆市民用爆破器材管理暂行办法》已经市政府同意，现印发给你们，请遵照执行。

重庆市民用爆破器材管理暂行办法

第一章　总则

第一条　为了加强民用爆破器材的规范管理，保护国家财产和人民群众生命财产安全，根据《中华人民共和国民用爆炸物品管理条例》《民用爆破器材厂设计安全规范》以及有关法律法规，特制定本办法。

第二条　民用爆破器材是一种易燃、易爆的危险物品。对民用爆破器材必须按照本办法实行严格管理。凡在本市行政区域内民用爆破器材的生产、储存、销售、购买、运输、使用等适用本办法。

第三条　本办法所称民用爆破器材是指用于非军事目的的工业炸药及其制品和工业火工产品。生产所用的具有爆炸危险属性的原材料的生产流通也适用本办法。

民用爆破器材的产品目录以国家公布的为准。

第四条　市民用爆破器材管理办公室（以下简称“市民爆办”）是市政府负责全市民用爆破器材生产、储存、销售、购买、运输、使用等行业的行政主管部门。

第五条　生产、储存民用爆破器材的工厂、仓库，必须符合《民用爆破器材工厂设计安全规范》及国家有关规定的要求。在规定的安全距离内，不准进行爆破施工作业，不准修建任何建筑物和增设其他设施。

现有生产、储存民用爆破器材的工厂、仓库设施，凡不符合前款规定的，由各区县（自治县、市）人民政府负责召集有关部门和单位，认真研究，落实整改措施，限期解决。

第六条　生产、保管、使用和运输民用爆破器材的从业人员，须由单位和公安机关进行业务、技术、安全培训，经考试合格后持证上岗。

第七条　依据国家的安全生产方针，民用爆破器材的安全管理，由各生产、储存、销售、运输、使用民用爆破器材的单位负责，其主要领导负安全生产的全面责任。

生产、储存、销售、运输、使用民用爆破器材的单位，必须认真落实安全责任制并严格制定民用爆破器材安全管理制度和安全技术操作规程，做好安全教育培训工作，根据需要设置安全管理部门并配备安全管理人员。

第八条　各级公安机关依照本办法，对管辖地区内民用爆破器材的安全管理实施严格监督检查。

第二章　管理机构及职责

第九条　市民爆办由市物资局（重庆市物资行业管理办公室）牵头，市经委、安全生产办公室、国防科工办、公安局、化工局、煤管局等部门组成。市民爆办设在市物资局内。

第十条　市民爆办职责：

（一）负责贯彻执行国家民用爆破器材行业有关方针、政策、发展战略、规划、技术规范和安全规范。

（二）根据国家民用爆破器材行业有关政策、规划，制定重庆市民用爆破器材发展规划并组织实施。

（三）对市民用爆破器材生产企业年度生产计划和市民用爆破器材专营公司年度需要计划进行协调、平衡，并统一向国防科工委申报。

（四）负责市民用爆破器材的生产改扩建项目、调整生产能力和变更、新增生产品种项目的审查和申报工作。

（五）负责市民用爆破器材生产许可证考核、审查及申报工作。

（六）负责组织市民用爆破器材新产品、新技术、新工艺、新设备研究开发项目的立项报批工作。

（七）负责市民用爆破器材生产和流通企业（含三资企业）的质量、安全的监督检查工作，调查处理重大质量和安全事故。

（八）负责市民用爆破器材行业综合统计及分析报告工作。

第三章　民用爆破器材的生产

第十一条　重庆市对民用爆破器材的生产实行严格管制。民用爆破器材生产企业必须遵循统一规划、总量控制、合理布局、以需定产的原则，按照国家国防科工委下达的生产计划组织生产，严禁超计划生产。

第十二条　民用爆破器材的生产由国家国防科工委批准的企业进行；重庆市不再新增民用爆破器材生产厂；现有生产民用爆破器材的工厂进行改建、扩建，必须按照国家有关规定办理报批手续，经批准后方可实施；严禁任何单位和个人非法生产或制造民用爆破器材。

第十三条　民用爆破器材产品包装应当符合国家或行业有关标准的要求。

第十四条　生产民用爆破器材的工厂，必须建立严格的检验制度，保证产品质量合格。不合格的产品不准出厂。

第十五条　试验或试制民用爆破器材，必须在专门场地或专门试验室进行。严禁在生产车间或仓库内试验或试制。在生产民用爆破器材工厂外设置试验场地时，必须经所在地区县（自治县、市）公安（分）局批准。

试制试用民用爆破器材新产品，必须符合国家新产品试制有关规定。

严禁生产氯酸盐类混合炸药。

第四章　民用爆破器材的储存

第十六条　民用爆破器材必须储存在专用的仓库、储存室内。严禁将民用爆破器材分发给承包户或个人保存。

第十七条　储存、销售、运输、使用民用爆破器材的单位，设立专用民用爆破器材仓库、储存室时，必须凭区县（自治县、市）以上主管部门批准的文件及设计图纸和专职保管人员登记表，向所在地区县（自治县、市）公安（分）局申请。经审查，符合国家有关规范要求和本暂行办法的，发给《爆炸物品储存许可证》，方准储存。

第十八条　使用民用爆破器材的单位，临时存放民用爆破器材时，要选择安全可靠的地方单独存放，指定专人看管，并报所在地区县（自治县、市）公安（分）局批准。发给《爆炸物品临时储存许可证》后方准储存。

第十九条　储存民用爆破器材的仓库、储存室必须做到：

（一）建立严格的保卫、保管、消防制度，健全完善岗位责任制，落实专人保管，落实技防、犬防。

（二）建立出入库检查、登记制度。收存和发放民用爆破器材必须进行登记，做到账目清楚，账物相符。

（三）库房内储存的民用爆破器材数量不得超过核定容量。性质相抵触的民用爆破器材，必须分库储存。库房内严禁存放其他物品。

（四）严禁无关人员进入库区。严禁在库区内吸烟和用火。严禁把其他容易引起燃烧、爆炸的物品带入仓库。严禁将手提电话、传呼机、收音机等带电池的非防爆电器带入库房。严禁无关人员在库房内住宿或进行其他活动。

（五）发现民用爆破器材丢失、被盗，必须及时报告所在地公安机关。

第二十条　变质和过期失效的民用爆破器材，应及时清理出库并予以销毁。在销毁前要登记造册，提出实施方案，报上级主管部门批准，向所在地公安机关备案，并在公安机关的协助下运到指定的安全地点妥善销毁。

第五章 民用爆破器材的销售和购买

第二十一条 民用爆破器材属于国家计划物资，县级以上（包括县级，下同）厂矿企业单位需用民用爆破器材时，应当报经上级主管部门同意，向所在地民爆器材专营公司提出申请，由各级民爆器材专营公司按国家计划组织供应。按照国家分配计划签订的民用爆破器材供货合同，必须经国家国防科工委等有关部门鉴证盖章，方为有效。合同副本要及时送所在地区县（自治县、市）公安（分）局，以备查验。

第二十二条 县以下厂矿企业和农村基层生产单位（含民爆管理服务站）以及科研、文艺、医疗等单位需用民用爆破器材时，应当报经上级部门和当地公安派出所审查同意，向所在地区县（自治县、市）公安（分）局申请《爆炸物品购买证》，凭证向指定的民爆器材专营公司购买。

第二十三条 本市民用爆破器材购进实行先市内后市外的原则。凡经国家批准，本市能够生产，在质量、数量上能满足需要的品种，各级民爆器材专营公司在计划申报、购进中应优先订购本市生产企业的产品；因本市不能生产或不能满足需要等其他原因，各级民爆器材专营公司需要在市外购进民用爆破器材时，应由市民爆器材专营公司统一平衡，经市民爆办同意后向国家国防科工委申报；计划合同经国家国防科工委民爆办鉴证盖章后，一律在市公安局办理《爆炸物品购买证》和《爆炸物品运输证》。

第二十四条 民用爆破器材的购买、使用遵循就地就近和属地原则。凡在本市辖区内使用民用爆破器材的任何单位（含民爆管理服务站），在购买民用爆破器材时，须向使用地区县（自治县、市）公安（分）局申请办理《爆炸物品购买证》和《爆炸物品运输证》，到当地民爆器材专营公司购买。未设立民用爆破器材专营公司的近郊六区（渝中、江北、南岸、沙坪坝、九龙坡、大渡口）和水警总队，其使用单位所需民用爆破器材，一律由使用地公安（分）局审查办理《爆炸物品购买证》和《爆炸物品运输证》，凭证到市民爆器材专营公司购买。严禁各区县（自治县、市）公安（分）局擅自出具购运手续到生产企业直接进行购买。

第二十五条 对全市范围内生产、储存、销售、购买、使用的民用爆破器材一律实行监封制度。万州、黔江开发区由区公安局对辖区内生产、储存、购买、销售、使用的民用爆破器材进行监封；其余各区县（市）生产、储存、购买、销售、使用的民用爆破器材，由市公安局统一进行监封。凡未监封的，由各级公安机关严格依法查处。严禁任何单位和个人，擅自到市内外生产企业非法购买民用爆破器材；严禁生产企业自产自销民用爆破器材；严禁在民用工程建设中购买、使用军用爆破器材；严禁各级民爆器材专营公司私自计划外购买、经销民用爆破器材；严禁用民用爆破器材换取其他物品。

第六章 民用爆破器材的运输

第二十六条 运输民用爆破器材，由收货单位凭已鉴证盖章的民用爆破器材供销合同，写明运输民用爆破器材的品名、数量和起运及运达地点，向所在地区县公安（分）局申请领取《爆炸物品运输证》；运输市外生产企业生产的产品，经当地县以上公安机关审查签署意见后，向市公安局申请领取《爆炸物品运输证》。

《爆炸物品运输证》实行回交制度。购货单位在收货后 15 天内，必须将《爆炸物品运输证》

第三联（由供货方加盖公章）主动交回原发证公安机关，以备查验。

第二十七条　承运单位凭《爆炸物品运输许可证》，按照运输主管部门的有关规定办理运输。运输途中应落实专人押运。驾驶、押运员必须经单位和公安机关进行业务、安全培训，考试合格才能从事运输、押运工作。用户自备车辆运载民用爆破器材，必须符合有关安全运输规定。用户需要的民用爆破器材提倡由生产企业或民爆器材专营公司有偿配送。

第二十八条　运输民用爆破器材必须严格遵守下列规定：

（一）运载车、船必须符合国家有关运输规定的安全要求。

（二）货物包装应牢固、严密。性质相抵触的民用爆破器材不准混装在同一车厢、船舱内。装载民用爆破器材的车厢、船舱内，不准同时载运旅客和其他易燃易爆物品。

（三）装卸民用爆破器材，应当远离城市中心区和人口稠密地区的车站、码头。装卸民用爆破器材的车站、码头，必须符合安全条件，由当地公安机关会同铁路、交通部门协商确定。

（四）民用爆破器材的运输、装卸，应当尽量在白天进行，要有专人负责组织和指导安全操作。装卸人员必须具备装卸民用爆破器材的安全知识和技能。装卸现场，应当设置警戒岗哨，禁止无关人员进入。

（五）在公路上运输民用爆破器材，车辆必须限速行驶，前后车辆应当保持避免引起殉爆的距离。经过人烟稠密的城镇，必须事先报告当地公安机关，按公安机关指定的路线和时间通行。

（六）运输民用爆破器材在途中停歇时，要远离建筑设施、桥梁、隧道和人烟稠密地区，并有专人看管。严禁在装民用爆破器材车船附近吸烟、用火、使用手提电话和传呼机。

第二十九条　严禁个人随身携带民用爆破器材搭乘汽车、电车、火车、轮船、飞机。严禁在托运的行李包裹和邮件中夹带民用爆破器材。

第七章　民用爆破器材的使用

第三十条　使用民用爆破器材的单位，必须经上级主管部门同意，并持说明使用民用爆破器材的地点、品名、数量、用途、四邻距离的文件和安全操作规程。向所在地区县（自治县、市）公安（分）局申请，经审查批准核发《爆炸物品使用许可证》后，方准使用。

第三十一条　在本市范围内从事大、中型工程建设进行爆破施工的单位，必须具有法人资格，组织、安全机构，工商营业执照，工程技术、爆破作业队伍，机械设备和安全规章制度，由单位申请经主管部门审查后，由当地区县（自治县、市）公安（分）局审核，按照属地原则，分别报经市公安局或万州、黔江开发区公安局核准，发给《重庆市爆破施工单位资格审查合格证》后才能从事爆破施工作业。凡未经过资格审查合格的单位，严禁进行爆破施工作业。

第三十二条　经公安机关审验合格的爆破施工单位，进行爆破施工时，必须严格执行《中华人民共和国民用爆炸物品管理条例》和国家《爆破安全规程》的各项规定。同时，施工单位必须事先编制爆破施工方案，经所在地区县（自治县、市）公安（分）局审查批准后，方准进行爆破作业；凡爆破总土石方量在10万立方米以上或一次爆破最大用药量5吨以上的大型爆破方案，必须由当地区县（自治县、市）公安（分）局审查同意后，按属地原则应分别报经市公安局或万州、黔江开发区公安局核查批准后才能进行爆破施工。

近郊九区（渝中、江北、南岸、沙坪坝、九龙坡、大渡口、渝北、巴南、高新技术开发区）范围内，从事拆除、水下爆破和陆地大型爆破的工程，其爆破施工方案，经当地公安分局审查同意后，必须报经市公安局核准方能进行爆破施工。

第三十三条 使用民用爆破器材，必须建立严格的领取、清退制度。爆破员或安全员领取民用爆破器材时，必须经班组长或现场负责人批准，领取数量不得超过当班使用量，剩余的要当天退回。

第三十四条 从事爆破施工的单位，禁止非爆破员进行爆破作业。农村个人如因盖房或其他用途确需进行爆破时，必须由本人提出申请，经村民委员会审查同意，报乡镇政府或公安派出所批准，委派合格的爆破员按照规定统一规定。同时，代行购买民用爆破器材并进行爆破作业。

第三十五条 严禁任何单位和个人私拿、私用、私藏、赠送、转让、转卖、转借民用爆破器材。

第八章 罚则

第三十六条 违反本办法，在生产、储存、销售、运输、使用民用爆破器材中，存在安全隐患，由公安机关责令限期整改；对拒不整改或严重不符合安全条件的，公安机关有权责令停业整顿或吊销其安全许可证，工商管理部门应同时吊销其营业执照。

第三十七条 违反本办法，非法制造、贩运、销售民用爆破器材和私藏、私带、滥用、盗窃民用爆破器材的，公安机关除没收其民用爆破器材外，应视情节轻重，属于个人的，依照《中华人民共和国治安管理处罚条例》的规定，予以警告、罚款、拘留处罚，或者依法追究刑事责任；属于单位的应追究单位领导人和直接责任人的责任，直至依法追究刑事责任。

第三十八条 违反本办法，在生产、储存、销售、运输和使用民用爆破器材中，对发生民用爆破器材丢失、被盗和其他事故的直接责任人和领导者，情节轻微的被由单位或主管部门给予处理外，应由公安机关依法进行处罚；情节恶劣，后果严重，构成犯罪的，将依法追究刑事责任。

第九章 附则

第三十九条 在本办法公布前，已从事生产、储存、销售、运输、使用民用爆破器材的单位，没有办理或者没有按照本办法的规定办理批准手续的，均应依照本办法，办理批准手续。

第四十条 本办法的解释权属市民爆办。

第四十一条 本办法自印发之日起施行。

重庆市生猪屠宰管理办法

2000 年 8 月 31 日

（市长令第 102 号）

《重庆市生猪屠宰管理办法》已经 2000 年 8 月 28 日市人民政府第 68 次常务会议审议通过，现予发布，自发布之日起施行。

第一条 为了加强生猪屠宰管理，保证生猪产品质量，保障人民身体健康，根据国务院《生猪屠宰管理条例》和国家有关规定，结合本市实际，制定本办法。

第二条 本市行政区域内的生猪屠宰活动和生猪屠宰管理适用本办法。

第三条 依法对生猪实行定点屠宰、集中检疫、统一纳税、分散经营的制度。

第四条 商品流通行政部门是屠宰行业的主管部门，负责本行政区域生猪屠宰活动的监督管理。

农牧、环保、卫生、工商等行政部门按照职责分工，依法做好生猪屠宰活动的监督管理。

乡（镇）人民政府负责本行政区域生猪屠宰活动的日常管理。

第五条　市人民政府组织商品流通、农业、环保、卫生、工商、规划等有关行政部门，按照统一规划、有利流通、便于管理、相对集中、总量控制的原则，制定全市定点屠宰厂（场）设置规划。

区县人民政府根据全市定点屠宰厂（场）设置规划的要求，设置审批本行政区域的定点屠宰厂（场）。

第六条　定点屠宰厂（场）的选址应当符合城乡建设发展规划，远离生活饮用水的地表水源保护区，避开居民稠密区和公共活动场所并处于下风向。

第七条　定点屠宰厂（场）必须具备下列条件：

（一）有与屠宰规模相适应，水质符合国家规定标准的水源条件；

（二）有符合国家规定要求的待宰间、屠宰间、急宰间以及与屠宰规模相适应的机械化屠宰设备；

（三）有符合国家规定和卫生要求的专用运载工具；

（四）有必要的检验设备、消毒设施和药品；

（五）有生猪及生猪产品的无害化处理设施；

（六）有取得健康证明并经专业技能考核合格的肉品品质检验人员和屠宰技术工人；

（七）有符合国家规定的动物防疫、食品卫生、环境保护的场地、设施条件。

第八条　单位和个人申办定点屠宰厂（场）按以下规定办理：

（一）向所在地区县（自治县、市）商品流通行政部门提交书面申请及有关资料，商品流通行政部门在收到书面申请及有关资料之日起 15 日内，会同农牧、环保、卫生、规划、国土等行政部门进行选址审查，符合本办法第六条规定的，报同级人民政府进行定点资格审批并报市商品流通行政部门备案；

（二）取得定点资格的单位和个人其屠宰场地、设施建设竣工后，由区县（自治县、市）人民政府组织商品流通、农牧、环保、卫生等行政部门进行专业验收，符合本办法第七条规定的，颁发定点屠宰厂（场）标志牌；

（三）定点屠宰厂（场）取得流通、农牧、卫生、工商、税务等行政部门核发的有关证照后，方可开展生猪屠宰经营活动。

第九条　定点屠宰厂（场）更名、合并、破产、解散，必须到有关证照颁发部门办理变更或注销手续；定点屠宰厂（场）分立、分设、迁建，必须按照本办法第八条规定重新办理审批手续。

第十条　实行定点屠宰的地区，未经定点，任何单位和个人不得屠宰生猪；但是，农村地区自养自宰自食的除外。

第十一条　定点屠宰厂（场）可以自行收购生猪进行屠宰，也可以为他人提供代宰服务。

第十二条　定点屠宰厂（场）必须遵守以下规定：

（一）屠宰的生猪应当有产地动物防疫监督机构检疫合格证明。发现不宜送宰的病猪、死猪，必须在动物检疫人员的监督下进行无害化处理；

按照国家规定的操作规程和技术要求屠宰生猪，实行机械化屠宰工艺的肉品品质检验必须按照国家颁布的检验规程与生猪屠宰同步进行，并对检验结果和处理情况进行登记。肉品品质检验的验讫印章必须符合法律法规的规定；

（二）经肉品品质检验不合格的生猪产品必须在肉品品质检验人员的监督下进行无害化处理；

（三）不得使用未经专业技能考核合格的人员从事屠宰作业和肉品品质检验工作；

（四）提供代宰服务的，无正当理由不得拒宰、强宰生猪；

（五）不得涂改、出租、出借、转让或者在本企业屠宰场所之外使用定点屠宰标志牌、资格证书、品质检验印章。

第十三条　任何单位和个人不得将未经肉品品质检验或者经肉品品质检验不合格的生猪产品出厂（场）。

第十四条　任何单位和个人不得在任何场所向生猪及生猪产品注入水或其他物质。

第十五条　任何单位和个人不得伪造或者使用伪造的定点屠宰标志牌、资格证书、肉品检验印章。

第十六条　从事生猪产品经营的单位和个人以及宾馆、饭店、餐厅、食堂，销售、储藏、运输、加工、使用的生猪产品必须是定点屠宰厂（场）屠宰的生猪产品。

前款所列的各类经营者必须建立生猪产品进货登记制度，并保存有关原始凭据备查。

第十七条　提供代宰服务的定点屠宰厂（场）必须按照物价行政部门核定的标准收取服务费。屠宰环节的各类经营者必须依法缴纳有关税费。任何单位和个人不得在屠宰环节乱收费。

第十八条　市商品流通行政部门应当加强对《生猪屠宰管理条例》和本办法执行情况的监督检查。

第十九条　市商品流通行政部门在备案审查以及日常检查中，发现定点屠宰厂（场）的设置不符合本办法规定的，应当建议区县（自治县、市）人民政府重新审查、审批定点屠宰资格。

第二十条　生猪屠宰的卫生检验、动物检疫及监督，依照法律法规以及国家有关规定执行。

第二十一条　行政部门依法实施监督检查，不得收取任何费用。

第二十二条　违反本办法的有关行为，由商品流通行政部门分别按以下规定给予处罚：

（一）违反第十条的，予以取缔，没收非法屠宰的生猪产品和违法所得，并处违法经营额3倍以下罚款，不能计算违法经营额的处2000元以下罚款，情节严重的处2000元以上10000元以下罚款；

（二）违反第十二条第（二）、（三）、（四）、（五）项的，责令改正，可处500元以下罚款；违反第十二条第（四）项的，责令限期处理，处1000元以上50000元以下罚款；违反第十二条第（七）项的，处2000元以上20000元以下罚款；

（三）违反第十三条的，没收出厂（场）的生猪产品和违法所得，并处违法经营额1倍以下罚款，不能计算违法经营额的处200元以上5000元以下罚款；

（四）违反第十四条的，没收有关生猪及生猪产品和违法所得，并处违法经营额1至5倍罚款，不能计算违法经营额的处1000元以上20000元以下罚款；屠宰企业再次违犯的，报经批准定点的人民政府同意，取消定点屠宰资格；

（五）违反第十五条的，处200元以上5000元以下罚款；

（六）违反第十六条第一款的，责令改正，可处1000元以下罚款，情节严重的，处1000元以上20000元以下罚款；违反第十六条第二款的，责令改正，可处200元以下罚款。

第二十三条　区县商品流通行政部门可以委托本行政区域的乡（镇）人民政府对违反本办法有关规定的行为行使处罚权。

第二十四条　违反本办法的行为，其他法律、法规有行政处罚规定的，从其规定。

第二十五条　以暴力、威胁的方法拒绝、阻碍执法人员依法执行公务的，由司法机关追究刑事责任；拒绝、阻碍执法人员依法执行公务未使用暴力、威胁方法的，由公安机关给予治安处罚。违反本办法规定，给他人造成人身伤害或财产损失的，应当承担民事责任。

第二十六条　违反本办法规定，给他人造成人身伤害或财产损失的，应当承担民事责任；涉嫌犯罪的，移交司法机关依法追究刑事责任。

第二十七条　当事人对具体行政行为不服的，可依法申请行政复议或提起行政诉讼。

第二十八条　行政部门的工作人员滥用职权、玩忽职守、徇私、索贿受贿，涉嫌犯罪的，移交司法机关依法追究刑事责任；不构成犯罪的，依法给予行政处分。

第二十九条　本办法所称“生猪”是指进入流通环节的商品生猪，不包括农村地区自养自宰自食的生猪。

本办法所称“生猪产品”是指进入流通环节的未作精深加工的猪胴体、肉、头、肺、尾、脂、血、骨、皮、脏器。

第三十条　牛、羊的屠宰管理参照本办法执行。

第三十一条　本办法自发布之日起施行。

关于进一步下放权限强化区县（市）行业管理职能加快区县（市）经济发展的通知

2000年10月20日

（渝商委发〔2000〕140号）

根据渝委发〔1997〕1号、渝府发〔2000〕25号、37号文件和全市区县经济工作会的精神，为了进一步简政放权、完善区县（市）政府管理职能，增强区县（市）统揽辖区经济社会发展的能力，促进区县（市）经济社会大发展。按照市商委新的“三定方案”职能，我委决定将部分行业管理职能，进一步下放或委托授权到区县（市）试行，现将有关问题通知如下：

一、管理权限下放的范围

1. 化学危险物品经营管理。对申请从事除成品油批发、液化气储配站、剧毒物品批发与零售以外的化学危险物品批发零售经营的企业，市商委委托各区县（市）商品流通主管部门按规定程序和要求，进行现场审查，符合条件的企业，由本区县（市）商品流通主管部门核发《化学危险物品经营许可证》，加盖公章，报市商委备案。

2. 易制毒化学物品经营管理。对申请从事易制毒化学物品批发零售经营的企业，按照属地化原则，由区县（市）（近郊六区除外）商品流通主管部门按有关规定和要求，严格审查，符合条件的，由本区县（市）两品流通主管部门核发《易制毒化学物品经营许可证》，加盖公章，报市商委备案。

渝中区、江北区、南岸区、沙坪坝区、九龙坡区、大渡口区等近郊六区申请从事易制毒化学物品批发零售经营的企业，向所在地商品流通主管部门提出申请，由本区商品流通主管部门按规定程序和要求严格审批后，符合条件的企业报市商委核批《易制毒化学物品经营许可证》。

3. 酒类销售管理。对申请从事除进口酒、国家名酒、食用酒精之外的酒类批发销售企业，由市酒管局委托所在区县酒管局审核，符合条件的企业在本区县核发《重庆市酒类销售许可证》。

4. 旧货经营管理。对在一个区县内从事旧货经营的企业，由所在区县商品流通主管部门审批，报市商委备案。并由市商委统一向国家国内贸易局申报《旧货经营资格证书》。

5. 市场建设管理。对项目业主投资新建、改建、扩建商场建筑面积在5000平方米以下，批发市场建筑面积在10000平方米以下的项目，由各区县（市）商品流通主管部门会同当地计委共同预审，联合签署意见，同意的由当地计委立项，报市商委备案。

6. 各类许可证和批准证书由市商委统一印制、统一编号、集中管理，各区县（市）根据所需数量到市商委购领，不得自行印制发放。

二、管理权限下放后的几点要求

1. 各区县（市）商品流通主管部门要从本地实际出发，对实施许可证管理的行业制定行业发展和企业布局规划，依照规范进行调整和新办证企业经营资格审批。特别是对一旦发生事故、危及公众安全的经营易燃、易爆、毒害品的企业在选点上要从严掌握，不能任其发展，对小酒厂的审批必须按照全市规划数内从严控制，对不符合国家的产业政策和环保要求的要限制发展。

2. 严格依照有关法规、政府规章和规范性文件的要求，在核发各类许可证前对企业的经营资格、条件进行现场的认真审查，不得自行降低条件。要加强同当地公安、消防、技监、环保、卫生等有关部门的配合，确保由商品流通主管部门核发的各类许可证符合颁证要求。

3. 认真履行对社会商业实施行业管理的职责，加强日常监督、管理，防止以证代管的倾向。加大对违法、违章经营的执法力度。要采取有效措施，提高办证、执法人员的素质，依法行政。

4. 牢固树立为经济建设服务、为企业服务、为社会服务的思想。对涉及审批，许可管理的办事要求、办事程序、办事时限、收费标准、责任人等公布上墙。要提高办事效率，企业提出申请后要在规定时限内予以办理或书面说明不予办理的理由。要严格收费标准，不得擅自提高收费标准，不得另外加收其他费用。

三、管理权限下放后，按照责权利相统一的原则，市商委要加强对各区县（市）的审批发证情况进行指导、监督和检查，并实行以下五项制度：

1. 备案制度。各区县（市）每一季度必须向市商委上报审批发证情况表，内容包括申办单位、项目名称、经营品种、经营方式、单位地址、电话号码、审批发证单位经办人、负责人、发证时间、编号等（此表由市商委统一印发）。

2. 办事意见反馈制度。市商委统一负责制订办事意见反馈表，由各区县（市）向正申办项目的企业发送，企业填写反馈意见后直接寄送市商委办公室。

3. 公示制度。市商委定期在市政府信息网或有关报刊上公示发证情况以及实行许可证管理项目的办事程序、所需资料、办事时限、收费标准、责任人等，实行社会监督。

4. 督促、检查制度。市商委将按照有关法规、政府规定和规范性文件精神，对各区县（市）实施许可证管理和执法情况进行经常性督促检查，走访企业，直接听取意见和建议。

5. 培训、工作会制度。市商委将有计划地对各区县（市）从事行政管理和行政执法人员进行业务和法律知识的专业培训，每半年召开一次行政管理及执法工作片会，全年一次工作情况交流会。

重庆市人民政府关于促进消费扩大内需的意见

2002 年 9 月 29 日

（渝府发〔2002〕75 号）

消费对经济发展具有极其重要的影响。在世界经济增长放缓的形势下，促进消费，扩大内需，已成为今后一个时期我国经济发展的战略性措施。为了充分发挥消费对我市经济增长的拉动作用，促进我市经济快速发展，现就我市促进消费扩大内需工作提出如下意见：

一、充分认识消费对全市经济增长的重要作用

（一）消费已成为我市经济增长的重要拉动力

“九五”以来我国经济运行轨迹表明，居民消费每增长 1 个百分点，可带动 GDP 增长 0.5 个百分点。“九五”期间，我市最终消费年均增长 9.6%，消费对经济增长贡献率为 62.6%，略高于全国水平，年均拉动经济增长 5.8 个百分点，在我市投资、消费、出口三驾马车中，消费对经济增长拉动的比重最大。据市统计局统计数字表明，2001 年全市最终消费 1078 亿元，预计到 2005 年，我市新增消费能力累计可达到 2138 亿元，其中，可直接转化为最终消费的将达 1816 亿元，消费潜力巨大。

（二）当前我市消费的主要特点

消费结构进入优化转型阶段。恩格尔系数下降，非商品消费上升，温饱生存型消费基本满足，宽裕小康型消费快速增长。城乡居民恩格尔系数分别由 1996 年的 49% 和 63.2% 降至 2001 年的 38.7% 和 54.1%。城市居民消费已达小康水平，正向富裕型迈进；农村居民消费总体上越过温饱线，正向小康过渡。城乡居民消费处于积蓄期。“九五”期间，我市城市居民人均可支配收入年均增长 7.4%，农村居民人均纯收入年均增长 7.6%，人均消费支出年均增长分别为 6.6% 和 5.1%，消费支出增长低于收入增长，城乡居民储蓄存款余额年均增长 21.7%。同全国比较，我市城乡居民收入水平低于全国，但储蓄增长高于全国。2001 年全市城乡居民储蓄存款余额 1317.17 亿元，比上年增长 21.4%，增幅高出全国 6.7 个百分点。我市消费能力总体上仍处于积蓄阶段。消费增长主要由本地居民拉动。在我市 1000 亿元消费总规模中，本地居民消费约占 920 亿元；外来（包括国外旅游人员、境外常住人员、会议会展参会人员、国内旅游人员等）消费仅占 80 亿元。外来消费总额及比重与其他直辖市相比均有较大差距，我市吸引外来消费工作潜力巨大。

（三）影响我市消费增长的三大因素

一是城镇低收入群体比重较高，农村购买力偏低。2001 年，我市城镇困难群众达 70 余万人；农民收入尤其是现金收入偏低，2001 年农村居民人均现金收入仅 1752 元。收入水平决定消费能力，收入越低，越不敢花钱，严重影响消费心理预期。

二是消费环境欠佳，消费热点不突出。近几年全国部分大城市呈现的家用汽车、教育等消费热点在我市尚未形成气候。较高的停车费、修理费及停车不便，导致私人购车容易养车难。教育供给总量不足，特别是成人教育、非义务非学历教育，职业培训和优质教育发展滞后，不能满足需求，且教育投资渠道单一，社会力量办学投资占教育投资总额的比重不足 2%。房地产市场管理工作中存在一些亟待解决的问题，住房货币化进程缓慢，廉租住房保障工作尚未启动，个人信用制度不健全，使住房消费增长受到一定抑制。此外，传统消费观念对消费增长也有一定影响。

三是流通结构不适应现代消费增长的要求。传统的购物性商业经营比重仍然较高，非购物性服务的经营规模小，比重低，发展不快，特别是现代服务业处于起步阶段，与人民群众日益增长的非商品消费需求不相适应。流通经营结构的不完善、不适应，在一定程度上也制约消费规模的进一步扩大。

二、全市消费增长的预期目标

根据我市第二次党代会确立的“富民兴渝，加快建设长江上游经济中心”的奋斗目标，分析今后几年我市经济发展和人民群众生活水平提高的状况，适应消费结构变化特别是非商品消费快速增长的趋势，预计到2005年，全市最终消费将达到1816亿元，年均增长12.8%，高于“九五”时期2.5个百分点，消费对经济增长贡献率达到66.5%，拉动GDP增长6个百分点。全市重点热点消费的预期增长目标是：家用汽车消费年均增长28%，2005年达到40亿元（3.9万辆），比2000年增长1.9倍。住房消费年均增长18%，2005年达到241亿元，比2000年增长1.3倍。文化体育消费年均增长10%，2005年达到40亿元，比2000年增长60%。教育消费年均增长22%，2005年达到173亿元，比2000年增长1.7倍。信息服务消费年均增长20%，2005年达到214亿元，比2000年增长1.5倍。旅游消费年均增长15%，2005年达到300亿元，比2000年翻一番。医疗保健消费年均增长18%，2005年达到103亿元，比2000年增长1.3倍。餐饮业营业收入年均增长15%，2005年达到110亿元，比2000年翻一番。外来消费规模年均增长15%，2005年达到160亿元，比2000年翻一番。

三、切实抓好促进消费的几项重点工作

（一）增加城乡居民收入，增强即期消费能力

一要继续抓好扩大城镇就业和完善社会保障体系工作。加大吸引内外资的力度，利用外来资金促进我市建设和发展，大力发展劳动密集型产业和非公有制经济，同时，鼓励下岗职工自谋职业，扩大劳务输出，增加就业岗位。强化职业培训，提高下岗职工的再就业能力。健全完善社会保障制度。继续以“一个覆盖，两个确保，五个提标”为重点，抓好社会保障体系建设，提高社会保险覆盖面，并争取逐步提高标准。二要进一步拓宽农村居民增收渠道。加快农业产业化进程，大力发展农产品加工业。积极推进10个“农业产业化百万工程”，加大对农副产品加工龙头企业的政策支持力度，扩大农副产品加工规模，增大市场份额，提高农民收入。鼓励大型商业企业直接与农村联营，开发绿色产品和优质特色农产品，发展订单农业。促进非农产业发展。鼓励和引导农民从事工业、建筑业、运输业、服务业等非农产业以及外出务工，建立农民从事非农产业服务体系，努力增加农民非农业性收入。到2005年，农民非农产业收入力争占农民总收入的50%。大力推进小城镇建设，提高我市城镇化水平。注重培育小城镇的支撑产业，增强小城镇对农民的吸纳能力。重点建设好100个非农产业收入超亿元强镇。三要切实减轻农民负担。全面推行农村税费改革，禁止一切形式的乱收费、乱集资、强行摊派和要求农民出钱出物出工的达标升级活动。全面推行涉农价格和收费公示制度，完善农村价格收费监督网络，加强对农民负担的监督管理。

（二）更新消费观念，扩大居民消费信贷

每年3月集中开展“国民消费教育”“更新消费观念”主题宣传月活动，引导城乡居民改变依靠积蓄消费的传统观念，积极推广信用消费等现代消费方式。加大个人信贷消费宣传，逐步提高居民的信贷消费意识和消费信用水平，引导居民从无债消费逐步转变到适度负债消费和超前消费，使消费水平与经济发展水平相适应。积极引导商业银行开展消费信贷业务，提高消费信贷在全部贷款中的比重。以住宅、汽车、教育和耐用消费品为信贷重点，并积极探索医疗消费信贷，为居民消费

信贷提供方便，切实提高服务质量，扩大万元级以上的商品和服务消费。逐步推广电子货币结算，扩大信用卡消费规模。加大对农村信贷的支持力度，立足为三农服务，提高小额生产性贷款和消费信贷额度。到2005年，全市居民消费信贷余额由目前的137亿元提高到284亿元，年均增长20%。

（三）开拓农村消费品市场，扩大农村消费

支持发展农村流通组织。大力发展农村专业合作社、农民贩运大户和以供销社为依托的村级综合服务社。加强农村商业网点建设和布局。加大对农村商业服务设施建设的投入，积极引导城市连锁店、专卖店向乡镇延伸，创新营销服务方式。鼓励在小城镇和乡村积极发展医药、家电、建材、旧货、烟酒等专卖连锁店铺，在经济条件适宜的中心城镇发展设立连锁超市。对下伸乡村的商业服务网点，符合《当前国家重点鼓励发展的产业、产品和技术目录（2000修订）》规定的，在2001年底前减按15%的税率征收企业所得税。

改善农村消费环境。继续改造农村电网，对直接入户的低压电网改造，规范相关收费标准。加快实行城乡用电同网同价，进一步降低农村用电电价。改善通讯设施，下伸通讯网络和广播电视网络，扩大电视闭路覆盖面。加强农村道路设施建设，继续实施“乡乡通公路”工程，扶持边远山区发展公路事业。

（四）扩大外来消费增量

加快我市中央商务区的规划、建设，加大基础设施投入，改善设施条件和投资软环境，重点引进国内外大财团、大公司的总部或分支机构以及银行、保险、证券机构入驻重庆，让国内外的资本包括民间资本在渝自由创业，公平竞争，增大投资主体，增加外来常住人口，扩大重庆高收入消费群体。加快会展设施建设，完善服务环境，培育品牌会展。重点把我市的“一会一节”“高交会”“美食文化节”培育成为全国性的会展活动，办好“都市旅游节”“服装文化节”“啤酒节”以及汽车摩托车、化工建材产品、农副产品、鞋类、名特商品等一批大型专业会展。积极争取国内外的大型专业会议、会展来渝举办，扩大外来消费增量。

（五）改善促进消费的宏观环境

强化结构调整，增加有效供给。围绕市场需求，进一步加强产业结构、产品结构调整，特别是加快我市轻工、食品、电子、通信、建材、家用汽车等产业的发展，不断开发新产品，满足消费者各方面的需求。加快推进流通现代化，大力发展连锁经营，积极推进现代物流，稳步探索电子商务，以完善的流通经营结构和先进的营销方式，适应现代消费需求。加快生产、流通和消费的再循环。以消费促进生产流通，以生产流通培育新的消费。坚持市场开放，破除地方封锁和行业垄断，鼓励地方名优产品消费，积极支持地方骨干优势产业和名优产品生产企业开拓市场。提高地方品牌产品在市内重点建设项目物资采购市场中所占比重，充分利用投资需求拉动我市装备材料工业发展。对全市交通、市政、电力、通信、环保、水利、库区建设等方面的重点基础设施建设和企业技术改造项目，要采取扩大内需的办法，建立物资采购信息公布制度和重点项目联络员制度，及时沟通供需信息，加强联系、协调，为市内企业参与重点工程物资供应创造条件。进一步拓展消费服务领域。根据社会经济发展和人口结构变化趋势，注重研究不同人群的消费需求和消费心理，开发不同消费人群的适销商品和服务。针对消费上档升级和外来人口增加，有针对性地发展新的服务领域。不断扩大消费服务的广度和深度。大力发展社区商业服务，在城区特别是在居民住宅小区，大力兴办社区商业服务中心，积极开展各类社区服务。加强市场整治和监管。进一步整顿和规范市场经济秩序，围绕群众反映的热点焦点，加强消费品市场的治理，强化商品质量的监管。大力整治各类侵害消费者权益行为，对生产销售危害人民生命健康和财产安全的假冒伪劣商品的违法行为要坚决打击，特别要加大对农村消费市场的治理整顿，解除老百姓消费的后顾之忧。健全消费者维权体系，建立投诉和监督机构，建立完善消费投诉绿色通道和消费争议仲裁机构，开展群众性的消费维权活动，努力营造人民群众放心满意的消费环境。

四、采取有力措施，促进八大消费

（一）关于住房消费。1. 推进住房货币化分配，完善住房供应体系。（1）大力推进住房货币化分配。各级政府应制定本地区财政拨款单位的住房货币化分配实施计划，各级财政将住房补贴资金纳入预算安排。符合住房补贴发放条件的地区，今年均应启动住房补贴工作，力争于2003年底以前全部解决财政拨款单位离退休职工的住房补贴。进一步扩大企业住房货币化分配实施面。各类企业的住房补贴方案既可比照机关事业单位的方案执行，也可按照房改的政策规定，结合本单位、本行业的工资水平、本单位职工历史住房状况、单位所在地区商品住房价格，制定符合单位实际的住房补贴方案。（2）开展廉租住房保障工作试点。出台重庆市城镇廉租住房保障试点的相关政策。采取以租金补贴为主，实物配租为辅的方式，选择部分地区进行廉租住房保障试点。通过实施廉租住房保障，解决最低收入家庭的住房困难，促进住房租赁市场的发展。2. 继续加大存量公房出售力度，鼓励房改房再交易。（1）符合出售条件的公有住房，凡住户要求购买的，产权单位必须出售。企事业单位闲置公有住房经批准后，可按市场价向社会公开出售，售房资金专项用于职工住房补贴。（2）进一步完善房改房再交易的优惠政策，对出售房改房再购商品住房或二手房的，按面积增量计收契税和转让手续费。3. 规范完善集资合作建房政策，吸引职工将消费资金投入住房建设在住房货币化分配尚不能全面实施的阶段，继续发展集资合作建房。修改现行集资合作建房政策，出台新的集资合作建房办法，将集资合作建房分为集资建房和合作建房两种形式。合作建房不纳入个人实物分配范畴，由职工按房屋综合造价全额集资。鼓励职工以住宅合作社或集资合作建房等形式，自筹资金对自住的危旧房进行改造。4. 进一步降低房地产市场交易税费。（1）降低住房转让、租赁手续费。转让新建住房按每平方米3元标准收取，转让存量住房按每平方米6元标准收取，集资合作住房免收转让手续费。降低住房租赁手续费，按每套20—80元标准收取。（2）降低住房所有权转让登记费，按每套80元标准收取。（3）降低房地产交易契税。个人购买住房的契税由1.5%降低为1%。职工使用住房公积金和住房补贴购买住房免征契税。（4）对个人购买并居住超过1年的普通住宅，销售时免征营业税；对个人购买并居住不足1年的普通住宅，销售时营业税按销售价减去购入原价后的差额计征。对个人转让自用5年以上并且是家庭生活用房取得的所得，继续免征个人所得税。5. 活跃房地产交易，改善住房消费环境。（1）完善全市房地产交易市场网络建设。未建立房地产交易市场的地区，要在今年内完成组建。已建立的要进一步提高服务效率和能力，拓展业务范围。尽快形成以市房地产交易所为中枢、主城各区房地产交易所为主干、远郊区县市房地产交易所为支点的全市房地产交易市场网络。（2）改进房地产市场服务。继续举办全市及区域房地产展示交易会，通过交易会树立品牌，激活市场。引入电子商务技术，建立和完善全市房地产交易服务信息网络系统。大力培育和发展房地产中介服务业，通过联合、重组、兼并等方式发展大型房地产销售和咨询企业。（3）整顿房地产市场秩序。全面推行商品房买卖合同适时联机备案制度，切实保障交易安全。完善对房地产开发企业和中介机构的监管制度，通过业绩公示、不良记录公示和加强资质管理等办法，规范房地产开发和中介执业行为，加强行业自律。6. 完善住房金融配套政策，扩大个人住房消费贷款。（1）引导商业银行加大个人住房消费贷款力度，提供多样化个人住房消费贷款品种。提高住房公积金使用率，大力发放住房公积金个人贷款。（2）积极探索现住房抵押融资购房业务，加大二手房按揭贷款投放。（3）积极完善个人住房贷款金融配套政策，引导支持保险业开展多样化、多品种的个人住房贷款保险业务，加大对个人住房贷款的法律支持，保障权利人的合法权益，组织资金投入，组建置业担保公司。7. 调整规范危旧房改造政策。政府土地储备机构积极参与城镇危旧房拆迁，银行提供对房屋拆迁和土地整治储备的融资支持，拆迁后地块进行整治绿化，纳入政府土地储备，适时进行公示、招标、拍卖。8. 调整经济适用住房政策。认真贯彻国家有关政策，并结合重庆实际进一步完善经济适用住房建设的各项优惠政策，切实解决中低收入者的住房需求。鼓励已建经济适用住房（安居房）补缴土地出让金转化为商品房，并上市交易。9. 完善"购房入户"政策。在城镇购买商品房（含二手房）的人员及其共同居住的直系亲属，并已在本人的合法固定住所实际居住，可在当地入户；购买按揭商品房（含期房）3 年以上并实际居住的人员及其共同居住的直系亲属，可在当地入户；具有大专以上学历或中级以上专业职称的人员购买按揭商品房并实际居住的，不受购房时间限制，可凭相关手续和证明，在当地入户。10. 结合路桥收费改革，发展周边房地产市场。利用路桥收费改革的有利时机，积极盘活存量土地，适当增加江北、渝北、南岸、沙坪坝、九龙坡、大渡口区等相应区域房地产开发的土地有效供给；加大住房配套基础设施建设，按照山水园林城市规划要求，营造新的开发热点，促进区域房地产市场均衡发展。

（二）关于汽车消费

1. 降低停车收费，规范税费征收

（1）降低停车收费。停车收费标准，由市物价局会同市市政委，研究提出公共停车场收费标准，报市政府批准后执行。对住宅小区停车实施分类管理。

（2）规范税费征收。对全市公路收费进行清理，挂牌公布收费年限和收费还贷进展情况，已收费到期和提前还清贷款的公路终止收费。实行"车务公开"制，交通部门所属收费站（所）实行亮证收费，公开办事程序。

2. 简化用车手续

（1）推行汽车销售商"交钥匙工程"。消费者购买国产或地产免检机动车，由销售商负责代交各种税费，办理相关手续，经销商交付车钥匙和所有行车手续，车主交款即可用车。

（2）简化用车手续。取消对非财政预算单位和私人购买、注册的汽车的行政审批和验证；取消办理停车证、排气证等证件，消费者只要持有效驾驶证、行车证即可上路，恶意拖欠税费或违反有关规定可吊销"两证"。

（3）大力发展汽车销售中介咨询机构，提供汽车市场咨询、信贷、法律等方面的服务。

3. 改善行车停车环境

（1）加快交通设施建设。把城市道路交通设施规划、建设和管理工作列入各级政府的重要议程。

（2）加快停车设施建设。大型商业中心和休闲娱乐中心附近要规划建设大型停车楼。新建住宅小区和大型建筑物必须预留或规划建设停车场，并作为住宅建设立项审批标准。已建住宅小区缺少室内停车场地的应在不影响消防安全和道路畅通的情况下设立相应的停车场，为住户提供家用轿车暂停区域。规划、建设部门要大力发展地下停车场，增加停车泊位。

4. 鼓励生产销售企业采取多种方式刺激汽车消费

（1）鼓励和引导汽车生产企业加快技术创新，开发适销对路新品，降低价格，让更多的市民愿意买车，买得起车。

（2）引导企业研究开发符合国际汽车发展趋势，适应重庆环境、路况和能源特点的家庭轿车。

（3）完善销售及售后服务。引导企业和销售商创新销售模式，发展汽车特许专营，建立 15—

20家国内外知名汽车厂商的特许专营店。鼓励汽车销售企业建立汽车超市，为消费者提供多种品牌和型号的汽车，在主城区建立3—5家汽车超市。鼓励汽车制造企业完善售后服务网络，提高服务水平。

5. 规范市场秩序，完善配套服务

（1）清理整顿市场。整顿整车销售市场、零配件市场。

（2）鼓励金融机构以消费信贷方式为私人购买汽车提供服务，实施公务用车制度改革的事业单位，可根据本单位情况对职工购买汽车进行有条件的担保。支持有条件的制造企业开展汽车金融业务。

（三）关于教育消费

1. 加快教育改革步伐

（1）大力发展高中阶段教育。到2005年，全市初中毕业生升入高中阶段学校的比例达到60%以上，高中阶段在校生规模达到70万人左右。主城区和经济发达地区基本普及高中阶段教育，其他地区高中阶段教育入学率逐年提高。以重点高中和示范初中建设带动高中教育整体发展，扩大普通高中的教育供给，促进普通高中教育、中等职业教育协调发展，逐步满足社会对高中阶段教育的需求。

（2）稳步扩大高等教育规模，加快高等教育大众化步伐。到2005年，全市在校研究生达到1.5万人，普通本专科在校生达到22万人左右。各类高等教育在校生达到36万人左右，高等教育毛入学率提高到15%以上。深化高等教育改革，加快高等教育发展，加强高校“三重”建设，提高高等教育质量，增强高层次创新人才培养能力，不断满足人民群众接受高等教育的需求。

（3）改革高等职业教育、中等职业教育招生制度和人才培养模式。努力创造条件，逐步实现高校自主招生，促进高职教育的发展。学校根据条件可实行弹性修业年限和更加灵活的学分制，学生可分阶段完成学业。对取得学籍的学生，可保留学籍，从事创业和就业工作。利用高职院校和中职学校的优势，大力开展职业培训。

（4）优化教育资源配置。按照小学就近入学、初中相对集中、高中合理布点的原则，合理规划和调整学校布局。学校布局调整要结合危房改造、移民搬迁、城区开发及城镇化发展等统筹规划。加大治理薄弱学校的力度，促进各类教育均衡发展，努力满足社会对优质教育的需求。新建、改建居住区必须配套建设教育设施。在有需求又有条件的地方，适度发展寄宿学校。

（5）加大金融对教育的支持力度。探索并实施教育贷款、教育储蓄和教育保险办法，推动教育发展。在防范风险的前提下，继续实行助学贷款，帮助困难学生顺利完成学业。

（6）加快大学园区（城）建设。选择有条件的区县，整体规划，成片开发，建设高水平的大学园区。制定大学园区建设的各项优惠政策，吸引社会资金投入大学园区建设。同时，加快实施重庆教育发展与智力研究中心、学生素质教育基地、高校基础设施、重庆大学江北校区、全市优质高中校舍、重庆市综合职业培训鉴定基地等6个重点建设项目。

（7）鼓励机关、企事业单位职工带薪参加继续教育。单位应统筹安排职工参加继续教育，按规定比例提取并合理使用职工教育专项经费，解决职工的学费、食宿费、交通费等。

2. 大力促进和规范发展非义务教育

（1）改革非义务教育收费办法。兼顾投资者和消费者的利益，制定非义务教育收费标准及收费管理办法，逐步建立符合社会主义市场经济体制以及政府公共财政体制的财政教育拨款的政策和成本分担机制，适当增加学费在培养成本中的比例。规范收费行为，杜绝乱收费。

（2）鼓励社会力量以各种方式积极发展高中阶段和民办高等教育。重点引导社会力量举办中等、高等职业教育，支持有条件的社会力量申办民办普通高等学校，积极推进高等教育学历文凭考试试点工作。经批准，允许普通高校举办相对独立的按民办机制运行的二级学院，或与社会力量联办、共建具有法人资格的民办高校。

3. 扩大非学历教育消费

（1）开展多种形式的职业培训。倡导社会力量利用现有教育资源，举办各种形式的社会文化生活教育，以适应社区教育和终身教育的需要。鼓励发展多种形式的职业教育和职业资格培训，按照《社会力量办学条例》和国务院批转《关于积极推进劳动预备役制度，加快提高劳动者素质的意见》精神，充分调动社会力量办学的积极性，广泛开展以提高职业技能为主的培训，以及各种层次的短期、中期培训和各种资格证书培训。在面向社会认定教师资格过程中，吸引社会力量参加各类培训以及继续教育。鼓励社会劳动者接受职业技能培训后参加职业技能鉴定，取得相应的职业资格证书。放开社会力量举办的各类短期职业技能培训收费管理，由办学者自主定价并报有关部门备案。

（2）鼓励企事业单位开展职工岗位培训。根据工作岗位性质、要求等不同情况，制定培训计划，对职工进行轮训，并纳入年度或目标考核。落实就业准入制度，技术工种从业人员要持证上岗，凡不参加相应培训，参训考试不合格或年度考核不合格的职工，不能评优评先，不能正常晋升工资及职务。

4. 鼓励社会资金投资教育

（1）对社会力量办学给予相应政策支持。加快我市社会力量办学步伐，落实《关于鼓励社会力量办学的意见》，调整教育布局结构，将富余的教育资源用于支持社会力量办学。社会力量举办的教育机构取得的办学收入，报经税务机关批准，自开业之日起减征或免征所得税1年；按有关规定减免征收城市建设配套费，其用于教学及科研等本身业务的房产和土地免征房产税和土地使用税。

允许社会力量办学投资者在保证学校正常运转的前提下，逐步收回办学成本，从办学结余中取得合理回报，并使学校得到滚动发展。

（2）鼓励社会资金以多种形式投资办学。进一步探索、完善公办民助、民办公助、集团化办学、股份制办学、合作办学、企事业单位、社会团体及公民个人办学等改革模式，逐步形成政府统筹下的多元办学主体并存的新格局。到2005年，全市各类民办学校在校生达到30万人以上，举办学历教育的民办高校达到5所以上。

（3）加快后勤社会化改革步伐。进一步推进后勤社会化改革，全面落实重庆市人民政府《关于支持高校学生公寓建设及配套建设有关问题的通知》精神，减免规费14项，社会资金按照规定的等级标准和收费标准参与学生公寓、学生食堂等项目建设。

（四）关于旅游消费

1. 加速打造旅游精品，增强旅游消费吸引力。在“十五”期间，力争把长江三峡、大足石刻和重庆都市旅游都培育成为世界级旅游精品；力争把天坑地缝、“乌江画廊”、仙女山、黑山谷、四面山、合川钓鱼城、重庆野生动物世界等建成国家级旅游精品。配合国家旅游局等6部委，做好重庆、湖北、湖南、贵州4省市长江三峡区域旅游发展规划，规划一批具有三峡库区特色、国家级的重大旅游项目，争取国家对三峡库区旅游开发的支持。在重点旅游区加快建设达标旅游厕所，并不断完善其他接待设施，加快实现重点旅游景区提档升级；新增1A—4A级旅游区5个。

2. 扩大都市旅游圈，丰富都市旅游产品内涵，促进1日游和周末休闲游。抓住“8小时重庆”“半小时主城”工程快速建设和主城路桥收费改革的契机，发挥都市发达经济圈辐射带动功能，以主城区为中心，将周边 2 小时左右车程范围的旅游景区（点），纳入都市旅游圈进行统一的线路设计和产品包装。新增范围包括永川野生动物世界、大足石刻、铜梁温泉城、合川钓鱼城、北碚金刀峡、渝北统景、长寿湖、丰都名山、涪陵天台峡谷、武隆仙女山、南川金佛山、万盛黑山谷、江津四面山等旅游景区。将渝中区举办的“都市旅游节”扩展到主城区，并在每年的 9 月至 10 月进行。加速发展“魅力重庆一日游”。及时并分批增辟线路，包装一批产品，迅速壮大规模，力争今年“魅力重庆一日游”人数达到 3.5 万人次，其中市外游客超过 30%，继续鼓励支持有实力、信誉好的旅游企业扩大“魅力重庆一日游”的线路、产品经营。工、青、妇组织，机关、企事业单位要继续配合组织“魅力重庆一日游”客源。今年内设立完善重庆市散客服务中心和旅游咨询服务中心。加快我市入境公路规划建设，尽快修通一批周边地区入境的“断头路”，吸引方便周边游客。大力发展山城夜景游和“两江游”。加速推进长江、嘉陵江滨江路的旅游开发建设，加强行业管理，完善南滨路、长滨路旅游设施。年内北滨路要加快建设，形成新的旅游带，在南滨路开工建设中外合资的“重庆海底世界”旅游项目。把“长江三峡观光专线游”“两江游”“魅力重庆一日游”和入境游有机组合起来，向海内外大力推介，延长游客在渝游览时间。多元投资、多元开发，发展一批都市旅游新品。着手三峡博物馆和人民广场三期工程完工后的旅游服务配套工作；尽快恢复和开放洪崖洞、湖广会馆等都市名胜古迹；扩建、完善“八一路好吃街”；深化对磁器口古镇的旅游开发；尽快理顺黄山“二战”遗址等旅游管理及开发经营体制。培育渝北鹿山、九龙坡皇田、永川黄瓜山等农业观光旅游产品；促进和规范城市近郊景区“农家乐”建设与管理。积极探索工业旅游、教育旅游，包装设计一批景点，推向市场。

3. 继续组织好国家级“中国重庆投资贸易洽谈会暨三峡国际旅游节”（一会一节）。从 2003 年起，在“一会一节”期间，增加高水平高档次的商业性演出；从今年开始，在每年“9·27”世界旅游日举办重庆都市旅游节，由主城各区以申办制方式主办。

4. 发展旅游商品生产。提高设计开发水平，定期举办旅游商品设计大赛和展销活动。在今年 9 月举行的第三届重庆旅游产品交易会上，推出一批重庆品牌旅游商品；抓紧建设旅游商品展销中心和富有地方特色的旅游小商品一条街。

5. 加大重庆旅游宣传促销力度。市内各媒体要进一步强化对旅游的宣传报道，重庆电视台在黄金时段开辟以展示重庆旅游精品、名品为主要内容的旅游专题节目。旅游主管部门每年统一印制一批包括重庆旅游产品介绍、旅游交通线路等内容的精美旅游宣传资料，免费提供给口岸、外事系统各单位，重点散发给海外游客。下半年将采取市级组团和区县组团、政府补贴和市场运作相结合的方式赴欧洲、美国、日本、韩国及东南亚等境外主要客源市场开展旅游促销活动。

充分发挥市台办、市侨办、外联委、海外联谊会、重庆贸促会等单位和组织与海外客人的桥梁作用，积极宣传重庆旅游产品，动员邀请海外游客。

6. 增辟旅游专线，统一设计包装后，大力向市民推介，方便市民出游。对旅游专线客运的经营特许权，由市交委牵头，市旅游局配合，向社会公开招标，并按各部门职责加强行业管理。对旅游专线定点车辆实行“五定一收费”制度，即对到旅游景区的旅游车实行定时、定班、定车辆、定线路、定票价，实施一次性统一收费。抓紧规范和完善城市道路、旅游景区（点）的标识牌，重新印制规范的重庆旅游地图。在保证质量的前提下，加快发展专职导游和社会导游，3 年内由现在的 4408 人发展到 8000 人左右。

7. 在主城区重点景区（点）和重点旅游购物中心新辟旅游专线车站和旅游团队停车港。

8. 加强八大特色旅游区的基础设施建设，形成一批适应周末休闲和黄金周消费的环线产品。加强与周边省市的合作，培育跨省市区域旅游产品。

9. 大力发展航空旅游。在巩固已开通国际（地区）航线的基础上，继续进行恢复重庆至德国慕尼黑航班的工作；着手开通重庆至马来西亚、美国洛杉矶、新加坡等国际航线的准备工作。积极发展与南充、达川、恩施、宜昌、襄樊、绵阳、广元、西昌、九寨沟等周边地区一些客源较好的城市的支线直航；年内开通渝成“空中穿梭巴士”，实现主城区到万州的穿梭飞行。加快万州机场、黔江机场、梁平机场等支线航空旅游的交通建设。支持和鼓励民航、旅游等企业积极与韩国“韩亚”、香港“港龙”、澳门“澳航”等航空公司联合拓展业务，促进入境游。支持和鼓励有实力的旅行社开展包机业务。今年内，力争全市进入全国“百强旅行社”的5家国际旅行社均能开展包机业务，组织更多的市外、境外游客来渝。公安、民航、旅游、外事等部门要进一步宣传和用好入境落地签证的政策措施，提高入境通关效率和服务质量。边防局要把海外游客人均通关时间控制在45秒以内。

10. 推进旅游市场主体多元化，发展开放型旅游经济。打造一批多种所有制、开放型、高档次、大规模的旅游企业。通过改革改制，进一步实现旅行社业的资源优化配置。拟在今年完成重庆海外旅业集团的改制，组建重庆国际旅业控股集团有限公司。进一步开放旅游市场，吸引境内外多种所有制企业来渝投资经营旅游业，争取在今年内组建1家中外合资旅行社。

11. 逐年加大对旅游精品、名品建设和旅游促销的政府导向性投入，市级每年继续安排3000万元旅游结构调整资金，并随假日旅游的发展而逐年有所增加。

对旅行社代游客支付给其他经营单位的交通费、住宿费、门票等费用，凭票据在计征营业税时扣除，不重复征税。年内尽快出台《旅游创汇奖励实施办法》，落实渝委发〔2001〕11号文件关于旅游创汇奖励的政策措施。在机关、事业单位逐步实行“早九晚五”作息制，创造更多的个人学习、休闲、消费时间。严格执行机关、事业单位职工带薪休假制度。

（五）关于医疗保健消费

1. 引导人民群众更新医疗保健消费观念。大力开展健康教育活动，加强社区卫生服务，引导居民的服务需求从疾病诊治向促进健康、提高生活质量拓展，使医疗保健消费水平与经济发展水平相适应。

2. 提倡多层次、多渠道医疗保险，探索医疗保健消费信贷建立多层次、多渠道的医疗保险，逐步形成完善、规范的医疗保险市场，建立与国际接轨的医疗保险机制，在保障基本医疗的基础上促进城镇所有劳动者的医疗保健消费。探索专项医疗保健消费信贷办法，为群众提供医疗保健信贷支持。

3. 吸引社会资本举办医疗机构引导社会资本举办非营利性或营利性医疗机构，进一步加大力度引导外资和社会资本参与或举办各类医疗保健服务机构。特别是引进具有国际先进水平、我市缺乏、人民群众又急需的学科和专业。在设置审批上，对具有国际国内先进水平的医疗机构可不受医疗机构设置规划的限制。对于外资举办合资合作医疗机构，各级卫生行政部门和医疗机构应在人事用工制度上给予大力支持。

4. 调整和完善医疗保健服务价格政策。非营利性医疗机构基本医疗服务实行政府指导价格，逐步提高技术劳务价值，拉开不同等级医院、医生的医疗服务价格档次，非基本医疗服务项目实行医院自主定价。

5. 大力发展特需医疗保健服务。各级医疗卫生机构要积极转变观念，调整结构，开展和扩展诸如抗衰老、抗疲劳、老年医疗保健、心理咨询、高档次的产科医疗保健服务、医疗美容、生活美容、减肥、健美、口腔保健、中医推拿保健按摩、足疗、医疗保健和疾病治疗咨询服务、高档次健康体检等特需医疗项目。开展“金卡”特需医疗服务（实行挂号、看病、检查、收费、取药、检验、办理住院手续一条龙服务）、开展点名手术和点名接生、康复医疗、家庭保健医生服务项目，开设特需服务病房、开设临终关怀病房等特需医疗项目，努力满足不同层次的医疗保健需求。

（六）关于信息服务消费

1. 扩大信息服务领域。加快推进重庆市作为中国西部信息中心的建设步伐，加快推进通信和信息业在技术上的更新换代，实现网络的宽带化、高速化，力求在通信业务上覆盖语音、数据、图像传送及信息源提供等电信、信息服务全领域，并促使我市通信网络和业务向综合化、智能化、个人化方向发展。鼓励通信运营企业开发非语音的数据业务、互联网业务等，积极引导科研院校机构与通信企业合作，不断推广和创新通信消费业务。

2. 加快信息基础设施建设。争取国家相关部门的支持，在渝建立互联网交换中心，优化互联网总体结构，提高网络运行效率，促进西部互联网的发展。加强农村信息设施建设，鼓励信息运营企业到贫困落后地区投资进行通信建设，解决贫困乡、村的通信问题，促进农村落后地区经济加快发展。加快城市广播电视综合信息网建设。启动有线数字电视建设，促进广播电视、宽带互联网与数据传输、远程教育、广告、视频点播等多种数字视频、数据传输业务的发展。

3. 加快发展电子商务，扩大消费规模和档次发展电子商务以带动计算机、服务器、网络产品、通信产品等硬件设施与数据管理系统、网络管理系统应用软件的消费，为消费者提供便捷的消费方式和手段，并带动信息咨询、培训与维修等服务业的发展。

4. 扩大农村有线电视消费。加快对全市现有 4 万余个广播电视自然盲村的有线电视通信设施建设，实现全市自然村“村村通广播电视”的目标，提高农村有线电视入户率，促进电视机等家用电器的消费。鼓励企业发展面向个人消费的电子信息产品，如数码相机、可视电话、家用医疗电子产品和兼有电视与计算机终端显示功能的智能终端产品。

（七）关于文体消费

1. 培育文化经营项目，加快发展文化产业

（1）积极拓展大众文化消费市场。针对大众消费水平，结合当前社区建设，创新文化产品和形式，大力发展较低收费的社区文化。

（2）大力开拓青年消费市场。针对青年人的特殊消费需求，开发适应青年特点的新颖的文化产品，并经常性举办高雅或流行的各类商业性演出，进一步活跃营业性演出市场。

（3）逐步拓展高消费市场。针对高收入阶层和文化品位较高的群体，建设高档次、高品位、有特色的多功能文化娱乐场所，重点建设音乐厅、戏剧厅、音乐茶座等。加强大剧院、图书馆、文化馆、文化站等文化设施建设，引导广大市民积极消费、健康消费。探索为外国旅游者的演出活动，增强旅游的文化底蕴。

（4）加大对文化事业的投入，积极扶持我市专业和业余文艺团体。培育文化精品，鼓励各类演出单位建立适应市场经济的营运机制，大胆创新，针对重庆演出市场的特点和观众需求，创作一批具有重庆特色的舞台艺术作品，进行商业性演出。努力培育和扩大消费群体，在此基础上发展一批现代传媒集团，同时大力发展中介演出公司。

（5）培育影视制作公司。扶持电视剧和电影创作，发展影视制作经营机构，壮大影视制作经营实力，鼓励企业投资参与影视节目制作。

（6）加快发展有线数字电视节目，逐步开通家庭有线电视视频点播业务，拓展和细化电视的服

务功能，提供丰富多彩的电视节目。

（7）稳妥推进古玩字画文物交易市场的建设。

2. 扩大出版物消费

（1）创建我市教育、科技、少儿、美术等专业出版社，针对各种层次的消费群体，出版发行适销对路的图书和音像制品。采取奖励、贴息、专用书号等措施，鼓励和支持出版精品图书和电子音像制品。加快发展电子出版物、网络出版等多媒体制品。

（2）整顿图书和音像制品市场秩序。打击非法出版、发行和销售经营者，切实保护正版图书和音像制品经营者的利益，保护正版经营者守法经营的积极性，为正版经营者降低价格创造条件。

（3）扶持壮大一批图书和音像制品经营主体。鼓励新华书店集团等优势图书音像经营企业，通过参股、控股、特许加盟等多种方式发展连锁经营。发展图书销售网点，在车站、码头、机场、酒店、超市、居民社区开办具有统一标志、统一装饰、实行统一管理和配送的图书专卖店、便民店。建立图书配送中心和统一的书刊经营网络，对实行图书连锁经营且符合条件的，享受流通产业连锁发展优惠政策。扶持音像制品的连锁经营网络，通过市场竞争和政策引导，逐步建成规范经营的营销网络。音像直营经营店不再单独办理许可证。

（4）鼓励开发农村图书市场，刺激农村图书消费的增长。

3. 大力促进体育消费

（1）加大对体育场馆设施建设的投入，以适应举办国际国内赛事需要。

（2）鼓励国内外资金投资开发体育资源，通过招标、聘任等方式委托经营或社团全权管理，盘活现有体育场馆。

（3）简化审批手续，鼓励举办各类体育比赛和竞赛活动，特别是积极争取举办国际国内的重大体育赛事。

（4）努力拓宽体育消费市场和体育用品市场，满足群众对健康与生活质量提高的要求以及对各类体育消费品的需求。

（5）鼓励社会各界投资兴办健身、健美、康复、休闲娱乐等体育事业实体，对保龄球、台球、射击、跳伞、游泳以及游艺（不包括狩猎和玩游戏机）等大众健康休闲娱乐活动的营业税按8%—13%的税率征收。

（八）关于餐饮消费

1. 大力推进餐饮发展与假日经济、旅游经济、会展经济和食品加工业的结合，注重餐饮业传统与创新的结合。突出川菜、火锅、名小吃、大众餐饮及快餐的发展，引导餐饮向重特色、重科技、重创新、重文化、重品牌、重质量的方向转变，加大餐饮消费促销力度。

2. 大抓宣传造势。在各新闻媒体开辟专栏，加大重庆餐饮的宣传力度，提高重庆饮食文化的知名度。将每两年一次的“重庆美食文化节”提升为全国性的美食节。积极筹办2003年全国美食节，向全国推出重庆名菜、名店，鲜明提出“吃在重庆”“川菜创新在重庆”，同时吸引全国各大菜系和餐饮名店来渝展示、发展。

3. 培育有规模的饮食专业街。对美食街的改造给予一定的商业结构资金扶持。重点支持发展渝中区八一路、南岸区南山和南滨路、九龙坡区直港大道、高新区科园三路等10个各具特色和风格的美食街，使其成为我市发展假日、旅游经济的新亮点。

4. 支持餐饮大店名店扩张发展。加强对餐饮品牌企业的引导和政策扶持，支持其发挥优势，积极对外扩张，发展分店，成为在全国有较大影响的餐饮集团。坚决制止对餐饮企业的乱摊派、乱收费行为，严格按规定执行各种办证、验证、检查、管理等收费，同时公开餐饮业税费项目和标准，加强社会监督。

5. 营造环境，积极支持餐饮业发展。积极鼓励个体、私营经济和下岗职工兴办餐饮企业，鼓励和支持个体、私营经济通过兼并、收购、控股、参股等多种形式，参与国有饮食服务企业改革，按有关规定享受优惠政策。各级政府、有关部门要强化服务，提高办事效率，改善投资环境，积极吸引市外、境外企业来渝发展餐饮业。指导餐饮企业建立现代企业制度，实现体制创新和机制创新，做大做强。

6. 发挥行业中介组织作用。积极发挥各餐饮专业协会、行业中介组织的桥梁、纽带作用，健全行规，端正作风，开展技术管理咨询，培训行业从业人员，提高行业整体的经营管理水平和服务质量；组织企业之间、市内外同业之间的交流活动，推广典型经验，强化行业自律，规范经营行为，促进行业进步。

重庆市人民政府批转市商委关于加快“六大建设”实施“双十百千”工程的实施意见的通知

2002 年 10 月 18 日

（渝府发〔2002〕80 号）

市政府同意市商委《关于加快“六大建设”实施“双十百千”工程的实施意见》，现批转给你们，请认真组织实施。

关于加快“六大建设”实施“双十百千”工程的实施意见

根据我市第二次党代会确定的“富民兴渝、加快建设长江上游经济中心”的奋斗目标和全国推进流通现代化工作会议的要求，按照市政府的工作部署，为了加快商贸流通业的发展，实现消费以及商贸流通“提速”，推动长江上游商贸中心建设，现就加快“六大建设”实施“双十百千”工程提出如下实施意见。

一、加快“六大建设”实施“双十百千”工程的重要意义

（一）加快“六大建设”，实施“双十百千”工程，是加快建设长江上游商贸中心的基础性工作。建设长江上游商贸中心是把重庆建成长江上游经济中心的重要内容。商贸中心必须具备区域流通聚集辐射能力，对周边区域具有较强的经济带动力和影响力。目前我市商品对外辐射力偏弱，对周边地区的带动力和影响力不强，作为商贸中心的一些基本功能尚不完善，有些功能还不健全，建设长江上游商贸中心必须加大力度，加快“六大建设”，实施“双十百千”工程，通过建设培育一批不同层次和水平的商贸中心区，特别是打造主城区五大商圈，着力完善商贸中心基本功能，增强重庆商贸的聚集辐射能力；通过培育十大流通骨干企业，发展组建大型现代流通企业集团，增强重庆商贸的影响力；通过发展培育一批重点边贸市场，增强重庆商贸的带动力。通过实施“双十百千”工程，到 2005 年，打好长江上游商贸中心建设的基础。

（二）加快“六大建设”，实施“双十百千”工程，是推进流通现代化的重要途径。推进流通现代化是实践“三个代表”重要思想，在商贸流通领域发展先进生产力的体现。目前，我市商业形式中传统经营仍占主体，服务性商业经营比重较低，特别是现代服务业处于起步阶段。重庆商贸流通整体竞争力不强，重要原因在于流通现代化程度低，集中表现为组织创新、业态创新、技术创新和管理创新滞后。当今世界范围内，流通现代化呈加速推进之势，尤其是连锁经营、物流配送、电子商务已成为现代商贸流通的三大主流。我市推进流通现代化，重点是大力发展连锁经营，积极推进物流配送，稳步发展电子商务，特别是以连锁经营为着力点和突破口，通过加快发展一批连锁经营店铺，加快建设一批现代化水平较高的流通骨干企业，调整结构，提升业态，实现流通组织形式、经营管理方式和营销技术手段的全面创新。到2005年，现代商业业态比重提高到20%，服务性经营比重提高到50%。

（三）加快“六大建设”，实施“双十百千”工程，是实现消费和商贸流通发展提速的重要举措。目前我市社会消费品零售总额规模小，增幅慢，与全国其他大城市的差距正在拉大，商贸流通对全市经济增长还没有起到应有的作用，2001年对GDP的贡献仅为9.7%。由于商贸流通总量较小，增长较慢，与投资拉动力度加大相对比，消费对经济增长的拉动力却逐年减弱，1999年到2001年，我市最终消费拉动GDP增长分别为6个百分点、4.7个百分点和3.8个百分点。“十五”期间，全市经济发展要提速，必须大力发展第三产业，特别是高度重视商贸流通的发展。实现消费提速，既要出台一批促进消费的政策措施，又要加快商业服务设施建设和布局调整，尤其要通过建立100个社区商业服务中心，形成以连锁店铺和综合性生活服务为主的社区商业网络，通过对100个小城镇商业的培育发展，建设一大批面向农村市场的小城镇商业群，并以此拓展商贸流通发展的广度和深度，从而促进消费，扩大内需，实现商贸流通发展提速的目标。

二、实施“双十百千”工程的原则

加快“六大建设”，落实在工作层面上，主要是实施“双十百千”工程。“十五”期间，全市将以实施“双十百千”工程为重点，推进商贸流通快速发展。

（一）加快调整。布局结构上，在完善提升城市商业中心区的同时，将工作重心转向加快社区商业和小城镇商业的发展，扩大商业发展的广度；经营结构上，从注重传统购物商业设施建设转向加快非商品性服务经营设施的建设，提高商业发展的深度；市场结构上，从注重综合交易市场建设转向大力培育发展具有产业带动、城乡连接、区域辐射功能的大型专业批发市场以及边贸市场，增强产业带动和区域辐射能力。

（二）注重创新。强化观念创新，适应入世和经济全球化的新形势，立足商贸跨越式发展，克服故步自封、小富即安的思想，坚持与时俱进，增强改革意识，不断开拓进取。强化体制创新，放手发展非公有制商业，积极引进国内外知名商家，在全市流通领域形成活而有序的市场竞争态势，建立起充满生机和活力的商贸流通新体制。强化机制创新，以建立现代企业制度为目标，重点加快大中型流通企业资本重组，实现产权多元化，形成主业经营优势和核心竞争力，做大流通规模，同时深化人事、劳动、分配制度改革，创造人才脱颖而出的新机制。强化业态创新，把握世界商业发展趋势，以连锁经营、物流配送、电子商务为重点，大力推进流通现代化，发展现代营销组织和营销方式，提高竞争力。强化技术创新，在商贸流通领域广泛运用电子信息技术，特别是加快信息技术在骨干企业、大型市场中的应用，提升重庆流通信息化水平，提高流通效率。

（三）扩大开放。加大对内对外开放力度，高起点宽领域做好引进工作，不仅引进资金，更强调引进技术，引进管理，引进人才，加速流通现代化进程，加快与WTO规则和国际先进商业管理方式、运行模式的接轨，特别要学习和推广先进商业营销技术，注重消化，大胆创新，创造特色，形成自有知识产权和核心竞争力，缩小与发达地区的差距。改善商业投资发展环境，大力招商引资，拓展商贸流通融资渠道。

（四）改善调控。充分发挥市场配置资源的基础性作用，对骨干企业发展、重点市场培育和重要设施建设，强调市场引导和竞争，同时加强政府宏观管理，搞好网点布局规划，避免重复建设。按照入世的要求，改进商业行政管理，简化手续，提高办事效率，坚持公平、公开、公正的原则，鼓励竞争，支持各种所有制流通经济和市内外企业的发展。严格依法行政，依法治商，加大市场秩序的整治力度，维护消费者权益，保证市场流通活而有序健康发展。

三、实施规划和工作措施

（一）建设培育十大商贸中心区。十大商贸中心区即“1＋9”商贸中心区，包括主城5区（渝中区、江北区、沙坪坝区、九龙坡区、南岸区）和9个地区商贸中心（万州区、黔江区、涪陵区、江津市、合川市、永川市、南川市、开县、长寿区）。十大商贸中心区是重庆商贸发展的支撑区域。

1. 十大商贸中心区发展目标

突出各自特色，调整商业业态，完善功能要素，强化聚合辐射能力，率先推进流通现代化，营造良好环境，实现流通快速增长。“十五”期间，十大商贸中心区社零总额年均增长12.3%，到2005年达到694亿元，其中主城商贸中心区年均增长12.4%，9个地区商贸中心年均增长12.2%。

2. 主城商贸中心区的功能定位

主城区是重庆经济发展的核心区域。长江上游商贸中心的基本功能主要以主城商贸中心区来体现。主城区的五大商圈对全市商贸流通发展要发挥核心带动作用，成为展示直辖市新面貌的窗口和大都市商贸形象的标志。“十五”期间，着力提升质量和功能，营造现代经营环境，积极探索发展人文商贸、绿色商贸、信息商贸和品牌商贸，提高流通现代化水平和经营服务质量，特别是大力拓展非商品消费服务领域。到2005年，主城区商贸流通在西部要实现社零规模最大，设施最先进，功能最齐备，现代化程度最高，实现经营业态的多样化，形成万商云集、万物汇流的格局。

五大商圈的主要特色和地域范围：

——解放碑商圈。建成功能完善、布局合理、交通便捷、设施齐全、环境宜人、业态业种丰富，以中高档消费为主、现代零售业和服务业集中、体现“品牌、时尚、诚信、文明”特色的商圈。该商圈以解放碑中心购物广场为中心，东起小什字、西至较场口、南起新华路、北至民生路，面积1平方公里。

——沙坪坝商圈。建成文化艺术、科技教育氛围浓郁的商业文化中心。重点建设培育高新技术产品和文体用品交易场区，塑造人文、自然广场景观。该商圈以“三峡广场”为中心，北至重庆七中，西到杨公桥立交桥，南到石碾盘、小龙坎一线，东到汉渝路立交桥，面积1.8平方公里。

——观音桥商圈。建成特色突出的消费购物中心。着力调整提升观音桥商业功能，使其成为新兴的现代购物街区。该商圈以观音桥商业步行街为中心，沿建新东西路、南北路两条轴线，北至红旗河沟立交桥，南至华新街，东至鲤鱼池，西至家乐福金观音店，面积1.5平方公里。

——南坪商圈。建成餐饮、娱乐、旅游和会展功能突出的商业旅游中心。重点培育发展5条特色街区、2个旅游休闲基地和3个专业市场。该商圈以南岸转盘为中心，南北东西路为轴线，商业旅游步行街为核心，南至四公里转盘，北至长江大桥南桥头，东至海棠溪立交桥，西至重庆经济开发区，面积1.5平方公里。

——杨家坪商圈。建成景观优美、靓丽的休闲购物中心，突出购物与生态、休闲和文化的结合，打造两大组团、3条特色商业经济线和5大专业街。该商圈以杨家坪转盘为中心，以十字径距

400—600 米的环道，形成一个中心商业圈，面积 0.8 平方公里。

3. 地区商贸中心的功能定位

9 个地区中心城市位于渝西经济走廊和三峡库区生态经济区，是大城市带动大农村的枢纽，也是重庆商贸流通对外辐射的前沿。9 个地区中心城市要充分发挥跨县域的聚合辐射作用、示范带动作用和城乡联结作用，形成商贸流通新的增长极。

万州区要建设成为渝东商贸中心和三峡库区最大的物资集散中心，发挥连接川陕鄂的纽带作用和重庆长江流域对外辐射的桥头堡作用。涪陵区建设成为渝中商贸中心，形成联动长江、辐射乌江、带动周边的流通格局。黔江区建设成为渝东南商贸中心，突出边贸、旅游、民族特色，扩大重庆与湘鄂的经济交往。永川市建设成为渝西商贸中心，增强“连接成渝、辐射川黔”的功能。合川市建设成为渝西北商贸中心，承担重庆向川北辐射的桥头堡作用。

江津市、南川市、开县和长寿区要大力发展具有特色和较强辐射力的专业市场，尽快形成骨干商圈，发挥对周边地区的聚集辐射作用。

4. 发展培育重点

（1）增强服务功能。调整商业结构，突出发展服务性商业，满足和刺激居民服务消费。大力发展城市社区服务业，在重点街区和住宅新区建立一批社区商业服务中心，重点拓展家政、保洁、维修、物管、洗染、装修以及文化娱乐、休闲健身等以方便居民生活、提高居民生活质量的服务领域。积极发展餐饮服务业，培育扶持一批餐饮大店名店，突出抓好渝中区八一路、南岸南山和南滨路等 10 条重点美食街的培育发展，使其成为都市商业、旅游新亮点。主城区五大商圈还要大力发展金融服务、电信服务、中介服务网络，扩大文化、图书、休闲、娱乐设施，增强综合服务功能。

（2）完善购物功能。主城商贸中心区着力培育完善商业步行街，在建筑装饰、门面设计、店堂商品陈设、霓虹灯广告等方面进一步改造，提升档次，突出特色，打造国内一流的购物设施环境。每个地区商贸中心都应培育一个有一定规模和档次的中心商业街区。培育、引进知名大店名店，五大商圈主要引进世界商业名店和国际先进业态，突出品牌商品经营，形成名店与名品的经营格局。在主城区外环规划建设大型购物中心。地区商贸中心着力引进国内市内大店名店，发展大中型品牌零售商场、综合超级市场。建设培育专业特色街，重点培育家电、通讯、建材、服装等专业一条街。

（3）培育会展经济。扩大会展数量和规模，提高会展水平和质量。重点把“一会一节”“高交会”“美食文化节”培育成为全国性的会展活动；办好名特商品展销会、服装节、啤酒节、西部农产品博览会等一批专业会展，扩大其在西部的影响。加快会展设施建设，在主城区建设国际标准展位 2000 个以上的大型会展设施。地区商贸中心城市结合本地旅游资源和农副产品资源优势，办好一批有地方特色的会展，繁荣市场，活跃流通，刺激消费。

（4）构建信息网络。大力推进电子商务，积极运用现代通讯技术、电子信息技术，搞好信息的集中收集与发布，形成全市商贸信息服务网络体系。依托重庆市电子商务公司，大力发展电子商务应用服务，以企业信息化建设为重点，开展现代网络工程服务，拓宽“网上大市场”覆盖面，提高运用水平。

（5）发展现代物流。规划建设大渡口——九龙坡、上桥、北部新区和万州四大物流园区。构筑综合交通网络和信息网络平台，加快公路、铁路、水路和航空建设，形成综合交通运输网络，为大宗物资流通提供方便快捷通道；构筑公共信息网络平台，鼓励物流企业运用现代信息技术，通过网络平台和信息技术，连接企业经营网点，实现资源共享、信息共用，形成初步的现代物流基础服务网络体系。重点支持发展大型连锁企业配送中心、生产加工企业物流配送系统、第三方物流企业等物流经营实体，引导、鼓励批发、仓储、货运、邮政等传统物流企业向现代化第三方物流企业发展。

（二）培育十大流通骨干企业。培育一批流通骨干企业，是提升重庆商贸竞争力十分重要的举措，是建设长江上游商贸中心的重要内容。“十五”期间，我市要着力培育30家在西部、在全国有影响和竞争力的大型批发、零售、物流、餐饮企业和集团，并从中打造十大极具代表性的骨干企业，使其在现代流通中发挥流通引领作用。

1. 发展目标

“十五”期间，保持10%以上的快速增长，到2005年，培育销售规模上50亿元以上的骨干企业达到6家，10亿元级的企业达到5—10家。

2. 发展定位

十大骨干企业要发展成为制度新、机制活、营销技术先进、核心竞争力强、社会影响力大的大型流通企业，具有行业的领头羊作用和示范作用，其经营规模在西部同行业中排名前列。

3. 主要措施

（1）加快建立现代企业制度。围绕制度创新，以股份制为主要形式，加大产权制度改革力度，按照产权清晰、权责明确、政企分开、管理科学的要求，建立规范的现代企业制度。鼓励支持骨干企业通过中外合资、相互参股、规范上市等产权多元化形式，改制为有限责任公司或股份有限公司。资产规模大、业务范围广的，建立母子公司制的企业集团。完善内部治理结构，建立责权明确、各负其责、有效制衡、协调运转的企业管理运行机制。

（2）提升主业优势。以提高竞争力、扩大市场份额为目标，在巩固现有经营的基础上，积极稳妥地向西部地区及全国扩张网点，加大辐射力度，扩大主业经营的规模和范围，不断提升主业优势和竞争力，成为西部地区流通企业的领头羊。强化精品、特色战略，突出特色经营，精品销售，创建多层面的服务精品、促销精品，扩大社会影响，促进主业发展，引领行业进步，全力打造企业形象品牌，扩大市场占有率。

（3）强化核心竞争力。针对激烈的市场竞争，根据自身特点、行业发展和社会需求，积极调整经营业态。批发企业积极向分销和物流配送、电子商务发展；零售业要发展各类连锁经营和以供应链为核心的网上商品采购；餐饮业要注重发展包括原辅材料经营在内的以品牌、特色为基础的特许、加盟连锁经营。通过业态的调整，实现低成本、零库存、快增长、高效益。

（4）全面推进以信息技术为核心的现代管理。注重将先进的信息技术和新的管理理念有机结合，在现有实时收银系统（POS）的基础上，进一步完善商业管理信息系统的建设。尽快实施以供应链/需求链为基础的商业流程重组，同时导入客户管理系统、电子订货系统等现代营销管理手段，逐步探索企业资源计划的应用，深化商业职能运用程度，提高信息化应用水平。

（三）建设培育100个社区商业服务中心。社区是社会物质文明和精神文明建设的重要场所。发展社区商业服务业，是加快我市商业布局调整的战略性措施，有利于满足和刺激消费，扩大内需，促进就业。

1. 发展目标

2002年至2005年，在主城9区及万州区、涪陵区、合川市、永川市、江津市规划建设100个社区商业服务中心，其中街道片区型社区72个，住宅小区型社区28个，覆盖户数72.1万户，覆盖人口224.1万人，占14个区非农业人口比重50%。

2002 年在渝中区、江北区、沙坪坝区、九龙坡区、南岸区培育 10 个示范型社区商业服务中心，覆盖户数 13.3 万户，人口 39.2 万人。2003 年至 2005 年，每年规划建设 30 个社区商业服务中心，“十五”期末，全市建成规范化的社区商业服务中心 100 个。

到 2005 年，在社区发展 150 个连锁超市，400 个专卖店、专业店、便民店，销售额实现 30.6 亿元。全市初步形成以日用百货、副食品连锁超市为核心、各种专卖店、特色店、便民店相配套的社区商业服务网络。

2. 功能配置

社区业态发展，按必备性业态和选择性业态进行配置。必备性业态主要满足居民基本生活消费需要，包括综合副食超市、便利店和洗染、维修服务店、理发店、药店、废旧物资回收等。选择性业态主要满足居民个性化消费需要，包括专卖店、餐饮、休闲娱乐、健身、美发美容等服务性业态。必备性业态发展，要加强政府引导，选择性业态发展，主要依靠市场调节。

社区商业服务中心在功能上应具有：(1) 购物功能，为社区居民提供主副食品、日常生活用品等。(2) 传统服务功能，为社区居民提供理发、洗染、维修服务等，满足社区居民日常生活的需要。(3) 餐饮服务功能，为社区居民提供早餐、正餐，保障学生、老人用餐，满足专项需求。(4) 再生资源回收服务功能，保证居民废旧物资的回收利用。(5) 家政服务功能，为居民提供家务料理、家教以及保洁、管道疏通等服务。(6) 现代服务功能，为居民提供代购、订购、快递、代收水电费电话费等服务，建设文化、娱乐、休闲、健身等服务设施，满足社区居民文体消费需求。

3. 规划要求

根据我市地理特点，社区设置分为街道片区型社区和住宅小区型社区。社区商业服务的发展模式主要以建立集中型的社区商业服务中心为主，结合配套分散型的商业服务网点。加强社区商业服务中心建设规划，探索居住功能与商业功能合理配置的路子，新规划建设的住宅小区，凡具备条件的都应设立相对独立的社区商业服务中心。

街道片区型商业服务中心。按现有居民居住划分街道片，在相对集中人口达到 2—3 万人的片区选点设置。中心经营面积不低于 5000 平方米，以经营食品、日常生活用品为主的综合超市和经营蔬菜等鲜活商品为主的室内菜市场为骨干，配套设置便利店、药店、理发店、洗染店等居民必备业态，一般至少有 1 个 1000 平方米以上的经营粮油副食品、小百货等生活用品的综合超市（也可有 1 个 500 平方米左右的生鲜食品超市），4—5 个 100 平方米以上的便利店，1—2 个洗染店，45 个理发、维修等便民服务店。在 1—2 平方公里范围内可为社区居民基本生活服务。同时积极发展文化、娱乐、健身、休闲以及家政、保洁、邮政、储蓄、废旧回收等多种服务项目。

住宅小区型商业服务中心。一般指新开发的居民住宅小区，人口达到 5000 至 1 万人。中心商业营业面积不低于 3000 平方米，超市、便利店、药店、维修服务等为必备型业态，配套形式多样的休闲娱乐、健身、餐饮、美容美发、图书、邮政等便民服务经营项目，在小区范围内可以满足居民基本生活需要。

4. 主要措施

(1) 引导大型商业企业入驻社区。支持鼓励大型商业企业进入社区经营，把现代商业业态、品牌商品经营、先进服务管理引入社区，提高社区商业的组织化程度和经营层次。引导大型商业企业把社区商业作为自身调整经营结构、扩大经营规模的发展重点，通过社区商业的开发，拓展一批连锁店、专卖店、专业店等商业服务网点，扩大市场占有份额。

(2) 提升社区商业业态。按照流通现代化的要求，将社区传统的百货店、各种小商店和各类市场改造成专卖店、专业店，以及转为经营各类新的服务项目的专业服务网点。注意把社区信息化与商业信息化结合起来，尤其把电子商务的终端延伸到社区的连锁超市和各类便利店、专业店，提高社区商业信息化程度。

(3) 统一规划，有序发展。各区要把社区商业设施的建设发展列入各区城市建设总体规划。社区商业发展规划要做到总量适度，布局合理，规划一经确定，不得随意更改。商业主管部门要积极配合规划部门，参与社区商业设施的规划。

(四) 建设100个小城镇。商业群小城镇是连接城乡的纽带和农村流通的支撑。抓好小城镇建设，加快小城镇商业的发展、规范和完善，是活跃农村流通的战略措施，是全面拓展和振兴我市农村市场的重要途径。

1. 发展目标

“十五”期间，全市县以下社零总额增速提高到8%以上。其中，100个小城镇社零总额年均增长达到10%，2005年实现102亿元，比2001年增长62%；商业服务覆盖面达到600万人，占县以下总人口的28.5%。2002年培育发展10个示范性小城镇商业群，2003年至2005年，每年培育发展30个。

2. 小城镇商业发展模式和商业设施配置

小城镇商业要紧密结合城镇化和农业产业化发展战略，并同地区中心镇和亿元镇建设以及区县工业园区建设相衔接，以改善农村消费环境、培育农村消费热点、扩大农村消费总量、强化对农业生产及技术服务为着力点，积极发展新型商业业态，大力推进和完善商业服务设施建设，强化和提升商业服务功能，全面启动农村市场，促进农村经济持续发展。

根据小城镇的地理位置、交通状况、资源情况等因素，小城镇商业发展模式分为工矿主导型、集散主导型、旅游主导型和乡镇企业主导型，根据不同特点形成各具特色的商业业态结构、经营结构和布局结构。

工矿主导型。具有居住人口多，购买力稳定，有一定消费档次的特点。商业服务网点的发展要适应生产和城镇居民及周边农村的消费需要。重点引进大店、名店，开办综合超市，兴建和规范室内集贸市场，发展品牌专卖店、便利店、餐饮、修理、旧货调剂、休闲健身、娱乐等商业设施。

集散主导型。具有交通便捷、商贸较发达的优势，是大宗产品的集散基地。重点建设培育专业批发交易市场，同时规范交易秩序，配置汽车站场，增加交通线路，整治周边环境。商业服务网点配置要为商品集散服务，发展吃、住、行、商务洽谈、休闲娱乐等商业网点。

旅游主导型。充分利用风景名胜、自然和人文景观资源，开发培育旅游品牌，提高旅游景点知名度，增强接待服务能力。兴办能满足不同档次需求的宾馆酒店、农家乐、特色餐饮、休闲娱乐等服务网点，规范配置旅游商品市场、旅游商品专卖店。

乡镇企业主导型。拥有农产品、矿产品和加工工艺资源，有一定的工业发展优势。着力增加小城镇居住人口，培育人气，营造商业氛围，开展各种工商活动。重点配置专业市场、室内集贸市场，发展连锁店、专卖店、餐饮、娱乐等商业网点。

小城镇商业发展要区分地区间不同经济发展水平。一般居住人口较多，经济条件较好的城镇，可按照社区型商业模式配置商业设施，商业网点布局以集中配置为主，与居民住宅相分离，形成相对独立的经营区域。经济欠发达的城镇可根据资源优势，培育发展农副产品交易市场和集贸市场，尤其鼓励发展个体经营户和农副产品贩运大户。发展小城镇商业，要注重发挥农村基层供销社的作用，以推进“两社两化”为重点，将生产生活服务向村社延伸。

3. 主要措施

（1）加强规划。从今年起，市流通主管部门把小城镇商业建设纳入对各区县的年度工作考核目标。各级应把小城镇商业建设列入重要议事日程，结合实际，制定切实可行的商业发展规划，积极做好分类指导工作。

（2）政策引导。认真落实《重庆市实施西部大开发若干政策措施》（渝委发〔2001〕26号）、《关于进一步加强小城镇建设的决定》（渝委发〔1999〕35号）和《关于推进商贸流通现代化加快商贸流通业发展的意见》（渝府发〔2002〕43号）等有关政策措施。各区县、镇人民政府要根据本地实际，研究制定具体政策实施意见。

（3）培育典型。2002年选择10个经济实力较强，有较好商贸流通发展基础，商业气氛浓郁的重点小城镇为商业发展示范镇，抓紧搞好规划，合理布局商业设施，发展新型业态，促进小城镇商业快速发展。注重研究小城镇商业的依托点和产业带动性，尤其搞好与地区中心镇建设、亿元镇建设、县乡工业园区建设的有机结合，形成各类产业之间的相互促进和协调发展，提高小城镇的城镇化、市场化水平。

（五）新设1000个规范化的连锁店铺。连锁经营是流通现代化的重点。“十五”期间，要加快连锁发展步伐，提高连锁经营比重，推进商业零售业、服务业的重组、改造和扩张，提升重庆商贸流通竞争力。

1. 发展目标

到2005年，新增1000个规范化的连锁店铺，全市有一定规模的规范化的连锁店铺累计达到2600个以上，连锁销售额实现150亿元，占社会消费品零售额比重15%。骨干连锁企业单店经营规模提高20%～50%，总店经营规模翻一番以上。

通过资产兼并、联合、重组、特许经营等方式，提高连锁企业组织化程度，实现规模经营，力争年销售额上10亿元的连锁企业达到5—10家。

2002年全市有一定规模的、规范化的连锁店铺达到1600个以上，连锁销售额实现65亿元，增幅达到40%以上。2003年到2005年，新增设人民生活必需的规范化的副食连锁超市、服务连锁网点、家电、药品等专卖店、便利店共计1000个，其中2003年发展400个，2004年发展300个，2005年发展300个。通过5年努力，实现我市连锁业态的多样化，形成大型综合超市、仓储式商场、专卖店、便利店等配置合理的商业零售体系。

2. 发展类型和区域分布

发展类型上，新设超万平方米的大型商场10个；1000平方米以上的大中型副食超市90个，500平方米的小型副食超市130个；家电专业连锁超市30个；图书、药品、洗染等连锁专卖店、便利店740个。

区域分布上，主城9区社区，发展150个副食超市，400个专卖店、便利店、洗染服务连锁店铺；远郊区县发展80个副食超市，370个专卖店、便利店、洗染服务连锁店铺。家电超市重点向区县扩展。

3. 主要措施

（1）加强经营结构调整。突出以日常生活用品和“菜篮子”食品为主体经营商品，逐步提高生鲜食品经营比重，满足人民群众日常生活需要。强调提高经营服务质量，从源头上杜绝假冒伪劣商品进入连锁企业，为消费者提供信得过的商品和服务。

（2）完善连锁企业规范化管理。突出连锁经营规范化，逐步做到“八统一”，即统一标识、统一采购、统一配送、统一核算、统一管理、统一价格、统一服务规范和统一宣传。尤其强调“统一采购”“统一配送”，统一配送率要达到70%以上，做到成本低、效率高、价格优。

（3）扩大连锁发展的行业范围。鼓励连锁经营向图书报刊、通讯、汽车销售、加油站、农资经营等行业延伸，积极推进装修装饰、租赁、维修、美容美发、洗染、家政、娱乐健身等服务业连锁的发展。

（4）提高连锁企业信息化水平。普及计算机管理系统应用，运用现代化、信息化手段，加强配送中心的管理和冷藏链的建设，提高连锁企业的科技含量和信息化水平。

（六）发展1000万元级的边贸市场和市外分销机构。发展边贸市场和市外分销机构，是强化重庆商贸对外辐射功能的重要措施。“十五”期间，立足于我市农副产品资源优势和地方骨干产品，积极发展边界市场和对外分销机构。

1. 发展目标

“十五”期间，省际边贸市场交易额，年均增长12%以上，2005年交易总额达到278亿元。培育40个边贸市场，其中10个重点边贸市场，30个小集镇边贸市场，2005年每个重点边贸市场交易额达到1亿元以上，每个小集镇边贸市场达到1000万元以上，边贸市场对外辐射比重达到50%以上。

市经委、商委、外经委、农办四大系统目前共设立市外分销机构464个，总销售额75.5亿元，境外分销机构18家，外贸出口11.02亿美元。到2005年，四大系统市外分销机构发展到600个，总销售额达到120亿元，境外分销机构增加到25家以上，外贸出口达到15亿美元。

2. 边贸市场发展规划和措施

重点边贸市场。在10个区县选择10个边贸大市场进行重点培育。这些市场，所在县域与周边各省紧密接壤，口岸交通优势明显，产业支撑突出，对周边地区有较大影响力。到2005年，万州、永川、合川、荣昌的一批市场要发展成管理规范、配套设施完善、聚集辐射能力较强的大型市场，市场成交额分别达到5亿元和10亿元以上，成为长江上游的骨干市场。黔江、开县、潼南、南川、石柱、秀山的边贸市场，依托当地资源优势，与农业产业化紧密结合，突出经营特色，扩大对周边地区的辐射，市场成交额达到1亿元以上。

小集镇边贸市场。在19个区县与外省直接接壤的小城镇，选择30个市场作为培育重点。这些市场，所在区域具有资源、产业优势和对外辐射便捷的特点。

渝东南地区，是我市少数民族集中、边贸优势突出的地区，主要抓好一批市场的新改扩建项目，突出中药材、山货、土特产品、木材、绿色食品及矿产资源等特色商品的开发和利用，形成独具特色的边贸格局。

渝西地区，有良好的经济基础、较发达的交通条件和区位优势，具有“连接成渝，辐射川黔”的功能，重点依托其较强的工业加工优势和农业产业化优势，培育发展以农副产品、食品、畜牧商品等为主的边贸市场。

渝东北地区，利用三峡库区移民迁建和产业结构调整的契机，结合库区生态经济区发展的特点，重点发展以旅游商品、土特产品、绿色食品等为主的边贸市场。

主要措施：

（1）引导、鼓励社会资金投资发展边贸市场，加强市内重点骨干市场与边贸市场的对接，支持经销大户进入市场，特别是引入地方名优产品，扩大对周边地区的辐射力度。

（2）完善市场配套功能，改善道路、通讯等基础设施，增加运输、餐饮、住宿、休闲娱乐等服务功能，培育发展交易中介服务机构，创造良好的经营条件。

（3）整治市场环境，加强工商、质监、公安等部门的协作，突出对周边治安环境的整治，打击制售假冒伪劣商品的违法行为，规范市场交易秩序，树立边贸市场的形象和信誉。

3. 发展外销机构的重点和措施

围绕地方工业品的扩销，重点加快我市工业企业市外分销机构的发展。全市市外分销机构每年增加7%，销售规模每年增长13%。

主要措施：

（1）加强工商联手，共建分销机构。依托我市支柱产业，重点在汽车、摩托车、医药、建材、食品等行业，鼓励大型工业企业与大型商业企业（集团）联手，实行强强联合，共同组建分销机构，有步骤地在全国建立分销网络体系，进一步完善各种分销组织和分销方式。

（2）扩大名优产品的分销。国内市场的拓展主要靠名优产品。市外分销机构的组建发展要以名优产品，特别是名优地方产品为载体。要通过国内市场的扩销，增强我市名优产品在全国的知名度和影响力，特别在化工、医药、机电、汽摩、仪表等领域，加大对外扩销力度，促进我市工业支柱产业发展。

（3）加大商业对外扩张力度。重点商贸企业要发挥规模、管理、品牌优势，积极对外扩张设点。引导支持重百大楼、新世纪百货、和平药房等知名品牌企业在重庆周边地区发展分店。发挥重庆餐饮业优势，鼓励大型餐饮企业积极向市外发展餐饮直营连锁和加盟连锁，力争2005年新增500个市外连锁店，销售额新增15亿元。

（4）积极开拓国际市场。帮助有条件的企业包括民营企业在国外设立分销机构。国外市场重点拓展东南亚、日本、韩国、伊朗、俄罗斯等国家和地区。

四、有关政策

实施“双十百千”工程，涉及面广，工作量大，任务艰巨。各级政府要加强对这项工作的指导，市商委具体负责全市“双十百千”工程的组织实施，市级有关部门要密切配合，落实有关政策措施。各区县人民政府要加强领导，加强协调，确保“双十百千”工程各个项目的按时完成。

（一）商业企业发展连锁经营、物流配送、电子商务等现代流通，符合条件的经相关部门审核，享受《关于推进商贸流通业现代化加快商贸流通业发展的意见》（渝府发〔2002〕43号）中的7条政策。评选商贸流通企业30强，对进入30强的商贸流通企业，由市政府予以命名表彰，并参照“工业50强”的有关政策执行。

（二）加强社区商业建设规划，对社区商业设施实施统一规划管理。在新区开发、旧城改造中，商业设施要与城市建设同步规划、同步改造、同步建设。凡列入100个社区商业服务业发展规划的商业设施或经营项目，可按《重庆市发展社区服务业暂行规定》（渝委办发〔2001〕47号）有关政策执行。对社区商业服务中心的经营者应颁发《社区服务业证书》，凭证书和税务登记证，可享受以下税收优惠：新办的服务型企业（国家限制的行业除外），当年新招用下岗失业人员达到职工总数30%以上并与其签订3年以上期限劳动合同的，经劳动保障部门认定、税务机关审核，3年内免征营业税、城市维护建设税、教育费附加和企业所得税；当年新招用的下岗失业人员不足30%的，根据招用人数，按一定比例减征企业所得税。对社区居民服务业，经税务机关批准，2003年底前免征营业税、城市维护建设税和教育费附加。

（三）从2002年起，商业结构调整资金主要用于“双十百千”工程的配套实施，在资金安排上，实行项目库管理方式，资金投入必须同目标挂钩，同规划挂钩，同进度挂钩，同资金配套能力挂钩，同三大重点挂钩。对未纳入“双十百千”工程项目库管理的，原则上不再安排商业结构调整资金。

（四）将100个小城镇商业及边贸市场发展纳入全市城镇化发展总体规划，并参照享受小城镇建设的相关政策：（1）试点镇收取的城市建设配套费，应不低于70%留项目所在地，并将商业设施建设纳入城镇基础设施建设范畴。（2）征收的交通重点建设附加费由市财政返还，全部留本镇用于基础设施建设。（3）工商部门收取的市场管理费，应不低于70%留本镇用于市场建设。（4）各级商业银行和农村信用社，要增加商业设施建设和流动资金贷款，对于符合贷款条件的，应尽力满足贷款要求。（5）对小城镇商业设施用地，包括边贸市场建设用地，应优先纳入所在区县用地计划。

（五）对市内获得外贸进出口经营权的商业企业按国家规定经批准到境外设立批发零售网点、连锁店、专卖店等开拓国际市场的活动，并能扩大我市商品出口的，给予重庆市国际市场开拓资金适当资助。

（六）各区县根据自身的财力情况，在“十五”期内，每年安排适当额度的资金，专项用于本地商业结构调整，扶持“双十百千”工程重点项目的建设。

重庆市人民政府办公厅
关于印发进一步拓展市场启动消费的意见的通知

2003年8月28日

（渝办发〔2003〕149号）

《进一步拓展市场启动消费的意见》已经市政府第14次常务会议审议通过，现印发给你们，请认真贯彻执行。

今年4月以来，“非典”疫情对我市经济社会尤其是第三产业产生较大的冲击。其中，旅游、餐饮、宾馆、商贸、交通等服务性行业受冲击最大。在抗击“非典”取得阶段性重大胜利后，各地区、各部门要把进一步拓展市场、启动消费作为当前经济工作的一项重要任务来抓，并结合自身实际，采取有效措施，恢复经营，拓展市场，努力挽回“非典”带来的损失，为全市经济持续、快速、健康发展作出应有贡献。

进一步拓展市场启动消费的意见

一、进一步拓展市场、启动消费的目标

在我国抗击“非典”取得阶段性重大胜利后，进一步采取有效措施，恢复经营，拓展市场，尽力挽回“非典”带来的损失，是当前全市经济工作的一项重要任务。总体要求是认真贯彻市委、市政府上半年经济形势分析会议作出的部署，加大力度，多管齐下，调整结构，促进发展，实现商贸旅游服务业的振兴。市政府有关部门和各区县要集中精力，扎实工作，确保下半年旅游、商贸、交通等受“非典”影响较大的行业迅速恢复经营，并为明年健康快速发展奠定基础。

旅游业：采取有效措施恢复国内和入境旅游，稳步恢复出境旅游。国内旅游争取今年下半年能

恢复到去年同期水平；明年力争实现15%以上的增幅。

餐饮业：改进卫生管理，提高服务质量，推出特色菜品，重造人气。下半年争取12%以上增幅，明年实现15%以上的增长。

宾馆业：开展多种促销活动和多种服务方式，吸引更多的旅游和商务客人。下半年争取入住率恢复到60%，明年上半年达到70%左右的正常水平。

商业零售：抓好以节假日和重点商品促销为带动的系列活动，大力推进连锁业和放心工程。下半年力争实现9%的增长，明年实现10%的增长。

住房：保持上半年快速增长的势头，继续开展多形式的宣传促销。住房消费继续保持快速增长，全年实现商品房成交面积增长25%，存量房（二手房）成交面积增长30%。

交通：加强与旅游、商务活动的连接服务，提高客运服务的安全性和舒适性。下半年客运量与去年同期持平，力争不下降；明年力争实现10%或更高的增幅。

教育：调整教育结构，进一步扩大大学和高中阶段招生规模，促进教育消费快速增长。新学年扩大大学招生1万人，高中招生4万人，分别比上年度增长13%和14%，年度增加直接消费11亿元。

二、启动消费的重点活动安排

今年下半年，市内拓展市场、启动消费工作要按照王鸿举市长“既轰轰烈烈，又扎扎实实”的指示精神，举办一系列有特色和声势的促销活动，营造氛围，提升人气，刺激需求，实现商贸旅游服务业的恢复振兴和拓展目标。

（一）举全市之力，举办一批由国家有关部门支持、参与的重大节庆活动

一是11月由市政府与科技部、商务部、国防科工委、中国科学院和中国发明协会，共同举办第五届中国高新技术成果交易会暨第八届中国重庆投资贸易洽谈会，并同期举办首届中国国际军转民科技博览会。以“互联、共享、多赢”为主题，以高新技术成果展览、高新技术成果交易、高层互动峰会、高科技主题活动等为主要内容，突出军转民特色，提高国际化程度，增强展会的实效性。邀请俄罗斯、乌克兰等10多个国家的军转民企业参展参会。

二是9月由市政府与国家旅游局共同举办“中国重庆第八届三峡国际旅游节暨首届世界大河歌会”。将三峡国际旅游节与世界大河歌会、第六届都市旅游节、“9·27”世界旅游日等重大节庆活动结合，邀请180名国内外记者和旅行商、3个国外演出团体来渝参会。

三是10月由市政府与中国饭店协会共同主办“第四届中国美食节暨2003重庆美食节”。突出国际美食展，中国名宴、名点展示认定，中华名小吃、调味品展销，并组织全国酒店酒家用品展，厨艺绝技、绝活表演，现代川菜发展论坛会和大型综艺颁奖晚会等活动。邀请美国、法国、俄罗斯、香港等20个国家（地区）的40—50名中外名师和餐饮协会负责人现场献艺和出席活动。同时邀请国内30个城市的代表团参展。

四是9月由市政府与农业部、中国茶文化研究会共同举办“永川国际茶文化节”。重点推出重庆茶文化品牌，加强地区间茶文化交流，促进我市休闲度假旅游的发展。邀请日本、韩国、马来西亚、新加坡等国家及台湾、港澳地区200余名境外人员参加。

五是分别于9月和12月，由市政府与中国贸促会和中国机电产品进出口商会，共同举办第二届“中国国际摩托车博览会”和“2003重庆（国际）商务车展览会”。前一活动着力提升重庆摩托车的影响和竞争力，扩大重庆摩托车在国内外市场的占有率，增加定单，带动产业发展。邀请美国、意大利等国的客商参展和印度尼西亚、越南、马来西亚等20多个国家的客商观展。后一活动

突出汽车展示，促进商务车销售的稳定增长。争取展览规模达到3.5万平方米，邀请参展商30多家，国外汽车品牌达到15个。

（二）由市级主管部门、区县联合组织一系列市场促销活动

旅游：突出三大旅游形态，组织十大旅游品牌活动。三大旅游形态活动即“魅力重庆一日游”“百万市民看三峡新貌”和“主城周末环线游”。十大旅游单项活动即沙坪坝区“歌乐山旅游文化节”、北碚区“都市后花园旅游节”、万盛区“铜鼓滩漂流节”和“苗族采山会”、永川市“卫星湖龙舟赛”、南川市“金佛山休闲健康游”、铜梁县“中华龙温泉旅游节”、武隆县“首届森林旅游节”、奉节县“白帝城、天坑地缝国际旅游节”和巫山县“中国重庆第四届巫山神女旅游文化节”。

商贸：推出两大主题促销，组织5个单项活动。两大主题促销，即于9月份全国质量活动月期间，在50个大中商场开展“以优质服务迎接八方客人，以优质商品满足多层需求”主题促销；在国庆黄金周推出餐饮业“名菜、名点、大众宴席”主题促销。6个单项促销活动即主城五区的“都市消费节”、第五届“南山泉水鸡文化节”、万州区“诚信万州，满意消费”促销活动、永川市“第五届美食文化节”和铜梁县的“铜梁美食文化节”。

住房：10月由市国土房管局举办“2003年秋季大型房地产展示交易会”。

工业：市经委于8月举办“美国通用电气公司采购说明会”，9月举办“2003第五届中国重庆国际汽车工业展”。

农业：在开县举办锦橙节。

三、拓展市场的主要工作措施

（一）整体宣传造势

加强与国内外媒体的合作，加大对拓展市场、启动消费的广告宣传投入。市内主流媒体配合系列促销活动，主动宣传，营造氛围，扩大影响。特别在恢复旅游市场方面，加大对国内外重要媒体的邀请力度，组织和配合好重点采访报道。近期集中部分财力和精力，在主流媒体的第一时间、第一位置，集中推出新三峡的专题广告宣传。在中央电视台一套黄金时间《榜上有名》播出以“高峡出平湖，三峡更风光”为主题的广告。

（二）实施走出去战略

1. 走出去办展，拓展国内外市场。市外经贸委和重庆贸促会于9月—12月，组织我市生产企业到印度尼西亚、越南、马来西亚等地举办重庆商品展。市农业局9月份组织我市农产品龙头企业赴印度和东南亚开拓茧丝绸市场；11月份组织参加首届中国国际农产品交易会。市经委9月份组织参加第二届沈阳国际装备制造业博览会和“9·3”上海美商会；11月份组织我市汽车、摩托车零部件企业考察团，参加美国拉斯维加斯国际汽车零部件及售后服务市场展览会；11月份同时组织我市企业参加第五届上海国际工业博览会。

2. 实施“十国百城”旅游宣传促销计划。“海外十国”促销计划重点启动以下市场：欧洲市场——利用LTU复航之机，赴德国、法国、英国、荷兰促销；非洲市场——赴埃及、土耳其、以色列促销；北美市场——赴北美西岸的六大城市促销；亚洲市场——参加10月在日本举办的大阪御堂筋游行活动。“海外十国”促销围绕“新三峡、新重庆、新旅游”这一主题，突出展示重庆独特的地方文化特色。“国内百城”促销计划，近期先抓好以成都为中心的近距离市场促销、以北京为中心的环渤海湾促销、以上海为中心的长江三角洲促销和以广州为中心的珠江三角洲促销4个片区活动。

（三）推进商贸结构调整和连锁发展

继续抓好主城区五大商圈建设，改善购物环境，扩大服务业经营比重，构建西部有竞争力的“购物天堂”。加快连锁业发展步伐，尤其推进重庆百货、新世纪、家乐福、国美等大型零售商业集团的连锁经营，并为沃尔玛等世界著名零售商业集团来渝开店创造条件。今年力争实现连锁销售额90亿元，占社会商品零售比重超过10%。同时，农商联合在连锁超市推进“厨房工程”，突出“放心食品”，满足和刺激消费。

（四）加大农村市场开拓力度

进一步落实减轻农民负担，增加农民收入的多项措施。发展适应农村特点的商品流通体系，下半年新培育农村贩运大户和营销组织100个，新组建综合服务社和专业合作社200个，同时抓好工业品、农资商品供应和农副产品收购、运销。结合农村电网改造和小集镇建设，扩大电器、建材、装饰材料和日用品消费品的销售，举办适合农村特点的商品展销会。

（五）整顿规范市场秩序，提升服务环境和档次

在商贸、旅游、交通、教育等行业倡导规范服务、品牌服务、优质服务，维护消费者权益。当前突出依法治理旅游市场，严格市场监管，推出旅游新品，进一步恢复与振兴重庆旅游业，为建设旅游大市、强市打下基础。加快旅游政策法规建设，完成《旅游投诉管理办法》《重庆市旅游管理条例》的修订，制定《国内游船服务评定标准》。加强诚信建设和行业自律，及时处理旅游投诉，杜绝擅自提高票价和恶意削价竞争行为。完善和落实各项安全措施，确保全市旅游安全的可靠度。

（六）加大招商引资力度，增加对旅游业和商贸服务业的投入

有步骤地引进一批境外大公司和国内知名企业，增强商贸旅游服务业的实力，提升服务档次。集中推出100个招商引资重点项目，利用“9·8”厦洽会、境外专题推介活动等载体，招商引资，促进第三产业的改造，扩大服务门类，提升经营档次，增强发展后劲。

（七）推进企业改革，培育服务业大集团

鼓励兼并重组国有商贸、旅游企业，实行强强联合，让有实力的企业参与这些企业的改组改造。结合“农业产业化百万工程”“农产品贸易促进计划”和“优势产业发展计划”的实施，积极扶植外销型拳头产品，扶植和发展一批有规模的外向型龙头企业。放手发展民营企业涉足旅游、商贸等服务性行业。

（八）大力发展各级各类教育，特别是非义务教育和民办教育，进一步扩大教育消费市场。

四、加强领导和协调，给予适当政策支持

（一）加强领导，协调配合，打一场“开拓市场、启动消费”的整体战

推进农工商贸旅结合、吃穿用住行结合、城乡结合、市内外结合，发挥各方面优势，形成促进消费的整体效应。全社会都要关心商贸、旅游业等服务性行业的发展，对全市性重要促销活动，加强领导和协调，并安排市领导出席。

（二）延长税收减免政策

鉴于“非典”对我市旅行社和旅店业的重创程度和其影响的滞后性，将市政府《关于对受“非典”疫情影响较大的部分行业实行税收等减免政策有关问题的通知》（渝府发〔2003〕27号）中有关旅行社和旅店业享受的优惠政策延至今年年底。

（三）加强对三峡库区水面漂浮物的打捞及对主要景区的环境整治

135米水位形成后，沿江区县都不同程度地存在水面漂浮物，尤其是奉节白帝城和巫山小三峡一带，严重影响了景区的环境。有关区县人民政府要按照《重庆市城市水域垃圾管理规定》所明确的职责分工，组建水面漂浮物打捞专业队伍，认真开展水面漂浮物打捞工作，确保今年“十一”黄

金周期间水面清洁，并从组织、人员、资金上保障成库后水面污染的长期防治。沿江各主要旅游景区（点）周边建筑拆除后的垃圾，也对景区旅游造成严重的负面影响。市级有关部门和所在县政府，要加大景区（点）周边建筑物拆除垃圾的清理进度，抓紧搞好景区周边的绿化、美化、亮化工程。加快重点旅游景区的码头建设，积极推进重点旅游景区周边的退耕还林还草。

（四）为商贸、旅游促销活动创造必要条件

市政管理部门对在商业街、广场举办的重大节庆活动要大力支持，并对重点商业企业、旅行社等单位的促销活动也给予必要支持。在保证市政环境的前提下，不收费或少收费。同时，适当放宽户外广告管理，让各部门、各区县和旅游、商贸企业在举办促销活动时有一定的广告宣传空间，以营造活动氛围，保证促销效果。

（五）搞好商贸、旅游等服务业的交通组织

解决“魅力重庆一日游”旅行车的停靠问题，有关部门要尽快在菜园坝广场、人民大礼堂南楼停车场、解放碑五四路开辟旅游车专用停车点。适当调整公交车营运时间，尽量满足商业企业晚上10：00下班的特殊情况。

重庆市洗染业暂行管理办法

2003年4月10日发布

（渝商委发〔2003〕38号）

第一条　为了加强洗染行业的规范管理，促进洗染业健康有序发展，保护经营者和消费者的合法权益，根据国家有关法律法规、重庆市《洗染业服务质量标准》和本地区洗染行业特点，制定本办法。

第二条　本办法所称洗染业，是指从事洗衣、烫衣、去渍、染色、织（修）补以及皮革或裘皮衣物的清洗、保养、上色等服务项目的经营单位。

（一）洗衣：利用各种洗涤机器、洗涤原料或有机溶剂，对各种衣物及针纺织品进行水洗或干洗以及对皮革或裘皮衣物的清洗、保养、上色。

（二）熨烫：运用各种机器和设备，将洗净或新缝制的衣物进行“定型”整理、去除皱褶，使衣物线条清楚，挺括美观。

（三）染色：运用各种染料、助剂和相应设备，对各类衣物及纺织物进行染色加工。

（四）织补：运用各种特制针具、凭手工技能，对各种破损的纺织物、针织物、地毯等，按照织物的原色、原纱、原结构进行重新组合，使之恢复原样。

（五）去渍：运用各种去渍剂及工具，针对污渍的特性及化学成分，在不损伤面料及面料颜色的基础上，将原有的痕迹除掉。

第三条　本办法适用于我市行政区域内不同经济成分的洗染公司、洗染店、洗衣厂及其他从事洗染业的经营单位。

第四条　洗染业的开业条件

洗染公司、洗衣店、厂及其他从事洗染业的经营单位应具备以下开业条件，方能从事洗染业务经营。

（一）经营场地

1. 有固定的符合本行业所需的经营场地和服务环境。

2. 门面装饰美观大方，店堂内外整齐清洁，字号、牌匾规范、醒目。

3. 存衣设施、收付柜台规范设置，房屋建筑安全、实用，光线充足。

（二）生产设施

1. 具有与经营项目相适应的生产设施、生产资料及从业人员。其标准符合国家的有关规定。

2. 水、电、气及通风设备完善。

3. 消防安全设施齐备。

（三）环保要求

洗染经营者应推广、应用清洁生产技术，使用符合国家环保要求的高新技术洗涤设备和洗涤原料。对污水、废气、废料的排放要符合国家和地方的安全要求及环保标准。

（四）资信条件

洗染经营者应具有开业必备的资金，无不良的行为。

第五条　洗染经营必须实行规范的经营管理。

（一）严格按国家的有关法律、法令、法规和行业协会的有关规定组织经营管理。

（二）各项规章制度、各工种的服务规范、有效证件（照）及劳动保护办法和制度健全。

（三）应明示服务项目、收费标准、营业时间和交活期限。

（四）规范使用标有本店字号、地址、联系电话和投诉电话的收取衣物凭证。

第六条　从事洗染工作要热爱洗染行业，信守职业道德，遵纪守法，诚实经营。各工种人员应接受过专业培训，并获得行业协会及劳动部门颁发的职业资质证书，实行持证上岗。其岗位要求为：

（一）负责人：熟知国家和行业主管部门对洗染业的有关法律、法规和洗染业的行业标准；熟悉经营洗染业的业务知识和所经营项目的专业技术知识，能解决经营服务中遇到的具体问题；具有一定的经营管理能力、组织领导能力和质量标准的判断能力。

（二）洗衣工：了解纤维分类和国际通用洗涤符号，能鉴别常见纤维的性质和特点；了解工艺流程和洗衣机、烘干机、脱水机的性能和原理并会操作使用；具有搓、刷、投、烘、晾等洗涤基本知识并能实际操作；掌握水洗一般棉、毛、丝、麻、化纤、混纺织物的操作技术、干洗操作技术和干洗机的保养方法与简单的维修技术；能根据各种衣物质料的新旧和污渍的性质、脏净程度，选用不同的洗涤（去渍）剂和操作方法，做到洗净、不花、不走样、不损原质料；经营皮革或裘皮衣物的清洗上色者，还应了解皮革的种类、性能、操作规程和质量标准，以及了解皮革上色剂、助剂的特性、配色方法，掌握常见皮革服装清洗上色的操作方法。

（三）烫衣工：了解纺织纤维织物的分类和国际通用的熨烫标志符号，并熟悉常见衣物品种的基本性能和特点；了解熨烫一般布料、毛料衣物的操作规程和质量标准，掌握常见织物的熨烫温度，能熨烫一般化纤、混纺织品制作的男女春秋衫，毛料上衣、西服、西裤、裙等；有去除一般污渍的知识和技能；能安全使用熨烫工具并掌握保养及维修的方法。

（四）染色工：了解纺织纤维分类，能鉴别纺织纤维、包括棉布、丝绸的名称、性质及特点；能熟练地使用一般的染色工具、机具，包括掌握染槽、洗衣机、脱水机的使用及安全操作知识；了解并掌握各种布料及一般丝绸、精纺毛料和化纤织物的染色工艺流程和染色操作方法；了解染棉、麻、丝、毛和化纤织物相对应的染料及染料助剂的性能，并能使用这些染料进行染色，且质量合乎要求。

（五）织补工：了解常见纤维的性能、组织结构及机织针织物的正反面和经纬组织抽丝方法；掌握一般机织品平纹、斜纹和针织品的平纹、罗纹的织补方法；能掌握一般毛料、呢料和同类化纤织物平纹、斜纹的直型、斜型、丁字型洞的织补办法，掌握针织品的断丝脱套和加一根丝，挑拨横丝和盖洞的织补方法。

（六）营业员：熟悉企业内部及本店的规章制度、经营项目及该项目质量标准、收费标准和取件时间；能识别常见纺织品及皮革制品或裘皮衣物的性能、特点，并了解其洗、染、烫、织和上光后达到的要求和效果，以及了解哪些属洗染店无能为力的问题；能识别和准确阐述衣物存在的质量问题，能熟练填写各种票据和操作服务设施，能掌握衣物的收发、折叠和保管，具备相当的服务技能技巧并能热情周到快捷地为顾客服好务；收发衣物做到检查仔细、开票清楚、计价正确，对所收物品存在的质量问题，经顾客确认后，应在票据上作详细记载。有解决顾客一般性投诉的能力，能支持配合上级的工作和对相关事务的处理。

第七条　全市所有洗染公司、洗染店、洗衣厂及其他从事洗染业的经营单位，都要认真贯彻执行重庆市《洗染业服务质量标准》和本办法。坚持服务规范，严格质量要求，不断提高行业水平和业务技能。

第八条　洗染经营者在经营服务过程中应按以下规定执行：

（一）经营者在为消费者提供服务前，应将能直观判断、且属明显存在的质量问题，以及洗后难以达到的效果、应收取的费用、联系方式和取件时间等均应在洗衣单据上予以明确表述并经消费者确认后才开具洗衣单据。因经营者违反这一规定产生的责任，应由经营者承担。非明显且不影响使用或难以直观判断的质量问题，则不在注明的范围，也不由经营者承担责任。

（二）消费者在送洗高档、高值、名牌等贵重衣物，即原价值超过 1000 元时，应实行保值洗涤。即由消费者提供原始购衣凭证并按衣物的实际购买值提请保值（最高保值额度一般不超过 10000 元），经双方认可后，再签订书面保值约定并由消费者交纳保值额 5% 的保值洗涤费。实行保值洗涤后，因经营者的责任造成完全质量问题时，经营者应根据保值额予以全部赔偿；造成局部质量问题时，则根据保值额按一定比例进行赔偿。

（三）由于衣物制作的原因和本身的或潜在的质量问题，以及洗涤标识的误导，经洗涤加工后出现缩水、开线、脱胶、起泡、脆化、变形；染色不牢造成的褪色、自染、内衬外染；衣领、衣袖（口）、膝盖、臀部等部位因使用过久、不当或因磨损造成的变色、发亮、破损；虫蛀后出现的孔洞以及部分污渍、隐迹在去污时易造成面料颜色损伤或经再次洗涤仍难以彻底去除时（含异味），经营者不承担赔偿及其他责任。

（四）因经营者的原因，使衣物有较明显的局部质量问题时，经营者应承担弥补或修复责任。经弥补或修复后，既不明显也不影响正常使用时，经营者不再承担赔偿责任。虽未能彻底弥补或修复，但没有丧失使用价值，仍可继续使用时，经营者应根据衣物的原有价值和使用时间承担经折旧后 15% 以内的责任。属保值衣物的不折旧，非保值衣物的最高赔偿额不超过 100 元。

（五）因经营者的原因造成严重质量问题时，如衣物丢失、无法正常使用、丧失原有价值等，经营者应根据衣物的原有价值和使用时间承担折旧后的全部责任。属保值衣物的不折旧，非保值衣物的最高赔偿额不超过 800 元。

（六）经营者在对责任事故衣物进行赔偿时，消费者应当提供原始购衣凭证，或者能够提供衣物原价和购买时间的有效证明。如果不能提供足以证实衣物价值及时间的有效证明或双方对该证明有明显分歧时，可参照并按我市相同或类似品牌、款式的现有平均价格确定衣物原值。若无法参照或属自制（加工）服装的，可根据相同或相类似的面料价值加合理的加工费用作为衣物原有价值的计算基础（加工费用不超过面料价值的15%）。国外购来服装可按相应的面料和款式参照国内相应服装的价格折旧赔偿。旧（垃圾）服装或假冒伪劣织物不受本办法保护。同时，衣物的价值认定原则上不考虑“情感价值、精神损失及间接损失”。

（七）衣物的年折旧率（含1年内）为25%并逐年递增；皮革则是根据重庆市《洗染业服务质量标准》规定的保持期按月折旧。对超过保质折旧期又确有使用价值的，其最高折旧率不得超过75%；对超过保质折旧期已没有使用价值或在正常洗涤中因面料的原因产生的损坏，可不再赔偿。若消费者索要经赔偿后的衣物，则应减少30%的赔款。

（八）对于可拆开的衣物按单位（件）计量，若其中的一件发生差错则只按一件赔偿。套装衣裤的比例为7:3，其他套装为6:4；长套裙上衣与裙子的比例则为4:6；三件式成套衣物的比例为5:3:2。

（九）经营者应按约定期限交货（除停电、停水等意外情况发生外）。若超过两次约定期限仍不能交付衣物时，每延长一天经营者应每件补偿消费者1元的费用，超过15天的按遗失件折价赔偿给消费者。

（十）消费者领取衣物超过约定期限30天以上者的，经营者可每件每天收取1元的保管费；超过2个月的，经营者应按收衣单据的联系电话主动与消费者联系，仍不领取或因消费者的原因无法联系的，所产生的破、损、脏等由消费者自负；超过6个月的，经营者有权自行处理。

（十一）因双方在衣物质量判定赔偿金额等方面发生争议，需经国家有关职能部门鉴定时，其鉴定费由提议方垫付，责任方承担。对于难以鉴定的争议，经营者应当提供有关部门根据重庆市《洗涤业服务质量标准》作出的自己无过错的证明。若不能提供时，经营者应按规定承担赔偿责任。

（十二）经营者和消费者因洗涤服务质量、衣物原值或赔偿价格引起争议、纠纷经协商无效时，可向行业协会或市、区消费者协会投诉调解，或向经营者所在地的人民法院提起诉讼。

第九条　充分发挥协会作用，切实加强行业管理重庆市洗涤业协会是经政府部门批准的行业组织，要以行业服务、行业自律、行业代表、行业协调为基本职能，在遵守国家法律法规的前提下，协助政府认真搞好全市洗染业的管理、监督和协调。

（一）根据本办法和重庆市《洗染业服务质量标准》及国家的有关规定，对全市洗染业的开业条件、行业准入及从业人员实行资格审查；对店面设置实行总量控制，对经营服务质量实行等级评定；对质量低劣、违规弄虚作假者及不符合标准要求者进行查处；对收费标准实行同行议价共同遵守的原则。

（二）组织洗染行业培训、技术咨询、开展信息交流。

（三）监督检查洗染经营单位依法经营，对违反行规行约、损害消费者合法权益、参与不正当竞争，致使行业形象受损的行为，行业协会可以采取警告、业内批评、通告批评等措施予以惩戒，也可以建议有关行政机关依法对违法活动进行处理。

第十条　本办法于2003年4月10日起执行。

重庆市拍卖行业管理暂行规定

（渝商委发〔2003〕47号）

一、总则

第一条　为规范拍卖行为，加强监督管理，促进拍卖行业持续、健康发展，根据《中华人民共和国拍卖法》（以下简称《拍卖法》）和有关法律、法规规定，结合我市实际，制定本规定。

第二条　本规定适用于重庆市行政区域内拍卖企业进行的拍卖活动，非拍卖企业不得从事委托拍卖或冠之以“拍卖”的经济活动。

第三条　本规定所称拍卖企业是指依照《拍卖法》规定条件，在本市行政区域内，经批准设立从事委托拍卖活动的企业法人。

第四条　重庆市商业委员会（以下简称“市商委”）负责对本市拍卖业实施监督管理。主要职责是：

（一）贯彻实施拍卖行业的法律、法规；

（二）负责申请设立拍卖企业、分支机构，指定公物拍卖及其他特殊标的拍卖的审核许可；

（三）负责拍卖业行业管理。

第五条　重庆市拍卖行业协会是依法成立的社会团体法人，是全市拍卖业的自律性组织，主要职责是：

（一）贯彻落实并制定拍卖行业规范，加强行业自律管理；

（二）负责组织从业人员的培训、考试工作；

（三）负责报考拍卖师的组织、初审，并对拍卖师的年检、注册预审；

（四）协调会员与政府有关部门及会员之间的关系，为会员提供服务，维护会员的合法权益。

二、审批管理

第六条　设立拍卖企业，应当具备《拍卖法》规定的条件，申请人应当提供下列材料：

（一）设立企业申请书；

（二）具备2名以上注册拍卖师和3名持证从业人员，聘用拍卖师须先经中国拍卖行业协会变更注册登记，且一年内不得受聘其他拍卖企业或申办企业；

（三）符合市商委规定的其他材料。

市商委在收到上述材料后，14个工作日内作出批准或不批准的书面答复。

第七条　经市商委批准后，申请人持批准文件到市公安局办理特种行业许可证，持市商委批准文件和市公安局特种行业许可证向工商行政管理部门申请注册登记，领取营业执照。

第八条　申请人在取得市商委批准文件之后，半年内无正当理由未向市公安局办理特种行业许可证、向工商行政管理部门申请注册登记，领取营业执照的，其批准文件自动失效。

第九条　拍卖企业变更企业名称、注册地址、法定代表人的，须向市商委提交申请，经批准后，分别到市公安局、工商行政管理部门办理特种行业许可证和注册登记变更手续。

第十条　本市行政区域外的拍卖企业来渝开展拍卖活动，实行备案审查制。拍卖企业须在拍卖会前十五日内，向市商委提交该拍卖企业批准文件、特种行业许可证、营业执照复印件。

第十一条　建立拍卖行业退出机制。拍卖企业有下列情形之一的，由市商委取消其经营资格。

（一）一年内未独立开展拍卖活动的；

（二）拍卖企业未具备二名以上注册拍卖师，从业人员未全部达到持证上岗要求的；

（三）因管理混乱，违法违规操作，受到停业整顿处理未按期通过验收合格的；

（四）其他严重的违法违规行为。

三、规范从业人员管理

第十二条　拍卖企业必须具备二名以上（含）注册拍卖师。从业人员必须全部持证上岗，新招聘人员一年内应具备持证上岗资格。

第十三条　拍卖师必须注册于拍卖企业方能执业，并不得同时注册在两个（含）以上单位。拍卖师每年应年检注册一次，无中国拍卖行业协会年检注册专用章的《中华人民共和国拍卖师执业资格证书》为无效证书。

未按期年检注册或未通过年检注册的，不得主持拍卖会。

第十四条　拍卖师不得以个人名义为非拍卖企业主持拍卖活动。

第十五条　拍卖师不得以个人名义为非本人注册的拍卖企业主持拍卖会。

拍卖师代表所注册执业的拍卖企业为其他拍卖企业主持拍卖会的，双方企业在拍卖活动开始前，必须签订协议或合同。

第十六条　严禁将《中华人民共和国拍卖师执业资格证书》借予他人或其他单位，用于注册新的拍卖企业或主持拍卖会。

第十七条　拍卖师及持证从业人员工作调动，必须经原注册企业同意许可。拍卖师工作调动须报市拍卖行业协会审查，拍卖师到新注册的拍卖企业执业，原则上一年内不得变更到其他拍卖单位。

四、附则

第十八条　本规定由重庆市商业委员会负责解释。

第十九条　本规定自公布之日起施行。

重庆市商业企业经营者职业道德规范

（渝商委发〔2003〕135号）

忠于职守：胸怀志向，忠诚企业。勤于学习，善于思考。把握机遇，与时俱进。敢于负责，开拓创新。

诚信经商：遵纪守法，讲信用，重合同，守承诺。按规章制度办事，不做假账，不售假货，不说假话。

以人为本：关心职工，尊重人才，发扬民主，集思广益，注重人的全面发展和提高。

义利兼顾：公平竞争，互惠互利，清正廉洁，奉公守法。富有社会责任心和正义感，积极回报社会。

重庆市商业职工职业道德规范

（渝商委发〔2003〕135号）

爱岗敬业：忠实履行岗位职责，真心实意为顾客服务。刻苦钻研业务，掌握商品知识，干一行，爱一行，钻一行，精一行，自尊自强，敢于竞争，努力做好本职工作。

诚实守信：买卖公平，货真价实，童叟无欺，讲求信誉，信守承诺。不短斤缺两，不出售假冒伪劣商品，不作虚假广告宣传，不推诿责任，不责难服务对象。

礼貌待人：为顾客创造整洁优美环境，精神饱满，仪表端庄，举止文明，用语礼貌，平等待客，服务规范。讲真话，卖真品，献真心，切实维护消费者利益。

文明服务：主动服务，耐心周到，顾客至上，方便群众，亲切自然，不搞“抢逼围”。以亲切的语言接待人，以良好的形象感染人，以满意的服务信服人。

重庆市商业服务质量规范

（渝商委发〔2003〕135号）

第一章　总则

第一条　重庆是长江上游商贸中心。商业企业应当提升服务理念，增强竞争意识，努力构筑商业服务诚信体系，推进服务质量规范化管理。

第二条　本规范依据质量管理系列国家标准，规定了服务质量管理的基本要素。本规范是重庆商业服务质量的基本规范。

第三条　本规范适用于重庆市行政区域内的零售、批发、餐饮、服务业企业；适用于重庆市商业服务业销售、服务、管理等从业人员。

第四条　主要目标：顾客至上，诚信为本，让顾客满意，使消费者放心，实现服务质量规范化。

第五条　基本要求：依法经营，诚实守信，文明礼貌，规范服务，买卖公平，货真价实，维护消费者合法权益，形成良好商德商誉。

第六条　企业应明确服务质量管理机构或专职管理人员，负责有关服务质量的法律、法规、规章和规范在本企业的贯彻实施，接受相关部门指导和消费者监督。

第七条　针对服务质量工作中的薄弱环节，制订措施，切实改进，提高服务质量和顾客满意度。

第二章　服务环境

第八条　店招文字书写规范、准确、清晰。外国语译文标准、严谨。店招清洁、美观。

第九条　橱窗布置新颖，反映时代潮流，具有导向性；创意独特，展现企业文化，具有艺术性；内容健康，倡导社会主义道德新风尚，具有展示性。

第十条　商品陈列随季节、节庆及时更换。陈列清晰醒目，方便选购，出样丰满，整洁无尘，富有特色。陈列方式注重商品的形状、色彩与灯光照明的有效组合，突出商品个性。陈列设备安全可靠。

第十一条　商品（服务）广告严格执行《中华人民共和国广告法》，广告内容合法、健康、真实、新颖，具有吸引力。设置商场购物、服务指南，向顾客清晰展示商品、服务布局。注重广告的时效性，及时清除过期广告。

第十二条　公共标识按照国家标准《公共信息标志用图形符号》设置，做到图形统一，符号标准，用色恰当，字样端正，位置醒目。中心商业街区要设置国际通行的公共标识。

第十三条　灯光照明营业场所必须达到基本亮度，以美化购物、消费环境和满足购物、消费需求。营业场所应当设置应急照明，以适应疏散照明、安全照明和备用照明的需要。

第十四条　有条件的营业场所要努力为顾客提供便利服务设施，包括自动电梯、残疾人通道、公用电话、自动取款机、盥洗室等。企业根据自身经营的特点，应当为顾客添置特定的便利服务设施。如：食品加热设施、试衣室、休憩场所及其他有关设施。

第十五条　环境卫生要严格执行国家和本市有关的法律法规。营业场所的环境应符合相应的卫生标准，各种设备、设施应当保持干净、明亮、整齐、清洁，并合理设置废物箱。营业场所应当设置禁烟标志。不乱堆乱放货物、物品，不乱张贴广告、标语，保持营业场所明亮畅通。

第十六条　环境安全要严格执行国家和本市有关消防、电梯安全等法律法规。配备必需的消防设备、器材，并按规定定期更换。存放消防设备、器材的位置符合要求。警示标志清晰、醒目。使用说明简单、易懂。采用符合规范的安全信息标志。安全通道有明显标志，保持畅通。悬挂物体（如：广告牌、店招牌、空调外机等）位置恰当，安装坚固。

第十七条　环保严格执行《中华人民共和国环境保护法》。保持通风、排气等设备良好。做好废水、废气、废渣处理工作，防止空气、灯光、噪音等污染。

第三章　服务人员

第十八条　具备合法的劳动从业资格。遵守商业职业道德规范。具有符合工作岗位要求的文化程度。具有符合技术岗位要求的专业技术证书。具有符合工作岗位要求的健康状况证明。具有符合工作岗位要求的语言表达能力。具有相应的上岗培训考核合格证明。

第十九条　掌握本岗位商品、服务的基本知识及技能，并能正确介绍和熟练操作。能讲普通话，熟悉方言，具有适合岗位要求的商业外语和基本的哑语能力。能熟练使用本岗位配备的设备和设施。

第二十条　仪容仪表体现文明礼貌的职业形象。着装规范，标志服整洁，无标志服的须着装得体。统一佩戴工号牌，便于识别。仪表端庄大方，面向顾客，面带微笑，举止得当。保持个人卫生。特殊行业须按规定要求执行。

第二十一条　行为举止规范。站立、坐姿端正。不在工作岗位闲聊、嬉闹、串岗、吸烟、吃零食、干私活。

第四章　服务操作

第二十二条　服务人员接待用语应当使用文明礼貌用语。顾客近柜或进入服务区域，应当适时接待顾客，适度、热情、主动招呼，不诱购、不劝购。据实向顾客介绍商品、服务的品种、价格、性能、特点、使用、保养、质量保证、售后服务等要素，耐心为顾客比较、挑选商品或服务，当好参谋。准确、及时为顾客提供所需的商品或服务，经顾客当面检验认可。敞开陈列的商品，要让顾客直接触摸看样；可以试穿、试听、试看、试测的商品，要耐心周到、提供方便、给予指导。帮助顾客验看商品外观和内在质量，调试商品，核对商品配件、附件。实行买卖公平，童叟无欺，体现军人优先，残疾人便利。坚持“三个一样”：成交与否一个样；数额大小一个样；不同顾客一个样。

第二十三条　根据商品不同特点，进行包扎、包装，便于携带。按规定需送货上门或上门调试等后续服务的，做好预约登记，服务到位。餐饮企业供应的食品必须符合食品卫生要求，并做到快速、按序、保质、保量。酒店客房部门应当按标准提供相应完好的设备、设施及配套服务。各类服务企业按照行规行约，按期、按质提供约定的服务。

第二十四条　根据税法规定，如实开具发票，正确规范填写发票内容。发票交顾客核对，确保正确无误。

第二十五条　收银服务集中收银的，营业员或服务员应指点顾客到收银台付款。收款必须“唱票、唱收、唱找”，交代清楚，并有道别声。收银人员收找钱款必须逐笔清、无差错，不应当同时收找两位顾客钱款。必须掌握各类信用卡、支票的结算方法。

第二十六条　企业必须指定专职部门或人员在授权范围内接待、处理顾客投诉。接待人员应耐心受理顾客投诉，并作好记录；通过认真了解核实或必要的检测，实事求是作出处理并答复顾客。销售企业应当实行商品质量先行负责制，先行受理解决消费者提出的商品质量问题，事后向生产企业追索。依照《中华人民共和国产品质量法》《中华人民共和国消费者权益保护法》等法律法规和行业规定，进行协调。本企业有质量承诺的，按承诺内容兑现。属服务质量问题的，必须依照《中华人民共和国消费者权益保护法》等法律法规作出处理。接待人员对处理情况必须进行跟踪回访，了解落实结果，并视反馈情况做出妥善处理。

第二十七条　根据顾客需求与企业自身条件，量力而行设立有偿或无偿便利服务项目，并公开亮牌，做到有诺必践。

第二十八条　导购咨询要熟悉所经营的商品、服务布局情况以及相关商品、服务知识，能耐心、准确回答顾客的询问。邮购函购应根据顾客需求，及时提供商品并合理收费，如无法满足应当回复顾客。预订服务要按照顾客需求与企业实际，做出承诺，按期、按质提供服务。

第二十九条　按顾客需求进行缺货登记，到货后及时通知；如因特殊情况无法落实货源的，应当告知顾客取得谅解。

第三十条　度量定做 按顾客需求度量尺码，确认用料及价格，做好登记、加工定制，按质按量如期交货。

第三十一条　小修小配 针对故障症状，查明原因，调换合格配件，保证维修质量，按期交货。如需收费的，修配前向顾客言明，按标准合理收费。

第三十二条　送货上门按时送到约定的地点、位置，请顾客当面验清商品品种、规格、数量及外观质量并签单认可。

第三十三条　安装调试，按约期上门，依照商品使用与顾客的要求进行安装或调试，并指导使用与保养方法。

第三十四条　有偿便利服务项目，要公开价目表，方便顾客了解与监督。特殊便利服务项目，要公开服务的具体内容，方便顾客了解。

第三十五条　产品“三包”定点维修单位要严格按照国家或行业规定和产品质量承诺履行义务。属收费范围的维修商品，接待人员要明示修理内容和可能发生的费用数额，征得顾客认可后予以修理，按标准收费。

第五章 服务（商品）质量

第三十六条 采购商品时，应向供货方索取生产商品合法性的证明文件。

第三十七条 严格执行商品进货检查验收制度，验明商品名称、质量、数量、包装、标签、合格证明、必要的检测报告及各类标识，有知识产权专利号的商品，还须具有相关的专利证书等有效的专利证明。商品未经验收不得上柜销售。

第三十八条 建立商品质量日常管理和检查制度，加强商品经营过程管理。对库存商品及上柜商品进行环节跟踪检查和验收，防止过期、失效、变质、破损及受污染商品进入货架和柜台，发现问题应当及时处置。引厂进店（包括出租柜台）经营的商品，应当严格履行厂店协议，并按有关条款执行，未经商店检验并同意的商品，不得进场销售。

第三十九条 商品（食品）的包装标识或说明书应当符合《中华人民共和国产品质量法》第二十七条和《中华人民共和国食品卫生法》第二十一条及其他法律法规的有关规定。进入超市、大型综合超市等特定销售方式的商品应当有条形码的识别标志。商标标识使用应当符合《中华人民共和国商标法》规定。

第四十条 严格执行《中华人民共和国产品质量法》，保证经营商品（服务）的质量。不得销售《中华人民共和国产品质量法》第三十三条至三十九条和《中华人民共和国食品卫生法》第九条规定的商品。

第四十一条 认真贯彻和实施《中华人民共和国计量法》等计量法规，确保计量量值统一，切实维护消费者的利益。企业使用的计量器具应当是取得国家计量行政部门发放计量器具制造、修理许可证单位所生产的，经过检测有合格证书和产品合格标志，并按规定定期检查，以确保器具计量准确。商品价目牌的计量单位，必须符合国家法定计量单位标准，确保使用规范。商品销售计量准确，不得短秤缺量，损害消费者利益。

第四十二条 食品经营要符合《中华人民共和国食品卫生法》的规定，食品应当无毒无害。食品容器、包装材料和食品用具设备必须严格执行卫生标准和卫生管理规定。自制食品应当取得卫生许可证，并符合相应的卫生要求。保健食品、特殊用途化妆品、消毒产品等与健康相关的产品宣传介绍应当真实，并符合有关法律法规的规定，不得随意夸大功能效用。凡实行许可生产的商品，必须齐全各类生产经营证明，包括产品合格证、卫生许可证和必要的产品安全性能检测报告等；应当向有关部门备案的商品，必须提供备案证明材料。进口商品必须具有海关验收税单、商检证明、相关的进口依据等必备的资证材料和中文说明书。餐饮、旅馆、理发、美容、沐浴等服务业企业要切实执行国务院《公共场所卫生管理条例》，健全卫生制度，强化卫生管理，严格用具消毒，确保服务安全。

第四十三条 销售商品或提供服务时，应当按照《中华人民共和国价格法》的规定，严格执行属于政府监管的价格，科学合理制定属于企业自管的价格，公开标示商品和服务价格。价格标签内容真实，注明商品的品名、产地、计价单位、价格、价格形式或服务的项目、内容、收费标准等。价格标签字迹清晰，文字规范，实行一货一签，货签相符、对位。

第六章 服务质量管理

第四十四条 企业服务质量管理机构或专职管理人员，负责制订企业服务质量制度，组织实施企业服务质量规范，形成服务质量管理的良好运行机制。企业服务质量管理机构，要有企业负责人分管。企业建立值班长现场管理、消费者投诉处理管理和服务质量考核管理等制度。

第四十五条　制订企业服务质量标准，要符合法律法规和职业道德的要求，要与国际接轨，结合不同的工种岗位特点。简单、易行，便于员工操作、顾客监督。并切实贯彻实施，形成企业个性化服务质量管理的规范、制度。企业服务质量管理，应包括商品质量管理、经营环境管理、服务规范管理、人员培训管理等内容。

第四十六条　对企业员工实施服务质量规范的全面培训。不同的岗位进行必要的职业道德与岗位技能培训。适应企业发展服务设施、服务项目、服务技能、服务管理的创新，推出相应的定向培训。员工培训要与企业用工、人才选拔、企业发展相结合，加强自我学习、应用与交流。

第四十七条　建立服务质量的社会监督机制：利用顾客意见簿、来信来访、消费投诉及有关方面（包括媒体和社会监督部门的意见反馈），考核员工的服务质量，落实到人。通过顾客满意的自我调查和中介机构调查，了解顾客对企业及员工的评价、企业服务质量的现状和问题。

第四十八条　推行自下而上的员工监督形式：开展员工提合理化建议活动，了解企业服务管理中的薄弱环节，实施企业服务质量的持续改进。建立企业质量保证基金，确保质量先行负责落到实处。

第四十九条　根据企业经营状况，加强考核管理。包括服务质量规范的执行情况、解决顾客矛盾的能力、处理投诉办结率和顾客满意率等。素质考核，对服务流程中各岗位应当具备的各项服务技能、服务业绩、服务过失，进行综合考核。将考核与竞争上岗、人才选拔、分配奖励等结合起来。

第五十条　对电梯、空调、衡器等设施建立年检合格证档案。建立商品质量台账，有必备的商品进货凭证，有相关的商品专利号、品牌标识、注册商标、质量认证标志，进口商品有必备的关税、安全卫生检验等档案。

第五十一条　建立人员素质台账，有营业员、服务员个性化的服务技能、特长，参加学习、培训、竞赛和有关奖励及过失处理等档案。建立服务管理台账，有企业开展规范服务、星级服务、品牌服务、顾客满意度测评和 IS09002 质量贯标等档案，新闻媒体和有关部门对企业的表彰、批评，包括顾客意见、来信来访处理结果及企业整改措施等档案。建立企业服务档案，包括辅助服务管理档案、售后服务管理档案、诚信服务档案。

第七章　附则

第五十二条　商业行业协会和商业服务业企业可依照本规范，结合实际，制定本行业和企业的服务质量规范实施细则。

第五十三条　本规范由重庆市商业委员会负责解释。

第五十四条　本规范自发布之日起试行。

重庆市报废汽车回收拆解管理暂行办法

（渝商委发〔2003〕139号）

第一条　为了贯彻落实国务院307号令《报废汽车回收管理办法》，进一步加强我市报废汽车回收（含拆解，下同）管理，结合我市的实际情况，制定本办法。

第二条　本办法所称报废汽车和拼装车的界定从国务院307号令《报废汽车回收管理办法》第二条的规定。

第三条　重庆市商业委员会（以下简称市商委）负责全市报废汽车回收的监督管理工作。重庆市公安、工商行政管理等有关部门在各自职责范围内负责报废汽车回收有关的监督管理工作。

各区县（自治县、市）商贸流通管理部门对本行政区域内报废汽车回收活动实施监督管理。

第四条　国家对报废汽车回收企业实行资格认证制度。重庆市目前已取得报废汽车回收经营资格认证的企业是重庆金属回收有限责任公司、重庆市物华再生资源有限责任公司和重庆钢铁（集团）有限责任公司（以下分别简称金回公司、物华公司和重钢集团）。除上述企业外，其余任何未取得报废汽车回收企业资格认证的单位和个人都不得从事报废汽车回收业务。

第五条　重钢集团只能回收重钢系统内部报废汽车。金回公司和物华公司回收我市除重钢系统内部报废汽车以外的报废汽车。

第六条　全市统一使用市老旧汽车报废更新办公室（以下简称市汽更办）印发的《重庆市报废汽车回收证明》（以下简称《回收证明》）。

（一）重钢集团、金回公司和物华公司凭单位介绍信到市汽更办领取主城区《回收证明》和《报废汽车拆解（发动机打眼）登记表》（以下简称《登记表》）；

（二）其余各区县商贸流通管理部门凭单位介绍信到市汽更办领取《回收证明》和《登记表》后，发放给当地具有报废汽车回收资质的回收网点，但不得收取任何费用；

（三）每次领取《回收证明》时，必须交回上次领取的《回收证明》留存联（第一联）和如实填写的《登记表》，否则不予领取《回收证明》；

（四）交售报废汽车的单位或者个人凭盖有市汽更办印章的《回收证明》到市车管、稽征部门办理车辆下户、下养路费和新车入户的手续。

第七条　市商委对全市的报废汽车回收活动作指标管理。回收指标当月有效，跨月作废，由市商委和区县商贸流通管理部门按规定作出调整。

（一）对金回公司和物华公司，市商委将参照上一年度全市的报废汽车回收总量（除重钢集团回收的以外），原则上以主城区和区县均按55%和45%的比例划分，发放《回收证明》；

（二）主城区由市商委按55%和45%的比例分别向金回公司和物华公司发放《回收证明》；

（三）区县商贸流通管理部门向市汽更办领取《回收证明》后，按55%和45%的比例将《回收证明》发放给当地由金回公司和物华公司设立的具有报废汽车回收资质的回收网点；

（四）对具有报废汽车回收资质的回收网点只有一个（主城区除外）的区县（自治县、市），当地的《回收证明》全部发放给该回收网点，未设网点的回收企业可以委托当地有资质的网点代收。

第八条　金回公司和物华公司在有条件的区县可分别设一个回收网点，但必须具备下列条件：

（一）经营资金不低于 30 万元人民币；

（二）拆解场地面积不低于 2000 平方米；

（三）具备剪切机、打包机、气割机等必要的拆解设备和消防池、灭火器具等消防设施；

（四）正式从业人员不少于 6 人，其中专业技术人员不少于 5 人；

（五）没有出售报废汽车、报废“五大总成”、拼装车等违法违规经营行为记录；

（六）具备油、水污染处理等环保设备设施，符合国家颁布的环境保护标准。

第九条　金回公司和物华公司到区县设立报废汽车回收网点需由市商委审核批准。市商委委托授权远郊区县商贸流通管理部门进行现场初审。

金回公司和物华公司到区县设立报废汽车回收网点应先到市汽更办领取《重庆市报废汽车回收网点设立申请表》（以下简称《申请表》），向市商委提出申请，经市商委审核批准后，到工商部门办理相关手续，开展报废汽车回收业务。

市商委委托授权当地商贸流通管理部门现场初审的，经现场初审同意后，再报市汽更办审核批准。

第十条　市汽更办每年对回收企业和网点进行一次年检，对不符合第八条规定的，视情节轻重将给予责令停业整顿、取消回收网点资格等处罚。

第十一条　报废汽车拥有单位或者个人应当及时将报废汽车交售给报废汽车回收企业。

任何单位或者个人不得将报废汽车出售、赠予或者以其他方式转让给非报废汽车回收企业的单位或者个人；不得自行拆解报废汽车。

第十二条　各回收企业要严格按照《报废汽车回收管理办法》守法回收。

（一）对回收的报废汽车应当逐车登记，对来路不明或车辆实际情况与档案资料不符的车辆严禁收购并应及时报公安机关处理；

（二）严禁未回收报废汽车而出具《回收证明》；

（三）必须建立健全岗位责任制，各回收企业和回收网点都要设立回收员、验收员、保管员、开单员和销售员等，建立互相监督、互相制约的管理机制；

（四）报废汽车实行定点回收，主城区社会报废汽车由金回公司和物华公司直接收购，区县回收网点只在本辖区内收购，不得跨区域收购；

（五）各回收企业可参照重价工发〔1995〕107 号文核定的报废汽车收购价进行收购，严禁进行恶性竞争，扰乱市场经营秩序。

第十三条　各报废汽车回收企业应认真执行《登记表》制度，报废汽车拆解时，单位领导、网点负责人、拆解员和保管员必须同时在场，并按《登记表》要求如实填写、签名。

第十四条　区县商贸流通管理部门牵头对本辖区内的报废汽车回收拆解进行监督管理，对报废汽车发动机批量打眼破坏进行现场监督，并在《登记表》中“监督管理部门”栏签字（主城区由市商委牵头负责监督管理）。其中营运客车的解体由公安机关负责监督。

有条件的企业可以用数码相机和摄像机等工具进行现场拍摄记录并制作成光盘作为依据，但必须保证发动机号码和破坏眼在同一面并且清晰可辨。符合此要求的，可不到现场监督。

第十五条　报废汽车回收企业拆解报废汽车；拆解的报废汽车发动机、方向机、变速器、前后桥、车架等“五大总成”，应当作为废金属，交售给合法的钢铁企业作为冶炼原料。

拆解的其他零配件能够继续使用的，可以出售，但必须标明“报废汽车回用件”。

第十六条　禁止任何单位或者个人利用报废汽车“五大总成”以及其他零配件拼装汽车。

禁止报废汽车整车、“五大总成”和拼装车进入市场交易或者以其他任何方式交易。

禁止拼装车和报废汽车上路行驶。

第十七条　报废汽车回收企业拆解报废汽车，应当遵守国家环境保护法律、法规，采取有效措施，防治污染。

第十八条　凡被盗或遗失车辆的车主应于被盗或遗失当日或得知车辆被盗或遗失之日向公安部门报案，凭公安部门加盖公章的证明材料向市征稽部门申请报停并办理停交养路费手续，三个月仍未找到车辆的按特殊情况办理下户和上户手续。

被盗或遗失车辆的车主凭遗失原因报告和公安部门立案证明材料、刑侦部门出具的被盗车辆网上查询材料及报废汽车申请书原件和复印件到市汽更办办理《回收证明》手续。市车管部门和征稽部门凭以上手续办理车辆注销登记等相关手续。

第十九条　对违反本办法的报废汽车回收企业，市商委及区县商贸流通管理部门将会同有关部门按照《报废汽车回收管理办法》（国务院 307 号令）等相关法律法规的有关规定作出处理。

第二十条　本办法的解释权属于重庆市商业委员会。

第二十一条　本办法自印发之日起开始执行。

重庆市商品市场管理办法

关于《重庆市商品市场管理办法》的起草说明

《人民日报》情况汇编 175 期披露了今年 3 月 25 日，重庆“女人家”购物广场突然倒闭，该商场总经理欠下众多代理商、供货商的货款和员工工资后突然失踪，近百名经销商、供货商及员工来到市政府集体上访，长时间阻断交通的事件。市场倒闭事件在重庆多次发生。市政府王鸿举市长批示，要求市商委会同市政府法制办等单位针对这一新现象制定管理办法。鉴于目前国家在商品市场管理方面没有相应的法律法规，市商委、市法制办通过认真调查研究，提出制定《重庆市商品市场管理办法》设想，并报经王市长同意制定《重庆市商品市场管理办法》（以下简称《办法》）。《办法》历经半年九易其稿，经市商委主任办公会议研究定稿，形成现在的送审稿六章三十条，现上报市政府提请市政府常务会议审议。

制定《办法》的必要性：（一）市场经济是法制经济，在建立和完善社会主义市场经济体制的过程中，必须依法办事。商品市场是社会主义市场体系的重要组成部分，商品市场健康发展应当有法律法规予以保障。完善商品市场体系，规范商品市场的管理，维护和健全市场经济秩序，强化社会信用，保障市场经营管理者、场内经营者、商品购买者等的合法利益，促进商品市场的健康有序发展，有必要制定本《办法》。（二）加入 WTO 后，政府部门必须转变职能，减少行政审批，应主要依靠立法对经济活动进行调控。通过制定本《办法》，把我市商品市场的管理纳入法制化的轨道，适应了这一要求。（三）强化社会信用，规范市场主体行为。当前，我国的市场体制尚不完善，且商品市场准入门槛低，部分商品市场主体怀着不良动机，借开办商品市场玩“空手道”；有的商品市场主体不堪激烈竞争，关闭市场逃避相应的责任，造成严重社会后果，扰乱社会主义市场经济秩序。《办法》对市场经营管理者、场内经营者等商品市场主体的合法经营、违规处罚作出规范，有助于规范市场主体的行为，规范市场准入。（四）规范服务，依法行政。在市场经济条件下，政府部门应管好应管之事。否则，政府管了不该管的事，易引火烧身。《办法》对政府部门在商品市场管理工作中的职责和违规处罚也作出了明确规定，有助于引导政府部门依法行政。主要对商品市场经营管理中容易出现的问题，就商品市场的规划、商品市场的设置条件、商品市场的经营管理等事项，政府监管部门、市场经营管理者、场内经营者的职责等内容作出了针对性的规定。商品市场，通常情况下指从事商品交易的场所。即界定为由市场经营管理者经营管理、场内经营者独立或集中进行现货商品交易的固定场所。

第一章 总则

第一条 为了规范商品市场的管理，维护市场经济秩序，保障市场经营管理者、场内经营者、商品购买者的合法权益，促进商品市场的健康有序发展，根据本市实际，制定本办法。

第二条 本办法所称的商品市场，是指由市场经营管理者经营管理、场内经营者独立或集中进行现货商品交易或提供服务的固定场所。

市场经营管理者，是指依法设立，利用自有或者租用的固定场所，自主经营或组织场内经营者集中进行现货商品交易或提供服务，从事市场经营、服务和管理的法人。

场内经营者，是指在商品市场内以自己的名义从事现货商品交易或提供服务的企业、个体工商户及其他组织。

第三条 本市行政区域内商品市场的设置、经营管理以及相关监督管理活动，适用本办法。

第四条 市商业行政主管部门负责本市各类商品市场规划和规范的协调、指导、管理。

市级有关行政主管部门应按照各自职责，协同对本行业商品市场进行指导和管理。

各级工商、卫生、税务、质监、公安、环境保护、市政、物价、城市交通等行政管理部门按照各自职责，依法对商品市场实施监督管理。

第五条 区县（自治县、市）人民政府对本区域内的商品市场的规划和设置进行协调和管理。

乡、镇人民政府、街道办事处对本区域内商品市场的周边环境和秩序进行管理。

第六条 各级政府及有关部门应遵循市场经济规律，不得直接干预商品市场的设置、开办及正常经营管理活动。

第二章 商品市场的规划

第八条 商品市场规划，应遵循以下原则：

（一）符合城市总体规划，发展与调整并重；

（二）适应经济发展水平和结构调整需要；

（三）促进市场公平竞争和保护投资者利益；

（四）有利于城市环境整治和提高居民生活质量。

第九条 商品市场规划应包括商品市场设置的区域、数量、规模、功能等基本内容。

编制商品市场规划，应征询相关行业协会的意见。

第十条 经批准的商品市场规划，不得随意变更。因城市总体规划发生变化或因其他原因确需调整商品市场规划的，由商业行政主管部门按照原编制和审批程序重新调整、变更和报批。

第三章 商品市场的设置

第十一条 商品市场的设置应当符合下列条件：

（一）符合城市规划；

（二）符合全市商品市场规划和业态发展要求；

（三）有与经营规模相适应的固定场所和必要的配套设施；

（四）符合环境保护和市容环境卫生要求；

（五）法律、法规和规章规定的其他条件。

各类商品市场设置的具体条件由市商业行政主管部门会同市级有关部门提出，经征求相关行业协会意见后确定，并向社会公布。

第十二条　在主城九区新建、扩建营业面积在10000平方米以上的交易市场和营业面积在10000平方米以上的商场（包括货仓式卖场、超级市场、购物中心、综合百货商场）实行准入听证制度。

第十三条　准入听证会由相关行业协会组织。听证结论为不宜设置的，规划部门不得发放选址通知书，计划部门不得给予立项，登记部门不得办理登记注册手续。

第十四条　商品市场准入听证办法由市商业行政主管部门制订，报经市政府同意后实施。

第四章　商品市场的管理

第十五条　申请从事市场经营管理活动，应向工商行政管理部门办理登记注册，领取营业执照。

第十六条　商品市场的注册登记、变更登记、注销登记、经营活动以及商品市场经营管理者应享有的权利和应履行的义务，按照国家和有关部门的规定执行。

第十七条　场地、设施所有权人与市场经营管理者，市场经营管理者与场内经营者在订立进场经营合同时，应依法约定双方的有关权利义务、违约责任以及纠纷解决方式。

市场经营管理者应当建立市场交易纠纷调解处理的有关制度和先行赔偿制度。

第十八条　市场经营管理者可以委托专业的市场管理服务机构从事市场管理服务。受委托的市场管理服务的商品市场，不免除市场经营管理者应当承担的市场管理义务及法律责任。

第十九条　商品市场经营管理者和场内经营者应增强诚信服务、文明经商的意识，倡导良好的经营作风和商业道德。

第二十条　商品市场关闭、歇业或因其他原因终止营业，市场经营管理者应提前30日告知场内经营者、供货商、贷款银行、员工、水电气公司、场地和设施所有权人，并与其结清有关账务。不得恶意拖欠银行债务、供货商货款、员工工资、场地和设施租金、水电气使用费甚至卷款隐匿潜逃。

第二十一条　因商品市场关闭、歇业或因其他原因终止营业，以及场内经营者自行歇业或停止营业，场内经营者应提前30日告知供货商、贷款银行、员工、水电气公司、市场经营管理者（或场地设施所有权人），市场经营管理者（或场地设施所有权人）在接到场内经营者歇业或停止营业报告后，有责任督促场内经营者结清有关账务。

第五章　法律责任

第二十二条　违反本办法的规定，有关法律、法规已有规另的，依照其规定执行；没有处罚规定或处罚规定不明确的，依照本办法的规定执行；涉嫌犯罪的，移送司法机关依法追究法律责任。

第二十三条　市场监督管理部门的工作人员违反本办法有关规定，严重失职、越权、滥用职权、徇私舞弊、索贿受贿、侵害当事人合法权益的，由上级主管机关或者监察机关责令改正；对负有直接责任的主管人员和其他直接责任人员依法给予行政处分；给当事人造成损害的，应依法承担赔偿责任。

第二十四条　违反本办法第六条规定，由此产生严重不良后果的，视情节轻重，由上级机关或者监察机关责令改正；对负有直接责任的主管人员和其他直接责任人员依法给予行政处分；给当事人造成损害的，应依法承担赔偿责任。

第二十五条　登记部门违反本办法第十三条、第十四条规定，由上级机关或者监察机关责令改正；对负有直接责任的主管人员和其他直接责任人员依法给予行政处分，其登记注册的商标无效。

第二十六条　商品市场经营管理者违反本办法第二十一规定，由有关部门依法追究其法律责任，但对其拖欠的员工工资，应由场地设施所有权人先行支付，再向商品市场经营管理者追偿。

第二十七条　场内经营者违反本办法第二十二条规定，由有关部门依法追究其法律责任，但对其拖欠的员工工资，应由市场经营管理者先行支付，再向场内经营者追偿。

场内经营者侵犯消费者合法权益，消费者无法从场内经营者获得赔偿的，市场经营管理者有义务对消费者先行承担赔偿责任，再向场内经营者追偿。

第二十八条　商业行政主管部门及其工作人员在编制商品市场规划中违规违纪，由上级机关或者监察机关责令改正；对负有直接责任的主管人员和其他直接责任人员依法给予行政处分，涉及的具体商品市场规划部分无效。

第六章　附则

第二十九条　法律、法规、规章对有关商品市场的监管有特别规定的，从其规定。

第三十条　本办法自2003年起施行。

重庆市人民政府办公厅
转发市商委关于进一步加快餐饮业发展的意见的通知

2004年9月15日

（渝办发〔2004〕282号）

市商委《关于进一步加快餐饮业发展的意见》已经市政府同意，现转发给你们，请认真贯彻实施。

关于进一步加快餐饮业发展的意见

加快餐饮业发展，对于拉动消费，扩大就业，提高人民生活质量，推动旅游、服务、食品加工等行业的发展都具有十分重要的作用。直辖以来，我市餐饮业虽然得到了较快发展，但目前仍存在着规模偏小、经营管理水平较低、规范化程度不高等问题。为进一步加快我市餐饮业的发展，现提出如下意见。

一、总体要求

以“三个代表”重要思想和党的十六届三中全会精神为指导，坚持以人为本，树立和落实科学发展观；以推进餐饮业规模化、规范化、标准化、品牌化为中心，促进餐饮业发展全面升级；以扩大内需为重点，积极推进餐饮业发展与假日经济、旅游经济、会展经济和食品加工的紧密结合；以重庆“老字号”和名店为龙头，大力发展连锁经营等新兴业态；推广运用现代管理和科学技术手段，提高餐饮业的科技含量和文化内涵，繁荣餐饮市场，全面发展重庆餐饮业。

二、发展目标

到2010年，全市餐饮业营业额达到284亿元，年均增长15%，占社会消费品零售总额的比重达到14%；规范发展具有一定规模、地方特色突出、文化氛围浓烈、社会影响力大、年营业额达3亿元以上的美食文化街（城）3个；扶持发展年营业额达10亿元以上的餐饮品牌企业5家，5亿元左右的餐饮品牌企业10家；向国内外发展餐饮连锁店2000家；培训考核命名300名重庆烹饪大师、名师，100名重庆餐饮服务大师、名师，制定品牌企业条件，评定重庆餐饮10强，努力把重庆建设成为极具魅力的中国西部餐饮文化名城。

三、主要措施

（一）突出发展连锁经营，加快餐饮业规模化进程

商贸流通主管部门要制定餐饮连锁经营管理办法，积极支持和引导餐饮企业，按照规模化经营、规范化管理、标准化服务的要求，利用直营、联营、加盟等形式，采取“走出去”和“走下去”的策略发展连锁经营。近期要在全市重点培育发展10家餐饮连锁经营品牌企业。

（二）加强管理，规范餐饮业市场秩序

1. 商贸流通主管部门要加大引导餐饮业资源整合的力度，提升行业的整体质量；要会同市政府有关部门，制定餐饮业发展规划及行业管理办法，并按国家GB/T13391－2000标准《酒家酒店分等定级规定》，抓好对餐饮企业的分等定级工作。

2. 市工商行政管理、卫生、市政、环保等部门要完善餐饮企业开业经营标准和条件，并严格按照标准和条件办理相关证照。

3. 各级卫生、环保、工商行政管理、质监、食品药品监督管理等部门要各司其职，加大对食品卫生和安全的管理力度，明文公示各种收费项目和标准。对无照经营者要坚决予以取缔；对不符合食品卫生要求、环境保护规定的企业或门点限期整改，整改后仍达不到要求的要依法吊销其卫生许可证和营业执照；对加工和销售不符合食品卫生要求的原辅材料的行为要严厉打击。

4. 商贸流通主管部门要会同环保、卫生部门对消费者反映强烈的“潲水油”问题，采取切实有效措施，逐步做到统一回收、集中处理。

5. 劳动保障部门要会同商贸流通主管部门建立完善考核鉴定、评定和管理制度，清理整顿不按规定评定发放各种等级证书等扰乱鉴定、评定管理制度的行为。

6. 规划和建设部门要在规划和建设审批工作中，注重考虑餐饮业用房配套车位的设置。

（三）实施品牌战略，做大做强重庆火锅

商贸流通主管部门要组织抓好重庆火锅的培育与创新。要进一步推进品牌战略，充分发挥品牌优势，采取“走出去”和“走下去”的策略，扩大经营规模，加速连锁扩张，力争冲出国门走向世界，弘扬重庆餐饮特色文化。近期重点帮助品牌企业建立连锁配送中心和原辅材料生产基地，建立起“公司＋基地＋农户”的产业链条，形成产供销一体化。

（四）挖掘创新，发展壮大重庆菜和重庆小吃

各级商贸流通主管部门要积极引导企业在弘扬传统川菜的基础上，大力推出体现重庆风土人情、巴渝文化、三峡文化、风味独特的地方特色菜。要抓好重庆小吃的开发和拓展，大力扶持传统

名小吃，对便于包装、存放、运输的重庆名小吃，要支持企业实施标准化、系列化生产，扩充重庆名小吃的市场占有率。

（五）大力发展“农家乐”，营造生态就餐环境

要支持交通和通讯方便、自然环境优雅的城郊接合部、旅游区（点）发展以生态、休闲、娱乐、农家美食为一体的“农家乐”，挖掘和培养体现乡土文化、民俗文化特色的江湖菜、特色菜，营造生态、休闲、宽松的就餐环境。同时要加强管理，保护环境，建立健全安全、卫生、环保等配套保障制度和设施。

（六）开拓创新，丰富和提升餐饮文化内涵

要抓好餐饮行业和餐饮企业的文化建设，发掘传统饮食文化，将其融入菜品制作、就餐环境之中，体现以人为本的经营理念。各区县可结合本地实际，建设一批具有餐饮文化氛围，整洁美观，具有地方特色的美食文化街（城）以及巴渝风情、民俗浓厚、生态环境的“农家乐”等。

（七）充分发挥餐饮行业协会作用

各级餐饮行业协会，要积极发挥作为政府和企业间的桥梁、纽带作用，健全行规，端正行风，积极开展技术咨询，提高行业整体经营管理水平和服务质量，要组织好企业间、市内外同行业间的交流活动，推广、学习典型经验；要建立和完善自律机制，加强行业自律建设，规范经营行为，倡导诚信经营，促进全行业健康有序发展。

四、加强领导

为加强对全市餐饮业工作的领导，决定成立由市政府分管副市长为组长，市政府分管副秘书长及市商委、市财政局、市市政委、市工商局、市劳动保障局、市地税局、市环保局、市质监局、市公安局、市规划局、市卫生局等部门负责同志参加的市餐饮行业发展协调小组。协调小组负责研究和协调解决全市餐饮业发展的重大问题。各区县政府和市政府有关部门，要以人为本、求真务实，把发展餐饮业摆在加快经济发展和扩大内需、拉动消费的重要位置，高度重视，切实加强领导，促进全市餐饮业的快速发展。

重庆市商业委员会关于液化石油气经营单位报批程序的通知

2004 年 6 月 7 日

（渝规审发〔2004〕17 号）

适应《行政许可法》和当前实际情况的需要，根据《安全生产法》《重庆市液化石油气经营管理办法》（市政府令第 62 号）等法律法规规定，经研究，现将液化石油气经营单位报批程序有关事项通知如下：

一、实施机关

市商委负责全市液化石油气经营管理工作；负责全市液化石油气储配站、瓶装供应站设立、改建、扩建、迁建的审查和液化石油气经营单位经营资质的审批。

各区县商贸主管部门负责辖区内液化石油气经营单位的日常监督管理工作；受市商委委托，负责辖区内液化石油气零售经营门点经营资质的审批，并将有关资料报市商委备案。

二、申请新（改、扩、迁）建储配站、瓶装供应站

（一）报批程序

1. 申请人提出书面申请及有关材料报当地商贸主管部门。

2. 当地商贸主管部门自接到申请人申请之日起20个工作日内，进行材料审查和实地核查，对经审查合格的新（改、扩、迁）建储配站或瓶装供应站，提出初审意见，并附经市商委批准实施的当地液化石油气行业发展规划和申请人全部资料报市商委；不合格的，书面通知申请人并说明理由。

3. 市商委自收到初审意见及申请材料之日起20个工作日内，组织进行材料审查和实地核查，对经审查符合条件的，下达批准文件；不符合的，书面通知申请人并说明理由。

4. 申请人持市商委批准文件，从发文之日起计算，在6个月有效期内依法办理规划、土地、消防等有关手续并开工建设；在6个月未依法办理有关手续并开工建设的，申请人应当提前30个工作日向市商委提交书面报告并办理延期手续。

5. 项目建设完工，经有关部门验收及安全评价机构安全评价合格，证照齐全后，方可投入使用。

（二）需提交资料

1. 书面申请。

2. 可行性研究报告（包括单位基本情况、建设地点、设计及实施方案、消防及安全卫生保障、市场情况分析、投资概算及资金来源、经济效益分析、社会效益分析等及有关证明材料）。

3. 申请人土地证复印件或土地征用/租用20年以上协议。

4. 新建、迁建储配站1/500实测地块地形图和位置照片（4R）。

5. 平面布置图。

6. 新建、迁建储配站地质灾害评估报告。

7. 改、扩、迁建单位的《化学危险品物品经营许可证》正、副本原件及复印件。

三、申请经营许可证

（一）报批程序

1. 申请与受理：申请人填写《〈化学危险物品经营许可证〉申请表》（简称《申请表》）并附齐有关资料，报当地商贸主管部门。

2. 审查及决定

（1）当地商贸主管部门自收到申报材料之日起10个工作日内，对经审查符合条件的零售经营门点，核发《化学危险物品经营许可证》，并将有关资料报市商委备案；对经初审符合条件的储配站或瓶装供应站，在《申请表》上填写初审意见，附有关材料报市商委；不符合条件的，书面通知申请人并说明理由。

（2）市商委自收到当地商贸主管部门初审意见和申请人材料之日起10个工作日内，组织进行材料审查和实地核查。对经核查符合条件的，核发《化学危险物品经营许可证》；不符合条件的，书面说明理由。

（二）需提交资料

1. 市商委同意新（改、扩、迁）建储配站/瓶装供应站的批复。

2. 安全评价报告。

3. 储配站/瓶装供应站设计、施工、安装单位资质证明。

4. 储配站/瓶装供应站建筑工程竣工验收合格证明。

5. 储存、经营场所公安消防部门验收合格证明。

6. 储配站《气体充装单位注册登记证》《固定式压力容器使用证》。
7. 有效期内防雷防静电检测报告。
8. 经营、储存场所房屋产权证明或租赁证明文件。
9. 法人代表或负责人身份证及安全培训合格证。
10. 有关从业人员培训合格证或上岗证。
11. 液化石油气气源供给合同。
12. 储配站/瓶装供应站/零售门点及库房全貌照片（4R）。
13. 安全管理责任制度和岗位安全操作规程。
14. 事故应急救援预案。
15. 工商部门《企业名称预核准通知书》。

四、申请经营许可证变更

（一）报批程序

1. 申请及受理：经营单位变更单位名称、经济类型、法人代表（负责人）、经营储存场所的，应向当地商贸主管部门填报《〈化学危险物品经营许可证〉变更申请表》，并提交有关证明材料。

2. 审查及决定

（1）当地商贸主管部门自收到申报材料之日起10个工作日内，对经审查符合条件的零售经营门点，换发新的经营许可证；对经初审符合条件的储配站或瓶装供应站，填写初审意见后转报市商委；不符合条件的，书面通知申请人并说明理由。

（2）市商委在接到当地商贸主管部门初审意见及有关材料之日起10个工作日内，对经审查符合条件的，换发新的经营许可证；不符合条件的，书面通知申请人并说明理由。

（二）需提交资料

1. 变更理由有关证明文件（如收购、控股合同、任职通知等）。
2. 变更企业名称须提供工商部门名称预核准通知书。
3. 变更法人代表须提供法人代表身份证及安全培训合格证。
4. 变更经营、储存场所须提供经营、储存场所房屋产权证明或租赁证明文件。
5. 有效期内安全评价报告。
6. 经营、储存场所公安消防部门消防验收合格证明。
7. 储配站《气体充装单位注册登记证》和压力容器有效期内检测合格证明。
8. 有效期内防雷防静电检测报告。
9. 原经营许可证正、副本原件。

重庆市人民政府
关于加快商贸流通产业发展和改革的意见

2005年6月24日

（渝府发〔2005〕62号）

为加快商贸流通产业发展和改革，全面提升商贸流通产业发展水平，把商贸流通产业培育成为全市经济的先导性产业，现提出以下意见。

一、从战略高度认识商贸流通产业发展和改革的重大意义

（一）商贸流通产业发展和改革的重要性。流通是连接生产与消费的桥梁和纽带，现代流通是现代经济的血脉和火车头。经过 20 多年的改革发展，目前商品生产已从总体短缺变为总体过剩，商品流通从卖方市场变为买方市场，市场竞争从国内竞争变为国际化竞争，市场需求对经济发展的约束越来越大，商贸流通已经成为决定经济运行速度、质量和效益的重要因素。加快我市商贸流通产业发展和改革，是应对经济全球化和国际竞争，建立现代商贸流通体系的必然要求；是推进新型工业化、城镇化和农业产业化，促进大城市带大农村，解决“三农”问题的迫切需要；是扩大消费，拉动生产，增加就业，完善城镇功能，保障消费安全的有效途径；是推进富民兴渝、建设长江上游经济中心、全面建设小康社会的重大举措。

（二）商贸流通产业发展和改革的紧迫性。目前，全市商品市场建设初具规模，流通主体多元化基本形成，现代流通方式快速发展，对外开放成效明显，流通规模不断扩大。但应看到，按照建设长江上游经济中心、全面建设小康社会的要求，商贸流通产业发展和改革还存在较大差距。主要表现在：对发展商贸流通产业的重要性认识不足，“重生产轻流通”的观念仍未根本转变，流通领域改革相对滞后，市场体系有待完善，农村市场开拓不力，流通现代化水平较低，消费环境有待改善，聚合辐射能力尚需增强。这些是差距，也是潜力；是压力，也是动力。

二、进一步明确商贸流通产业发展和改革的总体思路

（三）商贸流通产业发展和改革的指导思想。全面落实科学发展观，以建设长江上游商贸中心为目标，以开拓市场特别是农村市场、扩大消费为主线，以深化商贸流通体制改革为动力，推进传统商业经营方式向现代流通方式转变，传统流通格局向大市场、大贸易、大流通转变；坚持发展商贸流通与推进新型工业化、农业产业化和城镇化相结合，建设有形市场与发展无形市场相结合，培育大型商贸流通企业与搞活中小商贸流通企业相结合；加快市场法制监管体系、市场监测调控体系、商业信用体系等三大商贸流通市场环境工程体系建设，促进市场繁荣与规范市场行为、加强市场监测调控相结合，提升流通现代化水平和增强区域聚合辐射能力。

（四）建设长江上游商贸中心的目标要求。到 2010 年形成长江上游商贸中心的基本框架，到 2020 年建成长江上游商贸中心。建设长江上游商贸中心的目标要求是：

——发挥区域性现代物流基地、购物消费乐园、商贸信息中心三大商贸流通功能。到 2010 年，全市仓储面积达到 650 万平方米，货物运输量达到 8 亿吨，形成连接东西、辐射周边的现代物流基地；主城区社会消费品零售总额占全市的 50% 以上，形成舒适、安全、满足不同层次需求的购物消费环境；搭建连接全国、沟通各行业、融合政商的电子信息平台，大型商贸企业信息化率达到 80% 以上，形成长江上游商贸信息枢纽，在西部地区率先实现流通现代化。

——重点完善四个层次商贸服务网络建设。构建和完善都市中央商务区、区县中心商圈、商业特色街（专业市场）和乡镇（社区）商业点四个层次商业服务网络，沟通城乡商贸流通。到 2010 年，初步形成中央商务区规划建设的基本框架，建设完善 20 个区县中心商圈，建成 20 条商业特色街，形成 10 个专业批发市场群，建设完善 100 个乡镇商业设施，建成 60 个社区商业服务中心。

——扩大商贸流通规模。到 2007 年，社会消费品零售总额达到 1350 亿元，其中连锁经营销售额达到 340 亿元，商品销售总额达到 2400 亿元。2010 年，社会消费品零售总额达到 2000 亿元，“十一五”期间年均增长 13%，其中连锁经营销售额达到 600 亿元，商品销售总额达到 4000 亿元以上，“十一五”期间年均增长 16% 以上。

（五）商贸流通产业发展和改革的新方向。积极鼓励综合超市、专业店、专卖店、便利店、仓储式会员店、折扣店、网上商店等有店铺和无店铺等业态的发展。鼓励民营、外资等非公经济发展商贸，鼓励其参与国有商业企业改革，形成多元化的市场主体。鼓励组建大公司、大集团，形成主导流通市场的新格局。鼓励实行内外贸一体化，贸工农一体化。鼓励生产性加工企业的物流实行社会化服务。鼓励汽摩、建材、家具、机电、化医、服装等专业批发市场的培育发展。

三、积极引导和扩大消费需求

（六）*促进新型消费成长*。加强市场分析，引导企业不断拓展商品和服务范围，满足即期消费，激活潜在消费，创造未来消费。努力培育住房、汽车、通讯、旅游、健身等新的消费热点。积极发展信贷消费、租赁消费等新的消费方式。

（七）*巩固扩大传统消费*。大力发展集购物、餐饮、休闲、娱乐等功能为一体的便民商业网络。制定行业标准，鼓励发展住宿、洗理、洗染、维修、保健、家政等与居民生活密切相关的服务业。规范发展租赁、旧货流通、再生资源回收等服务领域，满足多层次、多样性的消费需求。

（八）*努力拓展农村消费*。积极发展适合农民消费水平和需求层次的商贸服务。组织开展多种形式的“名店名品下乡”活动，组织适销对路的化肥、农药、农机具等生产资料和家电、家具等生活资料服务农民。发展生产配套服务和生活服务。培育农村二手市场。改善农村消费环境，拓宽农村消费领域，探索发展农村消费信贷，推进农村安全消费、方便消费和实惠消费。培育农村经纪人队伍和农村合作经济组织，开展农商对接活动，建立农商间长期稳定的产销合作关系，送工业品下乡，带农产品出村。

四、全面提升商贸流通区域性聚合辐射能力

（九）*做强做大商品批发市场*。优化市场布局，主城区重点建设汽摩、化医、建材装饰等集散能力强的专业市场群。全市建成农产品、小商品等30个大型批发市场，形成小五金、饲料兽药等10个特色专业市场。通过新建、改扩建、联合重组，推广竞买制、拍卖制、电子网络等多样化现代交易方式，促进传统批发市场转型升级。

（十）*大力发展现代物流*。构建以大型物流基地为核心，各种物流配送中心为节点，布局结构合理、技术设施先进、运转畅达高效的现代物流体系。重点打造寸滩港、团结村铁路集装箱中心站、万州港、涪陵港、渝北空港等一批区域性大型物流基地。整合社会物流资源，促进传统物流向社会化、专业化、现代化转化，有条件的生产企业要科学设置供应链流程，逐步分离物流业务。大型连锁经营集团要建立具有现代管理水平的采购配送中心。支持物流企业以多种方式与境外、市外先进物流企业合资、合作，重点培育和引进长安民生、中集等一批大型物流企业。推动理货、采购、仓储、分拨、配送等第三方现代物流企业发展。建立与生产基地直接挂钩的农产品配送中心。

（十一）*积极发展会展业*。引入市场化运作方式，扩大会展经济规模，提升会展水平。加强会展业与交通、餐饮、酒店、旅游等相关行业的融合，延伸产业链。加快国际会展中心等大型展览场馆和配套设施建设。培育在国内外有影响的市场主体和会展品牌，积极争取国内外大型会展。办好中国重庆投资贸易洽谈会、高交会、军博会、家博会、汽摩展、三峡国际旅游节、重庆火锅节等综合性、专业性会展，搭建经贸合作平台。

五、进一步提高流通现代化水平

（十二）*推动连锁经营加快发展*。围绕品牌、资产运作，通过直营、特许加盟等方式，整合改造分散经营的杂货店、小店铺，逐步建立连锁企业集团。振兴“老字号”企业，支持其运用品牌、管理技术等优势发展连锁网络。引导城市连锁店、专卖店向农村延伸。支持品牌连锁企业向市内外扩张，到2010年全市重点培育发展20户不同行业的连锁经营龙头企业，力争5—8户成为全国连锁百强企业。

（十三）积极稳妥推进电子商务。加快流通企业信息化建设，实现企业内部和企业间资源共享。大力推广时点销售系统，建立完善管理信息系统、客户关系管理系统、企业资源计划系统等商业智能体系。积极探索传统零售方式与电子商务相结合的模式，逐步提高网上交易比例。到2010年，电子商务网上交易规模达到100亿元。特别是连锁经营企业要加快电子商务的应用。促进银企合作，推广信用卡消费，扩大刷卡结算覆盖面。

（十四）稳步发展新的经营方式。适应消费方式的新变化，稳步发展拍卖、竞买、直销、网上购物、电视购物、邮购、自动售货等新的销售方式。建立健全相应的交易制度，逐步规范交易行为，扩大销售服务范围，充分满足和方便人民群众生活需求。

六、不断完善商贸流通设施

（十五）完善商贸流通发展规划。坚持规划先导，突出特色，完善功能。商贸流通发展规划要与城市总体规划、土地利用总体规划相结合，与旅游业、金融业、房地产业、文化产业、体育产业相促进。编制完善商贸中心建设、商业网点布局、现代物流发展、加油（气）站定点布局等专项规划。市、区县（自治县、市）商贸主管部门应作为本级城市规划委员会的成员单位，对大型商贸设施建设进行合理调控。主城区营业面积5000平方米以上、区县（自治县、市）3000平方米以上的商贸设施建设项目，在规划部门核发建设工程选址意见书和建设用地许可证之前，由商贸主管部门出具商业网点规划的确认意见书。建立大型商贸设施建设项目监测系统，对网点数量、布局、结构及市场需求实施动态分析并及时发布信息，引导企业投资行为。

（十六）推进商业服务网络建设。按照布局合理、功能完善、层次分明、体系完备的要求，重点建设都市中央商务区、区县（自治县、市）中心商圈、商业特色街（专业市场）和乡镇（社区）商业点四个层次的商贸服务网络。

都市中央商务区要完善配套设施，提高商务功能集中度，引入国内外大集团地区总部，力争到2010年，引进世界500强企业50家。重点发展金融、信息、咨询服务和文化娱乐。优化商业结构，合理布局业态业种，提升消费档次，打造一批精品、专卖旗舰店，使之成为展示重庆商贸流通繁荣繁华的重要窗口。

区县中心商圈要密切结合本地优势，突出区域特色，选准市场定位，整合分散网点，形成有一定规模的商圈，影响和带动一定区域的需求升级。

商业特色街（专业市场）建设要突出特色，风格各异。城市要重点打造一批购物、餐饮、休闲等特色专业街。

在农村实施乡镇建超市、村社建商店的“双建”工程。重点发展乡镇农贸市场，建设标准化“农家店”，提升“农家乐”档次，到2010年，力争建成1000个乡镇连锁超市，10000个村社便民店。在社区要按照300米半径的标准建设便利店、折扣店。推进“厨房工程”，发展早餐网点和中式快餐店。加快农贸市场升级换代，到2010年，主城核心区力争完成80家“农改超”“农加超”，使之成为生鲜食品和蔬菜超市。

（十七）鼓励和引导多种经济成分投资商贸设施建设。投入的重点是乡镇农贸市场，特别是中心镇商业设施和边贸市场；连锁经营、物流配送、电子商务设施；食品机械化加工、储藏、运输设备设施；成品油等重要商品储备设施。商贸流通基础设施建设投资保持15%的年均增速。

七、加快推进商贸流通企业改革开放

（十八）推进国有商贸流通企业产权制度改革。以产权制度改革为核心，加快推进国有资本战略性调整，增强国有资本集中度，提高国有资本运行质量。引入战略投资者和民营资本参与国有资本重组，优化企业资本结构，实现投资主体多元化。规范完善公司法人治理结构，转换企业经营机制，建立健全现代企业制度。改革中要妥善安置职工，维护职工合法权益。

（十九）培育商贸流通大公司、大集团。鼓励商贸流通企业以资本和品牌为纽带，通过控股、参股、兼并、收购、特许经营等方式，实现有效扩张。积极培育经营主业突出、管理技术先进、核心竞争力强的商贸流通大公司、大集团，使之成为我市商贸流通领域的龙头企业。到2010年，形成年销售额超百亿元的企业集团2家，超50亿元的5家，超10亿元的20家。培育2家大集团力争进入全国商贸流通30强企业行列。

（二十）搞活中小商贸流通企业。中小商贸流通企业是流通企业的主体和增加就业的重要渠道。支持民营经济发展中小商贸流通企业，重点扶持有特色、有品牌、吸纳就业人员多的商贸流通企业。引导中小商贸流通企业推进组织创新、管理创新、技术创新和服务创新，全面提高经营管理水平和竞争实力。举办“中小商贸流通企业服务年会”，搭建连锁加盟、产权交易、技术引进、业态创新、信息共享、信贷支持和法律咨询等服务平台，为中小商贸流通企业创造良好的发展环境。

（二十一）扩大商贸流通领域对外开放。大力实施“引进来”“走出去”战略。重点引进国外先进的营销方式、经营理念和流通技术，引导外资投向农村市场和流通现代化建设。吸引国内外大型商贸流通企业在我市设立地区总部、连锁店和物资采购配送中心。推动更多企业进入零售企业全球销售网络。加强与港、澳、台服务贸易方面的合作交流。打破地区封锁、内外贸分割和行业分割，促进各种要素和商品自由流动，鼓励平等竞争。加强与长江流域等地区的经济合作，联手川陕鄂湘黔滇等周边地区打造区域性市场平台，繁荣边贸。鼓励优势商贸企业“走出去”到市外、境外开店设场，扩展市场空间，发展营销网络，将重庆品牌推向全国、推向世界。

八、切实加强商贸流通发展的市场环境体系建设

（二十二）加强商贸流通法制监管建设。针对流通领域各种新情况，制定相关法规、规章、行业标准和服务规范，依法治商。商贸、工商、质监、食品药品监管、卫生防疫等部门要协同配合，开展专项治理和综合执法，依法打击制假售假、商业欺诈、不正当竞争等违法违规行为，公示有严重不良经营行为的企业，依法维护市场经营秩序。

（二十三）建立健全市场监测调控体系。加强市场监测工作，区县商贸流通主管部门要建立市场信息快速反应系统，加强重要生产资料和肉类、粮油、食盐、食糖、蔬菜、成品油等生活必需品的市场监测、预警和调控，定期发布市场景气指数和国内外市场行情，制定重要生产生活必需品市场异常波动应急预案，建立生产生活必需品地方储备制度。重点流通企业要及时报送商品监测信息资料。

（二十四）推进商业信用体系建设。加强商贸流通领域的精神文明建设，大兴“诚信经商”之风，严守职业道德，做到诚实守信、童叟无欺。开展“渝商千店重诚信”和创建市级文明市场等活动。推进商贸流通企业信用分类试点，逐步实行信用分类监管。规范发展商会、行业协会等中介服务组织，充分发挥其行业自律作用。

（二十五）继续实施食品放心工程。制定食品行业管理规范，严格市场准入制度，建立食品安全长效管理机制。健全企业自律、中介服务、政府监督相结合的食品安全检测体系。加快推进生猪定点屠宰，提倡一次性火锅底料，积极推行集中处理餐饮行业的废弃物，确保消费者放心消费。

（二十六）加强特种商品管理。制定完善成品油、民爆器材、液化石油气、危险化学品、报废汽车、再生资源等行业发展规划和管理法规、规章，实现对特殊行业和特种商品的法制化、规范化管理。完善烟草、食盐等专卖专营。

九、支持商贸流通加速发展的政策

（二十七）财政支持政策。建立商业结构调整资金补充机制，从2005年（以2004年为基数）到2007年每年增长10%。同时，优化商业结构调整资金的使用方向，主要对改善商贸流通环境、打造平台、提升城市商业整体形象、业态调整升级等政府公共服务方面的建设项目提供贷款贴息，使其发挥更大的作用。中小企业发展专项资金每年安排一定比例，扶持中小商贸流通企业特别是民营商贸流通企业发展连锁经营和电子商务。发展改革、财政等部门要支持商贸流通企业向国家有关部门申报服务业建设项目。各区县（自治县、市）可根据自身财力支持商贸流通产业发展。完善市场风险调节资金管理办法，确保生活必需品市场供应和物价稳定。

（二十八）税收支持政策。经市政府认定的大型商贸流通企业，符合西部大开发若干政策规定的，在2010年内，企业所得税减按15%计征。商贸流通企业购进国产设备符合税法规定的，享受国产设备投资抵免企业所得税政策。黔江、酉阳、秀山、石柱、彭水等区县新办的第三方物流企业和年营业额在2亿元以上的连锁企业新办直营店的企业所得税实行“两免三减半”。连锁企业所属的直营连锁店，符合规定的经税务机关批准，可由总部向其所在地的税务机关统一缴纳企业所得税。流通企业购置的信息化系统设备，其折旧或摊销年限可缩短为2年。

（二十九）金融支持政策。鼓励支持符合条件的大型商贸流通企业在国内外上市或发行债券。加大对符合条件的商贸流通企业的银行授信额度。发挥政策性金融对重点商贸流通企业的支持作用。在国有商贸流通企业改组过程中，经金融机构等债权人同意，可采取多种方式处理企业的债权债务。切实解决中小商贸企业融资难问题，通过再就业贷款、小额信用贷款等方式，大力支持个体商贸服务业的发展。积极运用融资租赁、信托、汽车信贷等多种金融工具，为商贸流通发展提供金融服务。

（三十）土地房管支持政策。凡经市政府批准的生产性物流项目，其用地可按工业用途出让。经市政府批准的服务性物流项目，其用地按经营性用途，实行招拍挂出让方式供地。对企业承租的经营性直管公房，可在企业改制后，由企业继续与房屋管理部门建立租赁关系；也可在企业改制后，按照土地房屋管理部门确认的价格将公房产权和土地使用权有偿转让给使用企业。

（三十一）规费优惠政策。大型流通企业集团实施内部重组过程中，涉及企业资产、股权变动的，免缴有关收费；未涉及产权变动的，内部收益转移不重复缴纳规费。符合规定的农产品批发市场按规范化标准进行改造，经市商委、市工商局验收合格的，减半收取市场管理费。每年从市场管理费中提取一定比例，由市财政纳入部门预算，重点支持农产品批发市场建设检测中心、信息中心、结算中心及基础设施。逐步实现商贸流通企业与生产企业水、电、气同价。防空地下室按照国家规定应同步配套建设，确因地质、地形等原因不宜修建的，交纳防空地下室易地建设费减半征收。继续推进“菜篮子工程”，鲜活农产品超市建设免交配套费。有关管理部门要对出入城区的生鲜食品配送车辆发放临时通行、停靠特许证。

十、加强对商贸流通产业发展和改革的领导

（三十二）加强组织领导。各级各部门务必站在全局和战略高度，充分认识商贸流通面临的新形势，把商贸流通发展和改革纳入重要议事日程。建立全市商贸流通产业发展和改革工作协调小组，协调小组办公室设在市商委。各级政府主要领导要重视商贸流通工作，区县（自治县、市）班子中要有熟悉业务的领导成员分管。特别是区域性商贸中心更要加强领导，发挥对周边的辐射和带动作用。

（三十三）严格目标考核。把商贸流通产业发展和改革纳入各区县和市级有关部门的年度考核。市协调小组办公室要制定考核目标，配合市政府督查室加强督促检查。

（三十四）改善行业管理。各级商贸流通主管部门要提高服务水平，坚持依法行政，创造发展环境，加强调查研究，尽快从管理企业转向管理行业，从直接管理转向间接管理，从微观管理转向宏观管理。建立专家咨询和市民评议商贸流通工作制度，加强与相有部门的配合，建立协调交流机制、互动机制、日常工作机制，共同做好对商贸流通的服务和市场监管工作。加强对行业协会的指导和管理。组织开展“商贸流通企业30强”评选活动。

（三十五）加强商贸流通人才队伍建设。制定商贸流通产业人才队伍建设规划，优化人才环境，加强企业家、职业经理人、专业技术人员和高技能人才队伍建设，注重商贸流通产业人才的引进。开展商贸流通产业职业技术教育、职业技能培训、职业技能竞赛，不断提高商贸流通产业员工的整体素质。

各级各部门要根据本意见制定具体配套措施，确保各项要求和政策落实到位，大力促进我市商贸流通产业发展和改革。

重庆市危险化学品经营储存委托管理规定

2005年6月24日

（渝府市长令第180号）

《重庆市危险化学品经营储存委托管理规定》已经2005年6月22日市人民政府第55次常务会议通过，现予公布，自公布之日起施行。

重庆市危险化学品经营储存委托管理规定

第一条　为切实贯彻《危险化学品安全管理条例》，结合本市实际，制定本规定。

第二条　市商贸行政管理部门依照《危险化学品安全管理条例》的规定，负责危险化学品经营许可职责和危险化学品储存企业设立及其改建、扩建审查，以及对前述被许可事项的监督管理。

第三条　市商贸行政管理部门结合管理实际，可以委托区县商贸行政管理部门，履行前条规定的危险化学品经营许可职责和危险化学品储存企业设立及其改建、扩建前期审查职责，以及相应的日常监督管理职责。

市商贸行政管理部门决定委托的，应当与受委托部门签订委托协议，明确双方的职责和义务等具体事项。委托后的行政责任由市商贸行政管理部门承担。

第四条　本规定自公布之日起施行。

重庆市人民政府办公厅关于开展打击商业欺诈专项行动的通知

2005年6月22日

（渝办发〔2005〕144号）

当前，社会经济活动中各种形式的商业欺诈时有发生，违法犯罪分子通过虚构事实、发布虚假信息、签订虚假合同以及非法行医等手段，误导、欺骗企业、消费者和患者，骗取钱财，扰乱市场秩序，直接损害人民群众的合法权益和身体健康。为此，国务院决定用一年左右时间，在全国范围内开展打击商业欺诈专项行动。按照国务院办公厅和国家有关部委的工作部署，结合我市实际，经市政府同意，现将开展打击商业欺诈专项行动有关事项通知如下：

一、提高认识，明确目标

商业欺诈流毒甚广，危害甚烈，侵害人民群众特别是社会困难群体的权益，容易引发不稳定因素，群众反映强烈，如任其发展，将成为社会公害，必须采取果断措施，严厉打击。这是实践“三个代表”重要思想，坚持以人为本、执政为民，构建社会主义和谐社会的重要举措。

通过开展打击商业欺诈专项行动，打击、惩治一批违法犯罪分子，遏制商业欺诈泛滥的势头，使群众反映强烈的广告虚假宣传现象得到有效治理，医疗服务市场秩序得到明显好转，医疗机构管理进一步规范，提高企业、消费者和患者自主维权的意识和能力，形成诚信兴商、守法经营的社会风尚，建立政府监管、行业自律、舆论监督、群众参与的反商业欺诈长效机制。

二、突出重点，落实责任

针对关系群众切身利益、社会危害严重的商业欺诈行为，集中整治。重点是整治虚假违法广告、打击非法行医和商贸活动中的欺诈行为。

（一）整治虚假违法广告

工作的重点是：以新闻报道形式发布的广告；未经审批擅自发布和篡改审批内容发布的广告；在医疗、药品、保健食品、化妆品广告中使用消费者、患者、专家尤其是以社会公众人物的名义和形象作证明的虚假违法广告；在保健食品广告中宣传疗效和在医疗、药品、化妆品、美容服务广告中夸大功能和宣传保证疗效、保证治愈的广告；在互联网上发布虚假广告和不实信息。

整治虚假违法广告由市工商局牵头，市监察局、市通信管理局、市卫生局、市文化局、市广电局、市新闻出版局、市食品药品监管局、市公安局、市整顿和规范市场经济秩序领导小组办公室等部门配合。市工商行政管理部门要依法查处虚假违法广告，对发布未经审批广告的媒体，依法停止其广告发布业务；对发布虚假违法广告、造成恶劣社会影响、情节严重的媒体，依法停止其广告发布业务，直至取消广告发布资格；建立广告监管公告，广告活动主体市场退出等制度。新闻出版和文化、广电部门要加强对报刊出版单位和广播电视等新闻媒体刊登、发布广告行为的管理，建立领导责任追究制。食品药品监管部门要依法做好对保健食品、药品广告的审查；卫生部门要配合做好医疗机构非法发布医疗广告的整治工作。通信管理部门要对发布虚假广告的互联网信息和电信服务提供者依法进行处理。对篡改审批内容或发布虚假广告情节严重的，主管部门要撤销广告批准文号，并在一年内不受理其广告审查申请。

（二）打击非法行医

工作的重点是：打击无证行医行为；查处医疗机构聘用非卫生技术人员行医和出租、承包科室的行为；打击非法性病诊疗活动；查处利用 B 超非法鉴定胎儿性别和选择性别的终止妊娠手术的行为。

打击非法行医由市卫生局牵头，市科委、市监察局、市人口计生委、市公安局、市整顿和规范市场经济秩序领导小组办公室等部门配合。卫生行政部门要对无医疗机构执业许可证、无行医资格人员擅自开展诊疗活动、医疗机构聘用非卫生技术人员行医和出租、承包科室的行为进行查处，打击非法性病诊疗活动。人口和计划生育、卫生行政部门负责查处利用 B 超非法鉴定胎儿性别的行为，查处计划生育技术服务机构超范围开展诊疗活动以及聘用非卫生技术人员行医和出租、承包科室的行为。科技行政部门要规范医学科研机构设立的审核工作，配合卫生行政部门查处违法从事诊疗活动的科研机构。公安机关要配合有关职能部门依法严厉打击非法行医的犯罪行为。

（三）打击商贸活动中的欺诈行为

工作的重点是：商业零售企业的不规范促销行为；商业零售企业占压、骗取供应商货款行为；服务行业违规经营行为；虚构或夸大特许经营品牌、骗取加盟费行为；对外贸易领域中各类以虚假合同等方式骗取资金和虚开发票的行为；对外承包工程、对外劳务合作、对外投资领域中虚构项目、发布虚假广告和招商信息、无证经营以及超范围经营等行为。

打击商贸活动中的欺诈行为由市商委和市外经贸委牵头，市发展改革委、市工商局、市质监局、市物价局、市整顿和规范市场经济秩序领导小组办公室等部门配合。市商委负责会同市发展改革、公安、工商行政管理、物价、质监等部门研究制定商业零售企业促销行为规范和管理办法，查处不正当促销行为，维护和规范商业零售行业公平竞争秩序；建立风险预警机制，预防、查处商业零售企业超合同期限占压或骗取供应商货款的欺诈行为；依据有关法律法规和国家标准开展行业管理工作，特别要加强对美容美发服务项目和服务质量的监督、检查；对特许经营行为进行规范管理，防止不法分子骗取加盟费。市外经贸委要会同海关、税务、工商行政管理、质监、外汇管理等部门，整治和打击对外贸易领域的商业欺诈行为，有关职能部门要各司其职，加强信息共享，形成监管合力；加大力度整治虚假出口，低报瞒报价格和低开虚开出口发票的行为；打击对外经济合作活动中发布虚假劳务、工程和招商信息、签订虚假合同等骗取钱财的行为；打击无资质、超范围经营行为。

三、探索建立反商业欺诈长效机制

（一）完善法规制度，加强综合监管

各有关职能部门要研究分析各类商业欺诈行为，特别是以高额回报为诱饵非法敛财等欺诈行为的特点和规律，摸清惯用手法、骗术类型和高发领域，制定有针对性的规范性文件，制定、修订有关法律法规，堵塞法律和制度漏洞，为打击商业欺诈行为提供依据。

工商行政管理部门要会同有关职能部门建立广告监测、备案、新闻媒体单位领导责任追究、违法广告公告、广告市场信用监管体系、广告活动主体市场退出机制等制度。

各区县人民政府和卫生行政部门要从源头把关，认真做好医疗网点的规划，规范审批行为，加强对医疗机构及其从业人员的管理，探索对医疗服务市场监管的有效模式和方法，增强医疗服务机构依法执业的自觉性，建立健全长效监管机制。

商贸流通主管部门要在企业促销、进货交易、商业特许经营、对外贸易等方面制定出台管理办法，规范企业的经营行为。同时，建立和完善市场监管信息系统，形成相关部门间的信息共享机制，实现联合监管。

（二）推进信用体系建设

要发挥行业协会的作用，加强对企业的约束，形成行业自律机制，提高行业整体诚信意识。加强企业和医疗机构信用建设，完善信用管理制度，弘扬诚实守信的良好行风。开展信用知识培训，引导企业树立诚信守法的经营理念和企业文化。加快推进信用体系建设，倡导“诚信兴商”和“守合同重信用”，对有商业欺诈行为的企业、个人和医疗机构，要列入“黑名单”，通过重庆企业信用网向社会公布。

（三）加强社会监督

建立举报投诉制度，方便群众举报，对群众的投诉举报要做到有回音，有着落；要加强舆论监督，揭露骗术骗局，曝光典型案例，使商业欺诈难以为害；加强宣传教育，调动和发挥群众的参与意识，普及防骗常识，提高群众识假防骗的能力，使欺诈者寸步难行。

四、加强领导，稳步推进

（一）强化责任。商业欺诈不仅侵害群众利益，而且破坏社会稳定，恶化投资环境，影响经济发展。各区县人民政府要从维护稳定、规范秩序、促进发展的高度，充分认识打击商业欺诈的重要意义，要精心组织，切实做好本地区的专项整治工作。

（二）加强部门配合。市工商局、市卫生局、市商委和市外经贸委要切实负起牵头责任，尽快印发我市《打击商业欺诈行为专项行动工作方案》《打击非法行医专项行动方案》和《虚假违法广告专项整治工作方案》，明确任务，落实责任，加强督促检查。参与部门要按照各自职责和本通知的要求，完成好各自的工作任务。公安机关要积极配合，加强与行政执法部门和行业管理部门的工作联系，及时掌握案件线索，对情节严重、涉嫌犯罪的案件要及时介入。要加强对违法犯罪分子的查控，防止其卷款潜逃。要严厉打击暴力抗法行为。监察机关要对各区县和各部门开展专项行动的情况进行监督，对措施不得力，整治工作成效不明显的，要责令其限期整改；对拒不执行国家法律法规的，要依纪依法严肃处理，问题严重的区县和部门，要追究有关领导和人员的责任。市整顿和规范市场经济秩序领导小组办公室要密切关注打击商业欺诈专项行动的动态，加强综合协调和督查工作，及时向政府反映专项整治工作进展情况和存在的问题。

（三）实施步骤。按照国务院的工作部署，此次打击商业欺诈专项行动从2005年5月开始，分三个阶段实施，为期一年。动员部署阶段（2005年6月），建立工作机制，印发行动方案，召开工作会议，进行全面部署。组织实施阶段（2005年7月—2006年4月），按照行动方案规定的职责分工和工作步骤组织实施。总结检查阶段（2006年5月），市政府将组织督查组，检查专项行动各项工作开展情况，进行总结验收。各区县人民政府和市工商局、市卫生局、市商委和市外经贸委要在2006年6月10日前，将专项行动的情况报送市整顿和规范市场经济秩序领导小组办公室，由办公室汇总后报市政府和全国整规办。

重庆市人民政府关于加快现代物流业发展的意见

2005年7月22日

（渝府发〔2005〕70号）

直辖以来，我市经济社会加快发展，交通建设提速，工业生产快速增长，商贸流通业跻身西部地区前列。这一方面为发展我市现代物流业创造了必要的基础条件，另一方面也对我市现代物流业发展提出了新的要求。当前，我市现代物流业发展缓慢，物流成本偏高，已成为发展开放型经济的薄弱环节。加快发展现代物流业，是适应经济全球化和区域经济一体化的迫切需要，对于提高经济运行质量和效益，改善投资环境，扩大对内对外开放，把重庆建设成为长江上游商贸中心和综合交通枢纽，具有全局性的意义。根据国家发展改革委、商务部等九部委联合下发的《关于促进我国现代物流业发展的意见》的精神，现就我市加快现代物流业发展提出以下实施意见。

一、进一步明确加快现代物流业发展的总体思路

（一）加快现代物流业发展的指导思想：围绕我市经济社会发展的总体目标，以企业为主体，以改革开放为动力，强化政策导向，切实解决现代物流业发展的突出问题，努力在全市范围内形成信息通达、物畅其流、快捷准时、经济合理、对企业有吸引力的社会化、专业化的现代物流服务体系，培育和壮大一批有竞争力的现代物流企业，促进现代物流业快速发展。

（二）培育和发展现代物流业的总体要求：坚持科学发展观，统筹考虑各行各业与现代物流业的协调发展，充分发挥现代物流业对经济社会发展的带动和支持作用，着力解决发展现代物流业急需突破的问题；坚持深化改革和体制创新，在构建合理企业组织结构，合理配置物流资源，促进第三方物流企业做大做强，改善物流业发展环境等方面突出重点，分类指导，整体提升我市现代物流水平；坚持以大开放促大发展，积极引进先进生产要素，改造和壮大我市物流企业，培育一批有竞争力的现代物流企业；坚持市场机制配置物流资源的基础性作用，鼓励引导工商企业外包物流业务，降低物流成本，增强产品竞争力；坚持发挥政策的宏观引导作用，打破物流垄断，规范和优化物流业发展环境，形成适度有序竞争的物流业市场环境。

（三）今后一段时期发展现代物流业的重点任务：一是加快物流基础设施建设，通过实施“十一五”规划，在2010年基本建立起现代物流所需要的硬件设施，并在配套性、系统性、标准化、专业化方面形成规范，建立起协调规范的现代物流系统。二是引导国有及国有控股企业打破“大而全、小而全”的生产经营方式，支持各种类型企业，特别是大型企业发展第三方物流，原则上在2010年前都要采用供应链管理方式。三是积极引进现代物流企业特别是国内外知名物流企业进入重庆，对已起步的立足于为原企业提供服务的物流企业，支持其拓展市场，或与国内外知名企业重组做大做强。四是研究制定物流市场规范，加强物流市场发展的机制和制度建设，防止不正当竞争，充分发挥现代物流所具有的方便快捷、成本低廉以及对经济社会发展的促进作用。

二、倡导工商企业实现第三方物流业态，大力培育和规范现代物流市场

（四）鼓励工商企业物流业务外包，促进第三方物流企业发展。鼓励和支持工商企业逐步将原材料采购、运输、仓储等物流服务业务分离出来，让专业物流企业承担，努力为第三方物流企业发展创造必要的市场发展空间。组织实施“第三方物流企业五年培育计划”。引导现有物流企业强化第三方物流功能，提供社会化物流服务，促进理货、采购、仓储、分拨、配送等第三方现代物流企业发展。到2010年，力争培育起3—5家具有区域核心竞争力的第三方物流企业。

（五）支持国有大中型企业主辅分离，实行和优化供应链管理。鼓励有条件的国有大中型企业的物流从主业中分离出来，整合资源，优化流程，创新生产管理模式；鼓励企业实施供应链管理，实现生产企业与上下游企业的协作配套；鼓励商业连锁企业提高统一配送率。对实行主辅分离、辅业改制的企业，符合条件的，可享受国务院八部门颁布下发的《国有大中型企业主辅分离、辅业改制、分流安置富余人员的实施办法》的扶持政策。到2010年，力争实现主辅分离、辅业改制的国有大中型企业比重达到50%以上。

（六）加强物流市场监管，保障物流市场健康发展。尽快建立健全与国家和国际接轨的现代物流地方法规体系，保障物流市场按照公平、公开、公正的原则快速健康发展。推进物流行业协会组织建设和制度建设，强化物流行业自我管理、自我约束功能。建立物流企业评估机制，并制定物流企业信用等级评估标准，通过社会公示和奖励等手段，引导物流企业健康发展。从2006年起，每年评选全市物流企业十强，并予以适当奖励。

三、积极推进对外开放和资产重组，发展和壮大现代物流企业

（七）加大物流领域对外开放力度，引进一批知名现代物流企业。充分利用我市的区位优势，加大物流领域对外开放力度，营造良好的投资环境，引进国内外知名现代物流企业在我市建立地区总部或分支机构。鼓励国内外物流企业通过独资、合资、合作等形式，参与我市物流基地、物流中心的设施建设和经营，大力提升全市现代物流业整体水平。到2010年，力争引进2—3家国际知名物流企业落户我市。积极鼓励和支持有条件的企业申请建立保税物流中心。积极鼓励企业进入水路运输，加快港口建设与经营的开放，打破港口建设和经营垄断，鼓励有实力的企业参与港口、码头等公用基础设施建设，降低港口装卸价格，提高作业效率，充分发挥长江黄金水道的优势。

（八）鼓励企业采取多种形式进行资产重组，壮大一批现代物流企业。对交通运输、仓储配送、货运代理、多式联运企业通过兼并、联合等形式进行资产重组，予以积极扶持。抓紧组建重庆物流控股集团有限公司，以资产为纽带，通过重组、联合等方式，将与物流业相关的国有企业或国有资产进行整合，培育成国有控股的现代物流企业。大力支持基础条件好、发展潜力大的物流企业，加强业务整合，提高管理水平，发展成为有核心竞争力的现代物流企业。

（九）积极利用先进生产要素，改造一批物流企业。支持物流企业利用境内外资本市场融资或筹集资金发展社会化、专业化的物流企业。对资产质量好、经营管理好、具有成长潜力的物流企业，支持其上市。鼓励物流企业利用国内外先进设备和技术，改造提升物流设施。鼓励国内外优秀的物流企业管理者和技术人才以租赁、承包等方式经营我市物流企业。

四、科学规划建设具有鲜明功能的物流基地，构建快速便捷的物流通道

（十）合理规划科学论证，规划建设一批专业性和综合性的物流基地。按照“统一规划、重点推进、配套政策”的原则，推动我市工业、商业、运输、联运、物资、仓储等行业物流资源整合，构建以区域性、综合性物流基地为骨架，专业性物流基地为节点，布局结构合理、技术设施先进、运转高效的现代物流体系，开展社会化、专业化的公共服务。重点打造江北寸滩港、沙坪坝团结村铁路集装箱中心站、渝北空港、万州港、涪陵港等区域性、综合性物流基地，积极培育若干专业性物流基地。建立与生产基地直接挂钩的农产品配送中心。研究探索军事物流基地兼顾民用的有效方式，充分利用我市军事物流资源。

（十一）完善物流基地配套设施，构建有机链接、经济合理的物流交通网络。研究规划经济腹地、工业园区、农业园区、大型批发零售市场与物流基地、物流中心有机联系的物流网络体系，加快建设和完善物流基地、物流中心内外部基础设施，形成快捷的城市物流配送通道。积极推进铁路、港口、高速公路及航空交通的多式联运的有效链接。

（十二）简化通关程序，建立货物进出口快速处理机制。认真落实口岸大通关建设“政府牵头协调，统一信息平台，手续前推后移，加快实货验放”的指导精神，加快重庆电子口岸建设，优化口岸通关作业流程，加快口岸快速通关改革，推行物流企业与口岸通关监管部门信息联网，提高信息化应用和管理水平。海关、检验检疫、税务、外汇管理等部门要在有效监管的前提下简化作业程序，实现信息共享，加快通关速度。鼓励建立集海关监管、商品检疫、地面服务一体化的货物进出境快速处理机制。

（十三）优化城市配送车辆管理，构建物流绿色通道。公安交通管理部门要加强对道路交通流的科学组织，根据我市交通状况和物流业发展情况，研究制定配送车辆在市区通行和停靠的具体措施，提供在市区通行、停靠的便利。继续推进鲜活农产品绿色通道建设，加快同周边省市按对等原则建设鲜活农产品绿色通道。

五、加强基础性工作，促进现代物流业可持续发展

（十四）推进物流信息平台建设，实现信息资源共享。要集中资源组织建设全市统一的物流公共信息平台。根据需要，建立汽车、摩托车、医药化工、建材、商贸等专业物流信息平台。在企业实施供应链管理的基础上，引导、鼓励和支持企业建设企业信息平台。推行统一的数据和接口等标准，实现综合物流信息平台、专业物流信息平台和企业物流信息平台的互联互通，实现信息资源共享。加快推进港口的信息化工作，提高港口信息化应用水平，推动我市港口与长江沿线港口信息网络的互联互通，提高货运的管理水平和通航效率。

（十五）积极推广和应用先进适用的物流技术和装备。积极推广商务智能技术、无线射频技术(RFID)、网络集成技术和信息安全技术（CA）。培育和发展现代物流制造业，开发标准化、系统化、规范化的运输、仓储、装卸、包装机器设备。发展集装箱运输，广泛采用厢式货车、专用车辆和其他物流专用设备，积极实施现代物流试点示范工程，符合高新技术企业或高新技术产品认定条件的物流企业和物流设备，享受相关的优惠政策。

（十六）加快现代物流人才培养和引进，提高从业人员素质。实施现代物流教育培训计划，培养物流高级专业人才。发挥我市高校的优势，开展物流在职人员培训；加强职业资格认证和管理，提高物流专业技能和水平；重视现代物流管理和技术人才引进工作，凡来我市工作的物流人才，用人单位按《重庆市人民政府关于进一步优化人才环境的决定》规定从优考虑岗位津贴、家属安置、子女入学、医疗待遇等。到2010年，建立起5个具有一定规模的现代物流培训基地。

六、建立扶持政策与工作机制，优化现代物流业发展环境

（十七）实施物流项目用地优惠政策。市及区县各部门要根据城镇总体规划、土地利用总体规划，结合我市物流业发展，科学规划物流用地。对列入“十一五”现代物流业发展规划的物流基地和重点物流业项目，包括物资储备、分拣、包装、仓储、运输装卸等设施应优先保障用地，其用地和各种规费按照工业园区用地政策执行，免收其配套费。土地出让金按照工业用地标准执行，其金额较大的经国土部门批准，可延期支付或分期交纳，出让金在1000万元以内，原则上一次性缴清，1000万元以上的可在一年内分次交纳，确需延长的，须报市政府批准。严格管理物流用地，若物流业主退出，须通过招标确定新的物流建设或物流经营企业。对规划的物流用地要从严控制，未经现代物流联席会议审议并报市政府批准，不得改变物流用地性质。若土地经批准变更为经营性用途的，须采取招拍挂方式出让土地，并依法办理有关手续。

（十八）执行现代物流企业税费优惠政策。一是用好税收优惠政策，完善征收管理。凡在我市设立的物流企业，符合西部开发国家鼓励类产业目录，经批准可享受所得税西部优惠税率，在2010年底前，企业所得税减按15%的税率征收。在黔江、酉阳、秀山、石柱、彭水等区县（自治县）新办第三方物流企业，其企业所得税实行“两免三减半”。现代物流企业将承揽的运输、仓储等业务分包给其他单位并由其统一收取价款的，以该企业取得的全部收入减去其他项目支出后的余额为营业税的计税基数。物流企业在本市范围内设立的跨区域分支机构，凡在总部领导下统一经营、统一核算、不设银行结算账户、不编制财务报表和账簿的，并与总部微机联网、实行统一规范管理的企业，经市国税局或地税局按管理职能认定后，其企业所得税由总部统一缴纳。二是享受购进设备税收抵免政策。物流企业投资于建设和技术改造的进口设备，以及国产设备，按照有关政策规定，经审查批准，进口设备享受免关税、增值税，国产设备享受投资抵免所得税政策。三是对市高新技术产业化工作领导小组批准的电子商务、信息平台、物流软件开发和关键装备制造等高新技术项目所需新建或购置生产经营场所，自建成或购置之日起五年内免征房产税。四是减轻现代物流企业收费负担。严禁向物流企业乱检查、乱收费、乱摊派、乱罚款、乱评比。依法取消不符合国家规定的各种收费项目。扶持集装箱运输，加快同周边省市签订集装箱运输车辆通行费优惠协议。物流企业水电价格按非普通工业标准收取。

（十九）建立快速审批机制。一是规范企业登记注册前置性审批。工商行政管理部门在为物流企业办理登记注册时，除国家法律、行政法规和国务院公布决定规定的物流企业工商登记前置审批事项外，其他前置性审批事项一律取消。二是创新物流项目管理体制，简化物流重大项目的审批手续，提高项目审批的效率。对物流基地和物流中心内项目参照特色工业园区的审批方法，项目单位向市现代物流联席会议办公室提出书面申请，由市现代物流联席会议办公室组织有关成员单位进行会审。对重点物流企业和项目实施重点联系制度，及时跟踪，分类指导，协调解决经营和建设中的实际困难。

（二十）加强对发展现代物流业的统筹协调。促进现代物流业发展是一项跨行业、跨地区、跨部门的综合性工作，涉及面广，政策性强。我市现代物流业正处于初步发展阶段，推进难度大，任重道远。各级各部门要高度重视，认真履行职责，形成工作合力，把各项工作落到实处，市级有关部门要根据本意见及时研究制定相应的配套措施。为加强物流工作的组织领导和统筹协调，建立重庆市现代物流工作联席会议制度。联席会议由主管发展改革工作和商贸工作的市政府领导共同召集，成员单位包括市政府办公厅、市发展改革委、市商委、市交委、市经委、市科委、市国资委、市外经贸委、市农办、市财政局、市国土房管局、市规划局、市信息产业局、市质监局、市国税局、市地税局、市公安局、市工商局、市统计局、市物价局、重庆海关、重庆检验检疫局、市粮食局、市供销总社及物流协会等部门和单位。联席会议主要职能是研究全市现代物流业发展重大事项，协调解决我市现代物流业发展中的重大问题。联席会议办公室设在市发展改革委，负责现代物流业发展的统筹协调工作。日常工作按部门职责分工由有关部门负责开展。

重庆市拍卖业管理规定

（渝规审发〔2005〕13号）

此规范性文件经市政府法制办审查，符合《重庆市行政机关规范性文件审查登记办法》的规定，决定予以登记。

第一章　总则

第一条　为规范拍卖行为，维护拍卖秩序，强化监督管理，促进拍卖业持续、健康发展，根据《中华人民共和国拍卖法》（以下简称《拍卖法》）、商务部《拍卖管理办法》和有关法律、法规规定，结合我市实际，制定本规定。

第二条　本规定适用于重庆市行政区域内拍卖企业进行的拍卖活动。

各种经营性拍卖活动，应当由依法设立的拍卖企业进行。

第三条　本规定所称拍卖企业，是指依法在重庆市行政区域内设立的从事经营性拍卖活动的有限责任公司或者股份有限公司。

第四条 重庆市商业委员会（以下简称“市商业委员会”）是全市拍卖行业主管部门，对全市拍卖业实施监督管理。

第五条 拍卖企业从事拍卖活动，应当遵守《拍卖法》《拍卖管理办法》及其他有关法律、法规的规定，遵循公开、公平、公正、诚实信用的原则。

第二章 拍卖企业的设立、变更和终止

第六条 申请设立拍卖企业的投资者应有良好的信誉，无违反法律、行政法规、地方法规的行为。

第七条 申请设立拍卖企业，应当具备下列条件：

（一）在区级行政区域内设立；

（二）有一百万元人民币以上的注册资本；

（三）有自己的名称、组织机构和章程；

（四）有固定的办公场所；

（五）有三名以上取得拍卖业从业资格的人员，其中至少有一名是拍卖师，并有与主营业务密切联系的行业从业资格的专职或兼职人员；

（六）有符合有关法律、行政法规及本规定的拍卖业务规则；

（七）符合重庆市拍卖行业发展规划。

第八条 申请设立拍卖企业，应当提交下列材料：

（一）申请报告；

（二）公司章程、股东会和董事会决议，拍卖业务规则；

（三）工商行政管理机关核发的《企业名称预先核准通知书》；

（四）拟任法定代表人简历、相关文凭、证书及有效身份证复印件；

（五）拟聘任的拍卖师变更注册登记表、执业资格证书原件及复印件、身份证复印件，从外单位调入的拍卖师需提交经中国拍卖行业协会和所在地拍卖行业协会审查同意的变更注册登记表，拍卖师与申办企业签订的劳动用工格式合同；

（六）聘用的拍卖业从业资格人员从业资格证书原件及复印件、身份证复印件，从业资格人员与申办企业签订的劳动用工格式合同；

（七）固定办公场所房屋产权证明或租用合同及出租方房屋产权证复印件；

（八）申办企业从业人员名册（包括姓名、性别、学历、职务、身份证号码等）、企业地址、电话、申办联系人等；

（九）验资报告。

第九条 拍卖企业申请设立分公司，应当符合下列条件：

（一）年度核查合格；

（二）企业注册资本不少于五百万元人民币且全部缴清，拍卖企业对每个分公司需拨付不少于一百万元人民币的资金或实物；

（三）分公司应有两名以上取得拍卖业从业资格的人员，并有与主营业务密切联系的行业从业资格的专职或兼职人员；

（四）有固定的办公场所；

（五）经营拍卖业务三年以上，最近两年连续盈利，其上年拍卖成交额超过五千万元人民币；或者上年拍卖成交额超过二亿元人民币；

（六）符合重庆市拍卖行业发展规划。

第十条　拍卖企业设立分公司，应当提交下列材料：

（一）拟设立分公司的申请报告；

（二）企业法人营业执照复印件；

（三）最近两年经会计师事务所审计的年度财务会计报表；

（四）拟任分公司负责人简历及有效身份证复印件；

（五）分公司所在地固定办公场所的产权证明或租用合同及出租方房屋产权证复印件；

（六）分公司从业人员名册（包括姓名、性别、学历、职务、身份证号码等）、办公地址、电话、联系人等；

（七）验资报告。

第十一条　设立拍卖企业及分公司，按照下列程序办理：

申请设立拍卖企业及分公司向市商业委员会报送本规定第九条、第十条规定的书面材料。市商业委员会自签收全部书面材料之日起，二十日（工作日）内作出是否批准决定。二十日内不能作出决定的，经市商业委员会负责人批准，可以延长十日，并将延长期限的理由告知申请人。批准设立的，颁发《拍卖经营批准证书》，申请人持《拍卖经营批准证书》向所在地工商行政管理机关办理登记手续。不予批准的，出具不予行政许可通知，并说明理由。

第十二条　依法设立的拍卖企业需变更企业名称、法定代表人、股东、注册资本金、经营范围、地址等，应先报市商业委员会核准，并换发《拍卖经营批准证书》，再到工商部门办理变更登记手续。

第十三条　外商投资拍卖企业的设立、变更和终止，按商务部《拍卖管理办法》第三章规定办理。

第三章　拍卖从业人员管理

第十四条　拍卖专业技术人员实行执业资格和持证上岗制度。获得拍卖师执业资格证书的人员，经注册后，方可主持拍卖活动。

本规定所称拍卖师是指经全国统一考试合格，取得人事部、商务部联合用印的，由中国拍卖行业协会颁发的《中华人民共和国拍卖师执业资格证书》，并经注册登记的人员。

持证从业人员是指经省级拍卖行业协会组织培训考试合格，取得由中国拍卖行业协会颁发的《拍卖从业人员资格证书》，并经登记的人员。

第十五条　拍卖师和持证从业人员应当与注册拍卖企业签订劳动用工合同。

第十六条　拍卖师和持证从业人员只能在一个拍卖企业注册执业或从业，且不得以个人身份在其他拍卖企业兼职；不得将《拍卖师执业资格证书》《拍卖从业人员资格证书》借予他人或其他单位使用。

第十七条　拍卖师不得以个人名义为非本人注册的拍卖企业主持拍卖会。

拍卖师代表所注册执业的拍卖企业为其他拍卖企业主持拍卖活动的，双方企业在拍卖活动开始前必须签订协议或合同。

第十八条　拍卖师和持证从业人员可以变更注册单位。拍卖企业只有一名拍卖师的，拍卖师应提前3个月提出；拍卖企业在同意该拍卖师办理变更注册手续前一月，原拍卖企业必须补充一名拍卖师并为其办妥变更注册手续；持证从业人员要求变更注册单位的，应提前1个月提出。

第十九条 拍卖师变更注册登记单位，须提交《拍卖师变更单位审批表》和申请报告，经市拍卖行业协会签署审查意见后，报中国拍卖行业协会办理。

第二十条 市拍卖行业协会应将拍卖师注册登记及变更情况每季度末报市商业委员会备案。

第四章 拍卖活动管理

第二十一条 下列物品或者财产权利禁止拍卖：

（一）所有权或者处分权有争议，未经司法、行政机关确权的；

（二）尚未办结海关手续的海关监管货物；

（三）法律、法规禁止流通的。

第二十二条 拍卖企业应当依法开展拍卖活动，不得有下列行为：

（一）出租、擅自转让拍卖经营权；

（二）对拍卖标的进行虚假宣传，给买受人造成经济损失；

（三）雇佣未依法注册的拍卖师或其他人员充任拍卖师主持拍卖活动；

（四）采用恶意降低佣金比例或低于拍卖活动成本收取佣金，甚至不收取佣金（义拍除外）或给予委托人回扣等手段进行不正当竞争；

（五）串通委托人或买受人采取隐瞒瑕疵、泄露保留价、约定成交价以及进行关联交易；

（六）不择手段争夺拍卖资源，扰乱拍卖市场秩序，损害拍卖行业声誉和利益；

（七）捏造、散布虚假事实，损害其他拍卖企业信誉，以非正当手段窃取权利人商业秘密；

（八）其他违反法律法规的行为。

第二十三条 拍卖企业发现拍卖标的中有公安机关通报协查物品或赃物，应当立即向所在地公安机关报告。

第二十四条 竞买人委托他人代理竞买的，应当出具授权委托书和竞买人、代理人的身份证明复印件。

授权委托书应载明代理人的姓名或者名称、代理事项、代理权限和时间。

第二十五条 拍卖实施前，拍卖企业与委托人应当就拍卖未成交的有关事宜或因委托人中止或终止拍卖所造成损失的赔偿责任等事项达成书面协议。

第二十六条 对委托人送交的拍卖物品，拍卖企业应当由专人负责，妥善保管，建立拍卖品保管、值班和交接班制度，并采取必要的安全防范措施。

第二十七条 拍卖企业举办拍卖活动，应当根据拍卖标的物的属性及拍卖的性质，依照《拍卖法》及相关法律、行政法规规定的日期进行公告。公告应当发布在市商业委员会指定的市级报刊或其他有同等影响的媒体。主城以外的区县，公告可以发布在拍卖标的所在地以及拍卖会所在地区县商务主管部门指定的媒体。

第二十八条 拍卖企业应当在拍卖会前展示拍卖标的，为竞买人提供查看拍卖标的的条件并向竞买人提供有关资料。

展示时间应不少于两日，鲜活物品或其他不易保存的物品除外。

第二十九条 拍卖企业有权查明或者要求委托人书面说明拍卖标的的来源和瑕疵。

第三十条 法律、行政法规和规章对拍卖标的受让人有特别规定的，拍卖企业应当将标的拍卖给符合法律、行政法规和规章要求的竞买人。

拍卖标的是依照法律、行政法规和规章规定需要行政许可的经营资格且依法可以转让的，委托人应在拍卖前应当征得行政许可机关的同意。

第三十一条　拍卖企业可以在拍卖会现场设立委托竞买席，并在拍卖会开始时对全体竞买人作出说明。

第三十二条　有下列情形之一的，应当中止拍卖：

（一）没有竞买人参加拍卖的；

（二）第三人对拍卖标的所有权或处分权有争议并当场提供有效证明的；

（三）委托人在拍卖会前以正当理由书面通知拍卖企业中止拍卖的；

（四）发生意外事件致使拍卖活动暂时不能进行的；

（五）出现其他依法应当中止拍卖的情形的。

中止拍卖由拍卖企业宣布。中止拍卖的事由消失后，应恢复拍卖。

第三十三条　有下列情形之一的，应当终止拍卖：

（一）人民法院、仲裁机构或者有关行政机关认定委托人对拍卖标的无处分权并书面通知拍卖企业的；

（二）拍卖标的被认定为赃物的；

（三）发生不可抗力或意外事件致使拍卖活动无法进行的；

（四）拍卖标的在拍卖前毁损、灭失的；

（五）委托人在拍卖会前书面通知拍卖企业终止拍卖的；

（六）出现其他依法应当终止的情形的。

终止拍卖由拍卖企业宣布。拍卖终止后，委托人要求继续进行拍卖的，应当重新办理拍卖手续。

第三十四条　外商投资拍卖企业与内资拍卖企业联合在本市行政区域内举办拍卖会的，其拍卖标的应符合法律、行政法规及本规定的有关规定。

第五章　监督管理

第三十五条　市商业委员会负责行使制定和实施全市拍卖行业发展规划；设立拍卖企业及分公司的审核许可和相关行政处罚职能；会同有关部门制定公物拍卖的资格；拍卖公告发布规范；建立对拍卖企业和从业人员的监督核查和行业统计及信用管理制度；管理与指导市拍卖行业协会。

第三十六条　市拍卖行业协会依法并根据章程，对拍卖企业和拍卖师及持证从业人员进行监督。应当制定拍卖行业规范，加强行业自律，组织行业交流，行业协作，为会员企业提供服务，维护会员企业的合法权益。

市拍卖行业协会在市商业委员会的指导下，具体实施报考拍卖师的组织、初审，对拍卖师的年检注册预审，负责组织拍卖从业人员的培训、考试工作。

第三十七条　拍卖企业及分公司自领取《拍卖经营批准证书》之日起，六个月内未领取营业执照，其拍卖经营批准证书自动失效。

拍卖企业及分公司自领取《拍卖批准证书》之日起六个月内未开业，或者开业后连续六个月无正当理由未举办拍卖会，或者没有营业纳税证明的，由公司登记机关依法吊销营业执照，市商业委员会收回《拍卖经营批准证书》或公告宣布其作废。

第三十八条　拍卖企业根据章程规定是由股东会决议或其他事由解散的，或者因违反法律、行政法规及本规定被有关机关责令关闭的，或者因不能清偿到期债务被依法宣告破产的，由市商业委员会收回《拍卖经营批准证书》或公告宣布其作废。

第三十九条　市商业委员会应每年对拍卖企业进行监督核查，拍卖企业应按市商业委员会的要求，在规定的时间内接受检查，提交年度工作报告，经法定机构审计的财务报表和拍卖成交额报告，《拍卖师执业资格证书》《拍卖从业人员资格证书》等资料，并出具监督核查意见。对核查不合格的拍卖企业，发出限期整改通知书，并将核查情况通报有关部门。

第四十条　建立行业统计及信用管理制度。市拍卖行业协会可以统计、分析拍卖企业季度及年度报表和经营情况，每年定期向社会公示拍卖企业信用等次，向中国拍卖行业协会通报拍卖企业、拍卖师遵守职业道德情况。将拍卖企业诚信经营和拍卖从业人员遵守职业道德行为作为信用管理的重要内容。

第四十一条　本市国家行政机关依法没收的物品、充抵税款、罚款的物品，人民法院依法没收的物品、充抵罚金、罚款的物品以及无法返还的追回物品和其他特殊国有资产等标的拍卖应由具有相应拍卖资格的本市拍卖企业承担，具体资格条件由市商业委员会会同有关部门依据规范管理、择优选用的原则制定，并报商务部备案。

第四十二条　本市国家行政机关、人民法院、金融等机构采取拍卖方式处置标的物的，应当按照《拍卖法》《拍卖管理办法》及本规定组织实施。

第四十三条　本市行政区域外的企业来渝开展拍卖活动或者与本地拍卖企业进行联合拍卖活动，应当遵守本规定。

第六章　法律责任

第四十四条　未经许可从事经营拍卖活动，应依照国家有关规定予以取缔。

第四十五条　拍卖师违反本规定第三章规定或有向市商业委员会、市拍卖行业协会隐瞒情况、提供虚假材料等其他违规行为的，由市商业委员会将其违规事实及处理建议通告中国拍卖行业协会。

第四十六条　拍卖企业违反本规定第二十二条第（一）项规定的，由市商业委员会责令其改正，并处三万元以下罚款。

第四十七条　拍卖企业违反本规定第二十二条第（三）项的规定，由市商业委员会视情节轻重予以警告，并处以非法所得额一倍以上罚款，但最高不超过三万元；没有非法所得的，处以一万元以下的罚款。造成委托人和买受人损失的，拍卖企业应当依法给予赔偿。

第四十八条　拍卖企业违反本规定第二十二条第（六）、（七）项规定的，由市商业委员会视情节轻重予以通报和在监督核查中责令限期整改等处理。

第四十九条　拍卖企业违反本规定第二十二条第（二）项、第（四）项、第（五）项、第（八）项规定的，由有关行政机关依法进行处罚。

第五十条　拍卖企业违反本规定第二十七条、第二十八条规定，拍卖前违规进行公告或展示的，由市商业委员会视情节轻重予以警告，责令改正，延期拍卖或处以一万元以下罚款。

第五十一条　拍卖企业违反本规定第四十一条规定开展拍卖活动的，拍卖无效，并承担造成的一切损失。

第五十二条　拍卖企业逾期未参加监督核查的，由市商业委员会收回其《拍卖经营批准证书》，同时责令其停止营业，进行整改。

拍卖企业监督核查不合格的，由市商业委员会发出限期整改通知书，该企业在整改期间不得从事拍卖经营活动。经限期整改仍不合格的拍卖企业，由市商业委员会收回其《拍卖经营批准证书》或公告宣布其作废。

第五十三条　有下列情形之一的，市商业委员会可以撤销有关拍卖企业及分公司的设立许可决定和指定资格：

（一）工作人员滥用职权、玩忽职守作出准予设立决定或指定资格的；

（二）违反《拍卖法》《拍卖管理办法》和本规定及相关要求的设立条件作出准予设立决定或指定资格的；

（三）超越法定职权作出准予设立决定或指定资格的。

第五十四条　市商业委员会及市拍卖行业协会的工作人员在工作中滥用职权、徇私舞弊、玩忽职守、索贿受贿的，对负有责任的主管人员和直接责任人员依法给予行政处分和处理；构成犯罪的，依法追究刑事责任。

第五十五条　市商业委员会、市拍卖行业协会工作人员获知的有关拍卖企业、委托人、竞买人、买受人要求保密的内容，应当按保密规定为其保密，造成泄密的，按有关规定处理。拍卖企业认为报送的材料有保密内容的，应注明“保密”字样并密封。

第七章　附则

第五十六条　国有独资拍卖企业应按照国家有关规定进行改制。

第五十七条　本规定由市商业委员会负责解释。

第五十八条　本规定自2005年起施行。

重庆市危险化学品经营储存建设项目安全审查暂行办法

（渝规审发〔2005〕14号）

此规范性文件经市政府法制办审查，符合《重庆市行政机关规范性文件审查登记办法》的规定，决定予以登记。

第一章　总则

第一条　为加强危险化学品经营、储存企业新建、改建、扩建项目安全审查工作，保障危险化学品经营、储存企业的安全生产，根据《安全生产法》《危险化学品安全管理条例》（国务院令第344号）、《危险化学品生产、储存建设项目安全审查办法》（国家安监局令第17号）等法律、法规和规章，制定本办法。

第二条　设立危险化学品经营、储存企业和危险化学品经营、储存企业新建、改建、扩建危险化学品经营、储存装置与设施（以下统称危险化学品经营、储存建设项目）的安全审查，适用本办法。

第三条　对危险化学品经营、储存实行统一规划、合理布局和严格控制，并对危险化学品经营、储存实行审批制度。

危险化学品经营、储存建设项目应依法进行安全审查。经审查合格后，方可进行建设。

第四条　国务院安全生产监督管理部门负责下列危险化学品建设项目的安全审查：

（一）国务院投资主管部门和其他有关部门核准或者备案的建设项目，包括国务院或者国务院投资主管部门批准的特大型企业集团中长期发展规划中的建设项目；

（二）跨省、自治区、直辖市的建设项目；

（三）法律、行政法规规定的其他建设项目。

第五条　市商业委员会（以下简称市商委）负责除第四条规定以外的重庆市行政区域内危险化学品经营、储存建设项目的安全审查。

第六条　市商委委托区县商贸行政管理部门负责受理本行政区域内危险化学品经营、储存建设项目安全审查的申请。

第二章　安全条件论证和安全评价

第七条　危险化学品经营、储存建设项目应当符合重庆市危险化学品经营、储存专项规划。

第八条　危险化学品经营、储存建设项目在可行性研究阶段，应当进行安全条件论证。安全条件论证的主要内容如下：

（一）危险化学品经营、储存建设项目内在的危险、有害因素对周边场所、区域的影响；

（二）危险化学品经营、储存建设项目周边的生产经营活动对危险化学品经营、储存建设项目的影响；

（三）危险化学品经营、储存建设项目所在地的自然条件对危险化学品生产、储存建设项目的影响。

第九条　危险化学品经营、储存建设项目在进行初步设计前，应当进行安全评价。

安全评价应当由具有国家规定资质的安全评价机构承担。承担危险化学品经营、储存建设项目安全评价的安全评价机构对其作出的安全评价结果负责。

第十条　危险化学品经营、储存建设项目安全评价应当包括以下主要内容：

（一）危险、有害因素的辨识；

（二）定性、定量分析生产、储存的工艺、方式、规模或者能力、设备、设施等安全可靠程度；

（三）危险化学品经营、储存建设项目与已有储存装置、设施之间的相互影响；

（四）作业场所职业危害程度；

（五）管理人员和技术人员配备的合理性；

（六）与周边社区的相互影响及风险程度；

（七）自然条件的影响；

（八）其他需要说明的事项。

第三章　安全审查

第十一条危险化学品经营、储存建设项目单位申请安全审查，应向市商委委托的所在区县商贸行政管理部门提交下列文件、资料（一式三份）：

（一）申请书；

（二）可行性研究报告；

（三）经营、储存的危险化学品的名称、燃点、自燃点、闪点、爆炸极限、毒性等理化性能指标；

（四）包装、储存、运输的技术要求；

（五）安全评价报告；

（六）事故应急救援措施。

危险化学品储存建设项目单位应当在所提交文件、资料上加盖本单位公章，并对所提交文件、资料的真实性负责。

第十二条　市商委委托的区县商贸行政管理部门接收材料后，当场或在5个工作日内组织有关人员进行审核，对不符合要求的，一次性书面告知申请人补正；对符合或经补正符合要求的，向申请人发出受理通知书，并在受理申请之日起5个工作日内将书面审查意见和全部申请材料报重庆市商委。

第十三条　重庆市商委收到材料后，指派有关人员或组成专家组对危险化学品经营、储存建设项目进行材料审查或现场审查；审查结束后，出具结论为合格或者不合格的安全审查意见书。

第十四条　已经取得结论为合格的安全审查意见书的危险化学品经营、储存建设项目有下列情况之一的，危险化学品经营、储存建设项目单位应当重新提出安全审查申请，并提交相应的文件、材料：

（一）改变选址或总图布置的；

（二）改变工艺、设备或者储存方式、设施的；

（三）储存场所周边防护距离发生变化的；

（四）原料、中间产品、最终产品或者储存的危险化学品发生变化的。

第十五条　已经取得结论为合格的安全审查意见书的危险化学品经营、储存建设项目有下列情形之一的，由重庆市商委撤销其合格的安全审查意见书：

（一）危险化学品经营、储存建设项目单位决定停止建设的；

（二）危险化学品经营、储存建设项目单位被依法终止的；

（三）法律、法规规定的其他情形。

第四章　监督管理

第十六条　区县商贸行政管理部门负责本行政区域内危险化学品经营、储存企业的日常综合监督管理，并将综合监督管理中发现的问题及时报告市商委。

第十七条　商贸行政管理部门应当坚持公开、公平、公正的原则，严格依据安全生产法律、行政法规、规章、国家标准或者行业标准和本办法的规定，对危险化学品经营、储存建设项目的安全生产条件进行审查。

第十八条　商贸行政管理部门应当对危险化学品经营、储存建设项目的安全生产情况进行监督检查。

危险化学品经营、储存建设项目单位应当接受商贸行政管理部门依法进行的监督检查，不得拒绝、阻挠。

第十九条商贸行政管理部门应当将危险化学品经营、储存建设项目安全审查情况通报有关部门，并建立健全危险化学品经营、储存建设项目安全审查的档案管理制度。

第五章　法律责任

第二十条　危险化学品经营储存建设项目单位隐瞒有关情况或者提供虚假材料申请安全审查

的，商贸行政管理部门不予受理或不予许可，该单位在一年内不得再次申请安全审查。

第二十一条　安全评价机构对安全评价报告的真实性负责，并承担相应的法律责任；对出具虚假报告的，按有关规定处理。

第二十二条　未经安全审查或者安全审查不合格，危险化学品经营、储存企业擅自新建、改建、扩建危险化学品储存建设项目的，由商贸行政管理部门给予警告，并处30000元以下的罚款。

第二十三条　已经取得结论为合格的安全审查意见书的危险化学品经营储存建设项目未按本办法第十五条规定重新进行安全审查的，由商贸行政管理部门给予警告，并处10000元以下的罚款；情节严重的，处30000元以下的罚款。

第六章　附则

第二十四条　本办法所称危险化学品，包括纳入《危险化学品安全条例》（国务院令第344号）管理的危险化学品和液化石油气。

第二十五条　危险化学品储存企业是指专门从事危险化学品储存活动的企业。危险化学品经营、储存建设项目是指以经营、储存危险化学品为目的新建（改建或扩建）项目。

第二十六条　本办法自发布之日起施行。

重庆市成品油市场管理暂行办法

（渝规审发〔2005〕15号）

此规范性文件经市政府法制办审查，符合《重庆市行政机关规范性文件审查登记办法》的规定，决定予以登记。

第一章　总则

第一条　为加强成品油市场监督管理，规范成品油市场秩序，维护经营者和消费者的合法权益，根据《中华人民共和国安全生产法》《危险化学品安全管理条例》（国务院令第344号）、《国务院对确需保留的行政审批项目设定行政许可的决定》（国务院令第412号）、商务部《成品油市场管理暂行办法》（商务部令2004年第23号）和《危险化学品生产储存建设项目安全审查办法》（国家安全监督管理局第17号令）等有关法律法规的规定，结合我市实际，制定本办法。

第二条　在本市行政区域内从事成品油批发、仓储和零售经营活动的企业，应当遵守国家有关法律法规和本办法。

第三条　重庆市商业委员会（以下简称市商委）依法对本市成品油市场进行监督管理。负责组织编制、实施成品油仓储和加油站行业发展规划；负责成品油批发经营资质的初审和上报；负责成品油仓储经营、零售经营资质的审查和许可；负责新建、改建、扩建和异地迁建加油站的审查批准。

各区县商贸行政管理部门负责本辖区成品油经营活动的日常监督管理。受市商委委托，负责《成品油零售经营批准证书》和《危险化学品经营许可证》申请的初步审查；主城行政区域以外的其他区县商贸行政管理部门受市商委委托，负责本辖区内高速公路以外新建、改建、扩建和异地迁建加油站的初步审查。

前款主城行政区域包括渝中区、江北区、渝北区、南岸区、九龙坡区、沙坪坝区、大渡口区、巴南区、北碚区和高新区、经开区。

第四条　本办法所称成品油是指汽油、柴油、煤油。

第二章　成品油经营、变更许可及加油站建设的申请

第五条　申请从事成品油批发经营的企业，应当具备下列条件：

（一）具有稳定的成品油供应渠道。

（二）具有全资或控股的、库容不低于4000立方米的成品油 油库，油库建设符合《石油库设计规范》（GB50074－2002）要求。

（三）具备接卸成品油的输送管道、铁路专用线或成品油水运码头等设施。

（四）油库及其他设施符合国家安全生产、环境保护的有关规定。

（五）具备成品油检验、计量、储存、消防安全等专业技术人员。

（六）符合成品油批发网络发展规划的要求。

（七）各项管理制度健全。

第六条　申请从事成品油仓储经营的企业，应当具备下列条件：

（一）储油设施符合油库布局规划要求。

（二）油库容量不低于4000立方米，油库建设符合《石油库设计规范》（GB50074－2002）要求。

（三）具备接卸成品油的输送管道、铁路专用线或成品油水运码头等设施。

（四）油库设计和建设符合安全生产及环境保护的规定。

（五）具备成品油检验、计量、储存、消防安全等知识的专业技术人员。

（六）各项管理制度健全。

第七条　申请从事成品油零售经营的企业，应当具备下列条件：

（一）符合重庆市加油站行业发展规划及年度实施计划。

（二）具有稳定的成品油供应渠道，与具有成品油批发经营资质的企业签订供油协议。

（三）加油站的设计、施工符合《汽车加油加气站设计与施工规范》（GB50156－2002）要求。

（四）加油站建设符合国家土地管理、消防安全、环境保护等有关规定。

（五）具备成品油检验、计量、储存、消防安全等知识的专业技术人员。

（六）从事船用成品油供应经营的水上加油站，除符合上述规定外，还应当符合港口、水上交通安全和防止水域污染等有关规定。

第八条　申请从事成品油批发经营或变更成品油批发经营许可事项的企业，须向市商委提出申请。市商委审查后，将初步审查意见及申请材料上报商务部审批，由商务部决定是否给予成品油批发经营或变更的许可。

第九条　申请从事成品油仓储经营或变更成品油仓储经营许可事项的企业，办理《成品油仓储经营批准证书》和《危险化学品经营许可证》须向市商委提出申请，由市商委决定是否给予成品油仓储经营许可或变更成品油仓储经营许可事项。申请新建、改建、扩建和异地迁建油库的，直接向市商委提出申请。经市商委审查，同意新建、改建、扩建和异地迁建油库的，报市政府批准。市政府批准建设的，依法按程序办理相关手续。

第十条　申请从事成品油零售经营或变更成品油零售经营许可事项的企业，办理《成品油零售

经营批准证书》和《危险化学品经营许可证》向当地商贸行政管理部门提出申请，经当地商贸行政管理部门审查后，将初步审查意见及申请材料报市商委，由市商委决定是否给予成品油零售经营许可或变更成品油零售经营许可事项。申请在主城行政区域内和高速公路重庆段新建、改建、扩建和异地迁建加油站，直接向市商委提出申请；申请在主城行政区域和高速公路以外新建、改建、扩建和异地迁建加油站，向当地县级商贸行政管理部门提出申请，当地商贸行政管理部门审查后，将初步审查意见及申请材料报市商委。

第十一条　申请从事成品油批发经营的企业，须提交商务部要求的申请材料。

第十二条　申请《成品油仓储经营批准证书》和《危险化学品经营许可证》的企业，须提交下列申请材料：

（一）填写完备的《成品油仓储经营批准证书申请表》和《危险化学品经营许可证申请表》。

（二）接卸成品油的输送管道、铁路专用线或成品油水运码头等设施及油库库容在4000立方米以上的证明材料。

（三）土地使用权证明。

（四）储油罐的产品合格证明或检测合格证明。

（五）具备相应资质的评估机构出具的油库地质灾害评估报告。

（六）公安消防部门出具的油库的消防安全合格证明。

（七）环保部门出具的油库环境影响报告书或环境影响报告表。

（八）建设规划部门出具的油库规划验收和建设工程质量验收合格证明。

（九）油库有效期内的防雷防静电检测报告。

（十）油库有效期内的安全评价报告原件。

（十一）油库的安全管理制度和事故应急救援制度。

（十二）负责人及其他从业人员的专业培训证书或资格证书。

（十三）油库全貌、储油罐区彩照各1张。

第十三条　申请新建、改建、扩建和异地迁建油库，须提交下列申请材料：

（一）新建、改建、扩建和异地迁建油库的请示（包括请示理由、建设地址、建设规模、项目业主、资金来源等情况）。

（二）项目可行性研究报告。

（三）项目可行性研究阶段的安全条件论证报告。

（四）进行初步设计前的安全评价报告。

（五）拟新建或异地迁建油库地块的1:500现状地形图和现场彩照1张。

（六）拟改建、扩建油库的原貌彩照1张。

第十四条　申请新建加油站，须按第十条第二款的规定向市商委或当地商贸行政管理部门提交下列申请材料：

（一）申请人提交新建加油站的意向请示（包括请示理由、建设地址、建设规模、项目业主、资金来源等情况）。

（二）新建加油站项目可行性研究报告和安全条件论证报告。

（三）新建加油站拟建地段加油站现状图［须符合《成品油油零售企业管理技术规范》（SB/T10390－2004）关于加油站设置的有关规定］。经市商委审查符合条件的，下达加油站建设意向通知书，申请人持意向通知书到规划、国土管理部门办理规划、国土手续。申请人在意向性通知书的有效期内办妥规划、国土手续的，按第十条第二款的规定向市商委或当地商贸行政管理部门提交下列申请材料：

（一）市商委下达的加油站建设意向通知书。

（二）土地使用权证明。

（三）新建加油站1:500现状地块地形图和现场彩照1张。

（四）进行初步设计前的安全评价报告。

经市商委审查符合条件的，下达同意新建加油站的通知书，申请人持通知书到相关部门办理建设加油站的相关手续。

第十五条　加油站异地迁建原则上视同新建处理，应按第十四条规定办理。但除按第十四条规定提交材料外，还应同时提交异地迁建加油站《成品油零售经营批准证书》和《危险化学品经营许可证》正、副本原件以及加油站现状照片。

第十六条　申请改建和扩建加油站，须按第十条第二款规定程序向市商委或当地商贸行政管理部门提交下列申请材料：

（一）申请改建和扩建加油站的请示（包括请示理由、建设地址、建设规模、项目业主、资金来源等情况）。

（二）拟改建或扩建加油站所处地段加油站现状图［须符合《成品油油零售企业管理技术规范》（SB/T10390－2004）关于加油站设置的有关规定］。

（三）拟改建或扩建加油站原貌彩照。

（四）项目可行研究报告和安全条件论证报告。

（五）进行初步设计前的安全评价报告。

（六）拟改建或扩建加油站的《成品油零售经营批准证书》和《危险化学品经营许可证》正、副本原件。

第十七条　不符合《成品油油零售企业管理技术规范》（SB/T10390－2004）关于加油站设置有关规定的加油站，原则上应迁建到符合规划的地点，不得就地改建和扩建。

第十八条　申请新建、改建、扩建和异地迁建水上加油站，须按第十条第二款的规定提交下列申请材料：

（一）申请新建、改建、扩建和异地迁建水上加油站的请示（包括请示理由、建设地址、建设规模、项目业主、资金来源等情况）。

（二）新建、异地迁建水上加油站项目可行性研究报告和安全条件论证报告。

（三）改建、扩建和异地迁建水上加油站原貌彩照。

（四）交通或海事、港监部门出具的同意使用港口、码头或水域岸线的批准文件。

（五）进行初步设计前的安全评价报告。

（六）改建、扩建和异地迁建水上加油站《成品油零售经营批准证书》和《危险化学品经营许可证》正、副本原件。

经市商委审查符合条件的，下达同意新建、改建、扩建或异地迁建水上加油站的通知书，申请人持通知书到相关部门办理建设水上加油站的相关手续。

第十九条　新建和异地迁建加油站建设工程完工，通过验收后，申请从事成品油零售经营，办理《成品油零售经营批准证书》和《危险化学品经营许可证》须提交下列材料：

（一）填写完备的《成品油零售经营批准证书申请表》和《危险化学品经营许可证申请表》。

（二）市商委同意建设的通知书。

（三）防爆防撞税控加油机和储油罐的产品合格证明或检测合格证明。

（四）公安消防部门出具的消防安全合格证明。

（五）有效期内的防雷防静电检测报告。

（六）有效期内、建设完工后的安全评价报告原件。

（七）加油站全貌、储油罐区彩照各1张。

（八）土地使用权证明。

（九）规划、建设主管部门出具的规划及工程质量验收合格证明。

（十）环保部门出具的环境影响报告书或环境影响报告表。

（十一）设计、施工单位的资质证明和加油站设计、施工协议。

（十二）具备相应资质的评估机构出具的加油站地质灾害评估报告。

（十三）加油站的安全管理制度和事故应急救援制度。

（十四）负责人及其他从业人员的专业培训证书或资格证书。

第二十条　改建、扩建加油站建设完工，通过验收后，申请从事成品油零售经营，办理《成品油零售经营批准证书》和《危险化学品经营许可证》，应按第十九条规定的（一）至（九）项提交申请材料。

第二十一条　水上加油站建设工程完工后，申请从事成品油零售经营，办理《成品油零售经营批准证书》和《危险化学品经营许可证》，须提交以下材料：

（一）填写完备的《成品油零售经营批准证书申请表》和《危险化学品经营许可证申请表》。

（二）市商委同意建设的通知书。

（三）公安消防部门出具的消防安全合格证明。

（四）船舶所有权、船舶检验、吨位等相关证书。

（五）有效期内的防雷防静电检测报告。

（六）有效期内、建设完工后的安全评价报告原件。

（七）加油站的安全管理制度和应急救援制度。

（八）负责人及其他从业人员的专业培训证书或资格证书。

（九）环保部门出具的环境影响报告书或环境影响报告表。

（十）水上加油站全貌彩照1张。

第二十二条　申请变更成品油批发（仓储或零售）经营许可事项的，须提交以下材料：

（一）填写完备的成品油批发（仓储或零售）经营批准证书变更申请表和危险化学品经营许可证变更申请表。

（二）相关证明材料。属企业法人名称变更的，应当提供工商行政管理部门的企业法人名称预核准通知书；属法定代表人、经营地址名称、企业性质变更的，应当提供相应的证明文件。变更成品油批发经营的，还需提交商务部要求的相关证明材料。

（三）与具有成品油批发经营资质的企业签订的成品油供油协议。

（四）原成品油批发（仓储或零售）经营批准证书和危险化学品经营许可证正、副本原件。

第二十三条　经市商委同意新建、改建、扩建或异地迁建的加油站，在建设完工，通过验收后，需变更地址（地址名称）或其他许可事项的，在按第十九条、第二十条或第二十一条提交申请材料时，可以同时提出变更申请，并同时提交第二十二条的规定的申请材料。

第二十四条　市商委和接受申请的区县商贸行政管理部门应当分别在办公场所公示申请成品油经营批准证书和危险化学品经营许可证以及变更成品油经营许可事项的条件、程序、期限以及需提交的材料目录和申请书规范文本。

第三章　成品油经营许可、变更及加油站建设申请的受理、审查程序与期限

第二十五条　接受申请的商贸行政管理部门认为申请材料不齐全或者不符合规定的，应当场或在收到申请5个工作日内一次告知申请人所需补正的全部内容。逾期不告知的，自收到申请材料之日起即为受理。

第二十六条　接受申请的商贸行政管理部门在申请人申请材料齐全、符合法定形式，或者申请人按照要求提交全部补正申请材料时，应当受理申请。受理申请应当出具加盖本行政机关专用印章和注明日期的书面凭证；不受理申请应当出具加盖本行政机关专用印章、说明不予受理的理由和注明日期的书面凭证，并告知申请人享有依法申请行政复议或者提起行政诉讼的权利。

第二十七条　市商委和区县商贸行政管理部门受理申请后，除对申请人提交的申请材料进行审查外，可以进行现场审查。市商委不能进行现场审查的，可以书面委托当地商贸行政管理部门限期进行现场审查，接受委托的区县商贸行政管理部门应在规定期限内，将现场审查情况书面报市商委。

第二十八条　市商委和区县商贸行政管理部门收到从事成品油经营或变更成品油经营许可事项及加油站建设的申请后，应当指派两名以上工作人员，在20个工作日（专家审查时间除外）内完成初步审查，并将初步审查意见及申请材料按程序报上级商贸行政管理部门。

第二十九条　申请从事成品油仓储经营或变更成品油仓储经营许可事项的企业，办理《成品油仓储经营批准证书》和《危险化学品经营许可证》，要填写《成品油仓储经营批准证书申请表》和《危险化学品经营许可证申请表》或变更申请表，经市商委审核，对符合条件的，给予成品油仓储经营许可或同意变更成品油仓储经营许可事项，予以核发或变更《成品油仓储经营批准证书》和《危险化学品经营许可证》；不符合条件或不按要求提供相关材料的，将不予成品油仓储经营许可或不同意变更成品油仓储经营许可事项，不予核发或变更《成品油仓储经营批准证书》和《危险化学品经营许可证》的决定及理由书面通知申请人。

第三十条　申请从事成品油零售经营或变更成品油零售经营许可事项的企业，办理《成品油零售经营批准证书》和《危险化学品经营许可证》要填写《成品油零售经营批准证书申请表》和《危险化学品经营许可证申请表》或变更申请表，接受申请的区县商贸行政管理部门审查并签署初步审查意见后报市商委。经市商委审核，对符合条件的，给予成品油零售经营许可或同意变更成品油零售经营许可事项，予以核发或变更《成品油零售经营批准证书》和《危险化学品经营许可证》；对不符合条件或不按要求提供相关材料的，将不予成品油零售经营许可或不同意变更成品油零售经营许可事项，不予核发或变更《成品油零售经营批准证书》和《危险化学品经营许可证》的决定及理由书面通知申请人。

申请新建、改建、扩建和异地迁建加油站的，在接受申请的区县商贸行政管理部门签署审查意见后，将相关申请材料报送市商委。经市商委审查，对符合条件的，下达加油站建设意向通知书或同意建设通知书；对不符合条件或不按要求提供相关材料的，将不同意建设的决定及理由书面通知申请人。

第三十一条　市商委在20个工作日（专家审查时间除外）内不能作出决定的，经本部门负责

人批准，可以延长 10 个工作日，并将延长期限的理由书面通知申请人。

第三十二条　对申请人提出的从事成品油经营、变更成品油经营许可事项及加油站建设的申请，接受申请的商贸行政管理部门认为需要举行听证的，应当向社会公告并举行听证。

第三十三条　获准新建、改建、扩建或异地迁建加油站的企业持市商委下达的加油站建设意向通知书或同意建设通知书到相关行政机关办理加油站建设手续，并应委托具有相应资质的设计、施工单位按《汽车加油加气站设计与施工规范》（GB50156－2002）及其他相关技术规范的要求进行建设。

第三十四条　新建和异地迁建加油站建设意向性通知书的有效期为 3 个月。

同意新建、改建、扩建和异地迁建加油站通知书的有效期为 6 个月。6 个月内必须动工，并将建设部门准予开工的证明同时报市商委和当地商贸管理部门备案；在 6 个月内确因不可抗力等原因未动工、需要延期的，应在通知书有效期满前 30 天内向市商委提出延期申请，并提交已办理相关手续的证明材料，由市商委决定是否同意延期。工程动工后应在一年内建设完工并通过验收。

第四章　监督管理

第三十五条　成品油经营批准证书和危险化学品经营许可证不得伪造、不得买卖、出租、转借或者以任何其他形式转让。

第三十六条　成品油批发经营企业不得向不具备成品油经营资格的企业销售成品油。成品油零售经营企业应当从具有成品油批发经营资格的企业购进成品油，并不得为不具备成品油批发经营资格的单位代销成品油。成品油仓储经营企业为其他单位代储成品油的，应当验证成品油的合法来源。

成品油专项用户的专项用油，应当按照国家规定的用量、用项及供应范围使用，不得擅自对外销售。

第三十七条　从事成品油经营业务的企业，必须按本办法规定的条件和程序取得成品油经营批准证书和危险化学品经营许可证，企业持成品油经营批准证书和危险化学品经营许可证正、副本原件在工商行政管理部门注册登记后，方可开展成品油经营活动。凡违反规定条件和程序批准设立的，要依法追究有关单位负责人和直接责任人的责任。

第三十八条　成品油经营企业终止经营的，应当到发证机关办理注销手续，主动交回成品油经营批准证书和危险化学品经营许可证正、副本原件，当地商贸行政管理部门应及时收回成品油经营批准证书和危险化学品经营许可证正、副本原件，交市商委。对不主动交回的，由当地商贸行政管理部门责令限期交回，在限期内拒不交回的，由当地商贸行政管理部门报请市商委或通过市商委转报商务部予以注销成品油经营批准证书和危险化学品经营许可证。

第三十九条　各区县商贸行政管理部门应当加强对本辖区成品油经营企业的监督检查，对成品油经营企业的违规行为进行及时查处。对违反本办法规定的企业，要责令限期整改或停业整顿，直至报请发证机关依法取消其成品油经营资质，吊销成品油经营批准证书和危险化学品经营许可证。

第四十条　有下列情形之一的，市商委或商务部根据利害关系人的请求或依据职权，可以撤销成品油经营许可决定：

（一）行政机关工作人员滥用职权、玩忽职守，对不符合法定条件的申请作出准予许可决定的。

（二）超越法定职权作出准予许可决定的。

（三）对不具备资格或者不符合法定条件的申请人作出准予许可决定的。

（四）依法可以撤销行政许可的其他情形。

第四十一条　被取消成品油经营资质的企业，应依法到工商行政管理部门办理变更登记或注销登记。

第四十二条　市商委每月 10 日前将上月取得成品油经营许可的企业名单和变更、撤销的成品油经营企业名单进行公示。

第四十三条　市商委应加强对区县商贸行政管理部门实施辖区内成品油经营企业的日常监督管理工作的监督检查，及时纠正违规行为。

第五章　法律责任

第四十四条　成品油经营企业必须按照相关规定，全面、如实地向市商委和区县商贸行政管理部门及其他有相关行政管理机构提交申报资料，不得有任何虚报、瞒报、谎报行为。对申请人隐瞒真实情况，提供虚假材料的，商贸行政管理部门应当作出不予受理或者不予许可的决定，并给予警告，由此引发的经济和法律责任由企业自己承担。

第四十五条　接受申请的区县商贸行政管理部门和市商委要严格把关，认真审查，对在书面审查和现场审查中发现的问题，不得隐瞒不报。因商贸行政管理部门把关不严、审查不细造成的经济损失或引发经济和法律纠纷，要依法追究相关单位和责任人的经济、行政和法律责任。

第四十六条　商贸行政管理部门及其工作人员违反本办法规定，有下列情形之一的，由其上级行政机关责令改正；情节严重的，对直接负责的主管人员和其他直接责任人员给予行政处分：

（一）对符合法定条件的申请不予受理的。

（二）违反规定的条件和程序，越权批准新建、改建、扩建和异地迁建加油站的。

（三）对不符合法定条件的申请者予以许可的。

（四）对符合法定条件的申请者不予批准或无正当理由不在法定期限内作出批准决定的。

（五）不依法履行监督职责或监督不力，造成严重后果的。

第四十七条　成品油经营企业有下列情形之一的，各地商贸行政管理部门应当依法给予行政处罚；情节严重的，按程序吊销其成品油经营批准证书和危险化学品经营许可证：

（一）非法涂改、伪造、倒卖、出租、转借或者以其他形式非法篡改、转让成品油经营批准证书的。

（二）违反本办法规定，擅自新建、改建、扩建和异地迁建加油站或油库的。

（三）超越经营范围进行经营活动的。

（四）销售走私成品油的。

（五）成品油专项用户违反规定，将专项用油对外销售的。

（六）成品油批发经营企业向不具备成品油经营资格的企业销售成品油的。

（七）成品油零售经营企业从不具有成品油批发经营资格的企业购进成品油的。

（八）以欺骗、贿赂等不正当手段取得经营许可的。

（九）向负责监督检查的行政机关隐瞒有关情况、提供虚假材料或者拒绝提供反映其经营活动真实材料的。

（十）法律、法规、规章规定的其他违法行为。

第四十八条　公民、法人或者其他组织未经商务部或市商委许可，擅自新建、改建、扩建、异地迁建加油站、油库或者从事成品油经营活动、变更经营许可有关事项的，由商贸行政管理部门会同相关部门予以制止，并依法给予行政处罚。

第四十九条　加油站和油库建设必须与市商委下达的同意建设通知书核定内容一致。违反规定的，按擅自建设加油站或油库依法给予行政处罚，不予核发《成品油零售经营批准证书》和《危险化学品经营许可证》或《成品油仓储经营批准证书》和《危险化学品经营许可证》。

第六章　附则

第五十条　加油站特许经营管理办法和农村及边远地区加油点管理办法另行规定。

第五十一条　本办法由市商委负责解释。

第五十二条　本办法自发布之日起施行。原《重庆市加油站审批管理办法（试行）》（渝商委发〔2004〕2号）同时废止。

重庆市商业零售企业促销行为规范（试行）

（渝规审发〔2005〕23号）

此规范性文件经市政府法制办审查，符合《重庆市行政机关规范性文件审查登记办法》的规定，决定予以登记。

第一条　为了维护我市流通市场经济秩序，规范商业零售企业（以下简称零售商）促销行为，保护消费者的合法权益，根据《中华人民共和国消费者权益保护法》《中华人民共和国产品质量法》《中华人民共和国反不正当竞争法》《中华人民共和国价格法》《中华人民共和国广告法》《中华人民共和国合同法》《中华人民共和国安全生产法》等有关法律、法规和规章的规定，特制定本规范。

第二条　本规范为零售商促销行为的基本规范，适用于本市行政区域内直接面向消费者提供商品和服务的零售商。

国家法律、法规和规章有特殊规定的行业促销行为从其规定。

第三条　本规范所指的促销行为，是指零售商为吸引消费者，扩大销售所采取的各种形式的营销措施。

第四条　零售商的促销行为是一种营销策略，是企业自主经营的市场行为。零售商开展促销活动，必须遵守国家的法律、法规和规章，自觉接受政府有关部门的指导和监督。

第五条　零售商应开展能够让消费者得到真正实惠的促销活动。要结合实际，积极探索多种形式的促销等活动。

第六条　零售商开展各种形式的促销活动，必须提前将活动范围、活动方式、详细规则等内容向消费者明示，维护消费者的知情权。

（一）促销活动应将所提供商品或服务的范围、方式、促销规则以及相关附加性条件等具体信息，提前在促销活动场所明显适当的位置进行告示，使消费者了解或掌握促销活动真实的信息。

（二）促销活动规则中，应当由零售商承担的义务不得让消费者承担；不得排除、限制消费者依法变更、解除合同的权力；不得排除、限制消费者依法请求支付违约金、损害赔偿、提起诉讼等法定权利；不得以最终解释权拒绝消费者的咨询或做出任意解释。

（三）促销活动期间不得随意变更或终止已向公众告示的促销活动规则、时间、范围等内容。

第七条 零售商开展以下形式促销活动，应当遵守公开、公平、自愿、诚实信用的原则，遵守社会公德和商业职业道德，保留促销活动前十日内记录或核定价格的有关资料。

（一）打折让利。零售商开展打折让利促销活动，应当按照物价部门的规定明码标价，如实标明各类促销商品的折扣率、品名、产地、规格、等级、计价单位等有关情况。

（二）购物返券。1. 零售商开展购物返券促销活动，应当提前明示使用返券的商品范围、时间、方式、返券面值以及有关附加条件等详细内容。2. 返券使用期限自当日购买商品的行为结束之后，一般应不少于七个营业日，以确保消费者的选择权。3. 禁止以虚构原价（虚构原价指所标示的原价不是本次降价前一次在本交易场所成交的有交易票据的价格），虚假优惠折价的方式进行购物返券活动。

（三）价外馈赠。零售商开展价外馈赠促销活动，应当告示馈赠物品的品名、规格、数量，不得馈赠假冒伪劣、“三无”商品或借此推销质次价高的商品。

（四）有奖销售。零售商开展有奖销售促销活动，应当告示其所设奖的种类、中奖概率、奖金金额或奖品种类、兑奖时间和方式等事项。奖金的最高金额不得超过5000元，以非现金的物品或者其他经济利益作为奖励的，按照同期市场同类商品或服务的正常价格折算其金额。

（五）限期、限时购物。零售商开展限期购物促销活动，一般应不少于三个营业日，不得组织容易引发安全事故的限时点、限商品数量或免费赠送的促销活动；不得组织开展低于进价的价格（国家法律、法规的规定中不属于不正当竞争行为的除外）以及粮、油、盐、肉、蛋等生活必需品的限时购物活动。

（六）降价销售。零售商开展降价销售促销活动，所降价商品应标明降价原因、标明原价和现价、使用红色专用降价标价签或价目表。

（七）积分返利。零售商开展积分返利促销活动，应告之积分商品范围、时间、返利比例等具体规则。

第八条 零售商开展各种形式的促销活动，应当进行如实的广告宣传，不得使用虚假的广告语误导消费者购买商品或接受服务。凡有不参加促销活动的柜台或商品，不得标称“全场”促销活动。

第九条 零售商开展各种形式的促销活动，不得以促销优惠为由，延迟或拒绝消费者索要购物凭证（单据），开具发票的要求。

第十条 零售商通过促销方式销售的商品或馈赠的物品，应保证商品质量和承诺提供售后服务。严禁销售馈赠假冒伪劣及“三无”产品。

第十一条 零售商开展促销活动，应当坚持符合规范的服务项目、服务内容和服务标准，不因开展促销活动而损害消费者的合法权益。

第十二条 零售商开展促销活动，应按照政府有关部门的有关规定和要求，加强对促销活动的组织管理，提前制定促销活动场所的安全应急预案和处置措施，在促销活动中，不得占用消防安全通道，有效地防止因促销活动造成秩序混乱、疾病传播、人身伤害和财产损失。

第十三条 支持和鼓励行业协会依据本规范制定具体的行业促销行为管理办法，在行业内推广实施，加强对企业促销行为的行业自律监督。

第十四条 各级商贸流通主管部门要正确引导零售商开展规范的促销活动，进一步加强对促销活动的指导；政府各级工商行政管理、物价等有关部门要加强对零售商促销行为的监督管理，依照有关法律、法规和规章的规定，坚决纠正和查处各种促销活动中的违法违规行为。

第十五条 本规范自2005年6月起施行。

重庆市商业零售企业进货交易行为规范（试行）

（渝规审发〔2005〕24号）

此规范性文件经市政府法制办审查，符合《重庆市行政机关规范性文件审查登记办法》的规定，决定予以登记。

第一条 为了维护我市流通领域市场经济秩序，规范商业零售企业（以下简称零售商）进货交易行为，根据《中华人民共和国合同法》《中华人民共和国产品质量法》《中华人民共和国反不正当竞争法》等有关法律、法规和规章，特制定本规范。

第二条 凡在本市行政区域内直接面向最终消费者提供商品和服务的零售商，适用本规范。

第三条 本规范所称进货交易行为，是指零售商通过经销、代销、代购、联营等形式与供货商之间的经营行为。

第四条 零售商的进货交易行为，应当遵守国家有关法律、法规和规章，接受政府有关部门的指导和监督。

第五条 零售商与供货商之间的交易行为，应当遵循平等、自愿、公平、诚实信用的原则，遵守社会公德和商业职业道德。

第六条 零售商必须有固定的营业场所，具备完备有效的营业手续，注册资本（金）真实合法。

第七条 零售商要对供货商提供的商品质量、进货渠道进行严格审核，禁止发生商业贿赂等不正当经营行为。

（一）零售商应对供货商进行严格的资质调查，并建立供货商信用档案，可以实地考察并掌握供货商生产经营场所和生产过程、生产环境、仓储物流等情况。

（二）零售商应当取得供货商提供的进店商品生产许可证、产品检验（检疫）合格证、食品卫生许可证等有关证件，严格审核产品的标识、成分、质量、出厂检验证明。对属于强制性产品认证、绿色产品标志、知名品牌产品的商品，零售商应要求供货商提供相关证明材料并备案存档。

（三）零售商应当加强采购进货管理，对进货渠道建立严格的责任追究制度。

第八条 零售商与供货商进行交易行为应当履行以下责任：

（一）零售商通过经销、代销、代购、联营等经营形式同供货商建立交易行为，应当与供货商签订书面合同，合同应当明确各方的权利与义务，包括购进商品的品种、质量、规格、数量、时间、地点、结算方式、结账期、合同解除条件、违约责任、合同争议解决方式及各方共同约定的其他条款。对合同条款有争议的，应按照合同目的、交易习惯及诚实信用原则，确定其条款的真实含义。所有合同格式条款要符合《重庆市合同格式条款监督条例》规定。

（二）零售商不得利用所处市场优势地位订立显失公正的格式条款。

第九条 零售商向供货商收取费用应遵守以下原则：

（一）零售商应事先明示收费的项目、标准、权利和义务，经与供货商协商一致后，以合同约定。

（二）零售商因特殊情况或因业务经营实际出现合同外收费情形的，应当与供货商协商签订补充合同。

（三）零售商收取的各种费用必须如实入账，向供货商开具正式发票，并依法纳税。

第十条　零售商邀请供货商参加促销活动应当坚持自愿、合作、公平原则，不得强行供货商参加，并遵守以下原则：

（一）零售商邀请供货商参加的促销活动，应事先征求供货商的意见。

（二）零售商邀请供货商参加促销活动，应在协议中明确参加办法、经营风险负担、回扣比例、费用分担、售后服务等内容。

（三）零售商不得借新店开业、店庆、节日庆典等名义向供货商强行索取赞助费用；不得重复设置或变相设置收费项目；禁止在合同外收取与供货商业务无直接关联的费用；禁止在无合同约定的情况下，擅自克扣供货商结算货款。

第十一条　零售商必须严格按照合同约定的结算方式、时间及地点与供货商进行货款结算，规范履约行为。

（一）零售商应在合同中用明确规范的文字表述结账日期的起止时间，严格履行合同。

（二）零售商在货款结算过程中，延迟结算期或变更结算金额应根据合同的约定，通过法定或约定程序提前与供货商沟通并取得一致。

（三）禁止人为设置障碍占压供货商货款，故意拖延结算。

（四）禁止零售商利用合同形式欺诈供货商的财物。

第十二条　零售商与供货商双方应当本着合作发展的原则，建立长期稳定、互惠互利的合作关系。零售商应主动向供货商反馈市场需求变化和商品供求信息，引导供货商提供适应市场需求变化的商品。

第十三条　支持和鼓励行业协会依据本规范制定进货交易行为行业公约，构筑覆盖本市流通领域的诚信自律体系，建立行业内部约束、惩戒机制，以督促本规范的实施。

第十四条　要充分发挥工商行政管理部门“企业信用档案”的作用，及时对零售商违法经营行为和失信行为进行查处，并向社会公示。

第十五条　商贸流通主管部门要加强“诚信兴商”活动的宣传教育，积极推动本规范的试行。

第十六条　零售商与供货商在履行进货交易合同中出现争议时，可协商和解，协商不成的，依据合同约定的仲裁协议提请仲裁机构仲裁或依法向人民法院提起诉讼。

第十七条　本规范为零售商进货交易行为的基本规范，鼓励零售商按照法律、法规和规章的有关规定，制定严于本规范的履约合同标准。

第十八条　本规范自2005年6月起施行。

重庆市餐饮业服务质量规范（试行）

（渝规审发〔2005〕27号）

此规范性文件经市政府法制办审查，符合《重庆市行政机关规范性文件审查登记办法》的规定，决定予以登记。

第一章　总则

第一条　为进一步加强餐饮行业的管理，规范经营行为，提高行业整体服务水平，促进行业快速、协调、健康发展，根据有关法律、法规，结合我市实际，制定本规范。

第二条　餐饮企业应树立“安全、卫生、营养、健康”理念；坚持以人为本，以满足顾客需求为服务宗旨；坚持企业经营与提高服务质量同步发展；创造舒适的就餐环境，提供优质服务，让顾客满意。

第三条　餐饮企业应遵循依法经营、诚实待客、货真价实、公平交易、文明礼貌、安全卫生的原则，规范服务行为，履行服务承诺，自觉维护企业信誉和顾客合法权益。

第四条　本规范适用于我市行政区域内各种经济成分的直接或间接从事餐饮服务的企业（经营者）和从业人员。

第二章　职业道德和服务要求

第五条　具有良好的职业道德修养，热爱餐饮服务工作，有大局观念和团结协作精神，始终以高度的责任感为顾客服务，忠实履行岗位职责。

第六条　遵守国家法律法规和企业的规定，自觉维护国家、企业的利益和声誉，不私自与顾客作交易，不做有损国格和人格的事情。

第七条　坚持文明经商、诚信无欺、真实公道，不分种族、民族、国家、地区、性别、贫富、亲疏，均一视同仁。不以貌取人，做到成交与否、消费金额大小一个样。

第八条　尊重顾客的消费习惯、宗教信仰和人格尊严，按照顾客的正当要求和习惯提供服务。

第九条　按时上岗，做好服务准备工作。坚守岗位，保持良好的工作状态，服务中无不良行为。上岗时不倚墙或斜靠柜台休息，不聊天、吸烟或咀嚼食物；不在顾客就餐期间清扫地面；不作虚假广告或宣传；不误导、不诱购、不强买强卖；不与顾客争吵或奚落侮辱顾客；不因闭店等原因怠慢催促顾客；不随意取消服务内容、降低服务标准。

第十条　坚持顾客至上，不翻动、损坏、丢失顾客的行李物品。捡到顾客钱物，及时交还顾客，若顾客已离店应及时上交管理人员，做好登记，妥善处理。

第十一条　对顾客投诉要态度诚恳，礼貌接待，不推诿、争吵，做好记录，及时处理。对顾客反映的问题，做到件件有落实，事事有回音。

第三章　礼节礼貌和服务态度

第十二条　服务人员在上班期间必须着装整洁（有条件的企业应统一着装）、仪表端庄、精神饱满、举止得体，给顾客以庄重、大方、美观的感觉。佩带胸卡上岗，端正统一。

第十三条　服务人员的发型整齐美观、自然大方、不留怪异发型。男发前不过眼、侧不过耳、后不过领，不留长胡须、大鬓角；女发不披肩（餐厅、配送菜肴的服务员上岗时应将长发盘起，厨师应将头发置入帽中）。

第十四条　男女服务员不得留长指甲，保持指甲清洁。直接为顾客服务的女性服务员一般应淡妆上岗，要求得体大方。与食品接触的服务员，不得佩戴戒指、手链等影响食品卫生的饰物，不得涂指甲油。

第十五条　服务人员上岗前必须做好个人清洁卫生，不在顾客面前或对着食品打喷嚏、咳嗽等，不做有碍卫生、观瞻的动作。

第十六条　服务人员应具有良好的礼仪修养，对待顾客要面带微笑、彬彬有礼，主动热情、耐心周到。

第十七条　服务人员应注重日常坐、立、行、说等仪态仪表和接待服务礼仪规范，讲究礼仪顺序，姿态优美、端庄稳重、举止大方、文明优雅。与顾客服务和交谈时，手势正确，幅度适当，符合规范。

第十八条　前台值班服务员表情自然，精力集中。坚持站立服务，站姿优美。如需坐下时，坐姿平稳、端庄。

第十九条　服务人员在接待过程中坚持使用普通话，提高语言表达能力，注重语言交流艺术，提高语言运用技巧，熟练运用文明礼貌用语。

第二十条　在迎接、服务和送别时，应根据时间、场所、情景、服务对象等不同情况，使用敬语，主动问候。正确使用招呼、询问、道歉、道别等语言，做到语言亲切、和蔼、真诚、自然，声音柔和。

第二十一条　认真倾听顾客提出的问题，回答简明扼要、及时准确、文明得体。不随意打断或介入顾客谈话；不对顾客说不礼貌的话；不对顾客评头论足；不做顾客忌讳的动作。

第二十二条　对老、弱、病、残、幼、孕顾客，主动关照，服务细致；对有困难的顾客，及时提供帮助。

第二十三条　提供服务应严格遵守约定时间，快速准确。因客观原因不能按时提供或完成服务的，要耐心向顾客解释并致歉。严格控制服务失误，避免因服务失误引起顾客不满，一旦发生服务失误，应及时采取补救措施。

第四章　服务技能

第二十四条　服务人员必须具备合法的从业资格和健康证明；应具有符合岗位要求的文化程度、专业技术等级证书和相应的上岗培训考核合格证明；掌握本岗位服务程序和服务技能技巧；认真执行安全、卫生的各项规定，熟悉食品卫生防疫、预防安全事故和食品中毒的基本常识及安全事故应急处理的基本方法。

第二十五条　餐厅服务员应具备下列服务技能：

（一）熟悉所经营菜品的名称、规格、典故、价格、口味特点、成菜特征、原料价格，并能根据不同的消费需求介绍适宜的品种；

（二）普通话表达准确流畅，具有适合岗位和接待要求的外语接待能力，特殊岗位人员应具备基本手语服务能力；

（三）熟练使用本岗位配备的常用餐具、设备和相应设施，并懂得如何保管和维护；

（四）了解消费心理学、服务心理学和营养配餐的基础知识，运用适当，能提供针对性服务。

第二十六条　烹调人员应具备下列服务技能：

（一）熟悉烹调原料的名称、性能、用途、保管方法和制作技术，具有鉴别原辅材料质量和进行菜品成本核算的能力；

（二）熟悉营养学的基本知识，具有一定的烹饪理论基础知识和熟练的烹饪操作技能；

（三）熟悉炉灶、饮食机具、器皿等厨房设备以及厨房所用易燃易爆物品的使用、维护和保管方法。

第二十七条　面点制作人员应具备下列服务技能：

（一）掌握本企业经营的面点、小吃原材料的名称、性能、保管方法及烹调原料的制作技术，具有鉴别原材料质量的能力，掌握各种原材料的投料标准及成本核算方法；

（二）熟悉营养学的基本知识，具有一定的烹饪理论基础知识和熟练的烹饪操作技能；

（三）熟悉炉灶、机具、器皿等厨房设备以及厨房所用易燃易爆物品的使用、维护和保管方法。

第二十八条　管理人员应具备下列服务技能：

（一）认真贯彻落实国家和行业主管部门的有关标准和规范，一般应具备相应的执业资格；

（二）熟悉餐饮经营的现代管理知识，具有与本职岗位相适应的经营管理能力和组织协调能力，并能创造性地解决服务过程中出现的服务质量问题；

（三）具有与本职位相适应的安全、卫生事故应急处理指挥能力。

第五章　服务规程

第二十九条　服务人员应根据本岗位服务规程的要求，统一协调、科学分工、互相协作、精心组织，为顾客提供满意的服务。

第三十条　餐厅服务员一般应按照下列程序进行服务：

（一）餐前准备：熟悉当天供应的菜点和酒水的情况；提前搞好营业场所卫生；备齐餐饮具、调味料和服务用品并按行业标准摆台，做到台布干净挺括，四角下垂均等，餐酒烟具洁净无损，定位准确，间距均等，摆放统一美观、方便顾客；各种预定宴席应提前摆台，散客随到随摆；做好开餐前的相应准备；

（二）热诚迎宾：顾客进入服务区，应主动热情接待，根据顾客就餐人数和到来的先后次序带到合适的位置引导就座，对因场地限制暂不能安排的顾客，不可强留，应尊重顾客的意愿并表示歉意；

（三）问位开茶：顾客入座后先送香巾或热毛巾，按需开茶请其候餐（一般免费送茶），注意开茶卫生，茶水倒八分满为宜，持茶杯中下缘轻放于顾客餐位右上角；

（四）点菜服务：茶位开好后，递上菜谱，主动介绍经营品种、风味特色、酒水及有关服务项目，指导顾客“适量点菜，科学膳食，健康消费”，顾客点菜后应迅速开具菜单，并将整份菜单向顾客复述，经确认无误后及时送厨房备餐；

（五）酒水服务：上菜前和顾客进餐过程中应对顾客点的酒水提供服务，按先宾后主、长辈优先、女士优先的原则和顺时针方向的顺序，以及先红后白、不洒不滴的要求，服务员从顾客右侧斟倒酒水；

（六）上菜服务：顾客候餐的时间不宜过长，适时适度提供服务；选择合适的位置和时机，按本行业规定的上菜顺序、菜肴放置位置或按顾客要求上菜，做到恰到好处，上热菜、汤菜时应提醒顾客后面有人服务，同时注意上菜卫生；大型饭店、酒店等餐饮企业的名厨师烹饪的菜肴提倡挂牌上桌；上菜时报出菜肴名称，介绍时鲜、名贵及特色风味菜肴或食品应清楚明白；

（七）巡台服务：当顾客在用餐过程中需要加菜时，应及时为顾客提供相应服务；当顾客需中途离席和返回时，一般应拉椅协助顾客；及时更换小毛巾或添加餐巾纸，勤为顾客续添酒水，勤换骨碟、烟灰缸和清理台面（收拾餐具时应提醒顾客后面有人服务），随时保持餐桌清洁整齐和顾客良好的就餐心情；

（八）征询意见：上完最后一道菜后，领班或餐厅经理在不打扰顾客谈话的前提下，应主动站到顾客中主人右侧，礼貌征询顾客对餐厅服务质量的意见和建议；

（九）结账服务：当顾客要求结账时，方可呈送账单，待顾客确认账单后要迅速准确结账，收款时应向顾客致谢（找零不得以实物代替），同时必须为顾客提供结算清单和服务单据（发票），清单应如实写明菜肴、点心、酒类、饮料、水果等项目的品名、数量、价格及合计金额；

（十）送客服务：根据顾客需要提供打包服务，当顾客离桌时，服务人员应主动上前移椅送客，提醒顾客不要遗忘所带物品，然后站立桌边或门口向顾客致谢道别；

（十一）清理餐台：收拾餐台，重新摆台，做好下一步接待准备，但不得影响邻近正在用餐的顾客。可根据行业规定和顾客要求对上述程序作适当调整。

第三十一条　烹调人员一般按照下列程序操作：

（一）根据当日销售的菜品，选用并备好相应的主辅材料，根据成菜要求择拣、清洗、整理蔬菜，对肉制品和水产品进行加工、分档取料和除骨，涨发各类干货原料等（合理使用原材料，杜绝浪费，降低物料损耗），根据菜谱认真做好营业前的各项准备，做到满足顾客点菜需求；

（二）按照服务员开具的菜单，根据菜肴的特点和成菜要求，认真选料、精心切配、合理配菜、搭配营养，符合色、形、质、养、器的配菜原则，准确调味并选用正确的烹调方法合理烹调，使之成熟度达到规定的质量要求；

（三）在厨师长的统一调度下，按照菜单先后顺序烹制菜肴，不积不压，上菜及时；

（四）严格把好菜品质量关，对变质变味、调味不准或达不到成菜质量标准的菜肴不予出售；

（五）班后应将余料按照原料的性质分类存放，然后全面清理刷洗灶台、厨具、调料台（车）和地面，确保厨房清洁卫生，及时检查并关电源、气源、油源等，消除安全隐患。

第三十二条　面点制作前，应做好各种准备。根据面点的风味要求，利用动、植物性原料制作不同口味的馅料；按照各种制品的投放标准投料、掺水，然后和面、揉面、饧面，制成适合制作不同面点的面团；再按成品的要求，采用不同的成型方法将面团制作成多种形状的半成品，并运用不同的熟制方法，加工成色香味形俱佳的成品。

第六章　供应服务质量与食品卫生

第三十三条　禁止采购下列食品（包括原辅材料、调味料及其成品、半成品）：

（一）有毒、有害、腐烂、酸败、生虫、污秽不洁、混有异物或者其他感官性状异常的食品；

（二）无品名、产地、厂名、生产日期、批号或代号、规格、配方或者主要成分、保质期限、食用或使用方法等标识的定型包装食品和食品添加剂；

（三）无检验合格证明的肉类食品或注水、掺水肉禽；

（四）假冒伪劣酒类和饮料；

（五）国家明令禁止的野生动植物；

（六）未经卫生部批准的表明有特殊保健功效的食品。

使用食品的农药残留量不得超过国家规定标准，提倡使用绿色食品。不使用和销售来源不明的食品，禁止销售超过保质期或腐败变质的食品，严禁加工和提供“回锅菜”服务。

第三十四条　实行严格的日常洗刷制度，下列各种食（物）品、原辅材料和相应的设施设备必须清洗干净，经常保持整洁，符合国家卫生标准和要求：

（一）各种食品原料在使用前和动植物原料初加工后（禽蛋应洗净外壳，其中蔬菜应与肉类、水产品分池清洗）；

（二）厨房、贮存食品的场所、洗碗间、冷荤间、烹调制作间（禁止存放有毒、有害物品及个人生活物品，保证无霉斑、鼠迹、苍蝇、蟑螂）；

（三）食品加工、贮存、销售、陈列、运送的工用具、容器等设备及防护设施，以及冷藏、冷冻和保温设施；

（四）餐饮具在使用前后（其中使用的洗涤剂、消毒剂必须符合国家食用卫生标准，洗刷餐饮具必须有专用水池，不得与清洗蔬菜、肉类等其他水池混用）；

（五）存放垃圾和废弃物的容器。

第三十五条 严格执行国家《消毒管理办法》，实行定期消毒制度和对餐具、用具、环境设施消毒明示及标识制度，严防废水、废气、蚊蝇、粉尘等环境污染。

（一）工作人员上岗前要进行必要的消毒（制作、出售冷食品工作人员的手必须洗净消毒）；

（二）加工原材料和制作凉菜的工用具、容器等使用前后必须消毒，必要时对各种食品原料在使用前消毒；

（三）洗碗间、烹调制作间、厨房的工用具应及时消毒，冷荤间、灶台应做到每餐消毒；

（四）餐饮具使用前后必须做到每人次消毒，未经消毒的餐饮具不得使用，其中宾馆及高中档饭店应采用蒸汽、电子消毒柜等物理方法进行餐具消毒，小型饭店可采用物理方法或化学方法进行餐具消毒，化学消毒剂必须经市级卫生行政部门批准，由专人消毒保管；

（五）保证餐桌、餐椅、地面、墙面等环境设施的消毒；

（六）对多人接触的扶手、门把手、围栏、收银台、马桶冲水把手、卫生间地面、走廊等，用消毒水喷洒及棉球擦拭等方法每天消毒三次以上，洗水池要备有洗手消毒皂（液）；

（七）存放垃圾的地方每天进行两次消毒。

第三十六条 制作、出售凉菜等冷食品除要符合相应的洗涤消毒规定外，还应符合下列要求：

（一）凉菜间必须配有专用冷藏和洗涤消毒设备，每天定时进行空气消毒，室内温度控制在25℃以内；

（二）必须由穿戴洁净的工作衣、帽的厨师专人加工制作，必须用专用工用具和容器；

（三）严格加工制作程序，坚持先进先出的原则出售；

（四）供加工冷食品的原料，应尽量当餐用完，余料尚需使用的必须存放于专用冰箱内冷藏（冻）。

第三十七条 各种外售食品严格按卫生标准包装、运输，防护措施严密。外售时应标明食品保质期，用专用工具分拣传递食品，用后定位放置；岗位工作人员要穿戴整洁的工作衣、帽。

第三十八条 为每位就餐者提供独立餐具（筷子、刀叉、餐勺、餐碟、餐碗等），每个餐桌都要配备区别于就餐者餐具的公筷和公勺（西餐、火锅等可不提供）。提倡顾客分餐制和使用环保餐具，保证顾客消费安全卫生。供顾客自取的调味料应符合卫生标准和要求。

第三十九条 餐具摆台超过当次就餐时间尚未使用的应回收保洁。消毒后的餐饮具必须保存在专用保洁柜内备用，已消毒和未消毒的餐饮具应分开存放，并在贮存柜上有明显标记。餐具保洁柜应当定期清洗、消毒，保持卫生洁净。

第四十条 用于原料、成品的刀、墩、板、桶、盆、筐、抹布以及其他工具、容器必须标志明显，做到生熟分开，定位存放，用后洗净，按时消毒，保持清洁。

第四十一条 食品应分类、分架、隔墙、离地存放，并定期检查、处理变质或超过保质期限的食品。

第四十二条 食品加工、贮存、销售、陈列的各种防护设施、设备及运送食品的工具，应定期维护；冷藏、冷冻及保温设施应定期除臭；温度指示装置应定期校验，确保正常运转和使用。

第四十三条 各种菜品的制作应严格按照食品卫生的各项要求，做到工作环境卫生、工具器皿洁净、加工制作精细、营养搭配合理、味道浓淡适中、味养兼顾、色彩协调、形态美观。制作食雕和装盘点缀饰品，不得超标准使用食用化学色素。

第四十四条 加工制作食品、菜肴的原辅材料和调味材料应符合规定的质量标准和切配、烹调、食用的要求，力求保持原有的新鲜度和营养成分。植物性原料初加工清洗后应无污秽、杂质；动物性原料初加工洗净后无污秽、杂质、黏液、污血、异味；干货原料涨发后应最大限度地恢复其原有状态并清洗干净。

第四十五条 加工处理后的原料，要求大小、粗细、厚薄均匀，保证烹调时受热均匀，成熟度一致。

第四十六条 烹调后菜肴应做到不生不糊、明油适当、口味鲜美、味道纯正、咸淡适口，外形美观、色调和谐、主料突出，符合成菜要求。

第四十七条 菜肴装盘后应做到形态丰满、整齐美观、主料突出。分装多盘时，主辅料分装均匀，一次完成。

第四十八条 煎、炸食品应避免高温加热或长时间加热。油脂需要连续加热使用时，应及时添加新油，严禁多次重复使用。

第四十九条 城区餐饮单位一律使用清洁燃料，不得用煤作燃料，城镇内不得露天经营烧烤食品。

第五十条 当发现或被顾客告知所提供的食品确有感官状异常或可疑变质时，餐厅服务人员应立即撤换该食品，同时告知备餐人员检查被撤换食品和同类食品，做出相应处理，确保就餐安全卫生。

第七章 服务环境与服务设施

第五十一条 企业招牌美观整洁，牌匾文字标识规范；公共标识醒目清楚，与经营环境协调。有中英（外）文对照的，译文必须准确。清真餐馆应悬挂规定标志。房屋结构坚固，功能布局合理，设施配套，设备完好，运行正常，使用方便。不得在有安全、卫生隐患的危房、拆迁房、临时搭建房等场所从事餐饮经营。

店堂环境设计整体效果好，装饰布置创意独特、布置新颖、精致典雅、内容健康，反映经营特色，体现企业文化内涵。装修装饰使用绿色环保材料，确保无毒无害。

第五十二条 物品摆放整齐有序，不乱堆乱放。环境洁净美观，不乱张贴广告、标语；及时养护店内及周围的植物花草，培植修剪整齐美观；合理设置有密封的污物桶并及时清运垃圾；天花板、墙面、玻璃、地面等区域无灰尘、蛛网、印痕、垃圾；门前、通（过）道、餐厅等所有公共区域保持整洁；及时清扫洗手间，做到清洁无异味。

第五十三条 仓库、店堂、包间等公共场所应通风良好，光线充足，要经常开窗通风换气，保持空气新鲜，避免灰尘飞扬。营业场所灯光照明应达到基本亮度，温度适宜，环境舒适。经营场所应当与公共厕所、垃圾堆放处等污染源相距二十五米以上，废水、废气、废渣、油烟和噪声等应符合国家规定的环境排放标准，防止环境污染。

第五十四条 餐饮企业应具有与其经营规模、接待能力和国家有关要求相适应的下列服务场地和相应的设施设备，并提供相应的服务：

（一）有位置适当、标志明显的服务台，有与经营项目相关的饮水机、验钞机等便民服务设备；

（二）有加工制作场地、库房、顾客就餐场所、工作人员的更衣场所和停车区位等设施，其中厨房面积符合要求，四壁瓷砖上顶，地面采用水磨石或地板砖等易清洗保洁材料，厨具材料以不锈钢为主，提倡透明玻璃等开放式厨房；

（三）有完备的加工食品和烹制菜肴的专用工具、用具、灶具，洗刷、消毒、冷藏冷冻、保鲜等设备和供顾客就餐的餐饮具及各种设施设备；

（四）有符合环保要求的排污、消烟、消音、除尘、降温设备和消防安全设施设备；

（五）有足够的通风装置和规范畅通的安全通道，通道内不得堆放货物、杂物，扶梯、台阶、易滑路段及玻璃门窗等易出事故部位必须有明显的警示标志；

（六）有齐全的给排水设施，其中饮用水必须符合国家《生活饮用水卫生标准》；

（七）有满足消费需求的照明设备和能满足经营、应急疏散、安全及备用照明需要的应急照明设备；

（八）有防蝇、防鼠、防虫、防潮设备，高中档餐厅必须采用电子灭蝇灯；

（九）有符合国家标准的计量用具；

（十）具备条件的企业应为顾客提供公用电话、休憩场所、紧急救助药品用具、自动取款机、电梯、卫生间、残疾人通道（设施）、存包处等服务设施和一定面积的停车场。提倡配备 POS 机，受理银行卡结算。

第八章　服务管理

第五十五条　餐饮企业应严格按照国家的有关法律、法规和行业的有关规定组织经营管理，各种经营证照齐全。

第五十六条　餐饮企业应树立现代管理理念，建立科技创新服务体系，实施“无缺陷”战略，实行全面质量管理。自觉执行《重庆市餐饮业服务质量规范》，提倡规范化服务与个性化服务、核心服务与辅助服务相结合，突出特色、表现文化。做到服务环境优美、服务流程规范、服务质量可靠、服务效果良好。

第五十七条　餐饮企业应建立健全下列基本制度：

（一）服务质量管理制度。确定质量管理领导机构，建立质量保证机制，制定服务质量方针和细则，适时评审修改，形成与企业文化、服务质量相适应的标准体系，并组织实施；

（二）质量审核验收制度。加强采购、加工、销售、服务环节的质量审核，实施过程管理，发现问题及时纠正；

（三）员工培训管理制度。适应市场竞争、服务创新、企业发展的需要，采取多种形式对员工进行教育和培训，注重名牌服务员的培养，提高员工的服务技能和服务水平；

（四）员工考核管理制度。依据服务质量标准，严格进行服务质量考核，并将考核结果作为奖惩的依据；

（五）安全卫生管理制度。设立企业内部专（兼）职的安全卫生员，做好日常安全（消防）、卫生检查及记录，按规定对员工进行健康检查，发现患有传染性疾病的员工，必须调离工作岗位，制定切实可行的安全卫生应急处理预案和预防措施，严防传染性疾病、食物中毒和安全事故的发生；

（六）顾客投诉受理制度。制定投诉受理的具体规定和办法，指定专人负责，妥善处理消费纠纷；

（七）质量监督管理制度。实行开放式服务，公布企业服务承诺，自觉接受监督，同时倡导民主作风，开展合理化建议，改进工作，提高服务质量；

（八）全面评价反馈制度。建立评价反馈系统，提倡服务工作信息化，促进服务质量持续改进。

第五十八条　餐饮企业必须实行明码标价制度，应有醒目的价目牌或完好的价目簿。标价应包括品名、规格（大、中、小、例盘）、计价单位、销售价格等项目；对名贵鲜活类、海鲜类菜肴的价格，应标明或向顾客介绍菜品时说明；点心、小吃类标价还应在规格栏内标明计量单位和数量；酒类还须标明产地及容量，其中零杯酒、自制杯装饮料须标明每杯的容量。外卖的点心、小吃、面点、快餐等各种食品应挂牌标价。

第五十九条　餐饮企业所有服务项目和收费标准，应向顾客明示，未明示的不得收费，不得在明示的价格外增加收费，并应当提供与收费标准相符的服务。

餐饮企业可适当收取顾客预定宴席或食品的预定金。预定和变更应有书面约定。超过预定期限仍未赴宴或领取食品的视作放弃预定，餐饮企业可不再退回预定金。

第六十条　服务员应提醒顾客妥善保管好自己的物品。有条件的餐饮企业应备有衣套和贵重物品等免费保管服务项目，为顾客提供方便。

第六十一条　餐饮业经营者发现食物中毒或疑似食物中毒事故时，应及时抢救、送医救治，保留造成或可能导致食物中毒的食品及原料、工具、设备和现场，及时向当地卫生行政主管部门报告，并以对顾客高度负责的态度协助调查处理。十桌以上按规定上报，对食品样品保留二十四小时留样备查。

第六十二条　餐厅服务员应及时劝阻顾客过量饮酒以防醉酒。餐饮企业可向顾客索赔因其醉酒肇事造成的损失。

第六十三条　餐饮企业与顾客发生消费纠纷，按照双方共同协商的原则或按《重庆市消费者权益保护条例》的有关规定妥善进行处理。

第九章　附则

第六十四条　本规范所指餐饮业是指通过即时加工制作、商业销售和服务性劳动等手段，向顾客提供食品（包括饮料）、消费场所和设施的经营行业。服务质量是指顾客对接受的服务及其方式、环境的综合评价，主要由环境、设施、产品质量和服务水平构成。

第六十五条　本规范由重庆市商业委员会负责解释和修改。

第六十六条　本规范从发布之日起实施。

重庆市商业委员会《酒类流通管理办法》实施细则

（渝规审发〔2005〕44号）

此规范性文件经市政府法制办审查，符合《重庆市行政机关规范性文件审查登记办法》的规定，决定予以登记。

第一条　为贯彻执行《酒类流通管理办法》（商务部第25号令）有关酒类经营备案登记和溯源制度的规定，落实管理责任，规范行政行为，明晰工作程序，提高办事效率，确保酒类消费安全，维护经营者合法权益，制定本细则。

第二条　本市行政区域内实施酒类经营备案登记和溯源制度适用本细则。

第三条　本细则所称经营者是指从事酒类商品销售的单位和个体工商户。经营者下属的连锁店、分店、门点、摊点按照属地管理原则，视为一个独立的经营者。

第四条　本细则所称业主是指单位经营者的法定代表人（含其下属连锁店、分店、门点、摊点的负责人）或个体工商户的户主。

第五条　重庆市商业委员会（以下简称市商委）负责指导、督促、检查区县商务行政主管部门实施酒类经营备案登记和溯源制度，按照商务部规定的统一格式印制备案登记表，受理有关酒类备案登记和溯源制度的投诉、举报和行政复议，查处全市范围内违反酒类经营备案登记和溯源制度的重大的、跨区域的违规行为。

第六条　区县商务行政主管部门负责办理备案登记手续，向市商委报送备案登记情况报表，按照商务部规定的统一格式印制和发放酒类流通随附单，受理有关酒类备案登记和溯源制度的投诉和举报，查处本行政区域内违反酒类经营备案登记和溯源制度的违规行为。

第七条　酒类经营备案登记的工作程序如下：

（一）经营者在区县商务行政主管部门领取备案登记表，了解填表事项和需提供的其他材料；

（二）经营者提交备案登记表、营业执照复印件、卫生许可证复印件、业主身份证复印件；

非业主本人亲自办理的，受托人应当提供业主身份证复印件、业主授权委托书和受托人身份证复印件；

（三）区县商务行政主管部门按照本细则第八条的要求对备案登记材料进行审查；

（四）经审查后符合规定要求的，核发备案登记表，加盖区县商务行政主管部门印章；

（五）备案登记材料审查和核发备案登记表的工作应当在5个工作日内完成；

（六）区县商务行政主管部门不予受理备案登记材料或经审查后不予备案登记的，应当向经营者说明原因。

第八条　酒类经营备案登记材料应当符合以下要求：

（一）经营者备案登记表填表内容完整、准确、真实；

（二）经营者已经知晓备案登记表附注的责任条款并加盖单位经营者的印章或由个体工商户业主签字盖章；

（三）备案登记表、营业执照、卫生许可证所载的经营者名称、业主名称、经营地址应当一致；

（四）营业执照和卫生许可证应当在有效期内；

（五）营业执照、卫生许可证、业主身份证的复印件均应加盖单位经营者的印章或由个体工商户业主签字盖章；

（六）授权委托书应当由业主签字盖章。

第九条　区县商务行政主管部门可以根据各地道路交通的实际情况，采取在乡镇设立代办点或约期巡回现场办公等灵活多样的备案登记申办方式，为乡镇边远地区的经营者提供方便。

第十条　区县商务行政主管部门核发备案登记表应当按照统一规则进行编号。

编号由地区编码和顺序号两部分组成。地区编码由市商委统一规定，顺序号由区县商务行政主管部门按照备案登记时间顺序确定。

第十一条　备案登记表被损坏或遗失，经营者应当向区县商务行政主管部门申报作废和补发。

备案登记表或营业执照的登记事项发生变更的，经营者应当在30日内向区县商务行政主管部门办理变更手续，换发备案登记表。

第十二条　区县商务行政主管部门应当定期与同级工商部门核对，发现经营者营业执照被注销或吊销的，其备案登记表亦自动失效，区县商务行政主管部门应督促经营者缴回失效作废的备案登记表或公告作废。

第十三条　酒类经营备案登记表和酒类流通随附单是酒类流通过程中的重要溯源凭据，经营者（供货方）向其他经营者（含内部调拨、集团购货）销售酒类商品时，应当向受货方提供酒类经营备案登记表复印件（仅指首次交易），并对所售每批酒类商品均应开具当批次的酒类流通随附单，单随货走，单物相符；受货方亦应向供货方索取酒类经营备案登记表和酒类流通随附单。

第十四条　经营者应当使用统一格式的酒类流通随附单。经营者现有自制单据符合统一格式要求的，可报商务部认可后替代使用。

第十五条　任何单位和个人不得以实施酒类经营备案和溯源制度为借口，设置壁垒障碍，限制或阻碍外地经营者在本地区的合法经营和外地酒类商品在本地区的正常流通。

第十六条　市商委和区县商务行政主管部门对酒类经营备案登记和溯源制度进行监督检查的主要内容如下：

（一）检查经营者是否已办理备案登记手续，备案登记表是否有伪造、涂改、出租、出借、转让、买卖等情形；

（二）检查备案登记表所载明的经营地址是否与实际地址相符；

（三）检查备案登记表与营业执照所载明的登记事项是否完全一致；

（四）要求经营者出示所经销酒类商品的供货方的酒类经营备案登记表、营业执照、卫生许可证、生产许可证（指生产商直供）、经销授权书（指生产商授权区域代理）的复印件，必要时可向供货方溯源核查；

实行酒类销售许可证制度的省、直辖市、自治区的经营者与本市经营者发生酒类商品交易的，其酒类销售许可证视同酒类备案登记表。

（五）要求经营者出示所经销酒类商品当批的检验合格证明复印件（进口酒类还应有进口食品卫生证书和进口食品标签审核证书）和供货方提供的当批酒类流通随附单，必要时可向供货方溯源核查；

（六）要求经营者出示所经销酒类商品向其他经营者批发（含内部调拨、集团购货）时，所开具的酒类流通随附单的存根联，检查其格式和填具内容是否符合规定要求，必要时可向受货方溯源核查；

（七）要求经营者出示酒类商品进销台账，可以追溯三年以内的台账；

（八）检查经营者所经销的酒类商品（含包装酒和散装酒）的内外包装、盛具容器、标签标识是否符合溯源识别规定，是否存在“三无”或伪造、篡改厂名、厂址、生产（保质）日期的酒类商品；

（九）检查经营场所是否有不向未成年人销售酒类商品的显著标识。

第十七条　经营者违反酒类经营备案和溯源制度的，依据《酒类流通管理办法》进行处罚。

2006 年 1 月 1 日至 2006 年 3 月 31 日期间为施行酒类经营备案和溯源制度的过渡期，过渡期内，对于违反酒类经营备案和溯源制度的违规行为应予教育，不予处罚。

第十八条　市商委和区县商务行政主管部门应当发挥酒类行业组织的作用，协助实施酒类经营备案和溯源制度。

第十九条　区县商务行政主管部门实施酒类经营备案和溯源制度工作不力、监督管理失职、行政不作为的，由市商委通报批评，并在商贸流通工作年度考评时扣分处罚。

第二十条　酒类行政管理人员、执法人员违反本细则有关规定，玩忽职守、滥用职权、徇私舞弊、侵害管理相对人合法权益的，由市商委或区县商务行政主管部门给予行政处分；构成犯罪的，由司法机关依法追究刑事责任。

第二十一条　酒类生产和流通领域中的其他行政许可、行政管理和行政处罚涉及商务行政主管部门职能职责的，按照有关法律、法规、规章执行。

第二十二条　本细则由市商委负责解释。

第二十三条　本细则从2006年1月1日起施行。

二、涉商主要统计资料

1. 主要年份社会消费品零售总额

单位：万元

年份	社会消费品零售总额	国有经济	集体经济	个体及私营经济	“三资”经济	其　他
1952	61973	19332	9941	32009		691
1957	108061	55533	43171	4458		4899
1962	124248	87477	27335	6987		2449
1965	134722	94009	35935	2318		2460
1970	163612	118044	40460	2120		2988
1975	217537	148811	53318	11876		3532
1978	250188	126981	112537	6599		4071
1980	366349	178516	162400	17649		7784
1985	690779	256981	261103	155266		17429
1986	780787	290656	260816	207041		22274
1987	926227	343448	302177	253031		27571
1988	1191747	430347	372593	350032		38775
1989	1332450	445314	380342	344338		162456
1990	1371244	464257	370361	352587		184039
1991	1569138	524150	448634	359098		237256
1992	2031140	661857	554059	494300		320924
1993	2573768	933913	704291	492283	2372	440909
1994	3343325	1079062	664616	880747	3166	715734
1995	4161295	1004126	752266	1223620	23727	1157556
1996	4986299	1106800	792017	1550975	25224	1511283

续表

年份	社会消费品零售总额	国有经济	集体经济	个体及私营经济	“三资”经济	其　他
1997	5681890	1137394	853410	1529836	34914	2126336
1998	6193991	1029384	710562	2103320	82477	2268248
1999	6670104	1129936	643832	2562478	115128	2218730
2000	7199508	1075849	675284	2855855	163455	2429065
2001	7823114	1190283	634269	3243281	205648	2549633
2002	8535962	1166478	544491	3717999	208733	2898261
2003	9346711	1117167	406950	4449249	221716	3151629
2004	10683290	864210	201479	7404246	210630	2002725
2005	12157584	1052229	208145	8161399	263718	2472093

注：1992 年以后的社会消费品零售总额为按全国经济普查口径重新调整数（下表同）。

2. 各年度社会消费品零售总额

年 份	社零总额（亿元）		批发零售业	餐饮业	每天均社零万元	每人平均元
	绝对值	+%				
1985	69					
1986	78	13				
1987	93	18.6				
1988	119	28.7				
1989	133	11.8				
1990	137	2.9			3757	471
1991	157	14.4				
1992	203	29.4				
1993	257	26.7				
1994	334	29.9				
1995	416	24.5	368	44	10186	1242
1996	499	19.8	438	55		1479
1997	568	14				
1998	619	9			15170	1815
1999	667	7.7			16336	1945
2000	720	7.9	627	84	17632	2088
2001	782	8.7				
2002	854	9.1				
2003	935	9.5				
2004	1068	14.3				
2005	1216	13.8				

3. 商业在 GDP、三产中的占比

单位：亿元、%

年份	本市生产总值	第三产业	GDP 构成	比上年增长	批发零售业	GDP 构成	比上年增长	餐饮住宿业	GDP 构成	比上年增长
1985	152	34	22.5	13.9	8.9	5.9	37.2	1.8	1.2	17.4
1986	170	40	23.3	10	10.1	5.9	6.6	2.2	1.3	17.4
1987	190	49	25.9	12.4	12.3	6.5	10	2.7	1.4	14.3
1988	240	64	26.7	10.5	17.1	7.1	22.8	3.3	1.4	19.1
1989	278	80	28.8	9.7	21.6	7.8	8.2	3.9	1.4	12.8
1990	300	84	27.9	4.3	17.2	5.7	-16.5	5.4	1.8	33.5
1991	342	101	29.6	11.7	20.3	6.0	8.5	6.4	1.9	16.6
1992	420	138	32.9	25.6	33	7.9	42.3	7.2	1.7	16.4
1993	553	182	32.8	16.7	49.6	9.0	38.5	9.4	1.7	24.4
1994	756	243	32.1	18.3	64.7	8.6	4.1	12.8	1.7	33.3
1995	1016	340	33.4	15.3	85.5	8.4	11.2	19	1.9	37
1996	1187	426	35.9	14.6	110	9.3	15.9	23	2.0	20.3
1997	1360	513	37.7	14.2	131	9.6	13.5	31	2.3	26.3
1998	1441	581	40.3	13.9	143	9.9	15.0	32	2.2	4.4
1999	1492	631	42.3	8.0	152	10.2	8.3	34	2.3	8.2
2000	1603	694	43.3	9.4	163	10.2	12.2	36	2.2	8.1
2001	1766	782	44.3	9.1	178	10.1	8.9	38	2.2	6.2
2002	1990	891	44.8	9.3	195	9.8	10.1	42	2.1	9.5
2003	2273	1013	44.6	9.5	216	9.5	9.3	47	2.1	10.1
2004	2693	1152	42.8	10.5	247	9.2	10.8	58	2.1	18
2005	3070	1348	43.9	12.3	278	9.0	14	67	2.2	13.7

4. 商贸服务业就业人员

单位：万人、%

年份	第三产业	批发零售业	餐饮住宿业	居民服务和其他服务
1985				
1986				
1987				
1988				
1989				
1990				
1991				
1992				
1993				

续表

年份	第三产业	批发零售业	餐饮住宿业	居民服务和其他服务
1994				
1995				
1996	397.23	97.28	69.01	89.03
1997	412.56	102.23	69.46	95.55
1998	428.31	107.62	70	102.14
1999	443.23	113.05	70.18	108.75
2000	458.94	117.96	70.52	116.16
2001	474.7	120.23	71.14	124.59
2002	485.7	124	72.03	127.05
2003	497.01	125.47	73.36	128.23
2004	503.64	127.1	74.27	129.36
2005	511.89	131.19	75.4	130.75

5. 社会消费品零售总额构成

（2004—2005 年）

单位：万元

指　标	2004	2005
总　计	10683290	12157584
按地区分		
市	6210074	7147796
县	1448766	1630276
县以下	3024450	3379512
按登记注册类型分		
国有经济	864210	1052229
集体经济	201479	208145
个体及私营经济	7404246	8161399
外资及港澳台经济	210630	263718
其他经济	2002725	2472093
按行业分		
批发零售贸易业	9194398	10425827
餐饮业	1389081	1619669
其　他	99811	112088

6. 批发零售贸易业商品销售总额

（2005 年）

单位：万元

指　标	销售总额	批 发	零 售
总 计	27451089	16718584	10732505
限额以上批发零售贸易业	12485581	8834699	3650882
商品销售额			
按登记注册类型分			
内资企业	12148647	8708994	3439653
#国有企业	2314576	2138337	176239
集体企业	228538	206372	22166
股份合作企业	157013	134941	22072
联营企业	10462	9591	871
有限责任公司	4675779	2953956	1721823
股份有限公司	2756812	1842916	913896
私营企业	1857198	1296611	560587
港澳台商投资企业	30273	23631	6642
外商投资企业	306661	102074	204587
按行业分			
农畜产品批发业	59017	54574	4443
食品、饮料及烟草制品批发业	1537602	1518722	18880
纺织、服装及日用品批发业	148045	147914	131
文化、体育用品及器材批发业	181455	160355	21100
医药及医疗器材批发业	1267954	933093	334861
矿产品、建材及化工产品批发业	3775191	3478255	296936
机械设备、五金交电及电子产品批发业	2794133	1929934	864199
贸易经纪与代理业			
其他批发业	364527	362834	1693
综合零售业	1078768	60809	1017959
食品、饮料及烟草制品专门零售业	67118	16683	50435
纺织、服装及日用品专门零售业	64501	6086	58415
文化、体育用品及器材专门零售业	87435	4190	83245
医药及医疗器材专门零售业	76788	18036	58752
汽车、摩托车、燃料及零配件专门零售业	611484	98678	512806
家用电器及电子产品专门零售业	318483	44536	273947
五金、家具及室内装修材料专门零售业	50609		50609
无店铺及其他零售业	2471		2471
限额以下批发零售贸易业商品销售额	14965508	7883885	7081623

7. 限额以上批发零售贸易业主要商品分类销售额

（2004—2005 年）

单位：亿元

指　　标	销售合计		批　发		零　售	
	2004	2005	2004	2005	2004	2005
食品、饮料、烟酒类	190. 37	220. 11	151. 3	177. 09	39. 07	43. 02
肉禽蛋类	5. 03	4. 83	1. 58	0. 78	3. 45	4. 05
其他食品类	50. 7	56. 04	23. 1	25. 57	27. 6	30. 47
饮料类	6. 03	6. 53	2. 86	3. 22	3. 17	3. 31
烟酒类	128. 61	152. 71	123. 76	147. 52	4. 85	5. 19
服装鞋帽、针、纺织品类	47. 49	59. 4	4. 09	6. 96	43. 4	52. 44
服装类	31. 39	39. 8	2. 1	3. 3	29. 29	36. 5
鞋帽类	7. 64	9. 6	0. 41	0. 37	7. 23	9. 23
针、纺织品类	8. 46	10	1. 58	3. 29	6. 88	6. 71
化妆品类	9. 69	10. 85	2. 49	1. 75	7. 2	9. 1
金银珠宝类	4. 26	4. 72	0. 17	0. 25	4. 09	4. 47
日用品类	23. 07	25. 21	8	6. 89	15. 07	18. 32
#洗涤用品类	7. 1	7. 31	3. 52	3. 5	3. 58	3. 81
儿童玩具类	0. 66	0. 61	0. 12	0. 08	0. 54	0. 53
五金、电料类	2. 18	2. 37	1. 17	1. 24	1. 01	1. 13
体育、娱乐用品类	2. 52	3. 17	0. 49	0. 48	2. 03	2. 69
书报杂志类	17. 17	17. 68	10. 01	9. 84	7. 16	7. 84
电子出版物及音像制品类	1. 49	1. 61	0. 77	0. 81	0. 72	0. 8
家用电器和音像器材类	77. 17	69. 97	38. 28	28. 84	38. 89	41. 13
中西药品类	113. 69	125. 65	79. 65	87. 84	34. 04	37. 81
#西　药	87. 71	99. 02	59. 7	67. 37	28. 01	31. 65
中草药及中成药	24. 47	25. 2	18. 75	19. 22	5. 72	5. 98
文化办公用品类	5. 76	8. 62	2. 52	5. 36	3. 24	3. 26
家具类	2. 14	2. 26	0. 33	0. 22	1. 81	2. 04
通信器材类	23. 03	19. 9	16. 64	13. 28	6. 39	6. 62
煤炭及制品类	9. 14	10. 37	9. 13	10. 36	0. 01	0. 01
木材及制品类	0. 24	0. 47	0. 19	0. 41	0. 05	0. 06
石油及制品类	94. 82	110. 48	76. 41	86. 94	18. 41	23. 54
化工材料及制品类	60. 31	78. 22	59. 34	77. 48	0. 97	0. 74
#化肥类	29. 76	41. 05	29. 67	40. 98	0. 09	0. 07
金属材料类	96. 77	110. 26	94. 12	106. 79	2. 65	3. 47
建筑及装潢材料类	9. 35	13. 39	6. 58	9. 29	2. 77	4. 1
机电产品设备类	43. 67	53. 39	42. 87	52. 46	0. 8	0. 93

续表

指　标	销售合计		批　发		零　售	
	2004	2005	2004	2005	2004	2005
#农机类	0.1	0.35	0.06	0.32	0.04	0.03
汽车类	99.26	108.84	44.25	43.32	55.01	65.52
种子饲料类	0.58	1.14	0.57	1.13	0.01	0.01
棉麻类	0.59	0.59	0.52	0.51	0.07	0.08
其他类	44.06	49.53	39.76	44.24	4.3	5.29

8. 限额以上批发零售业主要商品销售数量

（2004—2005 年）

指　标	销售总量		批　发		零　售	
	2004	2005	2004	2005	2004	2005
粮　食（吨）	393487	474313	303308	390880	90179	83433
食用植物油（吨）	118703	146399	87321	112400	31382	33999
食　糖（吨）	17985	15218	8483	9247	9502	5971
卷　烟（万支）	6449936	7044724	6422075	6994204	27861	50520
各种服装（百件）	240671	348511	92574	77982	148097	270529
鞋（百双）	54985	96324	13384	12948	41601	83376
照相机（台）	37476	66400	2375	1847	35101	64553
#数码照相机	13887	28865	1752	1814	12135	27051
彩色电视机（台）	540810	486085	124175	124686	416635	361399
#液晶、等离子电视	3425	29656	559	3159	2866	26497
摄像机（台）	14059	27500		10	14059	27490
家用洗衣机（台）	351762	348231	142298	157450	209464	190781
家用电冰箱（台）	502109	493744	271273	282954	230836	210790
房间空调器（台）	1453092	1085139	919839	640344	533253	444795
微型计算机（台）	45489	48429	5858	9979	39631	38450
移动电话机（台）	1812279	2068662	1224483	1407778	587796	660884
化学肥料（吨）	2510771	2483689	2510771	2483689		
化学农药（吨）	38121	569775	38121	569775		
汽　油（吨）	745360	590926	584815	444906	160545	146020
柴　油（吨）	1390122	1099583	1081475	855371	308647	244212
钢　材（吨）	1473808	2103998	1473288	2103387	520	611
汽　车（辆）	153265	140983	117994	91214	35271	49769
#轿　车	45144	42732	20521	6972	24623	35760

9. 限额以上住宿餐饮业基本经营情况

（2004—2005年）

单位：万元

指　　标	2004	2005
营业收入（万元）	363943	420012
客房收入	93670	112295
餐费收入	241700	265101
商品销售收入	5910	16257
其他收入	22663	26358
住宿餐饮设施		
床位数（个）	124058	191000
餐位数（位）	457487	460000

10. 限额以上批发贸易业财务状况和经济效益

（2005年）

单位：万元

指　　标	企业数（个）	流动资产合计	固定资产原价	累计折旧	资产总计	负债合计	实收资本	主营业务收入	主营业务成本	主营业务税金及附加	主营业务利润
总　　计	479	3492017	886441	205916	4218888	3287926	562348	8646472	7815098	13494	683354
#国有及国有控股	128	2412177	775367	178969	2966552	2249084	416294	5430244	4779486	10961	556129
按登记注册类型分组											
内资企业	472	3485941	884270	205170	4210517	3278730	560286	8620373	7792122	13490	680890
国有企业	71	724072	259110	87959	1054549	734577	133673	1868774	1576732	4404	265359
集体企业	12	71577	7252	2621	82577	70781	5997	178992	173837	103	4423
股份合作企业	9	37045	1925	494	41888	37149	4978	118704	114986	53	3085
联营企业	1	782	35	23	795	778	100	5222	5014	1	207
国有与集体联营企业											
其他联营企业	1	782	35	23	795	778	100	5222	5014	1	207
有限责任公司	173	1700723	286139	47878	1529884	1302387	156215	3238827	2954129	5551	203969
国有独资公司	11	431384	214140	31983	750713	655327	69895	1070553	950522	3993	76772
其他有限责任公司	162	1269339	71999	15894	779171	647060	86320	2168274	2003607	1559	127196
股份有限公司	31	463930	292341	57952	957159	683151	194177	1907428	1740849	2473	150242
私营企业	169	440280	35914	7706	493583	404995	61938	1187943	1115330	877	52008
私营独资企业	3	3419	196	51	3755	3197	1030	26419	25943	8	250
私营合伙企业	3	2992	195	79	3161	2215	455	17054	15997	13	1045
私营有限责任公司	153	420561	33501	7430	471222	390399	55592	1090060	1023899	721	48877
私营股份有限公司	10	13308	2023	146	15446	9184	4861	54410	49491	135	1835
其他企业	6	47533	1554	538	50082	44912	3209	114483	111245	29	1597

续表

指　　标	企业数（个）	流动资产合计	固定资产原价	累计折旧	资产总计	负债合计	实收资本	主营业务收入	主营业务成本	主营业务税金及附加	主营业务利润
港澳台商投资企业	3	2269	876	369	2753	2512	1174	8580	7985	3	334
合资经营企业（港或澳、台资）	2	672	719	265	1099	1035	480	5559	5283	3	273
外商投资企业	4	3807	1295	377	5619	6684	888	17519	14991		2129
中外合资经营企业	2	904	1140	311	2156	2210	423	4437	3999		438
中外合作经营企业	1	2742	155	66	3301	4473	415	5029	3413		1616
外资企业	1	161			161	1	50	8053	7579		76
外商投资股份有限公司											
按批发行业小类分组											
农畜产品批发	8	42521	19168	6592	56733	71665	10391	56956	47387	37	4010
谷物、豆及薯类批发	4	33495	15308	5563	43474	60228	7987	34710	33120	10	381
种子、饲料批发	1	6906	1286	203	9405	6354	312	10411	3687		2456
棉、麻批发	1	1382	672	109	2025	1032	747	6761	6019	27	716
其他农畜产品批发	2	739	1902	717	1829	4051	1344	5073	4562	1	457
食品、饮料及烟草制品批发	49	517647	188161	55685	735822	494644	87292	1427248	1177178	3892	234714
米、面制品及食用油批发	9	66910	26116	7674	101572	117520	12341	135712	129802	90	5821
糕点、糖果及糖批发	3	4307	1771	186	9010	3541	3858	24797	23628	42	927
果品、蔬菜批发	1	1035	133	36	1133	1101	50	6948	5658	7	1283
肉、禽、蛋及水产品批发	2	6223	3143	742	14498	10886	4121	5112	4920	10	182
盐及调味品批发	3	24802	23195	6974	49774	17971	4772	51612	30343	332	20938
饮料及茶叶批发	6	4747	4421	592	10922	7691	1756	38093	35717	41	1578
烟草制品批发	21	405898	128980	39356	544905	332813	59695	1144155	927026	3363	203260
其他食品批发	4	3725	402	126	4009	3121	700	20819	20084	9	725
纺织、服装及日用品批发	17	29349	5100	967	35506	28867	9288	119370	112102	68	6731
纺织品、针织品及原料批发	7	15601	1586	133	17925	12640	3960	58677	56131	33	2292
服装批发	2	3622	159	68	4183	5104	715	7234	5459		1774
厨房、卫生间用具及日用杂货批发	3	3283	535	275	3543	3344	364	21338	19875	6	1457
化妆品及卫生用品批发	3	3244	505	191	3700	3449	700	17381	16412	12	955
其他日用品批发	2	3600	2314	299	6155	4329	3549	14740	14225	17	252
文化、体育用品及器材批发	8	62322	40837	9351	126333	101391	7960	176067	123394	1008	12105
文具用品批发	2	15845	68	6	15798	13233	1300	36814	34311	27	2477
体育用品批发	1	8435	217	55	9263	8988	100	12444	9920	13	2461
图书批发	3	34654	39216	9112	96356	75372	6050	121040	73745	964	6821

续表

指　　标	企业数（个）	流动资产合计	固定资产原价	累计折旧	资产总计	负债合计	实收资本	主营业务收入	主营业务成本	主营业务税金及附加	主营业务利润
首饰、工艺品及收藏品批发	1	1687	28	9	1706	1733	80	1252	1250	1	1
其他文化用品批发	1	1700	1309	168	3210	2065	430	4518	4169	5	345
医药及医疗器材批发	53	411604	97371	22465	649282	539890	53557	1154869	1097889	871	48235
西药批发业	44	377243	55862	14764	439513	378005	44008	959566	914348	687	38125
中药材及中成药批发	7	32885	41372	7671	208187	160731	9392	188979	177856	168	9487
医疗用品及器材批发	2	1476	138	31	1582	1155	158	6325	5686	16	623
矿产品、建材及化工产品批发	227	745829	335126	78462	1217709	879286	273576	3155431	2919916	3396	197952
煤炭及制品批发	17	55628	13783	2061	73996	49162	12767	165082	139391	438	22793
石油及制品批发	24	66636	238035	55188	351197	167193	171473	894014	783132	1704	106891
非金属矿及制品批发	3	2265	954	244	2992	2158	430	10042	8150	15	957
金属及金属矿批发	110	339586	60407	15184	473975	389890	59042	1247334	1196834	952	38330
建材批发	18	59849	3079	624	62705	60100	4915	104154	101100	44	1993
化肥批发	22	185652	10052	2494	199598	170872	14835	528986	499661	53	15439
其他化工产品批发	32	35599	8697	2642	52508	39279	10014	200913	186921	191	11371
机械设备、五金交电及电子产品批发	95	1652218	197400	31158	1362364	1144114	116020	2244844	2034083	4133	172751
汽车、摩托车及零配件批发	46	1183600	30985	8982	658876	563722	62681	989025	883800	605	85139
五金、交电批发	7	6319	819	155	7115	5198	985	42345	41147	78	981
家用电器批发	8	339370	149796	16398	559148	492036	33257	942041	866682	3064	70901
计算机、软件及辅助设备批发	8	10582	138	50	12146	8233	4960	36181	25963	14	303
通讯及广播电视设备批发	12	75459	8804	3698	86340	40695	9609	154779	142485	311	10146
其他机械设备及电子产品批发	14	36889	6858	1874	38738	34230	4529	80472	74007	61	5282
贸易经纪与代理											
其他批发业	22	30528	3279	1237	35139	28071	4264	311688	303148	89	6856
再生物资回收与批发	8	12907	1820	965	16030	13476	1744	207495	203969	24	3471
其他未列明的批发	14	17621	1459	272	19109	14595	2520	104194	99179	65	3385

续表

指标	其他业务利润	营业费用	管理费用	营业利润	利润总额	应交所得税	劳动、失业保险费	应付工资	应付福利费	本年应交增值税	全部从业人员年平均人数（人）
总计	-31667	313657	226494	128866	166192	44766	17205	150143	18948	99152	60682
#国有及国有控股	-37916	201951	183206	125224	153508	40672	15400	101562	13636	80589	39158
按登记注册类型分组											
内资企业	-31833	310686	225497	129610	166877	44764	17132	149222	18948	98671	60050
国有企业	7147	71694	106280	90275	111500	35007	7088	50688	6605	43209	16152
集体企业	935	3549	1739	-15	672	219	78	848	112	547	799
股份合作企业	15	2297	1065	169	230	184	62	285	69	420	486
联营企业		191	17	-1	-2			10	1	9	10
国有与集体联营企业											
其他联营企业		191	17	-1	-2			10	1	9	10
有限责任公司	-46661	91314	74080	1511	6880	3946	5019	61858	7478	21815	25948
国有独资公司	9283	25934	46659	1383	3390	1892	3362	20817	2825	10867	12443
其他有限责任公司	-55945	65380	27421	128	3489	2054	1658	41042	4653	10948	13505
股份有限公司	5602	95680	26252	38156	43274	3621	4661	26393	3555	26404	8763
私营企业	755	44350	14929	-1032	3932	1697	199	8475	1016	5998	7377
私营独资企业		277	244	-90	-53	5	3	70	10	83	61
私营合伙企业	1	562	475	8	8	17		108	18	116	102
私营有限责任公司	753	39686	13709	824	3854	1678	197	7959	957	5233	6743
私营股份有限公司		3824	502	-1773	124	-4		338	33	567	471
其他企业	375	1612	1135	548	391	90	25	665	112	269	515
港澳台商投资企业	166	284	503	-35	-35		31	146		48	102
合资经营企业（港或澳、台资）	68	26	447	-142	-142		20	87		43	59
外商投资企业		2687	495	-710	-650	2	43	776		433	530
中外合资经营企业		203	198	-12	-12		5	89		48	57
中外合作经营企业		2085	271	-747	-749		33	640		216	451
外资企业		399	26	49	111	2	5	46		169	22
外商投资股份有限公司											
按批发行业小类分组											
农畜产品批发	-371	2677	2821	-3315	241	39	719	1336	206	111	1605
谷物、豆及薯类批发	123	1481	1703	-4062	-123	23	692	717	114		1064
种子、饲料批发		814	800	829	486		1	341	7		191
棉、麻批发	6	374	187	150	110	16	26	134	11	51	105

续表

指　　标	其他业务利润	营业费用	管理费用	营业利润	利润总额	应交所得税	劳动、失业保险费	应付工资	应付福利费	本年应交增值税	全部从业人员年平均人数（人）
其他农畜产品批发	-500	8	131	-233	-233			144	74	59	245
食品、饮料及烟草制品批发	4272	53578	94499	87032	108355	34634	5898	44992	5617	40043	12962
米、面制品及食用油批发	1474	4251	4345	-3402	41	160	568	2151	303	274	2086
糕点、糖果及糖批发	241	620	899	-323	-296	36	82	261	37	381	400
果品、蔬菜批发		1282		1	1			75	11	64	85
肉、禽、蛋及水产品批发	98	144	243	-197	-100	1	56	57	5		198
盐及调味品批发	1450	7295	9023	6051	6251	1835	1277	4743	615	3294	1494
饮料及茶叶批发	111	936	1015	-470	129	38	77	334	52	316	392
烟草制品批发	895	38482	78815	85371	102327	32562	3839	37162	4567	35629	8157
其他食品批发	3	568	159	1	1	3		210	27	86	150
纺织、服装及日用品批发	263	4918	2871	-756	-752	187	177	1666	132	798	1408
纺织品、针织品及原料批发	65	1009	1040	333	322	158	27	469	65	303	327
服装批发	-7	2176	330	-749	-750		33	658	3	218	466
厨房、卫生间用具及日用杂货批发		949	490	-14	7	12	57	117	19	75	201
化妆品及卫生用品批发	50	537	550	-135	-135	8	31	286	27	131	236
其他日用品批发	157	246	462	-191	-196	10	30	136	19	72	178
文化、体育用品及器材批发	1301	2821	7835	1117	1402	115	269	6735	941	682	2461
文具用品批发		856	313	1234	1234	29		158	21	268	50
体育用品批发	1	1388	1031	128	131	43	92	1049	147	125	825
图书批发	852	86	6017	-75	131	43	50	5200	728	187	1379
首饰、工艺品及收藏品批发		68	28	-95	-95			2		52	22
其他文化用品批发	448	423	446	-74	2		127	326	46	50	185
医药及医疗器材批发	3876	23195	22385	814	4069	955	1331	11280	1601	7305	10052
西药批发业	1833	17624	16023	2098	3121	685	1107	7775	1022	5558	7323
中药材及中成药批发	2042	5129	6228	-1332	902	260	224	3380	573	1632	2624
医疗用品及器材批发	1	442	135	47	46	11		125	6	115	105
矿产品、建材及化工产品批发	5778	144395	36148	41421	45502	5350	4646	55313	5823	30491	11350
煤炭及制品批发	123	19170	2502	350	1960	821	58	1010	129	4143	733
石油及制品批发	1822	71807	5915	31508	33244	1057	3518	17596	2376	19744	2691
非金属矿及制品批发	83	1021	524	387	387	131	23	181	21	159	88
金属及金属矿批发	2951	27864	15329	4027	3763	1523	499	5870	1156	4441	4007

续表

指　　标	其他业务利润	营业费用	管理费用	营业利润	利润总额	应交所得税	劳动、失业保险费	应付工资	应付福利费	本年应交增值税	全部从业人员年平均人数（人）
建材批发	78	2795	1315	－1043	－1046	16	71	742	69	380	812
化肥批发	149	14690	6063	4610	5421	1120	124	28018	1862	242	2024
其他化工产品批发	568	6935	4461	1569	1761	677	351	1886	209	1382	987
机械设备、五金交电及电子产品批发	－47036	77844	57881	472	4492	3159	3950	27295	4428	18484	20001
汽车、摩托车及零配件批发	－58016	30259	11557	－5443	－797	968	248	7446	1040	3324	4985
五金、交电批发	78	725	310	42	60	13	61	275	56	195	337
家用电器批发	7589	28556	37784	4559	4060	1817	3219	14972	2029	10581	11474
计算机、软件及辅助设备批发	4	9901	405	－420	－360	20	2	349	73	133	237
通讯及广播电视设备批发	751	3991	4825	1098	1113	200	221	2887	331	3974	2148
其他机械设备及电子产品批发	2558	4412	3000	635	415	141	199	1365	899	278	820
贸易经纪与代理											
其他批发业	249	4230	2054	2080	2884	325	215	1527	201	1238	843
再生物资回收与批发	40	2429	1073	－127	528	45	181	822	102	394	391
其他未列明的批发	208	1801	981	2207	2356	280	35	706	99	843	452

11. 限额以上零售贸易业财务状况和经济效益

（2005 年）

指　　标	企业数（个）	流动资产合计	固定资产原价	累计折旧	资产总计	负债合计	实收资本	主营业务收入	主营业务成本	主营业务税金及附加	主营业务利润
总　　计	408	640958	335917	82681	965022	712906	216356	2133112	1889019	7166	203785
#国有及国有控股	80	142343	151523	35881	274613	195618	49718	724608	631945	2864	82344
按登记注册类型分											
内资企业	399	570189	293037	64901	863872	654541	181946	1950332	1738754	7031	171406
国有企业	55	48775	22806	7412	76451	77484	11687	146356	123497	508	18550
集体企业	14	4962	4549	1258	9287	7415	2347	20909	19427	33	1098
股份合作企业	13	6740	4502	2282	9315	7798	1407	19554	17477	205	1362
联营企业	1	545	193	166	852	63	730	3720	3511	4	159
国有与集体联营企业	1	545	193	166	852	63	730	3720	3511	4	159
有限责任公司	122	249181	78124	15122	346684	276540	76655	733557	662951	1572	50590

续表

指标	企业数（个）	流动资产合计	固定资产原价	累计折旧	资产总计	负债合计	实收资本	主营业务收入	主营业务成本	主营业务税金及附加	主营业务利润
国有独资公司	1	321	76	43	410	410		2715	2114	7	594
其他有限责任公司	121	248861	78047	15079	346274	276130	76655	730842	660837	1565	49995
股份有限公司	19	79924	123319	25908	178421	105287	31603	491384	430633	1921	58079
私营企业	172	175932	59434	12685	238490	176406	56966	521006	469620	2737	39919
私营独资企业	9	2410	1040	190	3356	1729	1437	7269	6234	193	842
私营合伙企业	3	1503	917	164	2194	639	1905	2812	2496	15	285
私营有限责任公司	154	161898	54416	10639	220605	169533	53121	485379	437760	2500	39351
私营股份有限公司	6	10121	3061	1693	12335	4505	503	25546	23130	28	-560
港澳台商投资企业	3	5444	502	179	6070	5519	1700	6197	4515	18	1664
合资经营企业（港澳台资）	2	4331	73	23	4684	4157	1100	3872	3293	18	561
港澳台商独资经营企业	1	1113	429	156	1386	1362	600	2325	1223		1102
外商投资企业	6	65324	42378	17601	95080	52846	32710	176583	145750	118	30716
中外合资经营企业	3	13279	7370	1999	22898	16697	4943	39752	31851	74	7826
中外合作经营企业	3	52045	35008	15602	72182	36149	27767	136832	113899	43	22890
按零售行业小类分											
综合零售	95	237346	221382	54808	432663	290137	102060	986853	850321	3795	119435
百货零售	43	166636	162768	33155	315556	221811	61809	723730	620436	3169	92898
超级市场零售	35	63054	56482	21277	106079	59660	37675	230066	199158	562	24298
其他综合零售	17	7656	2131	376	11029	8666	2576	33057	30727	63	2238
食品、饮料及烟草制品专门零售	16	18353	15271	4436	34105	36480	9148	38111	35741	46	2101
粮油零售	6	14163	8871	2173	21132	27926	3674	18875	18239	4	545
肉、禽、蛋及水产品零售	3	775	2836	1034	4246	3940	1515	5925	5318	8	599
饮料及茶叶零售	1	1819	367	288	1985	1887	107	6289	6052	4	232
烟草制品零售	3	567	787	263	1090	726	145	2801	2422	13	230
其他食品零售	3	1030	2411	677	5652	2001	3708	4220	3710	16	494

12. 限额以上餐饮业财务状况和经济效益
（2005 年）

指　　标	企业数（个）	流动资产合计	固定资产原价	累计折旧	本年折旧	资产总计	负债合计	实收资本	主营业务收入	主营业务成本	主营业务税金及附加
总　　计	237	71648	170043	39437	12812	228578	151218	74624	198534	102551	10589
#国有及国有控股	14	11566	12814	4811	534	20451	10014	8702	13677	4935	669
按登记注册类型分组											
内资企业	232	68050	111023	30956	7326	172086	107738	58908	170959	93834	9102
国有企业	9	2776	8758	3465	329	7953	3255	2429	4007	1872	195
集体企业	5	344	642	319	59	746	443	289	1562	1243	47
股份合作企业	8	768	6053	1399	47	5592	5572	116	4138	2448	222
有限责任公司	40	26582	36673	11178	2760	62423	44780	17692	45468	21119	2391
其他有限责任公司	40	26582	36673	11178	2760	62423	44780	17692	45468	21119	2391
股份有限公司	4	947	1509	250	90	2349	601	1680	3852	2085	207
私营企业	154	33321	52486	13306	3759	85730	49868	34312	106849	62089	5667
私营独资企业	57	5083	13984	2765	1033	17998	4877	11158	28437	18706	1599
私营合伙企业	12	1200	2709	741	320	3014	1124	1867	7317	4668	403
私营有限责任公司	77	25639	33960	9182	2271	62099	42160	20313	67720	36720	3491
私营股份有限公司	8	1399	1834	618	135	2619	1707	974	3375	1994	175
其他企业	12	3311	4903	1039	281	7293	3219	2390	5084	2979	372
港澳台商投资企业	3	2854	52603	5987	3925	51088	42046	12001	17525	5140	985
合资经营企业（港澳台资）	1	1345	50767	5206	3800	48590	38883	9884	15218	4383	886
港澳台商独资经营企业	2	1509	1836	781	126	2499	3163	2118	2307	757	99
外商投资企业	2	745	6417	2493	1561	5404	1435	3715	10050	3577	503
外资企业	2	745	6417	2493	1561	5404	1435	3715	10050	3577	503
按餐饮行业中类分组											
正餐服务	232	69495	161383	36015	11104	220475	146780	69011	185906	97624	10016
快餐服务	3	2003	8283	3282	1683	7664	4396	5513	11986	4630	555
其他餐饮服务	2	149	377	140	25	440	43	100	642	297	18

13. 限额以上连锁零售业和餐饮业经营情况
（2004—2005 年）

指　　标	合　计		#直营店	
	2004	2005	2004	2005
门店总数（个）	6245	6503	2125	2256
#百货店	92	103	92	103
超级市场	62	115	62	106
营业面积（平方米）	2797639	3133781	1967626	2178355
#百货店	413761	468304	413761	468304
超级市场	82039	129451	82039	122125
从业人数（人）	94684	112545	37839	45121
#百货店	10373	11812	10373	11812
超级市场	4153	4723	4153	4494
营业总收入	2111697	2524161	1747428	2120169
#百货店	752190	923187	752190	923187
超级市场	63641	79042	62459	77711
销售总额	1726322	2094321	1690531	2052384
#百货店	752190	923187	752190	923187
超级市场	63436	78884	62459	77711
零售额	1173534	1421327	1140937	1382239
#百货店	691420	855576	691420	855576
超级市场	62647	78131	61670	76958
商品购进总额	1656335	2139112	1473090	1888469
#百货店	635812	873089	635812	873089
超级市场	55098	67823	53962	66517
统一配送商品购进额	1362601	1744718	1221399	1571326
#百货店	412205	591475	412205	591475
超级市场	55098	67823	53962	66517
自有配送中心配送商品购进额	1252456	1636793	1197711	1547284
#百货店	412205	591475	412205	591475
超级市场	37935	49039	36799	47734
非自有配送中心配送商品购进额	110145	107925	23688	24043
#百货店				
超级市场	17163	18784	17163	18784

14. 亿元以上商品市场交易情况

（2004—2005 年）

单位：万元

指　　标	摊位数量（个）		总成交额 合　计		#零售额	
	2004	2005	2004	2005	2004	2005
合　　计	48613	53941	6323735	6834207	1096521	1617041
食品、饮料、烟酒类	13974	13536	1391743	1194602	312628	314930
服装鞋帽、针、纺织品类	13385	16003	994252	1147715	178464	211229
化妆品类	380	472	79867	68492	9206	12779
日用品类	2567	3125	206059	141988	59965	43119
五金电料类	2574	3002	179748	172569	9588	28991
体育、娱乐用品类	142	253	2855	7352	1238	3017
书报杂志类	5	6	95	53	37	47
电子出版物及音像制品类	99	40	842	5165	683	1660
家用电器和音像 制品类	501	634	18111	56412	3350	20486
中西药品类	111	510	7176	15431	3496	4542
#中草药及中成药类	33	438	624	10511	230	1422
文化办公用品类	621	1049	35827	54136	16193	19963
家具类	1045	1672	323838	497585	138493	229745
通讯器材类	148	70	38448	14224	14591	9107
木材及制品类	814	1031	209933	257450	20643	35281
化工材料及制品类	244	1201	53380	92908	5576	10632
金属材料类	2849	1677	1463544	1307776	14580	461805
建筑及装潢材料类	2430	3021	385652	403953	128993	147896
机电产品及设备类	753	1891	186519	284807	56783	22307
#农机类	3	6	251	159	77	43
汽车类	460	987	327918	627548	8485	5588
其他类	5511	3761	417930	484041	113529	33917

主要统计指标解释

社会消费品零售额指批发和零售业、餐饮业、新闻出版业、邮政业和其他服务业等，售予城乡居民用于生活消费的商品和社会集团用于公共消费的商品之总量。社会消费品零售总额包括：

一、批发和零售业企业：

（1）售予城乡居民的各种生活消费品。

（2）售予入境旅游的外国人、华侨、港澳台同胞的各类商品。

（3）售予行政事业单位、社会团体、军队和武警等机构的商品，以及以零售方式售予各类企业的商品。具体包括用于非生产和社会交往的办公用品，如通讯设备、计算器具和设备、电讯网络设备、文印设备、音像视听器材和设备、纸张、本册、文具及装订文印材料、家具、日用电器、针纺织品、清洁卫生用品、文体用品、奖品、纪念品、礼品等；供内部人员乘坐的交通工具和燃料；用于办公设施修缮的各类配件、材料、工具等；用于取暖和防暑降温的设备、燃料、材料及食品等；专用于教学的用品和设备；非营利医疗机构的中、西药品、中药材和医疗设备器材；非专用的劳动保护用品；不对外营业的内部食堂用的餐具、炊具、设备、清洁卫生工具和食品、燃料等；军队、武警用于其人员生活的衣着品和个人用品；其他各类非生产性设备和用品。

二、餐饮业出售的主食、菜肴、烟酒饮料和其他商品。

三、新闻出版业、邮政业售予城乡居民、企事业单位、军队和武警等机构的书报杂志、音像制品、邮品等。

四、其他服务业出售的食品、烟酒饮料、服装鞋帽、日常生活用品、医药保健用品、艺术品、工艺美术品、玩具、殡葬用品以及其他消费品。

商品销售总额指对本企业（单位）以外的单位和个人出售（包括对境外直接出口）的商品总额。这个指标反映批发零售贸易业在国内市场上销售商品以及出口商品的总量。商品销售总额包括：（1）售给城乡居民和社会集团消费用的商品；（2）售给工业、农业、建筑业、运输邮电业、批发零售贸易业、餐饮业、服务业等作为生产，经营使用的商品；（3）售给批发零售贸易业作为转卖或加工后转卖的商品；（4）对国（境）外直接出口的商品。不包括出售本企业（单位）自用的废旧包装用品；未通过买卖行为付出的商品；经本单位介绍，由买卖双方直接结算，本单位只收取手续费的业务，购货退出的商品以及商品损耗和损失等。

住宿和餐饮业经营

（1）营业收入：指住宿和餐饮业法人企业、产业活动单位在经营活动中的因提供服务或销售商品等取得的收入。包括客房收入、餐费收入、商品销售收入和其他收入。

（2）客房收入：指住宿和餐饮法人企业、产业活动单位在经营活动中因提供住宿服务取得的客房收入。

（3）餐费收入：指住宿和餐饮法人企业、产业活动单位因为顾客提供就餐服务取得的餐费收入。包括经烹饪、调制加工后出售的各种食品，如主食、炒菜、凉拌菜等的收入。

（4）商品销售收入：指住宿和餐饮法人企业、产业活动单位伴随服务而出售商品所取得的收入。

（5）其他收入：指营业收入中除客房收入、餐费收入、商品销售收入以外的其他收入。包括娱乐、健身和商务服务等。

连锁企业（或称连锁店、连锁公司）指在核心企业或总店的领导下，由分散的、经营同类商品或服务的企业或活动单位，采取共同方针，实行集中采购和分散销售的有机结合，通过规范化经营，实现规模效益的经济联合组织形式。一般连锁店应由若干个分店组成。其经营特征：（1）经营同类商品；（2）使用统一商号；（3）统一采购配送，采购与销售相分离（部分商品可根据物流合理和保质保鲜原则，由供应商直接送货到门店，其余均由总部统一配送）。

连锁门店包括下列两种形式：

直营连锁：指正规连锁。连锁门店均由总部独资或控股开设，在总部的直接领导下统一经营。

加盟连锁：指特许连锁。各连锁门店（被特许人）通过合同形式，取得使用总部（特许人）商标、商号、经营技术和销售总部开发的商品的特许权，各加盟连锁门店为独立法人，在总部指导下统一经营。

三、国民经济行业分类涉商部分

（GB/T 4754－2011）

代码				类别名称	说　明
门类	大类	中类	小类		
F				**批发和零售业**	本门类包括51和52大类，指商品在流通环节中的批发活动和零售活动
	51			**批发业**	指向其他批发或零售单位（含个体经营者）及其他企事业单位、机关团体等批量销售生活用品、生产资料的活动，以及从事进出口贸易和贸易经纪与代理的活动，包括拥有货物所有权，并以本单位（公司）的名义进行交易活动，也包括不拥有货物的所有权，收取佣金的商品代理、商品代售活动；本类还包括各类商品批发市场中固定摊位的批发活动，以及以销售为目的的收购活动
		511		农、林、牧产品批发	指未经过加工的农作物、林产品及牲畜、畜产品、鱼苗的批发和进出口活动，但不包括蔬菜、水果、肉、禽、蛋、奶及水产品的批发和进出口活动，包括以批发为目的的农副产品收购活动
			5111	谷物、豆及薯类批发	
			5112	种子批发	
			5113	饲料批发	
			5114	棉、麻批发	
			5115	林业产品批发	指林木种苗、采伐产品及采集产品等的批发和进出口活动
			5116	牲畜批发	
			5119	其他农牧产品批发	
		512		食品、饮料及烟草制品批发	指经过加工和制造的食品、饮料及烟草制品的批发和进出口活动，以及蔬菜、水果、肉、禽、蛋、奶及水产品的批发和进出口活动
			5121	米、面制品及食用油批发	
			5122	糕点、糖果及糖批发	
			5123	果品、蔬菜批发	
			5124	肉、禽、蛋、奶及水产品批发	
			5125	盐及调味品批发	
			5126	营养和保健品批发	

续表

代码				类别名称	说明
门类	大类	中类	小类		
			5127	酒、饮料及茶叶批发	指可直接饮用或稀释、冲泡后饮用的饮料、酒及茶叶的批发和进出口活动
			5128	烟草制品批发	指经过加工、生产的烟草制品的批发和进出口活动
			5129	其他食品批发	
		513		纺织、服装及家庭用品批发	指纺织面料、纺织品、服装、鞋、帽及日杂品、家用电器、家具等生活日用品的批发和进出口活动
			5131	纺织品、针织品及原料批发	
			5132	服装批发	
			5133	鞋帽批发	
			5134	化妆品及卫生用品批发	
			5135	厨房、卫生间用具及日用杂货批发	指灶具、炊具、厨具、餐具及各种容器、器皿等的批发和进出口活动；卫生间的用品用具和生活用清洁、清扫用品、用具等的批发和进出口活动
			5136	灯具、装饰物品批发	
			5137	家用电器批发	
			5139	其他家庭用品批发	指上述未列明的其他生活日用品的批发和进出口活动
		514		文化、体育用品及器材批发	指各类文具用品、体育用品、图书、报刊、音像、电子出版物、首饰、工艺美术品、收藏品及其他文化用品、器材的批发和进出口活动
			5141	文具用品批发	
			5142	体育用品及器材批发	
			5143	图书批发	
			5144	报刊批发	
			5145	音像制品及电子出版物批发	
			5146	首饰、工艺品及收藏品批发	
			5149	其他文化用品批发	
		515		医药及医疗器材批发	指各种化学药品、生物药品、中药及医疗器材的批发和进出口活动；包括兽用药的批发和进出口活动
			5151	西药批发	
			5152	中药批发	指中成药、中药材的批发和进出口活动
			5153	医疗用品及器材批发	

续表

代码				类别名称	说　明
门类	大类	中类	小类		
		516		矿产品、建材及化工产品批发	指煤及煤制品、石油制品、矿产品及矿物制品、金属材料、建筑和装饰装修材料以及化工产品的批发和进出口活动
			5161	煤炭及制品批发	
			5162	石油及制品批发	
			5163	非金属矿及制品批发	
			5164	金属及金属矿批发	
			5165	建材批发	指建筑用材料和装饰装修材料的批发和进出口活动
			5166	化肥批发	
			5167	农药批发	
			5168	农用薄膜批发	
			5169	其他化工产品批发	
		517		机械设备、五金产品及电子产品批发	提供通用机械、专用设备、交通运输设备、电气机械、五金、交通器材、电料、计算机设备、通讯设备、电子产品、仪器仪表及办公用机械的批发和进出口活动
			5171	农业机械批发	
			5172	汽车批发	
			5173	汽车零配件批发	
			5174	摩托车及零配件批发	
			5175	五金产品批发	指小五金、工具、水暖部件及材料的批发和进出口活动
			5176	电气设备批发	
			5177	计算机、软件及辅助设备批发	
			5178	通讯及广播电视设备批发	指电信设备、广播电视设备的批发和进出口活动
			5179	其他机械设备及电子产品批发	
		518		贸易经纪与代理	指代办商、商品经纪人、拍卖商的活动；专门为某一生产企业做销售代理的活动；为买卖双方提供贸易机会或代表委托人进行商品交易代理活动
			5181	贸易代理	指不拥有货物的所有权，为实现供求双方达成交易，按协议收取佣金的贸易代理
			5182	拍卖	
			5189	其他贸易经纪与代理	
		519		其他批发业	指上述未包括的批发和进出口活动

续表

代码				类别名称	说明
门类	大类	中类	小类		
			5191	再生物资回收与批发	指将可再生的废旧物资回收，并批发给制造企业作初级原料的活动
			5199	其他未列明批发业	
	52			**零售业**	指百货商店、超级市场、专门零售商店、品牌专卖店、售货摊等主要面向最终消费者（如居民等）的销售活动，以互联网、邮政、电话、售货机等方式的销售活动，还包括在同一地点，后面加工生产，前面销售的店铺（如面包房）；谷物、种子、饲料、牲畜、矿产品、生产用原料、化工原料、农用化工产品、机械设备（乘用车、计算机及通信设备除外）等生产资料的销售不作为零售活动；多数零售商对其销售的货物拥有所有权，但有些则是充当委托人的代理人，进行委托销售或以收取佣金的方式进行销售
		521		综合零售	
			5211	百货零售	指经营的商品品种较齐全，经营规模较大的综合零售活动
			5212	超级市场零售	指经营食品、日用品等的超级市场的综合零售活动
			5219	其他综合零售	指日用杂品综合零售活动；在街道、社区、乡镇、农村、工矿区、校区、交通要道口、车站、码头、机场等人口稠密地区开办的小型综合零售店的活动；以小超市形式开办的便利店活动；农村供销社的零售活动
		522		食品、饮料及烟草制品专门零售	指专门经营粮油、食品、饮料及烟草制品的店铺零售活动
			5221	粮油零售	
			5222	糕点、面包零售	
			5223	果品、蔬菜零售	
			5224	肉、禽、蛋、奶及水产品零售	
			5225	营养和保健品零售	
			5226	酒、饮料及茶叶零售	指专门经营酒、茶叶及各种饮料的店铺零售活动
			5227	烟草制品零售	
			5229	其他食品零售	指上述未列明的店铺食品零售活动
		523		纺织、服装及日用品专门零售	指专门经营纺织面料、纺织品、服装、鞋、帽及各种生活日用品的店铺零售活动
			5231	纺织品及针织品零售	

续表

代码				类别名称	说明
门类	大类	中类	小类		
			5232	服装零售	
			5233	鞋帽零售	
			5234	化妆品及卫生用品零售	
			5235	钟表、眼镜零售	
			5236	箱、包零售	
			5237	厨房用具及日用杂品零售	指专门经营炊具、厨具、餐具、日用陶瓷、日用玻璃器皿、塑料器皿、清洁用具和用品的店铺零售活动，以及各种材质其他日用杂品的零售活动
			5238	自行车零售	
			5239	其他日用品零售	指专门经营小饰物、礼品花卉及其他未列明日用品的店铺零售活动
		524		文化、体育用品及器材专门零售	指专门经营文具、体育用品、图书、报刊、音像制品、首饰、工艺美术品、收藏品、照相器材及其他文化用品的店铺零售活动
			5241	文具用品零售	
			5242	体育用品及器材零售	
			5243	图书、报刊零售	
			5244	音像制品及电子出版物零售	
			5245	珠宝首饰零售	
			5246	工艺美术品及收藏品零售	指专门经营具有收藏价值和艺术价值的工艺品、艺术品、古玩、字画、邮品等的店铺零售活动
			5247	乐器零售	
			5248	照相器材零售	
			5249	其他文化用品零售	指专门经营游艺用品及其他未列明文化用品的店铺零售活动
		525		医药及医疗器材专门零售	指专门经营各种化学药品、生物药品、中药、医疗用品及器材的店铺零售活动
			5251	药品零售	
			5252	医疗用品及器材零售	
		526		汽车、摩托车、燃料及零配件专门零售	指专门经营汽车、摩托车、汽车部件、汽车零配件及燃料的店铺零售活动
			5261	汽车零售	指乘用车的零售
			5262	汽车零配件零售	
			5263	摩托车及零配件零售	

续表

代码				类别名称	说明
门类	大类	中类	小类		
			5264	机动车燃料零售	指专门经营机动车燃料及相关产品（润滑油）的店铺零售活动
		527		家用电器及电子产品专门零售	指专门经营家用电器和计算机、软件及辅助设备、电子通信设备、电子元器件及办公设备的店铺零售活动
			5271	家用视听设备零售	指专门经营电视、音响设备、摄录像设备等的店铺零售活动
			5272	日用家电设备零售	指专门经营冰箱、洗衣机、空调、吸尘器及其他家用电器设备的店铺零售活动
			5273	计算机、软件及辅助设备零售	
			5274	通信设备零售	不包括专业通信设备的销售
			5279	其他电子产品零售	
		528		五金、家具及室内装饰材料专门零售	指专门经营五金用品、家具和装修材料的店铺零售活动，以及在家具、家居装饰、建材城（中心）及展销会上设摊位的销售活动
			5281	五金零售	
			5282	灯具零售	
			5283	家具零售	
			5284	涂料零售	
			5285	卫生洁具零售	
			5286	木质装饰材料零售	指专门经营木质地板、门、窗等店铺零售活动，不包括板材销售活动
			5287	陶瓷、石材装饰材料零售	指专门经营陶瓷、石材制地板砖、壁砖等店铺零售活动
			5289	其他室内装饰材料零售	
		529		货摊、无店铺及其他零售业	
			5291	货摊食品零售	指流动货摊的食品零售活动
			5292	货摊纺织、服装及鞋零售	指流动货摊的纺织、服装及鞋的零售活动
			5293	货摊日用品零售	指流动货摊的日用品零售活动
			5294	互联网零售	不包括在网络销售中，仅提供网络支付的活动，以及仅建立或提供网络交易平台和接入的活动
			5295	邮购及电视、电话零售	指通过邮政及电视、电话等通讯工具进行销售，并送货上门的零售活动
			5296	旧货零售	

续表

代码				类别名称	说明
门类	大类	中类	小类		
			5297	生活用燃料零售	指从事生活用煤、煤油、酒精、薪柴、木炭以及罐装液化石油气等专门零售活动
			5299	其他未列明零售业	
H				**住宿和餐饮业**	本门类包括 61 和 62 大类
	61			**住宿业**	指为旅行者提供短期留宿场所的活动，有些单位只提供住宿，也有些单位提供住宿、饮食、商务、娱乐一体的服务，本类不包括主要按月或按年长期出租房屋住所的活动
		611	6110	旅游饭店	指按照国家有关规定评定的旅游饭店和具有同等质量、水平的饭店活动
		612	6120	一般旅馆	指不具备评定旅游饭店和同等水平饭店的一般旅馆的活动
		619	6190	其他住宿业	指上述未列明的住宿服务
	62			**餐饮业**	指通过即时制作加工、商业销售和服务性劳动等，向消费者提供食品和消费场所及设施的服务
		621	6210	正餐服务	指在一定场所内提供以中餐、晚餐为主的各种中西式炒菜和主食，并由服务员送餐上桌的餐饮活动
		622	6220	快餐服务	指在一定场所内提供快捷、便利的就餐服务
		623		饮料及冷饮服务	指在一定场所内以提供饮料和冷饮为主的服务
			6231	茶馆服务	
			6232	咖啡馆服务	
			6233	酒吧服务	
			6239	其他饮料及冷饮服务	
		629		其他餐饮业	
			6291	小吃服务	指提供全天就餐的简便餐饮服务，包括路边小饭馆、农家饭馆、流动餐饮和单一小吃等餐饮服务
			6292	餐饮配送服务	
			6299	其他未列明餐饮业	
L				**租赁和商务服务业**	本门类包括 71 和 72 大类
	71			**租赁业**	
		711		机械设备租赁	指不配备操作人员的机械设备的租赁服务
			7111	汽车租赁	
			7112	农业机械租赁	
			7113	建筑工程机械与设备租赁	

续表

代码				类别名称	说　明
门类	大类	中类	小类		
			7114	计算机及通讯设备租赁	
			7119	其他机械与设备租赁	
		712		文化及日用品出租	
			7121	娱乐及体育设备出租	
			7122	图书出租	
			7123	音像制品出租	
			7129	其他文化及日用品出租	
	72			**商务服务业**	
		721		企业管理服务	
			7211	企业总部管理	指不具体从事对外经营业务，只负责企业的重大决策、资产管理，协调管理下属各机构和内部日常工作的企业总部的活动，其对外经营业务由下属的独立核算单位或单独核算单位承担，还包括派出机构的活动（如办事处等）
			7212	投资与资产管理	指政府主管部门转变职能后，成立的国有资产管理机构和行业管理机构的活动；不包括资本活动的投资
			7213	单位后勤管理服务	指为企事业、机关提供综合后勤服务的活动
			7219	其他企业管理服务	指其他各类企业、行业管理机构的活动
		722		法律服务	指律师、公证、仲裁、调解等活动
			7221	律师及相关法律服务	指在民事案件、刑事案件和其他案件中，为原被告双方提供法律代理服务，以及为一般民事行为提供的法律咨询服务
			7222	公证服务	
			7229	其他法律服务	
		723		咨询与调查	
			7231	会计、审计及税务服务	
			7232	市场调查	
			7233	社会经济咨询	
			7239	其他专业咨询	指社会经济咨询以外的其他专业咨询活动
		724	7240	广告业	指在报纸、期刊、路牌、灯箱、橱窗、互联网、通讯设备及广播电影电视等媒介上为客户策划、制作的有偿宣传活动

续表

代码				类别名称	说明
门类	大类	中类	小类		
		725	7250	知识产权服务	指对专利、商标、版权、著作权、软件、集成电路布图设计等的代理、转让、登记、鉴定、评估、认证、咨询、检索等活动
		726		人力资源服务	指提供公共就业、职业中介、劳务派遣、职业技能鉴定、劳动力外包等服务
			7261	公共就业服务	指向劳动者提供公益性的就业服务
			7262	职业中介服务	指为求职者寻找、选择、介绍工作，为用人单位提供劳动力的服务
			7263	劳务派遣服务	指劳务派遣单位招用劳动力后，将其派到用工单位从事劳动的行为
			7269	其他人力资源服务	指职业技能鉴定、人力资源外包及其他未列明的人力资源服务
		727		旅行社及相关服务	指为社会各界提供商务、组团和散客旅游的服务，包括向顾客提供咨询、旅游计划和建议、日程安排、导游、食宿和交通等服务
			7271	旅行社服务	
			7272	旅游管理服务	
			7279	其他旅行社相关服务	
		728		安全保护服务	指为社会提供的专业化、有偿安全防范服务
			7281	安全服务	指保安公司及类似单位提供的安全保护活动
			7282	安全系统监控服务	
			7289	其他安全保护服务	
		729		其他商务服务业	
			7291	市场管理	指各种交易市场的管理活动
			7292	会议及展览服务	指为商品流通、促销、展示、经贸洽谈、民间交流、企业沟通、国际往来而举办的展览和会议等活动
			7293	包装服务	指有偿或按协议为客户提供包装服务
			7294	办公服务	指为商务、公务及个人提供的各种办公服务
			7295	信用服务	指专门从事信用信息采集、整理和加工，并提供相关信用产品和信用服务的活动，包括信用评级、商账管理等活动
			7296	担保服务	指保证人和债权人约定，当债务人不履行债务时，保证人按照约定履行债务或者承担责任的行为活动；本类别特指专业担保机构的活动

续表

代码				类别名称	说明
门类	大类	中类	小类		
			7299	其他未列明商务服务业	指上述未列明的商务、代理等活动
O				**居民服务、修理和其他服务业**	本门类包括 79 ~ 81 大类
	79			**居民服务业**	
		791	7910	家庭服务	指雇佣家庭雇工的家庭住户和家庭户的自营活动，以及在雇主家庭从事有报酬的家庭雇工的活动，包括钟点工和居住在雇主家里的家政劳动者的活动
		792	7920	托儿所服务	指社会、街道、个人办的面向不足三岁幼儿的看护活动，可分为全托、日托、半托，或计时的服务
		793	7930	洗染服务	指专营的洗染店以及在宾馆、饭店内常设的独立（或相对独立）洗染服务
		794	7940	理发及美容服务	指专业理发、美容保健服务，以及在宾馆、饭店或娱乐场所常设的独立（或相对独立）理发、美容保健服务
		795	7950	洗浴服务	指专业洗浴室以及在宾馆、饭店或娱乐场所常设的独立（或相对独立）洗浴、温泉、SPA 等服务
		796	7960	保健服务	指专业保健场所以及在宾馆、饭店或娱乐场所开设的独立（或相对独立）保健按摩、足疗等服务
		797	7970	婚姻服务	指婚姻介绍、婚庆典礼等服务
		798	7980	殡葬服务	指与殡葬有关的各类服务
		799	7990	其他居民服务业	指上述未包括的居民服务
	80			**机动车、电子产品和日用产品修理业**	
		801		汽车、摩托车修理与维护	
			8011	汽车修理与维护	指汽车修理厂及路边门店的专业修理服务，包括为汽车提供上油、充气、打蜡、抛光、喷漆、清洗、换零配件、出售零部件等服务，不包括汽车回厂拆卸、改装、大修的活动
			8012	摩托车修理与维护	
		802		计算机和办公设备维修	指对计算机硬件及系统环境的维护和修理活动
			8021	计算机和辅助设备修理	
			8022	通讯设备修理	
			8029	其他办公设备维修	指其他未列明的各种办公设备的修理公司（中心）、修理门市部和修理网点的修理活动
		803		家用电器修理	

续表

代码				类别名称	说　明
门类	大类	中类	小类		
			8031	家用电子产品修理	指电视、音响等家用视频、音频产品的修理活动
			8032	日用电器修理	指洗衣机、电冰箱、空调等日用电器维修门市部，以及生产企业驻各地的维修网点和维修公司（中心）的修理活动
		809		其他日用产品修理业	
			8091	自行车修理	
			8092	鞋和皮革修理	
			8093	家具和相关物品修理	
			8099	其他未列明日用产品修理业	指其他日用产品维修门市部、修理摊点的活动，以及生产企业驻各地的维修网点和维修中心的修理活动
	81			**其他服务业**	
		811		清洁服务	指对建筑物、办公用品、家庭用品的清洗和消毒服务；包括专业公司和个人提供的清洗服务
			8111	建筑物清洁服务	指对建筑物内外墙、玻璃幕墙、地面、天花板及烟囱的清洗活动
			8119	其他清洁服务	指专业清洗人员为企业的机器、办公设备的清洗活动，以及为居民的日用品、器具及设备的清洗活动，包括清扫、消毒等服务
		819	8190	其他未列明服务业	

编 后 记

《重庆市志·商贸志（1986—2005）》的编纂工作于2009年1月启动。编修人员在重庆市商业委员会领导下，按市志编修工作要求，首先完成编纂方案和篇目拟定。在拟定篇目的过程中，根据重庆市商委的工作实际，和已出的书目，综合归纳，精心斟酌拟出初稿，通过内部评审，讨论修改，再报重庆市地方志办公室审查，最后确定篇目大纲。

全志严格按照“思想观点正确，体例严谨，资料属实可靠，内容客观全面，特色鲜明突出，文字朴实规范，结构完整有序”的编纂要求，坚持“明鉴春秋，存史资政，彰显教化，惠及后代”的编纂原则，系统地记载重庆市1986—2005年商贸的重大决策、重大活动、重要会议、重大改革、重点建设项目、重点工程和重要工作内容。

从2009年1月开始，编修人员开始进行档案资料的查阅和收集，查完了1986—2005年重庆市商贸系统的档案卷宗，为弥补档案资料的不足，还查阅了市商委编印的各种书籍、文件汇编、历年工作总结和简报，还向40个区县商贸部门征集文字资料20余万字。

在编写过程中，编修人员本着实事求是、认真负责的态度，从浩瀚纷杂的文字资料中梳理出脉络，经过甄别遴选、去伪存真，反复核查、修订，才从尘封已久的历史碎片中，大致整理出《重庆市志·商贸志（1986—2005）》的历史渊源和发展脉络。全书共8篇26章60节，90余万字。

该书编纂历时4年，7易其稿，4次审稿。其间，承蒙重庆市商委机关各处室领导和专家、同行的大力支持和协作，得到重庆市地方志办公室市志工作处的热情指导，市商委和市志办有关领导专家亲自参与该志稿的审核，并提出宝贵的修改意见。《重庆市志·商贸志（1986—2005）》的成书凝聚了众多人的心血和汗水，是众手成志，是集体智慧的结晶。在此，致以衷心感谢！

由于时间跨度大，资料不全，经验不足，水平有限，书中错误和遗漏之处，恳请广大读者、专家和学者不吝赐教，以便以后修订完善。

编者

2017年8月于重庆

编后记